ओमप्रकाश वाल्मीकि
व्यक्ति, विचारक और सृजक

ओमप्रकाश वाल्मीकि

व्यक्ति, विचारक और सृजक

सम्पादक

जयप्रकाश कर्दम

वाणी प्रकाशन

वाणी प्रकाशन

4695, 21-ए, दरियागंज, नयी दिल्ली 110 002

शाखा

अशोक राजपथ, पटना 800 004

फ़ोन : +91 11 23273167 फ़ैक्स : +91 11 23275710

www.vaniprakashan.in
vaniprakashan@gmail.com
sales@vaniprakashan.in

OMPRAKASH VALMIKI : VYAKTI, VICHARK AUR SRIJAK
Edited by Jaiprakash Kardam

ISBN : 978-93-5229-426-8
Criticism

संस्करण 2016
आवृत्ति 2017

मूल्य : ₹795

आर. टेक ऑफ़सेट प्रिंटर्स, दिल्ली-110 032 में मुद्रित

वाणी प्रकाशन का लोगो मक़बूल फ़िदा हुसेन की कूची से

सम्पादकीय

हिन्दी साहित्य में ओमप्रकाश वाल्मीकि एक ऐसा नाम है, जिसने अपनी रचनाओं के माध्यम से कुलीनता और आभिजात्य संस्कृति के मूल्यों में रचे-बसे हिन्दी साहित्य की सदियों पुरानी जड़ता को तोड़ा और समाज की भाँति साहित्य की चौखट से बाहर उपेक्षित पड़े दलितों को साहित्य के केन्द्र में लाकर खड़ा किया। यह कहना शायद गलत नहीं होगा कि ओमप्रकाश वाल्मीकि का लेखन साहित्य विमर्श में एक अनिवार्य हस्तक्षेप है। हालाँकि उनसे पहले अनेक रचनाकारों ने दलित जीवन की पीड़ा को अभिव्यक्त करने का प्रयास किया, किन्तु उनकी अभिव्यक्ति का स्वर बहुत दूर तक नहीं जा सका। ओमप्रकाश वाल्मीकि ने दलित जीवन की पीड़ा, दर्द और संघर्ष के स्वर को व्यापकता प्रदान की। सत्तर के दशक से लेकर अपने जीवन के अन्तिम समय तक वह निरन्तर साहित्य सृजन में रत रहे। इस दौरान कविता, कहानी, आत्मकथा, आलोचना आदि विभिन्न विधाओं में कई महत्त्वपूर्ण पुस्तकें उन्होंने साहित्य जगत को देकर उसे समृद्ध किया। साहित्य लेखन की इस लम्बी यात्रा में उन्हें कई पड़ावों से गुजरना पड़ा, कई प्रकार के विरोध और संघर्षों का सामना करना पड़ा। कई प्रकार के अनुभव उन्हें हुए। किन्तु विरोध और कठिनाइयों से हतोत्साहित हुए बिना ओमप्रकाश वाल्मीकि ने अपनी यात्रा जारी रखी और हिन्दी दलित साहित्य की नींव को मजबूती प्रदान की।

ओमप्रकाश वाल्मीकि ने कविता, कहानी, आत्मकथा, नाटक, आलोचना आदि विभिन्न विधाओं को अपने सशक्त लेखन से समृद्ध किया है। लेखन के अलावा अनेक नाटकों का निर्देशन और अभिनय भी उन्होंने किया था। किन्तु उनको ख्याति आत्मकथा 'जूठन' से मिली। ओमप्रकाश वाल्मीकि के अन्दर भारतीय समाज की भेदभावमूलक जाति व्यवस्था के प्रति आक्रोश और समाज परिवर्तन की वैचारिक खदबदाहट विद्यार्थी जीवन से ही शुरू हो गयी थी जो बाद में उनकी रचनाओं में अभिव्यक्त होनी शुरू हुई। चन्द्रपुर (महाराष्ट्र) में तैनाती के दौरान 'दलित पैन्थर' आन्दोलन तथा मराठी दलित साहित्य और साहित्यकारों के सम्पर्क में आने पर उनकी चेतना को बल मिला। मराठी दलित साहित्य में आत्मकथाएँ सर्वाधिक चर्चित हुई हैं। कई मराठी दलित आत्म-कथाकार साहित्य अकादमी और अन्य पुरस्कारों से

सम्मानित हुए हैं। शायद इसी का प्रभाव था कि वाल्मीकि जी ने भी बड़ी रचना के रूप में उपन्यास न लिखकर आत्मकथा लिखने को प्राथमिकता दी।

'जूठन' हिन्दी-आत्मकथाओं में सर्वाधिक चर्चित और पढ़ी जाने वाली आत्मकथा है। साहित्य में नयी जमीन तोड़ने का मुहावरा तो बहुत-सी रचना और रचनाकारों के साथ प्रयोग कर दिया जाता है, जबकि नयी जमीन तोड़ने वाली रचनाओं का मिलना दुर्लभ होता है। नयी जमीन तोड़ने का एक अर्थ होता है किन्तु ओमप्रकाश वाल्मीकि के बारे में कहा जा सकता है कि उन्होंने 'जूठन' के द्वारा हिन्दी साहित्य में नयी जमीन तोड़ी थी, जिसने आभिजात्यता और प्रभुता की जड़ों को खोदा, शुद्धता और शुचितावादी साहित्यकारों के दिमागों की नशों को हिलाया तथा हिन्दी साहित्य के इतिहास, भूगोल और समाजशास्त्र को बदल कर रख दिया। 'जूठन' में भंगी समाज की दुर्दशा के चित्रण द्वारा वह समाज का ध्यान इस ओर आकृष्ट करने में सफल हुए कि भारतीय समाज में दलित किस प्रकार अमानवीय जीवन जीने को विवश हैं। 'जूठन' ओमप्रकाश वाल्मीकि की आत्मकथा के साथ-साथ एक (उत्पीड़न) का आख्यान, (पीड़ा का) महाकाव्य, (दर्द का) दस्तावेज और (संघर्ष का) इतिहास भी है। किसी भी दलित के लिए अपनी आत्मकथा लिखना जोखिम भरा काम है। क्योंकि दलित आत्मकथा में शोषक एवं शक्ति सम्पन्न, सवर्ण-सामन्तों की आलोचना अनिवार्य है। आत्मकथा सत्य का आईना होती हैं। आत्मकथा लिखना अपने जीवन को फिर से जीना होता है। दलितों का जीवन अभाव, अपमान, घृणा, उपेक्षा, उत्पीड़न और अस्पृश्यता की जिल्लत से भरा है। इस प्रकार के पीड़ादायी जीवन अनुभवों से फिर से गुजरना भोगी गयी पीड़ा से कम पीड़ादायी नहीं होता। इस पीड़ा का ज़हर पीने के लिए साहस चाहिए। ओमप्रकाश वाल्मीकि ने यह साहस दिखाया, यह निश्चित रूप से गर्व की बात है। हालाँकि हिन्दी दलित साहित्य में ओमप्रकाश वाल्मीकि से पूर्व मोहनदास नैमिशराय और कौशल्या बैसंत्री अपनी आत्मकथा लिख चुके थे, किन्तु ओमप्रकाश वाल्मीकि की आत्मकथा 'जूठन' के प्रकाशित होते ही उस पर जो चर्चा ने जो प्रभाव छोड़ा वह अद्भुत था। 'जूठन' ने कई दलित साहित्यकारों को आत्मकथा लिखने के लिए प्रेरित किया।

'जूठन' के अलावा उनकी कई कविताएँ और कहानियाँ भी अत्यन्त चर्चित हुईं, जिनमें 'पच्चीस चौका डेढ़ सौ', 'सलाम', 'बिरम की बहू' और कई अन्य कहानियाँ विशेष रूप से उल्लेखनीय हैं। उनकी आलोचना पुस्तक 'दलित साहित्य का सौन्दर्यशास्त्र' भी काफी चर्चित रही थी। ओमप्रकाश वाल्मीकि ने जो कुछ भी लिखा वह सब चर्चित हुआ और सम्मान के साथ पढ़ा गया। वह हमारे समय के अत्यन्त महत्त्वपूर्ण रचनाकार हैं, जिन्होंने अपनी रचनाओं, विशेषतः 'जूठन' से हिन्दी साहित्य का चाल, चेहरा और चरित्र बदल दिया। सच तो यह है कि ओमप्रकाश वाल्मीकि यदि 'जूठन' के अलावा और कुछ भी नहीं लिखते तब भी वह उतने ही

महत्त्वपूर्ण होते तथा हिन्दी साहित्य में अमर होते।

ओमप्रकाश वाल्मीकि के सम्पूर्ण रचनाकर्म को देखते हुए कहा जा सकता है कि वह एक मुकम्मल रचनाकार थे। एक मुकम्मल एवं सशक्त रचनाकार होने के साथ-साथ वाल्मीकि जी बड़े विमर्शकार भी थे। हिन्दी साहित्य में दलित विमर्श को व्यापकता और ऊँचाई तक ले जाने में उन्होंने महत्त्वपूर्ण योगदान दिया है। उन्होंने 1993 में, डॉ. विमलकीर्ति द्वारा नागपुर में आयोजित प्रथम फुले-अम्बेडकरवादी साहित्य सम्मेलन में, उस समय प्रेमचन्द की कहानी 'कफ़न' पर आलोचनात्मक टिप्पणी करते हुए उसे दलित विरोधी कहानी बताया था, जब प्रेमचन्द पर इस प्रकार की टिप्पणी करने की कल्पना भी नहीं की जा सकती थी। परम्परावादी साहित्यकारों द्वारा उनकी इस टिप्पणी की बहुत आलोचना हुई। इससे हिन्दी साहित्य जगत में भूचाल-सा आ गया था। विवाद यहाँ तक पहुँचा कि प्रेमचन्द की आलोचना से बिफरे प्रेमचन्दवादियों ने दलित साहित्य का तीव्र विरोध करते हुए उस पर हमला बोला तो भावुकतावादी दलितों द्वारा प्रेमचन्द के उपन्यास 'रंगभूमि' को आग में जलाया गया। इस विवाद और बहस का सुखद परिणाम यह निकला कि आज प्रेमचन्द को खुले ढंग से पढ़ा और समझा जा रहा है। यही साहित्य का लोकतन्त्रीकरण है, जिसकी स्थापना के लिए दलित साहित्य और उसके पुरोधा ओमप्रकाश वाल्मीकि वर्षों से निरन्तर जूझ रहे थे। साहित्य को मिली इस लोकतान्त्रिक दृष्टि के लिए हिन्दी साहित्य जगत को ओमप्रकाश वाल्मीकि का ऋणी होना चाहिए।

जितना सशक्त और प्रतिबद्ध ओमप्रकाश वाल्मीकि का लेखन था, उतनी ही दृढ़ता उनके व्याख्यानों और वक्तव्यों में भी होती थी। वह अपनी बात पूरी ताकत से कहते थे और उस पर अडिग रहते थे। जो बात उनको नहीं जँचती थी उसके लिए किसी से भी टकरा जाते थे। दलित-विरोधी किसी भी बात का प्रतिकार वह इतने सशक्त ढंग से करते थे कि प्रतिपक्षी पर आक्रमण सा करते दिखते थे। कई बार वह इतने उत्तेजित और आक्रामक हो जाते थे कि लगता था बस अभी गुत्थमगुत्था कर बैठेंगे। साहित्य सेमिनारों/संगोष्ठियों में वह प्रायः अपनी बात इतनी दृढ़ता और बेबाकी से रखते थे कि बहुत से लोग बौखला जाया करते थे। किन्तु वाल्मीकि जी ने किसी की बौखलाहट की कभी परवाह नहीं की। वह निरन्तर अपनी राह चलते रहे। इसे मैं उनकी बहुत बड़ी ताकत मानता हूँ। दृढ़ता और प्रतिबद्धता ही उनकी पहचान थी। वाल्मीकि जी हर किसी से संवाद कर सकते थे, और इसके लिए सदैव तैयार रहते थे। किन्तु जो लोग अतार्किक, सन्दर्भहीन या अनावश्यक बहस करने वाले जिन लोगों के साथ स्वस्थ संवाद की गुंजाइश नहीं दिखाई देती थी वह उनके साथ उलझने में अपना समय और ऊर्जा नष्ट करने के बजाय, उनके प्रति उपेक्षा भाव अपना लिया करते थे।

ओमप्रकाश वाल्मीकि बहुमुखी प्रतिभा के धनी थे। कवि, कथाकार, आलोचक,

नाटककार, निर्देशक, अभिनेता, एक्टिविस्ट होने के साथ-साथ वह ओजस्वी वक्ता और प्रखर चिन्तक थे। हिन्दी दलित साहित्य के वह आधार स्तम्भ थे। उनके लेखन से हिन्दी दलित साहित्य को एक आधार और सशक्त पहचान मिली। दलित साहित्य वह खिड़की है, जहाँ से भारतीय जीवन की कुरूपता और वीभत्सता स्पष्ट दिखाई देती है। यह सामाजिक परिवर्तन का एक आन्दोलन है और ओमप्रकाश वाल्मीकि का साहित्य इस आन्दोलन का नेतृत्व करता है। ओमप्रकाश वाल्मीकि के सम्पूर्ण रचनाकर्म को देखते हुए कहा जा सकता है कि वह एक मुकम्मल रचनाकार थे। लिखने के साथ-साथ वह खूब पढ़ते भी थे। यहाँ तक कि अपने जीवन के अन्तिम दिनों में भी उन्होंने पढ़ना नहीं छोड़ा था। किसी लेखक की रचनाओं को बिना पढ़े उन पर कोई बात भी वह प्रायः नहीं करते थे। अपने सशक्त लेखन से वह दलित साहित्य का 'आइकॉन' या पर्याय बन गये थे। दलित साहित्य में यदि किसी साहित्यकार को लीजेंड कहा या माना जा सकता है तो वह नाम ओमप्रकाश वाल्मीकि का है।

ओमप्रकाश वाल्मीकि के लेखन की विशेषता यह थी कि वह दलित और गैर-दलित सभी वर्गों द्वारा पढ़े जाते थे। किन्तु दोनों वर्गों के लिए समान रूप से महत्त्वपूर्ण और समादृत भी थे, यह नहीं कहा जा सकता। यदि ऐसा होता तो इतना महत्त्वपूर्ण लेखन करने के लिए उनको कोई न कोई बड़ा पुरस्कार अवश्य मिलता। कुछ छोटे-मोटे पुरस्कार ही वाल्मीकि जी को मिले हैं। उनका बड़ा राष्ट्रीय पुरस्कार भारतीय दलित साहित्य अकादमी द्वारा ही दिया गया है, केन्द्रीय अथवा राज्यों की साहित्य अकादमियों अथवा अन्य साहित्यिक संस्थाओं द्वारा नहीं। जबकि इस दौरान अनेक ऐसे लेखकों को बड़े-बड़े पुरस्कारों से नवाज़ा गया है जिनका लेखन ओमप्रकाश वाल्मीकि के लेखन के समक्ष कहीं भी नहीं ठहरता।

चिन्तन और वैचारिकता के स्तर पर ओमप्रकाश वाल्मीकि जितने दृढ़ थे व्यावहारिक स्तर पर उतने ही मिलनसार और सहज व्यक्ति थे। युवा वर्ग के साथ वह बहुत घुले-मिले रहते थे। युवा लेखकों, विद्यार्थियों और शोधार्थियों के साथ वह सदैव स्नेह से मिलते थे तथा उनकी शंकाओं का निवारण कर उनका मार्गदर्शन करते थे।

कई लेखकों का वाल्मीकि जी से विवाद और शिकायतें रहीं। मेरी जानकारी में दलित लेखकों में ओमप्रकाश वाल्मीकि से सबसे पहली शिकायत या विवाद एन.आर.सागर का है। ओमप्रकाश वाल्मीकि के कविता संग्रह 'सदियों का सन्ताप' में संकलित कविता 'तब तुम क्या करोगे?' के बारे में एन.आर. सागर का दावा था कि यह मूल रूप से उनकी कविता है। सागर जी के अनुसार 'तब तुम्हें कैसा लगेगा?' शीर्षक की उनकी यह कविता सन् 1964 में 'सैनिक सन्देश' में प्रकाशित हुई थी, ओमप्रकाश वाल्मीकि ने उसकी चोरी की है। एन.आर.सागर की यह कविता उनके 1996 में प्रकाशित संग्रह 'आजाद हैं हम' में संकलित है। जो शब्द एन.आर. सागर

और ओमप्रकाश वाल्मीकि की कविता के हैं, लगभग वही शब्द कंवल भारती की 1992 में नवभारत टाइम्स में प्रकाशित 'तब तुम्हारी निष्ठा क्या होती?' कविता के हैं। उक्त तीनों कविताओं में केवल शब्दों का हेर-फेर है, अन्यथा भाव एक ही हैं। इन कविताओं को एक साथ पढ़ने पर ये तीनों एक ही कवि की रचना प्रतीत होती है। इससे यह प्रतीत होता है कि सभी दलितों के जीवन-अनुभव और संवेदनाएँ एक जैसी हैं, उनके अन्दर एक ही प्रकार के विचार और भाव उमड़ते-घुमड़ते हैं तथा उनकी अभिव्यक्ति का स्वर भी लगभग एक जैसा होता है। वाल्मीकि जी पर साहित्यिक चोरी का आरोप मुकेश मानस और संजीव खुदशाह द्वारा भी लगाया गया था। ये सभी मामले अब दब चुके हैं। कई अन्य कारणों से भी वह विवाद में रहे। उनकी कहानी 'शवयात्रा' को लेकर उन पर जाटव विरोधी होने का आरोप भी लगा था और इसके लिए उनकी काफी आलोचना हुई थी।

कोई भी व्यक्ति अपने आप में मुकम्मल नहीं है। प्रत्येक व्यक्ति में कोई न कोई मानवीय कमजोरी होती है। ओमप्रकाश वाल्मीकि भी इसका अपवाद नहीं हैं। वह भी एक मनुष्य थे और उनमें भी मानवीय कमजोरियों का होना अस्वाभाविक नहीं था। किन्तु उल्लेखनीय है उनका सामाजिक अवदान, समाज के मानस में उनके द्वारा बोये गये समता और स्वातन्त्र्य चेतना के बीज।

अपने साहित्य में ओमप्रकाश वाल्मीकि ने कई पात्र सृजित किये, कई नायक गढ़े, जो दलित समाज की आशा, विश्वास और संघर्ष के प्रतीक हैं। उनकी रचनाओं के ये नायक जितना उनके आसपास थे उससे अधिक उनके स्वयं के अन्दर मौजूद थे। दलित अस्मिता को पहचान दिलाते इन नायकों को गढ़ने वाले ओमप्रकाश वाल्मीकि वास्तव में हिन्दी दलित साहित्य के महानायक हैं। नायक कभी नहीं मरते। ओमप्रकाश वाल्मीकि भी अपनी रचनाओं के माध्यम से सदैव हमारे बीच, हमारी स्मृतियों में रहेंगे।

संक्षेप में कहा जाय तो ओमप्रकाश वाल्मीकि हिन्दी दलित साहित्य के आधार-स्तम्भ थे। उनके लेखन से हिन्दी दलित साहित्य को एक आधार और सशक्त पहचान मिली। सच कहिए तो वह हिन्दी दलित साहित्य का पर्याय थे। हिन्दी दलित साहित्य में यदि किसी लेखक को लीजेंड कहा या माना जा सकता है तो निर्विवाद रूप से वह ओमप्रकाश वाल्मीकि हैं।

प्रस्तुत पुस्तक ओमप्रकाश वाल्मीकि के व्यक्तित्व और कृतित्व के विभिन्न पक्षों से साहित्य समाज को परिचित कराने का प्रयास है। इसमें उनके जीवन के कई ऐसे अनछुए पहलू और प्रसंग हो सकते हैं, जिनसे साहित्य जगत अभी तक अपरिचित रहा हो। लेखक मित्रों ने जिस उत्साह और प्यार से अपने लेख देकर इस प्रयास को सफल बनाया है, इसके लिए उन सभी के प्रति आभारनत हूँ।

अनुक्रम

शब्द और यथार्थ के बीच पिघलता हुआ कथाकार

मोहनदास नैमिशराय

मेरे स्टडी रूम की टेबल पर अभी भी एक पत्रिका का नवीनतम अंक रखा है, जिसमें वरिष्ठ दलित कवि तथा कथाकार ओमप्रकाश वाल्मीकि को हँसते हुए दिखाया गया है। जाहिर है यह अंक उनके हमसे जुदा होने के बाद ही छपा होगा। सम्भवतः कई सौ बार मैंने उन्हें हँसते देखा होगा। अन्तिम बार जब तब वे गंगाराम हॉस्पिटल में भर्ती थे। उन्हें वह जानलेवा बीमारी लग गयी थी, जिससे लाख कोशिश करने पर भी वे पीछा नहीं छुड़ा सके थे। गंगाराम हॉस्पिटल में दोपहर के बाद चन्दा दवाई न लेने के कारण उन्हें डाँट रही थी और वे मेरी तरफ देख कर हँस रहे थे। शरीर भले ही कमजोर हो गया था, लेकिन उनकी हँसी में जिन्दादिली थी। उस समय हल्के-फुल्के स्वर में वाल्मीकि ने कहा था, "देख रहे हो नैमिशराय जी अपनी भाभी को।"

उनकी बात खत्म ही हुई थी कि भाभी जी मेरी ओर देख कर तनिक मुस्कुराई थीं फिर तत्काल बोली थीं, "भाई साहब दवा नहीं पी रहे हैं देख लो।" तत्पश्चात ही मेरी मौन सहमति से वाल्मीकि जी ने दवा ले ली थी। हॉस्पिटल के कक्ष में मेरे अलावा अन्य कोई मुलाकाती न था। कुछ देर ऐसे ही बातचीत होती रही। साहित्य के साथ घर और दिल्ली के बाहर मेरे दौरे, यह सब चर्चा का विषय रहे। चन्दा भी बीच-बीच में कुछ पूछ लेती थीं और मैं दोनों को जवाब देते-देते उनके भीतर झाँकने की कोशिशें करता रहा था। एक-दो बार इस बीच नर्स आयी और जरूरी हिदायत देकर चली गयी। लगभग घंटा भर मैं वहाँ रहा और उन दोनों के चेहरों पर आशा तथा निराशा की लकीरों को बखूबी पढ़ता रहा। चन्दा पत्नी होने के साथ एक अच्छी नर्स की भूमिका निभा रही थीं।

हॉस्पिटल के परिवेश में तैरती उदासी को ओमप्रकाश वाल्मीकि जैसे जीवट किस्म के व्यक्ति ही अपनी हँसी से तोड़ सकते थे। वे मुस्कुरा सकते थे और पेशेंट बैड पर लेटे हुए साहित्यिक चर्चा भी कर सकते थे। जैसा उन्होंने अन्तिम समय तक किया भी। इसे उनकी जिन्दादिली का सबूत भी कहा जा सकता है। जीवन के अन्तिम छोर पर आते-आते वे मायूस नहीं हुए। न ही उनकी रचनाधर्मिता में कोई

फर्क आया। बस जीवन की किश्ती में उभरते-डूबते मस्तूल के सहारे उनकी साँसों की डोर उस पतंग के बहाने चलती रही, जिसके बारे में स्वयं उन्हें भी मालूम न था कि आकाश में उड़ती पतंग कब कट सकती है। अन्ततः वही हुआ यानी हम सबसे उनका बिछुड़ना। पीछे रह गयीं सिर्फ उनकी यादें और यादों के आर-पार उनका साहित्य तथा आन्दोलन। साथियों से हुई उनकी मुलाकातें। बातचीत। गिले-शिकवे और कुछ ऐसे सवाल जिन्हें वे स्वयं हल करना चाहते थे और ऐसे भी सवाल, विदा होते-होते जो वे साथियों को देकर गये थे। कुछ मिले-जुले ऐसे द्वन्द्व जिनकी गिरफ्त में अन्तिम समय तक रहे।

वाल्मीकि जी से हुई मुलाकातों की यादों में जाने से पूर्व मैं बता देना चाहता हूँ कि कुछ मामलों में मेरे और उनके बीच समानता थी। उदाहरण के लिए वे भी उत्तर प्रदेश से थे और मैं भी। वे मुजफ्फरनगर के बरला गाँव से थे और मैं मेरठ शहर की जाटव गेट बस्ती से। उनका प्रवास लम्बे समय तक महाराष्ट्र में रहा और मेरा भी आना-जाना महाराष्ट्र के गाँव, कस्बा तथा शहरों में रहा। महाराष्ट्र के बारे में मैं इसलिए लिख रहा हूँ कि अगर वाल्मीकि जी चन्द्रपुर या अन्य शहरों में ना जाते तो उनके तेवर उतने तीखे न हो पाते। जो उनकी रचनाधर्मिता में भी आये। ऐसा ही लगभग मेरे साथ भी हुआ। तीसरी समानता मेरे और उनके बीच यह रही कि उन्होंने लगभग चालीस वर्ष लगातार लिखा। वे बाबा साहेब डॉ. अम्बेडकर के आन्दोलन से भी जुड़े रहे। यही बात मुझ पर और मेरी रचनाधर्मिता पर भी लागू होती है। मैं यहाँ एक और समानता की बात करना चाहूँगा। वह है मराठी भाषा सीखना। उन्होंने भी मराठी सीखी और मैंने भी। इनके अलावा एक अन्य समानता, जो यह कि उन्होंने भी मंचीय नाटकों में रुचि ली और मैंने भी। जहाँ तक मेरे और उनके व्यक्तित्व तथा विचारों में असमानता रही, उनका जिक्र मैं नहीं करूँगा। इसलिए कि प्रत्येक व्यक्ति से जुदा विचार होते हैं, जो स्वयं उसके जीवन तथा समाज को प्रभावित करता है। वह प्रभाव सकारात्मक होता है या नकारात्मक यह अलग बात है। व्यक्ति जिन परिस्थितियों में पलता-बढ़ता है, वे जरूर उसके जीवन में महत्त्वपूर्ण भूमिका निभाती हैं।

बकौल डॉ. एन. सिंह ओमप्रकाश वाल्मीकि जी ने 1975 में गम्भीरतापूर्वक लिखना आरम्भ किया। वाल्मीकि जी मुझसे लगभग आठ माह कम उम्र के थे, लेकिन मैं यह बात कह सकता हूँ कि उनमें मुझसे संजीदगी कहीं अधिक थी। हो सकता है उन्हें परिस्थितियों ने अधिक संजीदगी होना सिखाया हो या फिर अन्य कोई कारण रहे हों। 'सदियों का सन्ताप' उनका पहला कविता संग्रह था। सम्भवतः 1975 से पूर्व जो उन्होंने लिखा वह भाषा, शैली या छन्द या फिर प्रतीक और बिम्ब को लेकर कमजोर दमना रही हो, लेकिन उनके भीतर आरम्भ से ही दलित आन्दोलन उभरने

लगा था। उनकी कविताओं में अच्छी-खासी छटपटाहट देखी जा सकती थी। वे आक्रोश से लबालब होती थीं। कहना न होगा कि बीस वर्ष पूरे होते-होते उनके भीतर विद्रोह उभरने लगा था। बाद के दौर में कथ्य और शिल्प में भी परिपक्वता आने लगी थी। 'सलाम' कहानी में यह सब बखूबी देखा और महसूस किया जा सकता है। कहानी के नायक 'हरीश' के माध्यम से जहाँ उन्होंने भंगी बस्ती तथा रीति-रिवाजों से सम्बन्धित ताने-बाने को सफलतापूर्वक बुना है, वहीं सामाजिक सरोकार भी समानान्तर रूप से साथ-साथ चले हैं। जब कथा नायक 'हरीश' सलाम के लिए जाने से मना कर देता है। वह कहता भी है, "मैं इस रिवाज को आत्मविश्वास तोड़ने की साजिश मानता हूँ। यह सलाम की रस्म बन्द होनी चाहिए।" निश्चित ही हिन्दू धर्म और परम्पराओं के खिलाफ यह विद्रोह है। वाल्मीकि जी उसका ध्वंस चाहते हैं।

यही नहीं बल्कि उनके भीतर परम्परागत पेशा करते मैला ढोते लोगों को देखकर टीस भी उभरती है। इसलिए 'झाडू वाली' कविता के माध्यम से भारत की सम्पूर्ण लोकतान्त्रिक व्यवस्था पर ही वे प्रश्नचिह्न लगा देते हैं—

"जब तक रामेसरी के हाथ में
खड़ांग-खांग घिसटती लौह गाड़ी है,
मेरे देश का लोकतन्त्र एक गाली है।"

स्वयं उन्होंने लिखा है, "मुद्रित शब्द की आग में मैंने अपने-आपको हमेशा झुलसते पाया है। पश्चिमी उत्तर प्रदेश के जिला मुजफ्फरनगर, गाँव बरला के बेसिक प्राइमरी स्कूल में मेरे दाखिले के वक्त गिड़गिड़ाते पिता का चेहरा आज भी मेरी आँखों में किरकिराता है। और यातना भरे सफर और संघर्ष में यही मेरी ताक़त भी बनता है।" कहना न होगा कि वाल्मीकि जी के लिए लेखन किसी यातना से कम न था। यह यातना जितनी सवर्ण जातियों के अध्यापकों ने दी उतनी ही सवर्ण सम्पादकों तथा विचारकों ने। एक प्राइमरी अध्यापक और तब के सारिका के सम्पादक में कोई फर्क न था। भले ही प्राइमरी अध्यापक गाँव में रहता हो और सारिका का सम्पादक बम्बई जैसे महानगर में। दोनों की मानसिकता किसी दलित के लिए एक जैसी थी। दोनों के भीतर मनुस्मृति का ज़हर भरा हुआ था। दोनों हिन्दू धर्म और वर्णव्यवस्था के अलम्बरदार थे। दोनों ही द्रोणाचार्य की भूमिका निभाने में सतर्क थे।

उन्होंने स्वयं लिखा है, "हताशा और निराशा के समय कविता मुझे सम्बल देती रही है।" निश्चित ही वैसी आन्तरिक ऊर्जा लेकर वे आगे बढ़े होंगे। देखा जाय तो 1970 के दशक में जो परिदृश्य था, वह सामाजिक भेदभाव, विषमता और वर्णव्यवस्था से उपजी अमानवीय बर्बरता का था। एक तरफ बेलछी कांड, कफल्टा, साढ़ू पुर कांड और नारायणपुर जैसे कांड हो रहे थे तो दूसरी ओर प्रतिक्रियास्वरूप

दलितों की नयी पीढ़ी इन सबके खिलाफ खड़े होने का साहस भी कर रही थी। उनके पहले संग्रह में 19 कविताएँ थीं। जिनमें जातीय दंश के विरुद्ध आक्रोशित स्वर में एक आन्दोलन का स्वरूप भी है। ये कविताएँ 1974 से 1989 के दरम्यान लिखी गयी थीं। जाहिर बात थी कि उस समय हिन्दी दलित कविता भी अपनी पहचान के लिए संघर्ष कर रही थी।

मानवीय मूल्यों को स्थापित करना दलित कविता का पहला उद्देश्य था। दलित कवियों/कथाकारों के संघर्ष की यात्रा सहज नहीं थी। देखें वाल्मीकि जी की कविता–

लोहा, लंगड़
गारा-सीमेंट
ईंट पत्थर
सभी पर है स्पर्श हमारा
लगे हैं जो घरों में आपके
फिर भी बना दिया आपने
हमें अछूत और अन्त्यज
भंगी-डोम चमार
माँग-पासी और महार

–विरासत, 'अब और नहीं' 'संग्रह से

सत्तर के दशक में ही देश की राजधानी यानी दिल्ली से मेरे रिश्ते बनने की शुरुआत हुई। अपने बारे में, उन रिश्तों के बारे में तथा मेरठ से दिल्ली आने-जाने की प्रक्रिया में पाठकों को उलझाये बिना सिर्फ इतना ही बताना चाहता हूँ कि ये व्यक्तिगत रूप से भी मेरे यातना के दिन थे, संघर्ष का दौर था और बेरोजगारी में छटपटाते हुए आक्रोश का समय था। सम्भवतः उसी दौर में ओमप्रकाश वाल्मीकि जी से पहली मुलाकात हुई थी। वे दिल्ली आये थे। उनकी पहली नियुक्ति चन्द्रपुर (महाराष्ट्र) में जुलाई, 1972 को हुई थी। जैसा मुझे याद आ रहा है। 1972 में ही मेरी भी नियुक्ति दिल्ली रोजगार कार्यालय दरियागंज में हुई थी। नौकरी छोड़ने के कारण सम्भवतः बेरोजगारी के दिन 1975 के बाद शुरू हुए। मैं उन दिनों आर्य नगर, पहाड़गंज में रहता था। इन्हीं दिनों मेरी पत्नी ने नौकरी करना शुरू कर दिया था। वाल्मीकि जी अपनी पत्नी चन्दा के साथ आये थे और पहाड़गंज मेरे घर पर कई दिन रहे थे। वैसे उनका पहाड़गंज आना दो-तीन बार हुआ। यहीं से मेरे और उनके बीच पत्र-व्यवहार होना शुरू हुआ। जिससे हमारे बीच रिश्तों में प्रगाढ़ता बढ़ने लगी। हम कहने को एक-दूसरे से दूर थे, लेकिन वैचारिक स्तर पर बहुत नजदीक थे। इसीलिए दलित साहित्य और आन्दोलन विषय पर हमारे बीच विमर्श होने लगा था। अस्सी का दशक आते-आते हमारी रचनाओं का भी आदान-प्रदान होने लगा था।

अक्टूबर 1981 को जब मैंने 'बहुजन अधिकार' पाक्षिक की शुरुआत की तो उन्होंने शुभकामना देते हुए पत्र लिखा था। और बहुजन अधिकार में रचनाएँ भेजने का आश्वासन भी दिया था। बाद में यानी 2 फरवरी, 1982 के अंक के लिए उन्होंने अपनी कविता 'आज का मानव' भेजी थी, जो उसी अंक में प्रकाशित हुई थी।

आज का मानव
सिमट रहा है धरती में
खोखले मुहावरों के साथ
लड़ते-लड़ते
वक्त के थपेड़ों से
खो गया गुमनाम
शब्दों के अर्थहीन जंगल में
गहराती अँधेरी रातों में
तलाशता चाँदनी को...

कुछ माह बाद उन्होंने दूसरी कविता भी 'मौसम, पुल और मैं' भेजी। जो अगस्त, 1982 के अंक में छपी—

बस्ती से दूर घने जंगलों में
पहाड़ों से घिरी
सूखी पथतली नदी के,
कमजोर पुल पर खड़े होकर
पुकारना चाहता हूँ मैं
ठंडे पानी के झरनों को...

तब उनका पता होता था 4-डी/टाइप-3, सेक्टर-5, आर्डनैंस फैक्टरी इस्टेट, चन्द्रपुर-51 (महाराष्ट्र)

बहुजन अधिकार नब्बे के दशक तक यानी लगभग 1999 तक चलता रहा और वे कविता के साथ कभी आलेख या व्यंग्य भी भेजते रहे। हमारे बीच रिश्तों में गर्माहट वैसी ही रही।

इस बीच मैं रजनी कोठारी द्वारा स्थापित लोकायन संस्था में भी रहा। वहाँ से लोकायन लोकतन्त्र फीचर की भी शुरुआत की। विजय प्रताप का सहयोग तब मिलता था। तब भी वाल्मीकि जी ने लिखा था—"लोकायन समीक्षा के अप्रैल-जून 1989 (प्रथम अंक) में प्रकाशित समूची सामग्री विभिन्न रूपों में बहुआयामी है, जो समस्याओं पर विश्लेषात्मक ढंग से विवेचना करने में सक्षम हैं।...आप लोकायन के माध्यम से जनमानस में राजनीतिक सोच जाग्रत कर रहे हैं, जो निःसन्देह स्तुत्य है। बधाई।"

आपका साथी
ओमप्रकाश वाल्मीकि
4, न्यू रोड स्ट्रीट,
कलालों वाली गली
देहरादून-248001 (उ.प्र.)

जैसे-जैसे हम दोनों ही बाबा साहेब डॉ. अम्बेडकर की प्रेरणा से दलित साहित्य और आन्दोलन में रचते-बसते गये वैसे-वैसे हम एक-दूसरे के करीब होते गये। पहाड़गंज से जब मैंने पश्चिम विहार शिफ्ट किया तो नये घर में भी वे चंदा को साथ लेकर आये। हम घंटों-घंटों दलित साहित्य पर चर्चा करते। उन दिनों जब मैंने मंडी हाउस में 'हैलो कामरेड' की मंचीय प्रस्तुति की थी तो उन्होंने बधाई दी। न सिर्फ बधाई बल्कि एक शाम चन्दा के साथ मंडी हाउस रिहर्सल के दौरान भी आये। 1989 में रविदास जयन्ती के अवसर पर चन्द्रपुर आयुध फैक्ट्री में हुए कार्यक्रम में मुझे वाल्मीकि जी ने आमन्त्रित भी किया था।

नब्बे का दशक हिन्दी राज्यों में दलित साहित्य का स्वर्ण युग भी कहा जा सकता था। दलित कवियों/कथाकारों तथा नाट्यकारों में जोश खरोश देखते ही बनता था। लगभग सभी एक-दूसरे की रचनाओं को गम्भीरता से पढ़ते थे और बहस में सकारात्मक हिस्सा भी लेते थे। इसी दशक में वाल्मीकि जी से देहरादून, नागपुर और दिल्ली में मुलाकातों में बढ़ोतरी हुई। अब तक दलित साहित्य को ऊर्जा प्रदान करने के लिए कम से कम बीस-तीस महत्त्वपूर्ण पुस्तकें छप चुकी थीं। जिनमें माता प्रसाद, कंवल भारती, जयप्रकाश कर्दम, ओमप्रकाश वाल्मीकि, डॉ. धर्मवीर, डॉ. सुखबीर, डॉ. एन.सिंह, डॉ. तेज सिंह, डॉ. रणजीत सिंह, विद्रोही, कर्मशील भारती आदि थे।

इसी बीच डॉ. विमलकीर्ति जी ने नागपुर में दलित साहित्य पर कार्यक्रम किया। वाल्मीकि जी और मैं वहाँ गये। तब सागर जी और शेखर भी साथ थे। रिश्तों की गर्माहट में अभी भी कोई कमी नहीं आयी थी। मैं बताना चाहता हूँ कि सम्भवतः वाल्मीकि जी ने जितने पत्र मुझे लिखे, शायद ही किसी अन्य को लिखे होंगे। वे पत्र मेरी आने वाली पुस्तक 'मेरा जीवन मेरे पत्र' में छप रहे हैं। हम एक-दूसरे का सम्मान करते थे। एक-दूसरे की रचनाओं का उल्लेख करते थे और दलित साहित्य में जुड़ने वाले नयी पीढ़ी के युवकों को पूछते थे कि क्या तुमने वाल्मीकि जी को पढ़ा है, क्या तुमने नैमिशराय जी की रचनाएँ देखी हैं। पर कहा जाता है कि वैसा दौर लौटकर नहीं आता। बल्कि ढलान पर नीचे की तरफ आता है।

नयी शताब्दी आते-आते नया दौर शुरू हो गया था। मतभेद के साथ मनभेद भी उभरने लगे थे। जैसे-जैसे वाल्मीकि जी साहित्य की ऊँचाई पर पहुँचने लगे थे

वैसे-वैसे वे अपने करीबी मित्रों से कटने लगे थे। नये क्षेत्र और नये मित्र, गलाकाट प्रतिस्पर्धा में शामिल होने की आकांक्षा। ऐसे समय में उन्हें मिले थे राजेन्द्र यादव, जो उनके भीतर नया दर्शन देने के लिए आतुर थे। और उन्होंने नया दर्शन दिया भी। वह दर्शन जातियों की तंग गलियों तक जाता था। जहाँ बाबा साहेब का बौद्ध दर्शन खत्म होता था। इसे दलित साहित्यकारों और विशेष रूप से वाल्मीकि जातियों के लेखकों का विरोधाभास ही कहना चाहिए कि वे एक तरफ डॉ. अम्बेडकर को मानते हैं दूसरी ओर खुल्लमखुल्ला यह भी कहते हैं कि वे बौद्ध धर्म नहीं मानते। जबकि स्वयं अम्बेडकर बौद्ध धर्म के गर्भ से पैदा हुए। स्वयं बाबा साहेब अगर बौद्ध धर्म नहीं मानते तो हो सकता था कि वे दलितों के इतने करीब नहीं होते। दलित उन्हें उतना आदर नहीं दे पाते। कहना न होगा कि ओमप्रकाश वाल्मीकि ने अपने प्रशिक्षण के दौरान जो कुछ भी महाराष्ट्र में डॉ. अम्बेडकर के बारे में सीखा, वह सब हिन्दी पट्टी में आते-आते भूलते गये। और जिन जातियों की संरचना को खत्म करने हेतु उन्होंने कमर कसी थी, उसी के ताने-बाने में वे उलझते गये। ऐसा उनके होने तथा बनने में सवर्ण जाति के कुछ लेखकों/पत्रकारों के साथ स्वयं वाल्मीकि समाज के साथियों ने भी मदद की। यानी राष्ट्रीय फलक पर उभरे एक प्रतिबद्ध कवि/कथाकार को नीचे खींचने के प्रयास। यह दुःखद अभ्यास है, जिसका जिक्र मैंने किया। उनकी तमाम विशेषताओं के बावजूद यह बात मैं लिख रहा हूँ। उनसे रहे अच्छे रिश्तों के बाद भी मैं यह कह रहा हूँ। उनके प्रति मन में आदर रखते हुए भी मुझे यह बताना पड़ रहा है। यहाँ मैं 'धर्मवीर प्रसंग' का जिक्र भी करना चाहूँगा। कई बार वाल्मीकि जी ने मुझसे कहा था, ''नैमिशराय जी धर्मवीर का साथ छोड़ दीजिए। दलित आन्दोलन और साहित्य को उस शख्स ने बहुत नुकसान पहुँचाया है।'' ध्यान रहे कि उस समय वे विमल थोरात के करीब होने लगे थे।

बावजूद इन सब मतभेदों के/विभिन्नताओं के/विचारों में आये बदलाव के मैं कभी अपने साथी रहे ओमप्रकाश वाल्मीकि के बारे में यह भी घोषणा करना चाहता हूँ कि अगर दलित साहित्य में वाल्मीकि जी पदार्पण नहीं करते तो दलित साहित्य आज उतना मजबूत तथा विस्तार में न होता। दलित साहित्य को ऊँचाई तक ले जाने में उनकी भूमिका से इनकार नहीं किया जा सकता। और इनकार करना भी नहीं चाहिए। क्योंकि अतीत से वाल्मीकि जी हमारे साथ रहे हैं। वर्तमान में भी हैं और भविष्य में भी वे हम सबके साथ रहेंगे।

ओमप्रकाश वाल्मीकि

श्यौराजसिंह बेचैन

ओमप्रकाश वाल्मीकि 17 नवम्बर, 2013 को हमसे दूर चले गये। 30 जून, 1950 को उत्तर प्रदेश के बरला गाँव (मुजफ्फरनगर) में जन्मे बालक ओमप्रकाश ने साहित्य की दुनिया में प्रवेश अपनी वाल्मीकि पहचान के साथ किया। देहरादून के मैक्स अस्पताल में उन्होंने जीवन की अन्तिम साँस छोड़ी। वाल्मीकि दम्पति ने एक बेटी गोद ली और वे जीविका कमाने के साथ-साथ साहित्य सृजन में सक्रिय थे। उनकी अभिव्यक्ति जिस भी माध्यम में यानी कविता, कहानी, आत्मकथा आदि में थी, स्वानुभूति से भरी हुई थी। आत्मपरकता उनकी अधिकांश कविताओं में थी। मैं या तुम सीधे सवाल उठाती कविताएँ हैं।

आत्मविश्वास ऐसा कि 1989 में अपनी जेब से कविताएँ छाप कर बेचने निकल पड़े। किस प्रकाशक से किस के सहयोग से किस तरह 'सदियों का सन्ताप' छपी। उसके बाद भी वे कविताएँ लिखते रहे। विशुद्ध वैचारिक, गम्भीर और प्रश्नाकुलता से ओतप्रोत कविताएँ।

मैं वाल्मीकि और राजेन्द्र यादव दोनों के सम्पर्क में रहा पर मुझे याद नहीं कि 'हंस' के दरवाजे अछूत के लिए कैसे खुले? हंस हर अंक में कविताएँ छापता है। अकेले वाल्मीकि को ही हंस में कविताएँ छपने का अवसर मिला। उन दिनों शरणकुमार लिंबाले की आत्मकथा हिन्दी में अनूदित होकर आयी ही थी। वामपन्थी रुझान के साहित्यिकों को अधिक पसन्द आ रही थी। वाल्मीकि जी जे.एन.यू मेरे निवास पर आये और बोले, मैंने बहुत मुश्किल से शरणकुमार लिंबाले का साक्षात्कार हंस के लिए किया है।

राजेन्द्र यादव की जीवन-शैली को लेकर मैं आश्वस्त नहीं हो पा रहा था कि यह सिगारसूंता सम्पादक दलितों का दर्द क्या समझेगा? वाल्मीकि मुझे देर तक समझाते रहे कि इन ठहाकों के बीच समाज के शोषित-पीड़ितों के प्रति यादव जी के दिल में जगह है तुम यकीन करो। मैं नहीं भी करता तो क्या करता? वाल्मीकि मुझे साथ लेकर हंस गये।

वाल्मीकि जी द्वारा अपने समाज को लेकर लिखी गयी कहानियाँ और आत्मकथात्मक लेखन में यथार्थ परक प्रामाणिकता है। 'सदियों का सन्ताप' कविता संग्रह से उन्होंने साहित्य का सफर शुरू किया था। सबसे पहले उन्हें दलित संस्थाओं, दलित पत्र-पत्रिकाओं ने आदर-सम्मान दिया। 1993 में उन्हें डॉ. सोहनपाल सुमनाक्षर की भारतीय दलित साहित्य अकादमी ने डॉ. अम्बेडकर राष्ट्रीय पुरस्कार से सम्मानित किया। 1992 से उनकी कहानियों को राजेन्द्र यादव ने पहचाना और हंस में दलित लेखन को प्रकाशित करने की शुरूआत वाल्मीकि से ही की। कालान्तर में उनकी 'बस्स! बहुत हो चुका', 'घुसपैठिए', 'दलित साहित्य का सौन्दर्यशास्त्र', 'अनुभव और यथार्थ' आदि कृतियाँ प्रकाशित हुईं। उनकी रचनाओं के अंग्रेजी सहित कई भारतीय भाषाओं में अनुवाद हुए। आत्मकथांश एन.सी.ई.आर.टी. सहित कई विश्वविद्यालयों की पाठ्य पुस्तकों में उनकी रचनाएँ पढ़ाई जा रही हैं। 'जूठन' दिल्ली विश्वविद्यालय के एम.ए. हिन्दी में भी पढ़ाई जाने को लेकर सम्बन्धित शिक्षकों के समक्ष विभागाध्यक्षों से बात की तथा समकुलपति प्रो. सुधीश पचौरी जी को भी इन पंक्तियों के लेखक ने मेल किया। कथा सम्पादकों के द्वार पर वाल्मीकि की दस्तक देर तक लगी। वर्षों तक आहट नजरअन्दाज की पर हंस का दरवाजा खुलने के बाद कई और दरवाजे भी खुले। कई और दलित कथाकारों को हंस में जगह मिलनी शुरू हुई। डॉ. धर्मवीर, मोहनदास नैमिशराय, सूरजपाल चौहान और कंवल भारती उल्लेखनीय हैं।

ऐसा नहीं है कि वाल्मीकि में खूबियाँ ही खूबियाँ थीं। खामियाँ या दुर्बलताएँ नहीं थीं। वे भी थीं, मसलन वे किताबों के शीर्षक नहीं सोच पाते थे, एक गैर-दलित महिला सम्पादक ने जब वाल्मीकि के नाम का इस्तेमाल किया और अपने लिए लिख कर वाल्मीकि को सम्पादक बनाया तो वाल्मीकि जी ने फोन कर पूछा—"क्या मैं इस किताब का नाम 'दलित दखल' रख दूँ?" मैंने कहा आप जानते हैं इस शीर्षक से तो रजत के साथ सम्पादन में मेरी किताब है। बोले हाँ, है मैं और कुछ सोचता हूँ। परन्तु 'दलित हस्तक्षेप' किताब मेरे पास आयी तब मैंने उनसे पूछा कि हस्तक्षेप और दखल का अंग्रेजी में अनुवाद होगा तो क्या होगा। इसी तरह शरणकुमार लिंबाले ने 'दलित साहित्य का सौन्दर्यशास्त्र' शीर्षक से अपने लेखों की किताब छपवाई तो वाल्मीकि जी ने भी 'दलित साहित्य का सौन्दर्यशास्त्र' नाम दे दिया। मुझे जब भी साहित्य पर लिखने का मौका मिला, मैंने वाल्मीकि जी की आत्मकथा पर जरूर बात की। मुझे वरिष्ठ पत्रकार अरविन्द मोहन जी के समय में दैनिक हिन्दुस्तान में लिखने के लिए सम्पादक मृणाल पाण्डे जी ने पत्र लिखकर आमंत्रित किया था। जिन व्यक्तियों पर मैं लिख पाया उनमें दलित साहित्य के 'आधार स्तम्भ' स्वामी अछूतानन्द 26 जनवरी, 1999, लोक कवि बिहारी लाल हरित और 'जूठन'

के लेखक ओमप्रकाश वाल्मीकि पर लेख लिखे थे। किन्हीं संजीव खुदशाह ने अपनी पुस्तक के अंश कापी कर लेने का आरोप लगा कर किसी स्तर पर समझौता कर लिया था। श्री खुदशाह ने वह प्रसंग फिर उठाया है। मेल से प्रेषित उनके लेख में उन्होंने लिखा है...''मेरे साथ भी उनके सम्बन्धों में तब तल्खी आ गयी थी जब उन्होंने अपनी किताब 'सफाई देवता' में मेरी किताब के अंश को बिना उचित सन्दर्भ देते हुए प्रकाशित कर दिया। मेरे और हिन्दी के अन्य लेखकों की आपत्ति के बाद उन्होंने गलती स्वीकार कर ली और मामला खत्म हो गया। लेकिन यह बात पूरे साहित्य के हल्कों में फैल गयी। कई लेखकों ने मुझे उन पर कोर्ट केस करने की सलाह दी।....कुछ लोग उपन्यास लेख आदि में इस घटना का जिक्र करते रहे।'' (संजीव खुदशाह, ई-मेल, 18-11-2013) डॉ. धर्मवीर की किताब 'जूठन का लेखक कौन है?' का भी जिक्र खुदशाह ने किया है। इस किताब में डॉ. साहब ने बाबा साहब अम्बेडकर पर लिखी पुजारी की किताब और चन्द्रिका प्रसाद जिज्ञासु की किताब के गलत उल्लेख को सही किया है। उन्होंने दलित लेखकों से अपेक्षा की है कि वे चिन्तन में आत्मनिर्भर बनें, कम से कम अपनी आत्मकथाओं के शीर्षकों का चयन तो खुद कर सकें।

वाल्मीकि हिन्दी के दलित लेखक थे पर अपने सिवाय बाकी लेखकों के लिए वे कई बार वही भाषा बोलने लगते थे। गैरदलित बोलते थे। उदाहरण के लिए सूरजपाल चौहान की आत्मकथा के लोकार्पण के बाद हम सभी चौहान जी के घर पर गये। राजेन्द्र यादव और डॉ. तुलसीराम तो खाना खाकर चले गये। मैं और वाल्मीकि जी चौहान के घर ठहर गये। तब उन्होंने टिप्पणी की, 'दलित साहित्य में केवल ढाई लेखक हैं—एक मैं, दूसरे नैमिशराय और आधे सूरजपाल चौहान।' मैंने कहा ऐसा नहीं है। डॉ. धर्मवीर जी हैं। मैंने अभी अपनी आत्मकथा लिखी है। यह अलग बात है कि छपने में जल्दबाजी नहीं कर रहा हूँ। कहने लगे, 'मैं डॉ. धर्मवीर को तो लेखक नहीं मानता हूँ।' सच में वे हिन्दी दलित लेखकों को लेखक नहीं मान रहे थे। न केवल समकालीनों को बल्कि कबीर, रैदास और अछूतानन्द को भी। वे रिसर्च में भी मराठी में ही बार-बार लौट रहे थे। हिन्दी लेखकों पर ध्यान नहीं दे रहे थे। असल में एक बार राजेन्द्र यादव जी ने दलित साहित्य विषयक अपनी अज्ञानता का परिचय देते हुए हंस के सम्पादकीय में लिख दिया था—हिन्दी दलित साहित्य में रैदास के बाद केवल ओमप्रकाश वाल्मीकि हैं। सो वाल्मीकि ने रैदास को नकार दिया। वह भी डॉ. अम्बेडकर का नाम लेकर। वाल्मीकि के अनुसार, उन पर डॉ. अम्बेडकर की पुस्तक 'अछूत' का गहरा प्रभाव पड़ा। पर खुद डॉ. अम्बेडकर जिन पर अछूत सन्तों का प्रभाव पड़ा, वाल्मीकि उन्हें नकारने लगे थे।

अस्पृश्यता एक बुराई के रूप में उसके विरुद्ध कानून बन जाने के बावजूद

समाज में, साहित्य में और रोजमर्रा के व्यवहार में कमोबेश शेष रह गयी। हिन्दी में दलित लेखकों का आदिहिन्दू आन्दोलन स्वामी अछूतानन्द के नेतृत्व में चल चुका था। जिस अछूत का वाल्मीकि जी ने जिक्र किया उसका पहला संस्करण मेरे हाथ में है। अक्टूबर 1948 में राजहंस प्रेस अमृत बुक कं. दिल्ली से प्रकाशित बाबा साहेब अम्बेडकर की पुस्तक 'द अनटचेबल्स' नन्दनार, रविदास और चोखामेला को समर्पित है। यह कहते हुए कि इन्हीं महान अछूत सन्तों के संघर्ष ने मुझे अछूतों के लिए काम करने की प्रेरणा दी है। लिखा कि इन सन्तों के महान मानवतावादी संघर्ष ने मुझे अछूतों पर लिखने को प्रेरित किया। सभी भारतीय और विदेशी भाषाओं का दलित साहित्य हमारा साहित्य है। पर हर लेखक अपनी भाषा के लेखकों का साहित्य लेकर आयेगा तो प्रामाणिक और अधिक योगदान होगा। पर वाल्मीकि ने शिमला सेमिनार से सन्देश दिया था कि उनका ध्यान मराठी पर है या उपजाति पर अथवा ब्राह्मणों पर। आखिर वे अपनी किताब के समर्पण में डॉ. रामचन्द्र के साथ किसे जोड़ कर गये?

प्रो. सावित्री चन्द्र शोभा के निर्देशन में 1992 में रजत रानी मीनू ने 'नौवें दशक की हिन्दी दलित कविता' शीर्षक लघुशोध पर जे.एन.यू से कार्यारम्भ किया था। तब 'सदियों का सन्ताप' ही कविता संग्रह छपा था। अब 'छतरी' कहानी संग्रह में वाल्मीकि ने ''डॉ. रजत रानी के पास दलित साहित्य को लेकर छात्रों के सवालों के जवाब नहीं हैं।' ऐसी एक टिप्पणी चस्पां की है।

'शवयात्रा' कहानी की प्रामाणिकता पर उन्होंने खुद ही प्रश्नचिह्न लगा दिया था। जब लिखा था कि जयप्रकाश वाल्मीकि द्वारा भेजी गयी अखबारी खबर में लिखा था कि एक व्यक्ति साइकिल के कैरियर पर रख कर अपनी बेटी की लाश ले जा रहा था। कोई उसके साथ नहीं था। इस घटना के इर्दगिर्द कहानी की काल्पनिक और मनोगत बुनावट की गयी। मैंने इसे सवर्ण प्रिय कहानी कहा तो मार्क्सवाद ओढ़े एक ब्राह्मण आलोचक ने मुझे अपना कोपभाजन बना लिया था। सच में वे शोध और आलोचना के व्यक्ति नहीं थे। वे कथाकार थे। उनके पास भोगा हुआ अनुभव बेजोड़ था। उस योगदान के लिए उन्हें कभी नहीं भुलाया जा सकता। जिस समाज से वे आये थे उसकी व्यथाकथा अभी भी पूरी नहीं लिखी जा सकी है।

1997 में उनकी आत्मकथा 'जूठन' प्रकाशित हुई। भूमिका में वाल्मीकि जी ने लिखा—''श्रद्धेय राजेन्द्र यादव जी ने बहुत मदद की। अपने व्यस्त जीवन से समय निकाल कर पांडुलिपि को पढ़ा। सुझाव दिये। 'जूठन' शीर्षक भी उन्हीं ने सुझाया। उनका आभार व्यक्त करना मात्र औपचारिकता होगी। उनके सुझाव और मार्गदर्शन मेरे लिए महत्ता रखते हैं। कंवल भारती और डॉ. श्यौराजसिंह बेचैन ने इस दौरान मानसिक संबल दिया है।''

'जूठन' का सबसे मार्मिक और विचारोत्तेजक हिस्सा राजकिशोर जी ने 'हरिजन से दलित में' प्रकाशित किया था। पूरी आत्मकथा लिखे जाने का वह हिस्सा भी एक सबब बना। वाल्मीकि की 'सलाम' जैसी अधिकांश कहानियाँ आत्मकथात्मक हैं।

वाल्मीकि जी ने आत्मकथा और कथा के क्षेत्रों में मौलिक और रचनात्मक योगदान दिया। उन्होंने अपना लेखन दलित कविता से आरम्भ किया। 'जूठन' चर्चित होने के बाद उन्हें जयश्री, परिवेश, कथाक्रम, न्यू इंडिया बुक और साहित्यभूषण सम्मान मिले। वे कहते रहे कि साहित्य अकादमी सम्मान की दलितों में शुरुआत मैं ही करूँगा। आरम्भिक दिनों में महाराष्ट्र चन्द्रपुर में आर्डिनेंस फैक्ट्री में काम करते हुए उनका जुड़ाव महाराष्ट्र के दलित लेखन से हुआ। साठ-सत्तर के दौर में मराठी में दलित पैन्थर सक्रिय हुआ। मार्क्सवाद से प्रभावित एक दलित पत्रकार आर.कमल ने कानपुर से एक हिन्दी मासिक पत्रिका 'निर्णायक भीम' निकाली। इस पत्रिका का प्रवेशांक 'निर्णय' शीर्षक से निकला था। ओमप्रकाश वाल्मीकि ने इस पत्रिका को चन्द्रपुर से ही कविताएँ प्रेषित कीं। कवि के रूप में ही उनकी प्राथमिक पहचान बनी।

ओमप्रकाश वाल्मीकि ने मराठी दलित लेखकों का आत्मकथात्मक साहित्य देखा, पढ़ा और तय किया कि मुझे भी अपनी आत्मकथा लिखनी चाहिए। राजेन्द्र यादव का ऐसा अनुकरण कि एक महीना भी नहीं गुजरा और दुनिया को अलविदा। शिक्षा के अलावा दलितों की मुक्ति का कोई मार्ग आज भी नहीं है और तब भी नहीं था जब वाल्मीकि ने शिक्षा के दरवाजे में प्रवेश किया था। वाल्मीकि ने लिखा है—"मेरी पढ़ाई की शुरुआत का स्कूल जिसे सेवक राम मसीह ने आरम्भ किया था।" (जूठन, पृ. 63) अर्थात् वाकया ध्यान खींचता है ईसाई मिशनरियों की ओर। लेखकीय निर्माण में पुस्तकालयों की बड़ी भूमिका होती है। ये दलितों के घरों में बेशकीमती खजाने हैं। वाल्मीकि ने पुस्तकालय का महत्त्व जूठन में दर्ज किया। उनके शब्दों में—"इंद्रेश नगर में एक पुस्तकालय था जिसे जाटव लोग चलाते थे। हेमलाल जाटव ने एक छोटी-सी किताब मेरे हाथ में दी जिसे उलट-पलटकर मैं देख ही रहा था तो वह बोला "इसे पढ़ो" पुस्तक का नाम था, अम्बेडकर : जीवन परिचय—लेखक चन्द्रिका प्रसाद जिज्ञासु।"

मेरे लिए डॉ. अम्बेडकर का उस समय तक अपरिचित नाम था। (जूठन, पृ. 88) पुस्तक के लेख और शीर्षक में सूचनात्मक गलती छपी थी जिसे डॉ. धर्मवीर ने अपनी पुस्तक 'जूठन का लेखक कौन?' में बता कर वाल्मीकि जी को सुधार कर लेने की स्थिति प्रदान की।

गत वर्ष दिल्ली के गंगाराम अस्पताल में जब मुलाकातें हुई थीं तभी वे फोन पर अपनी बीमारी के बारे में बताने लगे थे। उन्हें बार-बार चैकअप की जरूरत थी।

उन्हें पोस्ट आपरेशन दिल्ली में रहना चाहिए था बल्कि वे शिमला में सेमिनार कर बैठे। दिमाग पर भी दबाव लिया और शरीर पर भी। वाल्मीकि मूलतः कथाकार थे। उन्हें आलोचना में खींचने वालों ने उनके काम में बाधा डाली। उनका ध्यान मराठी कविता, मराठी आत्मकथा और अम्बेडकर परवर्ती दलित साहित्य पर टिका हुआ था। हिन्दी दलित साहित्य का इतिहास या शोध अनुशासन का उन्हें अभ्यास नहीं था। यहाँ तक कि उपजातियों के प्रसंग में भी उन्हें कई गलतफहमियों ने घेर लिया था। मराठी-हिन्दी के मामले में वे गैरदलितों जैसा भी सोचने लगे थे। इन सबके बावजूद उन्होंने नये-पुराने सब लेखकों को असीम आदर दिया। उनके काम को देखने और समझने-समझाने, मूल्यांकन करने के कई पक्ष सामने आये। उनके पास अपने समाज के अनछुए अनुभव थे जिन्हें केवल वे ही लिख सकते थे। आत्मकथा के बाद के पच्चीस सालों की कथा/दूसरा भाग लिखे बगैर उनका जाना दलित साहित्य की अपूरणीय क्षति का घटित हो जाना है। उनको याद अब इस रूप में किया जाय कि दलित ग्रुप/वर्ग के लेखकों को काम के आधार पर सहयोग करें, सम्मान करें।

'शवयात्रा' को लेकर चमार-विरोधी सवर्णों की भरपूर सहानुभूति प्राप्त की। जो सम्पादक दलित रचनाओं को जगह देते कतराते थे उन्होंने छपी हुई शवयात्रा के पुनः प्रकाशन किये प्रेमचन्द की 'कफ़न' और वाल्मीकि की 'शवयात्रा' में अद्‌भुत कहानी कला, कहानी तत्त्वों की विशेषता गिनाने लगे। इतना ही नहीं ओमप्रकाश वाल्मीकि चमार लेखकों से दूरी बनाने लगे। मैंने एडवांस्ड स्टडी के अपने एक सम्पादित कार्य के सम्पादकीय में शवयात्रा को सवर्णप्रिय कहानी लिख दिया, तो मूल्यांकनकर्ता ब्राह्मण ने उसे चिह्नित कर आपत्ति की। वह वहीं तक नहीं माना, उसने पूरे कार्य को ही खारिज करने की कोशिश की।

डॉ. तेजसिंह ने शवयात्रा के आधार की तलाश की थी। जयप्रकाश वाल्मीकि द्वारा भेजी गयी अखबारी कटिंग को जिसमें केवल एक सचित्र खबर थी जिसमें दिखाया गया था कि एक अकेला व्यक्ति साइकिल के कैरियर पर अपनी छोटी-सी बेटी का शव ले जा रहा था। इस खबर से ओमप्रकाश जी ने कल्पना की कि शव भंगी की बेटी का है और चमारों ने इसे कहीं दफनाने नहीं दिया है। खासकर रैदासी चमारों पर उन्होंने आरोप लगाये थे। सफाई में उन्होंने यह कह कर पल्ला झाड़ लिया कि मैंने कहानी की पांडुलिपि श्यौराजसिंह बेचैन को पढ़वाई थी तब तो उन्होंने यह खारिज नहीं की थी। पांडुलिपि तो आत्मकथा की भी पढ़वाई थी। सुझावों और सहयोग के लिए उन्होंने भूमिका में नामोल्लेख भी किया। लेकिन बात मानी कितनी, मुख्य तो यह था।

'शवयात्रा' को लेकर वे एकता तोड़क राजनीति में शामिल होंगे यह मैं कैसे जानता? और कहानी का आधार ही निराधार यह भी उन्होंने नहीं बताया था।

बल्कि जिस रूप में उन्होंने मुझे पाण्डुलिपि पढ़वाई थी, प्रकाशित होकर आयी कहानी वही नहीं थी। बल्कि दो अलग-अलग घटनाएँ एक साथ जोड़ कर स्वाभाविकता ही समाप्त कर दी थी।

उनकी मौत के बाद कुछ ब्राह्मणों की प्रशंसा और चमारों का विरोध सवर्ण पत्रिकाओं में देखने को मिला। शरणकुमार लिंबाले ने मुझे बताया कि 'इंडिया टुडे' से फोन आया कि वाल्मीकि पर लिख दो, तो मैंने कहा, मैं मराठी में लिख सकता हूँ हिन्दी में नहीं, तो उन्होंने कहा आप बोल दो हम लिख लेंगे। उन्होंने लिखा जो मैंने बोला वह भी और जो नहीं बोला वह भी। हम देख सकते हैं वहाँ भी वाल्मीकि जी के हवाले से चमारों के विरुद्ध लिखा गया है। ऐसा नहीं है कि वाल्मीकि शुरू से चमार विरोधी थे। उन्होंने 'जूठन' में चमारों के आरम्भिक योगदान का आभार माना है। उन्होंने जिक्र किया है कि इंद्रेश नगर का हेमलाल जाटव था, जाटव पुस्तकालय चलाते थे। ...मैंने हेमलाल से पूछा 'कौन है यह अम्बेडकर?' उसने चन्द्रिका प्रसाद जिज्ञासु की पुस्तक दी थी...मैंने हेमलाल का आभार व्यक्त किया था। उसने सचमुच मुझे एक नयी राह दिखायी थी।

'शुक्रवार' पत्रिका में उदार ब्राह्मण विष्णु नागर जी ने वाल्मीकि पर अपनी ब्राह्मण बुद्धि का कमाल दिखाया। ऐसा प्रभाव दिया कि वाल्मीकि को बचाने में ब्राह्मणों ने ही पूरी कुर्बानी दी। डॉ. रामचन्द्र वर्षों लगे रहे, खून देने के लिए अपने छात्रों की लाइन लगा दी। उनका कोई मतलब नहीं था।

विष्णु नागर जी को मैंने पहली बार चन्द्रभान प्रसाद जी के घर देखा तभी अचानक 27 सितम्बर को चूरु, राजस्थान में रतन कुमार सांभरिया की मार्फत प्रयास संस्था के साहित्यिक आयोजन में नागर जी के साथ मुझे भी आमंत्रित किया। मयूरी होटल में खाना खाते समय विष्णु नागर जी ने सांभरिया जी की ओर इशारा करते हुए कहा कि मैंने शुक्रवार में इनकी कहानी तब छापी थी जब मैं यह जानता भी नहीं था कि सांभरिया जी दलित हैं। मैंने तुरन्त कहा कि कहीं इसी मुगालते में तो नहीं छाप दी कि सांभरिया दलित नहीं हैं। तब वे कहने लगे, ऐसा नहीं है। मैंने कहा, जानकर छापना चाहिए।

सांभरिया की तरह तेजसिंह को भी 30 साल वामपन्थियों में काम करने पर कोई नहीं जान पाया कि वे दलित थे। इससे क्या संकेत मिलता है कि क्या ये लोग कभी दलितों के सवालों पर बोलते नहीं थे। जाति छिपा कर रहते थे?

गिर गया बरगद तो सूना रास्ता रह जायेगा

ओम राज़

मेरा एक शेर है—

गिर गया बरगद तो सूना रास्ता रह जायेगा
दूर तक वीरानियों का सिलसिला रह जायेगा

हिन्दी दलित साहित्य के सृजनात्मक तथा वैचारिक पक्ष के प्रारम्भिक दौर के संस्थापकों में स्व. ओमप्रकाश वाल्मीकि को निष्पक्ष रूप से यदि प्रतिष्ठित साहित्यकार स्वीकार करें तो निस्सन्देह उस बरगद के मौत की आँधी में गिरने के बाद दलित साहित्य के सृजन के विकास मार्ग में एक सूनापन तो अवश्य पसरा है।

मैं दलित साहित्य का न तो विशेषज्ञ हूँ, न गम्भीर अध्येता और न नामवर समीक्षक! दलित साहित्य में मरमरीं आँगन में मैं एलमूनियम की पिचकी हुई खाली कटोरी लिए घुटनों चलता बालक हूँ। यह मेरा सौभाग्य है कि कंवल भारती, मोहनदास नैमिशराय, जयप्रकाश कर्दम, धर्मवीर जी, श्यौराजसिंह बेचैन, रत्नकुमार साँभरिया, अजय नावरिया आदि में मेरी व्यक्तिगत शिनाख्त है और मुझे सबका स्नेह प्राप्त है।

स्व. ओमप्रकाश वाल्मीकि से मेरी मुलाकात (प्रत्यक्ष और अन्तिम भी) रूपनारायण सोनकर द्वारा संस्थापित दलित साहित्य एवं सांस्कृतिक अकादमी, देहरादून के एक आयोजन में 10 जून, 2006 को देहरादून में हुई थी। इस अवसर पर स्व. राजेन्द्र यादव को भारत रत्न डॉ. अम्बेडकर राष्ट्रीय सम्मान से सम्मानित किया गया था तथा 'भविष्य का दलित साहित्य' विषय पर एक वैचारिक गोष्ठी का आयोजन किया गया था जिसमें मैं भी एक वक्ता के रूप में आमन्त्रित था। कोई वैचारिक गोष्ठी केवल विचारों के आदान-प्रदान तक सीमित रहे, असम्भव है। केन्द्रित विषय पर वैचारिक विमर्श के माध्यम से वक्ताओं में वार-प्रतिवार गोष्ठी का आकर्षण बन जाते हैं, असल बहस का मुद्दा एक तरफ सहमा खड़ा दिखाई देता है।

'अजय नावरिया, आज का नज़रिया' बने हुए थे। राजेन्द्र यादव की उपस्थिति और सरपरस्ती के कारण उनके कहानीकार के दंभ का चैतन्य होना स्वाभाविक था अतः उन्होंने ओमप्रकाश वाल्मीकि की कहानी 'सलाम' के माध्यम से उन पर

जातिवादी कहानी लिखने का आरोप लगाया था। अजय नावरिया के आरोप का उत्तर वाल्मीकि जी ने अत्यन्त सहज और शालीन भाव से दिया। शायद एक उभरते हुए युवा कहानीकार को अपने तेज-तर्रार तर्कों से परास्त करना उनके सिद्धान्त और उनकी स्वयं की गरिमा के विरुद्ध था। जब अजय तिवारी ने दलित साहित्य को 'पीड़ा का विज्ञापन' बताया तथा सहानुभूति (छायावाद) और स्वानुभूति (प्रयोगवाद) से निकल कर प्रगतिशील परम्परा और मार्क्सवाद से जुड़ने की सलाह दी तो ओमप्रकाश वाल्मीकि के तीखे तेवर देखते ही बनते थे। अजय तिवारी को सम्बोधित करते हुए अत्यन्त जोरदार आवाज में कहा था, "अजय तिवारी का 'केश' वामपन्थी है लेकिन उनकी आँखों पर ब्राह्मणवाद का चश्मा चढ़ा है। दलित साहित्य और दलित आन्दोलन साथ-साथ चल रहे हैं। सारी गड़बड़ इसलिए हो रही है कि इसमें मार्क्सवाद और जातिवाद घुसेड़ा जा रहा है।"

एक वरिष्ठ दलित साहित्यकार के उपरोक्त दो भिन्न रूप यह सिद्ध करते हैं कि उनके व्यक्तित्व में बुद्ध का क्षमाभाव और सहनशीलता तथा बाबा अम्बेडकर का अपने सवर्ण विरोधियों को अकाट्य तर्कों और अटूट तथ्यों से धराशायी करने का अदम्य साहस और तेज-तर्रारपन दोनों शामिल थे।

गोष्ठी के बाद मैं रमणिका गुप्ता जी के कमरे में उनसे बात कर रहा था। विमल थोराट भी उपस्थित थीं। अचानक ओमप्रकाश वाल्मीकि भी रमणिका जी से मिलने आये। रमणिका जी ने मेरा उनसे परिचय कराया। रमणिका जी से उन्होंने लगभग आधा-घंटा बातें कीं। बीच-बीच में मुझे भी मुखातिब करते जाते। मुझे यह अहसास नहीं होने दिया कि मैं उनसे पहली बार मिला हूँ। उनका व्यक्तित्व आकर्षक था। लम्बा कद, गोरा चेहरा, चेहरे पर चश्मा, चश्मे के पीछे जहानत से लबरेज दो आँखें। वह बड़े साहित्यकार होने के मतिभ्रम से मुक्त शानदार व्यवहार के व्यक्ति थे। शेक्सपियर ने 'हैमलेट' में कहा है—"ईश्वर ने तुम्हें एक चेहरा दिया है और तुमने दूसरा भी बना लिया।" उनके चेहरे पर नकली मुखौटा नहीं था। फ्रैंकलिन का कथन है, "खुशमिज़ाज चेहरा अच्छे सेहतयाब मौसम की तरह है।" ओमप्रकाश वाल्मीकि अपने ख़ाबों में खोये नीरस विद्वान नहीं, ख़ुशमिज़ाज और पुर लुत्फ़ आदमी थे। हममें से कोई फरिश्ता नहीं, वह भी नहीं थे। उनमें अक्खड़पन था। मेरी दृष्टि में दलित साहित्यकार का अक्खड़पन एक चारित्रिक गुण है, दोष नहीं। यही अक्खड़पन उसे समझौतावादी और अवसरवादी होने से रोके रखता है। इसके बावजूद वह अकारण न आक्रामक होते और न उत्तेजित।

काशीपुर वापस आने पर मैंने उन्हें अपना ग़ज़ल संग्रह 'थकी परियाँ' (नामवर सिंह द्वारा 17-5-2005 को रामपुर में विमोचित) और अभय मौर्य के उपन्यास

'मुक्ति-पथ' की समीक्षा (मुक्तिपथ, वाया गन्ने का खेत) उन्हें भेजी। उनका उत्तर आया। पत्र द्वारा भेजे गये उत्तर को मैं आगे दे रहा हूँ किन्तु इस प्रकरण का भी संक्षिप्त हवाला दे रहा हूँ।

कंवल भारती ने दिल्ली वि.वि. के रूसी भाषा व साहित्य के तत्कालीन प्रोफेसर अभय मौर्य का उपन्यास 'मुक्ति पथ' मुझे पढ़ने के लिए दिया था तथा समीक्षा करने का आग्रह किया था। 9 पृष्ठ की लम्बी समीक्षा मैंने 'हंस' के सम्पादक राजेन्द्र यादव को भेज दी। उन्होंने फोन पर कहा, 'समीक्षा मिल गयी है, पढ़ कर फाइल में रख ली है। अच्छा लिखा है। मैं तो उन्हें उपन्यासकार ही नहीं मानता!' समीक्षा में मैंने एक तो विद्यार्थियों की मीटिंग के कतिपय सन्दर्भों पर दोस्तोवोस्की के उपन्यास 'क्राइम एण्ड पनिशमेंट' की छाया का उल्लेख किया था। दूसरे दलित कामगर बारु की पत्नी धन्नो द्वारा ईख के खेत में रणजीत सिंह को अनमने प्रतिरोध के बाद रति क्रिया हेतु समर्पण पर आपत्ति दर्ज की थी। यदि बारु की मर्दाना कमजोरी धन्नो के नैतिक पतन में कार्यरत कारण थी, अथवा धन्नो की अतृप्त कामेच्छा थी तो फिर विजय की माँ के शारीरिक सम्बन्ध खेत में काम करने वाले दलित मजदूर जैसीराम से स्थापित किये जा सकते थे। दलित और सवर्ण औरतें दोनों बराबर हो जातीं क्योंकि विजय का बाप घर और जोरू से भागा फिरता है। पति की अनुपस्थिति में मर्द की जरूरत उसे भी महसूस होती होगी, किन्तु अभय मौर्य जी ने अपने काम-मनोविज्ञान का न्यूटोनिक सूत्र दलित स्त्री धन्नो पर ही आजमाया। मैंने 'मुक्ति पथ' पर माननीय धर्मवीर जी के दर्शन की छाप भी देखी थी और इसका जिक्र भी समीक्षा में तुलनात्मक पद्धति से सिद्ध कर दिया था। 'सामन्त का मुंशी : प्रेमचन्द' में धर्मवीर जी लिखते हैं, "पहली बार चूढ़ी यही सोचती है कि निहाल कर दूँ या न करूँ। दूसरे क्षण वह स्वयं पाप की गंगा में गोते लगाने लगती है।" उपन्यास में 'नरेटर' की हैसियत से अभय मौर्य फर्माते हैं, "अनमने प्रतिरोध के बाद धन्नो काम-केलि की गंगा में छप-छप गोते लगाने लगती है।"

राजेन्द्र यादव ने मेरी समीक्षा अजय नावरिया को पढ़वाई। उन्होंने मौर्य जी को बताया। मौर्य जी का फोन आया और अनजान बनते हुए मुझसे कहा आपने मेरे उपन्यास की क्या समीक्षा लिख दी? मेरा जवाब था, "अभय मौर्य जी अपना पोस्टल एड्रेस एसएमएस करें, एक प्रति आपको भी भेज दूँगा।" पता मिलने पर उन्हें भी समीक्षा भेज दी। ओमप्रकाश वाल्मीकि ने पढ़ कर केवल इतनी प्रतिक्रिया व्यक्त की, "वह आपकी राय, अब मैं क्या हूँ।" पूरा पत्र इस प्रकार है—

ओमप्रकाश वाल्मीकि
सी-5/2, आर्डनैंस फैक्ट्री इस्टेट
देहरादून—248008
फोन : 09412319034, 0135-2783156 (R) 2783056 (0)

सम्माननीय प्रो. ओम राज़ जी,

आपका पत्र, समीक्षा एवं ग़ज़ल-संग्रह—'थकी परियाँ' प्राप्त हुए। आपसे देहरादून में मुलाकात हुई (जैसा आपने पत्र में संकेत किया है) लेकिन मेरी स्मृति से बाहर हो गयी। अपने 'जूठन' पर अपने ढंग से प्रतिक्रिया दी है, आभारी हूँ। समीक्षा में आपने जो भी लिखा है, वह आपकी अपनी राय है। अब मैं क्या हूँ? अपनी दृष्टि होती है, रचनाओं को जाँचने-परखने की। इसे कोई चैलेंज नहीं कर सकता। दृष्टि एवं आलोचकीय दृष्टि में अवश्य भेद होता है। फिर भी इतना जरूर कहना चाहता हूँ कि जो रवानगी, रवायत, मंचीयता के लोकप्रिय तत्त्व, बेहिचक कह देने का हौसला जो ग़ज़लों में होता है, वह समीक्षा में नहीं आ पाया है। समीक्षा कहीं एक-पक्षीय लगती है (शायद यह लिखने पर आप नाराज हो जायें) लेकिन कहीं न कहीं आपके भीतर विद्यमान रचनाकार में, रिटायर होने के बाद भी, बहुत ऊर्जा है, जो आपको, आपकी ग़ज़लगोई (ग़ज़लात्मकता) को दूसरों से अलग करती है।

बस,
शेष फिर
सम्मान सहित
आपका
(ओमप्रकाश वाल्मीकि)

वास्तव में आलोचक और समीक्षक की दृष्टि अपनी होती है। निजी दृष्टि वाल्मीकि जी की 'मुक्ति पथ' के बारे में क्या थी, नहीं जान पाया। सम्भव है स्वर्गीय को 'मुक्ति पथ' में दलितों की सर्वांगीण मुक्ति का कोई सम्भाव्य मार्ग प्रशस्त होता नजर आया हो। मेरा अपना मत है कि दलित आलोचक और प्रबुद्ध दलित पाठक को गैर-दलित लेखक की रचना को पढ़ने के बाद उस लेखक के अन्तर्मन में निहित लेखकीय पूर्वाग्रह को भी समझना होगा। मैं औपन्यासिक सृजन के नाम पर किसी दलित माँ-बहन, बहू-बेटी को जातीय पूर्वाग्रह से ग्रस्त होकर कलंकित करने के पक्ष में नहीं हूँ! नारी के मन में निहित अस्मिता के भाव को जाति और मजहब के खानों में बाँटने का पक्षधर नहीं हूँ।

स्व. ओमप्रकाश वाल्मीकि ने 'जूठन' आत्मकथा लिख कर हिन्दी दलित साहित्य की परिधि में 'ग्रेनाइट' की जो आधार-शिला रखी थी, उस पर 'मुर्दहिया' के आने तक

ऐसी भव्य और आकर्षक मरमरीं मीनार बन चुकी है जिसके झरोखों से आती सच की दुधिया रोशनी से फरेबी नजरें चुँधियाने लगती हैं। सुविख्यात दलित साहित्यकार कँवल भारती ने अपनी चर्चित पुस्तक 'दलित कविता का संघर्ष' में ओमप्रकाश वाल्मीकि की कविताओं में दलित-चेतना की प्रखर उपस्थिति अनुभव की है। वास्तव में दलित साहित्य के सृजन में कार्यरत मूल उत्स दलित चेतना ही है। यह चेतना भोगे हुए यथार्थ से उपजी अनुभवजनित है। अलबेयर कामू के नाटक 'कैलीगुला' की नायिका सीजोनिया, सीपियो नामक पात्र से कहती है : ''न तुमने कोई दर्द झेला है और न ही कोई जोखिम उठाया है। जब तुम अपने प्रति अनिर्णायक हो तो उस व्यक्ति के प्रति निर्णायक हो ही नहीं सकते जिसने अनगिनत घाव झेले हैं, और यह हजारों घाव हर दिन खून उगलते हैं।'' सीजोनिया के यह शब्द दलित चेतना और गैर-दलित चेतना के मध्य अन्तर की अमिट रेखा खींचते हैं। दलित चेतना विद्रोही चेतना है, समझौतावादी चेतना नहीं है, और अलबेयर कामू के शब्दों में ''विद्रोही निरपेक्ष मूल्यों और धर्म के क्षेत्रों को चुनौती देकर सापेक्ष मानवीय मूल्यों को स्थापित करना चाहता है।'' विश्व का सर्वोत्कृष्ट साहित्य विद्रोह की चेतन अवस्था से जन्मा है, इसीलिए रूसो, वाल्तेयर, चेखोव, दोस्तोवोस्की, चार्ल्स डिकेन्स आदि अमर हो गये। दलित साहित्य में भी मुझे ऐसे लक्षण नजर आते हैं जिसे, 'दा एज कैन नाट विदर, नार कस्टम्स कैन स्टेल।'

ओमप्रकाश वाल्मीकि की 'सदियों का सन्ताप' संकलन की कविताओं में भी विद्रोह के स्वर तीखे हैं, किन्तु राबर्ट ब्राऊनिंग की तरह वह आशावादी हैं—

सुबह होने से पहले
मैं, तुम्हें बता देना चाहता हूँ
कि सुबह आयेगी धीरे-धीरे
तेज रौशनी चारों ओर फैल कर
अंधेरे को उजाले में बदल देगी

को औपन्यासिक वस्त्र पहनाते समय उसके मन के पूर्वाग्रह को अन्तर्मन से परखने की होनी चाहिए।

जहाँ तक ओमप्रकाश वाल्मीकि के कहानीकार के मूल्यांकन का प्रश्न है, मेरी अपनी दृष्टि में दलित साहित्य में कहानी की विकास-यात्रा के प्रारम्भिक सोपान पर स्व. वाल्मीकि, मोहनदास नैमिशराय और जयप्रकाश कर्दम झण्डाबरदार नजर आते हैं। ओमप्रकाश वाल्मीकि की 'पच्चीस चौका डेढ़ सौ', मोहनदास नैमिशराय की कहानी 'अपना गाँव' तथा जयप्रकाश कर्दम की कहानी 'लाठी' दलित साहित्य की प्रतिनिधि कहानियाँ हैं। लेकिन मेरी दृष्टि में यह एक अत्यन्त खेदपूर्ण प्रसंग है कि 'अपेक्षा' के सम्पादक डॉ. तेज सिंह ने अपनी पुस्तक 'अम्बेडकरवादी कहानी :

रचना और दृष्टि' में इन तीनों कहानीकारों की पुरानी अथवा नयी कहानी संकलन में सम्मिलित नहीं की और न ही पुस्तक की भूमिका में कहानी के विकासक्रम में इन कहानीकारों का उल्लेख किया है। कारण इन शब्दों से स्पष्ट है : 'जिन विद्वानों और पाठकों ने पुरानी पीढ़ी के तथाकथित दलित साहित्यकारों की कहानियों को पढ़ा है और अब वे अम्बेडकरवादी युवा कथाकारों की इन कहानियों को पढ़ेंगे तो उन्हें दलित साहित्य और अम्बेडकरवादी साहित्य में साफ फर्क नजर आयेगा!' दलित साहित्य की कहानियों और अम्बेडकरवादी साहित्य की कहानियाँ के मध्य अन्तर और विभाजन की स्पष्ट रेखा तो मूर्द्धन्य विद्वान आलोचक ही खींचेंगे लेकिन मेरे ज़ेहन में यह कीड़ा कुलबुलाता रहेगा कि क्या दलित साहित्य अम्बेडकरवादी साहित्य से अलग बिरादरी का है? डॉ. तेज सिंह निस्सन्देह विद्वान व्यक्ति थे, किन्तु विद्वान से अधिक बड़े वह दार्शनिक थे और दार्शनिक ही ऐसी गुत्थियाँ छोड़ जाते हैं जिनको सुलझाना आसान काम नहीं होता।

अन्त में दिवंगत ओमप्रकाश वाल्मीकि को पुनीत भाव से विनम्र श्रद्धांजलि अर्पित करते हुए एक शेर अर्ज करता हूँ—

बाद मेरे बज़्म में बस इतना ही चर्चा हुआ
एक मिट्टी का दिया था बुझ गया तो क्या हुआ

चला गया छतरीवाला

हेमलता महिश्वर

मेरी स्मृति-मंजूषा में वह दिन बहुत सहेजकर, कुछ गर्व भाव से सम्पोषित है, जिस दिन ओमप्रकाश वाल्मीकि जी ने मुझे फोन कर बुलाया था। समय उनके लिए बड़ा कठिन था। उनका ऑपरेशन हो चुका था। वे अपनी भांजी के घर नोएडा में अपनी पत्नी के साथ ठहरे हुए थे। यह वह समय था जब मैं जनकपुरी में रह रही थी। मैंने अपने पति संजय को बताया कि मैं नोएडा के लिए निकल रही हूँ। वे भी नोएडा में ही थे। मैं अपने मामा अ.ला. के साथ ब्लू लाइन मेट्रो से निकल पड़ी। मेट्रो दिल्ली में नवागन्तुकों के लिए कितनी बड़ी राहत है, यह मैं बखूबी समझती हूँ। खैर, हम तीनों उनसे मिलने पहुँचे। उनकी पत्नी चन्दा जी ने हमारा स्वागत किया। पानी पी लेने के बाद भी जब ओमप्रकाश जी नहीं दिखाई दिये तो मैंने उनकी तबीयत के बारे में दरयाफ्त की। तब चन्दा जी ने बताया–''आपके आने की खबर सुनकर बड़े उत्साहित हो गये। पलँग से एकदम से उठ गये और चक्कर आ गया। तो फिर से थोड़ा लेट गये हैं।''

वे शिकायत करने लगीं जो बहुत स्वाभाविक थी। वे कह रही थीं -''एकदम बच्चों जैसे हो गये हैं...ध्यान नहीं रखते...आराम करना चाहिए, पर नहीं करते...बहुत बोलते हैं...अभी शरीर को आराम की जरूरत है पर...एकदम से खड़े हो गये...कंघी करने के लिए...और चक्कर आ गया। अब क्या स्वस्थ शरीर है...इतनी कमजोरी आ गयी है।'' इतने में पीछे से ओमप्रकाश जी आकर खड़े हो गये। एकदम दुबली-पतली काया, कुम्हलाया हुआ चेहरा, चेहरे पर चश्मा और उनके पीछे से अदम्य आनन्द से भरी हुई आँखें। आँखों का नूर जैसे पूरे चेहरे को समेटे हुए था। आँखों की दीप्ति जैसे पूरे शरीर को बल प्रदान कर रही थी। इतने बड़े ऑपरेशन के बाद पूरे उत्साह के साथ अपनी आसन्न मौत को चकमा देकर उठ खड़े हुए थे। उनके हाथों में एक पुस्तक थी। डॉ. रामचन्द्र ने उनकी कुछ महत्त्वपूर्ण कविताओं को संकलित किया था।

हम सब उठ खड़े हुए थे उस योद्धा के सम्मान में, उसका स्वागत करने के लिए

संजय और मेरे मामा से मिलकर वे बहुत प्रसन्नता व्यक्त कर रहे थे। फिर थोड़ा स्वस्थ होते ही वे शिमला चले गये। वे कीमो थेरेपी लेने के लिए गंगाराम अस्पताल आया करते। इस दौरान वे अस्पताल में रहना पसन्द नहीं करते थे। वे अपने किसी भी मित्र के साथ ही रहना पसन्द करते। इस अवसर का लाभ उन्होंने कई बार मुझे भी दिया था। जब भी वे मेरे घर ठहरते, गर्मागर्म बहसें होतीं। इतने वरिष्ठ चिन्तक होने के बावजूद कहीं-कहीं उनसे असहमति भी होती। जैसे वे बुद्ध को 'भगवान बुद्ध' कहते और मैं 'गौतम बुद्ध'। वे कहते बुजुर्गों के साथ वे बहस करना पसन्द नहीं करते। और मैं कहती कि बहस चाहे न करें पर अपना पक्ष तो अवश्य रखना चाहिए। मुझे लगता है कि बावजूद सारे संवादों के यही वैचारिक संवादहीनता हमारे बेहद करीबी लोगों को हमारी वैचारिकता के आसपास फटकने नहीं देती। और जिन परम्पराओं से हम जीवन भर लड़ रहे होते हैं, हमारा अन्त हमारे बेहद अपनों के द्वारा उन्हीं परम्पराओं के साथ कर दिया जाता है। ऐसे अनेक उदाहरण मिल जायेंगे।

ऐसे ही एक समय फिर से उन्होंने मुझे अपनी एक पुस्तक देकर गौरवान्वित किया। यह उनका नवीनतम कथा-संग्रह था, जो भारतीय ज्ञानपीठ से प्रकाशित हुआ था। बेहद उत्साहित स्वर में उन्होंने कहा था—"मैं हिन्दी का पहला दलित साहित्यकार हूँ जिसे भारतीय ज्ञानपीठ ने प्रकाशित किया है।"

जितने समय साथ होते बस बातें ही होतीं, न जाने इतना उत्साह उनकी क्षीण-सी काया में कहाँ पनाह लिए बैठा होता। यह उनका नवीनतम और अन्तिम कथा संग्रह है, इसमें कुल बारह कहानियाँ संकलित हैं—छतरी, चिड़ीमार, प्राइवेट वार्ड, गोकशी, शाल का पेड़, रामेसरी अथकथा, बपतिस्मा, बँधुआ लोकतन्त्र, मकड़जाल, कंडक्टरी, मंगलवार और आउटसोर्स। ओमप्रकाश जी विगत दो दशकों से भी अधिक समय से दलित साहित्य लेखन में सक्रिय हैं।

दलित आन्दोलन की बारीकियों से वे भली-भाँति परिचित हैं, यह उनके लेखन से बार-बार प्रतिध्वनित होता है, दलित चेतना के सूत्रों की गूँज उनके लेखन में ध्वनित, पुनर्ध्वनित होती सुनाई देती है। 'प्रज्ञा, शील, करुणा', 'समता, स्वतन्त्रता, बन्धुत्व' की धमक का सर्वव्यापीकरण सहज ही द्रष्टव्य है। दलित परिवार की शिक्षा के प्रति लालसा वही समझ सकता है जिसने डॉ. अम्बेडकर की सिंह गर्जना 'शिक्षा नाम की रोशनी का दूध पीना' समझा है। कॉपी पुस्तकों को वर्षा के पानी से बचाने के लिए एक दलित परिवार बड़ी मुश्किल से एक छतरी का इन्तजाम करता है और वह लोगों की नजरों में गड़ जाती है। कक्षा के बच्चे हल्ला करते हैं तो मास्टरजी उसी छतरी से सबकी धुनाई करते-करते छतरी की नुचाई कर फेंक देते हैं। बच्चा खूब रोता है और छतरी लेकर मास्टर के पास पटककर खड़ा हो जाता है। मास्टर के गुस्से की सीमा नहीं होती। वे आगबबूला हो बच्चे को देखते हैं पर बच्चा चुप

वहीं खड़ा होता है और अपना विरोध दर्ज करता है। ओमप्रकाश जी ने मौन की शास्त्रीय परिभाषा को तोड़ दिया है। मौन असहमति का प्रतीक है चाहे वह बेबस ही क्यों न हो, कहानी के अन्तिम तीन अनुच्छेद सिर्फ विद्यार्थी के ही नहीं समूचे समाज के मनोविज्ञान की सीवन उधेड़ते हैं—"लेकिन उनके इस तरह क्रोधित मुद्रा में देखने का मेरे ऊपर कोई असर नहीं हुआ था, मैं उसी तरह खड़ा रहा....ईश्वरचन्द्र मास्टर की खूँखार आँखें मेरे बचे-खुचे वजूद को छिन्न-भिन्न करके बरामदे से बाहर फेंक देने को आतुर थीं। मेरी आँखों के सामने अँधेरा छाने लगा था। ईश्वरचन्द्र की आँखें झाड़ियों में छिपे जंगली जानवर-सी मुझे लगातार घूर रही थीं, जो किसी भी क्षण मुझ पर झपट्टा मार सकती थीं, मैं अपनी चेतना के विलुप्त होने का इन्तजार कर रहा था।"

झाड़ी में छुपे जंगली जानवर की आँखें किस तरह अपने शिकार को देखती हैं, यह प्रतीक बड़ा ही जीवन्त बन पड़ा है। ध्यातव्य है कि ऐसे में शिकार को शिकारी की अवस्था का भान नहीं होता, वह शिकारी से बिल्कुल अनजान होता है। पर इस कहानी में शिकार को पूरा-पूरा भान है कि आगे क्या हो सकता है और उस स्थिति का सामना करता हुआ वह शिकारी के अगले कदम की प्रतीक्षा कर रहा है पर अपना मूक विद्रोह दर्ज करने से स्वयं को रोक नहीं पा रहा है। कहानी का मर्म है यह।

पुलिस की समाज में विभिन्न भूमिकाओं पर इस संग्रह में दो कहानियाँ हैं। दलित विमर्श में केवल वर्ग पर आधारित बहस करने वालों के लिए आँखें खोलने का कार्य करेगी इस संग्रह की दूसरी कथा 'चिड़ीमार'। इस कहानी में गरीबी के मुश्किल झंझावातों से जूझते परिवार के संघर्ष को उकेरा गया है। गरीबी का संघर्ष सबके यहाँ एक जैसा है। पर एक युवा लड़की जब अकेली अपने परिवार का बोझ अपने कन्धों पर उठा ले तो क्या यह कार्य उसे आसानी से करने दिया जा सकता हैं? क्या लोगों को तकलीफ नहीं होती कि इतना बड़ा काम बगैर किसी मर्द की सहायता के आसानी से किया जा रहा है। वे किस बात पर अपनी महत्ता प्रदर्शित करेंगे? यह कहानी एक तरह की आशा का संचार करती है। प्रशासन और वह भी पुलिस इस कहानी में एक सकारात्मक भूमिका में है। पुलिस की संवेदनशीलता देश के वातावरण को सकारात्मक दिशा दे सकती है। वहीं यह प्रश्न भी है कि क्या पुलिस बगैर किसी दबाव के कोई काम करती है?

कहानी की पात्र 'सुनीति' की दिलेरी अपनी सारी सीमाओं के बाद भी ठहरे पानी में कंकड़ मारती है। सुनीति अपने परिवार के लिए किसी दफ्तर में काम कर रही है। क्या दफ्तर और क्या दफ्तर के बाहर पुरुष एक ही जाति के होते हैं। रोज दफ्तर जाते हुए उसे तीन लड़के परेशान करते हैं। जाति का पता चलने पर उसे जातिसूचक

अपशब्द भी कहते हैं। वह डरती तो है पर हिम्मत नहीं हारती। कभी तेजी से स्कूटी चलाकर तो कभी रास्ता बदलकर, कभी धमकाकर वह अपने-आप ही मुसीबत से निपटने के रास्ते तलाशती है। अचानक सुनीति अपने मित्र सुतेज को देखकर समझ जाती है कि उसे उसकी माँ ने भेजा है जिसे उसकी परेशानी का आभास हो गया था। वह अपने मित्र से भी अपनी समस्या छुपाती है, पर लड़कों को देखकर वह खुद को रोक नहीं पाता और उन पर वार कर बैठता है। इस घटना के बाद सुतेज छुपने की कोशिश करता है। वे लड़के इनके खिलाफ पुलिस को सूचना देते हैं और पुलिस सुनीति को आरोपी मानते हुए उसे थाने ले जाना चाहती है कि सुनीति ने कहा, "अच्छा! आप भी मुझे मेरी जाति याद दिलाओगे...जैसे ये याद दिलाते हैं हर रोज..." इस संवाद के बाद पुलिस को आभास हो जाता है कि गलत कौन है। हालाँकि उसे बरगलाने का प्रयास भी खूब किया जाता है। केस थाने पहुँचता है। इंस्पेक्टर भी चूँकि अनुसूचित जाति का था और एस.पी. से जातिगत गालियाँ खाकर बौखलाया हुआ था इसलिए उसने इन फब्ती कसने वाले लड़कों को मारते हुए जैसे अपने अधिकारी से बदला ले लेता है। इस कहानी में व्यवस्था के भीतर रहते हुए भी कैसे कोई उसका शिकार हो जाता है उसे बखूबी उद्‌घाटित किया गया है। यदि कहानी आगे बढ़ती तो यह घटना आ ही जाती कि उस इंस्पेक्टर पर तरह-तरह के आरोप लगाकर स्थानान्तरण करवाते हुए उससे नौकरी छीन ली जाती। एक लड़की अपनी अस्मिता को चैतन्य तो है ही पर क्या सामान्य और क्या विशिष्ट, हर जगह जाति अपने मूल आदिम रूप में उपस्थित है।

तीसरी कहानी है 'प्राइवेट वार्ड' जिसमें कथाकार ने अनुसूचित जाति के लोगों के भीतर के हीनताबोध, हीनग्रन्थि का खुलासा किया है। इस कथ्य को लेकर एक और कहानी है 'मकड़जाल'। इन कहानियों के माध्यम से यह साफ पता चलता है कि गाँधी जी के हरिजन और डॉ. अम्बेडकर के दलित के निर्माण की प्रक्रिया में कितना अन्तर है। गाँधी जी का हरिजन अपनी जाति के अकरणीय पाप बोध से ग्रस्त होता है और डॉ. अम्बेडकर का दलित जाति को ठेंगा दिखाते हुए स्वयं के निर्माण की प्रक्रिया में स्वतः ही हिन्दू धर्म व्यवस्था को हीनताबोध का एहसास करा देता है। दलित अपनी पूरी अस्मिता के साथ स्वतन्त्रता शब्द को मूल्यवान अर्थवत्ता से भर देता है। अन्तर्जातीय विवाह को लेकर युवा वर्ग किसी भी द्वन्द्व में नहीं है पर पुरानी पीढ़ी हमेशा ही उलझन में रहती है। चाहे कितना ही बड़ा वैज्ञानिक क्यों न हो जाएँ, आस्था से पीछा नहीं छूटता। इसी तरह से अनुसूचित जाति के लोग भी किस प्रदर्शन-प्रियता के साथ, गैर-दलितों की जमात में दिखाई पड़ने को लालायित हैं, इस पर 'मकड़जाल' की बुनावट है।

'गोकशी' में पुलिस का राज मद दिखाया गया है। भ्रष्टाचार में लिप्तता, सत्ता

का मद, अहं की तुष्टि एक दो नहीं कई मौतों से भी सन्तुष्ट नहीं हो पाती। मरे हुए जानवरों की खाल खींचने का काम आज भी दलित समाज के लोग ही कर रहे हैं चाहे इस व्यापार में गैर-दलित समाज का सम्पन्न धनाढ्य ही क्यों न लगा हो। अप्रिय, अस्वच्छ, अस्वस्थ हालात में दलित व्यक्ति शारीरिक मेहनत करता हुआ दो पैसे बड़ी मुश्किल से कमाता है और सारा मुनाफा समानता की आड़ लेकर ढोंगी गैर-दलित व्यापारी बटोरता है। इन मजदूरों पर कोई मुसीबत आ जाय तो अपना पल्ला झाड़ते हुए साफ कन्नी काट जाता है। फिर आज गौमाता और गौसेवा की आड़ में किस तरह की राजनीतिक रोटियाँ सेंकी जा रही हैं—इसका भी संकेत है इस कहानी में। एक सिपाही की अतिरिक्त कमाई की आकांक्षा और उसके अहं की असन्तुष्टि किस तरह से एक सामान्य कार्य को राजनीतिक रंग दे सकती है और किस तरह बेकसूर उसका शिकार हो जाते हैं—इसका खुलासा करती है कहानी 'गोकशी'। मीडिया भी गैरजिम्मेदार तरीके से अपनी भूमिका का निर्वाह करता है, इस पर भी संकेत किया गया है। यह इस संग्रह की अच्छी और कसी हुई कहानी है।

'शाल के पेड़' कहानी की रचावट आदिवासी पट्टी के कार्यालयों में भी जिस तरह से ब्राह्मणवादी शिकंजे हैं, उनका खुलासा किया गया है। 'रामेसरी अथकथा' में एक कामगार का भावना के आधार पर किस तरह से शोषण किया जाता है, इसका ताना-बाना बुना गया है। रामेसरी अपने मालिक के यहाँ तन-मन से अपनी क्षमता से अधिक बगैर थके काम करती है। मालिक के यहाँ काम करते उससे रिश्ते भी बनाये जाते हैं, भावनात्मक रिश्तों की दुहाई भी दी जाती है पर जब रामेसरी अपने घर में हो रहे मांगलिक कार्य में उनकी उपस्थिति भर चाहती है तो मालिक परिवार को अपनी जाति बिरादरी याद आ जाती है।

'बपतिस्मा' में ईसाई समुदाय के धार्मिक अवरोधों को प्रस्तुत किया गया है। एक व्यक्ति जो सारी उम्र ईसाइयत के साथ रहा हो पर मृत्यु के बाद उसका ईसाई रीति से अन्तिम संस्कार सिर्फ इस वजह से फादर नहीं करते क्योंकि उसका बपतिस्मा नहीं हुआ था। धार्मिक कठमुल्लेपन पर करारा व्यंग्य है इस कहानी में। भारत में गाँव की संरचना जिन सामाजिक जड़ताओं को जन्म देती है, उससे डॉ. अम्बेडकर विचलित थे और इस संरचना को परिवर्तित करना चाहते थे। देश को संविधान सौंपते हुए उन्होंने स्पष्ट कहा था कि इसमें उन्होंने राजनीतिक लोकतन्त्र की व्यवस्था दी है, सफल तभी होगी जब सामाजिक लोकतन्त्र की स्थापना होगी। 'बँधुआ लोकतन्त्र' इसी भावभूमि पर आधारित कहानी है।

लोकतन्त्र का बाहुबलियों द्वारा जैसा मजाक उड़ाया जाता है उससे ओमप्रकाश वाल्मीकि आहत हैं। 'कंडक्टरी' के बहाने यह बताने का प्रयास किया गया है कि किसी भी व्यवस्था के चालक और उसे निर्देशित करने वाले तत्त्व को किस तरह

से उत्तरदायित्वपूर्ण भूमिका का निर्वाह करना पड़ता है। किसी भी एक का विचलन समूची व्यवस्था को किस पतन की तरफ ले जा सकता है। न तो सारा कुछ पुराने में खराब है और न ही सारा कुछ नये में खराब। बस हमें चयन का अधिकार जो मिला है, उसे सम्यक दृष्टि के साथ निभाना आना चाहिए। यह सम्यक दृष्टि, मध्यम मार्ग बौद्ध दर्शन की देन है जिसे इस कथा के माध्यम से कथाकार ने खूबसूरती के साथ उकेरा है।

इसी तरह से एक और महत्त्वपूर्ण कहानी है 'मंगलवार'। गौतम बुद्ध ने सदैव चमत्कार से उत्पन्न प्रदर्शन को आम जनता के लिए अहितकारी स्वीकार किया था। आम जनता चमत्कार के प्रभाव में जल्दी ही आकर मेहनत के मार्ग से बचते हुए सरलता से सब कुछ पाना चाहने लगती है। और यह चाहत समाज के विकास का प्रमुख रोड़ा बन जाती है। मंगलवार में इसी तरह के अन्धविश्वास से उत्पन्न हृदय विदारक घटना का वर्णन किया गया है। यह कथानक यथार्थ से परे नहीं है। बन्दरों को चना खिलाना आम हिन्दू अपना परम धर्म समझता है। कहानी का पात्र पंडित की सलाह पर अपनी परिस्थिति सुधारने के लिए बन्दरों को रोज चना खिलाता है। बन्दर उससे बहुत हिलमिल जाते हैं, दूर से ही उसे पहचान लेते हैं।

इतना ही नहीं वह बन्दरों को अपनी हथेली में चने रखकर खिलाता है, छोटे बन्दरों को अपनी गोदी में बिठाकर बच्चों की तरह प्यार करता चने खिलाता है। एक दिन वह देखता है कि सारे बन्दर कहीं दूर झुंड बनाकर चिंचिया रहे थे, प्यार से बुलाते हुए वह उनके पास जाता है, पर बन्दर उस पर हमला कर देते हैं और फाड़कर रख देते हैं। किसी एक बन्दर की मौत किसी स्कूटर वाले से टकराकर होती है और वे बन्दर उसका बदला उससे लेते हैं। यूँ भी धार्मिक स्थलों पर बन्दरों की आक्रामकता से सारे लोग परेशान रहते हैं पर हनुमानजी का अवतार मानते हुए कुछ भी नहीं करते। एक बन्दर की मौत पर उनकी श्रद्धा विगलित होती है और वहाँ उसकी याद में मन्दिर तन जाते हैं पर एक आदमी की मौत उनके भीतर सामान्य सी संवेदना भी पैदा नहीं करती। पता है ना कि धर्म सत्ता का व्यापार कितना फलदायी होता है।

'आउटसोर्स' इस कथा संग्रह की अन्तिम कहानी है। सफाई कर्मियों को नियमित किया जाय तो इस वर्ग के भीतर भी आर्थिक रूप से स्थायित्व पैदा होगा जो राजनीति से परे हो जायगा। इसलिए अपनी राजनीति को बनाये रखने के कारण सरकारी स्तर पर ही नहीं गैर-सरकारी स्तर पर भी बड़ी सूक्ष्मता के साथ, बारीक षड्यन्त्र करने का प्रयास किया जा रहा है। कितना ही प्रयास क्यों न कर लिया जाय बहुत कुछ रचनाओं में अनकहा रह जाता है। अपनी मारांतक अस्वस्थता के बावजूद उनका यह कहानी संग्रह आया है और भारतीय ज्ञानपीठ ने उनका यह सम्मान किया है।

भारतीय ज्ञानपीठ से किसी दलित रचनाकार की सम्भवतः यह प्रथम कृति है। कितना वक्त लगा है यहाँ तक का सफर करने में। ओमप्रकाश वाल्मीकि जी ने परिशिष्ट में अपने कड़वे अनुभव को सीधे ही साझा किया है ताकि संवेदना के सागर छलकाने वालों के छद्म में सेंध पड़ जाय। 'वे साधारण, वे ही विशिष्ट' और 'दीपमाला के सवाल' के माध्यम से वे अपना दर्द प्रकट कर रहे हैं।

षड्यन्त्रों के साथ सभ्य और सुसंस्कारित समाज की कल्पना असम्भव है। इन कहानियों में कथाकार हर जगह उपस्थित है। जिन घटनाक्रमों को लोग हल्के अन्दाज में लेते हुए रफा-दफा करना चाहते हैं और ध्यान हटाना चाहते हैं, दलित चेतना सम्पन्न वहीं अपनी निगाहें गड़ाये बैठ गया है। अब उसने 'साम' की भाषा से परिचय प्राप्त कर 'दाम, दण्ड, भेद' तक पहुँचने के पहले ही अपने तीर सँवारने की प्रक्रिया आरम्भ करना तय कर लिया है।

कहानियों की भाषा सहज और सरल होते हुए भी तीखा वार करती है। शिक्षित समुदाय से सीधे सवाल करती है। कहानियाँ बार-बार संकेत करती हैं कि समाज के संकटों से किस तरह से मुँह फेरने का कार्य किया जा रहा है। कैसे 'शाइनिंग इंडिया' की छवि प्रस्तुत करने का छद्म प्रयास किया जा रहा है। लोक कल्याणकारी राज्य की भूमिका से कैसे देश राज्य स्वयं को संकुचित करता चला जा रहा है। नमक तो टाटा के पास आयोडिन के साथ चला गया, प्राइम टाइम के घेंघा के विज्ञापनों ने सामान्य हाथों से नमक छीन लिया अब चीनी भी सुस्वादु नहीं रह जायगी। जब इस स्तर पर ही कार्यकलाप समझ नहीं आ पाते हैं तो जातिगत स्तर के सवाल पर कितने चालाक होंगे, इनकी पड़ताल है 'छतरी'।

रायपुर में अब ओमप्रकाश वाल्मीकि नहीं रहते हैं

सुभाष चन्द्र कुशवाहा

दलित साहित्य के प्रमुख हस्ताक्षरों में से एक, ओमप्रकाश वाल्मीकि हमारे बीच से बहुत जल्दी चले गये। उनका जाना, कई मायने में दुखद रहा। वह हिन्दी साहित्य में दलित और महादलित के स्वर थे। उनके शब्द, वर्णाश्रमी साहित्य पर गर्द की परत चढ़ा देते थे। उनकी आत्मकथा ने वर्णवादी साहित्यकारों में इतनी भी ताकत न छोड़ी थी कि वे ठीक से शूद्रों से आँख मिला सकें या अपनी थेथरई की सर्वोच्च शब्दावली से अपने कृत्यों का बचाव कर सकें। ओमप्रकाश वाल्मीकि हिन्दू समाज की बजबजाती अन्धकारमय बस्तियों को हाबते, शिक्षा के सारे अवरोधों को लाँघते प्रकाश की ओर आये थे। इसलिए उनके पास अनुभवजन्य प्रकाश था। उनके पास चूहड़ बस्तियों की आधारभूत पीड़ा की ऐसी अनुभूति थी जो भाववादी साहित्य के कौमार्य को उघारे बिना, नंगा कर रही थी। उनकी अभिव्यक्ति ने सौन्दर्य प्रेमियों, 'अहो प्रकाश रमणीयता' का जाप करने वालों या बसन्त की सुकुमारता का बखान करने वालों को बोरिया-बिस्तर समेटने को बाध्य किया और चिल्ला-चिल्लाकर साहित्यानुरागियों को बता दिया कि जब घर बजबजा रहा हो तब गुलाब नहीं सूँघा जाता। जिस संस्कृति में मनुष्य जूठन के लिए टकटकी लगाये हो, वहाँ जानवरों को माँ-बाप कहने से कोई महान नहीं होता। ऐसी अलंकारयुक्त दोगली भाषाएँ साहित्य को समृद्ध नहीं करती, बल्कि जूठन के यथार्थ के सामने, अपने ही गाल पर अपने ही हाथों तमाचा जड़ लेती हैं।

ओमप्रकाश वाल्मीकि पश्चिमी उत्तर प्रदेश के मुजफ्फरनगर जिले के रहने वाले थे। वह क्षेत्र अपेक्षाकृत विकसित और शिक्षित माना जाता है। वह देश की राजधानी के करीब भी है। दिल्ली की हवा-बतास वहाँ तक पहुँचती रही है इसलिए ओमप्रकाश वाल्मीकि की रचनाएँ राजधानी के हवा-बतास की दिशा और दशा को भी बदलती हैं। वे बताती हैं कि दूर-दराज के गाँवों में महादलितों की स्थिति और भी नारकीय बनी हुई है। उनकी रचनाएँ बताती हैं कि जब समाज ऊँच-नीच में बँटा हो, जब एक वर्ग को अस्पृश्य और दास बना दिया गया हो, तब न्याय, समता, बन्धुता जैसे

शब्द दिखावे और छलावे के सिवा कुछ नहीं होते। यह आजादी और समतामूलक संविधान के कौमार्य की शुचिता पर भी सवाल उठाता है।

ओमप्रकाश वाल्मीकि से मेरी अन्तिम बातचीत विगत वर्ष फोन पर हुई थी, जब वह दिल्ली के किसी अस्पताल में भर्ती थे। 1991 से लेकर 2007 के मध्य चार साल को छोड़कर, लगभग 13 वर्षों तक देहरादून में मेरा प्रवास रहा है। अप्रैल 2007 में मेरा परिवार हमेशा के लिए लखनऊ आ गया। उस वर्ष के प्रारम्भ में मेरी अन्तिम मुलाकात हुई थी। कुल मिलाकर ओमप्रकाश वाल्मीकि से मेरा रचनात्मक ही नहीं, लम्बे समय तक पारिवारिक सम्बन्ध भी रहा है। ओमप्रकाश वाल्मीकि रायपुर स्थित आर्डिनेंस फैक्ट्री में काम करते थे और फैक्ट्री के आवासीय फ्लैट में रहते थे। कई बार उनके कार्यालय और आवास पर मुलाकात हुई थी। कई बार एक-दूजे के यहाँ परिवार सहित आना-जाना हुआ। रात्रि भोज पर हम घण्टों वर्णवादी संस्कृति की अमानवीयता पर बतियाते रहते। कार्यालय में वह बेहद सरल और सर्वप्रिय थे। जाने पर अगर वह नहीं मिलते तो उनके संगी-साथी आदर से बैठाते। इतनी सज्जनता के बावजूद, ओमप्रकाश वाल्मीकि देहरादून की साहित्यिक मण्डली से दूर रहते थे। एकाध बार मेरे यहाँ आयोजित साहित्यिक गोष्ठियों में वह जरूर आये, मगर कम। विद्यासागर नौटियाल जैसे वामपन्थी साहित्यकार को भी वह वर्णवादी ही मानते थे। साहित्यिक गोष्ठियों में न आने की पीड़ा वही थी जो अक्सर वर्णवादियों की टिप्पणियाँ या उपेक्षा की वजह बनती है। देहरादून के कई साहित्यकार तब उन्हें गम्भीरता से नहीं लेते थे। ओमप्रकाश वाल्मीकि जितना बाहरी दुनिया में चर्चित हो चुके थे, उतना देहरादून में नहीं। उनसे मेरा परिचय वर्ष 1998 में, विलम्ब से हो सका, जब जितेन ठाकुर ने उनके कार्यालय का फोन नम्बर उपलब्ध कराया। शिव बाबू मिश्र भी तब देहरादून में ही थे। कई बार हम तीनों की बैठकी हुई। शिव बाबू मिश्र, ओमप्रकाश वाल्मीकि का बहुत सम्मान करते थे। वह अपनी मोटर साइकिल पर ओमप्रकाश वाल्मीकि को बैठाये मेरे घर चले आते थे। ओमप्रकाश वाल्मीकि से कई मुलाकातें उन्हीं की वजह से हो पायी थीं।

ओमप्रकाश वाल्मीकि, वर्ष 1997 में 'जूठन' प्रकाशित होने के बाद साहित्य जगत में चर्चित हो चुके थे। उनकी आत्मकथा 'जूठन' के प्रकाशित होते ही मुख्यधारा के साहित्य में भूचाल आ गया। मेरी ओमप्रकाश वाल्मीकि से मिलने की व्याकुलता उनकी आत्मकथा 'जूठन' थी। 'जूठन' पढ़ने के बाद तो लगा कि वर्णवादी चरित्र और चाल के सभी दाँव-पेंचों को विश्लेषित करने को यह कृति काफी है। इस कृति ने हिन्दी साहित्य के सवर्णवादी चरित्र को इतना भयभीत किया था कि कुछ आलोचकों ने इसे साहित्य की परिधि से बाहर करने के कई तर्क गढ़े। कई तीर चलाये पर 'जूठन' की रचनात्मक ताकत से कहीं ज्यादा उसके भोगे हुए यथार्थ ने पाठकों के बीच मजबूत

स्थान बना लिया था। दलित और पिछड़े वर्ग के एक बड़े वर्ग को उनकी स्वयं की अभिव्यक्ति जैसी एक कृति हाथ लग चुकी थी। बसे क्या था, लोगों ने इसे हाथों-हाथ लिया। 'जूठन' का कई भाषाओं में अनुवाद हुआ और देश की सीमा से बाहर भी, अस्पृश्य समाज के दंश को बताने में महत्त्वपूर्ण भूमिका निभाई।

मुझे 'जूठन' पढ़ने का अवसर भी अनायास मिला था। एक बार मैं लखनऊ से देहरादून जा रहा था। चारबाग रेलवे स्टेशन के सर्वोदय बुक स्टॉल पर यह किताब दिख गयी। मैंने उसे खरीदने में विलम्ब नहीं किया। जनता एक्सप्रेस की ऊपरी बर्थ पर लेटने के बाद मैंने किताब खोली। यही कोई रात के 9 बजे होंगे। जब पढ़ना शुरू किया तो पढ़ता ही गया। नींद उचट गयी। एक के बाद एक प्रसंग मन को बाँधते चले गये। भोर होते-होते किताब समाप्त हो चुकी थी। तब तक ट्रेन हरिद्वार की सुरंगों के बाहर निकल चुकी थी और एक-डेढ़ घण्टा बाद, देहरादून आने वाला था। 'जूठन' पढ़ते हुए कई बार आँखें भर आयीं। कई बार बर्थ पर मुक्का मारा और दाँत भींचे। उस दिन के बाद हफ्तों मेरी मनःस्थिति सामान्य नहीं रही। 'जूठन' के कथ्य ने मन को हिलाकर रख दिया था। जातिदंश की जिस पीड़ा का वहाँ आत्मसात हुआ था, उससे समाज की कुलीनतावादी चरित्र की कलई खुल गयी थी। स्वयं का भोगा यथार्थ, देखे यथार्थ से बहुत जुदा होता है। मैं अपने गाँव के दलितों की उपेक्षा और अपमान को देखा था मगर जो यथार्थ 'जूठन' का था, वह भिन्न और ज्यादा अमानवीय था। 'जूठन' की अंतर्वेदना से सबसे पहले पत्नी को अवगत कराया। कोई साहित्यकार मित्र मिलता, तो मैं ओमप्रकाश वाल्मीकि के साथ घटित कुछ घटनाओं को सुनाने लगता। गैर-बराबरी के हिन्दू समाज की अमानवीयता को स्पष्ट करने के लिए 'जूठन' के प्रसंगों को सुनाते समय मेरी आवाज भर्रा जाती। कई बार मन बचपन की ओर लौट पड़ता। गाँव की ऊँची जातियों द्वारा अपमानित किये गये प्रसंगों को 'जूठन' ने एक बार फिर सामने लाकर उधेड़ दिया था। यह सही है एक चूहड़ के अपमान की तुलना, पिछड़े वर्ग के अपमान से नहीं की जा सकती। बहुत भिन्नता है दोनों के अपमान में। खासकर अस्पृश्यता के मामले में। फिर भी गाँव के भूमिहार वर्ग द्वारा कई बार मैं अपमानित तो हुआ ही था। कई बार पिछड़ों को अपमानित होते देखा था। शादी-ब्याह में बड़ी जाति वालों को पहले, फिर छोटी जाति वालों को खिलाने की प्रथा चुभती थी। इसलिए वाल्मीकि जी द्वारा भोगी जातिगत पीड़ा को महसूस करना मेरे लिए सरल और सहज था। मैंने बहुत आसानी से 'जूठन' के दंश के साथ स्वयं को समाविष्ट कर लिया था। ऐसा लगता कि जिस दंश को ओमप्रकाश वाल्मीकि ने अपनी आत्मकथा में खोला है, इसके कई सोपानों से मैं स्वयं टकरा चुका हूँ। वाल्मीकि के अंतरमन और अस्पृश्यता की वस्तुस्थिति को समझने के लिए इतना काफी था।

वाल्मीकि ने उच्च वर्ग के छोटे-छोटे बच्चों द्वारा दलित वर्ग के बूढ़ों का नाम लेकर बुलाने का जो जिक्र किया है, वह मेरा भी भोगा यथार्थ था। बचपन में और यहाँ तक कि जब मैं इंटर उत्तीर्ण हो चुका था और मेरे बड़े भाई डॉक्टर बन चुके थे, तब भी भूमिहार के छोटे बच्चे, पिताजी को नाम लेकर बुलाते थे। दूसरी ओर पिछड़े वर्ग के बड़े लोग भी भूमिहारों के बच्चों को 'बाबू साहब' कह कर सम्बोधित करते थे। गाँव के गरीब और कम पढ़े-लिखे पिछड़े वर्ग के लोगों की अभी भी यही स्थिति है। गाँवों के गरीबों को भूमिहारों के बच्चे अब भी नाम लेकर ही बुलाते हैं। हमारे यहाँ के भूमिहार और पश्चिमी उत्तर प्रदेश के त्यागी, कमोबेश एक ही वर्ग के सवर्ण हैं, जिनके द्वारा ओमप्रकाश वाल्मीकि बार-बार अपमानित किये गये। ओमप्रकाश वाल्मीकि के हेडमास्टर कलीराम जिस तरह उन्हें चूहड़ कह कर बुलाते थे, उसी तरह मेरे गाँव के बाबू साहब छात्रों को तेली, कोईरी, लोहार या बढ़ई कह कर सम्बोधित करते थे। 'जूठन' के कई संवाद तो ऐसे लगते, जैसे बचपन में प्राथमिक पाठशाला के सुने हुए हैं। हेडमास्टर कलीराम की आवाज, जो ओमप्रकाश वाल्मीकि के पिता के सामने निकली थी—'ले जा इसे यहाँ से...चूहड़ा होके पढ़ाने चला है...जा चला जा...नहीं तो हाड़-गोड़ तुड़वा दूँगा।' ठीक इसी तरह हमारे पाठशाला के बाबू साहब कहते—'भाग तेलियो! सारे तुम सब लोग पढ़ोगे तो हम लोगों के यहाँ काम कौन करेगा रे!' यह जातिदंश को व्यक्त करने वाली कृति की ताकत है जो हर वर्ग और क्षेत्र की अनुभूति बन जाती है।

यहाँ तथ्य कुछ हद तक सही है कि समय के साथ पढ़े-लिखे दलितों की स्थिति बदली है। जूठे पत्तल उठाने की परम्परा ज्यादातर जगहों पर समाप्त हो चुकी है लेकिन श्राद्ध या शादी-ब्याह में दलितों को खाना खिलाते समय अभी भी दूर बैठाया जाता है। उनकी थाली में, जिसे वे अपने घर से लाते हैं, ऊपर से खाना गिराया जाता है। नब्बे के दशक तक पूर्वांचल में भी जूठे पत्तल उठाने की परम्परा थी। 'जूठन' में ओमप्रकाश वाल्मीकि ने पश्चिमी उत्तर प्रदेश के चूहड़ों द्वारा जूठी पत्तलों को अपने टोकरों में बटोरने का जिक्र किया है। इससे स्पष्ट हो जाता है कि पूरब-पश्चिम, हर कहीं दलितों की स्थिति कमोबेश समान ही थी। ओमप्रकाश वाल्मीकि स्वयं अपनी माँ के साथ जूठे पत्तलों को बटोरने के चश्मदीद गवाह रहे हैं। पूड़ी के बचे-खुचे जूठे टुकड़ों को सूखाते वक्त चिड़ियों से बचाने के लिए रखवाली किये हैं। पूड़ी के सुखाये टुकड़ों को बरसात के दिनों में भिगोकर और उबालकर खाने का दंश जिस लेखक ने झेला हो, 'जूठन' उसी की अमर कृति हो सकती है।

'जूठन' के आने के बाद, हिन्दी साहित्य के कुलीनतावादी चरित्र में बहुत बदलाव आया। जिस बनावटी चरित्र और शालीनता को वर्णवादी हिन्दी साहित्यकार वर्षों से ओढ़े, जनपक्षधर बने हुए थे, उन्हें इस कृति ने बेचैन कर दिया। यह बात

अकारण नहीं कह रहा हूँ। 'सरस्वती' जैसी पत्रिका के 1900 से 1960 तक के अंक में अस्पृश्य समाज की पीड़ा उकेरने वाली हीरा डोम की एक मात्र कविता के अलावा कुछ नहीं है। साठ सालों के समाज से गुजरती एक साहित्यिक पत्रिका में दलित दंश की रचना का न होना, हिन्दी साहित्य के पाखण्डी चेहरे को बेनकाब तो करती ही है।

'जूठन', आत्मकथा ही नहीं, वर्णवादी चरित्र के रेशे-रेशे को उधेड़ने वाली कृति है, यह हिन्दू जाति व्यवस्था की बजबजाहट का प्रतिबिम्ब है। 'जूठन' आत्मकथा में पहली घटना आजादी मिलने के आठ साल बाद की है। जाहिर है तब तक गाँधी के अछूतोद्धार के प्रति कुछ आकर्षण बचा था। उस आकर्षण काल से प्रारम्भ करते हुए, ओमप्रकाश वाल्मीकि ने आजादी मिलने के पचास साल तक के सफर में दलितों के प्रति सवर्ण मानसिकता की पड़ताल की है। ओमप्रकाश वाल्मीकि शुरू में ही अस्पृश्यता की संस्कृति पर प्रहार करते लिखते हैं, 'अस्पृश्यता का ऐसा माहौल कि कुत्ते-बिल्ली-गाय-भैंस को छूना बुरा नहीं था लेकिन यदि चूहड़े का स्पर्श हो जाये तो पाप लग जाता था।'

'जूठन' के अलावा ओमप्रकाश वाल्मीकि ने कई यादगार संग्रह भी दिये हैं। जब मैं 'कथा में गाँव' कहानी संग्रह का सम्पादन कर रहा था तब उनकी 'शवयात्रा' कहानी मुझे बेहद जरूरी लगी और उसे संग्रह में शामिल करना नहीं भूला था। 'शवयात्रा' ओमप्रकाश वाल्मीकि की प्रतिनिधि कहानी है जो दलितों की उपजातियों में जातिभेद की विडम्बना भी सामने लाती है। अछूतों में अछूत बल्हार जाति की यह कहानी, सात साल की बच्ची 'सलोनी' की मृत्यु के बाद शवयात्रा में दूसरे अछूतों के शामिल न होने जैसी समस्या को सामने लाती है। यह कहानी जातिवाद के उस घिनौने चरित्र की पड़ताल करती है जहाँ जातियों की उपजातियों में भी ऊँच-नीच की भावना विद्यमान रही है। दलित साहित्य में ऐसी कम कहानियाँ लिखी गयी हैं। इस कहानी के प्रकाशित होने के बाद ओमप्रकाश वाल्मीकि को दलित लेखकों की नाराजी भी झेलनी पड़ी थी। कई दलित लेखकों ने उन्हें अपशब्द भी कहे। उन्होंने मुझे व्यक्तिगत रूप से उस पीड़ा से अवगत कराया था लेकिन 'शवयात्रा' कहानी में जिस यथार्थ को वाल्मीकि सामने लाते हैं, वह कम से कम गैर-दलितों के लिए अछूता था। वाल्मीकि 'शवयात्रा' में लिखते हैं, "चमारों का श्मशान गाँव के निकट ही था। लेकिन उसमें बल्हारों को अपने मुर्दे फूँकने की इजाजत नहीं थी।" इसी कहानी में वह आगे लिखते हैं, "बल्हारों के मुर्दे को हाथ लगाने या शवयात्रा में शामिल होने गाँव का कोई भी व्यक्ति नहीं आया था। 'जात' उनका रास्ता रोक रही थी। कल्लन ने काफी कोशिश की थी। वह रविदास मण्डल, डॉक्टर अम्बेडकर युवक सभा के लोगों से जाकर मिला था। लेकिन कोई भी साथ आने को तैयार

नहीं था। बड़ी बेबाकी से ओमप्रकाश वाल्मीकि ने 'शवयात्रा' कहानी के माध्यम से तमाम दलित संगठनों को भी कठघरे में खड़ा कर दिया था। यह वाल्मीकि की लेखकीय ईमानदारी और अछूतों में अछूत के साथ खड़ा होने की प्रतिबद्धता का भी प्रमाण है।

ओमप्रकाश वाल्मीकि अपनी कहानियों में सादगी और साफगोई से दलित-पीड़ा को सामने लाने वाले कहानीकार हैं। उनके यहाँ शब्दों की बाजीगरी नहीं है। बिम्ब और शैलीगत प्रयोग के बहाने उलझाऊपन और दुरूहता भी नहीं है। यही कारण है कि उनकी रचनाएँ जिस समाज को केन्द्र में रख कर लिखी जाती रहीं, वे उस समाज को स्पष्ट रूप से समझ में आ भी रही थीं। जब मैं 'जातिदंश की कहानियाँ' कथा संचयन का सम्पादन कर रहा था, तब भी उनकी कहानी 'सलाम' को शामिल किया। 'सलाम' कहानी उस प्रथा को केन्द्र में रख कर लिखी गयी हैं जिसमें दलित दूल्हे को 'विदाई' से पहले सलाम के लिए संघड़ों के दरवाजों पर जाना पड़ता था। 'सलाम' कहानी में मुसलमानों के प्रति छुआछूत मानने की प्रथा का भी उल्लेख किया गया है। 'सलाम' कहानी में एक साथ कई दंश उभरते हैं। शहर से गाँव गयी बारात का एक सदस्य कमल, जब गाँव में एक चायवाले से चाय माँगता है तो वह कहता है–'ये सहर नहीं गाँव है। यहाँ चूहड़े-चमारों को मेरी दुकान में तो चाय ना मिलती, कहीं और जाके पियो।' यद्यपि कि कमल चूहड़ जाति का नहीं है। वह ब्राह्मण है। दोस्त की शादी में आया हुआ था। इस प्रकार जाति अपमान को उजागर करती ओमप्रकाश वाल्मीकि की रचनाएँ, हमारी मनुष्यता पर प्रश्नचिह्न लगाती हैं।

अन्तिम दिनों में ओमप्रकाश वाल्मीकि ने कुछ बेहतरीन कविताएँ भी लिखीं। उपेक्षा, अपमान, अस्पृश्यता और अमानवीयता में सनी जिन्दगी का पास्टमार्टम करते ओमप्रकाश वाल्मीकि कहीं भी अतिरंजना के शिकार नहीं होते। वह कहीं भी सहानुभूति या सत्कार बटोरने के लिए विषय या कथ्यों में फेरबदल नहीं करते। रचना की रचनाशीलता में वहीं तक जाते हैं, जहाँ तक एक दलित का दुख, समाज के बन्द कपाटों पर दस्तक दे और कहे कि अपनी हैवानियत के लिए जश्न मनाने वालो, हमें वह स्थान दे दो, जिसके हम हकदार हैं। हम किसी भी मायने में तुमसे दोयम नहीं। ओमप्रकाश वाल्मीकि की पसन्द की जाने वाली कविताओं में 'ठाकुर का कुआँ', 'चोट' और 'शम्बूक का कटा सिर' मुख्य है। 'शम्बूक का कटा सिर' कविता का एक अंश इस प्रकार है–

गली गली में
राम है
शम्बूक है
द्रोण है

एकलव्य है
फिर भी सब खामोश हैं
कहीं कुछ है
जो बन्द कमरों से उठते क्रन्दन को
बाहर नहीं आने देता
कर देता है
रक्त से सनी उँगलियों को महिमा-मण्डित।

आलोचना के क्षेत्र में भी वाल्मीकि ने कुछ काम किया लेकिन जिस रचना के कारण वह हमेशा याद किये जायेंगे, वह 'जूठन' ही है। हम कह सकते हैं कि दलित रचनाकारों की चेतना का विकास, जीवन की असाधारण परिस्थितियों से गुजरने के कारण ही परम्परागत हिन्दी साहित्य से भिन्न ऊर्जा लिये हुए है। ऐसी रचनाओं की भाषा, शिल्प, कला और कथ्य, परम्परागत हिन्दी साहित्य से भिन्न है। इस भिन्नता पर सवाल उठाने के बजाय, भरपूर स्वागत किया जाना चाहिए क्योंकि इसने हिन्दी साहित्य को संवृद्ध किया है।

ओमप्रकाश वाल्मीकि देहरादून के एक तथाकथित दलित लेखक से खासे परेशान रहते थे। वह जानते थे कि वह लेखक कम, प्रचारक ज्यादा है। वह लेखक अपनी हैसियत की वजह से नामवर सिंह और राजेन्द्र यादव को बुला कर वातानुकूलित कक्ष में अपनी रचनाओं की चर्चा करा लेता था। अपनी रचनाओं के बारे में सम्पादकों को पत्र लिखवाने वह लेखकों के घर भी चला जाता। पोस्टकार्ड पर पता खुद लिखे रहता। ओमप्रकाश वाल्मीकि कहा करते कि, ऐसे दलित लेखक अन्ततः दलितों का ही नुकसान करते हैं और दूसरों को छींटाकशी का मौका देते हैं।

ओमप्रकाश वाल्मीकि के साथ घटी एक अन्य घटना मुझे अक्सर याद आती है। एक बार ओमप्रकाश वाल्मीकि अपनी पत्नी के साथ स्कूटर से जा रहे थे कि ई.सी. रोड पर किसी ने टक्कर मार दी थी। दुर्घटना में चोट भाभी जी को लगी थी। वजन ज्यादा होने के कारण हाथ की हड्डी टूट गयी थी। सबसे पहले उन्होंने मुझे फोन किया था। मेरा घर करीब था। पहुँचने में बामुश्किल सात-आठ मिनट लगे होंगे। वाल्मीकि जी घबड़ाये हुए थे। मुझे देखा तो कुछ आश्वस्त हुए। हम लोगों ने उनका स्कूटर वहीं एक दुकान पर खड़ा किया और तुरन्त कार में बैठाकर भाभीजी को ई.सी. रोड के एक निजी नर्सिंग होम में पहुँचे। तब तक रायपुर आर्डिनेंस फैक्ट्री से उनके विभागीय दोस्त भी आ पहुँचे थे। ओमप्रकाश वाल्मीकि उस घटना का जिक्र अक्सर किया करते। कहते, आप इतनी जल्दी पहुँच जायेंगे, मुझे विश्वास न था।

ओमप्रकाश वाल्मीकि की पत्नी का स्वास्थ्य ठीक नहीं रहता था। वह अक्सर बीमार रहतीं। ओमप्रकाश जी उनकी सेवा में कोई कसर नहीं छोड़ते। कोई औलाद

न होने के कारण वह कुछ चिड़चिड़ी सी रहती थीं। इस खालीपन को ओमप्रकाश वाल्मीकि किस्से-कहानियाँ सुना, पाटने की कोशिश करते।

जाति अपमान के विरुद्ध लेखनी को तलवार बनाने वाला लेखक हमारे बीच से जा चुका है। उसके शब्द हमारे साथ हैं। उसके शब्दों की ऊर्जा, दलित अस्मिता की लड़ाई लड़ रही है। देहरादून बदल चुका है। मैं देहरादून जाता हूँ तो रायपुर की ओर नहीं जाता। जाऊँ तो कैसे? अब रायपुर में ओमप्रकाश वाल्मीकि नहीं रहते हैं।

ओमप्रकाश वाल्मीकि : जो चाहते थे जिन्दगी के बस दो वर्ष और

कैलाश चन्द्र चौहान

ओमप्रकाश वाल्मीकि जी से मेरा सम्पर्क कोई ज्यादा पुराना नहीं था, लेकिन बहुत कम समय का सम्बन्ध ऐसा हो गया था जैसे हम एक-दूसरे को दशकों से जानते हों। दिल्ली के लिए चलने से पहले मेरे पास उनका फोन आ जाता, "मैं फलां तारीख को दिल्ली आ रहा हूँ।" साहित्य लेखन ने मुझे मेरे जीवन का यह सबसे बड़ा तोहफा दिया। जिनसे मिलने के लिए न जाने कितने साहित्य प्रेमी तरसते रहे, सोचते रहे, उनके साथ मैं रहा। रात-रात भर बात की। फिर उनका मेरे घर कई बार आना हुआ। दो बार वह पन्द्रह-बीस दिन रहे भी। बच्चों से उनका प्यार-दुलार देखते ही बनता। मैंने सपने में भी नहीं सोचा था कि ओमप्रकाश वाल्मीकि जी के साथ मेरा सम्बन्ध ऐसा होगा। या मैं कभी उनसे एक बार मिल भी पाऊँगा।

मेरा उपन्यास 'सबुह के लिए' आरोही प्रकाशन से 2011 में प्रकाशित हुआ था। लेकिन मैंने उन्हें नहीं भेजा। इस डर से कि कुछ लोगों ने बताया था कि वाल्मीकि जब किसी दलित की कोई रचना पढ़ते हैं और उसमें कोई खामी पाते हैं तो लेखक को डाँट देते हैं। यह सुनकर मैं कैसे हिम्मत जुटाता कि मैं उन्हें 'सुबह के लिए' उपन्यास भेज पाता? मैंने नहीं भेजा।

2012 में मेरा कहानी संग्रह 'संजीव का ढाबा' आरोही ही से प्रकाशित हुआ। इस बीच कुछ अच्छे लेखकों ने मेरे उपन्यास व कहानी संग्रह की काफी तारीफ की थी। तारीफों से बढ़ी हिम्मत की वजह से उस महान रचनाकार को अपनी दोनों किताबें भेज दीं। किताबें भेजने के पन्द्रह-बीस दिन बाद ही ओमप्रकाश वाल्मीकि जी का फोन आ गया, "आप कैलाश चौहान बोल रहे हैं?"

"हाँ, बोल रहा हूँ।" मेरी तरफ से उत्तर था, उनको जिनसे मैं कभी मिला नहीं हूँ। इच्छा जरूर थी।

"मैं देहरादून से ओमप्रकाश वाल्मीकि बोल रहा हूँ...।"

"कौन सर?"...मुझे ऐसा लगा, जैसे मेरे कानों ने गलत सुन लिया।

"मैं ओमप्रकाश वाल्मीकि बोल रहा हूँ। आपने अपनी कितबें भेजी थीं न...।"

"जी सर..."

"मैंने आपकी किताबें पढ़ीं। आप अच्छा लिख रहे हैं। आपके लेखन में पठनीयता गजब की है। मैंने आपकी कहानी 'हाइवे पर संजीव का ढाबा' कथादेश में भी पढ़ी थी..."

तारीफों और सुझावों के साथ उन्होंने लगभग बीस-पच्चीस मिनट बात की, शायद इससे भी ज्यादा। और मैं सुनता रहा। इतना बड़ा लेखक मेरे जैसे को खुद ही फोन कर रहा है। अच्छा लगा। अचम्भित भी हुआ। वह दिन मेरे लिए सबसे खुशी का दिन था। जबकि मैं आज भी मानता हूँ कि मैं बहुत अच्छा नहीं लिख पा रहा हूँ।

मैंने अन्त में बात करते हुए बताया कि मैंने 'भँवर' नाम से उपन्यास भी लिखा है। उन्होंने उस उपन्यास को तुरन्त भेजने के लिए कहा। मैंने वह उपन्यास उन्हें कूरियर से भेज दिया। उन्होंने प्राप्ति की सूचना मुझे दी। इसी बीच शोध कार्य के लिए वह शिमला चले गये। लेकिन उपन्यास की पांडुलिपि देहरादून में ही रह गयी। मैंने दूसरी कॉपी शिमला भेज दी। उन्होंने पढ़कर तारीफ की और इस पर लिखने के लिए बोला। इसी बीच वह बीमार रहने लगे। शिमला में काफी टेस्ट, इलाज कराने के चक्कर में उपन्यास पर कुछ लिख नहीं पाये और ज्यादा बीमार होते चले गये। दिल्ली के सर गंगाराम हॉस्पिटल में इलाज कराने के सुझाव के तहत वह दिल्ली में आये और पता चला कि उनकी आँतों में कैंसर है। ऑपरेशन हुआ। ऑपरेशन के बाद मैं और डॉ. गुलाब अस्पताल में पहुँचे। उस रात मैं और डॉ. गुलाब उन्हीं के पास रुके। उस हालत में वह भी आधी रात तक साहित्य पर ही चर्चा करते रहे।

बहुत ही जिन्दादिल इन्सान थे, वाल्मीकि जी। अपनी बीमारी की भयंकरता को जानते हुए भी मायूस नहीं रहते थे। उनके चेहरे की रौनक व बात करने के लहजे से लगता था, जैसे उन्हें यह पता ही नहीं है कि उन्हें कैंसर है। जबकि मेरी माँ को डॉक्टर ने उन्हीं के सामने पेट में कैंसर होने का शक जताया तो वह एक मिनट भी जिन्दा नहीं रह पायी, जबकि कैंसर पुख्ता करने के लिए कई तरह के टेस्ट होते हैं।

मैं ओमप्रकाश वाल्मीकि जी की गम्भीर बीमार की हालत में देहरादून के मैक्स हॉस्पिटल में भर्ती होने की खबर सुनकर देहरादून जाने के लिए तैयार हुआ तो मेरे साथ हीरालाल राजस्थानी, उनके मित्र योगी ने मेरे साथ चलने को कहा। हम 8 नवम्बर, 2013 को देहरादून में मैक्स हॉस्पिटल में पहुँचे। मेरे साथ हीरालाल राजस्थानी, उनके मित्र योगी व मेरे छोटे भाई राकेश कुमार चौहान थे। हम चारों दोपहर लगभग 1 बजे देहरादून के मैक्स हॉस्पिटल पहुँचे। वाल्मीकि जी बेहोश थे। परिवार के लोग रो रहे थे। उनकी पत्नी की हालत खराब थी। बार-बार वाल्मीकि जी को उठाने के लिए तरह-तरह से उठाने के प्रयास कर रहे थे। कभी फ्लाइट निकल जाने की बात

की जाती, दिल्ली जाना है। कभी कुछ...चन्दा जी ने यह भी कहा कि चौहान जी आये हैं, मिलने के लिए। चन्दा जी हॉस्पिटल के बाहर ही कह रही थीं कि वाल्मीकि आपको यानी चौहान जी कहकर याद कर रहे थे कि वे आयेंगे। उनकी खातिरदारी के लिए घर में सामान है न? लेकिन अफसोस, काफी कोशिशों के बाद भी वह नहीं उठे। नर्स को बुलाया। उसने कहा इन्जेक्शन का असर है, इसलिए 3-4 बजे तक उठेंगे। हम लोग उनकी हालत देखकर रो तो नहीं रहे थे, हम सबने खुद पर काबू किया हुआ था, लेकिन रोने की स्थिति में पहुँच जरूर गये थे।

हीरालाल राजस्थानी जी ने प्रसिद्ध लेखक डॉ. रूपनारायण सोनकर को फोन करके वाल्मीकि जी की खराब हालत के बारे में जिक्र किया, वह सुनकर तुरन्त आये। लेकिन वाल्मीकि जी से मिलने पाँच बजे जा सकते थे। इसलिए दो घंटे हमने बाहर एक चाय की स्टाल पर बिताये। सवा पाँच फिर हॉस्पिटल में गये, लेकिन वाल्मीकि जी पहले वाली अवस्था में ही बेहोश थे। मुँह से जोर-जोर से आवाज आ रही थी। खाने के लिए कुछ लिक्विड एक नली से पहुँचाया जा रहा था, जिस तरह ग्लुकोज चढ़ाते हैं। अब वाल्मीकि केवल हड्डियों का ढाँचा भर हैं। वाल्मीकि जी की पत्नी की हालत भी खराब थी। उनकी बीपी की समस्या बढ़ी। मानसिक स्थिति भी खराब थी, बार-बार रो रही थीं। शुगर गिर जाने की वजह से उन्हें एक डॉक्टर के पास ले जाया गया। दैनिक हिन्दुस्तान ने 8 नवम्बर, 2013 को उनके बारे में बहुत ही मार्मिक रिपोर्ट छापी। उनसे मिलने हमारे ही सामने उत्तराखंड के पूर्व मुख्यमंत्री भी आये।

चन्दा जी रोकर कह रही थीं, "मैं पहले ही कह रही थी कि दिल्ली में चौहान जी के घर चलते हैं। बच्चों के साथ रहेंगे तो मन भी अच्छा हो जायेगा और इलाज भी। लेकिन दिवाली के बाद जाने की कहते रहे। लेकिन छोटी दिवाली को इतनी हालत खराब हो गयी कि दिल्ली ले जाने की स्थिति में नहीं रहे...यहीं लाना पड़ा। दिल्ली ले जाते तो शायद इतनी खराब हालत न होती। अब तो हालत ही इतनी खराब हो गयी...."

हम चार लोग भी ओमप्रकाश वाल्मीकि के परिवार पर बोझ न बने, हम वहाँ से शाम के लगभग 7 बजे वापस हो लिए। हम घर पर सुबह करीब सवा 4 बजे पहुँचे। मुझे 17 नवम्बर, 2013 को सुबह खबर मिली कि ओमप्रकाश वाल्मीकि इस दुनिया में नहीं रहे। मुझे विश्वास नहीं हुआ। फेसबुक खोला तो, कुछ लोग उनकी मृत्यु की खबर को झूठा बता रहे थे। मैंने वाल्मीकि जी की पत्नी को फोन कर पुष्टि करनी चाही तो उन्होंने भी इस खबर को झूठा बताया, सदमे की वजह से। मुझे दोपहर के 11 बजे तक उनके रिश्तेदारों द्वारा पक्का हो पाया कि वाल्मीकि जी के देहान्त की खबर ठीक है। देश के कोने-कोने से लोगों के फोन आ रहे थे कि "क्या वास्तव में वाल्मीकि जी इस दुनिया में नहीं रहे। फेसबुक पर कुछ लोग कुछ कह रहे हैं

कुछ..." लेकिन मैं उनके रिश्तेदारों से लगातार सम्पर्क करने का प्रयास कर रहा था...फिर खबर की पुष्टि होने के बाद मैंने फेसबुक पर वाल्मीकि के देहान्त की पुष्टि इस तरह की, "दलित साहित्य के गौरव ओमप्रकाश वाल्मीकि जी का देहान्त हो गया है। यह दुखद खबर सत्य है। यह इसलिए कहना पड़ रहा है कि कुछ लोग सदमे के कारण या अन्य वजह से वाल्मीकि जी के देहान्त की खबर झूठी बता रहे हैं। मैं वाल्मीकि जी के रिश्तेदारों, उनके नजदीकी मित्र की सूचना के आधार पर कुछ लोगों के कहने पर अपनी नम आँखों के साथ यह सूचना डाल रहा हूँ।"

लेकिन उनका अन्तिम संस्कार शाम के चार-पाँच बजे तक कर दिया जायेगा की सूचना के कारण चाहकर भी मैं वाल्मीकि जी के अन्तिम संस्कार में शामिल नहीं हो पाया।

मैं 19 नवम्बर, 2013 को दोपहर तक ओमप्रकाश वाल्मीकि जी के घर पर पहुँच गया। गम में डूबे उनके परिवार व उनकी पत्नी चन्दा जी से मिला। उनकी पत्नी बात करते हुए बार-बार रो पड़तीं। उनसे बात करते हुए न जाने कितनी बार मेरी आँखें गीली हुईं। उन्होंने मुझे यह कहते हुए खाना खिलाया, "भाई, जब ये ठीक थे, इन्होंने कितनी बार तुम्हें बुलाया, नहीं आये। उनके मरने पर आये हो, पहले आते तो कितना अच्छा लगता उन्हें। तुम्हें तो अपने घर का सदस्य मानते थे। खाना खा लो, उन्हें अच्छा लगेगा—उनके मरने के बाद ही सही, कम से कम चौहान ने उनके घर का खाना तो खाया।"

मैं अपनी गीली आँखों के साथ उस कमरे में बिछी दरी पर बैठ गया, जिस कमरे में वाल्मीकि जी का मृत शरीर रखा गया था। उनकी पत्नी ने वहाँ रखे कुछ नीम के पत्तों के बारे में खुद ही बताया, "यहीं रखा था उनका सिर।"

उनकी भतीजी ने मेरे सामने रोटी, चावल, छोले की सब्जी रखी। जिसे मैंने उनके आग्रह पर भारी मन से खाया।

शाम को मैंने वाल्मीकि जी का वो कमरा भी देखा, जिसमें बैठकर वह पढ़ते-लिखते थे। उस कमरे में किताबें, कम्प्यूटर भी था। बरसाती नदी के किनारे उनका घर है। लगभग 200 गज में बने उनके मकान में बड़े-बड़े कमरे, ड्राइंग रूम तथा बड़ा आँगन है, जहाँ बैठकर वाल्मीकि धूप का आनन्द लेते थे।

वाल्मीकि जी अक्सर कहा करते थे, "बस मेरा शरीर दो साल दे दे, लेखन में मेरे जो अधूरे काम हैं, उन्हें पूरा कर दूँगा।" लेकिन मजबूत इच्छा शक्ति के बावजूद उनके शरीर ने उनका साथ नहीं दिया, और वो शारिरिक रूप से हमें छोड़कर चले गये। लेकिन अपनी कहानियों में उनके द्वारा गढ़े पात्र और उनका साहित्य हमारे बीच में रहेंगे तथा हमें उनके होने का एहसास दिलाने रहेंगे।

कलम के महायोद्धा थे ओमप्रकाश वाल्मीकि

धर्मपाल पीहल

17 नवम्बर, 2013 का दिन मैं जिन्दगी में कभी नहीं भूल सकता क्योंकि इस दिन हिन्दी के शिखर दलित साहित्यकार और मेरे सबसे करीबी मित्र साहित्यकार भाई साहब ओमप्रकाश वाल्मीकि जी को प्रकृति ने हमेशा के लिए हम सबसे जुदा कर दिया। मैं ओमप्रकाश वाल्मीकि जी को हमेशा सम्मानपूर्वक भाई साहब कहकर सम्बोधित करता था।

17 नवम्बर, 2013 के दिन सवेरे नौ-साढ़े नौ बजे के करीब मेरठ से मेरे मित्र जयपाल सिंह, अतिरिक्त आयुक्त, वाणिज्यकर विभाग, उत्तर प्रदेश सरकार का फोन आया और कहा कि एक बुरी खबर है। मैंने हिम्मत जुटाकर पूछा कि क्या खबर है। उन्होंने मुझसे कहा–"ओमप्रकाश वाल्मीकि जी नहीं रहे। आज सवेरे ही उनका देहरादून के मैक्स हॉस्पिटल में देहान्त हो गया।" सुनते ही मन को बड़ा धक्का लगा और मैं अपने आपको रोक नहीं पाया। आँखें नम हो गयीं। यह सोचकर कि कहीं यह खबर झूठी तो नहीं, मैंने उनसे पूछा–"खबर झूठी तो नहीं है?" उन्होंने कहा–"नहीं। खबर कड़वी जरूर है मगर सच है।" पूछने पर पता चला कि दाह-संस्कार कल सवेरे ही किया जायेगा। ये बातें मेरी पत्नी कान्ता बौद्ध भी सुन रही थीं। ओमप्रकाश वाल्मीकि जी की मृत्यु की खबर सुनकर वह भी बड़ी दुःखी हो गयी। ओमप्रकाश वाल्मीकि जी और उनकी पत्नी चन्द्रकला के साथ हमारे एक लम्बे अरसे से बहुत अच्छे पारिवारिक सम्बन्ध रहे हैं। कई बरसों से उन दोनों का हैदराबाद में हमारे घर आना-जाना रहा है और हम लोग भी देहरादून उनके घर आते-जाते रहे हैं।

ओमप्रकाश वाल्मीकि जी की मृत्यु का दुःखद समाचार जानकर मैंने तुरन्त देहरादून जाने का फैसला किया। दोपहर साढ़े बारह बजे के आसपास देहरादून से ओमप्रकाश वाल्मीकि जी की साली की लड़की बिन्नी का फोन आया। उसने मुझे भी फोन पर रोते-राते ओमप्रकाश वाल्मीकि जी की मृत्यु की खबर दी। मैंने उनको अफसोस प्रकट करते हुए कल सवेरे तक देहरादून पहुँचने की सूचना दी।

मैं साढ़े तीन बजे की फ्लाइट से शाम छह बजे तक दिल्ली पहुँच गया। दिल्ली में अन्तर्राज्यीय बस अड्डा से रात की वोल्वो बस पकड़कर मैं 18 नवम्बर को सुबह साढ़े चार बजे तक देहरादून पहुँच गया और चन्दा बहन जी (ओमप्रकाश वाल्मीकि जी की पत्नी चन्द्रकला को चन्दा के नाम से ही पुकारते हैं) और उनके शोकाकुल परिवार में मैं भी सम्मिलित हो गया। लगता था रात भर कोई सोया नहीं। रो-रोकर सभी का बुरा हाल हो गया था। चन्दा बहन जी तो मुझे देखकर जोर-जोर से रोने लगीं। वह रोते-रोते कह रही थीं—"भाई साहब, वो मुझे अकेला छोड़कर चले गये। अब मैं अकेली जीकर क्या करूँगी? किसके सहारे जीऊँगी? वे मुझे दुनिया के धक्के खाने के लिए अकेली छोड़ गये।" ऐसे गमगीन माहौल में वहाँ पर मेरी भी आँखों में आँसू आ गये। मैंने उनकी हिम्मत बढ़ाई और उनको दिलासा दी।

दिनभर वहाँ लोग शोकाकुल परिवार से मिलने आते रहे। उसी दिन शाम को देहरादून की एक साहित्यिक-संस्था ने ओमप्रकाश वाल्मीकि जी के दिवंगत हो जाने पर एक शोक सभा का आयोजन किया जिसमें मैं भी सम्मिलित हुआ और श्रद्धांजलि स्वरूप मैंने अपने कुछ विचार ओमप्रकाश वाल्मीकि जी के बारे में व्यक्त किये। अगले दिन सवेरे मैंने सन्तप्त मन से चन्दा बहन जी से विदा ली। लेकिन मुझे इस बात का बेहद पछतावा है कि मैं ओमप्रकाश वाल्मीकि के अन्तिम संस्कार में शामिल नहीं हो सका क्योंकि 17 नवम्बर को ही दोपहर तीन बजे के आसपास उनका दाह-संस्कार कर दिया गया था।

ओमप्रकाश वाल्मीकि जी पिछले लगभग डेढ़ साल से अस्वस्थ चल रहे थे। उन्हें भूख नहीं लगती थी। कुछ खाया भी नहीं जाता था। अगर जबरदस्ती कुछ खाये तो उल्टी हो जाती थी। धीरे-धीरे उनका शरीर कमजोर पड़ता चला गया। सूखकर शरीर हड्डियों का ढाँचा बन गया था। पता चला कि उनको आँत के कैंसर की भयंकर बीमारी हो गयी है। दिल्ली के गंगाराम अस्पताल में उनका इलाज करवाया गया था। अगस्त, 2012 में गंगाराम अस्पताल में ही उनका आँत का बड़ा ऑपरेशन हुआ। उसके बाद हर पन्द्रह दिन के बाद उन्हें गंगाराम अस्पताल में आकर दो-तीन दिन दाखिल रहना पड़ता था और कीमोथेरेपी करवानी पड़ती थी। बारह बार उनकी कीमोथेरेपी की गयी। पहले बड़ा ऑपरेशन फिर बारह बार कीमोथेरेपी की प्रक्रिया बहुत ज्यादा तकलीफदेह थी। लेकिन ओमप्रकाश वाल्मीकि जी ये सब अत्यन्त साहस के साथ झेल लेते थे। इससे उनकी जिजीविषा, धैर्य और सहनशीलता का पता चलता है। ब्राह्मणवादी जाति-वर्ण व्यवस्था ने उनको जीवन भर जो मानसिक-शारीरिक पीड़ा दी थी, शायद इलाज की प्रक्रिया की पीड़ा ओमप्रकाश वाल्मीकि जी को उस मानसिक-शारीरिक पीड़ा के सामने छोटी महसूस होती थी।

मुझे ओमप्रकाश वाल्मीकि जी की बीमारी का 21 अगस्त, 2012 को ही

पता चल पाया था। मैं और मेरी पत्नी, हम दोनों उस समय अपने बड़े बेटे मेजर डॉ. शैलेश कुमार पीहल के पास डलहौजी, हिमाचल प्रदेश गये हुए थे। जब मैंने 21 अगस्त को ओमप्रकाश वाल्मीकि जी का हालचाल जानने के लिए उन्हें फोन किया तो पता चला कि वे बहुत सख्त बीमार हैं और गंगाराम अस्पताल, दिल्ली में दाखिल हैं। 22 अगस्त की शाम को ही मैं बस द्वारा डलहौजी से दिल्ली के लिए रवाना हो गया और 23 अगस्त को सवेरे दिल्ली पहुँच गया।

23 अगस्त, 2012 के दिन जब मैं गंगाराम अस्पताल में ओमप्रकाश वाल्मीकि जी से मिला तो उनकी हालत देखकर मुझे बड़ा दुःख हुआ। उनका वजन एकदम कम हो गया था। शरीर हड्डियों का ढाँचा बन गया था। गाल पिचककर अन्दर की ओर धँस गये थे। चन्दा बहन जी बड़ी परेशान लग रही थीं। उस समय चन्दा जी के साथ उनकी बड़ी बहन तथा बड़ी बहन का दामाद मनीष टैग वहाँ मौजूद थे। मनीष टैग से पता चला कि ओमप्रकाश वाल्मीकि को आँत में कैंसर की बीमारी है। यह जानकारी मेरे लिए और दुःखदायी थी। चन्दा बहन जी से बातें करने से पता चला कि इस बीमारी के इलाज के लिए लाखों रुपये की जरूरत है और ओमप्रकाश वाल्मीकि जी का सरकारी हैल्थ कार्ड भी नहीं बना हुआ है जिससे आर्थिक सहायता मिल सकती थी। मैंने महसूस किया कि उस समय उन्हें आर्थिक सहायता की सख्त जरूरत है। ऐसे संकट के समय में उनकी सहायता करना मैंने अपना कर्तव्य समझा। हालाँकि मैं उनकी बहुत बड़ी सहायता तो नहीं कर सकता था फिर भी यथासम्भव मैंने उस दिन चालीस हजार रुपये की धनराशि और अगले दिन और दस हजार रुपये की धनराशि उनको दान कर अपने कर्तव्य का पालन किया। 23 और 24 अगस्त को मैं दो दिन और रात भाई साहब ओमप्रकाश वाल्मीकि जी के साथ ही रहा। अपने हाथों से उनकी सेवा करने में मैंने कोई हिचकिचाहट नहीं की। 24 अगस्त को मेरी पत्नी भी डलहौजी से दिल्ली आ गयी थीं। वे भी ओमप्रकाश वाल्मीकि जी से मिलने अस्पताल आ गयी थीं। 25 अगस्त को हम लोग दिल्ली से हैदराबाद के लिए ट्रेन में बैठ गये थे।

12 कीमोथेरेपी के बाद ओमप्रकाश वाल्मीकि जी का स्वास्थ्य काफी सुधर गया था। लेकिन पूरी तरह से वे अभी भी स्वस्थ नहीं हो पाये थे। उन्हें नियमित रूप से दवाइयाँ लेनी पड़ रही थीं। वाल्मीकि जी के इन अत्यन्त कष्टदायी दिनों में चन्दा बहन जी ने उनकी दिनरात, बिना अपने शरीर के स्वास्थ्य की परवाह किये, सेवा की। इस बीच उनका भी कभी-कभी स्वास्थ्य बिगड़ जाता था। चन्दा बहन जी की बड़ी बहन के परिवार ने इन कष्टों के दिनों में चन्दा बहन जी का बहुत साथ दिया। खासतौर पर बड़ी बहन के दामाद मनीष टैग ने ओमप्रकाश वाल्मीकि जी की सेवा में दिन-रात एक कर दिये। अपनी नौकरी की परवाह किये बगैर मनीष टैग ने

महीनों वाल्मीकि जी की सेवा में लगा दिये।

इस बीच ओमप्रकाश वाल्मीकि जी फिर से भारतीय उच्च अध्ययन संस्थान, राष्ट्रपति निवास, शिमला पहुँच गये थे जहाँ वे एक परियोजना के तहत कार्य कर रहे थे। 23-24 जुलाई, 2013 को उन्होंने भारतीय उच्च अध्ययन संस्थान की ओर से 'दलित कविता : अस्मिता और प्रतिरोध की संस्कृति' विषय पर राष्ट्रीय संगोष्ठी का आयोजन किया। इस संगोष्ठी को सफल बनाने में उन्हें अथक प्रयास करना पड़ा। उन्होंने इस संगोष्ठी में मुझे भी आमन्त्रित किया था। इस संगोष्ठी के आयोजन की व्यवस्था में उनकी पत्नी चन्दा बहन जी ने भी उनका बड़ा सहयोग किया था।

मुझे पता चला कि इस संगोष्ठी के बाद फिर से ओमप्रकाश वाल्मीकि जी की तबीयत खराब हो गयी। और उसके बाद उनकी हालत बिगड़ती चली गयी। वे देहरादून वापस आ गये और देहरादून के मैक्स अस्पताल में उनका इलाज शुरू हुआ।

27 अक्टूबर, 2013 को मेरठ में डॉ. अम्बेडकर शोषित समाज शिक्षा प्रचार समिति, मेरठ का वार्षिक अधिवेशन आयोजित था, जिसमें समिति के अध्यक्ष जयपाल सिंह जी ने मुझे मुख्य वक्ता के रूप में आमन्त्रित कर रखा था। इस कार्यक्रम को सम्पन्न करके मैं ओमप्रकाश वाल्मीकि जी से मिलने के लिए 28 अक्टूबर को दोपहर तक देहरादून पहुँच गया। अपने आने की सूचना मैंने उनको पहले ही दे रखी थी। घर जाकर जब मैंने उनको देखा तो उनकी हालत फिर से खराब हो गयी थी। वे काफी कमजोर लग रहे थे। फिर से पहले वाली स्थिति पैदा हो गयी थी। मुझे देखते ही उस दिन उनका चेहरा थोड़ा खिल सा गया था। थोड़ा खाना भी उन्होंने खाया। उनकी तबीयत के बारे में बातचीत करने के बाद उस दिन उनसे कई साहित्यिक और सामाजिक विषयों को लेकर बातें होती रहीं।

मैं उसी दिन शाम को देहरादून से दिल्ली के लिए निकलना चाहता था क्योंकि अगले दिन शाम को दिल्ली में मुझे हैदराबाद के लिए रेल पकड़नी थी। लेकिन ओमप्रकाश वाल्मीकि जी ने मुझे जाने नहीं दिया। रात को देर तक हम बातें करते रहे। साहित्यिक और सामाजिक क्षेत्र में मिलकर काम करने की कुछ नयी योजनाएँ भी हमने बनायी थीं। उन्होंने मुझे यह भी सूचना दी कि 'जूठन' का दूसरा भाग छपने के लिए तैयार हो गया है जिसमें उनके बीमारी के समय के अनुभव भी सम्मिलित हैं। उन्होंने दुःख के साथ कहा कि जिस दलित समाज के लिए मैंने लेखन किया, दिन-रात संघर्ष किया, उस समाज के लोगों ने मेरी बीमारी के समय में मदद नहीं की और जिस समाज के विरुद्ध मैं साहित्य में लड़ता रहा, उन्हीं समाज के लोगों ने मेरी मदद की। उन्होंने मुझे एक खुशखबरी यह दी कि उनकी कहानी 'पच्चीस चौका डेढ़ सौ' पर प्रकाश झा फिल्म बनाने वाले हैं। कहानी की पटकथा को लेकर हमारे

बीच बातचीत हो गयी है। फिल्म की माँग को लेकर थोड़े-बहुत बदलाव कहानी में किये गये हैं। उस दिन भी मैंने उनकी आर्थिक आवश्यकता को देखते हुए चालीस हजार रुपये की धनराशि उन्हें भेंट की और अगले दिन सवेरे जाने से पहले दस हजार रुपये की धनराशि और भेंट की।

29 अक्टूबर, 2013 की सुबह इस आशा के साथ मैं सवेरे वहाँ से रवाना हुआ कि भाईसाहब ओमप्रकाश वाल्मीकि जी जल्द अच्छे हो जायेंगे और फिर हम दोनों मिलकर कुछ और भी साहित्यिक और सामाजिक कार्य करेंगे। मगर इस बात का मुझे अहसास बिल्कुल नहीं था कि 29 अक्टूबर, 2013 की सुबह की यह हमारी मुलाकात उनसे मिलने की आखिरी मुलाकात बन जायेगी। सबसे बड़ा अफसोस मुझे इस बात का है कि उनके चले जाने से दलित साहित्य, समाज और आन्दोलन की जो क्षति हुई है, उसकी कोई भरपाई नहीं कर सकता। उनका खाली स्थान कोई भर ही नहीं सकता। हमने दलित समाज के एक बहुत बड़े रक्षक को खो दिया है। दलित-पीड़ित- शोषित समाज के लिए लड़ने वाले कलम के महायोद्धा थे ओमप्रकाश वाल्मीकि जी।

ओमप्रकाश वाल्मीकि जी एक सच्चे अम्बेडकरवादी दलित, साहित्यकार, उच्चकोटि के चिन्तक, गम्भीर आलोचक, प्रखर वक्ता तथा सामाजिक कार्यकर्ता थे। वे नेक, ईमानदार, मिलनसार, मेहनती, निर्भीक, स्पष्टवादी तथा उच्च नैतिक मूल्यों के पक्षधर थे। अपनी पत्नी चन्द्रकला का वे हमेशा ध्यान रखते थे तथा घरेलू कार्य में भी हमेशा उनकी मदद करते थे। उन्होंने हमेशा सादगीपूर्ण जीवन जीया, अहंकार तो उनमें लेशमात्र भी नहीं था। ओमप्रकाश वाल्मीकि जी ने अपने साहित्य माध्यम से इस क्रूर, अमानवीय ब्राह्मणवादी व्यवस्था को ध्वस्त कर एक नयी जाति विहीन, शोषण मुक्त तथा समतामूलक समाज की स्थापना करने का प्रयास किया है। उनका साहित्य मानव-मुक्ति का साहित्य है। उनका मानना है कि ब्राह्मणवादी व्यवस्था को ध्वस्त करने के लिए उसके साथ 'महायुद्ध' करना जरूरी है क्योंकि यह दलितों-शोषितों-पीड़ितों और ब्राह्मणवादी ताकतों के बीच का 'महाभारत' है और वे कलम के महायोद्धा हैं–

"मेरी पीढ़ी/लड़ रही है कई-कई युद्ध एक साथ/मेरी पीढ़ी ने अपने सीने पर/खोद लिया है संघर्ष/जहाँ आँसुओं का सैलाब नहीं/विद्रोह की चिंगारी फूटेगी/जलती झोंपड़ी से उठते धुएँ में/तनी मुट्ठियाँ/तुम्हारे तहखानों में/नया इतिहास रचेंगी।" — तीन मुट्ठियाँ (कविता), "दोस्त,...यह एक महायुद्ध है/जो 'महाभारत' की तरह/अपनों से नहीं लड़ा जा रहा है/अभी भी वक्त है/सिसकती आवाजों को सुनो/दुर्दिनों की लड़ाइयाँ अकेले नहीं लड़ी जातीं। मिलकर लड़ना होता है।" महायुद्ध (कविता)

ओमप्रकाश वाल्मीकि जी ने अपने लगभग 40 वर्षों के रचना काल में न केवल

भारत एवं विश्व में ख्याति प्राप्त की बल्कि दलित साहित्य को भी विश्व में एक नयी पहचान एवं दिशा दी। वे विशेष रूप से डॉ. भीमराव अम्बेडकर और गौतम बुद्ध के विचारों से प्रभावित थे। उनकी प्रकाशित कृतियाँ हैं–

काव्य संग्रह–सदियों का सन्ताप, बस्स! बहुत हो चुका, अब और नहीं, शब्द झूठ नहीं बोलते, प्रतिनिधि कविताएँ।

कहानी संग्रह–सलाम, घुसपैठिये, छतरी, प्रतिनिधि कहानियाँ।

आत्मकथा–जूठन।

आलोचना–दलित साहित्य का सौन्दर्यशास्त्र, मुख्यधारा और दलित साहित्य, दलित साहित्य : अनुभव, संघर्ष एवं यथार्थ।

नाटक–दो चेहरे।

सामाजिक अध्ययन–सफाई देवता।

अनुवाद–साइरन का शहर (अरुण काले का कविता संग्रह मराठी से हिन्दी में), मैं हिन्दू क्यों नहीं (कांचा इलैया की पुस्तक अंग्रेजी से हिन्दी में), लोकनाथ यशवंत की कविताओं का मराठी से हिन्दी में।

ओमप्रकाश वाल्मीकि जी ने अपनी आत्मकथा 'जूठन' से विश्वख्याति प्राप्त की। 'जूठन' का पंजाबी, तमिल, मलयालम, कन्नड़ तथा तेलुगु–भारतीय भाषाओं में; अंग्रेजी, जर्मन तथा स्वीडिश–विदेशी भाषाओं में अनुवाद हो चुका है। 'जूठन' आत्मकथा दलित समाज की विशेष रूप से वाल्मीकि समाज की पीड़ाओं, संघर्षों, क्रान्ति एवं मुक्ति के मार्ग का एक ऐतिहासिक दस्तावेज है जो सदियों से प्रचलित भारतीय वर्ण-व्यवस्था के क्रूर अमानवीय रूप का कच्चा चिट्ठा खोलकर रख देता है।

4 जुलाई, 1999 को मैंने ओमप्रकाश वाल्मीकि जी के सम्मान सभारोह का आयोजन समता साहित्य समिति द्वारा हैदराबाद गें उस्मानिया विश्वविद्यालय के आर्ट्स कॉलेज के न्यू सेमिनार हॉल में किया था जिसकी अध्यक्षता हैदराबाद विश्वविद्यालय की हिन्दी प्रोफेसर डॉ. शशि मुदिराज ने की थी। समिति ने ओमप्रकाश वाल्मीकि जी का पुष्प गुच्छ, शॉल और स्मृति चिह्न द्वारा सम्मान किया था। इस अवसर पर ओमप्रकाश वाल्मीकि जी ने अपने वक्तव्य में दलित चेतना के उन तमाम सरोकारों का जिक्र किया जो दलित साहित्य को परम्परावादी साहित्य से अलग करते हैं। दलित साहित्य की मूलभूत मान्यताओं की चर्चा करते हुए उन्होंने कहा कि दलित साहित्य पर जातिवादी व संकीर्णता का आरोप लगाने वाले समीक्षक दलित चेतना के उस पक्ष को नजरअन्दाज कर रहे हैं जो मानव मुक्ति, समता, स्वतन्त्रता और भाईचारे की भावना को सशक्त ढंग से स्थापित करता है। उन्होंने अपनी आत्मकथा 'जूठन' की रचना प्रक्रिया की चर्चा करते हुए कहा कि लिखना उनके लिए मनोरंजन की बात नहीं; बल्कि भोगी हुई पीड़ाओं से फिर एक बार गुजरने का अहसास है।

उन्होंने साहित्यिक भाषा की चर्चा करते हुए साहित्य में सरल भाषा के प्रयोग पर बल दिया जो आम आदमी की बोलचाल की भाषा हो।

आज ओमप्रकाश वाल्मीकि जी हमारे बीच नहीं हैं लेकिन वे अपने साहित्य के माध्यम से हमेशा हमारे मन में जिन्दा रहेंगे। उनका साहित्य आने वाले समय में भी युगों-युगों तक साहित्य और समाज का पथ-प्रदर्शन करता रहेगा। इतिहास उनके साहित्यिक-कर्म को कभी नहीं भुला पायेगा। जब भी साहित्य में मानव-मुक्ति और मानवीय मूल्यों की खोज की जायेगी, ओमप्रकाश वाल्मीकि का साहित्य एक आदर्श साहित्य के रूप में पहली पंक्ति में खड़ा मिलेगा।

हिन्दी साहित्य के सर्वाधिक ख्यातिप्राप्त एवं लोकप्रिय दलित लेखक ओमप्रकाश वाल्मीकि

मुसाफिर बैठा

यह हमारे लिए काफी क्लेशदायक है कि हिन्दी साहित्य के सर्वाधिक ख्यातिप्राप्त एवं लोकप्रिय दलित हस्ताक्षर ओमप्रकाश वाल्मीकि अब स्मृतिशेष हैं। विकराल कैंसर रोग ने उन्हें असमय ही लील लिया, जबकि साहित्य के लिए उन्हें अब भी बहुत कुछ करना बाकी था। 60 से कम उम्र में ही उनका चला जाना उनकी साहित्यिक व अन्यान्य दाय से रचना-जगत का बहुत अधिक ही वंचित रह जाना है!

ओमप्रकाश वाल्मीकि हिन्दी के अब तक पहले और अन्तिम ऐसे हिन्दी दलित लेखक हैं जिन्हें गैरदलित हिन्दी पाठक एवं लेखक सर्वाधिक जानते-मानते हैं। हिन्दी की दूसरी सबसे पहले प्रकाशित (वर्ष सन् 1997) मगर अब तक सर्वाधिक चर्चित दलित आत्मवृत्त उनका 'जूठन' ही है। जूठन ने ही उन्हें नाम दिया, उनको एक तरह से सेलेब्रिटी बनाया। मोहनदास नैमिशराय का 'अपने अपने पिंजरे' (प्रथम भाग, प्रकाशन वर्ष 1995) पहला दलित आत्मकथन होने का गौरव अपने सिर धारण करने के बावजूद लोकप्रियता एवं महत्त्व पाने में पिछड़ गया। कारण, कि जिस दुःख-दर्द की बेधकता व पैनापन से, गहराई, गुरुत्व एवं संजीदगी से, परिणाम से, जिस भाषाई कसावट एवं प्रांजलता से वंचना का बयान 'जूठन' में लिपिबद्ध हो आता है वह 'अपने अपने पिंजरे' में नहीं। अलबत्ता, डॉ. तुलसी राम की इधर आयी आत्मकथा 'मुर्दहिया' (प्रकाशन वर्ष 2010) एवं 'मणिकर्णिका' (प्रकाशन वर्ष 2014) ने खास, द्विज हलके में कथित ऐतिहासिक औपन्यासिक शिल्प एवं भाषायी कसावट, एवं सबसे बढ़कर द्विजों के प्रति अपने नरम रवैये को लेकर काफी नाम कमाया है।

'जूठन' सम्भवतः किसी दलित लेखक की 'अपने अपने पिंजरे' के बाद प्रथम पुस्तक ठहरती है जो बड़े हिन्दी प्रकाशक से छपकर आयी थी। हालाँकि रोचक यह भी है कि बड़े प्रकाशनों ने दलित आत्मकथाओं को प्रायः उपन्यास कहकर छापा है। प्रकाशक ने शायद अनुमान किया कि आत्मकथा की अन्तर्वस्तु को बतौर सत्य

घटना सम्भवतः पाठक नहीं पचा सकेंगे। ओमप्रकाश वाल्मीकि लिखते हैं, "समाज में स्थापित भेदभाव की जड़ें गहरी करने में साहित्य का बहुत बड़ा योगदान रहा है। जिसे अनदेखा करते रहने की हिन्दी आलोचकों की विवशता है। और उसे महिमामंडित करते जाने को अभिशप्त हैं। ऐसी स्थितियों में दलित आत्मकथाओं की प्रामाणिकता पर प्रश्न चिह्न लगाने की एक सोची-समझी चाल है। बल्कि यह साहित्यिक आलोचना में स्थापित पुरोहितवाद है जो साहित्य में कुंडली मारकर बैठा है। हिन्दी साहित्य को यदि लोकतान्त्रिक छवि निर्मित करनी है तो इस पुरोहितवाद और गुरुडम से बाहर निकलना ही होगा। यदि वह ऐसा नहीं करता है तो उस पर यह आरोप तो लगते ही रहेंगे कि हिन्दी साहित्य आज भी ब्राह्मणवादी मानसिकता से भरा हुआ है। अपने सामन्ती स्वरूप को स्थापित करते रहने का मोह पाले हुए है।"[1]

'जूठन' का कई भारतीय एवं विदेशी भाषाओं सहित अंग्रेजी में भी अनुवाद हो चुका है। एक मजेदार बात 'जूठन' के बारे में यह है कि सम्भवतः अंग्रेजी में अनूदित[2] 'जूठन' पुस्तक के सम्भवतः अबतक की सबसे अधिक कीमत की दलित आत्मकथा है। जहाँ इस पुस्तक के पेपर बैक (अजिल्द) संस्करण की कीमत ऑनलाइन शॉपिंग (खरीद-फरोख्त साइट अमेजन डॉट इन) पर 1763 रुपये बताई गयी है वहीं सजिल्द पुस्तक की कीमत सीधे रुपये 18011.40 यानी अठारह हजार ग्यारह रुपये एवं चालीस पैसे है। अद्भुत यह भी कि चालीस पैसे भी यहाँ चल रहा है! जबकि यह क़िताब हिन्दी में (प्रकाशक राधाकृष्ण प्रकाशन, दिल्ली) इसी शॉपिंग साइट पर मात्र 56 रुपये में उपलब्ध है जो बिना किसी अतिरिक्त व्यय के ग्राहकों के घर पर डिलिवर करने के आश्वासन के साथ बेची जा रही है। इस पुस्तक की अनुवादक टोरंटो के यॉर्क यूनिवर्सिटी में अंग्रेजी की प्रोफेसर अरुण प्रभा मुखर्जी हैं। मजेदार एवं तुलनीय यह भी है कि जो अमेरिकी प्रकाशन की अंग्रेजी 'जूठन' अमेरिका सहित विदेशों में 1763 रुपये के साथ ही 18011.40 रुपये की भी है वही अंग्रेजी 'जूठन' (अनुवादक भी वही) भारत में छपकर[3] लगभग कौड़ी के भाव (रुपये 270) की हो जाती है। और, अनुमान करिये कि हम किस बाजार में खड़े हैं कि जहाँ 17 सौ रुपये की पुस्तक में 17 हजार रुपये की केवल जिल्द लग जाती है, और वह बिकती है तभी तो लगती है! लक्ष्य योग्य यहाँ यह भी है कि यह कैसी माया है कि जो 'जूठन' 56 रुपये में बिकती है वही अन्य कलेवर में लिपट कर 18000 का भाव भी पा जाती है? कलेवर का यह शिखर भाव? सुनहरे वर्क के छलावे की यह ऊँची कीमत? और हैरत कि यह कलेवर, यह वर्क ऐरेगैरों के लिए नहीं ऊँचे दर्जे के बुद्धिजीवियों, उन्नत माने जाने वाले सम्पन्न समाज के लिए है! मुझे नहीं मालूम कि 18-18 हजार रुपये की जहाँ एक 'जूठन' बिकी वहाँ रॉयल्टी स्वरूप प्रकाशक ने प्रति पुस्तक कितने रुपये लेखक को दिये? मुझे जिज्ञासा है कि ओमप्रकाश वाल्मीकि

प्रकाशकों की दुनिया एवं अपनी प्रकाशित पुस्तकों की रॉयल्टी, खासकर अपनी इस ऊँची कीमत के पुस्तक संस्करण के बारे में क्या ख़याल रखते थे? मैं जब यह सब कह रहा हूँ तो जाहिरन, मेरे जेहन में सलमान रुश्दी, बिक्रम सेठ, अरुंधति रॉय एवं ताज़ा-ताज़ा चेतन भगत जैसे बेशुमार प्रसार एवं रॉयल्टी बटोरू अंग्रेजी लेखक भी हैं।

17 नवम्बर, 2013 को वाल्मीकि जी ने देहरादून में अन्तिम साँस ली और, दलित साहित्य के मान्य आलोचक एवं दलित साहित्य की 'अपेक्षा' नामक त्रैमासिक पत्रिका के सम्पादक डॉ. तेज सिंह भी इस बीच 15 जुलाई, 2014 को हमारे बीच नहीं रहे। यह अजीब संयोग है कि 'अपेक्षा' का उनके सम्पादन में आया संयुक्तांक 46-47 (जनवरी-जून 2014) ओमप्रकाश वाल्मीकि की मृत्यु के बाद का पहला अंक है जिसमें वाल्मीकि पर विशेष सामग्री है। और, दुखद यह है कि अंक डॉ. तेज सिंह के सम्पादन का आखिरी अंक साबित हुआ है। इस अंक में 12 पृष्ठों में हमेशा की तरह लम्बा सम्पादकीय है, पर इस बार खास बात यह है कि इसकी पूरी अन्तर्वस्तु ओमप्रकाश वाल्मीकि के व्यक्तित्व एवं कृतित्व पर है और आश्चर्यजनक रूप से घोर नकारात्मक है। डॉ. तेज सिंह की 'ओमप्रकाश वाल्मीकि की रचना-प्रक्रिया' शीर्षक इस सम्पादकीय की शुरुआत वाल्मीकि की मृत्यु की सूचना से होती है और अन्त श्रद्धांजलि से। सम्पादकीय बड़ा ही विस्फोटक है। पक्षपातपूर्ण एवं आक्षेपात्मक है। वाल्मीकि के व्यक्तित्व एवं कृतित्व को खारिज करने में डॉ. तेज सिंह यहाँ इतने आक्रामक एवं आक्रोशित जान पड़ते हैं कि सहसा विश्वास नहीं होता कि ये वही मृदुभाषी एवं हरदम अपने होठों पर मधुर मुस्कान रखने वाले शख्स हैं। दलित साहित्य के कुछ धारणात्मक एवं अन्य प्रश्नों पर इन दोनों के आपसी मतभेद इस स्तर तक कटु हो चले हैं, सम्भवतः सामान्य जनों को इसका भान नहीं होगा। कोई गैरदलित अथवा जानी दुश्मन भी क्या इस टक्कर का वाल्मीकि-विरोध अंकित कर सकेगा? अफसोस के साथ कहना पड़ता है कि डॉ. तेज सिंह यहाँ काफी भीरु साबित होते हैं। कारण कि अब वाल्मीकि किसी प्रत्युत्तर अथवा सफाई देने के लिए जीवित नहीं हैं, और इस स्थिति को तेज सिंह ने अपनी भड़ास निकालने का कदाचित सुअवसर माना! ओमप्रकाश वाल्मीकि एवं डॉ. तेज सिंह के पाठकों एवं चाहने वालों के लिए यह भी अब अवसर नहीं रहा कि वे इन दोनों में से किसी से इस भिड़त की बाबत कोई सवाल-जवाब कर सके। डॉ. तेज सिंह ने वाल्मीकि के व्यवहार कुशलता की तो काफी कुछ प्रशंसा अपने इस सम्पादकीय में कर दी है पर उनके रचनात्मक अवदान के प्रशंसा-पक्ष में एक भी शब्द नहीं खरचा है, जबकि उन्हें खारिज करने में आलोचनाओं की झड़ी लगा दी है। डॉ. तेज सिंह ने वाल्मीकि को 'दलित' शब्द के इतिहास का ज्ञान न होने से लेकर उनके भाजपाई एवं संघी होने जैसे आरोप भी मढ़े हैं एवं अपने तरीके से उन्हें हिन्दुत्ववादी एवं जातिवादी तक साबित कर दिखाया

है! उनका आरोप अन्यान्य रूपों के अलावा इन शब्दों में भी आता है—"वाल्मीकि भाजपा या आर.एस.एस. से अपने राजनीतिक सम्बन्धों को जीवन भर छुपाते रहे लेकिन उनकी मृत्यु के बाद हुए कर्मकांड ने जाहिर कर दिया।"[4] इसी सम्पादकीय में एक जगह तेज सिंह यों टिप्पणी करते हैं—"क्या खुद वाल्मीकि जातिवादी चेतना के ब्राह्मणवादी संस्कारों से मुक्त हो पाये थे? 'बैल की खाल', 'सलाम', 'बपतिस्मा' और 'अम्मा' आदि कहानियों में वाल्मीकि के ब्राह्मणवादी संस्कारों की एक झलक मिल जायेगी।" हालाँकि अंक में वाल्मीकि पर जो अन्य सामग्रियाँ दी गयी हैं वे डॉ. तेज सिंह के सम्पादकीय की तरह विद्वेषपूर्ण न होकर सन्तुलित विचार रखती प्रतीत होती हैं। यहाँ एक और बात ध्यान देने योग्य है कि जहाँ 'दलित साहित्य अथवा साहित्यकार' शब्द को डॉ. तेज सिंह 'अम्बेडकरवादी साहित्य अथवा साहित्यकार' पद से प्रतिस्थापित करने के पैरोकार हैं, अंक की वाल्मीकि से अलग विषय की सामग्री में भी दलित साहित्य अथवा साहित्यकार जैसे शब्दों से ही काम चलाया गया है। इससे आभास होता है कि 'अपेक्षा' के उक्त अंक लेखक भी डॉ. तेज सिंह की अम्बेडकरी-जिद्द के साथ होते नहीं दीखते। अब तक का कुल जमा हासिल यही है कि डॉ. तेज सिंह 'दलित साहित्य' की धारणा को 'अम्बेडकरवादी' साहित्य में घटाने अथवा तब्दील करने में नाकाम ही रहे। 'आत्मकथा' शब्द को 'आत्मकथन' अथवा 'आत्मवृत्त' कहने के अपने अभियान को भी डॉ. तेज सिंह सफल नहीं बना सके। दरअसल, डॉ. तेज सिंह की ये 'मौलिक' धारणाएँ उसी तरह स्वीकृति नहीं पा सकीं जैसे कि अभी 'ओबीसी साहित्य' की टटका एवं अलबेली धारणा अस्तित्व पाने के लिए संघर्षरत होकर भी उत्तरोत्तर प्राणहीन होती जा रही है। और, डॉ. तेज सिंह की इन धारणाओं का सबसे मुखर एवं असरदार विरोध किसी गैरदलित हलके से नहीं बल्कि ओमप्रकाश वाल्मीकि की तरफ से आया था।

वाल्मीकि कहते हैं—"हिन्दी दलित साहित्य में कुछ ऐसी बहस करते रहने की परम्परा विकसित की जा रही है जिसका कोई औचित्य नहीं रह गया है। ये बहसें मराठी दलित साहित्य में खत्म हो चुकी हैं। लेकिन हिन्दी में इसे फिर नये सिरे से उठाया जा रहा है। वह भी मराठी के उन दलित रचनाकारों के सन्दर्भ से, जो मराठी में अप्रासंगिक हो चुके हैं। जिनकी मान्यताओं को मराठी दलित साहित्य में स्वीकार नहीं किया गया, उन्हें हिन्दी में उठाने की जद्दोजहद जारी है। मसलन 'दलित' शब्द को लेकर, 'आत्मकथा' को लेकर। मराठी के ज्यादातर चर्चित आत्मकथाकार, रचनाकार, 'दलित', शब्द को आन्दोलन से उपजा क्रान्तिबोधक शब्द मानते हैं। बाबूराव बागुल, दया पवार, नामदेव ढसाल, शरणकुमार लिंबाले, लोकनाथ यशवंत, गंगाधर पानतावणे, वामनराव निम्बालकर, अर्जुन डांगले, राज ढाले आदि। इसी तरह आत्मकथा के लिए 'आत्मकथा' शब्द की ही पैरवी करनेवालों में वे सभी हैं जिनकी आत्मकथाओं

ने साहित्य में एक स्थान निर्मित किया है। चाहे शरणकुमार लिंबाले (अक्करमाशी), दयापवार (बलूत), बेबी कांबले (आमच्या जीवन), लक्ष्मण माने (उपरा), लक्ष्मण गायकवाड़ (उचल्या), शांताबाई कांबले (माझी जन्माची चित्रकथा), प्र.ई. सोनकांबले (आठवणीचे पक्षी), ये वे आत्मकथाएँ हैं जिन्होंने दलित आन्दोलन को मजबूत करने में महत्त्वपूर्ण भूमिका निर्मित की। इन आत्मकथाकारों को 'आत्मकथा' शब्द से कोई दिक्कत नहीं है। लेखकों को कोई परेशानी नहीं है। यही स्थिति हिन्दी में भी है। लेकिन हिन्दी में 'अपेक्षा' पत्रिका के सम्पादक डॉ. तेज सिंह को 'दलित' शब्द और 'आत्मकथा' दोनों शब्दों से एतराज है। उपरोक्त सम्पादक को दलित आत्मकथाओं में वर्णित प्रसंग भी काल्पनिक लगते हैं। कभी-कभी तो लगता है कि ये सम्पादक महोदय दलित जीवन से परिचित हैं भी या नहीं? क्योंकि दलित आत्मकथाओं में वर्णित दुख-दर्द, जीवन की विषमताएँ, जातिगत दुराग्रह, उत्पीड़न की पराकाष्ठा, इन महाशय को कल्पनाजन्य लगती है।"[5]

ऐसा भी नहीं है कि वाल्मीकि की आलोचना नहीं हो सकती। वे एकदम से पाक-धवल नहीं हो सकते, दुनिया में कोई नहीं हो सकता ऐसा। मगर मूल्यांकन का एक तरीका होता है। डॉ. तेज सिंह ने तो यहाँ बिल्कुल डॉ. धर्मवीर की ही ध्वंसात्मक लाइन पकड़ ली लगती है। हमें पता है कि स्त्री विरोध, प्रेमचन्द पर हमले एवं कबीर के द्विज आलोचकों पर एकतरफा प्रहार करके कैसे डॉ. धर्मवीर ने अपने शोध, श्रम एवं महत्त्व को खुद ही चोट पहुँचायी। धर्मवीर के कबीर पर बड़े काम को भी द्विज हलके में कोई नामलेवा नहीं है, उनकी मोटी आत्मकथा 'मेरी पत्नी और भेड़िया' को दलित साहित्य में भी बहुत मान-महत्त्व नहीं दिया जाता है तो कारण है उनका अतिरेकी चिन्तन, गुड़ को भी गोबर की लपेट से उपेक्षणीय सा बना देना। कबीर को दुनिया के सामने प्रस्तुत किये जाने की जिरा द्विज-भित्ति पर डॉ. धर्मवीर ने अपना शोध-कार्य टिकाया है उसको एकदम से खारिज करते उनका चलना सही नहीं हो सकता। हाँ, द्विज आलोचकों एवं साहित्यिकों द्वारा डॉ. धर्मवीर के कबीर सम्बन्धी एवं अन्य आलोचनात्मक कार्यों को महत्त्व न देना भी कम बड़ा अपराध नहीं है और वह भी बराबर की प्रतिक्रियात्मक कार्रवाई मात्र है। डॉ. धर्मवीर के लेखन से काफी कुछ काम का बीना जा सकता है। 'बीसवीं सदी की हिन्दी आलोचना' नामक अपने लेख[6] में बिहार मूल के हिन्दी आलोचक रेवतीरमण ने बीसवीं सदी के अन्त में क्रियाशील आलोचकों का जिक्र किया है वहाँ डॉ. धर्मवीर जैसा जरूरी नाम गायब है। रेवतीरमण कहते हैं, "कबीर से बड़ा आलोचक अभी तक नहीं हुआ है।"[7] और, मेरा मानना है कि कबीर का डॉ. धर्मवीर से बड़ा आलोचक अभी तक नहीं हुआ है। अलबत्ता, कबीर के द्विज आलोचकों हजारी प्रसाद द्विवेदी, डॉ. रामकुमार वर्मा, डॉ. मैनेजर पाण्डेय, डॉ. शुकदेव सिंह, डॉ. पुरुषोत्तम अग्रवाल

से उन्होंने जो लट्ठम-लट्ठा किया है वह एकदम से एकतरफा भी नहीं है, दम है उसमें। डॉ. धर्मवीर की कबीर शृंखला की आलोचना पुस्तकें सन् 2000 के शुरुआत में ही आनी शुरू हो गयी थीं, वह भी हिन्दी के एक बड़े प्रकाशन, वाणी प्रकाशन से। और इससे पहले उनके डॉ. तेज सिंह से भी वाल्मीकि के प्रति दुराग्रह पालने की भयावह चूक हो गयी है। निश्चय ही वाल्मीकि पर अपनी तोहमतों की इस बौछार के साथ ही तेज सिंह भी तो इस दुनिया से प्रयाण तो नहीं ही करना चाहते रहे होंगे। यदि उनकी मौत अचानक से नहीं होती तो शायद, कभी न कभी अपने इस एकतरफा एवं पक्षपाती मूल्यांकन के लिए वे साहित्य जगत एवं वाल्मीकि के समक्ष अपनी खेद, अपनी झेंप प्रकट जरूर करते!

डॉ. तेज सिंह की कलम से वाल्मीकि की मार्क्सवाद की कच्ची-पक्की समझ पर एक रोचक टिप्पणी हम उनके आलेख 'मार्क्सवाद और दलित साहित्य' में देखते हैं। वे अनेक दलित साहित्यकार एवं कवि को अम्बेडकरवाद, मार्क्सवाद एवं समाजवाद की कच्ची समझ का साबित करते हुए किंचित ओमप्रकाश वाल्मीकि को भी इस मोर्चे पर घेरते हुए दीखते हैं, मगर कुछ सावधानी बरतते हुए इस तरह, दलित साहित्यकार ओमप्रकाश वाल्मीकि भी मार्क्सवादियों की सामाजिक क्रान्ति के नारे को सिर्फ दिखावा मानकर आलोचना करते हैं कि 'ऊँची-ऊँची अट्टालिकाओं के कहकहे/सफेदपोश नेताओं के भाषण/चौराहे पर गाँधी का पुतला/गलियों में/समाजवाद का नारा/मेरा मन बहला रहा है' (सदियों का सन्ताप) क्योंकि देश के कम्युनिस्ट सत्तर-अस्सी सालों से समाजवादी क्रान्ति का नारा बुलन्द किये जा रहे हैं पर सैकड़ों पार्टियों में बँटा वामपन्थी आन्दोलन बिखराव के कगार पर खड़ा है और अपना जनाधार लगातार खोता चला जा रहा है। लेकिन अपने अगले कविता-संग्रह 'बस्स! बहुत हो चुका' में ओमप्रकाश वाल्मीकि मार्क्सवादियों को सकारात्मक नजरों से देखते हैं। जैसा कि लेख में शुरू में डॉ. अम्बेडकर को उद्धृत करते हुए लिखा है कि 'हिन्दू मार्क्सवाद के वर्ग-संघर्ष से बहुत भयभीत रहता है और सबसे ज्यादा विरोध भी वही करता है।' इसलिए वर्णवादी हिन्दू सोवियत संघ के विघटन पर बहुत खुश नजर आता है। उसी सच्चाई की ओर ओमप्रकाश वाल्मीकि इशारा करते हैं कि 'वर्ण-व्यवस्था को तुम कहते हो आदर्श/खुश हो जाते हो/साम्यवाद की हर पर/जब टूटता है रूस/तो तुम्हारा सीना छत्तीस हो जाता है/क्योंकि मार्क्सवादियों ने/छिनाल बना दिया है/तुम्हारी संस्कृति को।' (कभी सोचा है)

एक प्रसंग हम प्रेमचन्द विरोध का लें, जिससे ओमप्रकाश वाल्मीकि भी प्रकट रूप से जुड़ते हैं। तेज सिंह 'प्रेमचन्द के दलित'[8] नामक अपने लेख में कहते हैं कि प्रेमचन्द ने ब्राह्मण एवं चमार को एक-दूसरे के पक्के विरोधी यानी जानी दुश्मन के रूप में आमने-सामने रखकर विकसित किया है। इसलिए इन दोनों समुदाय के

लोगों ने प्रेमचन्द पर गम्भीर आरोप लगाये हैं कि उन्होंने उनको बुरी नीयत और गलत तरीके से अपने साहित्य में चित्रित किया है। डॉ. तेज सिंह कहते हैं, ''यह सब प्रेमचन्द के समय में ही उनके सामने शुरू हो गया था। प्रेमचन्द ने खुद इस सम्बन्ध में कई जगह लिखा है।''[9] डॉ. तेज सिंह आगे लिखते हैं जिसमें वाल्मीकि का जिक्र यों आता है, ''डॉ. विमलकीर्ति ने अक्टूबर 1993 में नागपुर शहर में 'अखिल भारतीय हिन्दी दलित लेखक साहित्य-सम्मेलन' का आयोजन करके दलित लेखकों को विचार-विमर्श का अच्छा अवसर दिया, इस अवसर का लाभ उठाते हुए ओमप्रकाश वाल्मीकि ने खूब सोच-समझकर अपना पहला निशाना प्रेमचन्द पर ही साधा और उनकी प्रसिद्ध कहानी 'कफ़न' को दलित विरोधी सिद्ध करके गैरदलित साहित्य पर भी अनेक सवाल दागे। इन सवालों पर सबसे तीखी प्रतिक्रिया 'समकालीन जनमत' पत्रिका में हुई। ओमप्रकाश वाल्मीकि का आरोप था कि प्रेमचन्द ने 'कफ़न' कहानी च (चमार) को बदनाम करने के लिए लिखी है।'' छद्म प्रहार करते डॉ. तेज सिंह आगे वाल्मीकि पर सीधा निशाना लगाने का मौका भी यूँ ढूँढ़ते हैं, ''यह अलग बात है कि प्रेमचन्द पर ऐसा आरोप लगाने वाले खुद ओमप्रकाश वाल्मीकि आज च को बदनाम करने वाली 'शवयात्रा' जैसी दलित विरोधी कहानी लिख रहे हैं।''[10]

डॉ. तेज सिंह 'शवयात्रा' पर शुरू से ही अपने आलोचनात्मक स्टैंड पर खड़े रहे हैं। यह बात और है कि इधर वे इस कहानी की सीधे मजम्मत पर ही तुल गये थे। 'दलित कथा साहित्य का एक वर्ष और बीत गया' नामक आलेख[11] में वे आज से कोई 24 वर्ष पहले ही लिखते हैं कि ''ओमप्रकाश वाल्मीकि की 'शवयात्रा' (इण्डिया टुडे, 22 जुलाई, 1998) दलित लेखकों में सर्वाधिक चर्चित और विवादास्पद कहानी रही है। ओमप्रकाश वाल्मीकि ने कई वर्ष पहले प्रेमचन्द की 'कफ़न' कहानी को दलित विरोधी कहकर कटु आलोचना की थी और वे रातों-रात हिन्दी साहित्य में चर्चित हो गये। जिस साहित्यिक मानदंड के आधार पर यानी दलित चेतना के आधार पर उन्होंने 'कफ़न' को दलित विरोधी कहानी कहा था, क्या उसी मानदंड के आधार पर 'शवयात्रा' को दलित चेतना विरोधी कहानी नहीं ठहराया जा सकता है? निश्चित ही यह दलित चेतना विरोधी कहानी मानी जानी चाहिए। क्योंकि वाल्मीकि जी ने इस कहानी की शुरुआत नकारात्मक दृष्टिकोण से कही है। मानो अछूतों में अछूत बल्हार जाति का कल्लन ही चमारों का सबसे बड़ा दुश्मन है।'' डॉ. तेज सिंह यहाँ सही प्रतीत होते हैं, और, आगे अपनी शिकायत को इन तर्कों से बलित करते हैं, ''यह सही है कि दलित जातियों में भी जातिगत भेदभाव व्याप्त है पर समाज का मुख्य अन्तर्विरोध नहीं है बल्कि गौण है, जिसे सामाजिक परिवर्तन प्रक्रिया में धीरे-धीरे खत्म किया जा सकता है। दलित जातियों का मुख्य दुश्मन उसके अपने समुदाय के लोग नहीं बल्कि ब्राह्मणवाद और सामन्तवाद है जिसके

खिलाफ ओमप्रकाश वाल्मीकि सहित सभी दलित साहित्यकार एकजुट होकर लड़ रहे हैं।" यहाँ कहानी पर डॉ. तेज सिंह के मत से अलग एक द्विज टिप्पणी को लेना भी आलोचना के गैर-द्विज ऐंगल से जरूरी साक्षात्कार होना चाहिए। इस आसंग में 'हिन्दी साहित्य में दलित दावे और जनवादी अपेक्षाएँ' नामक लेख में डॉ. पी. एन. सिंह का रवैया देखें, "...ओमप्रकाश वाल्मीकि की कहानी 'शवयात्रा' ने दलित बुद्धिजीवियों को अपनी वास्तविकता से साक्षात्कार कराया है। यह कहानी बताती है कि यांत्रिक अनुभूतियों के स्तर पर भी अपने-अपने दायरों में विवश हैं, विभाजित हैं, संकीर्ण हैं।"[12]

दलित साहित्यकार का आपसी सिर-फुटौव्वल काफी विचलित करने वाला एवं चिन्तनीय है। दलित साहित्य (वार्षिकी) 2013 में सम्पादकीय लिखते हुए जयप्रकाश कर्दम ने वर्ष 2012 में जोहान्सबर्ग (दक्षिण अफ्रीका) में हुए विश्व हिन्दी सम्मेलन में दलित लेखक डॉ. श्यौराजसिंह बेचैन द्वारा जहाँ-तहाँ लिख-बोलकर उन पर उपेक्षा का इल्जाम लगाने की बाबत अपना पक्ष रखते हुए अपनी निराशा एवं अपना कंसर्न बृहत्तर सन्दर्भों में यूँ आक्रोशमय अभिव्यक्ति की है, "...आज कई स्थापित दलित रचनाकार सार्थक लेखन से कहीं अधिक रुचि एक-दूसरे पर कीचड़ उछालने और नीचा दिखाने में ले रहे हैं या कहिये, एक-दूसरे पर लांछन लगा रहे हैं। यह दलित साहित्य में लांछनवाद का प्रतिवादन या नयी धारा का उदय है।"

बहरहाल, यह देखकर काफी खुशी होती है कि यू-ट्यूब पर वाल्मीकि के कविता-पाठ के दो वीडियो उपलब्ध हैं। मुझे तो उनको किसी सभा-गोष्ठी में सुनने का कोई सुअवसर प्राप्त नहीं हुआ था, पर उनकी आवाज में उनकी कुछ कविताओं को इस वीडियो की मार्फत देखने-सुनने का मौका मिला है। इस दृश्य-श्रव्य वीडियों में कवि ओमप्रकाश वाल्मीकि 'ठाकुर का कुआँ', 'चोट', 'शम्बूक का कटा सिर', 'तब तुम क्या करोगे', 'लेखा-जोखा', 'अस्थि-विसर्जन' एवं 'आईना' जैसी अपनी कविता को अपना दमदार स्वर देते दीखते हैं। संकेत मिलता है कि इन कविताओं को वे अपनी सर्वश्रेष्ठ काव्य-रचनाओं में शुमार करते थे और इनका सार्वजनिक मंचों से पाठ करना उन्हें बेहद पसन्द था। उनके निधन के बाद उनकी जिन्दा तस्वीर एवं आवाज का महत्त्व बढ़ जाता है। ये चीजें अब तो साहित्यिक धरोहरों के तहत आयेंगी, और ऐसी तमाम बच गयी चीजों को यथासम्भव सहेजा जाना चाहिए।

ओमप्रकाश वाल्मीकि की यदि नयी-नवेली साइबर दुनिया में तलाश की जाये तो बहुत आश्वस्तिपरक उपस्थिति तो नहीं, पर उनके बारे में काफी कुछ सामग्री उपलब्ध है। समय तो ऐसा है कि अब किसी भी रचनाकार का पूरा लेखकीय अवदान ब्लॉगों, वेबसाइटों, फेसबुक आदि के जरिये इस आभासी सूचना एवं ज्ञान जगत में

भी अवस्थित होना चाहिए। साइबर स्पेस में मेरी पड़ताल बताती है कि वाल्मीकि के मुकाबले कुछ अदने से गैर दलित साहित्यकार भी अपनी रचनाओं के साथ काफी अधिक स्पेस लेकर यहाँ मौजूद हैं। यहाँ, यह जरूर है कि हिन्दी दलित साहित्यकारों में सबसे अधिक व्यापक उपस्थिति साइबर-संसार में भी ओमप्रकाश वाल्मीकि की ही है, मशहूर साइबर ज्ञान-कोश विकिपीडिया के अंग्रेजी एवं हिन्दी दोनों वेबसाइटों पर ओमप्रकाश वाल्मीकि की उपस्थिति है पर ये पृष्ठ बहुत सम्पन्न नहीं हैं। काफी संक्षिप्त जानकारी ही यहाँ अब तक जुटायी गयी है। मसलन, हिन्दी विकिपीडिया में 'रचनात्मक अवदान' वाला कॉलम महज चार छोटे-छोटे वाक्यों में निपटा दिया गया है। अंग्रेजी विकिपीडिया में 'जूठन' को कहीं उपन्यास बता दिया गया है तो कहीं आत्मकथा। 'भारतीय साहित्य संग्रह' नामक ब्लॉग पर उनकी कालजयी आत्मकथा 'जूठन' के कुछ अंश आत्मकथाकार के पुस्तक में अंकित वक्तव्य के साथ प्रदत्त हैं। जबकि इस जरूरी पुस्तक का पूरा पाठ कहीं साइबर स्पेस में उपलब्ध होना हमारे समय की माँग है।

और, अन्त में ओमप्रकाश वाल्मीकि पर कुछ अपनी बात। जिस दिन वाल्मीकि का निधन हुआ उस दिन मैं एक व्यक्तिगत कार्य से हैदराबाद जा रहा था। शाम में पटना रेलवे स्टेशन पर ट्रेन पकड़ने के लिए इन्तजार में था तो गया में रहने वाले दलित कथाकार बिपिन बिहारी ने फोन पर सूचना दी कि ओमप्रकश वाल्मीकि नहीं रहे। उन्हें भी उनके किसी मित्र ने फोन पर ही सूचना दी थी। इस बीच पड़ोसी एवं सहकर्मी कवि राकेश प्रियदर्शी ने भी मुझे फोन कर यह इत्तिला दी। जब मोबाइल पर इंटरनेट के माध्यम से फेसबुक खोला तो कई लोगों ने उस समय तक यह दुखद सूचना साझा कर ली थी। सबसे पहले नोटिफिकेशन में मेरी नजर दलित लेखक कैलाशचन्द्र चौहान की तरफ गयी, उनके कॉमेंट में वाल्मीकि के देहावसान की ब्योरेवार सूचना थी। उन्होंने वाल्मीकि के साथ अपने घरेलू सम्बन्ध से लेकर बीमारी के दौरान उनके साथ अस्पताल में बिताये अपने समय, सेवा-शुश्रूषा एवं अपनी भागदौड़ की चर्चा की थी।

वाल्मीकि से मेरा सीधा सम्बन्ध कभी नहीं रहा। उनसे किसी साहित्यिक गोष्ठी-सम्मेलन आदि में भेंट-मुलाकात का भी कोई अवसर नहीं मिला। केवल कुल मिलाकर दो मौकों पर फोन से बातचीत करने का अनुभव है। एक बार तो मैंने उनकी 'हंस' में छपी किसी कहानी पर बात की थी जिसके कथ्य में मुझे बनावटीपन लगा था। कहानी के कुछ प्रसंग मुझे साफ गढ़े हुए जीवन से असम्पृक्त लगे थे। उन्होंने इस पर अपनी सफाई काफी संयत होकर दी थी, हालाँकि मैं उनके इस फीडबैक से सन्तुष्ट नहीं हुआ था। दूसरे अवसर पर मैंने अपने कार्यालय से प्रकाशित होने वाली

साहित्यिक-वैचारिक पत्रिका के लिए रचना माँगी थी। उन्होंने सरकारी पत्रिका जान मुझसे पारिश्रमिक मिलने के बारे में जानकारी माँगी थी, और सूचना नकारात्मक पाकर, आशानुकूल न पाकर रचनात्मक सहयोग देने का कोई वादा उन्होंने न किया था।

सन्दर्भ

1. महात्मा गाँधी अन्तरराष्ट्रीय हिन्दी विश्वविद्यालय, वर्धा की वेबसाइट 'हिन्दी समय' पर वाल्मीकि का आलेख 'दलित साहित्य के पुरोहित'
2. जूठन (अंग्रेजी), प्रकाशक, कोलम्बिया यूनिवर्सिटी प्रेस, अमेरिका, जुलाई, 2003, लेखक ओमप्रकाश वाल्मीकि
3. जूठन (अंग्रेजी), प्रकाशक, भटकल एवं सेन, भारत, प्रकाशन तिथि 01 अक्टूबर 2003
4. 'अपेक्षा', संयुक्तांक 46-47 (जनवरी-जून 2014), सम्पादक—डॉ. तेज सिंह
5. वही
6. बीसवीं सदी का हिन्दी साहित्य, पृष्ठ संख्या 182-206, सम्पादक—डॉ. विश्वनाथ प्रसाद तिवारी, भारतीय ज्ञानपीठ, प्रथम संस्करण, 2005
7. वही
8. पहल—80, अंक जुलाई-अगस्त, 2005, सम्पादक—ज्ञानरंजन
9. वही
10. वही
11. दलित साहित्य 1999, सम्पादक—जयप्रकाश कर्दम
12. तद्‌भव, अंक 4, सन 2000, सम्पादक—अखिलेश

ओमप्रकाश वाल्मीकि हमारे मार्गद्रष्टा साहित्यकार थे

कालीचरण 'स्नेही'

हिन्दी दलित साहित्य को बुलन्दियों पर पहुँचाने में जिम साहित्यकारों की अग्रणी भूमिका रही है, उनमें ओमप्रकाश वाल्मीकि को सम्मानपूर्वक स्मरण किया जाता है। उन्होंने अपनी कृतियों के माध्यम से 'दलित अस्मिता' और 'दलित विमर्श' को हिन्दी साहित्य में प्रतिष्ठित और प्रचारित किया। उन्हें कवि, कथाकार तथा आत्मकथा लेखक के रूप में अन्तरराष्ट्रीय ख्याति मिली है। 'सदियों का सन्तान', 'बस्स! बहुत हो चुका, 'अब और नहीं', 'शब्द झूठ नहीं बोलते', उनकी श्रेष्ठतम काव्यकृतियाँ हैं। 'जूठन' के लेखक के रूप में उन्हें सर्वाधिक ख्याति प्राप्त हुई।

ओमप्रकाश वाल्मीकि ने 'दलित साहित्य' को स्थापित करने में अपनी पूरी ताकत के साथ लेखन कार्य किया है। उनकी रचनाओं में सृजनात्मक कौशल, परिवर्तन की तीव्र आकांक्षा, ब्राह्मणवाद पर तीव्रतम प्रहार, बाबा साहब डॉ. अम्बेडकर जी के प्रति अटूट श्रद्धा, भारतीय समाज में समरसता, भाईचारा तथा मैत्रीभाव की प्रतिष्ठा, मुख्य रूप से मुखरित तथा अभिव्यंजित हुई है। वे एक प्रतिबद्ध तथा आन्दोलनधर्मी, योद्धा लेखक थे। उन्होंने अपने जीवन में कभी ब्राहाणवादी तथा दोहरे चरित्र वाले सवर्ण लेखकों से समझौता नहीं किया। उन्हें मार्क्सवाद के भारतीयकरण पर एतराज था। इसीलिए ब्राह्मणपरस्त कम्युनिस्टों से वे सारी जिन्दगी टकराते रहे। उनका कहना था कि भारत में कम्युनिस्टों ने एक भी दलित नेतृत्व पैदा नहीं किया। सारे देश में ऊँचे पदों पर ब्राह्मण ही कम्युनिस्ट के रूप में विराजमान हैं। मैंने उनके साथ अनेक मंच साझा किये हैं। उन्होंने राष्ट्रीय मंचों से कम्युनिस्टों तथा गाँधीभक्त लेखकों की उदारता का मखौल उड़ाया। यही कारण है कि धीरे-धीरे उनसे मुख्यधारा तथा वामपन्थी एवं सवर्ण लेखक किनारा करते गये। उनकी रचनाओं में जिस तल्खी तथा तेवर के साथ प्रेमचन्द, निराला तथा नागार्जुन जैसे बड़े लेखकों पर सख्त टिप्पणियाँ की गयीं, वे उनके साहस तथा वैचारिक मिशन को उद्‌घाटित करती हैं।

मैंने वाल्मीकि जी का लखनऊ विश्वविद्यालय के हिन्दी विभाग में व्याख्यान कराया, जिसमें उन्होंने हिन्दी के शोधार्थियों को दलित साहित्य पर निष्पक्ष और

पूर्वाग्रह रहित शोध करने की अपील की थी। वे प्रेमचन्द तथा निराला के लेखन को दलित साहित्य की परिधि से दूर रखते थे। उनका स्पष्ट मत था कि गाँधी भक्त प्रेमचन्द तथा तुलसी भक्त, निराला, 'दलित साहित्य' के साँचे में कभी फिट नहीं बैठ सकते हैं। उनका लेखन महज सहानुभूतिपरक है। उन्होंने 'नाच्यौ बहुत गोपाल' के लेखन अमृतलाल नागर को उद्धृत करते हुए कहा था कि नागर जी ने स्वयं ही स्वीकार किया था कि मैंने दलित जीवन को केवल खिड़की से झाँका है। वे अक्सर कहा करते थे कि सवर्ण लेखकों का दलितों से सिर्फ 'श्रम' का सम्बन्ध है। सवर्णों ने दलितों के जीवन को उनके द्वार के बाहर से ही झाँका है, वे दलितों के घर-आँगन में प्रवेश ही नहीं करते थे। तब भला वे 'स्वानुभूति' का दावा कैसे कर सकते हैं? दलित बस्ती में खड़े-खड़े, दलितों की भीतरी दुनिया नहीं देखी जा सकती है। जहाँ दलित बीमार माँ वर्षों से इलाज के अभाव में त्रासद जीवन जी रही है। बलात्कार से पीड़ित किसी दलित की बेटी का दर्द कोई बाप, भाई या माँ ही जान सकती है। वाल्मीकि जी अपनी कहानियों में जिन चरित्रों को उभारते हैं, वे दलितों के लिए प्रेरक बनते हैं। उनकी कहानियों में 'अम्मा, कुचक्र, शवयात्रा, जंगल की रानी, पीटर मिश्रा, बिरम की बहू, बैल की खाल, जिनावर तथा सलाम' में जिन मुद्दों को उठाया गया है, वे अत्यन्त मार्मिक, विश्वसनीय और सामयिक बन पड़े हैं। हिन्दी के द्विज आलोचकों ने कथ्य या उद्देश्य की दृष्टि से इनकी कहानियों का मूल्यांकन न करते हुए अपनी सुविधानुसार निजी विचारधारा से सम्बद्ध होकर ही मूल्यांकन किया है। द्विज लेखकों को 'शवयात्रा' एक श्रेष्ठ कहानी प्रतीत होती है, जबकि 'अम्मा' एवं 'बिरम की बहू' कहानी के प्रति उनकी अलग राय है। 'घुसपैठिए' एवं 'पच्चीस चौका डेढ़ सौ' कहानियों के कथ्य को लेकर द्विज समीक्षक दूसरी राय रखते हैं। आलोचक हरपाल सिंह 'अरुष' को दिये गये एक साक्षात्कार में ओमप्रकाश वाल्मीकि जी ने अपने लेखन की शुरुआत 1974-75 से मानी है। वे अपन छात्र जीवन में दलित आन्दोलन को मुम्बई और जबलपुर प्रवास में देख और समझ रहे थे। उन्होंने स्वयं स्वीकार करते हुए अपने अनुभव इस रूप में साझा किये हैं–

"मैंने 1974-1975 में लिखना शुरू किया था, लेकिन उससे पूर्व अध्ययन और अनुभवों के विश्लेषणात्मक, विवेचनात्मक पहलुओं पर जोर दिया था। मुम्बई और जबलपुर प्रवास के दौरान अपने छात्र जीवन में दलित आन्दोलन को करीब से देखने और समझने, दलित समस्याओं को तथ्यात्मक ढंग से समझने की कोशिश की थी। यह वह समय था, जब महाराष्ट्र ने दलित आन्दोलन अपना एक विशिष्ट रूप ले चुका था। दलित साहित्य आन्दोलन की जड़ें जम चुकी थीं। दया पवार, गंगाधर पानतावणे, केशव मेश्राम, वामन निम्बालकर, नामदेव ढसाल, अर्जुन डांगले, दलित साहित्य आन्दोलन को तीव्रता ही नहीं, बल्कि उसे गम्भीरता भी प्रदान कर चुके

थे। यही समय था, जो मेरे भीतर उठने वाले तमाम प्रश्नों को विश्लेषित करने और उनकी तार्किकता को ठीक से समझने का समय था। यही मेरी तैयारी थी और मेरे साहित्यिक, वैचारिक संघर्ष का आधार भी था। जिसने आगे चलकर मुझे बल दिया।"[1]

हरपाल सिंह 'अरुष' के एक अन्य प्रश्न के उत्तर में वाल्मीकि जी ने मानवीय गुणों में 'करुणा' और 'संवेदना' जैसे प्रमुख गुणों में शामिल करते हुए दलित साहित्य में इनका अस्तित्व और स्थान स्वीकार करते हुए अपने उत्तर में स्पष्ट किया है—

"दलित साहित्य की अंतःधारा में दलित चेतना एक प्रमुख और महत्त्वपूर्ण तत्त्व है। जिसका आधार बुद्ध, अम्बेडकर और ज्योतिबा फुले हैं। बुद्ध ने प्रज्ञा, शील और करुणा को मानवीय जीवन के लिए आधारभूत मूल्य माने हैं। इन्हीं मूल्यों से संवेदनशीलता पैदा होती है। जो दलित साहित्य के लिए ऊर्जा का काम करती है और 'मुक्ति-संघर्ष' के लिए संवेदना का होना जरूरी है। संवेदनहीन व्यक्ति न दलित साहित्य की ऊर्जा को समझ सकता है, न महसूस कर सकता है। इसलिए जब दलित साहित्य के मूल्यांकन और सौन्दर्यशास्त्र का प्रश्न आता है, तो वहाँ साहित्य की मानवीय संवेदना अपने आप महत्त्वपूर्ण और जरूरी हो जाती है। जिसे बुद्ध की करुणा से शक्ति मिलती है और अम्बेडकर का जीवन-दर्शन उसे ऊर्जावान बनाता है।"[2]

हरपाल सिंह 'अरुष' द्वारा यह पूछे जाने पर कि जातिविहीन समाज और समतावादी समाज की सोच को आप किस प्रकार लेते हैं? इसका उत्तर ओमप्रकाश वाल्मीकि ने इन शब्दों में दिया—"जाति विहीन समाज की सोच में मनुष्य के विकास की ज्यादा सम्भावनाएँ हैं। किसी व्यक्ति से आप सीधे सवाल करें तो वह अपनी आएडेंटिटी अपनी जाति से जोड़कर ही बतायेगा। यानी उसका भारतीय होना कोई अर्थ नहीं रखता। उसकी जाति में फिर अनेक उपजातियाँ हैं। जिनमें आपस में भी भेदभाव हैं। यह सारा तन्त्र ऊपर से लेकर नीचे तक मौजूद है। जिसके कारण आपस में इतना ज्यादा मन भेद है कि भाईचारे के तमाम सूत्र बिखरे हुए हैं। ऊपर से देखने में सब सामान्य-सा दिखाई पड़ता है, लेकिन आन्तरिक धारा में इसका जबरदस्त प्रभाव है। जो हर क्षेत्र में अपनी छाप छोड़ता है। इसीलिए इस व्यवस्था में समता भाव और बन्धुता का अभाव दिखायी देता है। आपसी सौहार्द सिर्फ दिखावा भर है। जातिविहीन समाज ही भारत को एक सूत्र में बाँधकर रख सकता है। हमारे बुद्धिजीवियों, नेताओं, समाजशास्त्रियों ने इतिहास से भी कोई सबक नहीं लिया। हमारा लोकतन्त्र सिर्फ कागजों पर है। यथार्थ में पूरा देश जातितन्त्र से संचालित है और इस जातितन्त्र से उत्पन्न नकारात्मकता से कोई भी कुछ सीखने को तैयार नहीं है।"[3]

'दलित' शब्द को लेकर द्विज लेखकों में भ्रम की स्थिति है, या वे जानबूझकर भ्रम फैलाते रहते हैं। रोहित कौशिक के एक प्रश्न के उत्तर में वाल्मीकि जी ने 'दलित' शब्द का अर्थ स्पष्ट करते हुए कहा था—

"'दलित' शब्द, हमारे लिए एक बहुत ही प्रेरणादायक शब्द है। हम इसे दल के साथ जोड़ते हैं, जो सामूहिक तौर पर कार्य करता है, जीवन को सामाजिक तरीके से जीता है और समाज से अलगाव दूर करता है। इसी के आधार पर हमने 'दलित' शब्द को स्वीकार किया है और दलित एक आन्दोलन का प्रतीक है हमारे लिए। और, ऐसा पहली बार हुआ है इतिहास में कि दलितों ने अपने लिए एक अपना शब्द चुना है। अभी तक वे अपने लिए दूसरे के दिये शब्दों को स्वीकार करते रहे हैं। यहाँ तक कि उनके बच्चों के नाम भी दूसरे रखते थे। अपने नाम रखने के लिए भी वे स्वतन्त्र नहीं थे। लेकिन यह पहली बार हुआ है कि उन्होंने अपने लिए एक शब्द चुना है जो उनके लिए एक संघर्ष का प्रतीक है।"[4]

डॉ. बजरंग बिहारी तिवारी के एक प्रश्न के उत्तर में मराठी दलित साहित्य से हिन्दी दलित लेखन किन रूपों में प्रभावित हुआ है? अन्य भारतीय भाषाओं में लिखे जा रहे दलित साहित्य के विषय में उनकी क्या राय है? इस सम्बन्ध में वाल्मीकि जी दो टूक शब्दों में कहते हैं–

"मराठी दलित साहित्य से हिन्दी साहित्य प्रभावित हुआ है। डॉ. अम्बेडकर ने महाराष्ट्र में आन्दोलन शुरू किया। जिसका प्रभाव हिन्दी प्रान्तों पर भी पड़ा लेकिन देर से। हिन्दी में डॉ. अम्बेडकर-दर्शन से प्रेरणा लेकर जो साहित्य आया वह 1970 के बाद कॉलेज, विश्वविद्यालयों से निकले युवाओं द्वारा इस विचार से प्रेरित साहित्य को लाया गया। दलित पैंथर का प्रभाव भी पड़ा, लेकिन महाराष्ट्र में दलित आन्दोलन की पूर्व परम्पराएँ थीं, जिनका हिन्दी प्रान्तों में अभाव था। इसलिए हिन्दी दलित साहित्य में कई तरह से विचार दिखायी पड़ते हैं। कुछ रचनाकार गाँधीवादी पृष्ठभूमि से आये,. कुछ मार्क्सवादी, कुछ जनवादी तो कुछ रैदास भक्त, तो कुछ कबीरपंथी। लेकिन जो आवेग डॉ. अम्बेडकर-विचार-दर्शन की पृष्ठभूमि से आये रचनाकारों में दिखायी देता है, अन्यों में नहीं।

हिन्दी, मराठी, गुजराती, तेलुगु, पंजाबी, कन्नड़, मलयालम के दलित रचनाकारों के बीच संवाद बना है, जो वर्तमान सन्दर्भों के लिए महत्वपूर्ण है। इस दिशा में कई लोग सक्रिय हैं। एक साझे मंच के प्रयास जारी हैं, लेकिन अभी भी ऐसी कई भाषाएँ हैं जहाँ, दलित साहित्य की मौजूदगी दिखायी नहीं पड़ी है। इसलिए भारतीय स्वरूप की परिकल्पना अधूरी है। गत वर्षों में दलित साहित्य की गतिविधियाँ बढ़ी हैं। 'युद्धरत आम आदमी' के माध्यम से रमणिका गुप्ता ने हिन्दी, गुजराती, तेलुगु, पंजाबी दलित विशेषांक निकाले हैं। जिनके जरिये एक सम्वाद बना है। केरल, कर्नाटक, आन्ध्रप्रदेश, गुजरात, महाराष्ट्र, पंजाब के दलित रचनाकारों के बीच संवाद बना है। यह भविष्य के प्रति उम्मीद जगाता है।"[5]

डॉ. बजरंग बिहारी तिवारी द्वारा पूछे गये एक अन्य प्रश्न–एक व्यक्ति के दलित

परिवार में पैदा होने मात्र से क्या उसमें दलित चेतना आ जायेगी? क्या उसका कुछ भी लिखा दलित-साहित्य के दायरे में आयेगा? अगर नहीं तो दलित चेतना को, दलित साहित्य को परिभाषित, व्याख्यायित किस प्रकार किया जाये? छद्‌म दलित चेतना और वास्तविक दलित चेतना जैसी कैटेगरीज बनाने की जरूरत है क्या?

ओमप्रकाश वाल्मीकि ने इन शब्दों में उत्तर दिया—"कोई जरूरी नहीं है कि एक दलित का लिखा ब्राह्मणवादी मानसिकता, सामन्ती सोच का रचना संसार दलित साहित्य की परिधि में आयेगा। 'दलित चेतना' के बगैर दलित साहित्य का कोई आधार नहीं है और यह चेतना डॉ. अम्बेडकर जीवन-दर्शन विचार से उत्पन्न है। जिसने हजारों साल की मूल वेदना को वाणी दी है। उन्हें जीना सिखाया है। एक मनुष्य के रूप में अपनी पहचान स्थापित करने की जो छटपटाहट थी, वह दलित साहित्य के द्वारा उभरी है।

दलित चेतना का सीधा सम्बन्ध, दृष्टि से है जो दलितों की सांस्कृतिक, ऐतिह. ासिक, सामाजिक भूमिका की छवि के तिलिस्म को तोड़ती है—वह है दलित चेतना। दलित, यानी मानवीय अधिकारों से वंचित, सामाजिक तौर पर जिसे उत्पीड़ित किया गया, दबाया, कुचला गया—उसकी चेतना यानी दलित चेतना। यही दलित चेतना दलित साहित्य की अन्तः ऊर्जा में नदी के तेज बहाव की तरह समाविष्ट है जो उसे पारम्परिक साहित्य से अलग करती है। साथ ही दलित साहित्य, दलित आन्दोलन में एक अहम भूमिका निभाता है। जो दलित मुक्ति का साहित्य है।

वैचारिक प्रतिबद्धता में दलित साहित्य ने अम्बेडकर-दर्शन को जहाँ ऊर्जा का केन्द्र माना है, वहीं बुद्ध के अनीश्वरवाद, अनात्मवाद, वैज्ञानिक दृष्टि बोध, स्वतन्त्रता और सामाजिक भाईचारे की पक्षधरता, ब्राह्मणवाद, सामन्तवाद, धार्मिक जड़ता, अधिनायकवाद, भाषावाद, वर्णवाद जैसे प्रश्नों से सीधे टकराव यही हैं दलित साहित्य के मुख्य सरोकार। इनसे अलग दलित साहित्य की परिकल्पना का कोई अर्थ ही नहीं है।

'दलित चेतना' कोई श्रेणी नहीं है, बल्कि मनुष्य के रूप में स्वयं को खड़ा करने की एक जद्दोजहद है। जो दलितों के अस्तित्वबोध का संघर्ष है। 'दलित चेतना', अमानवीय व्यवस्था से बाहर आकर मानवीय सरोकारों की पक्षधरता के लिए प्रतिबद्ध है।"[6]

बजरंग बिहारी तिवारी ने जब वाल्मीकि जी से पूछा कि समाज में इस वक्त के दूसरे आन्दोलन भी चल रहे हैं। दलित आन्दोलन का उनके साथ कैसा रवैया, कैसा व्यवहार हो? खासकर नारीवाद तथा मार्क्सवाद के प्रश्न पर दलितवादी क्या 'स्टैंड' लें?

ओमप्रकाश वाल्मीकि ने इसका उत्तर देते हुए कहा—"दलित आन्दोलन ने

स्त्री-समस्याओं को अपने सरोकारों में हमेशा शामिल रखा है। स्त्री-पीड़ा को अपनी पीड़ा के साथ जोड़ने की कोशिश की है। यह परम्परा दलित आन्दोलन को ज्योतिबा फुले से विरासत में मिली है। उस समय जब हिन्दू धर्म में स्त्री-शिक्षा, विधवा-विवाह की कल्पना भी नहीं थी, बल्कि इन विषयों का विरोध होता था। तब फुले ने इन मुद्दों को अपने आन्दोलन का हिस्सा बनाया। उन्हें इसमें सफलता भी मिली। डॉ. अम्बेडकर ने भी अपने आन्दोलन में स्त्री-समस्याओं को प्रमुखता से रखा। गोदी कामगारों में स्त्री-कामगारों की दयनीय और अपमानजनक स्थितियों के विरुद्ध उन्होंने आवाज उठायीं। आन्दोलन किया। स्त्री-अस्मिता की पक्षधरता के लिए उन्होंने अनेक नियम बनवाये।

मार्क्सवाद के प्रति जो दलितों के मन में शंकाएँ हैं, वे सिर्फ उन दोहरे मापदण्डों वाले मार्क्सवादियों के कारण हैं, जो बाहर मार्क्सवादी हैं और घर के भीतर पुरातनपन्थी। बाहर मार्क्सवादी, घर के भीतर तुलसीदास के भक्त। मार्क्सवाद के मूलभूत सिद्धान्तों के प्रति दलित आन्दोलन हमेशा सकारात्मक रहा है। लेकिन तथाकथित मार्क्सवादी आज भी 'वर्णवाद' को समस्या ही नहीं मानते हैं। उन्हें अपने कुलीन होने पर गर्व है, क्योंकि उनकी जड़ें कहीं-न-कहीं वर्णवाद, सामन्ती-ब्राह्मणवादी, वर्चस्ववादी संस्कारों से जुड़ी हैं। इन संस्कारों में रची-बसी सोच और मानसिकता से मुक्त होकर ही वे दलित आन्दोलन को गम्भीरता से ले पायेंगे। इसका मुख्य कारण है कि अधिकतर मार्क्सवादी नेतृत्व ब्राह्मण पृष्ठभूमि से ही उभरा है। वे अपने पारिवारिक संस्कारों से मुक्त हुए बगैर इस क्षेत्र में आये। इसलिए दलित पीड़ा उनके लिए गौण ही रही।

दलित आन्दोलन सिर्फ भारत ही नहीं विश्व स्तर पर चल रहे आन्दोलनों से स्वयं को जोड़कर देखता है। 'श्वेत-अश्वेत' 'रंगभेद' 'नीग्रो' आदि प्रश्नों के साथ दलित आन्दोलन ने अपने आपको जोड़ा है। दलित-पैंथर की वैचारिक पृष्ठभूमि को देखा जा सकता है। स्त्री-विमर्श में भी वह अपना सकारात्मक रुख रखता है।

दलितवाद उन ब्राह्मणवादी मार्क्सवादियों का विरोध करता है, जिनकी ऊपर चर्चा की है। यहाँ यह भी कहा जा सकता है कि वे मार्क्सवादी आन्दोलन दलितों का आन्दोलन नहीं बना। वह उनकी पीड़ा को समझने में असफल रहा है इसलिए दलितों के मन में मार्क्सवादी आन्दोलन के प्रति ज्यादा उत्साह नहीं रहा है। भारतीय मार्क्सवादियों को यह सामाजिक लड़ाई लड़नी चाहिए थी। उन्होंने दलितों को साथ लेने के प्रयास तो किये, लेकिन सिर्फ कार्यकर्ता के रूप में। नेतृत्व से उन्हें दूर ही रखा। कारण? हिन्दू मानसिकता। दलितों की योग्यता, क्षमता पर नकारात्मक रवैया। इसलिए दलित सवाल गौण होते गये। मार्क्सवादियों न पाश्चात्य मॉडल के आर्थिक पहलुओं क़ो भारत में लागू किया, जबकि उनका भारतीयकरण करके,

भारतीय सन्दर्भों से जोड़ना चाहिए था। मार्क्सवाद को हिन्दू जाति-व्यवस्था के विरुद्ध और धर्मग्रन्थों की संकीर्ण दृष्टि के विरुद्ध खड़ा होना चाहिए था। इन दोनों ही मोर्चो पर वे सिर्फ आर्थिक पहलुओं पर ही लड़ते रहे। आज भी मार्क्सवादी विद्वानों, लेखकों, आलोचकों को तुलसीदास का सामन्ती, ब्राह्मणवादी रूप दिखायी नहीं पड़ता। वे तुलसीदास पर वैसे ही आस्थावान हैं जैसे कोई ब्राह्मणवादी विस्तार का पक्षधर हो सकता है। वे रामचरितमानस की एक-एक चौपाई पर अभिभूत हैं और दलित साहित्य को संकीर्ण घेरे का साहित्य कहते हैं। उसे जातिवादी साहित्य कहते हैं। इन स्थितियों में वे दलितों का विश्वास नहीं जीत पायेंगे। उन्हें डॉ. अम्बेडकर के जीवन-संघर्ष को समझना होगा। दलितों के सवालों को अपने एजेंडे में शामिल करना होगा।"[7]

बजरंग बिहारी तिवारी द्वारा धर्म की भूमिका पर जब वाल्मीकि जी से पूछा कि दलितों की दुर्दशा के लिए हिन्दू धर्म जिम्मेदार है। धर्म-परिवर्तन को इसलिए मुक्ति का एक मार्ग माना जाता है। आप क्या धर्म-परिवर्तन को समस्या के समाधान के रूप में देखते हैं? धर्म-परिवर्तन के लिए बौद्धधर्म के अतिरिक्त ईसाई तथा इस्लाम धर्मों के विकल्प मौजूद हैं। इसके साथ एक नये 'दलित-धर्म' की प्रस्तावना भी की जा रही है। धर्म का एक भँवर जाल-सा रच दिया गया है। धर्म-मात्र की भूमिका पर आपकी टिप्पणी क्या होगी?

इसका उत्तर ओमप्रकाश वाल्मीकि ने देते हुए स्पष्ट कहा—"मैं व्यक्तिगत तौर पर धर्म जैसी मान्यताओं को मनुष्य के लिए गैर-जरूरी मानता हूँ। मेरे अनुभव और विश्वास कहते हैं कि धर्म ने मनुष्य को दासत्व की मानसिकता दी है। उसकी स्वतन्त्रता की लड़ाई धर्म ने कभी नहीं लड़ी। मनुष्य के विकास में वह हमेशा बाधक रहा है। इतिहास में ऐसा एक भी उदाहरण नहीं मिलेगा, जहाँ मनुष्य की स्वतन्त्रता के लिए धर्म लड़ा हो या संघर्ष किया हो। लेकिन दलितों के लिए यह जरूरी है कि वे हिन्दू धर्म की दासता से मुक्त हों। इससे बाहर आयें। डॉ. अम्बेडकर ने एक विकल्प दिया था। जिसके सार्थक और सकारात्मक परिणाम दिखाई दिये हैं। दलितों में चेतना जागी है। इसका कारण है बौद्ध धर्म जो धर्म के रूढ़ अर्थों से भिन्न है, वह ब्राह्मणवादी शिकंजे से मुक्त है। इसलिए दलितों ने इसे अपनाया। बौद्ध धर्म ने उन्हें स्वतन्त्रता की खुली हवा में साँस लेना सिखाया है। उनमें संघर्ष की भावना जागी है।

'दलित-धर्म' को प्रस्तावित करने वाले स्वयं ही दिग्भ्रमित हैं। वे कोई विकल्प देने की फिलहाल स्थिति में नहीं हैं। जब तक वे बौद्ध धर्म से बेहतर विकल्प नहीं देते हैं, तब तक तो यही श्रेष्ठ है कि वे इसे ही अपनायें, बेहतर विकल्प आयेगा तो विचार होगा। कोई भी विचार अन्तिम नहीं होता। एक विकास यात्रा होती है।

डॉ. अम्बेडकर ने विकल्प दिया। विश्वास बना तो लोगों ने इसे स्वीकारा। बौद्ध धर्म ने दलितों में आत्मविश्वास जगाया है।"[8]

द्वारका राजू भारती के एक प्रश्न—कुछ साहित्यकारों-बुद्धिजीवियों की धारणा है कि दलित साहित्य के नाम पर जातीय भावनाओं को भड़काया जा रहा है? यह धारणा कहाँ तक ठीक है? इसका उत्तर वाल्मीकि जी ने इन शब्दों में दिया—

"सदियों से 'वर्ण-व्यवस्था' ने समाज को अपनी गिरफ्त में जकड़ा हुआ है। जिसके फलस्वरूप करोड़ों लोग अछूत हो गये हैं। उन्हें गाँव से, समाज से बाहर रखा गया है। तरह-तरह से प्रताड़ित-अपमानित किया जाता है। इस अमानवीय व्यवस्था से विद्रोह करना जरूरी है। दलित साहित्य में यह विद्रोह वेदना और नकार से उपजा है। जिसके कारण आक्रोशजनित अभिव्यक्ति दलित साहित्य की पहचान बनी है। जिसने डॉ. अम्बेडकर और ज्योतिबा फुले के जीवन दर्शन से प्रेरणा ली है। दलित साहित्य में मुक्ति संघर्ष की भावना अभिव्यक्त हुई है। दलित साहित्य स्वतन्त्रता, बन्धुता और समता का पक्षधर है। उन तमाम परम्पराओं, स्थापनाओं और जीवन-मूल्यों को नकारता है, जो सामन्ती परम्परावादी, रूढ़िवादी, धार्मिक ढकोसलों, जन्मना श्रेष्ठता भाव, ब्राह्मणवादी सोच को स्थापित करते हैं। हजारों साल से हमारी बस्तियाँ अलग थीं। कुएँ अलग थे। स्कूलों में प्रवेश निषेध था। साहित्य में ये सवाल कभी नहीं उठे कि ऐसा क्यों? इन सवालों को उठाने वाला साहित्य ही दलित साहित्य है।"[9]

द्वारका राजू भारती द्वारा जब यह प्रश्न किया गया कि क्या हिन्दी दलित साहित्य, मराठी दलित साहित्य से प्रेरित है? इसका उत्तर देते हुए वाल्मीकि जी ने कहा—

"क्या प्रेरणा लेना अपराध है। हिन्दी साहित्य ने संस्कृत, अंग्रेजी, फ्रेंच या रूसी साहित्य से प्रेरणा नहीं ली है? हिन्दी में प्रगतिवाद, छायावाद, जनवाद की प्रेरणा कहाँ से आयी? महाराष्ट्र में अनेक सामाजिक आन्दोलन हुए हैं, वहाँ एक परम्परा रही है। डॉ. अम्बेडकर, ज्योतिबा फुले महाराष्ट्र से थे। वहीं पर दलित साहित्य पनपा। यदि हिन्दी ने उससे प्रेरणा ली है तो गलत क्या है? मार्क्स तो विदेशी थे पर फिर भी हिन्दी साहित्य ने मार्क्सवादी विचार को ग्रहण किया। गाँधी गुजराती थे, हिन्दी साहित्य ने उनसे प्रेरणा ली।

प्रेमचन्द, जैनेन्द्र, गिरिराज किशोर, मैथिलीशरण गुप्त आदि पर गाँधी का प्रभाव है। इस प्रेरणा के लिए किसी ने उँगली नहीं उठायी। फिर दलित साहित्य पर ही क्यों? हिन्दी दलित साहित्य समाज के सवालों को लेकर आया है। ये सवाल सिर्फ साहित्य तक सीमित नहीं हैं। दलित, शोषित समाज पूरे भारत में है। पंजाब हो या उत्तर प्रदेश, महाराष्ट्र हो या तमिलनाडु या फिर बिहार, बंगाल। दलितों से सवाल एक ही जैसे हैं। उन पर बात होनी चाहिए। प्रेरणा लेना कोई शर्म की बात नहीं है। मराठी दलित साहित्यकारों की सोच और दृष्टिकोण जब साहित्य में आये तो उसने

एक नया स्वर, नये मापदण्ड साहित्य को दिये। हिन्दी में भले ही ये देर से आया, लेकिन उस सोच और दृष्टिकोण को एक विस्तार दिया। बदलाव की प्रक्रिया तेज की। उस पर बात होनी चाहिए।"[10]

द्वारका राजू भारती ने जब दलित साहित्य पर मार्क्सवादी साहित्य की ही तरह एकरसता का आरोप लगाया तो वाल्मीकि जी ने बेबाकी से अपने उत्तर में कहा— "एकरसता की सम्भावना व्यक्त करना ही व्यर्थ है। हजारों साल से आप रामकथा सुन रहे हैं, लिख रहे हैं, पढ़ रहे हैं, फिर भी एकरसता नहीं आयी। दलित साहित्य में दस-पन्द्रह वर्षों में ही उन्हें एकरसता दिखायी देने लगी। क्रान्किारी चेतना को देखने के बजाय उस पर लांछन लगाये जा रहे हैं। यह एक साजिश है, दलित साहित्य की ओजस्विता को नकारने का हथकण्डा है।"[11]

वाल्मीकि जी से डॉ. बेचैन द्वारा यह पूछे जाने पर कि—हिन्दी के परम्परागत साहित्य या साहित्यकारों से आप एक दलित लेखक के रूप में अपने आपको कहाँ अलग पाते हैं? दलितों के प्रति गैर दलित लेखकों के दृष्टिकोण को लेकर आपकी मुख्य शिकायतें क्या हैं?

इस प्रश्न का उत्तर वाल्मीकि जी द्वारा इस रूप में दिया गया—"मूलभूत अन्तर सोच एवं दृष्टिकोण का है। इस दृष्टिकोण के दायरे में वे दलित लेखक भी आते हैं, जिन्होंने तकलीफें तो भोगी हैं, लेकिन व्यवस्था के प्रति उनकी सोच और व्यवहार गैर-दलितों जैसे ही हैं। सोच एवं दृष्टिकोण से मेरा आशय यह है कि दलित साहित्य नाम से जो साहित्य अस्तित्व में आया वह डॉ. अम्बेडकर की सोच से उत्पन्न है, जिसे दलित रचनाकार अम्बेडकर दर्शन के रूप में लेते हैं। उसमें मुख्यतः वर्णव्यवस्था विरोध, बल्कि विरोध ही नहीं उसका समूल नाश, सामन्तवाद और ब्राह्मणवाद, पुरोहितवाद से जुड़ी तमाम व्यवस्थाओं का विरोध, वे व्यवस्थाएँ जो समाज में भेदभाव, विषमता, जन्मना जातीय अहम् भात को जन्म देती हैं, उनका विरोध, हिन्दू देवी-देवताओं और परम्पराओं का विरोध, जो भोले-भाले जनमानस को बरगला कर उनका शोषण करती हैं और उन्हें शिक्षा और मूलभूत मानवीय अधिकारों से वंचित करती हैं। जब हम इन तमाम बातों पर विचार करते हैं तो यह स्पष्ट दिखाई पड़ता है कि हिन्दी के परम्परावादी लेखक दलितों के पक्षधर होने का दावा तो करते हैं, लेकिन वर्णव्यवस्था के विरोध के प्रश्न पर कन्नी काट जाते हैं। ब्राह्मणवाद का विरोध करते हुए भी, वे उसके पक्ष में खड़े दिखाई देते हैं। मैं कुछ उदाहरण देना चाहूँगा। प्रेमचन्द, नागार्जुन और अमृतलाल नागर ने दलितों पर महत्त्वपूर्ण रचनाएँ लिखी हैं। प्रेमचन्द ने एक कुशल शिल्पी की तरह यथार्थपरक रचनाएँ लिखी हैं। लेकिन उनकी तमाम श्रेष्ठ कहानियों में वर्णव्यवस्था का विरोध उस शिद्दत से नहीं उभरता, जिसकी उम्मीद की जा सकती थी। बल्कि कहीं-कहीं तो वे नकारात्मक रास्ता भी अपनाते हैं। ऐसी ही

स्थिति नागार्जुन की भी है। 'हरिजन दहन' कविता में वे दलितों को 'मनुपुत्र' कहते हैं, जबकि दलित 'मनु' को अपना पुरखा नहीं मानते। शोषण की प्रवृत्ति उत्पन्न करने वाला प्रमुख विचारक मानते हैं। नागार्जुन जी का आग्रह उनकी सोच और दृष्टिकोण के भीतर विद्यमान ब्राह्मणवादी विचार उनकी कविता में विद्यमान है। वेद और अन्य संस्कृत ग्रन्थों के प्रति भी उनका आग्रह 'हरिजन दहन' कविता में दिखायी पड़ता है। वे दलितों को हथियार उठा लेने की बात जोरदार शब्दों में करते हैं। समीक्षकों ने इस स्थिति को सकारात्मक लिया है। यदि हथियार उठा लेने की सम्भावनाएँ दलित रचनाकार मोहनदास नैमिशराय या कँवल भारती करते तो क्या समीक्षक इसे संकीर्णता या उग्रवादी प्रवृत्ति या समाज को तोड़ने का आरोप नहीं लगा देते?

अमृतलाल नागर जी का उपन्यास 'नाच्यौ बहुत गोपाल' भी इसी श्रेणी में आता है। लेखक की पत्नी, उपन्यास की नायिका निर्गुनिया को अपने घर के मन्दिर में इसलिए आने देती है कि वह जन्मना ब्राह्मणी है। लेखक इस तथ्य को स्थापित करते हैं। इस उपन्यास को दलित जीवन का यथार्थवादी चित्रण कहकर प्रचारित किया जाता है, जबकि वास्तविकता यह है कि यह उपन्यास निर्गुनिया के पतन की कहानी बनकर रह जाता है। जिसमें दलित जीवन का चित्रण दूर से देखकर लिखा गया है, जो यथार्थ से दूर है।

ये सभी उदाहरण दलित और गैर-दलित लेखकों के अन्तर को स्पष्ट करने के लिए काफी हैं।"[12]

इतिहास की दलित कथाओं को आधार बनाने के बजाय दलित लेखक अपनी आत्मकथा लिखना क्यों आवश्यक समझते हैं?

इसका उत्तर वाल्मीकि जी ने देते हुए कहा—"हिन्दी साहित्य का यही विद्रूप रूप हमें सिर्फ चकित ही नहीं करता बल्कि पीड़ा भी पहुँचाता है। हिन्दी साहित्यकार वर्तमान से जूझने के बजाय अतीत में क्यों जाना चाहते हैं? कहीं ऐसा तो नहीं कि मिल बाँटकर खाने की प्रवृत्ति काम करती हो। मेरे मन में बारम्बार यह शंका जन्म लेती है कि ज्ञानपीठ जैसे पुरस्कारों को पाने वाले साहित्यकार उसी श्रेणी के क्यों हैं जो काल्पनिक उड़ानों में कलात्मक शिल्प के रचनाकार हैं। क्या किसी ऐसी रचना या रचनाकार को पुरस्कार दिये गये हैं, जो आज के भारतीय समाज की उथल-पुथल, किसानों, दलितों, स्त्रियों की जद्दोजहद और उनकी व्यथाओं को उजागर करती हैं। गत 100 वर्षों में कई ऐतिहासिक घटनाएँ घटित हुई हैं लेकिन हिन्दी लेखक चुप्पी साधे रहे। वर्तमान को अतीत में बदलने तक वे कुछ नहीं कहेंगे। अयोध्या काण्ड पर तसलीमा नसरीन बांग्ला उपन्यास लिख सकती हैं, लेकिन हिन्दी में कोई ढंग की कहानी तक नहीं आती।

दलित लेखक अपने आसपास घटने वाली रोजमर्रा की छोटी-छोटी घटनाओं पर

भी मानवीय दृष्टिकोण अपनाता है। उन्हें नजरअन्दाज नहीं कर सकता है। अतीत निर्मित इस वर्तमान में वह अपना चेहरा ढूँढ़ने की कोशिश करता है। बस, यहीं से शुरू होता है आत्मकथा लेखन। जबकि वस्तुस्थिति यह है कि हिन्दी लेखक अपने बारे में बात करने से हमेशा भागता है। वह दोहरा जीवन जीता है। लेखन और मंचों पर वह प्रगतिशील है। घर की देहरी और दुनियादारी में घोर संकीर्ण, जातिवादी है। यथास्थिति बनाये रखने का पक्षधर है।"[13]

सवर्ण लेखकों को दलितों के लिए 'आरक्षण' दिये जाने से बड़ी चिढ़ है। नामवर सिंह जैसे बड़े लेखक 'आरक्षण' व्यवस्था का विरोध करते आये हैं। डॉ. बेचैन द्वारा यह पूछे जाने पर कि कुछ आलोचक यह आरोप लगा रहे हैं कि साहित्य कोई राजनीति या संसद नहीं है जिसमें दलित लेखकों को आरक्षण दे दिया जाये। क्या आप इस आरोप से सहमत हैं?

इस दग्ध प्रश्न का उत्तर वाल्मीकि जी ने अत्यन्त सलीके से देते हुए कहा कि "साहित्य और राजनीति, दोनों एक-दूसरे से हमेशा प्रभावित होते रहे हैं। कबीर, तुलसी, समकालीन हैं, लेकिन साहित्य में जो स्थान तुलसी को दिया गया है, वह कबीर को नहीं मिला। मैं इसे राजनीति मानता हूँ। कबीर भारतीय जनमानस के चमकते हुए दीपक के प्रतीक हैं, फिर भी विद्वानों ने तुलसी को ज्यादा महत्ता दी है। हाँ, हजारी प्रसाद द्विवेदी जी अपवाद हैं।

इसी तरह समकालीन साहित्य में भी देखिये। गाँधी से प्रभवित साहित्य को मान्यता मिली। लेकिन अम्बेडकर के प्रभाव को साहित्य में नकारा जा रहा है। उन्हें दलित साहित्य, जो कि अम्बेडकर से प्रभावित साहित्य है, उसमें उन्हें राजनीति की गन्ध आ रही है। जो साहित्य में राजनीति करते हैं, वही दलित साहित्य पर राजनीति का आरोप लगा रहे हैं।

एक प्रवृत्ति और भी दिखाई पड़ती है। जब परम्परावादी समीक्षकों के तर्क सफल नहीं होते हैं, तो वे गैर-दलितों की दलित विषयक रचनाओं को दलित साहित्य में ठूँसने का प्रयास करते हैं या गैर-दलित साहित्यकारों पर डॉ. अम्बेडकर के प्रभाव की बात करने लगते हैं। यह एक सोची-समझी पूर्व-नियोजित साजिश है। विशेष रूप से विश्वविद्यालयों में दलित साहित्य को लेकर जो भी शोध हो रहे हैं, उनमें गैर-दलितों के ही साहित्य को शामिल किया जाता है। जबकि हिन्दी में दलित साहित्य बहुत तेजी से एवं बहुतायत में आ रहा है। ऐसी अनेक पुस्तकें हैं, जिन पर शोधकर्ताओं का ध्यान जाना चाहिए था, लेकिन इन पुस्तकों को अनदेखा कर देने की प्रवृत्ति है। क्या यह प्रवृत्ति साहित्य में जातिवादी राजनीति का परिचायक नहीं है? क्या यह स्वयं में एक शोध का विषय नहीं है? क्या यह साहित्य में आरक्षण नहीं है।"[14]

'आरक्षण' के ज्वलन्त मुद्दे पर ही रोहित कौशिक ने वाल्मीकि जी से प्रश्न

किया—“दलितोद्धार के लिए आरक्षण को कितना जरूरी मानते हैं?” इसका उत्तर वाल्मीकि जी ने इन शब्दों में दिया—

“उद्धार क्यों? आप ‘उद्धार’ शब्द को क्यों लाते हैं? उद्धार नहीं चाहिए हमें। हमें तो उस जगह पर, जो हमारे हिस्से की चीज है, वह चाहिए, जो हमसे छीन गयी है। उद्धार तो वह करता है, जो शक्तिशाली होता है। यानी आप पहले अपने को शक्तिशाली मानते हैं। तभी आप हमारा उद्धार करना चाहते हैं। हमें आपका उद्धार नहीं चाहिए। हमें आपके मन में वह विचार चाहिए। आप समानता का विचार अपने अन्दर पैदा करें। हमें एक इंसान की तरह तो मानें। हमें आपसे कुछ नहीं चाहिए। हम पैदा कर लेंगे। हम आपके लिए रोटी कमा रहे हैं, आपके घरों की सफाई कर रहे हैं, आपको बीमारियों से बचा रहे हैं, तो उद्धार हम कर रहे हैं आपका। आप हमारा उद्धार नहीं कर रहे हैं। ‘उद्धार’ शब्द से ही एलर्जी है हमें। हमें उद्धार नहीं चाहिए, हमें समानता का भाव चाहिए।”[15]

जब रोहित कौशिक ने पूछा, क्या आपको लगता है कि आरक्षण समानता ला रहा है? इसका जवाब देते हुए वाल्मीकि जी ने उत्तर दिया—

“बिल्कुल ला रहा है। अगर आरक्षण नहीं होता, तो आज मैं यहाँ नहीं होता। आरक्षण की बदौलत आज मैं यहाँ हूँ। अगर समाज में आरक्षण खत्म कर दें, तो हमारे हाथ में कुछ नहीं रहेगा। आज फिर वही कोशिश शुरू हो गयी है। सरकारी नौकरियों में ठेकेदारी प्रथा शुरू हो रही है। जिनका बाप घर में 5000 रुपये कमाकर लाता था, उनके बच्चों को 1200 मिल रहे हैं। क्योंकि सरकारी दफ्तर में ठेकेदार वही काम उनसे करा रहा है। उन 1200 रुपये में वह न तो अपने बच्चों को ही पढ़ा-लिखा सकता है, न ही दवा-दारू कर सकता है। और न ही कपड़ा ला सकता है। तो समाज फिर उनको उसी ओर ले जाने की कोशिश कर रहा है। इसलिए आरक्षण चाहिए।”[16]

सुधीर सागर द्वारा वाल्मीकि जी से जब सफाई कार्य से जुड़ी जातियों, उपजातियों के विषय में प्रश्न किया गया, तो उन्होंने इसका उत्तर देते हुए कहा—

“अलग-अलग राज्यों में उनके नाम अलग हैं, जैसे पंजाब, हरियाणा, उ.प्र. में चूहड़ा, वाल्मीकि, लालबेगी, गुजरात में मसोद, छजगत्ही हेला, माखियार, शेख हलालखोर, महाराष्ट्र में मलकाना, मेहतर, राजस्थान में मेघवाल, मध्यप्रदेश, उ.प्र. में डोम-डुमार, बंसोड़, धानुक आदि। जाति-उपजातियों में बँटा यह समाज कहीं हिन्दुओं से जुड़ा है, तो कहीं इस्लाम से भी जुड़ा है।”[17]

इस जाति की उत्पत्ति और विकास के विषय में कुछ बताइये? वाल्मीकि जी ने इसका उत्तर देते हुए कहा—“मेरी पुस्तक ‘सफाई देवता’ में इसकी विस्तार से चर्चा हुई है। तीन हजार साल का यातनापूर्ण इतिहास है, जिसे चन्द शब्दों में बयान कर

पाना सम्भव नहीं है। बुद्ध सुणीत को अपने धम्म में दीक्षा देते हैं। जैन धर्म में जिन पाँच को दीक्षा देने की मनाही है, उसमें भी मल-मूत्र ढोने वाले का जिक्र है।"[18]

'परस्पर' पत्रिका के सम्पादक द्वारा वाल्मीकि से 'कविता की संरचना' से सम्बन्धित एक सवाल किया गया, जिसका उत्तर वाल्मीकि जी ने इन शब्दों में दिया—"मेरे लिए कविता एक गम्भीर विधा है। जिसमें कवि की अंतर्वेदना अभिव्यक्त होती है। इसीलिए जब कवि कविता लिखता है तो वह अपनी अनुभूतियों और वेदनाओं को समष्टि की अनुभूति और संवेदनाओं में रूपान्तरित करता है। जिसे विद्वानों ने साधारणीकरण की स्थिति कहा है। इसीलिए यह एक बेहद जटिल विधा है, जिसे हल्के-फुल्के अन्दाज में नहीं देखा जा सकता है। मेरे लिए यह एक गम्भीर और चुनौतीपूर्ण कर्म है। इसीलिए शब्द की आन्तरिक शक्ति को यदि ठीक से पहचाना जाये तो वह कविता के द्वारा ही सम्भव है। इसीलिए भारतीय जीवन में कविता का आज भले ही वह महत्त्व न दिखाई देता हो जो कभी था। लोकजीवन में आज भी कवतिा की महत्ता है। जिसे नकारा नहीं जा सकता है। इसका सबसे विशिष्ट और उल्लेखनीय उदाहरण गुरु-ग्रन्थ साहब है। जिसकी महत्ता को सब स्वीकार करते हैं।"[19]

'परस्पर' पत्रिका के सम्पादक से बातचीत में ओमप्रकाश वाल्मीकि ने 'कविता की संरचना' पर अपना अभिमत इस रूप में व्यक्त किया है—

"प्रारम्भ में जो मैंने कविताएँ लिखीं, वे दलित आन्दोलन की कवतियें थी। जिनमें सामाजिक उत्पीड़न, सामाजिक द्वेष, शोषण और समाजव्यवस्था के प्रति गहरा आक्रोश था। दलित के भीतर हजारों वर्ष से दबा विद्रोह था, उसकी अभिव्यक्ति थी। ये कविताएँ 'सदियों का सन्ताप' कविता संग्रह में संकलित हैं। जो 1989 में प्रकाशित हुआ था। दूसरा संग्रह 'बस्स! बहुत हो चुका' शीर्षक से 1997 में वाणी से प्रका।शित हुआ, उसमें दलित साहित्य आन्दोलन की विकास यात्रा को रेखांकित किया जा सकता है। जहाँ आक्रोश के साथ सामाजिक जीवन मूल्यों का नकार और उनके प्रति गहरा विरोध आप देख सकते हैं। साथ ही आक्रोश को वैचारिकता में रूपान्तरित करना जरूरी लगा। इसलिए इस संग्रह की कविताओं से एक अलग तरह का स्वर सामने आता है। तीसरा संग्रह 'अब और नहीं' 2009 में राधाकृष्ण प्रकाशन, नयी दिल्ली से प्रकाशित हुआ, इस संग्रह की कविताओं में जो दलित चेतना है, वह बुद्ध, अम्बेडकर और फुले की वैचारिक पृष्ठभूमि को प्रतीकों, बिम्बों के द्वारा आत्मसात करती दिखाई देगी। जो हिन्दी दलित साहित्य की विकास यात्रा का अगला पड़ाव है। जिसने दलित साहित्य को एक नयी ऊर्जा दी है, साथ ही साहित्य को गम्भीर सरोकारों से जोड़ने की कोशिश की है। अभी जो नया कविता संग्रह आयेगा, वहाँ दलित कविता की एक अलग वैचारिकता और उसकी आन्तरिकता को देख सकेंगे। जो लोग हिन्दी दलित कविता पर सरलीकरण के आरोप लगाते हैं, उनसे मेरा आग्रह

है कि इन नयी कविताओं को देखकर ही अपनी राय बनायें।"[20]

डॉ. रामचन्द्र द्वारा सम्पादित 'दलित साहित्य की विकास यात्रा' पुस्तक में वाल्मीकि जी के विभिन्न विद्वानों द्वारा लिये गये साक्षात्कार शोधार्थियों के लिए अत्यन्त उपयोगी हैं। इस पुस्तक की भूमिका में डॉ. रामचन्द्र के विद्वानों के ज्वलन्त प्रश्नों को शामिल किया है। उनमें से कुछ प्रश्नों के उत्तर मैंने इस लेख में समाविष्ट किये हैं। अन्य प्रश्नकर्ता के विषय में डॉ. रामचन्द्र ने कहा है कि—"डॉ. धर्मपाल पीहल ने ओमप्रकाश वाल्मीकि के समक्ष उनकी वैचारिक प्रतिबद्धताओं को केन्द्र में रखकर दलित साहित्य स्थापित होने के दौरान आने वाली चुनौतियों के बारे में जानना चाहा है। कवि और कहानी लिखने की प्रेरणा एवं विचार के बारे में पूछा गया है। दलितों एवं गैर-दलितों के प्रति बतौर एक लेखक की प्रतिबद्धता का सवाल भी वाल्मीकि जी से पूछा गया है। जिसके उत्तर में ओमप्रकाश वाल्मीकि कहते हैं कि "लेखक की समाज के प्रति जो जिम्मेदारी होती है, वही साहित्य की मूल संवेदना भी होती है। साहित्यकार किसके पक्ष में खड़ा होता है, यह विचारणीय होता है, शोषक के या शोषित के। यही है सीमा रेखा।" आगे डॉ. धर्मपाल पीहल ने दलित चेतना, प्रेमचन्द की दलित विषयक रचनाएँ, हिन्दी के आलोचकों की दलित साहित्य के प्रति सोच तथा दलित साहित्य के सौन्दर्यशास्त्र पर वाल्मीकि जी से खुलकर बातचीत की है।

ओमप्रकाश वाल्मीकि का लेखन के प्रति रुझान और विमर्श के भविष्य एवं नयी पीढ़ी से उम्मीदों के बारे में जानने की कोशिश में डॉ. देवेन्द्र गुप्ता ने कुछ बुनियादी सवालों पर ध्यान खींचा है। जैसे दलित साहित्य दूसरे साहित्य से कैसे भिन्न है? हिन्दी में दलित साहित्य का आरम्भ किन सवालों को लेकर हुआ है। आज हिन्दी साहित्य की क्या स्थिति है? दलित जीवन पर लिखने वाले गैर-दलित लेखकों की संवेदना तथा दलित विमर्श और चिन्तन में गाँधीवादी तथा मार्क्सवाद के नकार के कारणों की बारीकियों का विश्लेषण डॉ. गुप्ता और वाल्मीकि जी की बातचीत में मिलता है।[21]

ओमप्रकाश वाल्मीकि ने दलित साहित्य को 'घृणा की जगह प्रेम का पक्षधर बताया है।' मैं भी यही मानकर दलित साहित्य सृजन में लगा हुआ हूँ। वे दलित कविता को लोकजीवन के ज्यादा निकट मानते थे। उनका यह अभिमत सही है। जैसा कि सब जानते हैं, ओमप्रकाश वाल्मीकि एवं प्रख्यात साहित्यकार थे। उन्होंने समय-समय पर अनेक लेखकों, शोधार्थियों और विद्यार्थियों को अपने साक्षात्कार दिये हैं। इन साक्षात्कारों का एक वृहत संकलन डॉ. रामचन्द्र, जे.एन.यू. द्वारा पुस्तक रूप में तैयार किया गया है। जिसका इसी लेख में मेरे द्वारा पूर्व में ही उल्लेख किया गया है। इस पुस्तक में दलित साहित्य एवं उसकी वैचारिकी तथा वाल्मीकि जी के व्यक्तित्व और कृतित्व से सम्बन्धित अनेक प्रश्नों के उत्तर सुलभ हैं। इसे अवश्य

पढ़ा जाना चाहिए। वाल्मीकि जी हमारे मार्गद्रष्टा साहित्यकार हैं। मैंने स्वयं भी उनसे काव्य सृजन की प्रेरणा ली है। वे बाबा साहब डॉ. अम्बेडकर के आन्दोलन तथा विचारों से ओत-प्रोत थे। मैं उन्हें बड़े भाई की तरह मानता था। मैंने भी यही रास्ता अपनाया है। उनसे मेरे पारिवारिक सम्बन्ध बन गये थे। यह उनका बड़प्पन था कि वे मुझे मित्रवत मानते थे। उन्होंने मुझे उच्च अध्ययन केन्द्र राष्ट्रपति निवास शिमला में उन्हीं के द्वारा आयोजित राष्ट्रीय परिसवाद में आमन्त्रित किया था। इस संगोष्ठी में उन्होंने अपने पसन्द के दलित साहित्यकारों और गैर-दलित साहित्यकारों को आमन्त्रित किया था। इसमें मुख्य रूप से डॉ. धर्मपाल पीहल, हैदराबाद, असंग घोष, देवेश चौधरी जबलपुर, रजत तिलक, प्रो. हेमलता महिश्वर जामिया मिल्लिया दिल्ली, आमन्त्रित किये गये थे। इस आयोजन में एक विशेष जाति के दलित साहित्यकारों को लगभग नजरअन्दाज किया गया था। अनामन्त्रित दलित साहित्यकारों की इस पर तीव्र प्रतिक्रिया थी, कि वाल्मीकि जी द्वारा इस आयोजन में केवल भंगियों को आमन्त्रित किया गया। गैर-दलितों में डॉ. देवेन्द्र चौबे जैसे उनके प्रिय साहित्यकार भी आमन्त्रित थे। जबकि मराठी के प्रख्यात दलित साहित्यकार अर्जुन डाँगले, डॉ. शरण कुमार लिंबाले तथा मेश्राम आदि भी आमन्त्रित किये गये थे। यह साहित्यिक आयोजन वाल्मीकि जी के जीवन का आखिरी आयोजन था। उसके बाद जो आयोजन शिमला में हुआ, वह उनकी मृत्यु के बाद अध्ययन केन्द्र द्वारा ही वाल्मीकि जी की स्मृति में आयोजित किया गया था। मुझे इस आयोजन में भी आमन्त्रित किया गया था। मैंने जब वाल्मीकि जी से उस सम्मेलन में अन्य दलित साहित्यकारों को आमन्त्रित नहीं किये जाने का कारण पूछा, तो उन्होंने दो टूक शब्दों में कहा था कि 'मैं उन लोगों को नहीं बुला सकता।' पता नहीं क्या जख्म थे जिन्हें वे भुला नहीं पाये। कुछ एक कारण तो स्पष्ट ही थे—

डॉ. धर्मवीर ने वाल्मीकि जी पर एक किताब लिखी थी—'जूठन का असली लेखक कौन?' दूसरा डॉ. धर्मवीर तथा उनके सहयोगियों पर वाल्मीकि जी का आरोप हो सकता है कि वे सब जाति विशेष को बढ़ावा देते हैं। जो भी हो अब वाल्मीकि जी हमारे बीच नहीं हैं। उनका विपुल साहित्य हमारी धरोहर है। उनके सृजन से दलित आन्दोलन तथा दलित साहित्य को नवीन ऊर्जा मिलती रही है, उनके जैसा सशक्त लेखक, सिर्फ दलित साहित्य के लिए ही नहीं, अपितु सम्पूर्ण भारतीय साहित्य के लिए एक उपलब्धि है। एक ऐसी साहित्यिक उपलब्धि जिसे दलित के रूप में नहीं एक साहित्यकार के रूप में पढ़ा जाना चाहिए। मुझे पूरा विश्वास है कि इस देश से जब जातिवाद का बन्धन टूटेगा, वर्णव्यवस्था ध्वस्त होगी, तब ओमप्रकाश वाल्मीकि का साहित्यिक व्यक्तित्व अपनी और धवलता के साथ चमक उठेगा। वे हमारे मार्गदर्शक लेखक बने रहेंगे।

सन्दर्भ

1. दलित साहित्य की विकास-यात्रा (ओमप्रकाश वाल्मीकि के साक्षात्कार), संकलन एवं सम्पादन डॉ. रामचन्द्र, साहित्य संस्थान, ई 10/660, उत्तरांचल कालोनी (निकट संगम सिनेमा) लोनी बार्डर रोड, गाजियाबाद—201102, संस्करण 2013, पृ. 95
2. वही, पृ. 98
3. वही, पृ. 98-99
4. वही, पृ. 161
5. वही, पृ. 59-60
6. वही, पृ. 60-61
7. वही, पृ. 55-56
8. वही, पृ. 56-57
9. वही, पृ. 29
10. वही, पृ. 30-31
11. वही, पृ. 31
12. वही, पृ. 21-22
13. वही, पृ. 23
14. वही, पृ. 25
15. वही, पृ. 165
16. वही, पृ. 165
17. वही, पृ. 168
18. वही, पृ. 168
19. वही, पृ. 177
20. वही, पृ. 178
21. वही, पृ. 18

दलित साहित्य और ओमप्रकाश वाल्मीकि

हरिनारायण ठाकुर

प्रेमचन्द ने कहा है, "संस्कृति अमीरों, बेफिक्रों और पेटभरों का व्यसन है। दरिद्रों के लिए प्राण-रक्षा ही सबसे बड़ी समस्या है। उस संस्कृति में क्या था, जिसकी वे रक्षा करते, जनता मूर्छित थी और उस पर धर्म और संस्कृति का मोह छाया हुआ था। ज्यों-ज्यों उसकी चेतना जाग्रत होती गयी, वह देखने लगी कि यह संस्कृति लुटेरों की संस्कृति थी, जो राजा बनकर, विद्वान बनकर, जगत् सेठ बनकर जनता को लूटती है।"[1] दलित साहित्य का सृजन समाज और संस्कृति की इसी सोच के इर्द-गिर्द नयी भाव-भंगिमा और तेवर में हुआ था। प्रेमचन्द की इस आर्थिक संस्कृति विमर्श के आगे दलित साहित्य ने जाति और वर्ण-व्यवस्था का नया सामाजिक और सांस्कृतिक विमर्श पैदा किया।

ओमप्रकाश वाल्मीकि जिस समाज से आते थे, उसमें व्यक्ति की पहचान उसके नाम से नहीं, जाति से होती रही है। इसलिए 'हीरा डोम' जैसे कवियों की कविता अकेले कवि की नहीं, डोम जाति की भी नहीं, पूरी दलित जाति की कविता बन जाती है। वाल्मीकि ने अपने नाम के आगे जातिसूचक विशेषण लगाया, वह अनायास नहीं था। ओमप्रकाश वाल्मीकि से पहले 'भंगी' या 'चूहड़ा' समाज में शायद ही किसी नाम के आगे 'वाल्मीकि' लगाने की परम्परा हो।

वाल्मीकि का साहित्यकार किसी स्कूल-पाठशाला या गुरु की दीक्षा लेकर नहीं बना। बल्कि गुरु और शिक्षण-व्यवस्था के अनेक प्रतीकों के प्रतिकार, बहिष्कार, असन्तोष और अन्तर्द्वन्द्व से ओमप्रकाश के व्यक्तित्व का निर्माण हुआ। उन्होंने अपने जीवन-संघर्ष में जो कुछ झेला, भोगा और देखा, वही उनका साहित्य बन गया। और यह हिन्दी में पहली बार हुआ। दलित जातियाँ यहाँ सदियों से थीं, पर उनका साहित्य नहीं था। 'जूठन' और 'उतरन' की परम्परा जब साहित्य में पीड़ा, असन्तोष और प्रतिकार बनकर आया, तो एक तूफान-सा खड़ा हो गया। कहने की आवश्यकता नहीं कि मार्क्सवादी-प्रगतिवादी आन्दोलन और स्त्री साहित्य के बाद 'दलित साहित्य' सबसे बड़ा आन्दोलन था, जिसने साहित्य और संस्कृति का पुनः पाठ शुरू कर दिया,

जो अब तक जारी है। पुराने प्रतिमान एक-एक कर ढहने लगे। साहित्य का एक नया पाठ बना, जिसने हाशिये के तमाम बिम्ब और प्रतीकों को केन्द्र में स्थापित किया। मराठी साहित्यकारों के अतिरिक्त हिन्दी में दलित साहित्य को लाने का श्रेय जिन गिने-चुने साहित्यकारों को जाता है, उनमें ओमप्रकाश वाल्मीकि का नाम सबसे आगे है।

जीवन-वृत्त : ओमप्रकाश वाल्मीकि का जन्म 30 जून, 1950 को मुजफ्फरनगर (उत्तर प्रदेश) के बरला गाँव में हुआ था। उनकी शिक्षा अपने गाँव और देहरादून के स्कूल-कॉलेजों में हुई। बचपन सामाजिक और आर्थिक कठिनाइयों में बीता। आरम्भिक जीवन में उन्हें जो सामाजिक, आर्थिक और मानसिक कष्ट झेलने पड़े, उसकी मुखर अभिव्यक्ति उनके साहित्य में हुई है। उनकी आत्मकथा 'जूठन' इसका जीवन्त दस्तावेज है। वे कुछ वर्षों तक महाराष्ट्र में रहे। वहाँ के अम्बेडकर साहित्य और मराठी दलित लेखकों के सम्पर्क में आये और उनकी रचना-दृष्टि में क्रान्तिकारी परिवर्तन हुआ। सच पूछा जाये, तो उनकी दलित दृष्टि का निर्माण और विकास यहीं हुआ। फिर वे देहरादून आये और ऑर्डनेंस फैक्ट्री में एक अधिकारी के रूप में काम करते हुए वहीं से रिटायर हो गये। और अन्ततः आँत की लम्बी बीमारी से लड़ते हुए विगत वर्ष 17 नवम्बर, 2013 को मात्र 63 वर्ष की आयु में इस दुनिया से चल बसे।

दलित साहित्य की अवधारणा और स्वरूप : ओमप्रकाश वाल्मीकि की स्पष्ट मान्यता थी कि दलितों द्वारा लिखा जानेवाला साहित्य ही दलित साहित्य है; क्योंकि दलित ही दलित जीवन की पीड़ा को बेहतर ढंग से समझ सकता है। उनका 'जूठन' इसका प्रत्यक्ष प्रमाण है। इसके बावजूद वाल्मीकि ने 'दलित जाति' और 'दलित साहित्य' दोनों को व्यापकता दी। उनकी नजर में 'दलित' केवल अछूत सर्वहारा नहीं था। बल्कि महात्मा फुले की तरह उन्होंने स्त्री सहित तमाम वर्ग के मजदूरों और आदिवासियों को भी दलित माना था। उन्होंने लिखा है—"भारतीय समाज में जिसे अस्पृश्य माना गया, वह व्यक्ति ही दलित है। दुर्गम पहाड़ों, वनों के बीच जीवनयापन करने के लिए बाध्य जनजातियाँ और आदिवासी, जरायमपेशा घोषित जातियाँ सभी इस दायरे में आती हैं। सभी वर्गों की स्त्रियाँ भी दलित हैं। बहुत कम श्रम-मूल्य पर चौबीसों घंटे काम करनेवाले श्रमिक, बँधुआ मजदूरों दलित की श्रेणी में आते हैं।"[2]

दलित साहित्य के सरोकारों के सम्बन्ध में ओमप्रकाश वाल्मीकि कहते हैं कि "वर्ण-व्यवस्था से उपजी घोर अमानवीयता, स्वतन्त्रता-समता-विरोधी सामाजिक अलगाव की पक्षधर सोच को परिवर्तित कर बदलाव की प्रक्रिया को तेज करना दलित साहित्य की मूलभूत संवेदना है।...अम्बेडकर और जोतिबा फुले की जीवन-दृष्टि दलित साहित्य की ऊर्जा है।"[3] दलित साहित्य न केवल दलित दुर्दशा का दस्तावेज

है, बल्कि यह पारम्परिक समाज-व्यवस्था के प्रतिकार द्वारा मुक्ति का प्रयत्न भी है। यह वर्ग से अधिक वर्ण की बात करता है, जिसके वह घेरे में है। ''वर्ण-व्यवस्था का विरोध, जाति-भेद और साम्प्रदायिकता का विरोध दलित चेतना की प्राथमिकताओं में हैं। दलित चेतना अलगाववाद की जगह समता, एकता और भाईचारे का समर्थन करती है। मानव-मुक्ति संघर्ष में यह मनुष्य की स्वतन्त्रता और सामाजिक न्याय की पक्षधर है और सामाजिक बदलाव के लिए प्रतिबद्ध है। आर्थिक क्षेत्र में यह पूँजीवाद का विरोध करती है। यह अधिनायकवाद, सामन्तवाद, ब्राह्मणवाद, को मानव विरोधी मानती है। जहाँ यह वर्ग विहीन, वर्ण विहीन समाज की पक्षधर है, वहीं भाषावाद और लिंगवाद की भी विरोधी है। दलित चेतना साहित्यिक मानदंडों में महाकाव्य की रामचन्द्र शुक्लीय परिभाषा से असहमत और पारस्परिक सौन्दर्यशास्त्र की विरोधी है।''[4]

इस प्रकार दलित साहित्य वर्चस्ववाद का विरोधी साहित्य है। वर्ग-विहीन समाज की संकल्पना, आर्थिक समानता और सत्ता संघर्ष के कारण यह मार्क्सवाद के करीब दिखाई पड़ता है। किन्तु दलित चेतना और मार्क्सवादी चिन्तन में पर्याप्त अन्तर है। एक के केन्द्र में अर्थ और वर्ग है, तो दूसरे में वर्ण और संस्कृति। दलित साहित्य की मूल चिन्ता मनुवाद का विरोध करते हुए असमानता और अस्पृश्यता का अन्त करना है। मार्क्सवाद के वर्ग-चिन्तन में वर्ण-चिन्तन का सर्वथा अभाव है। इसलिए ओमप्रकाश वाल्मीकि भारतीय वामपन्थी आन्दोलन पर आरोप लगाते हैं—''इस आन्दोलन ने जाति भेद को अनदेखा ही नहीं किया, बल्कि अपने बीच किसी दलित नेतृत्व को उभरने भी नहीं दिया।''[5]

दलित आन्दोलन और साहित्य : भारतीय इतिहास में स्त्री-समस्या, वर्ण-व्यवस्था और जातीय असमानता के सुधार की दिशा में महात्मा फुले, अम्बेडकर, पेरियार आदि का अभूतपूर्व योगदान है। किन्तु महात्मा गाँधी आदि की तुलना में उनके योगदान को भुला दिया गया। फुले ने नारी और दलित शिक्षा के लिए क्रान्तिकारी प्रयास किये। उन्होंने देश में नारियों के लिए देश का पहला विद्यालय खोला और उसमें अपनी पत्नी को देश की पहली अध्यापिका के रूप में नियुक्त किया। यह काम उस समय हुआ, जब ऐसा करना केवल इस देश के लिए एक सपना था, बल्कि आज के विकसित कहे जानेवाले विश्व के अनेक देशों में भी नारी-शिक्षा के नामो-निशान नहीं थे। ऐसा ही काम उन्होंने दलितों के लिए अलग स्कूल खोलकर भी किया। इसके लिए उन्हें अपने व्यक्तिगत और सामाजिक जीवन में अनेक कष्ट उठाने पड़े। उनका सामाजिक और पारिवारिक बहिष्कार हुआ। उनकी पत्नी सावित्री फुले को अनेक अपमान और कष्ट झेलने पड़े।

डॉ. अम्बेडकर ने दलितों की मुक्ति के लिए अनेक सामाजिक-राजनीतिक

आन्दोलन चलाये। उन्होंने वर्ण-वर्गहीन समाज की स्थापना और दलितों के उत्थान के लिए 'शिक्षा, संगठन और संघर्ष' का नारा दिया। मराठी साहित्य में दलित चेतना का उद्‌भव और विकास अम्बेडकर के इसी संघर्ष का परिणाम है। किन्तु साहित्यिक भावधारा के रूप में इस चेतना का विकास आजादी के बाद हुआ। "महाराष्ट्र में दलित साहित्य शब्द का प्रयोग सन् 1954 से होने लगा था।"[6] "मराठी में दलित साहित्य का आन्दोलन 1960 से शुरू हुआ।"[7] 1967 ई. से इस पर विधिवत् बहस शुरू हुई और 1976 ई. के 'नागपुर दलित साहित्य सम्मेलन' से यह जोर पकड़ने लगा।

साठ के दशक में देश में जन-आन्दोलनों का जोर रहा। इन जनान्दोलनों पर जमींदारों की भूमि पर कब्जा करने और भूमिहीन किसानों को हक दिलानेवाले नक्सलवादी आन्दोलनों और ऐसे अन्य संगठनों का प्रभाव रहा। इन आन्दोलनों में खेतिहर मजदूर और भूमिहीन किसान के रूप में दलितों ने बड़े पैमाने पर भागीदारी की। आन्ध्रप्रदेश में 'दिगम्बर कवालू' नामक कवियों और लोकगायकों के एक समूह से दलितों का जुड़ाव होने लगा और इन कवि-लोकगायकों ने बिना किसी झिझक के समाज के जाति-भेद, छुआछूत और शोषण आदि का नग्न यथार्थ अपने गीतों में प्रस्तुत किया। इसी प्रकार का एक समूह 'भूखी पीढ़ी' के नाम से बंगाल में भी काम कर रहा था। यह कवि-साहित्यकारों का एक समूह था, जो अपनी वाणी में उत्पीड़ित जनता के कष्टों, असन्तोष और शिकायतों तथा उनकी कातर भावनाओं को व्यक्त कर रहा था। महाराष्ट्र में 'लघु पत्रिका' आन्दोलन उभरा, जिसने साहित्य क्षेत्र में हिन्दू लेखकों के वर्चस्व को चुनौती दी। यह सब आजादी के बाद साठ के दशक में ही हो रहा था।

"ठीक इसी समय अमेरिका में मेलकम एक्स के जुझारू नेतृत्व में कालों का आन्दोलन विकसित हो रहा था। इस आन्दोलन ने भी दलितों को काफी प्रभावित किया। यह 'अश्वेत कविता', 'अश्वेत रंगमंच', 'अश्वेत संगीत', और 'अश्वेत संवाद' का जमाना था।"[8] कला के विभिन्न रूपों में नये प्रतीक, नये मुहावरे और नये मूल्य व्यक्त हो रहे थे। और यह मूल्य श्वेतों के बरक्स अश्वेत शक्ति की अस्मिता और पहचान का मूल्य था। इसी दशक में 'अश्वेत शक्ति' की अवधारणा ने जोर पकड़ा और अश्वेत लोगों ने 'गोरों के उत्पीड़न से' सम्पूर्ण मुक्ति का ऐलान कर दिया। उन्होंने घोषणा की कि वे अपनी मुक्ति और अधिकार के लिए आवश्यकतानुसार साधन अपनाने के लिए स्वतन्त्र हैं। 'फ्रीडम नाउ' जैसा नारा लोकप्रिय हो गया। जाहिर था कि गुलाम लोग मौत का सामना करने के लिए तैयार थे। उन्होंने 'अपने शारीरिक वजूद से भी ज्यादा इन अधिकारों को महत्त्व देने की ठान ली थी', इसलिए वे "कुछ ऐसे मूल्यों के नाम पर कार्रवाई कर रहे थे, जो...उनके और सभी मनुष्यों के लिए समान रूप से महत्त्वपूर्ण थे।"[9]

भारत में आजादी के बावजूद दलितों को लगातार शोषण और अत्याचारों का सामना करना पड़ रहा था। महाराष्ट्र में शिवसेना जैसे उग्र हिन्दू संगठन ने ऊँची जातियों में अपनी पैठ बना ली थी। दलित जातियों के लिए कांग्रेस के 'अस्पृश्यता निवारण', 'गरीबी हटाओ' आदि नारे थोथे साबित हो रहे थे। दलितों पर बढ़ते अत्याचारों को देखकर ऐसे ही वातावरण में महाराष्ट्र में नवबौद्धों का उग्र आन्दोलन और दलित साहित्य के आन्दोलन का सूत्रपात हुआ। इन आन्दोलनों ने दलित अत्याचारों के विरुद्ध मोर्चा खोल दिया। सत्तर के दशक की शुरुआत में महाराष्ट्र के कुछ साहित्यकारों ने एक पर्चा निकालकर सरकार को चेतावनी दी कि अगर दलितों के खिलाफ जुल्म रोकने के लिए कड़े कदम नहीं उठाये गये, तो वे कानून अपने हाथ में ले लेंगे और हथियारबन्द क्रान्ति करने की योजना बनाने की हद तक जा सकते हैं।

1972 में दो दलित कार्यकर्त्ताओं नामदेव ढसाल और जे.वी. पवार ने बम्बई में 'दलित पैन्थर' का गठन कर डाला। यह नाम अमेरिका के 'ब्लैक पैन्थर' से उधार लिया गया था।...अगस्त 1972 में राजा ढाल ने एक लेख 'काला स्वातन्त्र्य दिवस' शीर्षक से लिखा, जो काफी विवादास्पद हुआ। इस लेख से दलितों में सनसनी फैल गयी और इसी के साथ 'दलित' शब्द प्रचलित हो गया। पैन्थरों और दलित लेखकों की रचनाओं ने युवा दलित बौद्धों और गैर-बौद्धों को आकर्षित किया। स्थानीय स्तर पर 'दलित पैन्थर' की शाखाएँ गठित होने लगीं। सत्तर के दशक में दलित पैन्थरों और द्विज जातियों के बीच कई बार खुले टकराव हुए। 1974 में वर्ली के दंगे और 1978 में औरंगाबाद के दंगे इस परिघटना के जाने-माने उदाहरण हैं। दलित शब्द की पुनर्व्याख्या करके उसके दायरे को और बढ़ाया गया ताकि वह समाज के सभी उत्पीड़ित तबकों का प्रतिनिधित्व कर सके।"[10]

इन्हीं परिस्थितियों के बीच 'सारिका' के तत्कालीन सम्पादक कमलेश्वर ने 1975 में सारिका के दो 'दलित विशेषांक' निकाले, जिससे हिन्दी क्षेत्र में भी दलित चेतना की ध्वनि सुनाई पड़ने लगी। किन्तु हिन्दी क्षेत्र में उस समय दलित साहित्य और दलित चेतना जैसी कोई बात दलितों की जेहन में नहीं थी। कमलेश्वर के शब्दों में, "उस समय तक हिन्दी का दलित साहित्य स्वानुभूत नहीं था। गैर-दलित का ही दलित विषयक लेखन था। हिन्दी के दलित लेखकों का उदय तब नहीं हुआ था। मैं खुद हिन्दी क्षेत्र का हूँ। उस समय तक कुछ ऐसा उभार और उत्थान दिखाई नहीं पड़ता था।...बाबूराव बागुल, दया पवार, अर्जुन डांगले, सतीश कालसेकर आदि लेखकों से मेरी समान्तर लेखक सम्मेलन के बारे में बातचीत हुई थी। हमने इन्दौर चुना था।

परन्तु वह सम्भव नहीं हो सका।"[11] इसके बाद हिन्दी क्षेत्र में 'बामसेफ' और

मा. कांशीराम के उदय के साथ ही दलित साहित्य तेजी से उभरता है। दक्षिण में अपनी नौकरी के दौरान ओमप्रकाश वाल्मीकि मराठी से लेकर हिन्दी तक दलित साहित्य आन्दोलनों की इन तमाम हलचलों के अनुभव और अनुभूतियों के सजग द्रष्टा और स्रष्टा बने रहे। 1992 तक जब दलित साहित्य ने अपना दूसरा चरण पूरा किया, तो उसके तेज तेवर में भी वाल्मीकि का मुख्य स्वर था। और बाद के युवा दौर के भी वे सजग और सिद्धहस्त साहित्यकार बने रहे। यह बात शत-प्रतिशत सही है कि दलित साहित्य ने अपने समय और समाज को जिस सच्चाई के साथ चित्रित किया है, किसी साहित्य ने नहीं। इसलिए समाजशास्त्रीय दृष्टि से यह अब तक का सबसे यथार्थवादी साहित्य है। और यह सब ओमप्रकाश वाल्मीकि जैसे समर्थ दलित रचनाकारों की बदौलत ही हो सका।

रचनात्मक अवदान : वाल्मीकि मूलतः कवि और कथाकार थे। किन्तु अपनी चर्चित आत्मकथा 'जूठन' से लेकर 'सलाम' जैसी कालजयी कहानियाँ, 'सफाई देवता' जैसी आलोचना और सैकड़ों की संख्या में अन्य रचनाओं का सृजन कर उन्होंने साहित्य की प्रायः हर विधा को समृद्ध किया। "उन्होंने अस्सी के दशक में लिखना शुरू किया, लेकिन साहित्य के क्षेत्र में वे चर्चित और स्थापित हुए 1997 में प्रकाशित अपनी आत्मकथा 'जूठन' से। इस आत्मकथा से पता चलता है कि किस तरह वीभत्स उत्पीड़न के बीच एक दलित रचनाकार चेतना का निर्माण और विकास होता है। किस तरह लम्बे समय से भारतीय समाज-व्यवस्था में सबसे निचले पायदान पर खड़ी चूहड़ा जाति का एक बालक ओमप्रकाश सवर्णों से मिली चोट-कचोटों के बीच परिस्थितियों से संघर्ष करता हुआ दलित आन्दोलन का क्रान्तिकारी योद्धा बनता है। दरअसल यह दलित चेतना के निर्माण का दहकता हुआ दस्तावेज है।"[12] वाल्मीकि की प्रमुख कृतियों का विवरण इस प्रकार है–

1. **आत्मकथा :** जूठन; 2. **कविता संग्रह :** सदियों का सन्ताप, बस्स! बहुत हो चुका, शब्द नहीं बोलते, चयनित कविताएँ (सं. रामचन्द्र); 3. **कहानी संग्रह :** सलाम, घुसपैठिये, अम्मा एँड अदर स्टोरीज, छतरी; 4. **आलोचना :** दलित साहित्य का सौन्दर्यशास्त्र, मुख्यधारा और दलित साहित्य, सफाई देवता, दलित साहित्य : अनुभव, संघर्ष एवं यथार्थ (2013 में प्रकाशित अन्तिम रचना); 5. **नाटक :** दो चेहरे, उसे वीर चक्र मिला था; 6. **अनुवाद :** सायरन का शहर (अरुण काले का कविता-संग्रह, मराठी से हिन्दी अनुवाद), मैं हिन्दू क्यों नहीं (कांचा एलैया की अंग्रेजी पुस्तक का हिन्दी अनुवाद), (लोकनाथ यशवंत की मराठी कविताओं का हिन्दी अनुवाद); 7. **अन्य साहित्यिक गतिविधियाँ :** अनेक राष्ट्रीय-अन्तरराष्ट्रीय संगोष्ठी और सेमिनारों में भागीदारी और शोध-पत्र प्रस्तुति, 60 से अधिक नाटकों में अभिनय, मंचन और निर्देशन।

दलित साहित्य का सौन्दर्यशास्त्र और ओमप्रकाश वाल्मीकि : वाल्मीकि का लेखन सर्जनात्मक और वैचारिक—दोनों ही दृष्टियों में सर्वाधिक दृष्टि-सम्पन्न है। उन्होंने 'दलित साहित्य का सौन्दर्यशास्त्र' तब लिखा, जब कहा जा रहा था कि 'दलित साहित्य' को अभी सौन्दर्यशास्त्र नहीं, समाजशास्त्र की जरूरत है। उन्होंने पारम्परिक साहित्य की भाषा, शिल्प और प्रतीकों के मिथकों को तोड़कर दलित साहित्य की सीधी-सादी कला का विकास किया। वे छोटे-छोटे सरल शब्द और वाक्यों के हिमायती थे। उन्होंने हिन्दी में संयुक्त, मिश्र वाक्य और अनेक विराम चिह्नों का विरोध किया। उन्होंने दलित और स्त्री विरोधी मुहावरों का विरोध करते हुए नये मुहावरों के निर्माण पर जोर दिया।

साहित्य के पारम्परिक सौन्दर्यशास्त्र और सामाजिकता का आधार 'रस' है, जो भरत के नाट्यशास्त्र से चलकर पंडितराज जगन्नाथ के 'वाक्यं रसात्मकं काव्यं' तक स्थापित हो चुका है। किन्तु भारतीय समाज का रसवादी सौन्दर्य दलित समाज और साहित्य पर लागू नहीं होता। अतः यहाँ जीवन की समस्याएँ और मानवीय प्रेम, स्नेह, सौहार्द और श्रम ही समाज की रुचि और सौन्दर्य-बोध है। सामन्तवादी सोच और रुचि द्वारा निर्मित यह रसवादी सौन्दर्यबोध अधूरा और पूर्वाग्रह प्रेरित है। दलित साहित्य विद्रोह और नकार के संघर्ष से निर्मित है। इसलिए इसकी सामाजिकता समाज-व्यवस्था, वर्ण-व्यवस्था, जाति-भेद, आर्थिक-सामाजिक शोषण, अत्याचार, असमानता और सामाजिक असम्मान भाव आदि का विरोध कर समरस समाज के निर्माण की दिशा में प्रयास करने में लक्षित होती है।

दलित साहित्य के सौन्दर्यशास्त्र पर ओमप्रकाश वाल्मीकि का कहना था कि "वर्ण-व्यवस्था से उपजी विषमताओं और विसंगतियों को दृष्टि में रखकर ही दलित साहित्य का विश्लेषण करके, सौन्दर्यशास्त्र और साहित्यिक मूल्यांकन के अध्ययन की दिशा में आगे बढ़ सकते हैं। साहित्यिक सृजन दलित जीवन के यथार्थ को प्रतिबिम्बित करने के साथ ही उसे पहचानने का भी एक साधन है। साहित्य और कला के प्रति यह दृष्टिकोण सामाजिक व्यवस्था में साहित्य के महत्त्व का उचित मूल्यांकन भी है। ....प्रकृति की तरह साहित्य, समाज और चिन्तन भी परिवर्तनशील है। ऐसा कोई शाश्वत सिद्धान्त नहीं है, जिसके आधार पर सौन्दर्य-मूल्य निर्धारित किये जा सकें। इस कार्य में दर्शन और पांडित्यपूर्ण प्रदर्शन की कोई आवश्यकता नहीं है।"[13]

इसलिए ओमप्रकाश वाल्मीकि लिखते हैं कि "सामन्ती व्यवस्था में संस्कारित साहित्यकार साहित्य को समाज से ऊपर अलग दर्जा देकर स्वयं को समाज में अलग और ऊपर होने का अहं भाव पाल कर कल्पना में जीता है। कोई विशिष्ट व्यक्ति नहीं होता है। वह अपने अस्तित्व के लिए पग-पग पर समाज के ऊपर निर्भर करता

है। समाज से अलग उसका कोई अस्तित्व ही नहीं होता, दलित साहित्य की भी मूल भावना यही है इसीलिए वह सामाजिक प्रतिबद्धता का साहित्य है।"[14] इस सम्बन्ध में ओमप्रकाश वाल्मीकि कहते हैं कि "दरअसल दलित साहित्य पूर्ण साहित्य के पुनर्मूल्यांकन की बात करता है। पूर्व साहित्यकारों की रचनाओं को अपने दृष्टिकोण से देखना चाहता है। उन गलत प्रस्थापनाओं की व्याख्या करता है, जो मानव विरोधी हैं। अन्धश्रद्धा, आस्था की जगह गहन विश्लेषण और उसके विकास की सही दिशाओं, ऐतिहासिक और सामाजिक परिप्रेक्ष्य में साहित्य के नियमों का अन्वेषण करने की दिशा में कार्य करता है। साहित्यिक कृतियों को धार्मिक पुस्तक बना देने का विरोध करता है।"[15]

सन्दर्भ

1. प्रेमचन्द के हवाले से कँवल भारती, दलित साहित्य की अवधारणा : युद्धरत आम आदमी, अंक-41-42
2. दलित साहित्य का सौन्दर्यशास्त्र : ओमप्रकाश वाल्मीकि, राधाकृष्ण प्रकाशन, नयी दिल्ली, पृ. 14
3. 'प्रज्ञा साहित्य', अंक-मार्च-जून 1995, के हवाले से देवेन्द्र चौबे का कथन, आजकल, दिसम्बर, 2000, पृ. 7
4. आधुनिक साहित्य और दलित चेतना : ओमप्रकाश वाल्मीकि, 'युद्धरत आम आदमी' अंक-47, जुलाई-सितम्बर, 1999, पृ. 23
5. 'कल के लिए', दिसम्बर, 1998 में प्रकाशित ओमप्रकाश वाल्मीकि का लेख, पृ. 19
6. दलित कविता : जयन्त परमार, 'युद्धरत आम आदमी' अंक-47, जुलाई-सितम्बर, 1999, पृ. 28
7. वही, पृ. 27
8. अस्मिताओं का सहअस्तित्व : घनश्याम शाह, आधुनिकता के आईने में दलित : सं. अभय कुमार दुबे, वाणी प्रकाशन, पृ. 208
9. वही
10. वही, पृ. 209
11. हिन्दी दलित साहित्य अपनी जगह मौलिक है : कमलेश्वर, अजय नावरिया के साथ कमलेश्वर के साक्षात्कार, 'हंस', अगस्त 2004
12. जनसत्ता, समता के पैरोकार, 24 नवम्बर, 2013
13. दलित साहित्य का सौन्दर्यशास्त्र : ओमप्रकाश वाल्मीकि, राधाकृष्ण प्रकाशन, नयी दिल्ली, पृ. 58-59
14. वही : ओमप्रकाश वाल्मीकि, राधाकृष्ण प्रकाशन, नयी दिल्ली, पृ. 60
15. दलित साहित्य का सौन्दर्यशास्त्र : ओमप्रकाश वाल्मीकि, राधाकृष्ण प्रकाशन, पृ. 71-72

ओमप्रकाश वाल्मीकि का इतिहास-बोध

कँवल भारती

हिन्दी में सर्वाधिक ख्याति-प्राप्त दलित लेखक ओमप्रकाश वाल्मीकि ने कविता, कहानी और आत्मकथा के माध्यम से दलित साहित्य को जितना समृद्ध किया, उतना ही आलोचना के माध्यम से उसको नुकसान भी पहुँचाया। उनके सृजनात्मक साहित्य की सारी अनुभूतियाँ हिन्दी क्षेत्र की हैं, पर, उसी तरह आलोचना में उनका चिन्तन हिन्दी क्षेत्र का नहीं है। आलोचना में वे अपने इतिहास बोध में पूरी तरह मराठी की जमीन पर खड़े हैं, जो हिन्दी क्षेत्र से ज्यादा परिचित नहीं है। इसलिए यह अत्यन्त दुखद है कि वे आलोचना में हिन्दी की पूरी चिन्तन-परम्परा से कटे हुए हैं और कबीर, रैदास, हीरा डोम, अछूतानन्द, केवलानन्द और अयोध्या नाथ दण्डी आदि किसी के भी अवदान को उन्होंने समझने की कोशिश ही नहीं की। इस सन्दर्भ में मैं यहाँ उनकी आलोचना-पुस्तक 'दलित साहित्य : अनुभव, संघर्ष एवं यथार्थ' में संकलित उनके लेख 'हिन्दी दलित कविता और सन्त साहित्य' पर कुछ विचार करना आवश्यक समझता हूँ।

वे लेख के आरम्भ में ही दलित कविता की संघर्ष-यात्रा को रेखांकित करते हुए लिखते हैं—'वह यदि तथाकथित सृष्टि निर्माता या ईश्वर से भी अपनी शिकायत दर्ज करता तो उसके अन्तस में बसी हीनता उसे गिड़गिड़ाने को ही बाध्य करती थी। सन्तों की वाणी में यह गिड़गिड़ाहट साफ तौर पर देखी जा सकती है।' (पृष्ठ 57) यहाँ उन्होंने अपनी अज्ञानता का परिचय दिया है। उन्हें यदि कबीर-रैदास की परम्परा का ज्ञान होता तो वे देख सकते थे कि जिस हीनता और गिड़गिड़ाहट की बात वे कर रहे हैं, उसका लेश मात्र भी कबीर-रैदास में नहीं है। उन्होंने ब्राह्मण की आँखों में आँखें डालकर न सिर्फ खुद को मनुष्य घोषित किया है, बल्कि उसके उच्चता के दम्भ को भी चकनाचूर किया है। यह कबीर ही थे, जिन्होंने दोनों हाथ उठाकर घोषणा की थी कि ब्राह्मण कहता रहे अपने को जगत्गुरु, पर वह निर्गुण साधुओं का कदापि गुरु नहीं हो सकता। यह कबीर ही थे, जिन्होंने ब्राह्मण के लिए कहा था कि यदि वह जन्मजात उच्च पैदा हुआ है, तो वह किसी अन्य द्वार से क्यों

नहीं पैदा हुआ? यथा–

ब्राह्मण गुरु जगत का, साधु का गुरु नाहीं।
उरझि-पुरझि कर मरि रहा, चारिउ वेदा माहीं॥

× × ×

जौ तू बांभन बंभनी आया, तो आन वाट काहे नहीं आया।

वर्णव्यवस्था, ब्राह्मणी सत्ता और ब्राह्मण-शास्त्रों को नकारने वाले दलित सन्तों के बारे में वाल्मीकि की जानकारी कितनी सतही है, यह उनके इस विचार से पता चलता है–'बिखरती हिन्दू सत्ता व वर्णव्यवस्था को कमजोर करने के बजाय उसे और ज्यादा मजबूत बनाने और उसका व्यापक प्रचार-प्रसार करने में सन्त साहित्य की भूमिका रही है। इससे वर्णव्यवस्था की वैचारिकता को बल मिला।' (पृष्ठ 57-58) ओमप्रकाश वाल्मीकि ब्राह्मण सन्तों और दलित सन्तों में अन्तर नहीं कर पाये, यह उनके अध्ययन की कमजोरी है। इसी कमजोरी की वजह से वे दलित साहित्य को सन्त साहित्य से जोड़कर देखने का भी विरोध करते हैं। वे खण्डन के इरादे से डॉ. चमनलाल का मत उद्धृत करते हैं–

'आधुनिक दलित साहित्य ने भी अपनी पहचान समाज के विकृत जातिगत ढाँचे के प्रति अपना आक्रोश जताकर की है। इस सन्दर्भ में आधुनिक दलित साहित्य की जड़ें कबीर और रविदास की वाणी में देखी जा सकती हैं। इसलिए इस तथ्य को यहाँ रेखांकित किया जा सकता है कि सही मायनों में कबीर और रविदास हिन्दी दलित साहित्य के अग्रदूत हैं। उत्तरी भारत में दलित साहित्य का आरम्भ कबीर और रविदास से माना जाना चाहिए और वहीं से दलित साहित्य का ऐतिहासिक अध्ययन किया जाना चाहिए।' (पृष्ठ 58)

डॉ. चमनलाल ने कुछ भी गलत नहीं कहा है। वे बिल्कुल ठीक कहते हैं कि आधुनिक दलित साहित्य की जड़ें कबीर और रविदास की वाणी में देखी जा सकती हैं। यह इतिहास की सही जानकारी है। किन्तु वाल्मीकि जी डॉ. चमनलाल को ही इतिहास से अनभिज्ञ बताते हुए लिखते हैं–'यहाँ डॉ. चमनलाल सभी ऐतिहासिक सन्दर्भों को अनदेखा करते हुए सिर्फ जाति-विरोध को ही दलित साहित्य समझने का तर्क देते दिखाई देते हैं। दलित साहित्य की अन्तःचेतना, जिसे दलित चेतना कहा जाता है, जो साहित्य को दलित साहित्य में परिवर्तित करती है, को न देखने की प्रवृत्ति यहाँ दिखायी देती है।' (वही)

निश्चित रूप से यह वाल्मीकि जी की कमजोरी थी कि उन्होंने कबीर और रैदास (रविदास) का विधिवत अध्ययन नहीं किया था, अन्यथा वे कबीर और रैदास की वाणी में दलित चेतना के संघर्ष को जरूर देखते। लेकिन हमारे लिए यह जानना जरूरी है कि उन्होंने किस आधार पर कबीर-रैदास की दलित चेतना को खारिज

किया था? इसके लिए यह जानना जरूरी है कि दलित चेतना से उनका अभिप्राय क्या था? वे अपनी दलित चेतना को स्पष्ट करते हुए लिखते हैं–

"वैचारिक रूप से दलित चेतना बन्धुता और स्वतन्त्रता की पक्षधर है। अनीश्वरवाद, अनात्मवाद, पुनर्जन्म, ब्राह्मणवादी समाज-व्यवस्था का विरोध, आर्थिक क्षेत्र में पूँजीवाद का विरोध, स्त्री के प्रति समानता का भाव आदि विशिष्ट बिन्दु हैं, जो दलित चेतना के सरोकारों में शामिल हैं। दलित चेतना का सरोकार इन प्रश्नों से बहुत गहरे तक जुड़ा है कि 'मैं कौन हूँ', 'मेरी पहचान क्या है?'" (पृष्ठ 59-60)

दलित चेतना के ये सारे सरोकार, जो आधुनिक दलित साहित्य के सरोकार हैं, पन्द्रहवीं सदी के कबीर और रैदास के काव्य में भी पूरी जीवन्तता के साथ मौजूद हैं। समस्या वाल्मीकि जी के अध्ययन की है। यद्यपि निर्गुणवाद उस अर्थ में ईश्वरवाद नहीं है, जिस अर्थ में ब्राह्मणवाद उसे सृष्टिकर्ता और भाग्यविधाता के रूप में मानता है। कबीर-रैदास का ईश्वर गुण-विहीन है, जो न किसी को पैदा करता है और न किसी को मृत्यु देता है। इसके लिए भी तत्कालीन राजनीतिक परिस्थितियों को समझना जरूरी है। वह लोक का नहीं, बल्कि मुस्लिम सुलतान की राजशाही का युग था, जिसकी नजर में ईश्वर निन्दा अपराध था और उसकी सजा मौत से कम नहीं थी। क्या कबीर-रैदास अनीश्वरवादी बनकर जिन्दा रह सकते थे? शायद इसलिए उन्हें अपनी वैचारिक लड़ाई को जारी रखने के लिए ईश्वर के रूप में उस निर्गुण को स्थापित करना पड़ा, जो अद्वैतवादी ब्राह्मणों और एकेश्वरवादी मुस्लिम धर्मगुरुओं की आँखों में धूल झोंकने के लिए एक क्रान्तिकारी आड़ थी। इसीलिए उन्होंने बुद्ध की तरह चार तत्त्वों से नहीं, पाँच तत्त्वों से जीव उत्पत्ति मानी, पर बुद्ध के इस मत का समर्थन किया कि जीव के मरने पर कुछ भी शेष नहीं रहता, सभी तत्त्व बिछड़ जाते हैं। इसी बिना पर कबीर ने परलोक को नहीं माना तथा आवागमन, पुनर्जन्म और बैकुण्ठ का भी खण्डन किया। यथा–

पाणीं पवन अवनि नभ पावक, तिहि संग सदा बसेरा।
कहै कबीर मन मन करि बेध्या, बहुरि न कीया फेरा॥
अपनै परचै लागी तारी, अपन पै आप समाँनाँ।
कहै कबीर जे आप बिचारे, मिटि गया आवन जाँनाँ॥
चलन चलन सबको कहत है, नाँ जानौं बैकुण्ठ कहाँ है।
जोजन एक प्रमिति नहिं जानैं, बातनि ही बैकुण्ठ बखानैं॥

ब्राह्मणवादी समाज-व्यवस्था का विरोध कबीर और रैदास ने सबसे ज्यादा किया है। रैदास की दृष्टि में ब्राह्मणी व्यवस्था श्रमिक-विरोधी है। वे ब्राह्मण को नहीं, श्रमिक को महत्त्व देते हैं। यथा–

धरम करम जानै नहीं, मन मह जाति अभिमान।
ऐसे ब्राह्मण सो भलो, रविदास श्रमिकहु जान॥

कबीर और रैदास दोनों ही वर्णव्यवस्था का खण्डन करते हैं। कबीर का यह पद देखिए—

जैं तै करता बरण बिचारै।
तौ जनमत तीनि डाँडि किन सारै॥
नहीं को ऊँचा नहीं को नीचा, जाका प्यंड ताही का सींचा।

जहाँ तक आर्थिक क्षेत्र में पूँजीवाद के विरोध और वर्ण-वर्ग-विहीन समाज की पक्षधरता का सवाल है, तो इतिहास में एक व्यवस्थित और वैज्ञानिक ढंग से पूँजीवाद और वर्ग की व्याख्या हम कार्ल मार्क्स से पहले नहीं देखते। लेकिन कल्पनावादी समाजवाद की अवधारणा हमें पूर्ववर्ती दर्शनों में जरूर मिलती है। यह कल्पनावादी समाजवाद कबीर और रैदास के दर्शन में भी मौजूद है। अगर हम उनके दर्शन पर निर्गुणवाद की लौकिक दृष्टि डालकर देखें, तो वे भारतीय चिन्तन में सबसे प्रखर भौतिकवादी दर्शन है। रैदास ने यह कह कर—

रविदास ब्राहमन मत पूजिये, जो होवै गुन हीन।
पूजिये चरन चण्डाल के, जउ हो ग्यान परबीन॥

एक नये सौन्दर्य शास्त्र की रचना की थी। यह सामन्तवाद का अब तक का सबसे बड़ा विरोध था। कल्पनावादी समाजवाद उनके इस पद में विद्यमान है—

ऐसा चाहौं राज मैं, मिलै सबन को अन्न।
छोट बड़ो सभ सम बसैं, रैदास रहे प्रसन्न॥

यदि बकौल ओमप्रकाश वाल्मीकि 'दलित चेतना का सरोकार इन प्रश्नों से बहुत गहरे जुड़ा है कि मैं कौन हूँ और मेरी क्या पहचान है', तो यह बिल्कुल भी गूढ़ प्रश्न नहीं हैं। हिन्दू संस्कृति में इनका अर्थ यही है कि मैं ब्राह्मण हूँ या ठाकुर हूँ या भंगी-चमार हूँ। क्या यही होना मेरी पहचान है? दलित चेतना इस पहचान की पक्षधर तो नहीं है, क्योंकि उसका मूल तत्त्व—'मैं मनुष्य हूँ' और 'मनुष्यता ही मेरी पहचान है' यह है। फिर भी यदि वाल्मीकि जी की परेशानी का कारण यह था कि कबीर और रैदास ने अपने आप को जुलाहा और चमार कहा है, तो यह जातीय पहचान वे स्वयं भी अपने नाम के साथ जोड़ते थे। फिर सन्तों की जातीय पहचान से उन्हें क्या परेशानी थी? सच तो यह है कि जिस तरह ओमप्रकाश वाल्मीकि में अपनी जाति को लेकर कोई हीनता-भाव नहीं था, उसी तरह दलित सन्त भी अपनी जातियों को लेकर हीनता की ग्रन्थि से मुक्त थे। कबीर जब सृष्टि के भूदेवों को ललकारते थे—'तू ब्राह्मण मैं कासी का जुलाहा, चीन्हि न मोर गियाना' और रैदास यह कहकर लोगों को पुकारते थे—'कह रैदास खलास चमारा, जो हमसहरी सो मीत

हमारा', तो वे ब्राह्मणवादी समाज को यही बता रहे थे कि ज्ञान का कोई भी सम्बन्ध वर्ण और जाति से नहीं है और न ज्ञान ब्राह्मण की बपौती है।

निस्सन्देह ओमप्रकाश वाल्मीकि इतिहास के विद्यार्थी नहीं थे, और साहित्य के अध्येता के रूप में भी उन्होंने इतिहास का अध्ययन करना आवश्यक नहीं समझा था, इसलिए उनका इतिहास-बोध तथ्यों से परे और कोरी बयानबाजी वाला ही है। वे लिखते हैं—'ईश्वरभक्ति के लिए इन्हें (सन्तों को) मन्दिर के बाहर ही बैठना पड़ा। ईश्वर भी इनके लिए मन्दिर-प्रवेश कराने में असमर्थ रहा। इनकी कोई मदद ईश्वर नहीं कर पाया। इसलिए भक्तिकालीन सभी सन्त निर्गुण उपासक हैं और सभी भक्त सगुण।' (पृष्ठ 60)

सन्त साहित्य के सम्पूर्ण इतिहास में निर्गुणवाद पर ऐसी लचर और बचकानी दलील नहीं मिलेगी, जैसी ओमप्रकाश वाल्मीकि ने यहाँ दी है। इसका एक ही कारण था कि वे सन्त-साहित्य से अभिनज्ञ थे। अगर वे सन्त-साहित्य पढ़ लेते, तो यह कभी नहीं लिखते कि जिन्हें मन्दिर में प्रवेश नहीं मिला, वे सभी सन्त निर्गुण हो गये। नानक तो अछूत जाति से नहीं थे और उनका समय भी कबीर-रैदास के बाद का है, उन्हें मन्दिर में प्रवेश भी मिल सकता था, फिर वे क्यों निर्गुण के उपासक हुए? यह सवाल वाल्मीकि जी के दिमाग में आया ही नहीं होगा। ऐसे सवाल तभी दिमाग में आते हैं, जब उस विषय का गम्भीर अध्ययन किया जाता है। दरअसल सवाल मन्दिर के भीतर और मन्दिर के बाहर का नहीं है। सवाल भीतर और बाहर के दर्शन (विचार) का है। मन्दिर के भीतर प्रतिमा है और बाहर प्रतिमा नहीं है। प्रतिमा देवता की है, ईश्वर की नहीं है, ईश्वर जो सर्वोच्च और परम-ईश्वर समझा जाता है, उराकी कोई प्रतिमा आज तक नहीं बनी, वह प्रतिमा न ब्राह्मणों ने बनायी, न ईसाइयों ने और न मुसलमानों ने। निर्गुणवादी सन्त उसी परम ईश्वर के उपासक थे, जिसके लिए कोई मन्दिर नहीं बना और जो मन्दिर की परिधि से ही मुक्त है। मन्दिर के भीतर दर्शन का जाल है—देवता के नाम, रूप, लीला, कीर्तन, आवागमन, अवतार, बैकुण्ठ, स्वर्ग-नर्क, मोक्ष सबका जाल है। पर, मन्दिर के बाहर इन सबसे मुक्ति है। बाहर सिर्फ लोक है, परलोक नहीं है; मनुष्य का जन्म है, पुनर्जन्म नहीं है।

लेकिन ओमप्रकाश वाल्मीकि आगे लिखते हैं कि दलित सन्तों को मन्दिर-प्रवेश के लिए लड़ाई लड़नी चाहिए थी। उनके ये शब्द देखिये—

'मुस्लिम शासन के प्रभाव से उस काल में अनेक सन्त राष्ट्रीय फलक पर एक साथ उभरे, लेकिन मन्दिर के दरवाजे उनके लिए बन्द थे, जिन्हें खुलवाने के लिए संघर्ष करने के बजाय इन्होंने स्वयं को इस रास्ते से हटाकर निर्गुण की ओर मोड़ दिया, जिसका असर यह हुआ कि समाज में जो एक अधिकार पाने की लड़ाई शुरू होनी चाहिए थी, वह नहीं हुई।' (वही)

यहाँ वाल्मीकि जी दलित चेतना को कितना गलत मोड़ दे रहे हैं। वे पूरी दलित चेतना को ब्राह्मणवादी चेतना में बदल देने की यह राय दे रहे हैं कि कबीर और रैदास को यह घोषणा करते हुए कि हम हिन्दू हैं, मन्दिर में प्रवेश करने का अधिकार पाने की लड़ाई लड़नी चाहिए थी। क्या हिन्दू-मन्दिरों में प्रवेश करके वर्णव्यवस्था से लड़ा जा सकता था? डॉ. अम्बेडकर ने भी मन्दिर-प्रवेश को अपने आन्दोलन का कार्यक्रम नहीं बनाया था। उनका नासिक में कालाराम मन्दिर का सत्याग्रह भी मन्दिर-प्रवेश का आन्दोलन नहीं था, बल्कि उसका ध्येय पूरे विश्व को अछूतों की धार्मिक स्थिति से परिचित कराना था। उन्होंने लन्दन से 3 मार्च 1934 को अपने सहयोगी भाऊराव गायकवाड़ को पत्र में लिखा था–

'आपने अगली रामनवमी को कालाराम मन्दिर में सत्याग्रह शुरू करने के विषय में मेरा मत जानना चाहा है। मेरी यह राय है कि सत्याग्रह को आगे न चलाया जाय और पूरी तरह बन्द कर दिया जाय। मैंने मन्दिर-प्रवेश आन्दोलन इसलिए आरम्भ नहीं किया था कि दलित लोग उन देवताओं के पूजक बन जायें, जिन्होंने उन्हें पूजा करने से रोक दिया था। यह आन्दोलन मैंने इसलिए आरम्भ किया था कि मुझे लगता था कि मन्दिर-प्रवेश उन्हें हिन्दू समाज का अनिवार्य अंग बना देगा। इस पहलू से अब तक देखने के बाद दलित वर्गों को हिन्दू समाज की पूर्ण मरम्मत करने पर जोर देने की सलाह दूँगा। मैंने सत्याग्रह इसलिए आरम्भ किया था, क्योंकि मुझे यह लगा था कि दलितों को क्रियाशील बनाने का यह बेहतर रास्ता था, जिसने उन्हें अपनी स्थिति का भी बोध कराया। पर, चूँकि मैं मानता हूँ कि मैंने इस उद्देश्य को प्राप्त कर लिया है, इसलिए अब मुझे मन्दिर-प्रवेश के लिए और कुछ करने की आवश्यकता नहीं है। मैं चाहता हूँ कि दलित वर्गों के लोग अब अपनी ऊर्जा और अपने संसाधन राजनीति और शिक्षा पर केन्द्रित करें और मुझे आशा है कि वे इन दोनों चीजों के महत्त्व को समझेंगे।' (Dr. Baba Saheb Ambedkar Writings And Speeches, Vol. 17, Part one, pages 202)

यदि कबीर और रैदास ने हिन्दू धर्म के साथ ऐसा प्रयोग नहीं किया था, तो इसका कारण यही था कि वे उस चिन्तन-परम्परा से आये थे, जो हिन्दू धर्म की नहीं थी। लेकिन अफसोस कि ओमप्रकाश वाल्मीकि ने कबीर और रैदास को उनकी अवैदिक परम्परा में समझने की बिल्कुल भी कोशिश नहीं की। इन सन्तों के बारे में उन्होंने अपनी समझ लालजी पेंडसे, डॉ. आर. जी. सिंह, हजारी प्रसाद द्विवेदी और बाबूराव बागुल इन चार लेखकों की पुस्तकों को पढ़कर विकसित की थी। इसलिए वे अपने लेख में कबीर और रैदास के किसी भी पद का मूल स्रोत नहीं दे सके हैं। वे अपने लेख में शुरू से अन्त तक इन्हीं पुस्तकों के सहारे चले हैं और जहाँ वे स्वतन्त्र हुए हैं, वहाँ उन्होंने किंवदन्तियों का सहारा लिया है। मसलन, वे कहते हैं–

'यहाँ यह तथ्य भी ध्यान आकर्षित करता है कि कबीर और रैदास का गुरु रामानन्द माना जाता है, जो सगुण धारा के भक्त हैं। लेकिन उनके शिष्य कबीर और रैदास निर्गुण धारा के सन्त हैं।' (पृष्ठ 60)

वाल्मीकि जी को इसी मूल अन्तर से समझ लेना चाहिए था कि रामानन्द कबीर-रैदास के गुरु कैसे हो सकते हैं? दलित-चिन्तन ने कभी भी रामानन्द को कबीर-रैदास का गुरु नहीं माना। इतिहास से भी रामानन्द कबीर के गुरु साबित नहीं होते, क्योंकि रामानन्द कबीर से पहले हुए हैं। कबीर और रैदास को रामानन्द का शिष्य बनाने का सारा खेल केवल ब्राह्मणों ने किंवदन्तियाँ गढ़कर खेला है। अफसोस कि वाल्मीकि जी ने भी उन्हीं किंवदन्तियों को प्रमाण मान लिया था। वे आगे और भी कबीर-रैदास को नकारते हुए लिखते हैं—

'सामाजिक और आध्यात्मिक बदलाव लाने की स्थिति में ये सन्त कभी भी नहीं रहे। यहाँ तक कि कबीर की जो क्रान्तिकारी छवि दिखायी देती है, वह भी आध्यात्मिक सवालों पर संघर्ष करने के बजाय अपना रास्ता ही बदल लेते हैं, जिससे समाज में जिस बदलाव की सम्भावना बन सकती थी, वह सैकड़ों साल आगे खिसक जाती है।' (वही)

वाल्मीकि जी की इस सोच के लिए सिर्फ अफसोस ही किया जा सकता है कि वे कबीर-रैदास के अध्यात्म को नहीं समझ पाये। अगर कबीर और रैदास के अध्यात्म का वही अर्थ है, जो परलोक को जाने वाले हिन्दू अध्यात्म का है, तो वे हिन्दू सगुणवाद का ही वैदिक रास्ता अपनाते, निर्गुणवादी क्यों बनते? फिर क्या वे वर्णव्यवस्था, ब्राह्मणवाद, अवतारवाद, पुनर्जन्म और परलोक का खण्डन कर पाते? तब भी क्या वे क्राान्तिकारी बने रह सकते थे? वाल्मीकि जी ने यह जानने की भी कोशिश नहीं की थी कि डॉ. अम्बेडकर ने कबीर को अपना गुरु क्यों माना था? क्या वे परलोकवादी हिन्दू-अध्यात्म को मानने वाले कबीर को अपना गुरु मान सकते थे? यहाँ तक आध्यात्मिक सवालों पर संघर्ष करने की बात है कबीर का पूरा जीवन ही इसी संघर्ष में बीता है। यदि वाल्मीकि कबीर के इस कविता-संघर्ष को नहीं देख पाये, तो यह उनकी कमजोरी थी। सच तो यह है कि कबीर और रैदास का ब्राह्मण के साथ संघर्ष ही आध्यात्मिक सवालों पर हुआ था। सामन्तवादी और ब्राह्मणवादी आध्यात्मिक तन्त्र में भाषण के जितने भी प्रपंच हो सकते हैं, कबीर और रैदास ने उन सबके खिलाफ आवाज उठायी है। उन्होंने मूर्ति और तीर्थ तक का खण्डन किया है। कबीर कहते हैं—'तीरथ में तो सब पानी है, होवे नहिं कुछ अन्हाय देखा/प्रतिमा सकल तो जड़ हैं भाई, बोले नहिं बोलाय देखा।' लेकिन ओमप्रकाश वाल्मीकि पता नहीं, अपने किस स्रोत से लिखते हैं कि रैदास 'गंगा-स्नान के लिए नहीं जा सकते थे।' इसी विवशता में रैदास को भी कहना पड़ा—'मन चंगा तो कठौती में गंगा'।

(वही) यह वाल्मीकि का मन-गढ़न्त चिन्तन है, क्योंकि वे जिस पद को उद्धारित कर रहे हैं, वह पद रैदास का है ही नहीं। रैदास यह कह नहीं सकते थे कि 'मन चंगा तो कठौती में गंगा', क्योंकि उन्होंने गंगा को कभी तीर्थ नहीं माना। दरअसल जिस पद को वाल्मीकि रैदास का बता रहे हैं, वह गोरखनाथ का है, जो इस तरह है—'अवधू मन चंगा तो कठौती ही गंगा/बांध्या मेल्हा तो जगत्र् चेला।' (गोरखबानी, पद 153)

वाल्मीकि पूछते हैं वर्णव्यवस्था और जातिभेद को लेकर कबीर ने जो सवाल खड़े किये, उसका प्रभाव समाज में किस रूप में पड़ा? फिर खुद ही जवाब देते हैं—

'हिन्दी के प्रतिष्ठित रचनाकार प्रतापनारायण मिश्र उन्हें नीच लोगों का कवि कहते हैं। यानी साहित्य में मौजूद जातिवादी मानसिकता कबीर जैसे कवि को जातीय घेरे से बाहर नहीं आने देती है। यही स्थिति रैदास के साथ भी है।' (वही, पृष्ठ 60-61)

वाल्मीकि यहाँ क्या कहना चाहते हैं, यह स्पष्ट नहीं है। पर, उनके लिए यहाँ कबीर से ज्यादा महत्त्वपूर्ण प्रतापनारायण मिश्र हो गये हैं, जो ब्राह्मणवाद के खिलाफ जागरण करने वाले कवि को नीच कहकर गाली दे रहे हैं। वे समझ ही नहीं रहे थे कि यही तो कबीर के कविता-संघर्ष की सफलता है। क्या डॉ. अम्बेडकर को हिन्दुओं की गालियाँ नहीं मिली थीं? क्या गाँधी ने उन्हें साँप नहीं कहा था? यही तो उनके संघर्ष की सफलता थी। यदि वे ब्राह्मणवाद और हिन्दूधर्म की आलोचना नहीं करते, तो क्या उन्हें गालियाँ मिलतीं? क्यों गाँधी जी अम्बेडकर को साँप कहते?

आगे ओमप्रकाश वाल्मीकि रैदास के ये दो पद उद्धरित करते हैं—

रैदास जनम के कारने होइ न कोई नीच।
नर को नीच करि डारि है, ओछे करम की कीच॥
ऊँचे कुल के कारणै, ब्राह्मण कोय न होय।
जेउ जान्हि ब्रह्म आत्मा, रैदास कहि ब्राह्मण होय॥

इन पदों पर वाल्मीकि टिप्पणी करते हैं—'यानी रैदास भी ब्रह्म के जानकार को ही ब्राह्मण मान रहे हैं। यानी घूम-फिर कर उसी दर्शन को सही मान रहे हैं, जिसके आधार पर वर्णव्यवस्था जैसी अमानवीय सोच तैयार की गयी है। उनका विरोध भी उन्हें स्वयं को 'जाति-मुक्त' करने में असफल रहा।' (वही, पृष्ठ 61)

जहाँ तक जाति से मुक्त होने का प्रश्न है, भारत में कोई भी जाति से मुक्त नहीं है। आदमी जहाँ भी जाता है, जाति उसके साथ जाती है। क्या वाल्मीकि जी जाति से मुक्त हो सके थे? रैदास के उपर्युक्त पद ब्राह्मण की जन्मजात श्रेष्ठता के खण्डन में कहे गये हैं, वर्णव्यवस्था के समर्थन में नहीं, जैसाकि वाल्मीकि आरोपित करते हैं। रैदास अपने पदों में यही कह रहे हैं कि शूद्रत्व और ब्राह्मणत्व जन्म से नहीं

होता। वाल्मीकि जी को मालूम होना चाहिए था कि कबीर-रैदास की इसी वैचारिकी से समकालीन ब्राह्मण तिलमिला गये थे, जिसकी गूँज सोलहवीं सदी में तुलसीदास तक दिखायी देती है। यथा–

बादहि सूद्र द्विजन्ह सन, हम तुम्हते कछु घाटि।
जानइ ब्रह्म सो विप्रवर, आँखि देखावहिं डाँटि॥

(मानस, उत्तर काण्ड-157)

इस दोहे में ब्राह्मणवाद का खण्डन करने वाले निर्गुण सन्तों के विरुद्ध तुलसीदास का क्रोध साफ-साफ देखा जा सकता है। लेकिन वाल्मीकि जी किसी भी तरह निर्गुण सन्तों को स्वीकार करने को तैयार नहीं थे। वे पुनः उन्हें खारिज करते हुए लिखते हैं–

'यहाँ इस उपलब्धि को भी अनदेखा नहीं किया जा सकता था कि सिखों के गुरु ग्रन्थ साहिब में रैदास की कविताओं को समान स्थान मिला। इसके बावजूद भी वे जितने पूजनीय और मान्य अपनी जाति में हैं, उतने अन्य जातियों में नहीं हैं। जो विद्रोही रूप जाति-व्यवस्था के विरुद्ध सन्त साहित्य में उभरना चाहिए था, वह नहीं उभर सका।' (वही, पृष्ठ 61)

अगर रैदास अपनी जाति में मान्य हैं, अन्य जातियों में नहीं हैं, तो क्या इसके लिए रैदास दोषी हैं या इस देश की जाति-व्यवस्था दोषी है? इतनी सीधी-सी बात भी ओमप्रकाश वाल्मीकि नहीं समझ सके। जाति व्यवस्था के विरुद्ध कौन-सा विद्रोही रूप सन्त साहित्य में नहीं उभरा, यह भी उन्होंने स्पष्ट नहीं किया। पन्द्रहवीं सदी में सन्त साहित्य में जाति व्यवस्था के खिलाफ क्या इससे बड़ा कोई विद्रोही रूप हो सकता था, जो हमें कबीर और रैदास के यहाँ मिलता है? आखिर वाल्मीकि के पास विद्रोह का क्या मानदण्ड था? वाल्मीकि ने इस सम्बन्ध में किन्हीं डॉ. आर. जी. सिंह के इन शब्दों को उद्धरित किया है–

'भक्ति डॉ. अम्बेडकर के अनुसार लोगों में समर्पण की भावना को बढ़ाती है। यह समाज के लिए अफीम का काम करती है। भक्ति ने दलितों की नसों को कमजोर किया है। उनमें अधीनता की भावना को विकसित किया है।' (वही)

अच्छा होता, यदि वाल्मीकि डॉ. आर. जी सिंह के स्रोत को डॉ. अम्बेडकर की मूल रचनाओं में तलाश कर लेते, तो उन्हें उसका सही सन्दर्भ मिल जाता। डॉ. आर. जी. सिंह की जिस पुस्तक का हवाला वाल्मीकि ने दिया है, उसकी पृष्ठ संख्या का उल्लेख भी उन्होंने नहीं किया है। सम्भवतः वह पुस्तक भी उनके पास न हो और अन्यत्र ही उसका सन्दर्भ उन्होंने पढ़ा हो। आर. जी. सिंह की सन्दर्भित पुस्तक का नाम 'भारतीय दलितों की समस्याएँ और उनका समाधान' है, जिसका प्रकाशन 1986 में मध्य प्रदेश हिन्दी ग्रन्थ अकादमी, भोपाल से हुआ था। वाल्मीकि ने जिन पंक्तियों

को उद्धरित किया है, वे आर. जी. सिंह की किताब में डॉ. धनंजय कीर के हवाले से लिखी गयी हैं। डॉ. अम्बेडकर ने ब्राह्मण सन्तों के सन्दर्भ में अपने विचार व्यक्त किये थे, जो उनके ग्रन्थ 'जाति का विनाश' में मिलते हैं। इसे डॉ. कीर ने भी स्पष्ट किया है। पर आर.जी. सिंह ने दलित सन्तों और ब्राह्मण सन्तों को अलग-अलग रेखांकित करने के बजाय दोनों को एक ही श्रेणी में रख दिया है और इसी अर्थ को वाल्मीकि ने भी मान लिया। सच्चाई यह है कि डॉ. अम्बेडकर ने ब्राह्मण सन्तों के सन्दर्भ में भक्ति का विरोध किया है। पर, वाल्मीकि डॉ. अम्बेडकर के हवाले से भी सन्तों का विरोध करने का अवसर नहीं छोड़ते हैं। वे डॉ. अम्बेडकर की ये पंक्तियाँ उद्धरित करते हैं—

'जहाँ तक सन्तों का प्रश्न है, किसी भी सन्त ने जाति-व्यवस्था पर कभी भी हमला नहीं किया। इसके विपरीत वे जात-पाँत की व्यवस्था के पक्के विश्वासी रहे हैं। उन्होंने यह शिक्षा नहीं दी कि सारे मानव बराबर हैं, परन्तु यह शिक्षा दी कि ईश्वर की दृष्टि में सारे मानव समान हैं।' (पृष्ठ 62)

ये पंक्तियाँ वाल्मीकि ने डॉ. अम्बेडकर की पुस्तक में 'जाति का विनाश' (ऐनिहिलेशन ऑफ कास्ट) से उद्धरित की हैं, पर सन्दर्भ से अलग करके उद्धरित की गयी हैं। अगर वे उनके पूरे उद्धरण को लेते तो साफ हो जाता कि उनके ये विचार ब्राह्मण-वैष्णव सन्तों के बारे में हैं। अम्बेडकर ने ये विचार गाँधी जी के एक सवाल के जवाब में व्यक्त किये थे। पाठकों की जानकारी के लिए यहाँ वह पूरा उद्धरण दिया जा रहा है—

'जहाँ तक सन्तों का प्रश्न है तो मानना पड़ेगा कि विद्वान लोगों की तुलना में सन्तों के उपदेश कितने ही अलग और उच्च हों, वे शोचनीय रूप से निष्प्रभावी रहे हैं। वे निष्प्रभावी दो कारणों से रहे हैं। पहला, किसी भी सन्त ने जाति-व्यवस्था पर कभी भी हमला नहीं किया। इसके विपरीत वे जात-पाँत की व्यवस्था के पक्के विश्वासी रहे हैं। उनमें से अधिकतर उसी जाति के होकर जिये और मरे, जिस जाति के वे थे। ज्ञानदेव ब्राह्मण के रूप में अपनी प्रतिष्ठा से इतने उत्कट रूप से जुड़े थे कि जब ब्राह्मणों ने उन्हें समाज में बने रहने से इनकार कर दिया, तो उन्होंने ब्राह्मण पद की मान्यता पाने के लिए जमीन-आसमान एक कर दिया था। सन्त एकनाथ, जो अछूतों को छूने तथा उनके साथ भोजन करने का साहस दिखाने के लिए धर्मात्मा बने हुए हैं, उन्होंने ऐसा इसलिए नहीं किया, क्योंकि वे जाति-पाँति और छुआछूत के विरुद्ध थे, बल्कि उन्होंने ऐसा इसलिए किया, क्योंकि उनकी मान्यता थी कि अपवित्रता को पवित्र गंगा नदी (अंत्याजाचा विटाल ज्यासी, गंगा स्नाने शुद्धत्व त्यासी) में स्नान करके धोया जा सकता है। जहाँ तक मेरा अध्ययन है, किसी भी सन्त ने जाति-पाँति और छुआछूत के विरुद्ध कोई अभियान नहीं चलाया। मनुष्यों के बीच चल रहे संघर्ष से वे चिन्तित नहीं थे। वे मनुष्य और ईश्वर के बीच सम्बन्ध

के लिए ही चिन्तित थे। उन्होंने यह शिक्षा नहीं दी कि सारे मनुष्य बराबर हैं। यह एक बहुत अलग और बहुत अहानिकर प्रस्ताव है, जिसकी शिक्षा देने में किसी को कोई परेशानी नहीं होगी या जिसके मानने में कोई खतरा नहीं है। दूसरा कारण यह है कि सन्तों की शिक्षा प्रभावहीन रही है, क्योंकि लोगों को पढ़ाया गया है कि सन्त जाति का बन्धन तोड़ सकते हैं, लेकिन आदमी यह बन्धन नहीं तोड़ सकता। इसलिए सन्त अनुसरण करने का उदाहरण नहीं बने।' (डॉ. अम्बेडकर सम्पूर्ण वाड्मय, खण्ड 1, पृष्ठ 113)

इस उद्धरण में डॉ. अम्बेडकर ने कहीं भी कबीर, रैदास या किसी भी निर्गुण दलित सन्त का जिक्र नहीं किया है। उन्होंने ज्ञानदेव और एकनाथ जैसे ब्राह्मण सन्तों के विषय में अपना मत व्यक्त किया है। इससे साफ है कि वाल्मीकि ने दलित सन्तों के बारे में डॉ. अम्बेडकर को गलत ढंग से उद्धरित करने का काम किया है।

कबीर के सामाजिक विरोधाभासों का परिचय कराते हुए ओमप्रकाश वाल्मीकि ने यह बताने की भी कोशिश की है कि कबीर स्त्री-विरोधी थे। लेकिन उन्होंने यह जानने का प्रयास नहीं किया कि कबीर ने केवल उन स्त्रियों की निन्दा की है, जो विवाहेतर सम्बन्ध रखती थीं। इसी आधार पर उन्होंने कामी पुरुष की भी निन्दा की है। वाल्मीकि ने स्त्री-विरोधी होने का आरोप सिद्धों पर भी लगाया है। वे लिखते हैं—'ये सन्त और सिद्ध जहाँ एक ओर जाति का विरोध कर रहे थे, वहाँ स्त्री के प्रति असहिष्णुता भी दिखा रहे थे।' (वही, पृष्ठ 63) लेकिन अपने मत की पुष्टि में वे सिद्धों का कोई भी दोहा पेश नहीं कर सके हैं। जो दोहा उन्होंने प्रस्तुत किया है, वह सरहपाद का यह दोहा है—

ब्राह्मणशेहि म जाणन्त भेउ। एब उ पढ़ि अउ एच्च उ वेउ॥
मट्टी, पाणी, कुस, लई, पढ़न्त। धरहिं वह सी अग्नि हुणन्त॥ (वही)

कोष्ठक में इन दोहों का अर्थ वाल्मीकि ने यह दिया है—'ब्राह्मण ही क्यों हाथ में कुश, जल लेकर हवन करते हैं? यदि आग में घी डाल देने से मोक्ष मिलता है, तो क्यों नहीं सब अन्त्यजों को आग में घी डालकर यज्ञ और हवन करने देते।' (वही)

यहाँ मुझे वाल्मीकि जी की नकल करने की प्रवृत्ति पर तरस आता है। उन्होंने सरहपाद के दोहे और उनके अर्थ जहाँ से भी नकल किये हैं, वे पूरी तरह अशुद्ध हैं। माना कि मूल दोहे अपभ्रंश में हैं, पर इस अशुद्ध अनुवाद में भी यह तो साफ दिखायी दे ही रहा है कि 'मोक्ष' और 'अन्त्यज' शब्द उनमें आये ही नहीं हैं। अर्थ को नकल करते समय इस बात को उन्हें समझना चाहिए था। सरहपाद के उपर्युक्त दोहों का अशुद्ध अपभ्रंश का पाठ इस तरह है—

ब्रम्हणेंहि म जानन्तहि भेउ। एवइ पढिअउ ए चउवेउ॥
मट्टि पाणि कुस लई पढ़न्त। धरहिं अग्रगि हुणन्तं॥

इन दोहों का सही अनुवाद इस प्रकार है, जो राहुल सांकृत्यायन ने छायानुवाद के रूप में किया है—

ब्राह्मण न जानते भेद। यों ही पढ़े ये चारों वेद॥
मट्टी पानी कुश लेई पढ़न्त। घर ही बैठी अग्नि होमन्त॥

(दोहा कोश, पृष्ठ 2)

ओमप्रकाश वाल्मीकि सरहपाद द्वारा ब्राह्मणवादी व्यवस्था को दी गयी इस चुनौती को दलित चेतना की पूर्व पीठिका मानने के बजाय उसे यह कह कर नकार देते हैं कि 'एक लम्बे कालखण्ड में यह चेतना दबकर रह गयी।' (वही, पृष्ठ 63) किन्तु वे यह नहीं देख सके कि सामाजिक क्रान्ति की यही चेतना लोकायत और बुद्ध से होकर सिद्धों तक आयी थी, और सिद्धों से दलित सन्तों के निर्गुणवाद में विकसित होती हुई अम्बेडकर तक पहुँची थी और इसी चेतना का विकास आधुनिक दलित साहित्य में हुआ है।

ओमप्रकाश वाल्मीकि :
एक समानान्तर सौन्दर्यशास्त्र की रचना

शम्भु गुप्त

दलित साहित्य के लिए एक अलग सौन्दर्यशास्त्र की माँग हिन्दी में दस-बारह साल पहले उठी थी। इसे उठाने वाले दलित जातियों के लेखक थे जिन्हें कहीं समर्थन मिला और कहीं विरोध। लगभग एक दशक तक चली इस रस्साकशी का निर्णय अब सामने आ गया है। यह निर्णय दलितों के पक्ष में गया है। कथाकार ओमप्रकाश वाल्मीकि की सद्यःप्रकाशित पुस्तक 'दलित साहित्य का सौन्दर्यशास्त्र' इस संघर्ष और इसमें सम्पन्न उनकी विजय का दस्तावेज़ है। पिछले दस-बारह वर्षों में हिन्दी-आलोचना में दलित-लेखन पर सैद्धान्तिक और व्यावहारिक समीक्षाओं और विमर्श का जो सिलसिला चला, यह पुस्तक एक प्रकार से उनका सूत्री एवं शास्त्रीकरण है। विडम्बना यह है कि 'शास्त्र' शब्द से बिदकने और परहेज करने वाली दलित-मानसिकता यहाँ इस पुराने और पारम्परिक प्रत्यय को स्वीकारने को विवश है! क्या ही अच्छा होता यदि वाल्मीकि जी इसके स्थान पर किसी और शब्द की ईजाद करते और उसे प्रतिष्ठित करते। तब उनका यह सिद्धान्त-निर्माण अपेक्षाकृत ज्यादा सकारात्मक और अग्रगामी होता। मेरा ख़याल है कि 'साहित्यशास्त्र' या 'सौन्दर्यशास्त्र' जैसे प्रत्यय स्वयं में ही अभिजनवादी मनोवृत्ति की उपज हैं क्योंकि अभिजन-वर्ग रचना से ज्यादा उसके शास्त्र को तरज़ीह देता है। हालाँकि यह कहना अनुचित नहीं है कि शास्त्र पर किसी की बपौती नहीं है किन्तु यह धारणा भी ज्यादा उचित नहीं कही जा सकती कि लो, शास्त्र तुम्हारे पास है तो हम भी तुमसे पीछे नहीं हैं। शास्त्र तुम ही नहीं रच सकते, हम भी रच सकते हैं! लोक की ऐसी-तैसी तुम्हीं में करने का माद्दा नहीं है, हम में भी है।

मेरी बात को अन्यथा न लिया जाय तो मैं कहना चाहता हूँ कि शास्त्र की रचना यदि उधर गलत थी तो इधर भी गलत है। शास्त्र लोक का मानकीकरण नहीं, अभिजनीकरण है चाहे वह लोक दलित हो या गैर-दलित। सारे दलित लोक हैं यह

धारणा भी उतनी ही भ्रामक है जितनी यह कि सारे सवर्ण अभिजन हैं। वाल्मीकि जी की दिक्कत यह है, और यह इस समय के हिन्दी के पूरे दलित-साहित्य-चिन्तन की दिक्कत है कि उन्हें सवर्णों में लोक नजर नहीं आता और दलितों में अभिजन। निश्चय ही यह एक अत्यन्त ही बीभत्स और भीषण और कड़वी सच्चाई है कि भारतीय—विशेषतः हिन्दू-समाज में जातिवादी कुण्ठाएँ हमारी जीवन-चर्या का सर्वोपरि आसंग हैं और एक दलित चाहे कितना भी सुयोग, प्रतिभासम्पन्न, उच्चपदस्थ और उन्नत इन्सान हो, हमारे लिए वह हीन और हेय है किन्तु एक कड़वी और भीषण सच्चाई यह भी है कि दलित जातियों में इस समय एक वर्ग ऐसा भी उभर कर आया है जो सर्वशक्ति एवं साधन-सम्पन्न है जो राज्य द्वारा प्राप्त अवसरों या किसी भी अन्य तरह समाज के शीर्ष पर पहुँचा हुआ है, जो या तो नवधनाढ्य-वर्ग में शामिल है या शासक-वर्ग में या दोनों में और जो अपने आचरण और मनोवृत्ति में ब्राह्मणवादी अहम्मन्यता और क्रूरता को आत्मसात् कर चुका है। वह दलित होने का लाभ भी उठा रहा है और दलितों पर कहर ढाती शोषण-प्रक्रिया का भी हिस्सा है, जो दोनों नावों पर सवार है; अपनी इस पुस्तक में वाल्मीकि जी कहीं भी इस वर्ग पर तीखी निगाह नहीं डालते, इसे अपनी आलोचना का विषय नहीं बनाते। जहाँ कहीं वे इसका सांकेतिक उल्लेख करते हैं, उनका झुकाव स्पष्टतः वहाँ जातिगतता की ओर है। यह जातिगतता उनके विवेचन में निष्पक्षता और व्यापकता नहीं आने देती बल्कि इनके स्थान पर वे एक दुराग्रह की गिरफ्त में निरन्तर आते चलते हुए दिखाई देने लगते हैं।

ऐसी मनःस्थिति में उनकी आलोचना-भाषा किसी सौन्दर्यशास्त्रीय अनुसन्धित्सु की जगह एक सत्ताकामी राजनीतिबाज की जैसी हो आये तो यह स्वाभाविक ही है। यह जातिगत दुराग्रहशीलता, सृजन की भूमि पर पहुँचने पर भी, दरअसल इसलिए शेष रह जाती है कि वाल्मीकि जी मार्क्सवाद और मार्क्सवादियों से भी उसी तरह पेश आते हैं, जैसे अन्य अनेक लोगों से। वे मार्क्सवादी संसदीय सत्ताकामी राजनीति और मार्क्सवादी क्रान्तिकारी-परिवर्तनकामी वैचारिकता को कुछ इस तरह गड्डमड्ड करते हैं कि ऐसा प्रतीत होने लगता है कि यह कोई लेखक नहीं किसी दलित राजनीतिक पार्टी का कोई कार्यकर्ता बोल रहा हो। वाल्मीकि जी सारी चीजों को अवर्ण-सवर्णवादी चश्मे से एकदम सफेद और एकदम स्याह रूप में देखते हैं। उनके विमर्श के केन्द्र में विचार नहीं जाति है जिसके तहत हर आदमी मूलतः तत्त्ववादी या नस्लवादी है और उसका यह तत्त्व या नस्लवाद ही उसकी असल पहचान और विचारधारा है। मसलन, यह कि, कोई व्यक्ति यदि गैर-दलित है तो चाहे वह दक्षिणपन्थी हो या वामपन्थी; वह दलित-विरोधी है। वाल्मीकि जी दक्षिणपन्थियों को एक दफा चाहे माफ कर दें लेकिन वामपन्थी तो उनकी काली सूची में स्वर्णाक्षरों में अंकित हैं। उनके हिसाब से

उनका सवर्ण कुल में जन्म लेना उनके तमाम वामपन्थ से ऊपर और उस पर भारी पड़ता है। उनकी निगाह में वही मार्क्सवादी श्रेष्ठ और स्वीकार्य है जो मार्क्सवाद को एक तरफ सरका कर दलितवाद का हिमायती हो गया हो और दलितवाद का हिमायती केवल वह जो उनसे इसका प्रमाण-पत्र ले चुका हो। जो उनकी भाषा और दृष्टि को आत्मसात कर चुका हो और पानी पी-पीकर उनसे असहमत रहने वालों को कोसता हो। वाल्मीकि जी की निगाह में न डि-क्लास होने का कोई अर्थ है न डि-कास्ट होने का। उनके हिसाब से ऐसा हो ही नहीं सकता क्योंकि सारी चीजें तो जिस जाति और कुल में कोई पैदा हुआ है, उसने अन्तिमतः तय कर दी हैं। वही अन्तिम सत्य है। यही सबसे बड़ा तर्क है। इस तर्क के तहत जो उनकी हाँ में हाँ नहीं मिलाता वह न केवल दलित-विरोधी है अपितु मानव-विरोधी भी है क्योंकि मानववाद का अर्थ ही है दलितवाद। जो दलित नहीं है, वह मनुष्य भी नहीं है और जो मनुष्य ही नहीं है, उसकी क्या तो बात और क्या बिसात! गजब है कि वाल्मीकि जी सारे प्रकरण को इतने सरलीकृत ढंग से प्रस्तुत करते हैं कि वैचारिक बहुलता या जनतान्त्रिकता की कोई गुंजाइश ही बाकी नहीं छोड़ते। गजब यह भी है कि हर अगले पैराग्राफ में अम्बेडकरवाद की पैरवी करने वाली यह कथित आलोचना-दृष्टि स्वयं अम्बेडकर की इस प्रगतिशीलता को निरर्थक साबित कर देती है कि हिन्दू-धर्म में जन्म न लेना तो मेरे हाथ में नहीं था लेकिन हिन्दू-धर्म में न मरना तो मेरे हाथ में है। और इस अग्रगामी गतिशीलता के तहत हिन्दू-धर्म छोड़कर उन्होंने बौद्ध धर्म अपना लिया। अम्बेडकर का यह धर्म-परिवर्तन दलितवाद से मुक्त होने का सबसे बड़ा प्रमाण है जो एक वर्ण-विहीन, जाति-विहीन समाज के निर्माण की उनकी सैद्धान्तिक परिकल्पना का व्यावहारिक रूप है। वाल्मीकि जी अम्बेडकर की इस परिकल्पना का समर्थन तो करते हैं, इस पुस्तक में बार-बार उसका हवाला भी देते हैं, लेकिन व्यवहार में वे अन्तिमतः यह तय पाये हुए हैं कि कोई व्यक्ति चाहे कितना भी प्रगतिशील हो ले, वह अपने नस्लीय संस्कारों और परम्परावाद से मुक्त हो ही नहीं सकता। ऊपर से चाहे वह कितना बड़ा ही दलित-समर्थक हो, अन्दर के/अचेतन मन के उसके संस्कार सवर्णवादी-ब्राह्मणवादी ही रहेंगे; चाहे स्वयं को डि-क्लास या डि-कास्ट करने की प्रक्रिया में उसका दम ही क्यों न निकल जाये! उसका सबसे बड़ा पाप है, उसका सवर्ण कुलोत्पन्न होना; एक ऐसा पाप जो कितना भी धुल जाये कोई न कोई दाग उसका बकाया रह ही जाता है चाहे दृश्य या अदृश्य; अतः दलित विमर्श करना हो तो सबसे पहले यह सुनिश्चित कर लिया जाये कि मार्क्सवादी बीच में अपनी टाँग नहीं अड़ायेंगे। मार्क्सवादी चूँकि दलित कुलोत्पन्न तो होते नहीं; वे तो सवर्ण ही होते हैं अतः वे हम से दूर ही रहें, यही उनके और हमारे लिए उचित होगा! हिन्दी के दलितवादियों का यह मार्क्सवाद-परहेज धन्य है! इसे धिक्कार है!

ध्यान रहे, यहाँ हिन्दी-क्षेत्र के दलित-साहित्य-विमर्श का प्रसंग है, पूरे दलित-विमर्श का नहीं! क्योंकि इसी देश में और भी कई क्षेत्र ऐसे हैं जहाँ दलित-विमर्श चालू है और वहाँ मार्क्सवाद और मार्क्सवादियों से इस तरह का अछूत जैसा व्यवहार नहीं किया जाता। मराठी का दलित-विमर्श इसका सबसे बड़ा उदाहरण है। मराठी दलित-लेखन रचना और आलोचना दोनों में सर्वोच्च स्तर पर है। उसे इस स्तर तक पहुँचाने में मार्क्सवाद का भरपूर सहयोग लिया गया है। वहाँ अम्बेडकरवाद और मार्क्सवाद आपस में इस कदर घुले-मिले हैं कि दोनों को अलगाना अब लगभग मुमकिन हो गया है। दलित-सौन्दर्यशास्त्र पर वहाँ भी खूब चर्चा हुई है और होती रहती है। वहाँ भी एक वर्ग हालाँकि ऐसा है ही जो मार्क्सवाद से परहेज रखता है लेकिन दलित साहित्य की मुख्यधारा वहाँ इस ठस हठधर्मिता को मान्यता नहीं देती। वहाँ मार्क्सवादी दलितोन्मुख और दलित मार्क्सवादोन्मुख हैं और अब यह एक सर्वस्वीकृत तथ्य है। इस तथ्य की ताजातरीन जानकारी हमें मराठी के प्रसिद्ध युवा दलित लेखक शरण कुमार लिंबाले की सद्यः प्रकाशित पुस्तक 'दलित साहित्य का सौन्दर्यशास्त्र' (हिन्दी अनुवाद : रमणिका गुप्ता, वाणी : 2000) में मिलती है जिसमें वे 'दलित साहित्य और मार्क्सवाद' शीर्षक अध्याय के 'मार्क्सवाद का विरोध' शीर्षक बिन्दु में लिखते हैं—"दलित साहित्य दलितों के संघर्ष का साहित्य है। अब दलित साहित्य आन्दोलन को अम्बेडकरवाद के साथ-साथ मार्क्सवाद को भी स्वीकार करना होगा तभी तो यह संघर्ष अर्थपूर्ण होगा ऐसी समझ स्थापित करनी पड़ेगी।" (पृ. 68-69)। लिंबाले इस अध्याय में दलित-जीवन यथार्थ को समकालीन समग्र यथार्थ के आसंग में ही देखते हैं। आज जब समूचा यथार्थ बदला है या बदल रहा है तो दलित-यथार्थ भी इस प्रक्रिया से अछूता नहीं है। अब केवल धर्म और इतिहास को गरियाने से काम नहीं चलेगा। इनके साथ अब और बहुत सारे तत्त्व हैं जो दलितों के जीवन को दयनीय बना रहे हैं। दलितों की नियति की अभिव्याख्या आज एक अत्यन्त जटिल उपक्रम है, उसे सरलीकृत तरीकों से नहीं समझा जा सकता। लिंबाले ने लिखा : "दलितों की दरिद्रता का मूल धर्म और इतिहास में भले हुआ लेकिन उसका आज का स्वरूप समूल परिवर्तित हो गया है। यह भी ध्यान देना होगा कि शासन की लोककल्याणकारी योजनाएँ, आरक्षित स्थान और दलितों में नये रूप में बढ़ते हुए मध्यवर्ग के कारण दलितों की दरिद्रता का स्वरूप केवल धार्मिक और ऐतिहासिक नहीं रहा, वह और अधिक जटिल हुआ है।" (वही; पृ. 70)।

इस बढ़ती हुई जटिलता का अभिज्ञान और इसका कोई समाधान अकेले अम्बेडकरवाद से सम्भव नहीं। इसके लिए हमें मार्क्सवाद का सहयोग लेना ही होगा; "दलितों की आर्थिक दासता का कारण यहाँ की भारतीय समाज व्यवस्था में छिपा हुआ है तो इस मुक्ति का अन्तिम मार्ग मार्क्सवाद और अम्बेडकरवाद इन दोनों के

समन्वय में मिल सकेगा।" (वही)। कहना न होगा कि अम्बेडकर का एक वर्णविहीन, जातिविहीन समाज बनने का महास्वप्न भी—जिसका जिक्र वाल्मीकि जी बार-बार अपनी पुस्तक में करते हैं—तभी पूरा हो सकता है जब मार्क्सवाद के साथ मित्रता स्थापित की जाये। वाल्मीकि जी अम्बेडकर के इस स्वप्न का जिक्र तो बार-बार करते हैं लेकिन वह कैसे पूरा हो सकेगा; इस पर कोई विचार नहीं करते। इस स्वप्न के पूरा होने की एक प्रक्रिया समझ में आती है कि वर्ण या जाति-व्यवस्था नष्ट होकर वर्ग-व्यवस्था में पर्यवसित हो और फिर आगे बात बढ़े। अम्बेडकर का मन्तव्य भी लगभग यही था। अम्बेडकर अपने दलित-विमर्श में मौजूदा वर्ण एवं जाति-व्यवस्था के पूर्ण उत्खनन के विचार तक पहुँचे थे, अतः यहाँ से आगे मार्क्सवाद के बिना काम नहीं चल सकता। हिन्दी और मराठी के दलित सौन्दर्यशास्त्रीय चिन्तनों में सबसे बड़ा अन्तर यही है कि मराठी के दलित लेखक अम्बेडकर के साथ बुद्ध के स्थान पर मार्क्स को लेकर चलते हैं जबकि हिन्दी के दलित लेखक मार्क्सवाद को परे कर बौद्ध धर्म की शरण में जाना ज्यादा उचित समझते हैं।

लिंबाले ने अपनी पुस्तक में दिखाया है कि मराठी दलित विमर्श में भी एक दौर रहा है जब लेखकों का झुकाव बौद्ध-विचार प्रणाली की ओर था। लेकिन यह वह दौर था जब दलितों में नवबौद्ध लेखकों का जोर था। धीरे-धीरे दलित लेखक बौद्ध धर्म की सीमाओं से परिचित होते चले। अन्ततः उन्होंने इसका मोह छोड़ा और वे मार्क्सवाद की ओर उन्मुख हुए। लेकिन हिन्दी में दलित-विमर्श अभी मराठी के नव बौद्ध दौर से आगे नहीं बढ़ा है, ऐसा स्पष्ट प्रतीत होता है। वाल्मीकि जी नैतिक मानवीय दृष्टिकोण को दलित साहित्य का मूलाधार मानते हैं और बुद्ध के आध्यात्मिक आख्यानों को इसका उत्स। उनका मानववाद मार्क्स से ज्यादा बुद्धोन्मुख है। लिखते हैं—"दलित साहित्य की मान्यताएँ नैतिक मानबीय दृष्टिकोण पर आधारित हैं। इसीलिए उनके दार्शनिक आख्यानों में 'बुद्ध' की गहन मानवीय सोच, उसे मानवकेन्द्रित करती है।" (ओ.प्र.वाल्मीकि : दलित साहित्य का सौन्दर्यशास्त्र; पृ. 74)। दरअसल यही कारण है कि मराठी का दलित-चिन्तन जहाँ अब वर्ण से वर्ग की ओर आ रहा है, हिन्दी लेखक अभी तक वर्ण की भूल-भुलैया में ही भटक रहा है। वाल्मीकि जी बहुत सोचे-समझे तरीके से वर्णव्यवस्था को अन्तिम सत्य की तरह स्वीकार करते हैं और इस तरह विकास की अगली सम्भावनाओं को विराम-सा दे देते हैं जबकि लिंबाले स्पष्टतः यह लिखते हैं कि "समाज में एक तरफ जातीय-भावना प्रबल हुई है, तो शोषितों का शोषण और उनके समान हित-सम्बन्ध के कारण जातीय-भावना के पार जाकर वर्गीय-भावना भी बढ़ रही है। आन्दोलन और संगठन में वाम विचारधारा जोर पकड़ रही है जिसके कारण ऐसा लगता है कि जाति-व्यवस्था नष्ट होकर वर्ग-व्यवस्था अस्तित्व में आयेगी।" (लिंबाले; वही; पृ. 70)। वर्ण का वर्ग

में पर्यवसित होना एक जटिल और संश्लिष्ट प्रक्रिया है। वाल्मीकि जी इस जटिलता और संश्लिष्टता से बचते रहते हैं। परिणाम सामने है। उनका विवेचन सरलीकरण और पिष्टपेषण से भरा पड़ा है।

× × ×

वाल्मीकि की इस पुस्तक की उपलब्धि; जैसा कि मैंने प्रारम्भ में कहा; यह है कि इसमें हिन्दी के दलित-साहित्य-विमर्श का, प्रारम्भ से लेकर लगभग आज तक का, सैद्धान्तिक और व्यावहारिक विश्लेषणात्मक लेखा-जोखा; सारतः एकत्र है और यह लगभग प्रातिनिधिक तौर पर हिन्दी के दलित-लेखन का एक तरह से मैनीफेस्टो है। वाल्मीकि जी यहाँ एक रचनाकार या आलोचक से ज्यादा दलित-साहित्य के थिंक-टैंक या सिद्धान्तकार-प्रवक्ता के रूप में उपस्थित होते हैं। उन्होंने इसमें एक प्रकार से दलित-साहित्य के इतिहास-लेखन का कार्य-भार भी पूर्ण किया है और अन्य विद्वानों और साथियों के कार्य से सहयोग और सन्दर्भ लेते हुए सप्रमाण अपनी बात रखी है। इस आकलन और विवेचन से एक बात स्पष्ट है कि एक साहित्यान्दोलन के रूप में दलित-लेखन हिन्दी में अपनी एक अलग और स्पष्ट पहचान बना चुका है। दलित-साहित्य हिन्दी में समकालीन लेखन की एक अपरिहार्य सच्चाई है जिसे नकारना या नजरअन्दाज करना न केवल यह कि नामुमकिन है बल्कि यह भी कि अत्यन्त घातक है। इसकी स्वीकृति-अस्वीकृति पर तो खैर अब कोई विवाद है ही नहीं। यह विवाद कभी अगर था और दलित-लेखकों को छपने के लिए यदि कोई पापड़ बेलने पड़े तो इसका कारण यह था कि हिन्दी में कोई भी नयी प्रवृत्ति या साहित्यान्दोलन तब तक स्वीकृत नहीं होता जब तक कि कोई स्थापित व्यक्ति-प्रतिष्ठान उसे अग्रेषित नहीं करता। स्वीकृति की इस प्रक्रिया और प्रविधि के अपने हानि-लाभ हैं किन्तु इससे गाड़ी आगे चल निकलती है, इसमें कोई सन्देह नहीं। वाल्मीकि जी ने इस पुस्तक के अनेकों लेखों में—विशेषतः 'दलित साहित्य की अवधारणा' शीर्षक लेख में—हिन्दी के दलित-लेखन के इस अस्तित्व-संघर्ष का जायजा लिया है। दलित-लेखन की यह संस्थापना निश्चय ही हिन्दी-जाति की रचनाशीलता का एक नया विस्फोट है। इसने हिन्दी-रचनाशीलता के एक बड़े अभाव की पूर्ति की है। हालाँकि ओमप्रकाश वाल्मीकि अपना चूल्हा एकदम अलग करना चाहते हैं और तर्क देते हैं कि भारतीय संस्कृति, हिन्दू संस्कृति, वैदिक संस्कृति, मुस्लिम संस्कृति, पाश्चात्य संस्कृति इत्यादि की तरह 'दलित संस्कृति' भी एक अलग प्रत्यय माना जाना चाहिए। (द्रष्टव्य, वाल्मीकि; वही; पृ. 32)। हम यहाँ उनके इस अभिमत से शतप्रतिशत सहमत हैं कि "दलितों को अस्पृश्य मानकर उन्हें समाज और धर्म से बहिष्कृत किया गया। यहाँ तक कि विद्योपार्जन पर भी रोक थी। धार्मिक संस्कार जैसे उपनयन संस्कार दलित के लिए नहीं थे। मन्दिरों में पूजा करना निषेध था। धनोपार्जन प्रतिबन्धित थे। बस्तियों से

बाहर रहने को बाध्य किया जाता था। तमाम अनुष्ठानों से वंचित रखना व्यवस्था का हिस्सा था। जब उनकी भाषा, उनके संस्कार, उनका जीवन, उनकी उपासना-पद्धति, उनकी कला, उनका साहित्य पारम्परिक साहित्य की कल्पना और मापदंडों में कैसे समाविष्ट हो सकता है। उनका अलग अस्तित्व सामाजिक, सांस्कृतिक स्तर पर साफ-साफ दिखाई पड़ता है।'' (वही)।

वाल्मीकि जी के इस अभिमत से हमें, जैसा कि मैंने कहा, कोई आपत्ति नहीं है। हमें आपत्ति उनकी उस नकारात्मक प्रतिक्रियावादी आलोचना-दृष्टि से है जो बार-बार उनसे यह कहलवाती है—''आज का हिन्दी साहित्य मुट्ठी-भर लोगों की इच्छा, आकांक्षा, काल्पनिक रम्य चित्रण, खोखले आदर्शों को प्रतिबिम्बित करने वाला साहित्य है।'' (वही; पृ. 107)। यह आलोचना की नहीं, आरोप की भाषा है इसके पीछे तर्क या विमर्श नहीं, ठस प्रतिक्रियावाद है जिसके पीछे प्रतिशोधी विद्वेष है अन्यथा वे यह भी बताते कि आज का हिन्दी साहित्य ऐसा क्यों व कैसे है। साहित्य को इस तरह दलित और गैर-दलित दो खेमों में बाँट देना और दूसरे के विषय में इस तरह का झाड़ूमार वक्तव्य देना हद दर्जे का मनमानापन है। यह मनमानापन अपने लिए सुविधाएँ और दूसरों के लिए कठघरे तैयार करने की मंशा से ही पैदा होता है। विचित्र है कि वाल्मीकि जी जिस साहित्यिक बारीकी, अभिव्यक्ति एवं रूपगत कौशल को सवर्ण रचनाशीलता की पहचान और प्रवृत्ति मानते हैं उसी के अभाव को अपने दलित-लेखन की स्वाभाविक विशेषता मानते हैं। तर्क देते हैं—''दलित साहित्य 'आशय' को महत्त्व देता है। अभिव्यक्ति और शिल्प दूसरे स्थान पर आता है।'' (वही; पृ. 50-51)। वाल्मीकि जी को यहाँ याद दिलाना आवश्यक है कि हिन्दी में प्रगतिशील-जनवादी रचनाशीलता का एक ऐसा ही दौर हो गुजरा है जिसमें रूप के स्थान पर कथ्य को वरीयता दी गयी थी और जिसके लिए उसे बख्शा नहीं गया था। प्रगतिशील-जनवादी साहित्य-धारा आज भी इस मुद्दे पर किसी मानक पर नहीं पहुँची है। आज भी अनेकानेक लेखक-आलोचक ऐसे मिल ही जाते हैं जो रूप की ज्यादा परवाह नहीं करते। उनके लिए अपने आशय सर्वोपरि हैं। वाल्मीकि जी की विवशता यह है कि उन्हें सारी चीजों को दलित और गैर-दलित के खानों में बाँटकर देखना है और उस पर तुर्रा यह कि अब तक तुमने हमें गरियाया अब हम तुम्हें गरियायेंगे। लेकिन मैं यहाँ यही तो कहना चाहता हूँ कि दलित-लेखन वाले पहचानें कि उनका शत्रु कौन है और मित्र कौन है। वाल्मीकि जी आज की प्रगतिशील-जनवादी और कलावादोन्मुख दोनों ही प्रकार की साहित्य-धाराओं को गैर-दलितवाद के खाते में डालकर अपनी अदूरदृष्टि का ही परिचय दे रहे हैं। यों कहने को वे कहते हैं कि ''ये विचार (अम्बेडकरवाद, बौद्ध तत्त्वज्ञान एवं मार्क्सवाद) परस्पर विरोधी नहीं बल्कि एक-दूसरे के पूरक हैं।'' (वही; पृ. 96)। और यह कि ''दलित साहित्य न मार्क्सवाद

का विरोधी है, न जनवाद का।'' (वही; पृ. 97) लेकिन यह सब कहने के लिए कही गयी बातें हैं। उनका असल अभिमत यह है—''दलित साहित्य का मूल्यांकन मार्क्सवादी दृष्टिकोण से करना एक भ्रम की स्थिति पैदा करता है जिसमें गलत अवधारणाएँ तथा निष्कर्ष स्थापित होते हैं।'' (वही; पृ. 93)। यहाँ फिर ध्यातव्य है कि मराठी दलित रचना और आलोचना मार्क्सवाद से इस कदर परहेज नहीं करती। बल्कि परहेज का तो प्रश्न ही क्या, वह तो उसे अपना अन्यतम मित्र मानते हुए उससे कदम से कदम मिलाकर चलने को प्रस्तुत है। पीछे हमने इसे देखा। यह सचमुच ही समझ से परे है कि हिन्दी के दलित लेखक मार्क्सवाद से इतना क्यों भय खाते हैं। यह एक विचित्र विडम्बना है कि अपनी इस पुस्तक में दलित-साहित्य के समर्थन में जितने भी गैर-दलित लेखक-आलोचकों का सवक्तव्य उल्लेख वाल्मीकि जी ने किया है, वे सभी निरपवाद रूप से मार्क्सवादी लेखक-आलोचक हैं, जिनकी दलित-लेखन-पक्षकारिता का आधार-स्रोत उनकी मार्क्सवादी विचार-दृष्टि ही है। मार्क्सवादी विचारानुशासन के तहत ही वे दलित-रचनाशीलता के प्रवक्ता बने हैं; उनके मार्फत हिन्दी की मार्क्सवादी आलोचनाधारा ही दलित-साहित्यान्दोलन का झण्डा उठाये घूम रही है, लेकिन वाल्मीकि जी हैं कि फिर भी मार्क्सवादियों को लानतें पर लानतें भेज रहे हैं। इसको कहते हैं साहित्यिक उपभोक्तावाद। मार्क्सवादियों का पहले उपयोग करो और उन्हीं को गरियाओ! यूज एण्ड थ्रो!

ऐसा सम्भवतः इस कारण हुआ कि वाल्मीकि जी की एकल निगाह डॉ. नामवर सिंह के दलितवाद-विरोध पर रही है। नामवर जी के दलितवाद-विरोध पर बहस की जा सकती है लेकिन यह बहस निश्चय ही उस तरह नहीं की जा सकती जैसी कि वाल्मीकि जी ने यहाँ की है। वाल्मीकि जी का दुराग्रह यह है कि आदमी को उसके विचार से नहीं उसकी जाति से पहचानो; चाहे वह मार्क्सवादी हो या कोई और! वामपन्थी विचार-चिन्तन में, वर्ण एवं वर्ग में, विशेषतः भारतीय सन्दर्भों में, किसे पहले लिया जाये, इस पर तीव्र मत-वैभिन्न्य रहा है। यह मतभेद वामपन्थ की एक आन्तरिक बहस है जिसमें दोनों पक्षों के अपने-अपने तर्क हैं। इन तर्कों से वामपन्थी बहुलतावाद का संकेत मिलता है। वाल्मीकि जी को इस बहस और इसकी बहुलता से कोई लेना-देना नहीं है; यह पहला आश्चर्य है। दूसरा आश्चर्य, इसी क्रम में, यह है कि वे इस सारी बहस की अपने हिसाब से कुछ इस तरह ऐसी-तैसी-सी कर देते हैं: ''क्या 'वर्ण और वर्ग' में कोई मूलभूत अन्तर नहीं है? भारतीय समाज-व्यवस्था की जटिल बुनावट को प्रगतिवादी अनदेखा करके 'वर्ण और वर्ग' को एक ही मान रहे हैं। इस सोच की पृष्ठभूमि में भारतीय मार्क्सवादियों के पारिवारिक संस्कार ही हैं। क्योंकि मार्क्सवादी संगठनों का नेतृत्व प्रारम्भ से ही ब्राह्मण या ठाकुरों के हाथ में है। इसलिए वर्ण-व्यवस्था की निर्ममता से वे अनभिज्ञ हैं। डाँगे भी एक सांस्कारिक

ब्राह्मणवादी कामरेड थे। उनके लिए 'वर्ग' की अवधारणा 'वर्ण' से ज्यादा थी।'' (वही; पृ. 94)। बहस का यह अन्यथाकरण एक सोची-समझी दलित रणनीति है जिसके उत्स सत्ताकामी उत्तरभारतीय दलित राजनीति में हैं। यहाँ तीसरा और सकते में डालने वाला आश्चर्य यह है कि वाल्मीकि जी के लिए मार्क्सवादी विचार का अर्थ है मार्क्सवादी राजनीतिक पार्टी। एक लेखक के रूप में मार्क्सवादी विचार का यह ग्रहण न केवल भ्रामक है बल्कि यह एक प्रकार की लेखकीय अपरिपक्वता भी है। अच्छा तो यह होता है कि वाल्मीकि जी नाम लेकर सप्रमाण यह बताते कि वे कौन-कौन प्रगतिवादी हैं जो 'वर्ण' और 'वर्ग' को एक ही मान रहे हैं। हम तो इतना जानते हैं कि भारतीय मार्क्सवादियों ने 'वर्ण' से ज्यादा 'वर्ग' को तरजीह दी है और उनकी इस धारणा पर शुरू से ही तीखी बहस होती रही है। इस बहस की शुरुआत चाहे अम्बेडकर से हुई हो पर बहुत-से मार्क्सवादियों ने भी बराबर इसमें सहयोग किया है। दलित साहित्य के आज के हमारे एक बड़े प्रवक्ता मुद्राराक्षस का नाम इस सिलसिले में महत्त्व के साथ लिया जा सकता है जिनका मानना है कि भारतीय सर्वहारा वर्ग का निर्माण ज्यादातर या प्रधानतः दलित वर्ग से होता है। अतः सर्वहारा वर्ग का अर्थ दलित वर्ग ही है। इस मान्यता से असहमत होने की ज्यादा गुंजाइश हमें दिखाई नहीं देती।

यहाँ मैं वाल्मीकि जी के इस प्रश्न में अपनी भी आवाज मिलाता हूँ कि—''शोषणविहीन समाज की परिकल्पना को साकार करने के लिए मार्क्सवादी विचारक 'वर्ग' के साथ 'वर्ण' को अपनी लड़ाई का लक्ष्य बनाने में ढुलमुल क्यों हैं? भारतीय समाज में 'वर्ण' एक सच्चाई है जिसने सदियों से इस देश के जनमानस को सिर्फ टुकड़ों में नहीं बाँटा, उनके मानवीय सरोकारों को भी छिन्न-छिन्न किया है। भारतीय मार्क्सवादी, प्रगतिवादी, जनवादी इस सच्चाई से कब तक मुँह मोड़े रहेंगे। यह लड़ाई किसी एक व्यक्ति की नहीं, उन तमाम लोगों की है जो मनुष्य की बेहतरी के लिए चिन्तित हैं।'' (वही; पृ. 97)। हो सकता है कि वाल्मीकि जी मेरे नाम में लगे जातिसूचक शब्द के कारण मेरी इस बात पर सन्देहशील हो उठें और मेरे पारिवारिक संस्कारों की निजी पड़ताल में लग जायें, लेकिन जैसा कि कहा जाता है कि शक का इलाज तो लुकमान हकीम के पास भी न था। और दूसरी बात यह भी कि कोई दलित-चेतना के पक्ष में है या नहीं; इसका फैसला करने वाले न तो व्यक्तिगत रूप से वाल्मीकि जी हैं, न मैं हूँ, न ही कोई और। आदमी के पक्ष-विपक्ष का फैसला उसके लिखे या बोले गये विचारों से होता है।

× × ×

यह एक उल्लेखनीय तथ्य है कि दलित साहित्य और उसकी सौन्दर्य-मीमांसा ने हिन्दी में साहित्य की समाजशास्त्रीय अभिव्याख्या को नये सिर से प्रतिष्ठापित किया है।

इस दृष्टि से इस पुस्तक का शीर्ष लेख 'दलित साहित्य का सौन्दर्यशास्त्र' पर्याप्त महत्त्वपूर्ण है। हालाँकि यहाँ भी वाल्मीकि जी एक अत्यन्त सरल रास्ता अपनाते हुए हिन्दी की सारी पिछली आलोचना को—जिसमें समाजशास्त्रीय संदृष्टि भी सन्निहित है—रसवादी, अभिजनवादी, सामन्तवादी, ब्राह्मणवादी इत्यादि विशेषणों से नवाजते हुए पारम्परिक सौन्दर्यशास्त्र के रूप में परिभाषित करते हैं और उसे ऐकांतिक रूप से नकारते हुए दलित-समर्थक आलोचना के वर्चस्व की भूमिका बनाते हैं। रचना की तरह आलोचना को भी वे दलित और गैर-दलित खानों में बाँटने से बाज नहीं आते। हाँ, यहाँ यह थोड़ा संशोधन उन्होंने जरूर किया है कि दलित-रचना तो ऐकांतिक रूप से केवल वह है जो दलित-कुलोत्पन्न कवि/लेखक ने लिखी है उसमें गैर-दलितों का प्रवेश एकदम वर्जित है लेकिन यदि कोई गैर-दलित आलोचक हमारे पक्ष या समर्थन में, हमारी जैसी भाषा में हमारी बात करता है तो उसे अन्दर घुसने दिया जा सकता है! क्या ही अच्छा होता यदि वे रचना की तरह आलोचना पर भी अपना स्वत्वाधिकार पूर्णतः सुरक्षित कर लेते और व्यवस्था दे देते कि जो इसका उल्लंघन करता पाया जायेगा उसे दलित अधिनायकवादी दण्ड-संहिता के तहत बख्शा नहीं जायेगा! मैं यहाँ अत्यन्त खेद के साथ यह कहने को विवश हूँ कि इस अध्याय की आलोचना-भाषा इसी प्रकार का फासीवादी रुझान अपनाते हुए लिखी गयी है। वाल्मीकि जी को हिन्दी के अनेक समीक्षकों से शिकायत है कि वे "कबीर को कवि नहीं सिर्फ सन्त ही मानते हैं।" (वही; पृ. 46)। इस प्रसंग में उन्होंने आचार्य रामचन्द्र शुक्ल, अयोध्यासिंह उपाध्याय 'हरिऔध', श्यामसुन्दर दास इत्यादि का उल्लेख भी किया है। उल्लेखनीय तथ्य यहाँ यह है कि इस प्रसंग में उन्होंने आचार्य हजारी प्रसाद द्विवेदी का नामोल्लेख तक नहीं किया और एकपक्षीय निर्णय दे डाले। लेकिन सवाल यह तो है कि उन्होंने आचार्य द्विवेदी का उल्लेख क्यों नहीं किया और क्यों हिन्दी-आलोचना के अर्द्धसत्य को पूर्ण या अन्तिम सत्य बनाकर पेश किया। हिन्दी-आलोचना की यही गर्हणा उनके 'दलित साहित्य का सौन्दर्यशास्त्र' लेख में है किन्तु एक अन्य लेख में कबीर पर अपना स्वयं का मत व्यक्त करते हुए सम्भवतः वे भूल गये कि पहले इस सम्बन्ध में दूसरों की आलोचना वे उनके इसी तरह के विचारों के कारण कर आये हैं। वाल्मीकि जी अपने 'दलित साहित्य की धार्मिक, सांस्कृतिक मान्यताएँ' शीर्षक लेख में लिखते हैं—"हिन्दी साहित्य के भक्तिकाल में रैदास और कबीर जहाँ एक ओर वर्ण-व्यवस्था के विरुद्ध खड़े दिखाई पड़ते हैं और सामाजिक बदलाव के लिए संघर्ष करते हैं, वहीं वे आध्यात्मिक दलदल में फँसकर उसी सामन्ती व्यवस्था में विलीन हो जाते हैं, जिसने वर्ण-व्यवस्था को पुख्ता किया है। उनकी क्रान्तिकारिता सामाजिक स्तर पर गहन अभिप्रेरणा उत्पन्न करती है, हिन्दी साहित्य में विरोध के स्वर को ऊँचा करती है और आज भी प्रासंगिक बनकर दलित

चेतना के लिए प्रेरणा बनती है। लेकिन रहस्यवाद, भक्तिवाद, निर्गुणवाद आदि उन्हें उसी परम्परा से जोड़ देते हैं जिसके विरुद्ध दलित साहित्य खड़ा है।'' (वही; पृ. 73)। अन्यत्र 'दलित चेतना' शीर्षक अपने लेख में कबीर इत्यादि कवियों की ओर संकेत करते हुए उन्होंने लिखा है—''भक्तिकाल में भी कई सन्त कवि दलित थे। लेकिन वे सामाजिक चेतना का कोई ऐसा आयाम स्थापित नहीं कर पाये जिससे दलितों में किसी परिवर्तन की सुगबुगाहट होती।'' (वही; पृ. 29)। देखने की बात यहाँ यह है कि हिन्दी के कबीर से असहमत आलोचकों और वाल्मीकि जी के इस अभिमत में क्या वास्तव में कोई फर्क है? क्या तत्त्वतः इन दोनों के निष्कर्ष एक जैसे नहीं हैं? आचार्य शुक्ल को भी कबीर अपने रहस्यवाद के कारण प्रिय हैं। या इसी तरह अन्य लोगों को भी उनकी वे ही चीजें ज्यादा पसन्द हैं जिनकी ओर वाल्मीकि जी ने इशारा किया है। तो फिर झगड़ा किस बात पर? तुलसी के बाद कबीर हिन्दी के ऐसे कवि हैं जिन पर सर्वाधिक काम हुआ है और इधर नये सिरे से तो केवल कबीर को याद किया जा रहा है। समाजशास्त्रीय दृष्टि से कबीर का अध्ययन अनन्त सम्भावनाएँ खोलता नजर आता है। वाल्मीकि जी इस ओर ध्यान नहीं देते, क्यों?

× × ×

जैसा कि इस पुस्तक के अनेक लेखों से स्पष्ट होता है, नकार, विद्रोह, विरोध-प्रतिरोध, आक्रोश, क्षोभ-विक्षोभ, वेदना, दग्धता आदि-आदि दलित-रचनानुभव की प्रमुख प्रवृत्तियाँ हैं। इन्हीं के साथ वैचारिक प्रतिबद्धता और सजगता भी दलित सौन्दर्य-मीमांसा का प्रमुख उपादान है। नकार, विद्रोह, विरोध इत्यादि पूर्व-स्थापित ब्राह्मणवादी सामन्तवादी सवर्ण व्यवस्था का तथा प्रतिबद्धता अम्बेडकरवाद, बौद्ध धर्म और ज्योतिबा फुले के दर्शन से। मराठी में भी नकार और प्रतिबद्धता का लगभग यही रूप देखने में आता है। अन्तर सिर्फ वही है जिसका पीछे लिंबाले के हवाले से मैंने उल्लेख किया है कि वहाँ अब बौद्ध धर्म के स्थान पर दलित-रचनाकारों की प्रतिबद्धता में मार्क्सवाद शामिल हो गया है। उन लोगों का यह स्पष्ट मानना है कि—''दलितों द्वारा बौद्ध धर्म स्वीकार करने पर भी, उन पर जातीय भावना से होने वाले अन्याय व अत्याचार रुके नहीं। बुद्ध द्वारा कहे गये अष्टांग मार्ग अथवा सिक्खापद से दलितों का शोषण समाप्त नहीं हुआ। बुद्ध का देखा हुआ दुःख अलग है, वह मानव की तृष्णा से उपजा हुआ है, पर दलितों का दुःख अलग है। वह हिन्दू धर्म की जाति-व्यवस्था से पैदा हुआ है। इस सन्दर्भ में बौद्ध समीक्षकों द्वारा अनुशीलन कर विस्तृत विवेचन नहीं किया गया।'' (लिंबाले; वही; पृ. 51-52)।

दलित रचनाशीलता की सबसे शानदार और अनुकरणीय प्रवृत्ति है—सामाजिकता। यह सामाजिकता या समूहवादिता उसकी सृजन-प्रक्रिया का एक सहज संघटक है। दलित रचनाकार का व्यक्तिगत 'मैं' व्यक्तिवादी इकाई नहीं बल्कि सामूहिक

'हम' है। इन रचनाओं में बोलता हुआ मैं जैसे इनका पूरा समाज है। यहाँ मैं की वेदना, यातना, विक्षोभ, दग्धता प्रकारान्तर से उसके पूरे समाज की वेदना, यातना, विक्षोभ और दग्धता है। प्रगतिशील साहित्य की तरह यह प्रातिनिधिक वर्ग-चरित्र का मामला नहीं है बल्कि यहाँ व्यक्ति ही समाज है। यह सामाजिकता मूलतः एक आन्दोलनधर्मिता/ संघर्षशीलता है। 'मैं' के 'हम' का वाचक होने की प्रक्रिया में एक जबर्दस्त मुक्ति-कामना है। वाल्मीकि जी के शब्दों में—"मुक्ति-संघर्ष की छटपटाहट दलित कविता को ध्वनित करती है। दलित कवि का 'मैं' 'हम' की अभिव्यंजना बन जाता है।" (वाल्मीकि; वही; पृ. 85)। निश्चय ही यह सामाजिकता-केन्द्रीय रचना-प्रक्रिया दलित-रचनाशीलता के माध्यम से हिन्दी में आयी एक नयी ऊर्जा है।

जहाँ तक नकार, आक्रोश, विद्रोह आदि की बात है तो यहाँ सबसे बड़ा खतरा दृष्टिहीनता का पैदा होने की सदैव आशंका बनी रहती है। अम्बेडकर और ज्योतिबा फुले की विचारधारा और दार्शनकिता के प्रति प्रतिबद्धता का सम्बल एक आधार तो प्रदान कर सकता है, रचनात्मक जीवन-दृष्टि तो लेखक को उसकी व्यावहारिक कर्मठता और संघर्षशीलता से ही मिलेगी। यह अच्छी बात है कि वाल्मीकि जी यह मानते हैं कि—"दलित कविता का उद्देश्य पाठकों का मनोरंजन करना नहीं है। वह कार्य के लिए प्रयुक्त कराने वाली कविता है। वर्ण और जातिप्रथा के आधार पर फैलाई गयी विषमता के विरुद्ध उसने संघर्ष की भूमिका अपनाई है।" (वही; पृ. 103)। लेकिन केवल कविता की संघर्षशील भूमिका पर्याप्त नहीं है, वास्तविक व्यावहारिक और जमीनी संघर्ष की भूमिका अपनाये बिना वर्ण और जातिप्रथा के आधार पर फैलाई गयी विषमता को मिटाना सम्भव नहीं है। खेद की बात है कि वाल्मीकि जी दलित-लेखन और लेखकों के साहित्यिक संघर्ष और उसकी विकास-यात्रा की बात तो यहाँ करते हैं; दलित-जनता के वर्ण एवं जाति-विरोधी संघर्ष के कोई सन्दर्भ यहाँ नहीं देते। ऐसा प्रतीत होता है कि दलित-जनता के नाम पर पढ़े-लिखे आरक्षण-प्राप्त नौकरीपेशा मध्यवर्गीय दलित-जीवन को ही वे अपनी निगाह में रखकर चलते हैं। दलित लेखन के दलित पाठकों की बात अनेक बार उन्होंने अपने विशेषण में की है। कहते हैं कि दलित लेखकों की दग्ध आत्मानुभूतियों को दलित पाठक ही ज्यादा सघनता से अनुभव कर सकता है। (द्रष्टव्य; वही; पृ. 40)। वाल्मीकि जी दलित पाठकों के तैयार होते और बढ़ते वर्ग का भी उल्लेख करते हैं—

"हिन्दी के लेखक जहाँ पाठकों का रोना रोते हैं, वहीं दलित साहित्य के पाठकों में निरन्तर वृद्धि हो रही है। जबकि दलितों में शिक्षा का प्रतिशत गैर-दलितों की तुलना में नगण्य है, इसके बावजूद महानगरों से लेकर छोटे शहरों, कस्बों, गाँव-देहात में दलित पाठक साहित्य से जुड़े हैं।" (वही)। यह एक अच्छी और उत्साहवर्द्धक बात है। लेकिन केवल पीड़ा की अभिव्यक्ति—चाहे वह कितनी भी प्रामाणिक और

तल्ख हो—पाठकों को लम्बे समय तक बाँधे नहीं रख सकती। यहाँ तक कि दलित पाठकों को भी नहीं। पीड़ा से आगे एक सकारात्मक समाज-निर्माण की दिशा की ओर दलित-लेखकों को जाना ही होगा; जैसा कि वाल्मीकि जी राजेन्द्र यादव के हवाले से यहाँ प्रस्तावित करते हैं—"तीसरा—एक स्वप्न के रूप में होगा, हमें करना क्या है? हमें समानान्तर सौन्दर्य-शास्त्र देना है, वैकल्पिक समाज बनाना है, यह सारा संघर्ष साहित्य में भी है और समाज में भी।" (वही; पृ. 49)। राजेन्द्र यादव अपने इस वक्तव्य में दलित-साहित्य की तीन विकास-स्थितियों की कल्पना करते हैं—पहली पीड़ाभिव्यक्ति, दूसरी परिवर्तनकारी संघर्ष और तीसरी एक वैकल्पिक समाज का निर्माण। हिन्दी का समकालीन दलित-साहित्य फिलहाल पहली स्थिति में ही चल रहा है। दूसरी स्थिति को कभी-कभी वह छूने का प्रयास करता है लेकिन इसमें अभी वह सफल नहीं हुआ है। ऐसी स्थिति में तीसरी स्थिति की तो कल्पना ही कठिन है। हाँ, साहित्य में अवश्य उसने इस दिशा में कदम उठाया है और एक समानान्तर सौन्दर्यशास्त्र रच डाला है। लेकिन समाज का अत्यावश्यक क्षेत्र अभी अधूरा पड़ा है; बल्कि कहें कि वह एक दिग्भ्रम की स्थिति में है। साम्प्रदायिक शक्तियाँ उसे प्रलोभन देकर अपनी ओर आकर्षित करने में लगी हैं। विडम्बना यह है कि आज के हिन्दी के दलित-लेखक की भी गैर-दलित लेखकों की तरह आकांक्षा यह होती जा रही है कि "उसे अधिकार, अवसर और सत्ता में भागीदारी चाहिए।" (वही; पृ. 33)। जब अधिकार, अवसर और सत्ताकांक्षा लक्ष्य बन जाये तो केवल शब्दों में आन्दोलन-आन्दोलन-आन्दोलन और परिवर्तन-परिवर्तन-परिवर्तन चिल्लाने से कुछ नहीं होता। आम पाठक नव-निर्माण की स्वप्नशीलता को आज भी सत्ता में भागीदारी से कहीं ज्यादा तरज़ीह देता है।

पराजितों का सौन्दर्यशास्त्र

संजय नवले

1

इस देश की सच्चाई यह है कि यहाँ प्रत्येक मनुष्य को जाति और धर्म के आधार पर पहचाना जाता है। दूसरे शब्दों में कहना होगा तो इस पद्धति से कह सकते हैं कि यहाँ की समाज-व्यवस्था पूरी तरह से विषमता पर आधारित है। इसके पीछे यहाँ के धर्ममार्तंडों की चालबाजी है, यह अब स्पष्ट हो चुका है। वर्ग और वर्ण का निर्माण करने के पीछे यही धूर्तता थी कि कुछ लोगों पर आराम से राज करते रहना। प्रत्येक मनुष्य की एक मजबूरी यह होती है कि वह मौत से डरता है। चालाक लोगों के यह सब ध्यान में आया था, इस कारण यह जो बँटवारा किया गया है वह ईश्वरीय आदेश से किया गया है। इसका विरोध करना यानी कि ईश्वर का विरोध करना। ईश्वर का विरोध किया तो प्रकोप हो जायेगा। ईश्वर की वक्रदृष्टि से मौत आ सकती है। फिर निचले तबके के व्यक्ति को अथवा समूह को इनके आदेशों का चुपचाप पालन करना पड़ता था। आगे यही परम्परा चलती रही। इन धर्म पंडितों ने अपने हित के कानून बनाये थे। डर के मारे चुपचाप रहने के सिवाय इनके पास दूसरा पर्याय नहीं था। गहरी खामोशी में निचला तबका जीता रहा। इनकी भी एक मानसिकता तैयार हुई थी कि इस जन्म में अपने नसीब में यही लिखा है। अपना जन्म ही ईश्वरीय देन है। यह नियति का खेल है। हम कुछ कर नहीं सकते। इन्हें चुनौती देना यानी कि भगवान को नकारना जैसा है। ऐसी मानसिकता इस तबके के लोगों की बनी थी। आगे फुले, शाहू, डॉ. अम्बेडकर के विचार और कार्य के कारण इन लोगों की गहरी खामोशी टूटकर उसमें दरारें पड़ने लगती हैं। इन तीन महापुरुषों ने दलित समाज को एहसास दिलाया कि तुम भी मनुष्य हो। जैसे वे हैं। तुम्हें भी सभी अधिकार हैं। उन्हें जैसे है। अब दलित मनुष्य में चेतना निर्माण हुई। वह अपने आस-पास देखने लगे। धीरे-धीरे धूर्तता को पहचानने लगे। अब वह हक माँगने लगा। अस्मिता की लड़ाई लड़ने लगा। वंचितों को फुले, शाहू, अम्बेडकर

का संचित मिला। वह विचारों की ऊर्जा उनके जीवन में प्रकाश लेकर आयी। पढ़, लिखने के कारण ईश्वर झूठ है। वह एक कल्पना है। यह इनके ध्यान में आने के कारण अब दलित अधिकार की भाषा बोलने लगा। समाज-व्यवस्था की रचना कितनी गलत है, यह वह प्रमाणों को सिद्ध करने लगा। यह सब डॉ. बाबासाहेब अम्बेडकर के विचारों का फल है। इन विचारों का परिणाम यह हुआ कि महराराष्ट्र में जुझारू युवकों का संगठन निर्माण हुआ—दलित पैन्थर। दलित पैन्थर आन्दोलन से पूरे भारत में जागृति का विचार पहुँचा। कुछ लोग अन्याय कैसे हुआ। इनकी धूर्तता कैसी है। नारकीय जिन्दगी के लिए कौन जिम्मेदार है। यह खुले आम कहने लगे। कुछ लोग लिखने लगे। अपने जीवन को शब्दबद्ध करने लगे। इसका परिणाम ही दलित कविता, कहानी, आत्मकथा है। अर्थात् दलित साहित्य की निर्मिति।

2

हमारे देश में सौन्दर्य के बारे में भी मजेदार कल्पना है। इसके पीछे भी यहाँ के पंडितों की ही वैचारिकता है। यहाँ श्रम को सौन्दर्य से दूर रखा गया है। दूसरों का शोषण करके मजेदार, आनन्दमयी जिन्दगी जीनेवाले अपनी दुनिया को, अपनी जिन्दगी को आनन्द, आराम देने वाले घटकों को ये लोग सौन्दर्य में लेते हैं। फूलों में, बालों में, आकाश, पानी, चाँद, चाँदनी इसमें सौन्दर्य देखनेवाली बहुत बड़ी जमात इस देश में है। मन-हृदय को आनन्द देने वाले सभी कारक इनके सौन्दर्य के उपादान हैं। इस कारण तो कथाशिल्पी मुंशी प्रेमचन्द ने कहा था कि, 'सौन्दर्य की कसौटी बदलनी चाहिए।' यहाँ कभी मेहनतकश जमातों की दुनिया से सौन्दर्य को नहीं जोड़ा गया। दूसरे शब्दों में कहना होगा तो श्रम, परिश्रम, पसीना ये अलंकार कभी यहाँ सौन्दर्य के उपादान बने ही नहीं। अथवा बनने नहीं दिया गया। सही बात यह कि तथाकथित इन पंडितों ने वंचितों की, दलितों की रसिकता का ही अपहरण किया है। इस अपहरण का आधार जाति व्यवस्था है। अलग-अलग पद्धति से, अलग-अलग सन्दर्भों से दलितों को कहा गया कि आप विशिष्ट जाति में जन्मे हो, अर्थात् आप कनिष्ठ हो, गाना सुनना आपका अधिकार नहीं है। गाना क्या होता है, उसमें रस होता है, यह इन्हें मालूम ही नहीं होने दिया। दलितों को अक्षर संस्कृति से दूर रखा, पुस्तकों से दूर रखा। पढ़ना आपका काम नहीं है। ये अधिकार यह व्यवस्था तुम्हें नहीं देती। इसका अर्थ यह होता है कि अपने बीच सौन्दर्य होता है, सौन्दर्य दृष्टि होती है, इसका एहसास ही इन्हें होने नहीं दिया। अब दलित यह मानकर बैठा कि अपने जैसे मुनष्य में सौन्दर्य होता ही नहीं। अथवा इस बात से हमें लेना-देना नहीं है। हैरानी की बात यह है कि, शोषित, पीड़ितों का यहाँ इतिहास ही नहीं है। चालाकी करके इस पद्धति की व्यवस्था विकसित की गयी कि इनका इतिहास बाकी

न रहे। यह भी सच्चाई है कि प्रस्तावितों ने कभी लड़ाई लड़ी ही नहीं। लड़नेवाले यही गरीब, शोषित, पीड़ित ही थे। उन्हें शस्त्र लेने का अधिकार नहीं था। क्योंकि वह अधिकार क्षत्रियों का था। जब कभी लड़ाई के लिए इनके हाथ में शस्त्र दिये तो वापस लिए गये। अगर इनके पास कायम स्वरूप शस्त्र रहें तो ये लोग बलशाली बनेंगे, बगावत करेंगे। जागृति निर्माण होगी। यह डर प्रस्तावितों को था। यह भी डर था कि, इनके हाथ में शस्त्र, अस्त्र दिये तो इतिहास निर्माण होगा। ये लोग अपने दबाव में रहें। इस कारण इन्हें उत्पादन के साधन ही नहीं दिये। उत्पादनों के साधनों से विकास के रास्ते पर ये लोग आ सकते हैं, इसका डर इन लोगों को था। सही अर्थों से पराक्रम और शौर्य वंचित और दलितों का था। परन्तु नाम, जयघोष, प्रस्तावितों का होता था। इस देश में जीत दिलानेवाले ही पराजित रहे। परन्तु इन पराजितों का शौर्य, पराक्रम, ईमानदारी, श्रम, परिश्रम, सौन्दर्य के बड़े उत्पादन हैं। यही असली सौन्दर्य है।

फुले, शाहू, अम्बेडकर के विचार और कार्य के कारण दलितों में चेतना निर्माण हुई। दलित लिखने, बोलने लगा। तब वह वेदनाओं में सौन्दर्य देखने लगा। वेदनाओं का सौन्दर्य सामने रखने लगा। दस साल पूर्व मैंने मराठी में एक लेख पढ़ा था, 'मेरी माँ का सौन्दर्यशास्त्र'। उसकी याद आती है। दलित लेखक लिखता है, हमारी बस्ती गाँव के बाहर। झाड़-झंझटों से, घास-फूस से बनायी हमारी झोंपड़ी। हम सब उसमें रहते थे। खुले आसमान के तले नहाना पड़ता था। मेरी माँ को कभी भी एक रंग की साड़ी मिली नहीं। अलग-अलग रंगों के टुकड़े एकत्र करके हाथ से सुई-धागे से जोड़कर वह साड़ी पहनती थी। साबुन और तेल का नाम बहुत दूर था। फिर भी मुझे मेरी माँ दुनिया की सबसे सुन्दर स्त्री दिखायी देती थी। क्योंकि सौन्दर्य, कपड़ों में, त्वचा में नहीं उसकी भावना, ममता, श्रम, परिश्रम, स्वयं भूखा रहकर हमें खिलाने में था। स्वयं भूखी रहकर हमें खाते समय हमारे चेहरों को देखकर जब उसके चेहरे पर समाधान और आनन्द झलकता था। वह सही सौन्दर्य है।

3

दलित विचारक, दलित आन्दोलन, दलित लेखक किसी जाति विशेष के विरुद्ध नहीं है। उसका विरोध विषम व्यवस्था बनानेवालों के बारे में है। मनुष्य को विभाजित करने वाली नीतियों का है। गलत व्यवस्था और विचारों को सामने लाने का काम यह साहित्य कर रहा है। बहुत ईमानदारी से, प्रमाणों के साथ असली और नकली चेहरे सामने लाने का काम अपने विचार और लेखन के माध्यम से दलित लेखक कर रहा है। यह भी एक प्रकार से वैचारिक सौन्दर्य ही कहना होगा।

दलित कहानियाँ, उपन्यास, आत्मकथा में जो जीवन और पात्र आये हैं उनका

संघर्ष देखने लायक है। वे मनुष्यत्व की लड़ाई लड़ रहे हैं। शोषण के खिलाफ आवाज बुलन्द कर रहे हैं। जातीयता के विरुद्ध लामबन्द हो रहे हैं। उनकी लड़ाई में मुझे सौन्दर्य दिखता है। क्योंकि सौन्दर्य की परिभाषा अब बदली है। जो भी एकता, समता, मानवता के लिए करता है, वह श्रेष्ठ है। अन्याय के खिलाफ बोलनेवाला भी श्रेष्ठ है। मानवीय अधिकारों के लिए लड़ने वाला श्रेष्ठ है। मानवजाति को सम्मान देने की भाषा बोलनेवाला और कार्य करने वाला श्रेष्ठ है। यह सब हमें अन्य दलित साहित्य के साथ-साथ ओमप्रकाश वाल्मीकि के कहानी के पात्रों में और आत्मकथा में दिखाई देता है। हमें पत्थरों में सौन्दर्य दिखता है। चाहे ताजमहल हो, अजन्ता, एलोरा की गुफाएँ हों। इन पत्थरों से भी काला फिर भी सुन्दर, ईमानदार मनुष्य में हमें सौन्दर्य नहीं दिखाई देता यह दुर्भाग्य है।

ओमप्रकाश वाल्मीकि की आत्मकथा 'जूठन' हिन्दी साहित्य में नहीं बल्कि भारतीय साहित्य में चर्चित है, प्रसिद्ध है। आत्मकथा में स्वाभाविक है कि लेखक का जीवनपट उद्घाटित होता है। हुआ है। कैसे जीये इसका चलचित्रपट है। यह चित्रपट श्वेत, धवल है। रंगीन नहीं। जीवन रंगीन होने के लिए स्थितियाँ अनुकूल होनी चाहिए। इनके जीवन में सारी स्थितियाँ प्रतिकूल हैं। कई बार मुझे ऐसा लगता रहा है कि किसी का जीवन संघर्ष, किसी की पहाड़ी चढ़ान देखने लायक होती है। खूबसूरत होती है। वह हमें खूबसूरत लगती है। लेकिन उनके लिए काफी यातनामय होती है। इस कारण खूबसूरत लगती है कि वह व्यक्ति जीते समय बिकता नहीं है। टूटता है लेकिन बिकता नहीं है। मुझे ऐसे अपने-आपको बेचनेवाले व्यक्ति अच्छे नहीं लगते। कटा हुआ, फटा हुआ व्यक्ति अच्छा लगता है। लेकिन बँटा हुआ व्यक्ति अच्छा नहीं लगता। संघर्षरत, विद्रोही, तूफानों से सामना करनेवाला व्यक्ति आनेवाली पीढ़ियों को रास्ता दिखाता है। ये रास्ते ही हमारे लिए सौन्दर्यस्थली है। क्योंकि ये रास्ते हमारे गाइड हैं। फिलासॉफर हैं। मित्र हैं। कई अर्थों से ये पराजित व्यक्ति के रास्ते हैं। लेकिन कहीं भी एडजस्ट न होते हुए जीवन जीते रहना। मुकाबला करके आगे जाना, इस अर्थ में ऐसे व्यक्ति की जीत माननी चाहिए। यही सौन्दर्य है। 'जूठन' आत्मकथा में लेखक का बचपन, शिक्षा, नौकरी, गर्दिश के दिनों का घटनाक्रम है। नर्क सिर्फ कल्पना है। दलितों के नारकीय जीवन की दारुण व्यथा हिन्दी के महाकवियों को कभी छू भी नहीं सकी। इसी दारुणता से उभरकर मानवीय मूल्यों के लिए किया हुआ लेखक का संघर्ष देखने लायक है। मात्र देखने लायक ही नहीं है मेरी दृष्टि से वह सौन्दर्य का विषय है। आत्मकथा में एक प्रसंग है। गाँव के किसी त्यागी के घर बारात आयी हुई थी। माँ दरवाजे पर जूठन की अपेक्षा से टोकरी लेकर बैठी है। वह मालिक से पत्तल माँगती है। मालिक नकारता है। माँ भड़कती है। जूठन का टोकरा पलटती है। बच्चों को पकड़कर चलती हुई कहती है, इस जूठन से कल

सवेरे बारातियों को नाश्ता करा देना! माँ का यह स्वाभिमान है, वह देखने लायक है। यह स्वाभिमान हमारे सौन्दर्य का विषय है।

घोर आर्थिक दरिद्रता, सम्पूर्ण समाज द्वारा निरन्तर होनेवाला अपमान, पूर्णतः प्रतिकूल व्यवस्था इन सबसे गुजरते हुए शिक्षा प्राप्त कर सम्मानित जीवन जीने की कोशिश का यह ग्राफ सौन्दर्य का विषय है। लड़ने की जिद, पहाड़ी चढ़ान पार करने की कोशिश, आनेवाली पीढ़ियों को रास्ता दिखाती रहेगी। इसमें तो सौन्दर्य है। इस देश में मेहनती, ईमानदार, लोगों को जानबूझकर पराजित करने के षड्यन्त्र कभी जाति के तो कभी धर्म के आधार पर तैयार किये गये हैं। इन सभी को तोड़कर, चीरकर दलितों की जो घुड़दौड़ है, साथ ही साथ आत्मकथाकार की घुड़दौड़ है। वह सौन्दर्य का विषय है। दूसरे शब्दों में इस पद्धति से कहना होगा कि इन्हें धर्म व्यवस्था ने पराजित किया है। लेकिन इनके पास ईमानदारी, श्रम, परिश्रम, सच्चाई है! यही सौन्दर्य है। यही पराजितों का सौन्दर्यशास्त्र है।

ओमप्रकाश वाल्मीकि का साहित्यिक चिन्तन और सामाजिक सरोकार

रवि कुमार गोंड

ओमप्रकाश वाल्मीकि जी का जन्म 30 जून, सन् 1950 को जनपद मुजफ्फरनगर में हुआ था। एम. ए. की शिक्षा प्राप्त करते वक्त ही ये लेखन क्षेत्र में उतर चुके थे। उनके द्वारा रचित 'सदियों का सन्ताप', 'बस्स! बहुत हो चुका' (कहानी-संग्रह), 'जूठन' (आत्मकथा), 'सलाम' (कहानी-संग्रह), 'दलित साहित्य का सौन्दर्यशास्त्र' (आलोचना) हिन्दी साहित्य लेखन में महत्त्वपूर्ण स्थान रखता है। प्रज्ञा-साहित्य के दलित विशेषांक का अतिथि सम्पादन भी इन्होंने किया जो आज भी बहुत ही उपयोगी है। यह एक सफल नाटककार भी थे। इन्होंने 60 नाटकों में अभिनय और निर्देशन भी किया। इनके साथ ही इनके वृहद् व्यक्तित्व के लिए इन्हें डॉ. अम्बेडकर राष्ट्रीय पुरस्कार 1993, परिवेश सम्मान 1995, जय श्री सम्मान 1996 में सम्मानित भी किया गया। इनका व्यक्तित्व तो ऊँचा था ही, परन्तु इससे कहीं ज्यादा ऊँचा था इनका संघर्षशील लेखन-कर्म।

दलित समाज वर्षों से उपेक्षित रहा है। चाहे उनकी अस्मिता का सवाल हो या फिर शिक्षा, रोजगार, अधिकार या फिर हो सम्मान की बात। वर्षों से गुलामी-उत्पीड़न का दंश दलित समाज झेलता आ रहा है। आज भी उनकी स्थिति लगभग वैसे ही है जैसे पहले थी। परन्तु इस बात को नकारा नहीं जा सकता है कि उनकी स्थिति में सुधार नहीं हुआ है लेकिन उनका स्तर अभी उतना सुदृढ़ नहीं हो सका है जितने के वो हकदार हैं। एक ऐसा समय आया जब वर्षों पहले चली आ रही गुलामी को तोड़ने की जरूरत महसूस हुई। कुछ लोग जैसे डॉ. अम्बेडकर, ज्योतिबा फुले, नारायण गुरु आदि ने दलितों को जागरित करने का कार्य किया। उनके हितों के लिए उन्होंने रात-दिन जी-तोड़ मेहनत की। उसके बाद एक ऐसे साहित्यकार का जन्म हुआ जो दलितों के अधिकार के लिए आखिरी साँस तक आजीवन लिखता रहा, ऐसे ही थे ओमप्रकाश वाल्मीकि। जिनकी लेखनी दलितों के हितों की रक्षा के लिए एक ब्रह्मास्त्र की तरह थी। वह वास्तव में दलितों के जनवादी लेखक थे।

उन्होंने कुंठित मानसिकताओं, वर्णवादी व्यवस्था प्रथाओं, वर्जनाओं को तोड़ने का काम किया। उनकी कथनी और करनी में फर्क करना एक दुष्कर कार्य था। जितने अच्छे वह एक साहित्यकार थे उतने ही अच्छे वे एक कवि भी थे।

डॉ. हरिनारायण ठाकुर जी लिखते हैं कि "दलित साहित्य में ओमप्रकाश वाल्मीकि किसी परिचय के मोहताज नहीं हैं। सच पूछा जाय तो हिन्दी में शुद्ध रूप से दलित साहित्य की कथा-यात्रा ओमप्रकाश वाल्मीकि से ही शुरू होती है।"[1]

उन्होंने आज तक जितनी भी रचनाएँ कीं उनमें सिर्फ संवेदना के पक्ष ही नहीं मौजूद हैं बल्कि उनमें बाकायदा मुक्ति के प्रश्न और व्यक्ति के संवैधानिक मुद्दे भी मौजूद हैं। जो बाकायदा बेबाक और निर्भय होकर समाज से जिरह करते हैं और अपने अधिकारों की माँग करते हैं। ओमप्रकाश वाल्मीकि हिन्दी साहित्य में दलित लेखन के वैचारिक स्तम्भों में से एक हैं। उन्होंने न केवल वैचारिकता की नयी भाव-भूमि तैयार की बल्कि सामाजिक सरोकार की एक नयी दिशा को भी निर्देशित किया। उन्होंने साहित्य को अधिकार, माँग और व्यक्ति के व्यक्तिगत मुद्दों इन तीनों से जोड़कर उन्होंने शोषित और निम्न वर्ग के लोगों को जगाने का कार्य किया। जो साहित्य जगत् में हमेशा अविस्मरणीय रहेगा। उनके द्वारा रचित चाहे, जूठन, सलाम, दलित साहित्य का सौन्दर्यशास्त्र हो या फिर 'शब्द झूठ नहीं बोलते', घुसपैठिये, या फिर सफाई देवता—इन सभी में युवा चेतना और पराधीनता की बेड़ियों से आजाद होने का बयान दर्ज है। वह जब तक जिये, लिखते रहे लोगों के हक के लिए ताकि पीड़ा में जीता हुआ अपाहिज समाज को वैचारिक हक की वैशाखी मिल सके और उनको अपना भविष्य मिल सके। उनके लेखन से निश्चित ही सबको अपनी अभिव्यक्ति की स्वतन्त्रता प्राप्त हुई और उनके द्वारा भेंट की गयी अभिव्यक्ति रूपी वैशाखी बाद में निम्न वर्ग के लोगों के लिए सुरक्षा कवच बन सका। न तो वह शब्दों के सफर में कभी हारे और न ही जीवन के डगर में। वह बड़े ही नपेतुले शब्दों में बात कहने के आदी रहे हैं। वह लिखते हैं—

"जिसमें उभरता है बिम्ब
जो उन्हें लगता है वीभत्स
प्रतिशोध से भरा हुआ
जितनी बार भी देखते हैं वे
उतनी ही बार हो जाता है
उनका चेहरा विद्रूप
अमानुषिक दर्प से भरा हुआ।"[2]

ओमप्रकाश वाल्मीकि जी की एक खास विशेषता यह भी थी कि वह जहाँ कहीं भी गलत थे तो उसे वह सहर्ष स्वीकार करते थे और जहाँ वह सही होते थे वहाँ पर चट्टान की तरह अडिग हो करके खड़े रहते थे। साहित्य को उन्होंने सूक्ष्म

ढंग से जाना और समझा तथा उसमें निहित मौलिक तत्त्व को समाज के सामने लाकर प्रस्तुत किया। बुनियादी सवाल के वे आग्रही थे और बेबुनियादी सवाल के विरोधी। उनका साहित्यिक चिन्तन व्यक्ति और समाज दोनों के लिए था। क्योंकि दोनों एक-दूसरे के पूरक हैं। वह 'शब्द झूठ नहीं बोलते' में बाकायदा लिखते हैं–

"उन्हें डर है
बंजड़/धरती का सीना चीर कर
अन्न उगा देने वाले साँवले खुरदुरे हाथ
उतनी ही दक्षता से जुट जायेंगे
वर्जित क्षेत्र में भी
जहाँ अभी तक लगा था उनके लिए
नो एंटरी का बोर्ड।"[13]

ओमप्रकाश वाल्मीकि जी ने पीड़ित व्यक्ति की मार्मिक संवेदनाओं को बारीकी के साथ पकड़ा और उसका अध्ययन किया साथ ही उनकी जीवन की सच्चाइयों से सबको रूबरू भी करवाया। उनके लिए हर शब्द का अपना महत्त्वपूर्ण स्थान था। उनका मानना है कि शब्द व्यक्ति से सीधा ताल्लुकात रखते हैं उनका अतीत, भूत और भविष्य से सीधा सम्बन्ध रहता है क्योंकि शब्द कभी झूठ नहीं बोलते। वह लिखते हैं–

"अँधेरा सिर्फ एक शब्द भर
नहीं है मेरे लिए
पूरा इतिहास है
जिसे ढोया है
हजारों साल से
एक बोझ की तरह
अभ्यस्त होकर जिये
पीढ़ी-दर-पीढ़ी।"[14]

ओमप्रकाश वाल्मीकि जी का मानना है कि शोषितों, दबे-कुचलों की जिन्दगी हमेशा अँधेरों के बीच में ही रही। उन लोगों ने अँधेरों के बीच अपने जीवन की अस्मिता की तिलांजलि दे दी। जिन हाथों ने मुगलों के लिए उच्च स्तरीय महलों का निर्माण किया और उच्च वर्गों के लिए सिर छुपाने के लिए वतन बनाया, उनकी जिन्दगी में बसेरा किया। आज वही अँधेरों के बीच अपना जीवन-यापन कर रहे हैं। वाल्मीकि जी का कहना है कि इस अँधेरे में बहुत कुछ दफन है, व्यक्ति, समाज, वजूद-पहचान, अधिकार, आवाज सब कुछ। वह लिखते हैं–

"रात गहरी और काली है
अकाल ग्रस्त त्रासदी जैसी
जहाँ हजारों शब्द दफन हैं
इतने गहरे
कि उनकी सिसकियाँ भी
सुनाई नहीं देतीं।"[5]

ओमप्रकाश वाल्मीकि जी ने समाज की कुविसंगतियों को बड़ी बारीकी के साथ पकड़ा और समाज को उनसे परिचित करवाया। उन्होंने सामन्ती विचारधाराओं के खिलाफ अपनी आवाज को बुलन्द किया और ऐतिहासिक उत्पीड़न, शोषण और दमन का विश्लेषण करते हुए नवचिन्तन को एक नयी दिशा प्रदान की। उनके लिए जीवन का मकसद सिर्फ मौज और मस्ती करना नहीं था बल्कि वह अपने जीवन को देश और समाज के हित में लगाना श्रेयस्कर समझते थे और उन्होंने ऐसा किया भी। वह लिखते हैं–

"मेरे लिए
जिन्दगी का मकसद है–
इस बोझ को कन्धों से उतार कर
सरेआम चौराहे पर टाँग दूँ
ताकि तुम देख सको
इस बोझ का खूँखार चेहरा
जिसकी घेरेबन्दी में
धीरज टूट रहा है मेरा।"[6]

एक समय ऐसा आया जब देश में धीरे-धीरे शोषित समाज की विपन्नता, उनकी कायरता बनती गयी फलस्वरूप वो गुलाम हो गये, भारत के आजाद होने के बाद भी। ओमप्रकाश जी ने फिर लिखा 'सफाई देवता' का इतिहास, जिसके एक-एक शब्द स्वतन्त्रता की अनुगूँज साबित हुए और कायम हुआ समानाधिकार का हक। वह सफाईकर्मियों की पीड़ाओं के सन्दर्भ में लिखते हैं–"शहर छोटे हों या बड़े सफाई कर्मियों की स्थितियाँ सभी जगह एक जैसी हैं। समूचा देश उनके लिए कत्लगाह है। जब-जब वे इस दलदल से बाहर आने के लिए छटपटाए, उनकी कोशिशों को बेरहमी से कुचला गया। कभी धर्म का वास्ता देकर तो कभी संस्कृति का, वे तमाम हथकंडे इस्तेमाल करते रहे इन्हें अपने अधीन रखने के। समय के गर्त में डूबते चले गये। लेकिन न समाज ने इनकी सुधि ली, न धर्म ने।"[7]

सबसे पहले इनके कहानी संग्रह 'सलाम' से मुद्दे और प्रश्नों की शुरुआत करते हैं। सलाम कहानी संग्रह दलितों के जीवन की त्रासदी का महाआख्यान है। उसमें

उनकी संघर्ष गाथा को बखूबी दर्ज किया गया है। कमल के द्वारा वह कहानी सलाम में बाकायदा प्रश्न करते हैं कि—"क्या यही है गाँव का अतिथि सत्कार। आप लोग अपने ही गाँव की लड़की के लिए ऐसी बातें कर रहे हो। क्या वह इस गाँव की बेटी नहीं है।"[8] दरअसल बात यह है कि हर जगह कुछ अराजक तत्त्व मौजूद रहते हैं न तो वह अपना विकास करते हैं न ही लोगों को विकास करते देख सकते हैं। यही हाल हरीश के शादी में आये दोस्त कमल के साथ हुआ।

कहानी 'सपना' वैचारिक दृष्टिकोण पर आधारित है। सपना कहानी में जहाँ शिरोडकर सभी धर्मों के लोगों को एक ही जगह मन्दिर बनाने की बात करता है वही विनय बाकायदा प्रश्न करता है कि "ऋषि ये सब किसलिए? मन्दिर बनाकर ये लोग किस समस्या का समाधान करना चाहते हैं। यहाँ की सबसे बड़ी समस्या तो कालेज है। जिसकी जरूरत आज भले ही कोई महसूस न करता हो, लेकिन आने वाले वर्षों में यह समस्या गम्भीर रूप धारण करेगी। क्यों नहीं ये लोग इतनी ही तत्परता से कालेज खोलने की बात उठाते हैं।"[9] कहानी बैल की खाल, भय, कहाँ जाये सतीश?, मोह का ग्रहण, बिरम की बहू, पच्चीस चौका डेढ़ सौ, अन्धड़, जिनावर, कुचक्र, अम्मा, खानाबदोश आदि कहानियाँ भी दलित जीवन की त्रासदी और उनके स्वाभिमान को बखूबी उकेरती हैं। 'खानाबदोश' कहानी में ओमप्रकाश वाल्मीकि जी ने सुकिया और मानो के द्वारा कुछ इस प्रकार से प्रश्न किया है, "भट्ठे से उठते काले धुएँ ने आकाश तले एक काली चादर फैला दी थी। सब कुछ छोड़ कर मानो और सुकिया चल पड़े थे। एक खानाबदोश की तरह जिन्हें एक घर चाहिए था, रहने के लिए। पीछे छूट गये थे कुछ बेतरतीब पल, पसीने के अक्स जो कभी इतिहास नहीं बन सकेंगे। खानाबदोश जिन्दगी का एक पड़ाव था यह भट्ठा।"[10]

वाल्मीकि जी की एक कहानी 'शाल का पेड़' है जो वागर्थ के जून 2004 अंक में प्रकाशित हुई थी। यह कहानी आदिवासी कर्मचारी को केन्द्र में रखकर लिखी गयी है। यह अपने लाक्षणिकता और अर्थ-गुम्फन की दृष्टि के साथ ही वैचारिकता ही दृष्टि से बेजोड़ है। ओमप्रकाश वाल्मीकि से जब सभी प्रश्न करते हैं कि—दलित साहित्यकार कौन है? क्या ब्राह्मण लेखक को दलित साहित्यकार माना जा सकता है? यदि दलित लेखक ब्राह्मणवादी विचारधारा से प्रभावित हो कर लेखन करता है तो क्या उसका लेखन दलित लेखन माना जायेगा? डॉ. श्यौराजसिंह बेचैन और डॉ. धर्मवीर के विपरीत ओमप्रकाश वाल्मीकि जी स्पष्ट शब्दों में कहते हैं, "अगर कोई दलित ब्राह्मणवादी सोच और वर्णाश्रम व्यवस्था के समर्थन में लेखन करता है तो उसका साहित्य दलित साहित्य की श्रेणी में नहीं आयेगा। भले ही उसका लेखक जन्मना दलित हो।"[11] इस तरह से बेबाकी और सूझ-बूझ के साथ अपनी बात को कहना, वास्तव में एक अच्छे साहित्यकार के गुण समाहित थे ओमप्रकाश वाल्मीकि जी के अन्दर।

ओमप्रकाश द्वारा लिखित कहानी 'शवयात्रा' बल्हार जाति की अन्तर्मनोवेदनात्मक पीड़ा को प्रदर्शित करती है। उन्होंने इस कहानी के माध्यम से प्रश्न किया है कि क्या बल्हार जाति का कोई वजूद और अस्तित्व-पहचान नहीं होता? क्या उन्हें स्वतन्त्रतापूर्वक जीने का हक नहीं? क्या वह समाज में सम्मान पाने योग्य नहीं? क्या सारे सुख-वैभव पर सिर्फ उच्च जाति के लोगों का अधिकार है, निम्न जाति वालों का नहीं? सुरजा जब मकान बनवाने के लिए ईंटें मँगवाता है घर पर, तो सारे लोग उससे ईर्ष्या, द्वेष करने लगते हैं। सुरजा को देखते ही बलराम सिंह चीख उठता है—"अंटी में चार पैसे आ गये तो अपनी औकात भूल गया। बल्हारों को यहाँ इसलिए नहीं बसाया था कि हमारी छाती पर हवेली खड़ी करेंगे—वह जमीन जिस पर तुम रहते हो, हमारे बाप-दादों की है। जिस हाल में हो...रहते हो...किसी को एतराज नहीं होगा। सिर उठाकर खड़ा होने की कोशिश करोगे तो गाँव से बाहर कर देंगे।"[12] 'मुख्यधारा और दलित साहित्य' पुस्तक में ओमप्रकाश वाल्मीकि जी का कहना है कि दलित चेतना का सीधा सरोकार 'मैं कौन हूँ'? से बहुत गहराई तक जुड़ा हुआ है। वह दलितों की सांस्कृतिक, ऐतिहासिक और सामाजिक भूमिका की छवि के तिलस्म को तोड़ती है। उसके वजूद को नकारना यूँ ही नहीं बल्कि ऐतिहासिक घटना है। वह लिखते हैं—"अनीश्वरवाद, अनात्मवाद, वैज्ञानिक दृष्टिबोध, पाखंड-कर्मकांड का विरोध, सामाजिक न्याय की पक्षधरता, वर्ण-व्यवस्था का विरोध, सामन्तवाद का विरोध, पूँजीवाद-बाजारवाद का विरोध, साम्प्रदायिकता का विरोध, ब्राह्मणवाद का विरोध, अधिनायकवाद का विरोध, जैसे सवाल दलित साहित्य के सरोकारों में शामिल हैं।"[13]

ओमप्रकाश वाल्मीकि का कहानी संग्रह 'घुसपैठिये' दलित जीवन की पीड़ाओं को व्यक्त करती और दलित-चेतना की दस्तक देती विशिष्ट कहानियों का संग्रह है। घुसपैठिये कहानी में उन्होंने समाज से प्रश्न करते हुए पूछा—"अभी और कितनी हत्याएँ होंगी राकेश साहब? ..." रमेश ने अपनी बात जारी रखी थी, "सोनकर का अपराध क्या था?...सिर्फ इतना कि माँ-बाप उसे डॉक्टर बनाना चाहते थे।"[14] आखिर कब तक व्यक्ति ईर्ष्या, द्वेष, घृणा, तृष्णा के बीच अपने जीवन को झुलाता रहेगा। वह यह नहीं जानता कि वह जिस झलुए पर बैठा हुआ है उसकी रस्सी की डोर कमजोर है जरा सी तेज पेंग मारने पर वह टूट जायेगा फिर न तो उसका अस्तित्व रहेगा न उसकी पहचान। यह वर्ग-भेद की लड़ाई व्यक्ति को मानव से इन्सान ही नहीं बनने दे रही है। इसी तरह कुछ सटीक मुद्दों का यह अन्त नहीं, मुम्बई कांड, शवयात्रा, प्रमोशन, कूड़ाघर, मैं ब्राह्मण नहीं हूँ, दिनेशपाल जाटव उर्फ दिग्दर्शन, रिहाई, ब्रम्हस्त्र, हत्यारे, जंगल की रानी आदि कहानियों में उठाया गया है। कहानी दिनेशपाल जाटव उर्फ दिग्दर्शन में झूठ के खिलाफ लड़ते हुए वाल्मीकि जी

ने प्रश्न किया है, ''उसका अपराध क्या है? सच को सच कहना गलत है?''[15] यह शब्द आज भी एक ईमानदार व्यक्ति के लिए प्रश्न और उसके जीवन से जुड़े हुए मुख्यतः मुद्दे हैं।

वाल्मीकि जी द्वारा रचित आत्मकथा 'जूठन' में एक दलित की सच्ची पीड़ा, असहायता, आक्रोश और क्रोध साथ ही आदमी को दर्जा दिये जाने की जद्दोजहद सन्निहित है। इसमें एक दलित के जीवन का भोगा हुआ यथार्थ दर्ज है। जहाँ सिद्धान्तों और किताबी बहसों से बाहर, चरमराती व्यवस्था के प्रति किया गया आन्दोलन है। जूठन आत्मकथा में ओमप्रकाश जी दलितों के आधिकारिक मुद्दों पर बहस करते हुए लिखते हैं—''वक्ता बदला है। लेकिन कहीं कुछ है जो सहज नहीं होने देता है। कई विद्वानों से जानना चाहा कि सवर्णों के मन में दलितों, शूद्रों के लिए इतनी घृणा क्यों है? पेड़-पौधों, पशु-पक्षियों को पूजने वाला हिन्दू दलितों के प्रति इतना असहिष्णु क्यों है? आज 'जाति' एक विशिष्ट और महत्त्वपूर्ण घटक है। जब यह पता नहीं होता कि आप दलित हैं तो सब कुछ ठीक रहता है, 'जाति' मालूम होते ही सब कुछ बदल जाता है। फुसफुसाहटें, दलित होने की पीड़ा चाकू की तरह नस-नस में उतर जाती है। गरीबी, अशिक्षा, छिन्न-छिन्न दारुण जिन्दगी, दरवाजे के बाहर खड़े रहने की पीड़ा भला आभिजात्य गुणों से सम्पन्न सवर्ण हिन्दू कैसे जान पायेंगे?''[16]

ओमप्रकाश वाल्मीकि जी कवि, आलोचक और समीक्षक के साथ एक बेहतरीन कथाकार भी थे। उनके द्वारा रचित कथाएँ केवल कल्पना में नहीं जीतीं बल्कि उनकी कल्पनाएँ मानव के जीवन की सच्ची तस्वीर पेश करती नजर आती हैं। वह भोगा हुआ यथार्थ लिखते थे और यथार्थवादी-दृष्टिकोण उनकी रचनाओं में स्पष्ट परिलक्षित होता है। उनके द्वारा विरचित कहानी संग्रह 'घुसपैठिये' बाकायदा निम्न वर्ग की अस्मिता और हाशिये पर पड़े हुए उनके वजूद, दोनों की संघर्ष गाथा को निष्पक्ष पन्नों में उकेरता है, सिर्फ कागजी पन्नों पर नहीं बल्कि यथार्थ धरातल पर भी। उन्होंने 'घुसपैठिये' में एक दलित छात्र की अस्मिता पर हुए अत्याचार को इस प्रकार से व्यक्त किया है—''दलित छात्रों को अलग खड़ा करके अपमानित करना तो रोज का किस्सा है। प्रवेश परीक्षा के प्रतिशत अंक पूछकर थप्पड़ या घूँसों का प्रहार होता है। जरा भी विरोध किया तो लात पड़ती है। यह दो-चार दिन नहीं साल के साल चलता है। और यह पिटाई कालेज या छात्रावास तक ही सीमित नहीं है। शहर से कालेज तक जाने वाली बस में पिटाई होती है। कोई एक सीनियर चलती बस में चिल्लाकर कहता है, 'इस बस में जो भी चमार स्टूडेंट हैं...' वह खड़ा हो जाये...फिर उसे धकियाकर पिछली सीटों पर ले जाया जाता है, जहाँ पहले से बैठे सीनियर लात, घूँसों से उसका स्वागत करते हैं।''[17]

ओमप्रकाश वाल्मीकि जी का कहना था कि हाथ पर हाथ धरकर बैठना मूर्खता

है जीवन के इस कुरुक्षेत्र में अगर सफल होना है तो आने वाले सभी खतरों से तुम्हें मुकाबला करना होगा क्योंकि–

"मुश्किल होता है
टिके रहना धारा के विरुद्ध
जैसे खड़ा रहना दहकते अंगारों पर।"[18]

ओमप्रकाश वाल्मीकि निम्न वर्गों के लिए ही नहीं बल्कि उन सभी लोगों के लिए जो सताये गये थे जीवन भर उनके हक के लिए जद्दोजहद करते रहे। आज वो हम सभी के बीच नहीं हैं फिर भी उनकी यादें और सीखें उनके द्वारा दिखाये गये रास्ते हमें हमेशा नव सम्बल प्रदान करती रहेंगी और एक उज्ज्वल भविष्य की ओर अग्रसर करती रहेंगी। तभी तो वह लिखते हैं–

"इसलिए तय कर लिया मैंने
नहीं नहाऊँगा ऐसी किसी गंगा में
जहाँ पंडे की गिद्ध-नजरें गड़ी हों
अस्थियों के बीच रखे सिक्कों
और दक्षिणा के रुपयों पर
विसर्जन से पहले ही
झपट्टा मारने के लिए बाज की तरह।"[19]

अन्त में उनके द्वारा रचित कहानी संग्रह 'सलाम' से यह पंक्ति जो आज भी सार्थक है और कुछ सोचने पर विवश भी करती है, यह कहानी उनके लिए है जो अच्छे भविष्य की कामना रखते हैं। वह लिखते हैं–"उसने मानो का हाथ पकड़ा," चल! म्हारा घर ना बणेन देंगे। पक्की ईंटों के मकान का सपना उनकी पकड़ से फिसलकर और दूर चला गया था। भट्ठे से उठते काले धुएँ ने आकाश तले एक काली चादर फैला दी थी। सब कुछ छोड़कर मानो और सुकिया चल पड़े थे। एक खानाबदोश की तरह। जिन्हें एक घर चाहिए था, रहने के लिए। पीछे छूट गये थे कुछ बेतरतीब पल, पसीने के अक्स जो कभी इतिहास नहीं बन सकेंगे। खानाबदोश जिन्दगी का एक पाव था यह भट्ठा।"[20]

अब अगर उनकी तीनों कविताओं ('आईना' 'महायुद्ध' और 'अस्थि-विसर्जन') की बात करें तो उनमें दलित जीवन में बिखरे तीन रंगों (सुनहरा, हरा व धूसर) का सुन्दर मिश्रण तो है ही, साथ ही ओमप्रकाश वाल्मीकि के जीवन-संघर्ष की धुरी एवं उनके उद्देश्य को भी पूर्ण करती नजर आती हैं। वे कहते हैं–

"मेरी रक्त शिराओं में
हर रोज घुल रही है दहशत
फिर भी,

मैं बार-बार जोड़ता हूँ
विखण्डित शब्दों को
चिन्दी-चिन्दी उस चदरिया की तरह
जिसे ओढ़कर
कभी निकला था कबीर
बनारस की गलियों में!"[21]

सन्दर्भ

1. डॉ. हरिनारायण ठाकुर—दलित साहित्य का समाजशास्त्र, भारतीय ज्ञानपीठ, नयी दिल्ली, संस्करण 2009, पृ. 422
2. 'बया'; अंक-1, वर्ष-1, दिसम्बर 2006; सम्पादक गौरीनाथ; कविताएँ ओमप्रकाश वाल्मीकि—'अस्थि विसर्जन', 'आईना', दिल्ली, पृ. 141
3. ओमप्रकाश वाल्मीकि—'शब्द झूठ नहीं बोलते', अनामिका पब्लिशर्स एंड डिस्ट्रीब्यूटर्स (प्रा.) लि., नयी दिल्ली, संस्करण 2012, पृ. 19
4. वही, पृ. 39
5. वही, पृ. 15
6. 'तीसरा पक्ष'; वर्ष-5, संयुक्तांक-19-20 जुलाई—दिसम्बर 2005; सम्पादक देवेश चौधरी 'देव'; ओमप्रकाश वाल्मीकि—'महायुद्ध', जबलपुर, मध्यप्रदेश, पृ. 76
7. ओमप्रकाश वाल्मीकि—'सफाई देवता', राधाकृष्ण प्रकाशन, नयी दिल्ली, संस्करण 2008, पृ. 118
8. ओमप्रकाश वाल्मीकि—सलाम (कहानी संग्रह), राधाकृष्ण प्रकाशन, संस्करण 2010
9. वही, कहानी, सपना, पृष्ठ 25
10. वही, कहानी, खानाबदोश, पृ. 132
11. दिनेशराम—समकालीन हिन्दी कहानी और अम्बेडकरवादी आन्दोलन, अकादमिक एक्सेलेन्स, दिल्ली, संस्करण 2004, पृ. 115
12. रमणिका गुप्ता (सम्पा)—युद्धरत आम आदमी (त्रैमासिक पत्रिका), पूर्णांक 100, 2009, ओमप्रकाश वाल्मीकि, कहानी 'शवयात्रा', पृ. 32
13. ओमप्रकाश वाल्मीकि—मुख्यधारा और दलित साहित्य, सामयिक प्रकाशन, नयी दिल्ली, संस्करण 2009, पृ. 50-51
14. ओमप्रकाश वाल्मीकि—'घुसपैठिये' (कहानी-संग्रह), राधाकृष्ण प्रकाशन, नयी दिल्ली, संस्करण 2011, पृ. 13
15. वही—दिनेश पाल जाटव उर्फ दिग्दर्शन (कहानी), पृ. 73
16. ओमप्रकाश वाल्मीकि—जूठन (आत्मकथा), राधाकृष्ण प्रकाशन, नयी दिल्ली, संस्करण 2013, पृ. 160
17. ओमप्रकाश वाल्मीकि—'घुसपैठिये', राधाकृष्ण प्रकाशन, नयी दिल्ली, संस्करण 2003, पृ. 15-16

18. 'बया'; अंक-1, वर्ष-1, दिसम्बर 2006; सम्पादक गौरीनाथ; कविताएँ ओमप्रकाश वाल्मीकि–'अस्थि विसर्जन', 'आईना', दिल्ली; पृ. 141
19. 'बया'; अंक-1, वर्ष-1, दिसम्बर 2006; सम्पादक गौरीनाथ; कविताएँ ओमप्रकाश वाल्मीकि–'अस्थि विसर्जन', 'आईना', दिल्ली, पृ. 141
20. ओमप्रकाश वाल्मीकि–'सलाम', राधाकृष्ण प्रकाशन, नयी दिल्ली, संस्करण 2010, पृ. 132
21. 'बया'; अंक-1, वर्ष-1, दिसम्बर 2006; सम्पादक गौरीनाथ; कविताएँ ओमप्रकाश वाल्मीकि–'अस्थि विसर्जन', 'आईना', दिल्ली, पृ. 141

ओमप्रकाश वाल्मीकि का साहित्य

विष्णु आर. सरवदे

भारतीय दलित साहित्य में जिन दलित साहित्यकारों का नाम लिया जाता है उनमें मोहनदास नैमिशराय, जयप्रकाश कर्दम, तेज सिंह, श्यौराजसिंह बेचैन, माताप्रसाद, कालीचरण स्नेही, मनोज सोनकर, दयानन्द बटोही, एन. सिंह, पुरुषोत्तम सत्यप्रेमी, सूरजपाल चौहान, अजय नावरिया, कुसुम वियोगी, रजत रानी मीनू, सुशीला टाकभौरे, विमल थोरात आदि के साथ हिन्दी दलित साहित्य में ओमप्रकाश वाल्मीकि जी का नाम सर्वप्रथम आदर के साथ लिया जाता है। हिन्दी दलित साहित्य में ओमप्रकाश वाल्मीकि जी को अपनी आत्मकथा 'जूठन' के द्वारा पहचाना जाने लगा। उनकी यह आत्मकथा केवल हिन्दी दलित साहित्य में ही जानी जाती नहीं बल्कि भारत की सभी भाषाओं में उसका अनुवाद बनकर वह मील का पत्थर ही नहीं बल्कि कालजयी कृति बन गयी है। 'जूठन' देश-विदेश में चर्चा का विषय बनकर रह गयी। 'जूठन' के अनेक भाषाओं में अनुवाद हो गये इसी कारण दलितों की सामाजिक स्थिति कितनी बेकार है इसका पता सारी दुनिया को लगा।

ओमप्रकाश जी का जन्म उत्तर भारत के दलित समाज में हुआ मगर वे भले जाति से दलित थे लेकिन संस्कारों से सवर्णों से भी श्रेष्ठ थे। उनके स्वभाव में शालीनता, सदाचार, सच्चाई और अपनापन था। उनका व्यक्तित्व इतना सुन्दर था कि उनको देखने के बाद किसी को भी नहीं लगता था कि वे एक दलित जाति में जन्म ले चुके हैं। उनकी इस शारीरिक सुन्दरता को देखकर ही महाराष्ट्र की एक ब्राह्मण कन्या उन्हें ब्राह्मण समझ कर उनसे प्रेम कर बैठी थी। लेकिन उनकी ईमानदारी ने उन्हें कभी झूठ बोलने नहीं दिया। वह अपनी प्रेमिका, उसके पिता को अपने वाल्मीकि होने का सच बता देते हैं जिसके कारण वह अपनी प्रेमिका से अलग हो जाते हैं। वाल्मीकि चाहते तो झूठ बोलकर ब्राह्मण कन्या से विवाह कर सकते थे लेकिन उनका जमीर उसे स्वीकारता नहीं। वह सच बता कर झूठ का साथ न देकर अपनी प्रेमिका से हमेशा के लिए अलग हो जाते हैं। उनके प्रेम को केवल ब्राह्मणवादी सोच के कारण छोड़ना पड़ा। ओमप्रकाश वाल्मीकि डॉ. बाबासाहेब अम्बेडकर

से प्रभावित थे इसी कारण जीवन भर वे बाबासाहेब के विचारों को अपनाकर सवर्ण समाज से संघर्ष करते रहे। भारतीय सवर्ण समाज के विचारों से अपनी लेखनी के द्वारा संघर्ष करते रहे। वाल्मीकि जी ने सवर्ण समाज की मानसिक विकृति पर भी अपनी लेखनी से प्रकाश डाला है। हिन्दू समाज की विकृत मानसिकता का वर्णन उनकी कविता, कहानी, आत्मकथा तथा अपने वैचारिक लेखन में दिखाई देता है। वाल्मीकि जी ने अपनी आत्मकथा में उत्तर भारत की सामाजिक रूढ़ि परम्परा की त्रासदी को झेलते दलित समाज का हू-ब-हू वर्णन किया है।

उनकी कहानियों में दलित समाज की भोगी हुई पीड़ा का हू-ब-हू वर्णन मिलता है। दलित समाज में फैली अन्धश्रद्धा, अज्ञानता, पुराने रीतिरिवाजों के नाम पर नयी पीढ़ी का संघर्ष, उनकी आर्थिक, राजनीतिक स्थिति, आदि का विस्तार से उनकी कहानियों में वर्णन मिलता है। हर दलित लेखक अपनी कहानियों में दलित समाज के यथार्थ जीवन का चित्रण करता है। ओमप्रकाश जी भी अपने कहानियों में यह चित्रण करने से दूर नहीं जाते बल्कि दूसरे अन्य दलित लेखकों से अधिक दलित जीवन के यथार्थ जीवन का सूक्ष्म चित्रण अपनी कहानियों में करते हैं। ओमप्रकाश जी के कहानी संग्रह में दलित समाज के मन-मस्तिष्क में बैठे पुराने रीति-रिवाजों को उनके मस्तिष्क से निकालने का प्रयास वाल्मीकि जी ने किया है। उनकी 'भय' कहानी का दिनेश ऐसा एक दलित पात्र है जो पुरानी परम्परा को नयी परम्परा के साथ जोड़ने का प्रयास करता है। वाल्मीकि जी के जीवन में किराये से मकान लेते समय दलितों के साथ जो व्यवहार होता है उस पर भी प्रकाश डालते हैं। उनके कहानी का पात्र सतीश जब घर किराये से लेता है और उसे माता-पिता मिलने उसके घर आते हैं तो माता-पिता को देख कर मकान मालिक उसकी जाति को पहचान लेता है। उसे मकान खाली करने के लिए कहते ही नहीं उसको घर से निकाल देता है। यह समस्या वाल्मीकि जी ने मार्मिक दृष्टि से कहानी में चित्रित की है। तो दूसरी ओर जब दलित समाज आर्थिक दृष्टि से सम्पन्न होता है और उनके रहन-सहन में सुधार आ जाता है तो सवर्ण समाज से यह सुधार देखा नहीं जाता। 'चिड़ीमार' कहानी की सुनीति शिक्षित है वह अपने घर की परिस्थिति सुधारने के लिए नौकरी करने स्कूटर पर जाती है तो सवर्ण समाज के लोगों द्वारा यह देखा नहीं जाता, सवर्ण समाज के लोग उस पर आते-जाते व्यंग कसते हैं। उसे परेशान करते हैं फिर भी वह घबराती नहीं बल्कि उसका डटकर सामना करती है। उसे इस सामना करने में उसका मित्र सतेज उसका मनोधैर्य बढ़ाने का काम करता है। वाल्मीकि जी इस कहानी के माध्यम से यह सन्देश देना चाहते हैं कि दलितों को उनकी समस्याओं से कोई भी मुक्ति नहीं दे सकता उसे तो अपने आपको ही समस्याओं से जूझ कर अपना मार्ग निकालना है। यहाँ पर बुद्ध के 'अत्त दीपो भव' का मार्ग दिखाने का

प्रयास वाल्मीकि जी करते हैं। दलितों को अपनी समस्या से बाहर निकलने का मार्ग खुद को ही निकालना होगा।

बाबासाहेब अम्बेडकर ने नासिक के कालाराम मन्दिर में प्रवेश करने के लिए संग्राम छेड़ा था। 'कालाराम मन्दिर प्रवेश' करते समय सवर्ण समाज ने विरोध किया था। बाबासाहेब मन्दिरों में प्रवेश पाने के लिए या भगवान की पूजा करने के लिए मन्दिर प्रवेश नहीं चाहते थे वे दलित समाज को समानता का अधिकार देना चाहते थे। जिस मन्दिर में सवर्ण समाज कुत्तों, बिल्लियों को जाने देता है, पर दलित समाज के अपने जैसे मनुष्य प्राणी को जाने नहीं देता जो उसके समान ही है। सवर्ण समाज को दलित के मन्दिर प्रवेश से मन्दिर अपवित्र होने का डर लगता है, पर कुत्तों, बिल्लियों से नहीं। यह दकियानूसी प्रथा आज भी सवर्ण समाज से नहीं गयी है। वाल्मीकि जी ने 'सयाना' और 'गोहत्या' कहानियों में मन्दिर प्रवेश का चित्रण किया है। सवर्ण समाज के अत्याचारों, शोषण, फरेब का चित्रण वाल्मीकि जी ने हिराई, ग्रहण, बिरम की बहू, पच्चीस चौका डेढ़ सौ, सपना आदि कहानियों में किया है। वाल्मीकि जी ने अपनी कहानियों के माध्यम से सवर्णों की मानसिकता को उजागर किया है। वाल्मीकि द्वारा रचित 'सलाम' कहानी सबसे महत्त्वपूर्ण है। उसमें भी सवर्ण मानसिकता का वर्णन मिलता है। फिर उस सवर्ण का उनके विवाह में शामिल होना या सलाम करवाकर लेना। उनके 'सलाम', 'घुसपैठिये', 'छतरी' कहानी संग्रह की सभी कहानियाँ दलित समाज के यथार्थ का चित्रण करती हैं।

साहित्य किसी भी देश का हो, उस देश का साहित्यकार सामाजिक, राजनीतिक, आर्थिक, सांस्कृतिक वातावरण का वर्णन करता है, क्योंकि वह उस वातावरण में पलकर बड़ा होता है। इसी वातावरण का प्रभाव भी उसके दिलोदिमाग पर होता है। ओमप्रकाश जी का जन्म जिस वातावरण में हुआ उसी वातावरण को उन्होंने अपनी कविताओं में चित्रित किया है। आत्मकथा एवं कहानी साहित्य की तरह ही उनकी कविता का स्वर भी दलित समाज की वेदना, पीड़ा का ही है। वाल्मीकि जी की कविता दलितों के दारुण एवं करुण परिस्थिति का वर्णन करती है। साथ ही उनकी कविता सवर्ण समाज के अत्याचारों का विरोध भी करती है। सदियों की चलती आयी परम्परा को नकारती है। उनके चारों कविता संग्रह में यह देखने को मिलता है। दलित साहित्य के इस महान कवि ने 'सदियों का सन्ताप', 'बस्स, बहुत हो चुका', 'अब और नहीं' और 'शब्द झूठ नहीं बोलते' इन चार कविता संग्रह की रचना की है। इन कविता संग्रहों में कवि ने हिन्दू समाज की जाति व्यवस्था, धार्मिक कर्मकांड, वर्ण व्यवस्था पर आधारित समाज व्यवस्था पर इन काव्य संग्रहों में कवि ने अपना आक्रोश व्यक्त किया है। वाल्मीकि जी ने अपने नौकरी की शुरुआत महाराष्ट्र से की थी इस कारण महाराष्ट्र के कवियों, समाज सुधारकों से उनका

सम्पर्क हुआ इस कारण उनकी कविता में अन्य हिन्दी दलित कवि से अधिक मात्रा में आक्रोश मिलता है। मुझे ऐसा लगता है कि जब वाल्मीकि जी महाराष्ट्र में थे तब दलित पैन्थर का कार्य जोरों से चल रहा था उस समय के पैन्थर राजा ढाले, अरुण काम्बळे, अर्जुन ढागळे, नामदेव ढसाळ के सम्पर्क में थे। इस सारे वातावरण का प्रभाव उन पर पड़ा है इसी कारण नामदेव ढसाळ की तरह उनकी कविताओं में आक्रोश का स्वर दिखाई देता है। दलित समाज के पास अपना जीवन जीने के लिए कुछ भी साधन नहीं था वह केवल सवर्णों की दया पर जीता था। वह उसे पानी देगा तो वह पानी पियेगा, वह उसे रोटी देगा तो वह रोटी खायेगा, उसे घर में रहने देगा तो घर में रहेगा उसे अपने मन के अनुसार जीने का कोई अधिकार नहीं था। उसने उसको गुलाम बनाया था। गुलामों से भी बदतर जीवन जीने के लिए मजबूर किया था। इन सारी परिस्थितियों का वर्णन कवि अपनी कविता में करता है। बाबासाहेब ने दलितों को जाग्रत किया तो सारा दलित समाज जाग्रत हुआ आज वह अपने अधिकारों के लिए संघर्ष करता है। कवि वाल्मीकि जी कहते हैं–"कच्चे घर में/जलते दिये की रोशनी पर/कब्जा करके बैठ गये हो तुम.../मेरे पिंडलियों/और भुजाओं के मांस से बनी बाती/हड्डियों को निचोड़कर/निकाला गया तेल/किन्तु इतना याद रखो/जिस दिन इनकार कर दिया/दिया बनने से मेरे जिस्म ने/अँधेरे में खो जाओगे। हमेशा-हमेशा के लिए।" (सदियों का सन्ताप, पृ. 30) कवि ने इस कविता में अपने दलित समाज के लोगों का खून चूस-चूस कर ही उनकी हड्डियों को भी निचोड़कर खाया, उसका चित्रण किया है। और जब दलित समाज जागता है तो संघर्ष भी करता है, इसका वर्णन किया है।

नामदेव ढसाळ की तरह कवि अपनी कविता में विद्रोह की बात करता है;– "यदि तुम्हें अपने ही देश में नकार दिया जाये/मान कर बँधुआ/छीन लिया जाय अधिकार सभी/जला दी जाय समूची सभ्यता तुम्हारी/नोच-नोचकर फेंक दिये जायें/गौरवमय इतिहास के पृष्ठ तुम्हारे/तब तुम क्या करोगे?" (सदियों का सन्ताप, पृ. 28) कवि ने पूँजीवादी समाज का विरोध किया है। दलित समाज सही मायने में ब्राह्मणवाद के कारण ही वेदना भोग रहा था और भोग रहा है। ब्राह्मणों ने वर्ण व्यवस्था का निर्माण किया, जाति-पाँति के बन्धन किये, मनुस्मृति की रचना की वह भी केवल अपने स्वार्थ के लिए। इसी कारण ओमप्रकाश वाल्मीकि इतिहास को नकली और झूठ मानते हैं–"मैंने दुख झेले/सहे कष्ट पीढ़ी दर पीढ़ी इतने/फिर भी देख नहीं पाये तुम/मेरे उत्पीड़न को/इसलिए समूचा युग/लगता है पाखंडी/लगता है पाखंडी मुझको" (युग चेतना) वाल्मीकि जी ने अपनी कहानी, कविता के माध्यम से दलित समाज के लिए हिन्दू समाज के कुसंस्कार, विषमता, रूढ़ि-परम्परा को त्याग देने के लिए नया सामाजिक परिवेश निर्माण करने का प्रयास किया है।

कवि समाज की यातना और पीड़ा को व्यक्त करता है। "जिस रास्ते चलकर तुम पहुँचे हो/इस धरती पर/उसी रास्ते चलकर आया मैं भी/फिर तुम्हारा कद इतना ऊँचा/कि आसमान को भी/छू लेते हो आसानी से/और मेरा कद इतना छोटा/कि मैं, छू नहीं सकता जमीन भी।" (बस्स! बहुत हो चुका, पृ. 50) यह दलितों के साथ केवल जाति व्यवस्था के कारण हुआ है, दलितों को नारकीय जीवन जीने के लिए इस ब्राह्मणवादी समाज व्यवस्था का कड़ा विरोध कवि अपनी कविता से करता है। बाबासाहेब के "शिक्षित बनो और संगठित बनो संघर्ष करो" का परिणाम दलित समाज पर हुआ इसी कारण ओमप्रकाश वाल्मीकि जैसे लेखक दलित समाज में पैदा हुए। उन्होंने समाज के सामाजिक, राजनीतिक, आर्थिक, सांस्कृतिक परिस्थितियों का ही चित्रण अपने साहित्य में किया है बल्कि समाज को जगाने का भी काम किया है। हजारों वर्षों का दलित के कन्धों पर का बोझ उतार कर रखने का सन्देश वे अपनी कविता के माध्यम से देते हैं। यह बोझ उतरने के बाद समाज प्रगति करेगा, जो सपना कवि ने देखा था वह पूरा हो जायेगा।

दलित साहित्य का शंखनाद ओमप्रकाश वाल्मीकि

जी. राजु

भारतीय दलित साहित्य जगत् में एक महान शक्ति व ऊर्जा भरने वाला नाम है ओमप्रकाश वाल्मीकि। जिनके नाम के साथ अपनी पहचान भी जुड़ी हुई है जिसका सीधा सम्बन्ध उस समाज से है जिसके प्रति इस कथाकथित समाज ने भी कभी कोई सम्मान या कोई सहिष्णुता की बात की है और ना ही करना चाहा। ऐसे महान व्यक्ति व शक्ति का न होना इस साहित्य जगत् को ही नहीं बल्कि समूचे दलित समाज एवं आन्दोलन कर्मियों के लिए भी क्षति ही नहीं वरन् बहुत बड़ा आघात भी है। भौतिक रूप से हम से दूर हुए उन्हें एक वर्ष हो रहा है। भले ही भौतिक रूप से वह हमारे बीच न हों लेकिन उनकी साहित्यिक रचनाओं का जो रिश्ता हमारे साहित्य प्रेमियों के साथ है, उससे वह दूर नहीं हो सके और ना ही होंगे। उन्हें केवल कवि के रूप में ही नहीं बल्कि कहानीकार व आलोचक के रूप में माना जाता है। ओमप्रकाश वाल्मीकि जी का सारा जीवन पद दलित समाज को जाग्रत करने, चेतना एवं क्रान्ति की लौ भरने में ही अर्पित हो गया। वह स्वतन्त्रता के पश्चात जन्मे एक महान विद्वान थे। उनका इस देश में आना देशवासियों के लिए एक तरह से ऊर्जा प्रदान करने वाली घटना थी। समूचा भारत देश स्वतन्त्रता का जश्न मनाते हुए उसके द्वारा प्राप्त फलों को चन्द लोगों तक ही सीमित कर रख दिया था। अधिकांश लोगों को उसके सुखों से वंचित करने का ऐसा संधि काल था जिसमें दलित परिवार में जन्म लेने वाले किसी भी व्यक्ति के लिए वह समय खौफनाक ही था। ऐसे में ओमप्रकाश वाल्मीकि का जन्म चूहड़ा जाति के परिवार में हुआ था। उनका परिवार हमेशा ही अभावों से फल-फूल रहा था। ओमप्रकाश वाल्मीकि ने अपनी आत्मकथा 'जूठन' के माध्यम से उस दिल दहला देने वाले वातावरण का विस्तार से उल्लेख किया है। उसको पढ़ने से किसी भी सभ्य समाज के लोगों को घिन आने लगती है। आजाद देश में इस प्रकार के अभावों से ग्रस्त समाज की मौजूदगी देश के विकास के नाम पर एक तमाचे से कम नहीं है।

'जूठन' आत्मकथा में उन्होंने दलित समाज के अनेक सन्दर्भों को अपने जीवन

के माध्यम से सामने रखने का प्रयास किया है। जूठन पढ़ते समय अगर किसी व्यक्ति का दिल किंचित भी विचलित नहीं होगा तो निश्चित रूप से वह संवेदनहीन व्यक्ति ही कहलायेगा। आजादी के बाद जो सपने देखे जा रहे थे उनमें से एक था जाति उन्मूलन। इसका सीधा अर्थ यह था कि समाज में किसी भी प्रकार का भेदभाव या कोई असमानता की बात न होगी। लेकिन हुआ यह कि आज भी इस समाज में दलितों की स्थिति वहीं की वहीं बनी रही। हिन्दू पाखंडवाद का जातिगत दंश, छुआछूत, शोषण आदि का भयंकर रूप और स्पष्टता से उभर कर सामने आने लगा, चाहे शिक्षा के क्षेत्र में हो या अन्य किसी भी क्षेत्रों में क्यों न हो जातिवाद का चेहरा हमेशा अपना रंग बदलता हुआ नजर आता है। आजादी के बाद शिक्षा के द्वार सबके लिए खुले रहेंगे यह दलित समाज के लोगों की आकांक्षा थी। उसका एक चित्र हमें उन्हीं की बातों में दिखाई देता है—"पश्चिमी उत्तर प्रदेश के जिला मुजफ्फरनगर, गाँव बरला के बेसिक प्राइमरी स्कूल में मेरे दाखिले के वक्त गिड़गिड़ाते पिता का चेहरा आज भी मेरी आँखों में किरकिराता है। और यातना भरे सफर और संघर्ष में यही मेरी ताकत भी बनता है। यह वह दौर था, जब भारत नया-नया स्वतन्त्र हुआ था, लेकिन स्कूल-कॉलेजों में किसी भी दलित के लिए प्रवेश पाना आसमान से तारे तोड़ लेने के समान था, किसी दलित के लिए स्कूल के दरवाजे बन्द थे।"

स्कूल की दहलीज पर दस्तक देते जातिवाद को मिटाना किसी के बस की बात नहीं थी। उसे अंशतः ही नहीं बल्कि पूर्णतः भी स्वीकारना ही पड़ता था। चाहे संविधान में कितनी ही धाराएँ बनाई गयी हों इन दलित समाज के लिए, लेकिन वह वास्तव में काले अक्षर ही बने रहे। उस समय की माँग के अनुसार ओमप्रकाश वाल्मीकि पर वह दबाव बना रहता था कि वह बर्णाश्रम व्यवस्था का पूरा-पूरा पालन करें। लेकिन उन्हें तब यह नहीं पता चला कि यह सब किस लिए। एक का जीवन सब तरह से सम्पन्न रहता है, उसे किसी चीज की कमी नहीं है। और एक ऐसा जीवन है जिसके जीवन में सिर्फ अभाव ही अभाव लिखा हुआ है। जब तक वे स्कूल में दाखिला लेकर सबसे आखिरी में बैठे अक्षरों को पहचानने की कोशिश करने लगे तब से उन्हें समझ में आने लगा कि यह सब क्यों हो रहा है, और किस तरह हो रहा है। उन विचारों में से एक चिंगारी बनकर लावा की तरह धीरे-धीरे उस सनातनी हिन्दू व्यवस्था के खिलाफ बिगुल बजाने लगी थी। वही चिंगारी उनकी कविताओं के माध्यम से आग बनकर जलने लगी थी। ओमप्रकाश वाल्मीकि की ताकत है उनकी कविता। इसके माध्यम से वह जो कहना चाहते हैं उसे बिना कोई लाग-लपट के स्पष्ट और सहज तरीके से कहते हैं। वे कभी भी अपने रास्ते से भटकते हुए नहीं दिखाई पड़ते जो आजकल के लेखक व रचनाकारों में अकसर देखा जा सकता है। ओमप्रकाश वाल्मीकि में यह स्वभाव कहीं से भी नजर नहीं आता। वे कविता लिखते

समय शायद ही समझौता करते हों। क्योंकि वह किसी भी स्तर पर अन्यान्य कहकर अपनी बात नहीं रखते। जो कुछ भी बोलना व कहना है उसे अपने अन्दाज में और उस तीखेपन से कहने में हिचकते नहीं हैं वाल्मीकि जी। उनका यही स्वभाव उन्हें और ऊपर उठाता है। वे अपने समाज की स्थिति का बखान करते हुए कहते हैं कि कब तक यह सदियों के सन्ताप को सहना होगा–

दोस्तो,
बिता दिये हमनें हजारों वर्ष
इस इन्तजार में
कि भयानक त्रासदी का युग
अधबनी इमारत के मलबे में
दबा दिया जायेगा किसी दिन
जहरीले पंजों समेत
फिर हम सब
एक जगह खड़े होकर
हथेलियों पर उतार सकेंगे
एक-एक सूर्य
जो हमारी रक्त शिराओं में
हजारों परमाणु क्षमताओं की ऊर्जा
समाहित करके
धरती को अभिशाप से मुक्त करायेगा!

वह अन्त में कहते हैं कि इस सदियों के सन्ताप से मुक्ति पाना आवश्यक है। जो बीता हुआ कल है उसे अब और होने नहीं देना है, जिसके कारण हजारों सालों से हम वंचित और दमित रहे हैं। हमें कोई आवश्यकता नहीं है फिर उस अभिशाप को जीने की। कवि के अन्दर एक लावा सदियों से भड़क रहा था वह उसको अपने अन्दर ही घुटने नहीं दिया बल्कि अक्षर बद्ध कर इस व्यवस्था के सामने रख देता है। वे सीधा प्रश्न करते हैं कि–

दोस्तो,
इस चीख को जगाकर पूछो
कि अभी और कितने दिन
इसी तरह गुमसुम रहकर
सदियों का सन्ताप सहना है?

ओमप्रकाश वाल्मीकि जी महाराष्ट्र में रहते हुए दलित पैन्थर्स से प्रभावित हुए थे। उनके लिए वह वह जगह थी जहाँ पर अम्बेडकरवादी विचारधारा का भरपूर प्रचलन व अवलम्बन हो रहा था। वहाँ से उन्होंने एक नयी ऊर्जा को प्राप्त किया

था। वे समय-समय पर अपनी कविताओं के माध्यम से इस समाज के मनुवादी धर्मभीरुओं के झूठे इतिहास को खोलकर रखते थे। वे मानते थे कि कविता लिखना ही कवि का कर्तव्य मात्र नहीं कहलाता है। उसे जब तक समाज के साथ जोड़कर उन अनुभवों को व्यक्त नहीं किया जाता, जिन्हें सिर्फ वह एक आदमी बयान कर सकता जो उससे जूझता है। वही कविता का मूल उद्देश्य होना चाहिए। उनकी कविता में वह न सिर्फ इतिहास का बोध कराते हैं वरन् आज की जो सामाजिक स्थिति बनी हुई है उसे भी नंगा खड़ा कर देते हैं। वह समाज को उसका वास्तविक चेहरा दिखाते हुए कहते हैं कि देखो तुम अपना असली चेहरा—

इतिहास यहाँ नकली है
मर्यादाएँ सब झूठी
हत्यारों की रक्त रंजित उँगलियों पर
जैसे चमक रही
सोने की नग जड़ी अंगूठियाँ

इन पंक्तियों में कवि का आक्रोश, झूठे इतिहास के बल पर कितने कुकर्म किये जा रहे थे और आज भी कर रहे हैं इस पर फूट पड़ता है। यह कविता आज भी प्रासंगिक लगती है। ओमप्रकाश वाल्मीकि जी की चिन्ता यह थी कि यह एक ऐसा समाज है जो झूठे मानदंडों के सहारे चल रहा है जिसमें कभी किसी दलित या आदिवासी की कोई मर्यादा नहीं की। कोई सहिष्णुता की बात नहीं की और शायद कभी यह नहीं कर पायेंगे। इसको सीधा आज की यथास्थिति की ओर इंगित कर सकते हैं। वह सिर्फ दलितों की ही नहीं बल्कि मार्क्स के सर्वहारा की भी बात करते नजर आने लगते हैं—

मैं खटता खेतों में
फिर भी भूखा हूँ
निर्माता मैं महलों का
फिर भी निष्कासित हूँ
प्रताड़ित हूँ

इस समाज की नींव और उसके निर्माण में मुख्य भूमिका निभाने वाले समाज के औसत व्यक्ति की स्थिति वही है जिसका मनु ने इन पाखंड धर्मभीरुओं को दिया है। वे हर वक्त अपने को काटता हुआ और अपनी इस जमीन से निष्कासित करता हुआ अनुभव कर रहे हैं और उन्हें कोई सहारा देने वाला हाथ दिखाई नहीं दे रहा है। इसीलिए वे अम्बेडकर के साहित्य को पूर्णरूपेण आत्मसात करने के बाद कल्पना करते हैं कि यहाँ समता मलूक समाज की स्थापना हो।

ओमप्रकाश वाल्मीकि शम्बूक के माध्यम से युग चेतना लाना चाहते हैं। शम्बूक का सिर एक बार नहीं हर रोज कट रहा है और कितने-कितने शम्बूक यहाँ रोज

कट रहे हैं जिनका हिसाब एक दिन इन हत्यारों को देना ही होगा। ऐसा समय भी आयेगा वह इस रक्त रंजित भूमि से लावा की तरह निकलकर बाहर आयेगा तब कौन रोकेगा शम्बूक को। वे कहते हैं—

मेरे शब्द पंख कटे पक्षी की तरह
तड़प उठते हैं—
तुम अकेले नहीं मारे गये तपस्वी
यहाँ तो रोज मारे जाते हैं असंख्य लोग;
जिनकी सिसकियाँ घुटकर रह जाती हैं
अँधेरे की काली पर्तों में
...शम्बूक, तुम्हारा रक्त जमीन के अन्दर
समा गया है जो किसी भी दिन
फूटकर बाहर आयेगा
ज्वालामुखी बनकर!

ओमप्रकाश वाल्मीकि जी की कविताओं में तीखेपन के साथ-साथ चेतना का स्वर भी दिखाई देने लगता है। एक ओर वह कहते हैं कि उनके शब्द तड़प उठते हैं कटे पंख की तरह और दूसरी तरफ वह यह भी कहते हैं कि इन कटे हुए शब्दों से ही एक वाक्य बनकर तुम्हें घेर लेगा। इसीलिए इनकी भाषा में जो सौन्दर्यबोध है और शब्दों का समाहार है वह अद्‌भुत उत्तेजना का काम करता है।

'तब तुम क्या करोगे' कविता में कवि अपने ही समाज से प्रश्न करता है और उसे अपनी जमीनी हकीकत से रू-ब-रू कराता है। यह सिर्फ सवाल ही नहीं करता है वह उसके अन्दर की आग और उसकी असली पहचान को उससे परिचित कराकर उसमें एक नयी उमंग भरने का काम करता है। अम्बेडकर के अनुसार किसी भी व्यक्ति को अपनी गुलामी का एहसास कराने पर वह उसे तोड़ने के लिए तत्पर होने लगता है। उसी तरह ओमप्रकाश वाल्मीकि चाहते हैं कि दलित समाज को अपने होने का आभास कराएँ और उनमें चेतनामय क्रान्ति को उजागर करें ताकि वह स्वयं अपनी लड़ाई लड़ने में उद्‌दंड हो जायें।

...साफ सुथरा रंग तुम्हारा
झुलस कर साँवला पड़ जायेगा
खो जायेगा आँखों का सलोनापन
तब तुम कागज पर
नहीं लिख पाओगे
सत्यम, शिवम, सुन्दरम!
देवी-देवताओं के वंशज तुम
हो जाओगे लूले लँगड़े और अपाहिज

जो जीना पड़ जाये युगों-युगों तक
मेरी तरह?
तब तुम क्या करोगे?

ओमप्रकाश वाल्मीकि को यकीन था कि ऐसा समय आयेगा जब यह समाज अपने इतिहास को पुनः सृजित करेगा। उठेगा वहीं से जहाँ उसे दफनाया गया था। खड़ा होगा वहीं जहाँ से उसे विस्थापित किया गया था। इसीलिए वह विश्वास करते हैं कि कभी शब्द झूठ नहीं बोलते। उनकी इस कविता में वे अपने शब्दों के माध्यम से कहते हैं कि यंह शब्द एक दिन उभर कर सामने आयेंगे जैसे कोई ज्वालामुखी का विस्फोट होता है—

मेरा विश्वास है
तुम्हारी तमाम कोशिशों के बाद भी
शब्द जिन्दा रहेंगे
समय की सीढ़ियों पर
अपने पाँव के निशान
गोदने के लिए
बदल देने के लिए
हवाओं का रुख

स्वर्णमंडित सिंहासन पर
आध्यात्मिक प्रवचनों में
या फिर संसद के गलियारों में
अखबारों की बदलती प्रतिबद्धताओं में
टीवी और सिनेमा की कल्पनाओं में
कसमसाता शब्द
जब आयेगा बाहर
मुक्त होकर
सुनाई पड़ेंगे असंख्य धमाके
विखंडित होकर
फिर-फिर जुड़ने के

वास्तव में हर कवि का यही विश्वास होता है कि शब्द झूठ नहीं बोलते हैं। लेकिन वह बात कहने के लिए जिस हिम्मत की जरूरत है वह सिर्फ ओमप्रकाश वाल्मीकि ही के अन्दर ही प्रतिफलित होती है। एक रचनाकार या कवि के लिए उसके शब्द ही शक्तिशाली हत्यारे की मानिंद हैं। जिसके बल पर वह अपनी ऊर्जा को अपने विचारों एवं अपार शक्ति को प्रदान करता है। जब उन शब्दों में ऐसी

ताकत हो तब वह शब्द ही स्वयं बोल उठते हैं कि वह युग ही बदल सकता है। ऐसी आकांक्षा ओमप्रकाश वाल्मीकि अपनी इस कविता के माध्यम से जताते हैं।

ओमप्रकाश वाल्मीकि सिर्फ जाति, धर्म या पिछड़ों की ही बात नहीं करते अपनी कविता में वह समाज की निचली परतों पर दबी कुचली जा रही स्त्री के बारे में भी लिखते हैं। उनकी 'बिटिया का बस्ता' कविता में इस समाज में रहने वाली लड़की को लेकर एक पिता की पुकार को मर्मस्पर्शिता के साथ पेश किया है। एक बेटी का होने और न होने का एहसास एक पिता के लिए कितना दर्दनाक बन जाता है जब उसकी स्मृतियों के बादल उसे हर पल घेर लेते हैं तब वह भीग जाता अपनी बिटिया की उन यादों में जिसे याद करके उसे कोई खुशी नहीं बल्कि विषाद की काई में डुबो देती हैं—

घर से निकल रहा था
दफ्तर के लिए
सीढ़ियाँ उतरते हुए लगा
जैसे पीछे से किसी ने पुकारा
आवाज परिचित आत्मीयता से भरी हुई
जैसे बरसों बाद सुनी ऐसी आवाज
कन्धे पर स्पर्श का आभास
मुड़ कर देखा
कोई नहीं
एक स्मृति भर थी

आगे वे कहते हैं कि जब बेटी को अजनबी घर में डरते-डरते रहने पर मजबूर किया जाता हो तो उसका अंजाम बहुत खौफनाक हो जाता है। बारूद की विस्फोट से जिन अट्टालिकाओं को जलता देखते हैं शायद उन्हीं में वह भी जल रही होगी जिसकी चीख भी उस शोरगुल में गुमसुम सा रह जाती है।

कान में कोई फुसफुसाया...
सावधान, जले मकानों की राख में
चिंगारी अभी जिन्दा है

ऐसे कवि हैं ओमप्रकाश वाल्मीकि जिन्होंने किसी भी अछूत समाज को नजर-अन्दाज नहीं किया। उनके लिए वह सारा समाज एक जैसा है जिसमें लोग हर रोज जातिवादी दंश से पीड़ित हो रहे हैं। पीड़ित समाज का पैरोकार बनकर उन्हें जाग्रत करने का सायास प्रयास करने वाले ऐसे क्रान्तिकारी कार्यकर्ता हैं जिन्हें युगों-युगों तक भूला नहीं जा सकता है। 'ठाकुर का कुआँ' ऐसी कविता है जिसके माध्यम से उस सामन्ती एवं सनातनी हिन्दू व्यवस्था पर प्रश्न चिह्न लगाते हैं। जिस

देश में समानता का झंडा फहराते फिरते हैं उसी देश का एक समाज आज भी वंचित और निष्कासित होता दीख पड़ता है–

कुआँ ठाकुर का
पानी ठाकुर का
खेत-खलिहान ठाकुर के
गली-मोहल्ले ठाकुर के
फिर अपना क्या?
गाँव?
शहर?
देश?

सब कुछ होते हुए भी दलित समाज के लिए यहाँ कुछ भी नहीं है। यह एक ऐसा देश है जहाँ पर जानवर को भी स्वतन्त्रता है अपने तरीके से रहने की लेकिन एक दलित के लिए कई अड़चनें कदम-कदम पर खड़ी की जाती हैं। इसीलिए वह कहते हैं कि मुझे तुम्हारे स्वर्ग-नरक में विश्वास नहीं है क्योंकि वहाँ पर भी मुझे जाति से ही पहचानोगे जो मुझे स्वीकार नहीं है–

स्वीकार्य नहीं मुझे
जाना, मृत्यु के बाद
तुम्हारे स्वर्ग में।
वहाँ भी तुम
पहचानोगे मुझे
मेरी जाति से ही!

यह धिक्कार का स्वर ओमप्रकाश वाल्मीकि का है जिसका सीधा सम्बन्ध अम्बेडकर के विचारों से है। जिन झूठी बुनियादों पर यह जिसे खड़ा किये हैं उसे तोड़ने व पूरी तरह से विनाश करने का ऐलान करते हैं यहाँ। आज उस महान व्यक्तित्व को याद करते हुए यह लगने लगा है कि वह सच में मृत्यु के बाद उसी रूढ़िवादी परम्परा को अपने पैरों तले कुचल कर नीली आभा बनकर पग-पग हमारा मार्ग दर्शन कर रहे हैं। विनम्र नमन के साथ...

उन्हें डर है
बंजर धरती का सीना चीर कर
अन्न उगा देने वाले साँवले खुरदरे हाथ
उतनी ही दक्षता से जुट जायेंगे
वर्जित क्षेत्र में भी
जहाँ अभी तक लगा था उनके लिए
नो-एँटरी का बोर्ड

ओमप्रकाश वाल्मीकि की रचनाधर्मिता

रामचन्द्र

ओमप्रकाश वाल्मीकि ने हिन्दी साहित्य की शाश्वतता और स्वायत्तता के समक्ष अपनी रचनाधर्मिता के माध्यम से चुनौती पेश की है और यह बताने की ईमानदार कोशिश की है कि हिन्दी साहित्य-सत्ता में सभी वर्ग, जाति और धर्म के लोगों की चिन्ता एवं सहभागिता नहीं रही है। इस परिप्रेक्ष्य में दलित साहित्य की वैचारिकी तथा पृष्ठभूमि को समझना अपरिहार्य है, तभी दलित यातना और आक्रोश के सर्जनात्मक रूपान्तरण से भली-भाँति परिचित हुआ जा सकता है। ओमप्रकाश वाल्मीकि का रचना-संसार भारतीय सभ्यता, संस्कृति, इतिहास, दर्शन एवं साहित्य की समीक्षा-आलोचना से निर्मित हुआ है। इनके यहाँ सर्जनात्मक लेखन और आलोचना की निर्मिति का उत्स एक ही है। इनका सम्पूर्ण लेखन एवं चिन्तन वर्चस्वशाली सभ्यता एवं संस्कृति के हजारों साल के इतिहास, संस्कृति, धर्म एवं साहित्य का विकल्प प्रस्तुत करता है। साहित्य की सभी विधाओं में यह वैकल्पिक स्वरूप देखा जा सकता है। ओमप्रकाश वाल्मीकि की कविता अतीत और वर्तमान की तथा सामाजिक एवं सांस्कृतिक आलोचना है। इनकी रचना-दृष्टि झूठ एवं पाखंड पर गहरी चोट करती है तथा तार्किक ढंग से सच को साहित्य एवं समाज के समक्ष उजागर करती है। ओमप्रकाश वाल्मीकि का स्वानुभव सामुदायिक-सामूहिक अनुभव है। उनके लेखन का मुख्य सरोकार 'मुख्यधारा' और हाशिये के फासले को पाटना है :

"मैं जानता हूँ
मेरा दर्द तुम्हारे लिए चींटी जैसा
और तुम्हारा अपना दर्द पहाड़ जैसा
इसीलिए
मेरे और तुम्हारे बीच
एक लम्बा फासला है
जिसे लम्बाई से नहीं
समय से नापा जायेगा।"[1]

ओमप्रकाश वाल्मीकि की कविता समय से संवाद करती है। इसी संवाद में दलित चिन्तन और साहित्य पुरानी जड़ता को खत्म करने की कवायद करता है। वर्ण और जाति भारतीय समाज की सबसे बड़ी जड़ता है। वर्ण और जाति आधारित व्यवस्था का नकार तथा समता आधारित व्यवस्था की निर्मिति दलित साहित्य का मुख्य स्वर है। अतीत और वर्तमान दोनों ही बेचैन करते हैं कवि एवं आलोचक वाल्मीकि को। इतिहास बोध दलित चेतना का अनिवार्य पहलू है। दमन का इतिहास दलित रचनाकार में संवेदनशीलता और चेतना पैदा करता है; प्रतिबद्धता और कर्त्तव्यबोध से उसे जोड़ता है जिससे उसकी संकल्पना और सरोकारों की निर्मिति होती है। उसके वजूद की दृढ़ता प्रतिपक्ष को चेतावनी देती है :

''मेरी स्मृतियों में
राक्षस नहीं
डरावने देवता हैं
जो चैन से
सोने नहीं देते मुझे

जितना तोड़ोगे
ढहाओगे
जलाओगे
फिर भी बचा रह जाऊँगा
फैल जाऊँगा चारों ओर
हवा में उड़ती राख की तरह
राख बनेगी मिट्टी
मिट्टी से उपजेगा पौधा
पौधा से बनेगा पेड़...''[12]

ईश्वर और देवता का नकार दलित कविता की मुख्य प्रवृत्ति है, क्योंकि सदियों से दलित वर्ग भाग्य-भगवान से छला जाता रहा है, अन्धविश्वास के जरिये उसे डराया-सताया जाता रहा है। 'अँगूठे का निशान' शीर्षक कविता में ओमप्रकाश वाल्मीकि इतिहास के पन्नों से, अतीत के हृदय विदारक सच से वर्तमान रचते हुए दिखाई देते हैं :

''सच बोलने से नहीं रोक पाएँगे
अब शातिर देवता भी
फड़फड़ायेंगे इतिहास पृष्ठ
कहेंगे आओ, दर्ज कर दो

किसी भी पन्ने पर
अपने अँगूठे का निशान!"[13]

दलित यातना के इतिहास बोध से गहरे जुड़ी ओमप्रकाश वाल्मीकि की कविताएँ परम्परागत काव्य-सौन्दर्य के इहलोक से मुक्ति की कविताएँ हैं। इनकी कविताएँ भिन्न काव्यलोक रचती हैं जहाँ अतीत एवं वर्तमान का मन्थन है और भविष्य की चिन्ता एवं चिन्तन। ओमप्रकाश वाल्मीकि की कविताएँ सपनों एवं आकांक्षाओं की आस की कविताएँ हैं। घृणा, हिंसा और विषमता पर आधारित व्यवस्था को नकारकर समता, स्वतन्त्रता और करुणा का मानस रचने वाली दुनिया की कविताएँ हैं। इनकी कविताओं में मनुष्य और प्रकृति की नैसर्गिकता में सहज मानवीय रिश्तों की तलाश है :

"मौसम से लड़ते हुए
अच्छे लगते हैं पेड़
और उनका हरापन
उससे भी ज्यादा अच्छे लगते हैं
हँसते खिलखिलाते वे लोग
जो नफरत नहीं करते
आदमी से
सपनों में भी!"[14]

हिन्दी साहित्य की परम्परागत काव्य परम्परा में 'जाति' को प्रश्नांकित नहीं किया गया है। वर्ण और जाति की श्रेणीबद्धता पर प्रहार दलित काव्य की अनूठी विशेषता है। दलित काव्य में सौन्दर्यबोध का सम्बन्ध सामाजिक परिवर्तन की भाषा से है। भाषा-शिल्प किसी मानक पर तय नहीं हैं। दलित कविता अपने अनगढ़पन में ही नवीन बिम्ब-विधान सृजित करती है और समता की भाषा में रूपान्तरित होकर दलित चेतना का ओज भरती है। ओमप्रकाश वाल्मीकि की 'पेड़' कविता सामान्य और सहज भाषा के साथ हिन्दी साहित्य-शास्त्र के समानान्तर बिम्बार्थ का नया संसार रचती है:

"पेड़,
तुम उसी वक्त तक पेड़ हो
जब तक ये पत्ते
तुम्हारे साथ हैं
पत्ते झरते ही
पेड़ नहीं ठूँठ कहलाआगे
जीते जी मर जाओगे!"[15]

वर्चस्वशाली सभ्यता एवं संस्कृति के हजारों वर्ष के इतिहास को प्रश्नांकित कर साहित्य की अवधारणा और सौन्दर्यबोध के मानदंडों को दलित कविता ने नवीन स्वरूप दिया है। हिन्दू धर्म और संस्कृति की पवित्रता को प्रश्नांकित कर दलित कविता ने आदर्श एवं नैतिकता को कठघरे में खड़ा किया है।

"हजारों वर्ष का अँधेरा
छिपा बैठा है मेरी साँसों में
काँपता है दीये की लौ-सा
और तब्दील हो जाता है कविता में।"[6]

दलित काव्य में रिरियाहट एवं याचना के लिए कोई जगह नहीं है। नियतिवाद और ईश्वर की अवधारणा का पूर्णतः नकार है। वेद, उपनिषद, स्मृतियाँ, अन्य धर्मशास्त्रों एवं पौराणिक गाथाओं में व्यक्त दलित विरोधी छवि के तिलिस्म को ओमप्रकाश वाल्मीकि की काव्य संवेदना बेनकाब करती है और मिथकों को नवीन अर्थ प्रदान करती है। 'शायद आप जानते हों' कविता में हिन्दू सभ्यता और संस्कृति की हिंसा और षड्यन्त्रों को बेनकाब किया गया है। कवि ने यह स्पष्ट किया है कि हिन्दू-व्यवस्था की जो क्रूरताएँ हैं उन्हें जानबूझकर अनदेखा और अनसुना कर दिया जाता है। ओमप्रकाश वाल्मीकि की काव्योक्तियों में अभिव्यक्त चेतना और अम्बेडकरवादी वैचारिकी से यह भान होता है कि कवि और उनका समाज उस सच को जान चुका है जिसके आधार पर सदियों से जुल्म होता आया है। कवि यह चेतावनी देता है कि अब तुम बहुत दिनों तक अपने षड्यंत्रों को जारी नहीं रख सकोगे :

"तुम्हारे रचे शब्द
तुम्हें ही डसेंगे साँप बनकर।"[7]

26 जुलाई, 1992 के हिन्दी दैनिक नवभारत टाइम्स में छपी कविता हिन्दी दलित साहित्य आन्दोलन के विकास क्रम की ऐतिहासिक कविता है, दलित काव्य चेतना के उन्मेष और उन्नयन के प्रतीक के रूप में रेखांकित की जाती रही है :

"चूहड़े या डोम की आत्मा
ब्रह्म का अंश क्यों नहीं है
मैं नहीं जानता
शायद आप जानते हों!"[8]

हिन्दू संस्कृति द्वारा निर्मित धर्मशास्त्र, पुराण, स्मृतियाँ, मिथक, कर्मकांड और अन्धविश्वास की परम्परा को बदलने की अनुगूँज ओमप्रकाश वाल्मीकि की कविताओं की महत्त्वपूर्ण विशेषता है। दलित काव्य में श्रम का बहुत महत्त्वपूर्ण स्थान है। जिनके पसीने की कमाई से पूरा भारत पल-बढ़ रहा है उनकी भूमिका और महत्त्व

को वाल्मीकि जी की कविता पूरा सम्मान देती है और श्रमशील दलितों के वजूद को रेखांकित करती है :

> *"वे भूखे हैं*
> *पर आदमी का मांस नहीं खाते*
> *प्यासे हैं*
> *पर लहू नहीं पीते*
> *नंगे हैं*
> *पर दूसरों को नंगा नहीं करते*
> *उनके सिर पर*
> *छत नहीं है*
> *पर दूसरों के लिए*
> *छत बनाते हैं।"*[9]

दलित चेतना प्रदत्त सौन्दर्यशास्त्र को यथास्थितिवादी मानती है। दलित काव्य में सौन्दर्यशास्त्र का अर्थ उस विचार से है जो सामाजिक परिवर्तन में सहायक हो, जिससे आमूलचूल बदलाव आ सके। वर्चस्व की भाषा का समता की भाषा में रूपान्तरण दलित काव्य की अति महत्त्वपूर्ण विशेषता है। दलित काव्य की भाषा एवं शिल्प परम्परागत सौन्दर्यशास्त्र से स्वयं को अलगाकर परिवर्तनकामी सौन्दर्यबोध में परिणत होता है। यहाँ दलित काव्य के मानदंड नवीन सौन्दर्यबोध में ढलकर दलित चेतना की विकास प्रक्रिया को नये अर्थ प्रदान करते हैं। ओमप्रकाश वाल्मीकि की काव्य-संवेदना दलित चेतना के इन मानदंडों पर एकदम खरी उतरती है।

ओमप्रकाश वाल्मीकि की कहानियाँ गाँव, शहर, कस्बे के अन्तर्द्वन्द्व को सामने लाती हैं। दलित-गैर दलितों रिश्तों की आत्मीयता, स्नेह और सहयोग को भी वे रेखांकित करते हैं। पुलिस-प्रशासन, राजनेता, मठाधीश, मुखिया, न्यायप्रणाली अर्थात् विधायिका, कार्यपालिका, न्यायपालिका के लोकतान्त्रिक आधारों की नाकामियों और गठजोड़ को भी उनकी कहानियाँ व्यंजित करती हैं; साथ ही ग्रामीण और शहरी संस्कृति में व्याप्त जाति-व्यवस्था की जड़ता को भी बेनकाब करती हैं। जिनके माध्यम से दलित साहित्य की संवेदना एवं सरोकारों को समझा जा सकता है। दफ्तरों में सहकर्मियों और बॉस के रिश्तों में जातिभेद की कड़वाहटों को उनकी कहानियाँ बेबाकी से प्रस्तुत करती हैं। ओमप्रकाश वाल्मीकि की कहानियाँ दलित और गैर-दलित अन्तःसम्बन्धों और अन्तर्द्वन्द्वों को उजागर करती हैं तथा गैर-दलित स्त्रियों की वेदनाओं को भी चित्रित करती हैं। दलित संवेदनशीलता के आलोक में उनकी लेखकीय प्रतिबद्धता की पड़ताल की जा सकती है। ओमप्रकाश वाल्मीकि के व्यापक अनुभवों से उनकी कहानियों में चित्रित पात्र एवं घटनाओं में जीवन्तता का

बोध होता है। दलितों और गैरदलितों के अन्तःसम्बन्धों को ओमप्रकाश वाल्मीकि की 'सलाम' कहानी के माध्यम से समझा जा सकता है। 'सलाम' कहानी के गैरदलित पात्र कमल उपाध्याय को दलित अपमान और उपेक्षा का बोध तब होता है जब वह दलित दोस्त हरीश की शादी में एक चाय वाला उसे चूहड़ा समझ कर चाय नहीं पिलाता। चाय वाला कहता है—"चूहड़ा है। खुद कू बामन बता रा है। जुम्मन चूहड़े का बाराती है। इब तुम लोग ही फैसला करो। जो बामन है तो चूहड़ों की बारात में क्या मूत पीणे आया है। जात छिपाके चाय माँग रा है।"[10]

ओमप्रकाश वाल्मीकि की कहानी 'जिनावर' में बिरजू की बहू का शोषण उसके ससुर चौधरी द्वारा होता रहा है। चौधरी की हवेली के भीतर शोषण-दमन का चक्र किस प्रकार चलता रहता है यह कहानी उसी को उजागर करती है। पूरी हवेली में बिरजू की बहू के दर्द को सुनने वाला कोई नहीं है। सतवीर की किसनी की तीन महीने तक शारीरिक-मानसिक शोषण के बाद उसकी लाश मिलती है जिसकी गवाह अकेली बिरजू की बहू है। चौधरी का नौकर जगेसर को हवेली के अन्दर चल रहे कुचक्र, शोषण और अमानवीयता की भनक तक नहीं है। बिरजू की बहू द्वारा विरोध के बाद उसे घर से निकाल दिया जाता है। बिरजू की बहू को उसके मायके छोड़ने जाते हुए रास्ते में जगेसर की आत्मीयता पाकर उसकी वेदना के तार झंकृत हो उठते हैं और वह हवेली की हकीकत जगेसर के सामने खोल कर रख देती है। यही नहीं वह मझधार में फँस गयी है क्योंकि पिता के गुजरने के बाद माँ के साथ मामा के घर में ही उसने होश सँभाला। वही उसका मायका था जहाँ उसके मामा ने दस साल की अवस्था में ही इसके 'अबोध शरीर को बर्बाद कर दिया था।' वहाँ भी कोई सुनने वाला नहीं था। बेबसी ने उसकी माँ को डरपोक बना दिया था। वर्षों से अपने सीने में इस दुःख, दर्द और वेदना को दबाई हुई बिरजू की बहू ने जब जगेसर के सामने अपने अन्तर्मन की परतें खोलीं तो चौधरी के प्रति जगेसर का मन नफरत और गुस्से से भर उठा। जगेसर को यह अहसास हुआ कि चौधरी की हवेली की सुरक्षा और सेवा करते हुए उसने अपनी जिन्दगी बर्बाद कर ली। एक ऐसे चौधरी के लिए जो 'आदमी नहीं, जंगली जिनावर है'। वह खुद भी कहीं जिनावर न बन जाये इससे पहले ही हकीकत जानने के बाद उनकी चेतना जाग उठी और वह बिरजू की बहू को न्याय दिलाने के लिए चौधरी की हवेली वापस चलने के लिए जोर डालता है। बिरजू की बहू कहती है "यह सुनसान जंगल हवेलियों से ज्यादा सुरक्षित है। कम से कम भेड़िये आवेंगे तो रंग-रूप बदल के तो ना आवेंगे। जाके कह देना छोड़ आये तो...।"[11] तब जगेसर ने बहू को समझाने की कोशिश की—"ना बहू जी...मैं लछमन ना हूँ जो सीता कू बियाबान जंगल में छोड़ के वापस चला आऊँ..." जगेसर ने दृढ़ आत्मविश्वास दिखाया। उसके आत्मविश्वास को

देखकर बहू भी चौंकी। धूप का एक कतरा जगेसर के चेहरे पर चमक पैदा कर रहा था।...बहू उठकर खड़ी हो गयी। उसी आत्मविश्वास से भरकर बोली, 'चलो।' जगेसर ने चौंककर देखा। बहू जी के चेहरे पर हल्की-सी खुशी दिखाई पड़ रही थी। बगीचे से बाहर कच्चे रास्ते पर धूप में अभी भी उतनी ही तपिश थी।''[12] जिनावर कहानी का दलित पात्र जगेसर गैर-दलित समाज के खोखलेपन और उनके विद्रूप चेहरे को देखकर गैर-दलित समाज की स्त्री को न्याय की आस दिलाता है। चेतना आने के बाद जगेसर बाकायदा पक्षधरता चुनता है। चौधरी की बेटी सरोज और जगेसर के बीच प्रेम, स्नेह और आत्मीयता दलित कहानी के कथ्य और सरोकार को और विस्तार देती है।

'जिनावर' कहानी में 'लक्ष्मण' मिथकीय पात्र का सन्दर्भ परम्परागत साहित्य से भिन्न अर्थ देता है। इन्हीं अर्थों में दलित साहित्य के सौन्दर्यबोधीय मानदंड बदल जाते हैं। इस कहानी की महत्ता इस सन्दर्भ में है कि गैर-दलित समाज में व्याप्त स्त्री शोषण की चिन्ता और मुक्ति की आकांक्षा ओमप्रकाश वाल्मीकि के लेखकीय सरोकारों में भी शामिल है। यह संवेदना दलित साहित्य की व्यापकता को विस्तार देती है।

शिक्षण-संस्थानों, सरकारी दफ्तरों एवं ग्रामीण जीवन की असलियत का रेखांकन दलित कहानी का वैशिष्ट्य है। मजदूरी और किसानी जीवन की यथार्थता दलित कहानियों को बहुआयामी बनाता है। दलित जीवन-सन्दर्भ और लेखन में बाल शोषण का चित्रण और उसकी विश्वसनीयता दलित आत्मकथाओं से प्रमाणित होती है। इसलिए दलित कहानी में यह वैशिष्ट्य अलग महत्त्व रखता है। ओमप्रकाश वाल्मीकि की कहानी 'रिहाई' में लाला का गोदाम वर्ण-व्यवस्था का कैदखाना है, जहाँ जिन्दगियों को रौंदा जाता है, मर्दित किया जाता है। सामाजिक और आर्थिक व्यवस्था ने इन्सानी ज़ज्बे को मटियामेट कर दिया है, लेकिन 'रिहाई' कहानी का छुटकू गोदाम में आग लगाकर अँधेरे में नयी रोशनी का संचार करता है। विषमता का बीज बोने वाली संस्कृति हाशिए की अस्मिताओं को निरन्तर दरकिनार करती रही है। प्रतिभा और मेरिट का सवाल खड़ा करने वाले लोग आज भी संकीर्णता से बाहर नहीं आ पाये हैं। आरक्षण ने उनके दिलोदिमाग में जहर घोल दिया है। शिक्षण संस्थाएँ भी ऐसे संस्कार और सोच के लिए दोषी हैं। वहाँ भी विषमता के बीज मौजूद हैं। ओमप्रकाश वाल्मीकि की 'घुसपैठिए' कहानी इसी रूप को उघाड़ती है। उक्त कहानी में सुभाष सोनकर की मौत शैक्षिक परिसर की गरिमा को झूठा साबित करती है—''दलित छात्रों का मेडिकल में आना डीन की दृष्टि में घुसपैठ थी।''[13] यह कहानी उन दलितों को भी कठघरे में खड़ा करती है जो आरक्षण के माध्यम से ऊँचे ओहदों पर पहुँच गये हैं, लेकिन उनका कोई सामाजिक सहयोग

नहीं मिलता, कोई मार्गदर्शन नहीं मिलता। इस तरह की उदासीनता को यह दलित कहानी उजागर करती है।

ओमप्रकाश वाल्मीकि की कहानियों में आमूल परिवर्तन की तीव्र आकांक्षा विद्यमान है। उन कहानियों में भविष्योन्मुखी स्वप्न, एक दृष्टि और एक विकल्प दिखाई देता है—समता, स्वतन्त्रता और बन्धुत्व का। बाबा साहेब बी.आर. अम्बेडकर का नारा—'शिक्षित बनो! संघर्ष करो। संगठित हो' ओमप्रकाश वाल्मीकि की कहानियों में साकार होता हुआ दिखाई देता है। दलित चेतना का विकास और परिवर्तनवादी स्वर उनकी कहानियों की मूल प्रवृत्ति है। ओमप्रकाश वाल्मीकि की कहानी 'यह अन्त नहीं' ग्रामीण दलित स्त्री चेतना की प्रामाणिक कहानी है जो कुदृष्टि रखने वाले पर साहसिक ढंग से पुरजोर वार करती है और दुश्मन की बेहयाई को कायरता में तब्दील कर देती है। लेखक बड़ी तल्खी से पंचायती राज-व्यवस्था की निरर्थकता और उसके दुरुपयोग को महसूस करता है। गाँव का बिसन दलित है, लेकिन वह झगड़ों और सामन्तों का मोहरा बनकर रह गया है। ऐसे में दलित स्त्री बिरमा को न्याय की आशा व्यर्थ दिखती है। परन्तु बिरमा की मुखरता ने सभी में आशा का संचार कर दिया था, सभी ने मिलकर कहा था, "ना बिरमा...यह अन्त नहीं है...तुमने हमें ताकत दी है। हार को जीत में बदलेंगे, लोगों में विश्वास जगाकर, ताकि फिर कोई बिसन मोहरा ना बने।"[14] दलित कहानीकार ओमप्रकाश वाल्मीकि सामाजिक व्यवस्था के प्रति इतने चौकस हैं कि सिस्टम के हर धागे को उधेड़कर उसकी असलियत से परिचय कराते चलते हैं। डॉ. अम्बेडकर ने गाँवों को भारतीय गणतन्त्र की अवधारणा का शत्रु माना था। उनके अनुसार हिन्दुओं की ब्राह्मणवादी और पूँजीवादी व्यवस्था का जन्म भारतीय गाँव में ही होता है। डॉ. अम्बेडकर का मानना था कि भारतीय गाँव हिन्दू-व्यवस्था के कारखाने हैं। उनमें ब्राह्मणवाद, सामन्तवाद और पूँजीवाद की साक्षात अवस्थाएँ देखी जा सकती हैं, उनमें स्वतन्त्रता, समता और बन्धुत्व के लिए कोई स्थान नहीं है।

दलित कहानियाँ जातिबोध के आभ्यन्तरीकरण पर विमर्श का परिवेश रचती हैं। यह दलित कहानी का महत्त्वपूर्ण वैशिष्ट्य है जो दलित लेखकों की जवाबदेही तय करता है और दलित कहानी के सामाजिक-सांस्कृतिक सरोकारों को मजबूती प्रदान करता है। ओमप्रकाश वाल्मीकि की वैचारिक परिपक्वता का सबूत 'शवयात्रा' कहानी में मिलता है; जब बड़े साहस के साथ दलितों के भीतर के अन्तर्विरोध और अम्बेडकरवादी संगठनों के ढोंग को लेखक बेनकाब करता है। दलित कहानी की वैचारिकी उसकी अमूल्य निधि है। दलित कहानीकारों की वैचारिक प्रतिबद्धता और दलित चेतना का प्रसार दलित साहित्य की धरोहर है। ओमप्रकाश वाल्मीकि की कहानी 'मुम्बई कांड' में वैचारिक प्रतिबद्धता साकार होती है। कहानी सजग और

सचेतन रूप से प्रतिशोध एवं प्रतिरोध की बारीकियों को स्पष्ट करती है। कहानी का पात्र सुमेर मुम्बई कांड के प्रतिक्रियास्वरूप जूते की माला लेकर उठ खड़ा होता है, लेकिन कदम बढ़ाते ही उसके मस्तिष्क में विचार कौंधता है, "अरे! मैं यह क्या कर रहा हूँ। मुम्बई में किसी ने मेरे विश्वास पर चोट की और मैं यहाँ किसी की आस्था पर चोट करने जा रहा हूँ। कुछ गाँधी को 'बापू' कहते हैं और कुछ अम्बेडकर को 'बाबा'; वहाँ 'बाबा' कहने वाले मारे गये, यहाँ बापू वाले मारे जा सकते हैं। 'बाबा' कहने वालों पर भी गाज गिर सकती है। जो भी हो मारे तो निर्दोष ही जायेंगे... नहीं...यह रास्ता न बुद्ध का है और न ही अम्बेडकर का।"[15]

ओमप्रकाश वाल्मीकि अम्बेडकरवादी दृष्टि और सुनियोजित रणनीति के साथ लेखन करते रहे। उनकी आलोचना दृष्टि, रचनात्मक लेखन, भाषण और प्रश्नोत्तरों को समझे बगैर उन्हें सम्पूर्णता में नहीं समझा जा सकता है। गाँधी-अम्बेडकर के मतभेद अर्थात् पृथक निर्वाचन एवं पूनापैक्ट के सन्दर्भ में ओमप्रकाश वाल्मीकि की आलोचना दृष्टि को व्यापक सन्दर्भों में समझना होगा। ऐसे ही प्रेमचन्द की गाँधी के प्रति पक्षधरता को प्रश्नांकित करने की ओमप्रकाश वाल्मीकि की दृष्टि को समग्रता में समझना होगा। एक तरफ गाँधी-अम्बेडकर के मतभेदों के आलोक में डॉ. अम्बेडकर के प्रति पक्षधरता चुनते हैं तो दूसरी तरफ उनकी 'मुम्बई कांड' कहानी में ओमप्रकाश वाल्मीकि का पात्र सुमेर गाँधी के अनुयायियों के प्रति सकारात्मक भाव रखता है। ऐसे ही प्रेमचन्द की आलोचना करते हुए भी उन्हें साहित्य के सन्दर्भ में अपना प्रेरणास्रोत मानते हैं। ओमप्रकाश वाल्मीकि के अनुभव, संघर्ष और उनके समग्र लेखन को सम्पूर्णता में समझना होगा।

'जूठन' में वर्ण-व्यवस्था से उपजी भयानक चीखें हैं जो अन्तर्मन को झिंझोड़कर रख देती हैं। 'जूठन' को लिखते वक्त ओमप्रकाश वाल्मीकि ने पुनः उन दर्दों को जीया जो उन्हें वक्त-दर-वक्त भोगना पड़ा। ओमप्रकाश वाल्मीकि आत्मकथा के शुरू में ही लिखते हैं कि "इन अनुभवों को लिखने में कई प्रकार के खतरे थे। एक लम्बी जद्दोजहद के बाद मैंने सिलसिलेवार लिखना शुरू किया। तमाम कष्टों, यातनाओं, उपेक्षाओं, प्रताड़नाओं को एक बार फिर जीना पड़ा। उस दौरान गहरी मानसिक यन्त्रणाएँ मैंने भोगीं। स्वयं को परत-दर-परत उधेड़ते हुए कई बार लगा—कितना दुखदायी है यह सब! कुछ लोगों को यह अविश्वसनीय और अतिरंजनापूर्ण लगता है।"[16]

ओमप्रकाश वाल्मीकि के यहाँ साहित्य की शुरुआत घनीभूत वेदना से होती है। यहाँ वर्ण-व्यवस्था से उपजा संत्रास है, जिसका भुक्तभोगी स्वयं लेखक ही है। वे जिस परिवेश में पले और जिन यातनादायी क्षणों से उन्हें गुजरना पड़ा वह कितना भयावह और अन्धकारमय था; स्वयं उन्हीं के शब्दों में "चारों तरफ गन्दगी भरी होती है। ऐसी दुर्गंध कि मिनट भर में साँस घुट जायें। तंग गलियों में घूमते सूअर,

नंग-धड़ंग बच्चे, कुत्ते, रोजमर्रा के झगड़े, बस यह सब था वह वातावरण जिसमें बचपन बीता। इस माहौल में यदि वर्ण-व्यवस्था को आदर्श-व्यवस्था कहने वालों को दो-चार दिन रहना पड़ जाये तो उनकी राय बदल जायेगी।...अस्पृश्यता का ऐसा माहौल कि कुत्ते, बिल्ली, गाय-भैंस को छूना बुरा नहीं था लेकिन यदि चूहड़े को स्पर्श हो जाये तो पाप लग जाता था। सामाजिक स्तर पर इन्सानी दर्जा नहीं था। वे सिर्फ जरूरत की वस्तु थे। काम पूरा होते ही उपयोग खत्म। इस्तेमाल करो, दूर फेंको।''[17]

यही है हिन्दू जीवन-जगत की हकीकत। जिसमें जीना तो दूभर है ही, साँस लेना भी मुश्किल है। इसी आन्तरिक उपनिवेशवाद से मुक्ति के लिए फुले-अम्बेडकर ने आजीवन संघर्ष किया था। विदेशी उपनिवेशवाद से आजादी तो मिल गयी, लेकिन आन्तरिक गुलामी की ठोकरों की मार दलित-बहुजन आज भी झेल रहे हैं। डॉ. अम्बेडकर के शब्दों में ''यही है भारतीय गाँवों के भीतरी जीवन की तस्वीर! इस गणतन्त्र में लोकतन्त्र के लिए कोई स्थान नहीं। इसमें स्वतन्त्रता के लिए कोई स्थान नहीं। इसमें भ्रातृत्व के लिए कोई स्थान नहीं। भारतीय गाँव गणतन्त्र का ठीक उल्टा रूप हैं। अगर यह गणतन्त्र है तो यह स्पृश्यों का गणतन्त्र है, स्पृश्यों के द्वारा है और उन्हीं के लिए है। यह गणतन्त्र अस्पृश्यों पर स्थापित हिन्दुओं का एक प्रकार का उपनिवेशवाद है, जो अस्पृश्यों का शोषण कर रहे हैं।''[18]

समकालीन सन्दर्भों में जाति-पाँति, ऊँच-नीच, छुआछूत, लिंगभेद, भाग्य-भगवान, कर्मकांड, पुनर्जन्म, स्वर्ग-नरक, पाखंडवाद, पुरोहितवाद, अन्धविश्वास तथा अन्य ब्राह्मणवादी वर्चस्व का विरोध ओमप्रकाश वाल्मीकि के लेखन में मिलता है। दलित चेतना का यही मूल आधार और प्रमुख स्वर है जो यथास्थितिवाद को नकारकर नवीन मानदंडों और सौन्दर्यबोध में रूपान्तरित होता है। दलित चेतना के बोध और विकास की पृष्ठभूमि एवं निर्मिति में ज्योतिबा फुले और बाबा साहेब डॉ. अम्बेडकर का जीवन संघर्ष, दर्शन और आन्दोलन एक आधारशिला है जो आत्मसम्मान, अधिकार और मानवीय गरिमा से सम्पृक्त है। सन्तों, गुरुओं और अन्य परिवर्तनकामी आन्दोलनों की परम्परा से भी दलित चेतना का स्वरूप बना है। ओमप्रकाश वाल्मीकि की रचनाधर्मिता की वैचारिक आधारभूमि के निर्माण की यही पृष्ठभूमि है। उनका लेखन भारतीय साहित्य की अमूल्य धरोहर है।

ओमप्रकाश वाल्मीकि का ध्येय, प्रतिबद्धता एवं समर्पण उनके साहित्य व कर्मक्षेत्र में बहुत साफ झलकता है। इस कवि एवं आलोचक को गत तीन हजार वर्षों के यातनामयी इतिहास ने लिखने के लिए उकसाया है; संवेदनशीलता एवं सर्जनात्मक ऊर्जा पैदा की है। यहाँ उल्लेखनीय यह है कि वर्चस्ववादी व्यवस्था की वेदना ने ओमप्रकाश वाल्मीकि जैसे साहित्यकार को प्रतिशोधी नहीं प्रतिरोधी बनाया है। इनके

लेखन में आक्रोश मिल सकता है, क्रोध नहीं। वास्तविक दलित लेखन का यही मूल तत्त्व है। ओमप्रकाश वाल्मीकि की आलोचना इस अपेक्षा पर एकदम खरी उतरती है: ''हिन्दी साहित्य ने एक सीमित दायरे को ही अपनी दुनिया मान लिया है, लेकिन इससे दुनिया का अस्तित्व कम नहीं हो गया है। हजारों पस्त, दीन-हीन दलित धरती की शक्ल बदलकर अपनी आन्तरिक ऊर्जा और ताप का सबूत देते हैं। उनके चेहरे भले ही उदास दिखें पर उनके संकल्प दृढ़ हैं, इरादे बदस्तूर। वे विवश हैं लेकिन इस हालात में बदलाव चाहते हैं, यह उनकी बारीक धड़कनों को सुनकर ही समझा जा सकता है।''[19]

दलित आलोचना की फुले-अम्बेडकरवादी दृष्टि ने मुख्यधारा के साहित्य, संस्कृति, इतिहास, धर्म एवं राजनीति आदि का परीक्षण किया है। ओमप्रकाश वाल्मीकि स्पष्ट शब्दों में लिखते हैं कि ''मुख्यधारा एक वर्ण विशेष (वर्ग नहीं) की इच्छाओं-आकांक्षाओं से उत्पन्न मान्यताओं, स्थापनाओं की धारा; और इस धारा के लिए एक दलित को अपने वजूद के लिए संघर्ष करना पड़े। तब यह मुख्यधारा बेहद खूँखार और निर्दयी होकर अपने तमाम दाँव-पेंचों, कलाबाजियों, बौद्धिक विमर्श, साहित्य शिल्पों के साथ दीवार की तरह खड़ी हो जाती है और दलित के अस्तित्व को ही नकार देती है।''[20] ओमप्रकाश वाल्मीकि लिखने का कारण बताते हैं, ''दलितों को अस्पृश्य, अन्त्यज बनाकर समाज से अलग कर देने इस देश में न तो बाबर आया था, न कोई अंग्रेज। यहीं के हमारे अपने तथाकथित महान संस्कृति के लोग थे, जिन्होंने गत तीन हजार वर्षों में, जितने जुल्म ढाये, जितना शोषण किया, उतना तो विदेशी शासक भी नहीं कर पाये। यह पीड़ा बार-बार उकसाती है और मेरे लिखने का कारण बनती है।''[21]

दलित आलोचना ने परम्परागत स्थापित मानदंडों की परवाह किये बगैर चुनौती पेश की है। दलित लेखन और दृष्टि का गैर-दलित मानदंडों एवं दृष्टि द्वारा किये गये विश्लेषणों से 'मुख्यधारा' का सवाल पैदा हुआ है। अम्बेडकरवादी विचारधारा को न समझ पाने तथा दलित आलोचना पर अंकुश लगाने की कोशिशों ने भी 'मुख्यधारा' को जन्म दिया। 'मुख्यधारा के यथार्थ' शीर्षक के अन्तर्गत ओमप्रकाश वाल्मीकि लिखते हैं ''घेरे से बाहर रहने की उसकी छटपटाहट ने दलित साहित्य की एक ऊर्जावान धारा को जन्म दिया है, जो तथाकथित इस मुख्यधारा के विपरीत ध्रुवों पर खड़ा है।''[22] ओमप्रकाश वाल्मीकि की आलोचना के केन्द्र में स्वाभिमान, आत्मसम्मान, अधिकार, न्याय एवं स्वतन्त्रता की अनुगूँज हैं। दलित चेतना को स्पष्ट करते हुए लिखते हैं : ''दलित चेतना का सीधा सरोकार 'मैं कौन हूँ' से बहुत गहरे तक जुड़ा हुआ है। चेतना का सम्बन्ध दृष्टि से होता है, जो दलितों की सांस्कृतिक, ऐतिहासिक और सामाजिक भूमिका की छवि के तिलिस्म को तोड़ती है।''[23]

नवजागरण और स्वतन्त्रता आन्दोलन को विश्लेषित करते हुए तथा उनके अन्तर्विरोधों को चिह्नित कर सम्पूर्णता में परखने की माँग ओमप्रकाश वाल्मीकि की आलोचना में मिलती है। इसी परिप्रेक्ष्य में भाषा समस्या, गाँधी जी और हिन्दी-उर्दू-फारसी के रिश्तों एवं विकास पर भी उनकी व्यापक नजर है। नवजागरण में दलित प्रश्नों की अनदेखी पर बेबाकी से लिखा है। प्रेमचन्द को दलित विमर्श के नजरिए से देखते हुए गाँधी और डॉ. अम्बेडकर के सामाजिक एवं राजनीतिक आन्दोलन पर प्रेमचन्द द्वारा की गयी टिप्पणियों के आधार पर ओमप्रकाश वाल्मीकि उन्हें हिन्दू-व्यवस्था के पक्षधर के रूप में देखते हैं : "एक सम्पादक की हैसियत से प्रेमचन्द ने अपने मासिक पत्र 'हंस' और साप्ताहिक 'जागरण' में 'दलित समस्याओं' पर अनेक टिप्पणियाँ लिखीं। पृथक निर्वाचन के प्रश्न पर जब गाँधी जी ने यरवदा जेल में 'आमरण' अनशन किया, तब भी प्रेमचन्द ने लगातार लिखा, लेकिन वे भी इन समस्याओं को गाँधी जी के ही दृष्टिकोण से देख रहे थे। उनकी दृष्टि में भी वे ही तत्त्व मौजूद थे, जो किसी भी हिन्दू रचनाकार, राजनीतिज्ञ और सम्पादक की सोच और चिन्ता का हिस्सा थे।"[24]

ओमप्रकाश वाल्मीकि की आलोचना दृष्टि दलित आलोचना के अन्तर्विरोधों की भी पड़ताल करती है। 'प्रेमचन्द : सामन्त का मुंशी' के मार्फत दलित स्त्री पर किये गये प्रहार को चिह्नित करते हुए वे लिखते हैं : "स्त्री की कोख से जन्मा पुरुष आलोचक जब उसी स्त्री को व्यभिचारिणी या जारकर्म में रत कहे, तब ऐसे आलोचकों से तर्कपूर्ण तथ्यों और आन्दोलन को आगे बढ़ाने की आशा करना व्यर्थ है। एक दलित स्त्री तमाम विपरीत परिस्थितियों में अपने परिवार का उत्तरदायित्व जिस ऊर्जा और मानवीय सामाजिक सरोकारों के साथ वहन करती है, उसे अनदेखा करना स्त्री के साथ अन्यायपूर्ण कृत्य ही कहा जायेगा।"[25]

ओमप्रकाश वाल्मीकि की आलोचना यह विश्वास दिलाती है कि दलित साहित्य समता और करुणा का साहित्य है, मनुष्य और मनुष्यता का साहित्य है, वह अपनी आलोचना पुस्तक 'मुख्यधारा और दलित साहित्य' में लिखते हैं कि "मेरा मानना है कि दलित साहित्य सामाजिक जीवन में मानव-मूल्यों के प्रति गहरा लगाव रखता है और उनकी पुनःप्रतिष्ठा के लिए कृतसंकल्प है। इसकी अन्तर्धारा में जीवन के वे तमाम सरोकार शामिल हैं जो एक मनुष्य को मनुष्य के रूप में पहचाने।"[26]

साहित्यिक-सामाजिक प्रतिबद्धता और वैचारिक पक्षधरता के रचनाकार ओमप्रकाश वाल्मीकि की अन्तिम आलोचनात्मक कृति 'दलित साहित्य : अनुभव, संघर्ष और यथार्थ' संवेदना एवं सरोकारों की एक अनूठी प्रस्तुति है। आठ शीर्षकों में विन्यस्त यह कृति आलोचना का नया पाठ रचती है, साथ ही पाठकों-आलोचकों की जवाबदेही तथा जिम्मेदारी भी तय करती है। परम्परागत साहित्यालोचना में अनछुए-अनकहे

विविध पहलुओं-प्रसंगों-प्रश्नों के साथ प्रस्तुत कृति आलोचकीय मानदंडों का नया लोक एवं मानस रचती है। वास्तव में यह आलोचनात्मक पुस्तक हिन्दी आलोचना के एकांगीपन एवं अधूरेपन की पूर्ति की भी पुस्तक है। इसे हिन्दी साहित्यालोचना की समृद्धि और संवर्द्धन के रूप में देखा जाना चाहिए। यह पुस्तक परम्परागत आलोचना के मानक एवं मानदंड को भंग करती है। इसके अध्ययनोपरान्त यह महसूस किया जा सकता है कि इसमें संस्मरण, आत्मकथांश, लेख, शोध-आलेख, भाषण और एक पाठक के पत्र के उत्तर के माध्यम से साहित्यालोचन की नवीन भावभूमि सृजित की गयी है; जैसे 'रचना प्रक्रिया' के अन्तर्गत 'मेरे लिए लेखन किसी यातना से कम नहीं है', 'मेरी कहानियाँ मानवीय सरोकारों की पक्षधर हैं' तथा 'मेरी कविताओं का आन्तरिक यथार्थ' में ओमप्रकाश वाल्मीकि के अनुभव संघर्ष और यथार्थ के साथ-साथ रचनाकार की रचनाधर्मिता पुष्ट होती है, जिससे सामाजिक-सांस्कृतिक एवं साहित्यिक आलोचना का नवीन प्रकाश भी प्रदीप्त होता है विषमतापरक सामाजिक व्यवस्था और घुटन भरे जातिगत माहौल में साँस लेता हुआ बालक अपनी विकास यात्रा में रचनाकार बनने की प्रक्रिया में एक साहित्यकार का यह अनुभव है कि 'मेरे लिए लेखन किसी यातना से कम नहीं है।' इस अनुभव में भारतीय गाँवों में व्याप्त जातिवादी माहौल, शिक्षा-शिक्षक-शिक्षण संस्थाओं की विद्रूपता, सम्पादकों, परम्प. रागत साहित्य की भूमिकाओं तथा आन्दोलनों का यथार्थ समाहित है। ओमप्रकाश वाल्मीकि साहित्यालोचन की नवीन परम्परा की आधारभूमि का सृजन करते हैं, जो अभी तक परम्परागत साहित्यिक आलोचनात्मक परम्परा में सम्भावित नहीं था। अनुभव एवं संघर्ष की तीक्ष्णता एवं दाहकता में पगी हुई ओमप्रकाश वाल्मीकि की कहानियाँ मानवीय सरोकार की पक्षधर हैं। उनके यथार्थजनित जीवन की टीस से पनपता रचनात्मक कर्म आलोचनात्मक दृष्टि में परिणत होता है। अपमान, अन्याय, अनादर, घृणा और हिंसा आधारित सामाजिक-धार्मिक व्यवस्था में जीने वाले संर्जक ओमप्रकाश वाल्मीकि का साहित्यिक- आलोचकीय सरोकार समता आधारित समाज का सपना है। उनके साहित्य का लक्ष्य सम्मान, न्याय, गरिमा, करुणा और प्रेम है। उनकी रचना और आलोचना की यही आधारभूमि है। इसी सन्दर्भ में उनकी कहानियाँ मानवीय सरोकारों की पक्षधर हैं और वे प्रेम की पक्षधरता की कहानियाँ हैं। उनकी कविताओं का आन्तरिक यथार्थ समाज में व्याप्त हजारों साल के शोषण-दमन की यातना से मुक्ति की चेतना में ढलकर समतापरक समाज निर्माण का वैचारिक यथार्थ है। यह यथार्थपरकता में हिन्दी आलोचना के केन्द्र में क्यों नहीं है? ओमप्रकाश वाल्मीकि का यह केन्द्रीय प्रश्न है।

हिन्दी दलित लेखन के प्रति गैरदलित नजरिया कैसा रहा है और आज कैसा है? इस आलोक में ओमप्रकाश वाल्मीकि ने गम्भीरता से विचार करते हुए 'हिन्दी

दलित साहित्य की लोकतान्त्रिकता' के परिप्रेक्ष्य में आलोचनात्मक दृष्टि विकसित की है। परम्परागत साहित्यिक मानदंडों और शिल्प विधान की अमूर्तता की अनिवार्यता के कारण साहित्य की जनसाधारण से दूर हो जाने की चिन्ता ओमप्रकाश वाल्मीकि की आलोचना दृष्टि के केन्द्र में है। वे लिखते हैं कि, "एक कवि जब अमूर्तन का प्रयोग अपनी अभिव्यक्ति के लिए करता है तो वह शिल्प और कला की आकर्षक शैली के कुचक्र में फँसकर रचना को दुरूहता की ओर ले जाता है। जबकि कविता में कबीर की परम्परा का सहज और तार्किक विकास यदि होता, तो कविता आज भी भारतीय जनमानस के सबसे ऊँचे स्थान पर बैठी होती।"[27] एक लेखक और आलोचक की इस चिन्ता को हिन्दी साहित्यालोचना के एकांगीपन और अधूरेपन को पूर्णता प्रदान करने की आकांक्षा के रूप में देखा जाना चाहिए। दलित साहित्य के प्रति नकारात्मक दृष्टि को बेनकाब करते हुए हिन्दी के विद्वानों के द्वन्द्व और अन्तर्विरोध को ओमप्रकाश वाल्मीकि ने सुस्पष्टता और निडरता से चुनौती दी है। उन्होंने स्पष्ट शब्दों में कहा है कि, "जब भारतीय परम्परागत संस्कारों से लैस समीक्षक दलित साहित्य पर कलम चलाता है तो दलित साहित्य की अन्तःधारा को पकड़ने के बजाय उसके आशय को समझने और जानने की जगह, उसके भावबोध और उसके कलापक्ष को ही निशाना बनाता है। यह कबीर के साथ भी हुआ है और अब दलित साहित्य के साथ भी वैसी ही स्थिति उत्पन्न की जा रही है।"[28] दलित साहित्य को एक आन्दोलन के रूप में प्रस्तुत करते हुए उसकी लोकतान्त्रिक और समतावादी पक्षधरता को ओमप्रकाश वाल्मीकि प्रमुखता देते हैं। वे रचना की अन्तर्वस्तु की सामाजिक दृष्टि और उसके आशय की गुणवत्ता पर प्रकाश डालते हुए रचनाकार के जीवन अनुभव, आत्मसंघर्ष, स्वानुभूति और अनुभवों की प्रामाणिकता के प्रभाव को उन्होंने जरूरी बताया है। उनका मानना है कि "हिन्दी दलित साहित्य ने अपने प्रारम्भिक काल से ही यह अनुभव किया कि हिन्दी आलोचक दलित साहित्य में अन्तर्निहित चेतना को समझने की बजाय उसे सामाजिक सरोकारों से दूर करने की कोशिश करते रहे हैं। यह स्थिति आज भी बनी हुई है।"[29]

'दलित आत्मकथाओं का सामाजिक और साहित्यिक परिदृश्य' के सन्दर्भ में विवेचन करते हुए ओमप्रकाश वाल्मीकि इस निष्कर्ष पर पहुँचते हैं कि "दलित आत्मकथाओं ने साहित्य में एक नये विमर्श का सूत्रपात किया है। हिन्दी में कल तक जो साहित्य की श्रेष्ठता थी, उस पर इन आत्मकथाओं ने सवालिया निशान लगा दिये हैं।"[30] (पृ. 50) एक आत्मकथाकार होने की वजह से उन्होंने बड़ी बारीकी और संजीदगी से विचार व्यक्त किया है। उनका मानना है कि, "दलित आत्मकथा अतीत की सिर्फ स्मृतियाँ नहीं हैं। ये समाज व्यवस्था की अमानवीयता को समझने का स्रोत भी हैं। जो पाठकों की चेतना का नवनिर्माण करने में सहायक होती हैं।"[31]

यह वक्तव्य दलित साहित्य लेखन की महत्ता को प्रतिपादित करता है और आलोचना दृष्टि को भी पुष्ट करता है।

'दलित साहित्य का वैचारिक संघर्ष' के आलोक में ओमप्रकाश वाल्मीकि ने 'हिन्दी दलित कविता और सन्त साहित्य', 'दलित साहित्य की अन्तःधारा और उसका सामाजिक यथार्थ' तथा 'दलित लेखन की आधुनिकता और सांस्कृतिक विरासत' पर सुगठित शोध किया है। दलित साहित्य के अन्तर्गत सन्त साहित्य को लेकर चल रहे द्वन्द्व को सुस्पष्ट तरीके से जाति और ईश्वर के सन्दर्भ में वैचारिकी के फर्क को स्पष्ट किया है तथा विचारधारा की विकास प्रक्रिया में डॉ. अम्बेडकर की भूमिका को रेखांकित करते हुए दलित साहित्य आन्दोलन की पृष्ठभूमि को विवेचित किया है। दलित साहित्य की अन्तःधारा और उसके सामाजिक यथार्थ पर विचार करते हुए ओमप्रकाश वाल्मीकि 'दलित' शब्द की जाति-बोधक पहचान को नकारते हुए उसे समूह की अभिव्यंजना के रूप में प्रस्तुत करते हैं और इसी आधार पर दलित चेतना के विशष्टि बिन्दुओं को सुस्पष्ट करते हैं। दलित साहित्य अन्तःधारा को समझने के लिए उसके वैचारिक और सामाजिक दृष्टिकोण को समझना वे जरूरी मानते हैं। किसी भी कृति के 'आकार' और 'आशय' को दृष्टि में रखकर ही दलित साहित्य के सौन्दर्यशास्त्र पर विचार करने पर जोर देते हैं। दलित लेखन की आधुनिकता और सांस्कृतिक विरासत की विस्तृत विवेचना एवं व्याख्या करते हुए ओमप्रकाश वाल्मीकि हिन्दी के आलोचक, लेखक और बुद्धिजीवियों पर सवालिया निशान लगाते हुए कहते हैं कि, "दलित साहित्य की आन्तरिकता को समझने से पहले ही उस पर तलवार लेकर पिल पड़ते हैं। उसे अधकचरा, कमजोर, शिल्पहीन जैसे आरोपों से सुसज्जित कर अपनी साहित्यिक श्रेष्ठता का दंभ भरने लगते हैं। दलित लेखकों की बात को ठीक से सुने बगैर या पढ़े बिना वक्तव्य देने का रिवाज हिन्दी में स्थापित हो चुका है।"[32] अस्मितादर्श साहित्य सम्मेलन, चन्द्रपुर (महाराष्ट्र) 2008, के सम्मेलनाध्यक्ष के रूप में दिया गया वक्तव्य 'दलित साहित्य की सामाजिक प्रतिबद्धता' बहुत ही ऐतिहासिक और महत्त्वपूर्ण वक्तव्य है। वे कहते हैं कि "भारतीय समाज व्यवस्था में हाथ से काम करना, परिश्रम से रोजी-रोटी कमाना हीनता का पर्याय है। एक व्यक्ति जो घर, दफ्तर, शौचालय, सड़कें, स्कूल, कॉलेज को हर पल स्वच्छता प्रदान करता है, वह अपवित्र और अस्पृश्य कहलाता है। समाज उसके प्रति दुर्भावनापूर्ण व्यवहार करता है। उसे हीन मानता है। साहित्य में उसके लिए दुर्भावना से भरे सम्बोधन मिलते हैं।"[33] उनका मानना है कि, "दलित साहित्य ने इन सवालों को गम्भीरता के साथ उठाया है वह समाज के प्रत्येक व्यक्ति को समता, बन्धुत्व और स्वतन्त्रता का प्रतीक मानता है।"[34] ओमप्रकाश वाल्मीकि की वैचारिकी और पक्षधरता समाज में भाईचारे को बढ़ावा देती है। वे मजबूती से इस बात को सिद्ध करते हैं कि समाज

का विकास घृणा से नहीं, प्रेम और विश्वास से हो सकता है। दलित साहित्य लेखन के इन सरोकारों को वे अपनी आलोचना दृष्टि में पुष्ट करते हैं।

ओमप्रकाश वाल्मीकि ने अपनी आलोचनात्मक पुस्तक में प्रेमचन्द का नया पाठ प्रस्तुत किया है। 'प्रेमचन्द का दलित पाठ' शीर्षक के अन्तर्गत 'प्रेमचन्द की कहानी 'कफ़न' एक पुनर्मूल्यांकन', 'गोदान : एक पुनर्मूल्यांकन', 'प्रेमचन्द और दलित विमर्श' तथा 'संवेदना का विस्तार : समकालीनता का सन्दर्भ-बिन्दु' विषय पर अपनी आलोचना दृष्टि केन्द्रित करते हुए अनेक दलित प्रश्नों को विस्तार दिया है। इससे प्रेमचन्द के लेखन को नयी दृष्टि मिलती है। इसी कड़ी में नागार्जुन की 'हरिजनगाथा' नामक कविता का नया पाठ प्रस्तुत कर हिन्दी आलोचना के समक्ष दलित प्रश्न और उसकी वैचारिकी में निहित चेतना के आलोक में विवेचन करने की चुनौती दी है। ओमप्रकाश वाल्मीकि की आलोचकीय चुनौतियों को संवेदनशीलता के साथ देखने और परखने की जरूरत है। नये प्रश्नों को सुनने का साहस हिन्दी आलोचना में विकसित होना चाहिए। नये प्रश्नों को विवाद के रूप में नहीं, बहस के रूप में लेना चाहिए। हमारी भारतीय व्यवस्था इतनी जटिल है तो प्रश्न भी सहज नहीं हो सकते। प्रेमचन्द और नागार्जुन के लेखन के माध्यम से ओमप्रकाश वाल्मीकि ने जो दलित पाठ प्रस्तुत किया है वह हिन्दी आलोचना को और मजबूती प्रदान करता है। इससे इन महत्त्वपूर्ण साहित्यकारों का सामाजिक महत्त्व तो बढ़ता है, साथ ही वर्तमान लेखन की जवाबदेही और जिम्मेदारी भी तय होगी। यह एहसास कराना आलोचना का धर्म भी है। ओमप्रकाश वाल्मीकि इस आलोचकीय धर्म को सफलतापूर्वक निभाते हैं। समतापरक समाज की निर्मिति ही ओमप्रकाश वाल्मीकि की सर्जना का मुख्य ध्येय है।

सन्दर्भ

1. ओमप्रकाश वाल्मीकि, अब और नहीं, राधाकृष्ण प्रकाशन, नयी दिल्ली, पृ. 17
2. अब और नहीं, पृ. 79
3. वही, पृ. 25
4. ओमप्रकाश वाल्मीकि, बस्स! बहुत हो चुका, वाणी प्रकाशन, नयी दिल्ली, 1997, पृ. 91
5. वही, पृ. 11
6. ओमप्रकाश वाल्मीकि, अब और नहीं, राधाकृष्ण प्रकाशन, नयी दिल्ली, पृ. 22
7. वही, पृ. 12
8. वही, पृ. 13
9. वही, पृ. 77
10. ओमप्रकाश वाल्मीकि, सलाम (कहानी संग्रह), राधाकृष्ण प्रकाशन, 2004, नयी दिल्ली, पृ. 13

11. वही, पृ. 101
12. वही, पृ. 102
13. ओमप्रकाश वाल्मीकि, घुसपैठिये (कहानी संग्रह), राधाकृष्ण प्रकाशन, 2003, नयी दिल्ली, पृ. 18
14. वही, पृ. 29
15. वही, पृ. 34
16. जूठन, राधाकृष्ण प्रकाशन, नयी दिल्ली, 1997, पृ. 8
17. वही, पृ. 11-12
18. डॉ. अम्बेडकर सम्पूर्ण वाङ्मय खंड-9, कल्याण विभाग, भारत सरकार, 1995, पृ. 49
19. ओमप्रकाश वाल्मीकि, मुख्यधारा और दलित साहित्य, सामयिक प्रकाशन, नयी दिल्ली, 2009, पृ. 16
20. वही, पृ. 25
21. वही, पृ. 16
22. वही, पृ. 25
23. वही, पृ. 50
24. वही, पृ. 147
25. वही, पृ. 116
26. वही, पृ. 51
27. वही, पृ. 34
28. वही, पृ. 34
29. वही, पृ. 36
30. वही, पृ. 50
31. वही, पृ. 52
32. वही, पृ. 80
33. वही, पृ. 102
34. वही, पृ. 102

ओमप्रकाश वाल्मीकि : कृतित्व का लेखा-जोखा

बजरंग बिहारी तिवारी

इस लेख में ओमप्रकाश वाल्मीकि के लेखन की कुछ बुनियादी विशेषताओं की ओर ध्यान दिलाया जा सकता है जो उन्हें अपने समकालीनों से अलग करती हैं। वाल्मीकि हिन्दी दलित साहित्य के सर्वाधिक मान्य लेखकों में गिने गये। अन्य भारतीय भाषाओं के दलित साहित्यकारों के लिए वे हिन्दी के प्रतिनिधि लेखक रहे हैं। उनका समूचा लेखन एक निर्णायक युग की दास्तान के रूप में पढ़ा जायेगा। दस्तावेज तो वह है ही।

ओमप्रकाश वाल्मीकि का पहला संग्रह 'सदियों का सन्ताप' नाम से छपा। इसके प्रकाशन में उनके वामपन्थी मित्र और देहरादून के समर्पित रंगकर्मी विजय गौड़ की भूमिका थी। अस्मितावादी मुखरता के बरक्स मितव्ययी शब्द सजगता इस संग्रह ही पहचान है। यह पहचान क्रमशः कवि की पुख्ता पहचान बनती चली गयी। इस पतले संग्रह में कुल 19 कविताएँ हैं। जातिवादी धर्म की कुसंस्कृति को बेपर्दा करना इस संग्रह का प्राथमिक लक्ष्य है। 'जाति' शीर्षक से छपी एक कविता का अंश उद्धृत करना अभी प्रासंगिक लग रहा है :

स्वीकार्य नहीं मुझे जाना
मृत्यु के बाद
तुम्हारे स्वर्ग में
वहाँ भी तुम
पहचानोगे मुझे मेरी जाति से ही!

'सदियों का सन्ताप' संग्रह की सभी कविताएँ 1980-89 के बीच लिखी गयीं। संग्रह 1989 में प्रकाशित हुआ। इस समय तक हिन्दी में दलित कविता संग्रहों की संख्या बहुत कम थी। 1989 में ही मंसाराम विद्रोही (दलित पचासा) श्यौराजसिंह बेचैन (नयी फसल) और डॉ. धर्मवीर (हीरामन) के कविता संग्रह प्रकाशित हुए थे। कर्मशील भारती का संग्रह 'दलित मंजरी' एक वर्ष पहले (1988) छप चुका था। आलोचकों तथा दलित कविता के सामान्य पाठकों ने इन सभी संग्रहों में 'सदियों

का सन्ताप' को ही शीर्ष रचना माना। इस संग्रह का दूसरा संस्करण गौतम बुद्ध सेंटर, दिल्ली से 2008 में छपा। भूमिका में वाल्मीकि जी ने लिखा : 'दलित ही नहीं गैरदलित पाठकों, आलोचकों ने जिस उत्साह से इस संग्रह पर अपनी प्रतिक्रियाएँ दीं, उसने मेरे मन में एक गहरा विश्वास पैदा किया। दलित साहित्य आन्दोलन को हिन्दी में स्थापित करने में इस छोटी-सी पुस्तक ने एक अहम भूमिका निभायी।' 'सदियों का सन्ताप' सवालों से भरी हुई किताब है। पहली कविता 'ठाकुर का कुआँ' का केन्द्रीय प्रश्न है–'कुआँ ठाकुर का/पानी ठाकुर का/खेत-खलिहान ठाकुर के/गली-मुहल्ले ठाकुर के/फिर अपना क्या? /गाँव?/शहर?/देश?' दूसरी कविता 'मानचित्र' का सवाल है : 'पता नहीं यह कौन-सा/समीकरण है/जो दिन से रात/रात से दिन/ पल-पल छिन्न-छिन्न खींच रहा है/जिस्म से पसीना।' 'युग चेतना' शीर्षक कविता का उद्घोष है : 'कितने सवाल खड़े हैं/कितनों को दोगे तुम उत्तर।' संग्रह की अन्तिम कविता 'तब तुम क्या करोगे?' प्रश्नों को सिलसिलेवार गूँथ कर रची गयी है। इस कविता की तर्ज पर हिन्दी के दूसरे दलित कवियों ने कविताएँ रची हैं। कँवल भारती की कविता 'तब तुम्हारी निष्ठा क्या होती?' बहुत-कुछ इसी प्रभाव की उपज है। उनके संग्रह का शीर्षक भी यही है। वाल्मीकि जी की कविता की अन्तिम पंक्तियाँ हैं : 'जो जीना पड़ जाये युगों-युगों तक/मेरी तरह?/तब तुम क्या करोगे?' यह प्रश्नाकुलता बाद के संग्रहों में न सिर्फ बनी रही है, बल्कि बढ़ती और गहराती गयी है। दूसरे संग्रह 'बस्स! बहुत हो चुका' की चर्चित कविता 'शायद आप जानते हों' 'तब तुम क्या करोगे' का स्वाभाविक विस्तार लगती है। कवि धर्मसत्ता के नियामकों से पूछता है : 'चूहड़े या डोम की आत्मा। ब्रह्म का अंश क्यों नहीं है/ मैं नहीं जानता/शायद आप जानते हों!' तीसरे संग्रह का स्वर ज्यादा राजनीतिक है। सरोकार वही हैं लेकिन स्वर में ज्यादा दृढ़ता आ गयी है। संग्रह का शीर्षक 'अब और नहीं...' इसका सबूत है। 2009 में प्रकाशित इस संग्रह में भारत राष्ट्र और उसके छह दशक पुराने लोकतंत्र की मीमांसा है। बड़ी तिक्त आवाज़ में कवि बताता है : 'संसद के गलियारों का/अधमरा लोकतन्त्र भी/ न अपना हो सका/न जगा सका/ विश्वास ही!'

हिंसा के तमाम रूप-रंग हैं, कई नाम हैं, अनगिनत पैटर्न हैं। जाति इन्हीं में से एक है। जाति-हिंसा अपनी अन्तिम परिणति में किसी को नहीं बख्शती। हिंसा के शिकार और हिंसा करने वाले दोनों उससे नहीं बचते। दोनों अपनी मनुष्यता से वंचित होते हैं। अछूतपन दोनों के साथ चिपका हुआ होता है। एक बार जन्म लेने वालों की अस्पृश्यता इकहरी होती है तो दो बार जन्म लेने वाले (द्विजों) की दुहरी। इस दुहरी अस्पृश्यता की पहचान बड़ी मुश्किल से होती है। कवि यह दायित्व भी स्वीकारता है। अपनी प्रश्नवाचक शैली में वह पूछता है :

न जाने किस... ने
तुम्हारे गले में
डाल दिया है जाति का फंदा
जो न तुम्हें जीने देता है
न हमें

इकहरी अस्पृश्यता वालों ने 'बिना डरे/साँप की केंचुल-सा हीनता बोध/उतार फेंका है/दीवार के उस पार/जहाँ सड़ रहा है/सदियों से जमा कूड़ा।' अब बारी दुहरी अस्पृश्यता से घिरे लोगों के मुक्त होने की है। विडम्बना यह कि दोहरी परत वालों ने असहजता को अंगीकार कर ऊपरी परत को जाति श्रेष्ठता का पर्याय मान लिया है। एक दुर्लक्ष्य अलंघ्य दीवार खड़ी कर दी है :

धूप भी हमें बाँध नहीं पाती
डर धकेलता है
गहरी अँधेरी खोह में
जहाँ एक हाथ खो देता है विश्वास
दूसरे हाथ का
....
रोज मिलते हैं
फिर भी अपरिचित हैं
एक दूसरे से।

ओमप्रकाश वाल्मीकि ने 'जूठन' लिखकर हिन्दी में दलित आत्मकथा का मानक रचा। चयन का विवेक 'जूठन' के लेखक की विशिष्टता है। एक भी प्रसंग अनावश्यक नहीं। किस घटना को अनुभव का हिस्सा मानना है और उसे आत्मकथा में कितना स्पेस देना है, लेखक की सजगता इस सन्दर्भ में उल्लेखनीय है। 'जूठन' की भूमिका का पहला वाक्य है : 'दलित जीवन की पीड़ाएँ असहनीय और अनुभव दग्ध हैं।' पूरी किताब मानो इसी महावाक्य की व्याख्या है। ऐसे में लेखक से सुरमई शाम या प्रणय सम्बन्धों के वर्णन की अपेक्षा अकल्पनीय हो जाती है। बेशक, दलित जीवन उतना आनन्दविहीन न होता हो लेकिन वाल्मीकि जी की लेखकीय प्रतिबद्धता उन क्षणों का संज्ञान लेने से भी रोकती है। एक कड़ा अनुशासन पूरी किताब में व्याप्त है। सविता कुलकर्णी का युवा वाल्मीकि की जिन्दगी में प्रवेश विषयान्तर कर सकता था। इस बनते रिश्ते की अन्तरंगता युवक के इस कथन पर चटक जाती है : "मैं एस.सी. हूँ।" लेखक अगली कुछ पंक्तियों में इस प्रकरण को यों समाप्त करता है—'मेरा एस.सी. होना जैसे कोई अपराध था। वह काफी देर सुबकती रही। हमारे बीच अचानक फासला बढ़ गया था। हजारों साल की नफरत हमारे दिलों में भर

गयी थी।' एक प्रसंग रोडवेज क्लर्क मास्टर वेदपाल का है। लेखक की एक रात बस अड्डे पर गुजरी थी। मास्टर वेदपाल का एक साथी औरत के साथ आया। वाल्मीकि चाहते तो इस घटना को 'मजे के लिए' लिख सकते थे। लेकिन चन्द शब्दों में उन्होंने प्रसंग का समापन इस तरह किया : 'आज उस स्त्री के बारे में सोचता हूँ तो जी मिचलाने लगता है। किस मजबूरी में आयी होगी इनके पास।' जैसा संयम प्रेमचन्द ने 'शतरंज के खिलाड़ी' कहानी में बरता है यह प्रसंग उसी की याद दिलाता है। किताब के पहले पन्ने से लेकर आखिरी पन्ने तक जातिवादी क्रूरता के अनुभव दर्ज हैं। यह दस्तावेज़ीकरण ही लेखक का अभीष्ट है। अवान्तर प्रसंगों से बचना इसीलिए सम्भव हो पाया है। सवर्णवादी हिंसा के घटाटोप में लेखक की निगाह मनुष्यता के टिमटिमाते सन्दर्भों की तरफ भी गयी है। चमनलाल त्यागी का जिक्र ऐसा ही एक सन्दर्भ है। हाईस्कूल पास करने पर लेखक को बधाई देने वे उनके घर पहुँचे थे : 'ऐसा पहली बार हुआ था जब कोई त्यागी चूहड़ों के घर बधाई देने आया था। बल्कि इससे भी ज्यादा बड़ी बात यह हुई थी कि चमनलाल त्यागी मुझे अपने घर ले गये थे। बेहद आत्मीयता के साथ पास बैठाकर दोपहर का खाना भी खिलाया था। वह भी अपने बर्तनों में।...खाना खाकर मैं जूठे बर्तन उठाने लगा तो उन्होंने मुझे रोक दिया और अपनी बेटी को आवाज दी, ''भैया के बर्तन उठाकर ले जा।'' वह आकर जूठे बर्तन ले गयी।' लेखक चाहता तो इस 'अटपटे' प्रसंग को सम्पादित कर सकता था। इस प्रसंग को समाप्त करने से पहले उसने यह सूचना भी जोड़ी कि चमनलाल 'रामचरितमानस' के पाठक थे। एक मानसप्रेमी की उदारता प्रसंग के अटपटेपन में बढ़ोतरी ही करती है। अपने अनुभवों के प्रति लेखकीय ईमानदारी के चलते ही वाल्मीकिजी ने इसे 'जूठन' में जगह दी। श्रवण कुमार शर्मा, सुरेन्द्र त्यागी, बाबूराम त्यागी जैसे नाम चमनलाल के सिलसिले को आगे बढ़ाते हैं। जाति के तन्त्र में व्यक्ति और समुदाय के जटिल सम्बन्धों पर इससे कुछ रोशनी पड़ती है। ओमप्रकाश वाल्मीकि ने 'जूठन' सहित अन्य कृतियों में इस विडम्बना को उजागर किया है कि : 'जब दलित अपनी अस्मिता के लिए उठकर खड़ा होता है तो उस पर जातिवादी होने का आरोप लगा दिया जाता है।'

कुछ आलोचक वाल्मीकि जी को बतौर कहानीकार ज्यादा पसन्द करते हैं। वाल्मीकि जी के कुल तीन कहानी संग्रह प्रकाशित हुए—'सलाम', 'घुसपैठिए' और 'छतरी'। जैसे उनकी कविताओं में नारेबाजी व स्थूल अभिधापरकता से बचते हुए दलित कविता की अपनी प्रखर सांकेतिक भाषा विकसित करने का आग्रह है। कुछ वैसे ही उनकी कहानियाँ भी कहानीपन की चिन्ता करते हुए रची गयी हैं। वाल्मीकि जी की कथा भाषा अपने पहले संग्रह से ही प्रौढ़ दिखाई देती है। 'सलाम' में कुल 14 कहानियाँ संगृहीत हैं। वर्चस्ववादी परम्परा के ताने-बाने की परख कराती ये

कहानियाँ उन दलितों को भी विषय बनाती हैं जो 'मध्यवर्गीय सुविवाद' में उलझ गये हैं। 'भय' कहानी का दिनेश अपनी जाति छुपाकर रहता है। रामप्रसाद तिवारी से पारिवारिक सम्बन्ध बनाये दिनेश कभी सहज नहीं हो पाता। उसके भीतर की हीनताग्रन्थि उस पर हावी होती जाती है।

'अन्धड़' कहानी के सुक्कड़लाल अब एस. लाल हैं। वे भरसक अपने अतीत से पीछा छुड़ाने की कोशिश करते हैं। पृष्ठभूमि से अलग हुए उन्हें लम्बा अर्सा गुजर जाता है। उनकी पत्नी सविता इस कटाव को मंजूर नहीं करती। आखिरकार मि. लाल 'अपने' सच का सामना करने की हिम्मत जुटाते हैं। उनकी बेटी पिंकी उनके मुकाबले ज्यादा सहज व साहसी है। वाल्मीकि जी ने वैसे तो नयी पीढ़ी की दलित लड़कियों को अपने कथा जगत में अपेक्षित जगह नहीं दी है लेकिन उनके दो-तीन स्त्री पात्र ऐसे हैं जो साबित करते हैं कि वाल्मीकि जी दलित स्त्रियों की नयी पीढ़ी की सामर्थ्य व सम्भावना को यथासम्भव पहचान रहे थे। उनके दूसरे कहानी संग्रह 'घुसपैठिए' में संकलित 'मैं ब्राह्मण नहीं हूँ' की सुनीता हीनताबोध से मुक्त दलित युवती है। 'यह अन्त नहीं' की गरिमा का व्यक्तित्व भी जुझारू है। वाल्मीकि जी ने मेडिकल कालेजों में व्याप्त जातिवाद का खुलासा 'घुसपैठिए' कहानी में किया है। पत्रकारिता का जातिवादी चेहरा 'दिनेशपाल जाटव उर्फ दिग्दर्शन' कहानी में दर्शाया गया है। 'घुसपैठिए' संग्रह में शामिल 'शवयात्रा' कहानी आन्तरिक जातिवाद की समस्या पर केन्द्रित है। कई दलित लेखकों ने ऐसा विषय उठाने के लिए कहानीकार की आलोचना की। 1997 में प्रकाशित इस कहानी के प्लॉट को वाल्मीकि जी ने फिर नहीं लिया। ऐसा प्रतीत होने लगा कि उन्होंने अपनी 'चूक' स्वीकार कर ली है। लेकिन इस साल (2013) में जब उनका अन्तिम आलोचना ग्रन्थ 'दलित साहित्य : अनुभव, संघर्ष एवं यथार्थ' आया तो वाल्मीकि जी का पक्ष निर्भ्रान्त रूप से स्पष्ट हुआ। किताब के पहले खंड के पहले अध्याय के आखिर में उन्होंने लिखा है : 'जाति की यह भावना समाज में इतनी गहरी है कि दलित भी इससे अछूते नहीं हैं। दलितों में भी एक ऐसा वर्ग है जो इससे मुक्त नहीं होना चाहता।...उनका यह अन्तर्द्वन्द्व उस वक्त खुलकर सामने आया जब मेरी एक कहानी 'शवयात्रा' 'इंडिया टुडे' (सितम्बर 1997) में प्रकाशित हुई। उन्होंने जिस प्रकार विरोध किया वह जातिवाद की गहरी पैठ का एक उदाहरण था।'

वाल्मीकि जी ने 'दलित साहित्य का सौन्दर्यशास्त्र' लिखा और वाल्मीकि समुदाय पर केन्द्रित शोधकृति 'सफाई देवता' की रचना भी की। कांचा इलैया की किताब का हिन्दी अनुवाद 'मैं हिन्दू क्यों नहीं हूँ' उनकी क्रियाशीलता का अल्पचर्चित पहलू है। वे एक उपन्यास लेखन में संलग्न थे जो उनके रहते पूरा अथवा प्रकाशित न हो सका। रंगमंचीय सक्रियता उनके युवा जीवन से जुड़ी थी। उनके दो नाटकों का

प्रकाशन हो चुका है। साक्षात्कारों की एक पुस्तक भी आ गयी है। अब भी उनकी फाइलों में बहुत-कुछ ऐसा होगा जो प्रकाशन की बाट जो रहा हो। उनकी अखबारी टिप्पणियों, मित्रों, सम्पादकों, पाठकों, शुभेच्छुओं, शोधार्थियों, परिवारजनों को लिखे उनके पत्र यथाशीघ्र इकट्ठे कर लिए जायें और उनकी अन्य कृतियों के साथ ग्रन्थावली के रूप में छपवा दिये जायें तो हिन्दी दलित साहित्य का एक पूरा युग संरक्षित हो जायेगा।

कहानीकार ओमप्रकाश वाल्मीकि

सुरेश मारुतिराव मुळे

ओमप्रकाश वाल्मीकि जी ने आत्मकथा, आलोचनात्मक लेख, सौन्दर्यशास्त्र, कविता के साथ कहानी भी लिखी हैं। आत्मकथा में जीवन की शृंखलित वेदनाएँ एवं सामाजिक समस्याओं को परत-दर-परत सजाते आये हैं। साथ ही अन्धपरम्परा का जोरदार खंडन भी किया है। वाल्मीकि जी सामाजिक बुराइयों का इतना प्रभावपूर्ण विरोध करते हैं कि पाठक उस सच्चाई को पढ़कर डरा, सहमा सा दिखने लगता है। क्योंकि आज तक वह इस सामाजिक सच्चाई को जाना ही नहीं था। जो आँखों को दिखा उसे उजला ही समझता गया। उस उजले परदे के पीछे कितने गन्दे मन बसे हैं, उसका परदाफाश करने वाले वाल्मीकि जी के विचारों को जानकर सच्चा पाठक समाज के प्रति डर जाता है। ऐसे गम्भीर घाव करने वाले विचार इनकी आत्मकथा में प्रस्तुत हुए हैं। वे किसी झूठ के सामने झुकनेवाले इन्सान नहीं थे। भले ही लाखों का नुकसान हो, सत्य को लेकर आगे चलते थे। इनका यह गुण समाज के लिए एक उदाहरण के रूप में ले सकते हैं।

कहानीकार के रूप में इनका तेवर कुछ अलग ही दिखाई देता है। कवि के रूप में भी कुप्रथाओं का मुँहतोड़ जवाब देते आये हैं। इनके कविता संग्रह—(1) सदियों का सन्ताप (2) बस्स! बहुत हो चुका (3) झाडूवाली (4) शायद आप जानते हो पढ़ने पर पता चलता है। इन्होंने कविता विधा से भी कहानी विधा में अनेक नये-नये विचारों के साथ सामाजिक हीनता को दर्शाने का प्रयत्न किया है। कभी पात्रों के माध्यम से, कभी अपनी भावनाओं को सीधा पाठकों के सम्मुख रखकर तो कभी संकेतानुसार समाज को सुधारने का प्रयत्न किया है। इनकी चर्चित कहानी 'सलाम' को देखेंगे तो पता चलता है कि कहानी के माध्यम से, कहानीकार समाज की अनेक बुरी परम्परा एवं रिवाजों का खात्मा करने का सन्देश देते हैं। इस कहानी में कमल बनकर अपने विचार प्रस्तुत करते हुए समाज में एकता के भाव लाने का प्रयत्न करते हैं। उदाहरण के लिए—एक दिन कमल हरीश को अपने घर ले गया और साथ ही खाने के लिए बैठ गये। उसकी जाति का पता चलने पर कमल की

माँ कहने लगी—“पता नहीं कहाँ-कहाँ से इन कंजड़ों को पकड़कर घर ले आता है। खबरदार जो आगे से किसी हरामी को दुबारा यहाँ लाया...।” (सलाम, पृ. 15) यह सुनकर हरीश हताश हो गया। कमल अपना था पर माँ के इस व्यवहार से वह बेगाना लगने लगा था। घर धोना, गंगाजल छिड़ककर शुद्ध करना यह सब देखकर कमल का बालमन मुरझा गया। वह चुपचाप अपने कमरे में जाकर लेट गया। माँ मनाने आयी, क्योंकि वह दिन भर कुछ नहीं खाया था। इसे मनाने में माँ के सारे दाँव-पेंच हार गये थे। कमल के नजदीक आकर कहती है—“बेटे इनके संस्कार गलत हैं, ये छोटे लोग हैं। इनके साथ बैठने से बुरे विचार मन में पैदा होते हैं” तब पारम्परिक नियकों का विरोध करते हुए, कमल अपनी माँ से कहता है—“तुम कभी उनके घर गयी हो? उनसे मिली हो? फिर कैसे जानती हो वे बुरे लोग हैं?” बिना सोचे-समझे किसी को बुरा कहना, कोई दोष देना तो गलत बात है। यह सत्य विचार उस बच्चे को पता चल रहा है। परन्तु अपने आप को ब्राह्मणी समझने वाली उसकी माँ के मस्तिष्क में अन्धश्रद्धा का भूसा भरा है। कमल, उसमें आग लगाकर हीन परम्परा का नाश करना चाहता है। कमल का काम इतनी आसानी से नहीं बन पाता। दोस्त के साथ रहना है तो माँ की एक शर्त के सामने झुकना ही पड़ता है। वह शर्त है। “हरीश घर पर आयेगा। लेकिन उसके खाने-पीने के बर्तन अलग रखे जायेंगे।” ऐसे नियमों का विरोध दलितों की ओर से नहीं हो सका क्योंकि वह उनके घर का मामला है। वह बाहर दिखायी नहीं देता जो सार्वजनिक दलितों पर बुरी परम्परा को थोपा गया है उसका तो विरोध हो सकता है। ऐसी ही एक पद्धति है ‘सलाम’ करने की। दलित दूल्हा (भंगी) सवर्णियों के मुहल्ले में जाकर ‘सलाम’ करने की पद्धति उत्तर भारत में थी। उसके बदले में उसे कुछ उपहार दिया जाता था। विशेषकर दुल्हन की माँ जिन सवर्णियों के घर की साफ-सफाई करती है, उनके आँगन तो जाना ही है। ऐसी कुप्रथा देहातों में चलती थी अब पढ़े-लिखे दलितों ने इसका विरोध करके रोक दिया है। हरीश का परिवार शहर में पला-बढ़ा था सो इस पद्धति का असर उन पर नहीं था। जब वे देहात से दुल्हन लेने के लिए आये थे तो इन सारी रस्मों को निभाने के लिए दुल्हन के पिता जुम्मन दूल्हेवालों से प्रार्थना करता है। यह समस्या दूल्हे के सामने रखते हुए बताता है—“सलाम रस्म को निभाया नहीं गया तो इनका गाँव में रहना मुश्किल हो जायेगा।” लाख कहने पर भी दुल्हा हरीश और उसके पिताजी उस प्रथा का खुलकर विरोध करते हैं। हरीश कहता है—“आप चाहे तो समझे...मैं इस रिवाज को आत्मविश्वास तोड़ने की साजिश मानता हूँ। यह सलाम की रस्म बन्द होनी चाहिए।” (पृ. 17) परन्तु जुम्मन के कान पर जूँ तक नहीं रेंगती इसका स्वाभिमान कहाँ चला गया पता ही नहीं चलता।

पृष्ठ 16 पर कहानीकार ने जुम्मन के परिवार का इस तरह परिचय दिया

है—"हरीश के ससुर जुम्मन ऋषिकेश में सरकारी कर्मचारी थे। परिवार गाँव में रहता था। पारम्परिक जीवन था। गाँव के कई परिवारों में साफ-सफाई का काम हरीश की सास करती थी। जुम्मन की बड़ी लड़की बाप के साथ ऋषिकेश में ही रहती थी, सरकारी मकान में। आस-पड़ोस की देखा-देखी जुम्मन ने उसे भी स्कूल में भेज दिया। देखते-देखते उसने हाईस्कूल की परीक्षा पास कर ली थी। साथ ही उसमें सुघड़ता भी आ गयी थी। अच्छा परिवेश पाकर उसमें बदलाव आ गया था। गाँव भर की लड़कियों से अलग दिखाई पड़ती थी। वैसे इस गाँव की वह पहली लड़की थी जिसने हाईस्कूल पास किया था।"

उपर्युक्त परिच्छेद को ध्यान से देखने पर मन में विचार आते हैं। जुम्मन एक सरकारी कर्मचारी था। परिवार को अपने साथ रखने के बजाय गाँव में क्यों रखा? क्या परिवार का सुधार नहीं चाहता था? अकेली बेटी को साथ रखा और अच्छी शिक्षा दी। फिर परिवार के दूसरे सदस्य या बच्चों का तो परिचय ही नहीं दिया गया है। अगर थे तो उनके भविष्य का क्या हुआ? गाँव में ऐसी कौनसी जायदाद थी जो उसे पत्नी सँभालने वाली थी। क्या पुरखों से आया हुआ सफाई का काम हाथ से न जाये, उसे सँभालने के लिए पत्नी को गाँव में रखा था। क्या इसकी नौकरी से भी ज्यादा आमदनी सफाई काम में होती थी। जुम्मन एक पढ़ा-लिखा या समझदार व्यक्ति होकर, उस गन्दे काम में अपनी पत्नी को क्यों लगाये रहा। आखिर उसकी ऐसी कौन-सी मजबूरी थी जो पत्नी को साथ नहीं रखता था। इसका खुलासा होना चाहिए था। ऋषिकेश का वातावरण या परिवेश को देखकर स्वाभिमान जागा और बेटी को स्कूल भेज दिया। फिर उसे अपने परिवार के अन्य लोगों के सुधार की याद क्यों नहीं आयी? वह एक अनुभवी था तो स्वाभिमान से रहने की इच्छा मन में क्यों नहीं जागी? शहरी लोग या बाराती लोगों ने 'सलाम' पद्धति का विरोध करने पर भी अपना रोना रोते हुए बारातियों के सम्मुख गिड़गिड़ाते रहता है। जुम्मन की कौनसी कमजोरी थी जो 'सलाम' रस्म का विरोध करने वालों का साथ नहीं दे रहा था। आदि अनेक समस्याओं का समाधान कहानी में दिखाई नहीं देता। वैचारिक दृष्टि से देखा जाय तो ऐसा लगता है। कहानीकार सिर्फ विषय की ओर संकेत करते हुए पाठकों को इन अमानवीय परम्परा का खंडन करने के लिए प्रेरित करते हैं। उपर्युक्त प्रश्न उद्‌भव हुए हैं उनकी सोच शायद कहानीकार के लक्ष्य से हटकर निर्माण हुए हैं। अथवा इन सारे प्रश्नों के उत्तर की प्रतीक्षा पाठकों से होगी। कभी-कभार कहानीकार सत्य घटना का आधार लेकर भावनाओं में प्रवाहित होते आगे की ओर निकल जाता है तो पता ही नहीं चलता कि उसकी कहानी का सफर कितना लम्बा चला। वह पीछे मुड़कर जब देखता है तो सफर के अन्तिम छोर पर खड़ा होता है तब तक कहानी लिखना समाप्त हुआ होता है। फिर से कहानी के

कुछ विषयों में सुधार लाना या स्पष्ट करना चाहे तो भी कहानी का रंग-ढंग ही बदल जाता है इसलिए उसे अपनी स्थिति पर छोड़ दिया जाता है।

कहानीकार दलित हैं। कहानी में समस्या भी दलितों की ही है। तब तो इस विषय की भली-भाँति जानकारी लेखक को थी या होनी चाहिए। लेकिन देहाती समस्याओं को ध्यान में रखकर शायद इन विषयों को सूक्ष्मता से दर्शाया होगा। यहाँ पर कहानीकार अपने वास्तविक विचारों को कहानी में रेखांकित करने के लिए दुविधा में रहे होंगे। तभी तो विषय खुलकर स्पष्ट नहीं हो पाया है। एक ओर विरोध करने वाले दूसरी ओर नरम पड़ जाते हैं। इससे हमें यह पता चलता है कि लेखक को विषय में पकड़ कर प्रस्तुत करने में कहीं-न-कहीं हिचकिचाहट हुई है। इस कहानी में विषय तो बड़ा तगड़ा उठाया गया है। परन्तु विषय से सम्बन्धित दलित समाज का विरोध जितना होना चाहिए था उतना देखने को नहीं मिलता। कहीं भी कानून का सहारा लेना या अन्याय के विरोध में बातों की चर्चा दिखाई नहीं देती। कमल का चाय का विषय भी चुप्पी में ही बन्द होता है। इस कारण वहाँ के सवर्ण जुम्मन के घर पर आकर धमकी देते हैं कि—“दूल्हा सलाम की रस्म पर क्यों नहीं आ रहा है। जल्दी भेज देना वर्ना...।” तब जुम्मन का व्यवहार बड़ा शर्मनाक लगता है। पगड़ी उनके चरणों पर रखना, नाक रगड़ने की बात करना आदि। बाराती विरोध कर रहे हैं कि गाँव वाले दलित मेमने जैसा मिमियाने लगे हैं। फिर इनके दो गुटों को देखकर उन्होंने इनकी कमजोरी को आँका तभी तो आंग पर आये हैं। यहाँ पर लेखक का इशारा दलितों में भिन्नता की ओर भी दिखायी देता है। लेखक यही दर्शाना चाहते हैं कि हम एक रहेंगे तो मुश्किल से मुश्किल काम भी असानी से कर सकते हैं। और सदियों पुरानी कुपरम्परा को तोड़कर नये नियमों को बना सकते हैं जो सभी जाति, धर्म, समाज के हित में हो। यहाँ पर इस तरह डॉ. अम्बेडकर जी के विचार प्रस्फुटित होते हैं। जहाँ ‘सलाम’ पद्धति से दलितों का अपमान होता था। ऐसा करवाकर सवर्ण गर्व महसूस करते थे। सही मायने में उन्हें यह हृदयपूर्वक सलाम नहीं मिलता था। उनके दबंगपन से डरकर दलित यह काम करते थे। इस सच्चाई को समझने की योग्यता सवर्णियों के पास नहीं थी। अगर उनके पास सोच-विचार होता तो कमल की सच्चाई को क्यों नहीं स्वीकार किया गया। छोटी-सी बात को क्यों बढ़ावा दिया गया। इन सारी समस्याओं से मैं वाफिक हूँ। क्योंकि मैं एक देहाती दलित होने के नाते, देहाती सवर्णियों की मानसिकता को अच्छी तरह से समझता हूँ। यहाँ पर कमल का अपमान नहीं हुआ है, यहाँ तो वेद, पुराण, नीतिशास्त्रों का अपमान समझता हूँ। क्योंकि हरेक गाँव के मन्दिरों में वेद, पुराण पर पारायण होते रहता है। सुविचारों का प्रचार इस माध्यम से होता रहता है। गाँव में अनेक बुद्धिजीवी रहते हैं। फिर इस गाँव में ऐसे लोगों का अभाव था?

जो सलाम का तो विरोध नहीं कर सके परन्तु 'कमल' की सच्चाई को लेकर कहीं भी किसी ने कुछ नहीं कहा। उल्टा मरियल सा गाँव का पहलवान रामपाल कमल को गन्दी-गन्दी गालियाँ देता है तो सब लोग मजा लेते रहते हैं। कोई नहीं छुड़ाता। कितने गिरे हुए थे वे लोग, इन्सान को इन्सान भी नहीं समझ पा रहे थे। फिर ऐसे लोगों से क्या आस लगा सकते हैं। यह सोचेंगे तो कीचड़ में पत्थर फेंकने जैसा है। ऐसे-वैसे में सलाम रस्म तो रुक गयी।

अन्ततः कहानीकार में धार्मिक कट्टरता की समस्या को दर्शाने का प्रयत्न किया है। हरीश और कमल नीम के पेड़ के नीचे चारपाई पर बैठे हैं। जल्दी-जल्दी बारात को खाना खिलाया गया क्योंकि सवर्णियों का डर था कहीं आकर हल्ला न मचायें। सामने दीवार की ओर मुँह करके एक दस-बारह बरस का लड़का खड़ा था। उसके चेहरे पर गुस्से के भाव थे। उसे ढूँढ़ते हुए आकर एक बूढ़ा रोटी खिलाना चाहता है तो लड़का कहता है "मुसलमान के हाथ की बणी रोटी मैं नी खाता।" (पृष्ठ 18) कितना समझाने पर भी वह लड़का नहीं मानता। भट्ठी के पास ले जाकर रसोइया से मिलाकर कहता है देख यह हिन्दू है। कहने समझाने पर भी वह चिल्ला-चिल्लाकर कहता है। "नहीं-नहीं मैं मुसलमान के हाथ की बणी रोटी नहीं खाऊँगा...नहीं खाऊँगा...नहीं खाऊँगा... ।" इस दृश्य को देखकर बच्चे की बातें सुनकर कमल और हरीश ने गहरी साँसें लीं। यहाँ पर कहानी को विराम दिया गया है।

कहानी तो अपने जगह समाप्त हुई है परन्तु नये विचारों को जन्म देकर, पाठकों के मन में चिन्तनशील विचार छोड़कर, समाज के सामने जाति-धर्म के मुद्दे को हल करने का बहुत बड़ा प्रश्न छोड़ जाती है। जातिवाद कितनी गहराई से लोगों के मन में बस गया है। 'दीपू' एक नाबालिग है। जाति यानी क्या? धर्म यानी क्या? उसे कुछ भी पता नहीं है। लेकिन अन्य धर्मियों का जमकर विरोध करना, उनकी निन्दा करना, उन्हें नीचा दिखाने के भाव इन मासूमों के कोरे मस्तिष्क में बचपन से ही भरे जाते हैं।" कट्टरपन्थी लोग इस राह के जरिये समाज में विभाजन करते रहते हैं आदि विचारों को कहानीकार ने बड़े निराले ढंग से पाठकों के सम्मुख रखने का प्रयत्न किया है। भारतीय समाज में जो चल रहा है उसे कहानी के माध्यम से समस्त विश्व को दर्शाने का प्रयत्न रहा है। जो निन्दनीय विषय हैं, जहाँ अन्याय हो रहा है। समाज का एक तबका अपमानजनक जीवन जी रहा है। यह साहित्य की सहायता से कहानीकार ने बुद्धिजीवियों तक पहुँचाने का काम किया है।

मानव, मानवीयता का हनन किस प्रकार कर रहे हैं। छोटे-बड़े, छूत-अछूत, अमीर-गरीब, श्रेष्ठ-कनिष्ठ के भाव मन में लाकर किस तरह लोग समाज की एकता को तोड़ रहे हैं। और घमंडी बनकर अपना और समाज का सर्वनाश कर रहे हैं। ऐसे हीन विचारवादियों के सामने भाईचारा बौना बना हुआ है। 'दलित' या अछूत यह नाम सुनते ही उन्हें क्या हो जाता है पता नहीं। उनके साथ हीन बर्ताव करना

शुरू होता है। दलित है, बस इसके साथ अन्याय करो, न्याय पूछता है तो अपमान करो ऐसा तो जिन्दा दलितों के साथ होता है। लेकिन सवर्णीय लोग मरे हुए दलितों के साथ भी खिलवाड़ करते हैं इसका जीता-जागता उदाहरण 31 अक्टूबर, 2014 को बिहार में देखने को मिला।

रामचन्द्र नामक महादलित माधोपुर का रहनेवाला था। यह गाँव लालपुरा जनपद में पड़ता है। यह व्यक्ति पंजाब में मजदूरी का काम करने गया था। वहाँ से गाँव लौटा लेकिन घर नहीं पहुँचा। अचानक लालपुरा बस अड्डे पर उसकी मृत्यु हो गयी। पुलिस आयी पंचनामा हुआ, उनकी पत्नी को बुलाया गया। परन्तु शव ले जाने के लिए उनके पास रुपये नहीं थे सो शव को वहीं छोड़ देती है और अकेली जान लापता हो जाती है। पुलिस का काम था उसका अन्तिम संस्कार करे। सरकार की ओर से 'कबीर अन्त्येष्टि योजना' के तहत लावारिस शव का क्रियाकर्म करने के लिए तीन हजार रुपये दिये जाते हैं। परन्तु पुलिस या सरकार की कोई भी सहूलियत न देकर उसके शव को एक लम्बे बाँस से बाँधकर मैले-फटे पुराने कपड़ों में लपेटा गया फिर किराये के दो शवयात्रियों के कन्धों पर रामचन्द्र की शवयात्रा गली-मुहल्लों से होकर श्मशान घाट की ओर निकल पड़ी। करीबन तीन से चार किलोमीटर, वह शवयात्रा चली होगी ना रोनेवाले थे ना कोई शवयात्री, बस बाँस पर शव लटक रहा था जैसे मरे हुए जानवर का। इस दृश्य को देखनेवालों में से किसी ने भी नहीं पूछा कि ऐसा क्यों हो रहा है। सब मुँह बन्द करके, आँखे खोले बन्दरों सा ताक रहे थे। इनकी संवेदनशील भावना कहाँ गयी। जो एक मानव का शव जानवर सा ले जाते समय किसी ने कुछ नहीं कहा फिर तो यहाँ मानवीयता ही नहीं रही। उसी मानवीयता को रामचन्द्र के साथ दफनाने चले हैं लोग क्योंकि इन्सानियत का जनाजा भी रामचन्द्र के जनाजे के साथ-साथ चला गया है। इसलिए यहाँ के इन्सान, इन्सान न रहकर ...क्या कहूँ आप ही सोचिए। आज इन्सानियत इन्सान को देखकर शरमा रही है। कितने निर्दयी लोग! अरे बाप रे! आह! कैसा दृश्य। सारे मुहल्ले के लोग मूक प्राणी बनकर देख रहे थे। अगर भगवान है तो सोचता होगा, मैंने प्राणियों में मानव प्राणी को महान बनाया परन्तु वही बुद्धिमान प्राणी सारे प्राणियों से भी गया-गुजरा निकला। अपने-आपको दोषी समझकर कहता होगा—"यह रामचन्द्र का शव न होकर, मानव द्वारा बनायी हुई जाति का शव बाँस पर लटक रहा है। क्या मानवीय मूल्य इतना गिर गये हैं। लोग अपनी आँखों को पत्थर बनाकर क्यों मौन खड़े रहे होंगे। मदद की भावना कहाँ चली गयी, ये तो अब दानव से भी गये गुजरे लगते हैं। आदि सोचकर आँसू डालता होगा।" यह सारा दृश्य IBN-7 चैनल पर दिखाई गयी सत्य घटना है।

ओमप्रकाश वाल्मीकि ने भी समाज में अनेक ज्वलंत समस्याओं को अपनी कथाओं में पिरोकर पाठकों के सम्मुख प्रस्तुत किया है। इनकी कहानियाँ पाठकों के

मन को आनन्द ही नहीं देती हैं बल्कि मानव के मन में मानवीयता जगाकर जग के साथ कैसा बर्ताव करना चाहिए का सबक भी सिखाती हैं। 'सलाम' कहानी संग्रह में कुल मिलाकर चौदह कहानियाँ हैं। सलाम, सपना, बैल की खाल, भय, गोहत्या, ग्रहण, पच्चीस चौका डेढ़ सौ, आदि कहानियाँ इतने भयानक विषयों को लेकर उभरती हैं कि इन्हें पढ़ने के पश्चात् हर एक के रोंगटे खड़े हो जाते हैं। सवर्ण अपनी दाल गलाने के लिए दलितों का किस प्रकार इस्तेमाल करते हैं। और काम होते ही कैसे हरामी बनते हैं आदि समस्याओं की ओर संकेत करनेवाली वाल्मीकि जी की कहानियाँ अति प्रासंगिक लगती हैं।

अन्ततः मेरा यही कहना है ओमप्रकाश वाल्मीकि लिखित कहानियाँ, कहानियाँ नहीं हैं बल्कि वे तो जीवित मनुष्य की यातनाओं का हू-ब-हू चित्रण है। हर एक कहानी समस्या को लेकर उभरती है और न्याय की दहलीज तक पहुँचती है। अगर न्यायालय में न्याय नहीं मिलता तो उस न्याय को छीनकर लेने की ताकत रखती है। वाल्मीकि की कहानी लिखने की दृष्टि से ही नहीं लिखी गयी है बल्कि अपने हृदय के सन्ताप रूपी जहर को धोने के लिए जो रसायन चाहिए वही कहानी बनकर उभर आयी है। और इसे लिखकर अपने दिल को थोड़ा सुकून पहुँचाते हुए समाज को आगाह करने वाले फरमान के रूप में भी इनकी कहानियाँ संकेत देती हैं।

वाल्मीकि जी हिन्दी साहित्य के सेनानायक के रूप में उभरकर आये थे। वही तेवर, वही स्वाभिमान, वही तटस्थता, वह सत्यता, सेवा मनोभाव समाज के प्रति मरते दम तक बनाये रखे थे। यह एक प्रामाणिक लेखक के लक्षण हैं। इन्होंने हिन्दी साहित्य लोक को बहुत सारा साहित्य दिया है। और साहित्य की प्रत्येक विधा में अपनी लेखनी रूपी तलवार चलाने का प्रयत्न किया है। किसी राजा की हार के पश्चात् विजयी राजा ने पूछा था "तुम्हारे साथ कैसा सलूक किया जाय।" तब उस हारे हुए राजा ने उत्तर दिया "जिस प्रकार एक राजा का सम्मान किया जाता है उसकी प्रकार मेरे साथ व्यवहार करना चाहिए।" इसके धैर्य की तारीफ करते हुए विजयी राजा ने, उस हारे हुए राजा का राज्य लौटा दिया था। उसी प्रकार ओमप्रकाश वाल्मीकि को दलित समझकर कोई अपमान करने का प्रयत्न किया, तो उसी वक्त धैर्य से मुँहतोड़ जवाब देते थे। यह मेरी आँखों देखी, कानों सुनी बात है। ऐसे थे हमारे ओमप्रकाश वाल्मीकि जी।

ओमप्रकाश वाल्मीकि का कथा संसार

एन. सिंह

ओमप्रकाश वाल्मीकि की कहानियाँ अपने कथ्य और शिल्प के कारण तो हमारा ध्यान खींचती ही हैं, अपने सरोकारों के कारण भी हमें दिल दहला देने वाली स्थितियों से गुजरने को मजबूर करती हैं। ओमप्रकाश वाल्मीकि की कहानियों के पात्र किसी उच्च वर्ग या मध्य वर्ग के पात्र नहीं हैं, जो समय बिताने के लिए प्रेम में आहें भरते या क्लबों में डांस करते दिखाई देते हैं। जिन्दगी की मदहोशियों के अलावा भी एक जीवन है, जो सिर्फ जीने की जद्दोजहद में ही कह जाता है। उसी का सच्चा चिट्ठा है ओमप्रकाश वाल्मीकि की कहानियाँ! जहाँ हैं समाज की त्रासद स्थितियों के कारण अपमान झेलते स्त्री-पुरुष, जमाने की गन्दगी साफ करती औरतें। अपने चीत्कार और सिसकियों को चुपचाप पीकर शोषक दुनिया को बदलने का सपना देखने वाले लोग। जो लड़ते जरूर हैं, मगर जीत नहीं पाते। लेकिन इन कहानियों में उसे सपने को जिन्दा रखने का वह जज्बा भी दिखता है कि ये लोग इस युद्ध को जीतेंगे जरूर, चाहे उसमें समय कितना भी लग जाय। इसी आशा और विश्वास की कहानियाँ हैं—ओमप्रकाश वाल्मीकि की कहानियाँ।

ओमप्रकाश वाल्मीकि की कहानी 'सलाम' सचमुच ही बहुत अच्छी कहानी है। इस कहानी में नायक हरीश, भंगी समाज से सम्बन्धित है। पूरी कहानी का ताना-बाना हरीश के विवाह के चारों तरफ बुना गया है। हरीश का एक मित्र कमल उपाध्याय है, जो उसकी बारात में ही शामिल नहीं होता, बल्कि उसके विवाह की तैयारियों में भी घर-परिवार के सदस्य की तरह लगा रहता है। हरीश की बारात देहरादून से मुजफ्फरनगर के पास के एक गाँव में पहुँचती है। अगले दिन सुबह कमल को चाय की तलब लगती है और वह ढूँढ़ते हुए गाँव की चाय की दुकान पर पहुँचता है। दुकान वाला यह जानकर कि यह देहरादून से जुम्मन चूहड़े के यहाँ बारात में आया है, तो चूहड़ा (भंगी) ही होगा। कमल को चाय देने से मना कर देता है। यहाँ उसे जिस अपमानजनक स्थिति से गुजरना पड़ता है। उसे चाय वाले और कमल के संवादों के माध्यम से आप भलीभाँति समझ सकते हैं—

"यहाँ चूहड़े चमारों को मेरी दुकान पर चाय ना मिलती...कहीं और जाके पियो।" तो कमल उससे उसकी जाति पूछ लेता है। इस पर चायवाले के संवाद देखिए—चाय वाला भभक पड़ा—"मेरी जात से तुझे क्या लेणा-देणा। इब चूहड़े चमार भी जात पूछने लगे...कलजुग आ गया है, कलजुग।"

"हाँ! कलजुग आ गया है, सिर्फ तुम्हारे लिए, तुम अपनी जात नहीं बताना चाहते हो, तो सुनो—मेरा नाम कमल उपाध्याय है। उपाध्याय का मतलब तो जानते ही होंगे, या समझाऊँ...उपाध्याय यानी ब्राह्मण।" कमल ने आँखें तरेर कर कहा।

"चूहड़ों की बारात में बामन?" चाय वाला कर्कशता के साथ हँसा। "सहर में चूतिया बणाना...मैं तो आदमी देखते ही पिछाण (पहचान) लूँ...कि किस जात का है।"

चाय वाले ने शेखी बघारी!

जब ये संवाद चल रहा होता है, तभी वहाँ पर बल्लू रांघड़ (राजपूत) का रामपाल भी आ जाता है और कमल को गाली-गलौज करने लगता है—"ओ! सहरी जनखे हम तेरे भाई हैं? साले जिवान सिंभाल के बोल गाँड़ में डंडा डाल के उलट दूँगा! जा के जुमन चूहड़े से रिश्ता बणा। इतनी जोरदार लौंडिया लेके जा रे हैं शहर वाले, जुम्मन के तो सिंग लिकड़ आये हैं। अरे लौंडिया को किसी गाँव में ब्याह देता, तो म्हारे जैसों का भी कुछ भला हो जाता।" एक तीखी हँसी का फव्वारा छूटा। आस-पास खड़े लोगों ने उसकी हँसी में अपनी हँसी मिला दी।

कमल को लगा जैसे अपमान का घना बियावान जंगल उग आया है। उसका रोम-रोम काँपने लगा। सलाम (पृ. 12-13) भारतीय गाँव में जहाँ भंगी चमार की बेटी को भी सारे गाँव की बेटी समझे जाने का ढोल पीटा जाता है। सच्चाई को यह कथन पूरी तरह बेनकाब कर देता है। आगे इस कहानी की परिणति विद्रोह में होती है। जब कथानायक हरीश 'सलाम' के लिए जाने से मना कर देता है। वह कहता है—"मैं इस रिवाज को आत्मविश्वास तोड़ने की साजिश मानता हूँ। यह सलाम की रस्म बन्द होनी चाहिए।" कुल मिलाकर यह कहानी अपने 'ट्रीटमैण्ट' और उद्देश्यों में एक अच्छी और सुगठित कहानी है। लेकिन इस कहानी में एक प्रसंग पैबन्द की तरह पैवस्त है। उसे मैं यहाँ प्रस्तुत कर रहा हूँ—"जल्दी-जल्दी बारात को खाना खिलाया गया। खाना खाकर कमल और हरीश नीम की छाँव में पड़ी चारपाई पर बैठ गये थे। सामने दीवार की तरफ मुँह करके एक दस-बारह बरस का लड़का खड़ा था! उसके चेहरे पर गुस्से के भाव थे।"

उसे ढूँढ़ते-ढूँढ़ते एक बूढ़ा आँगन में घुसा। उसके हाथ में 'नान' और 'मीट' था। दीपू....औ...दीपू...कहाँ है...ये लौंडा भी बहुत दिक करे है। चूहड़ों के घर में पैदा होके बामनों-सी बोली बोले है। उसे दीवार पर खड़ा देख, उसने डाँटा...."तू यहाँ छुपा खड़ा है...मैं कब से तुझे ढूँढ़ रहा हूँ। ले रोटी खा ले...ले देख कितना अच्छा

मीट बणा है।" बूढ़े ने मनाने की कोशिश की।

"ना मैं नी खाता...इसे खाए मेरा मूत।" लड़के ने ऐंठते हुए कहा।

"पर क्यूँ? क्या हुआ इसमें?" बूढ़े ने सख्ती से कहा।

"मुसलमान के हाथ की बणी रोटी मैं नी खाता।" लड़के ने दूर हटते हुए कहा।

"मुसलमान?....कौन मुसलमान?"

"वो जो गाड़ा वहाँ बैट्ठा रोट्टी बणा रा है।" लड़के ने रोटी बनाने वाले कारीगर की ओर इशारा किया।

"वो...वो तो हिन्दू है...चलकर देख ले।" बूढ़ा उसे खींचकर ले जाने लगा।

लड़का घिसटते हुए बूढ़े के पीछे जा रहा था। चीख-चीखकर कह रहा था, नहीं वह मुसलमान है। मैं नी खाऊँगा उसके हाथ की बणी रोट्टी...मैं नहीं खाऊँगा।

"अबे उल्लू की दुम...एक बार चलके तो देख ले। फेर कहणा।" बूढ़ा उसे घसीट कर भट्ठी की ओर ले गया। वहाँ नान बन रहे थे। लड़के के चीखने की आवाज लगातार आ रही थी।

"नहीं...नहीं मैं मुसलमान के हाथ की बणी रोट्टी नहीं खाऊँगा....नहीं खाऊँगा...नहीं खाऊँगा।" (पृष्ठ 18-19)

इस पूरे प्रसंग पर गम्भीरता से गौर करने पर पता चलता है कि इस कहानी में इसकी कोई आवश्यकता नहीं थी। सम्भवतः इस प्रसंग का संयोजन वाल्मीकि जी ने बहुत ही सोच-समझकर, समय की नजाकत को देखते हुए, अपने रचनाकार के राजनीतिक उद्देश्यों की पूर्ति के लिए किया है। इसमें उन्होंने दो बातें कही हैं। एक—"चूहड़ों के घर में पैदा हो के बामनों-सी बोली बोले है।" इसका तात्पर्य यह है कि चूहड़े (वाल्मीकि) हिन्दू समाज में ब्राह्मणों के ज्यादा नजदीक हैं, जो हिन्दुत्व की रीढ़ हैं और भाजपा के कर्ता-धर्ता भी। इस प्रकार ओमप्रकाश वाल्मीकि ने अपने सामाजिक सरोकारों को भाजपा की राजनीति से जोड़ लिया है। दूसरी बात उन्होंने कही है—"मुसलमान के हाथों की बणी रोटी मैं नी खाता।" इस बात को उन्होंने इस प्रसंग में तीन बार बहुत जोर देकर कहा। इससे मुसलमानों के प्रति उनके मन की घृणा बाहर आ गयी है। जो भारत की संवैधानिक धर्मनिरपेक्षता के विरुद्ध है, जिसने उन्हें फासीवादी हिन्दुत्व के साथ खड़ा कर दिया है, और इन हिन्दुत्ववादियों के निशाने पर मुसलमानों के साथ अम्बेडकरवादी चमार सबसे पहले हैं। अतः ओमप्रकाश वाल्मीकि ने आगे चलकर इस संग्रह की एक अन्य कहानी 'खानाबदोश' में चमारों के प्रति अपनी घृणा को यह लिखकर कि—"अपने काम से काम रखो। क्यों इन चमारों के चक्कर में पड़ते हो।" व्यक्त कर दिया है। कथा लेखन की इस महीन बुनावट में एक खास तरह की स्ट्राटैजी छिपी हुई है, जिससे दलित साहित्य की लोकप्रियता और सवर्णों की वाहवाही एक साथ मिलती है। साथ ही वह अपनी

जाति को प्रकारान्तर से यह सन्देश भी देते हैं–कि वह हिन्दुत्ववादी ब्राह्मणों के साथ जुड़ें, अम्बेडकरवादी चमारों के साथ नहीं। 'सलाम' पर टिप्पणी करते हुए सम्भवतः डॉ. श्यौराज सिंह बेचैन ने इसलिए लिखा है कि–"यह अलग बात है, कि उनके (ओमप्रकाश वाल्मीकि) के सामाजिक सरोकार, जीवन अनुभव और रचनात्मक उद्देश्य अलग हैं।" (तीसरा पक्ष, जबलपुर, अंक-1, जनवरी-मार्च-2001, पृ. 78)

ओमप्रकाश वाल्मीकि की एक और कहानी 'सपना' भी एक अच्छी कहानी है। इस कथा में चरित्रों की वर्णीय विशेषताएँ पूरी तरह उभरकर सामने आती हैं। जैसे कम्पनी के प्रोजेक्ट मैनेजर शिरोडकर साहब विद्यालय और महाविद्यालय के प्रस्ताव को नकार कर कारखाने के प्रांगण में मन्दिर बनवाने का निर्णय कर लेते हैं। इसका सीधा-सा अर्थ है कि ब्राह्मण सदैव से ही 'तमसो मा ज्योतिर्गमय' का नारा लगाते हुए भी हिन्दू समाज में अन्धविश्वास का अँधेरा फैलाने का ही प्रयत्न करता रहा है। दूसरे जब मन्दिर निर्माण का निर्णय हो जाता है, तो समिति में इस बात पर लड़ाई होती है कि मन्दिर किस भगवान का बने। भगवानों में लड़ाई हो या नहीं, लेकिन उनके नाम पर लड़ाई भारतीय संस्कृति की एक सबसे बड़ी विशेषता है। जब मन्दिर निर्माण समिति का गठन हो जाता है, उसमें सबसे अधिक मेहनत गौतम करता है, जो एस.सी. है। लेकिन जब उसकी मेहनत के परिणामस्वरूप मन्दिर बनकर तैयार हो जाता है और उसमें मूर्ति की प्राणप्रतिष्ठा का समारोह आयोजित किया जाता है, तो गौतम की पत्नी तथा बच्चों को पांडाल में आगे बैठाकर नटराजन की प्रतिक्रिया देखिए–

"बात क्या है? कुछ कहो तो।" ऋषि ने पूछा।

"ऋषि तुम तो समझदार और पढ़े-लिखे आदमी हो...वह गौतम वहाँ बैठा है। सबसे आगे।" नटराजन ने धीमे स्वर में कहा।

"तो?"

"तो क्या? उसे और उसके बच्चों को उठाकर पीछे बैठाओ..."

"लेकिन क्यों?"

"अब तुमको कैसे समझाऊँ ऋषि...तुम तो जान-बूझकर नासमझ बनने का नाटक कर रहे हो।"

नटराजन ने क्षोभ व्यक्त किया।

"नटराजन जी साफ-साफ कहिए...पहेलियाँ बुझाने का यह वक्त नहीं है। आखिर क्या बात है?" ऋषि गम्भीर हो गया था।

"तुम क्या जानते नहीं हो?" नटराजन ने ताश के पत्तों की तरह शब्दों को फेंका।

"क्या?" ऋषि ने ताश की गड्डी कट की।

"ये गौतम एस.सी. है।" नटराजन ने आखिरी चाल चल दी।

"तो इससे क्या फर्क पड़ता है...श्री नटराजन जी...।" ऋषि ने व्यंग्य से कहा।

"फर्क पड़ता है...पूजा-अनुष्ठानों में उन्हें आगे नहीं बैठाया जा सकता? यह रीत है। शास्त्रों की मान्यता है।" नटराजन ने गहरे अवसाद में भरकर कहा। (पृ. 29)

गौतम के परिवार को आगे से पीछे बैठाने की कशमकश में झगड़ा शुरू हो जाता है और अन्ततः प्राण-प्रतिष्ठा का कार्यक्रम कुरुक्षेत्र का मैदान बन जाता है। इस पर गौतम का यह निष्कर्ष कि—"चलो भाई, हम लोग घर चलते हैं। ऐसे अनुष्ठानों में बैठकर क्या होगा। जहाँ आदमी को आदमी की तरह न समझा जाय।" हिन्दू धर्म के पाखण्ड को पूरी तरह व्यक्त कर देता है और उससे दलितों को मुक्ति पाने का सन्देश भी, बहुत स्पष्ट तरीके से देता है।

'बैल की खाल' भी उत्कृष्ट कहानी है। जो भूरे और काले के माध्यम से मरे हुए जानवरों की खाल निकालने वालों की बदरंग जिन्दगी का चित्रण पूरी शिद्दत के साथ करती है। दुनिया की नजर में ये सबसे निकम्मे जीव थे, मरे जानवरों की खाल खींचने वाले। खाल बेचकर ही इनके परिवार का काम चलता है, लेकिन जब ये दोनों एक दुर्घटना में मरी हुई बछड़ी को देखते हैं, तो उनकी संवेदना जाग उठती है और वे बछड़ी को बचाने का हर सम्भव प्रयास करते हैं।

ग्रामीण आभिजात्य परिवारों की औरतें दलित जाति के लोगों का किस तरह इस्तेमाल करती हैं। इसका जीवन्त उदाहरण है—'ग्रहण'। चौधरी परिवार के बड़े बेटे बिरम की बहू को, पति की नपुंसकता के कारण बाँझ बताकर प्रताड़ित किया जाता है, तो वह चन्द्रग्रहण की रात में रमेसर से सम्भोग कर बालक प्राप्त करती है। इस कहानी का ही विस्तार 'बिरम की बहू' नामक कहानी में हुआ है, जिसमें रमेसर सोचता है कि किस तरह देह और संवेदना के धरातल पर आभिजात्य परिवारों की औरतें दलित युवकों को छलती हैं। 'पच्चीस चौका डेढ़ सौ' ग्रामीण दलितों की अज्ञानता को रेखांकित करती है। लेकिन जब ग्रामीण बच्चे पढ़-लिखकर उन्हें शोषण से बचाने के लिए सही बात बताते हैं, तो वे आक्रोशित हो उठते हैं। इस कहानी का नायक सुदीप भी जब अपनी पहली तनख्वाह के रुपये लाकर अपने पिताजी को समझाता है कि पच्चीस चौका डेढ़ सौ नहीं, सौ होते हैं। तो उसके मुँह से आक्रोश गोली की तरह फूट पड़ता है—"कीड़े पड़ेंगे चौधरी...कोई पानी देने वाला भी नहीं बचेगा।" 'अन्धड़' 'भय' 'कहाँ जाय सतीश' 'कुचक्र' और 'जिनावर' आदि कहानियाँ भी अपने आप में प्रभावशाली कहानियाँ हैं। लेकिन उनकी 'अम्मा' कहानी बहुत ही सशक्त कहानी है। इस कहानी की नायिका 'अम्मा' जो घरों में पाखाना साफ करने का काम करती है, अपने बच्चों को पढ़ा-लिखा कर अच्छे संस्कार देती है। लेकिन उसका एक ही लड़का जब नगरपालिका की नेतागिरी कहते हुए अपने ही लोगों को सताने लगता है, तो अम्मा उससे साफ-साफ कहती है—"शिबू, आजकल तू जो करे है, ठीक ना है...जो मैंने पता होता कि तू इस तरियों पैसा कमाबे है, तो मैं तेरे पैसे

कू हाथ भी न लगाती। तैन्ने पढ़ा-लिखा दिया। तेरी साद्दी (शादी) कर दी...मेरा काम खत्म...अच्छा इन्सान न बणा सकी यो मेरा कसूर! कल से अपना चौका-चूल्हा अलग कर ले...मन्नै ना खाणी इस कमाई की रोटी। अलग रहके चाहे किसी ने लूट या मार...मेरे से कोई मतलब नहीं।'' (सलाम, पृ. 119-120)

ओमप्रकाश वाल्मीकि की 'खानाबदोश' कहानी भट्ठा मजदूरों के जीवन से सम्बन्धित है। भट्ठे पर महेश और किसनी काम करते हैं। किसनी धीरे-धीरे भट्ठा मालिक के लड़के सूबेसिंह की रखैल बन जाती है। वहीं पर सुक्रिया और उसकी पत्नी मानो भी काम करती हैं। मानो सूबेसिंह के चक्कर में आने से मना कर देती है। अतः उनका उत्पीड़न प्रारम्भ हो जाता है और अन्ततः उन्हें भट्ठे का काम छोड़कर अपने घर लौटना पड़ता है।

इन दोनों कहानियों पर विचार करने पर पता चलता है कि 'अम्मा' कहानी की 'अम्मा' और 'हरदेई' जो घरों में पाखाना साफ करने का काम करती हैं, 'भंगी', जाति की औरतें हैं। ये दोनों सच्चरित्र और खुद्दार हैं! चौपड़ा परिवार के घर में मिसेज चौपड़ा का आशिक 'विनोद' जब टट्टी में पानी डालते हुए अम्मा को लपेट लेना चाहता है, तो वह उसकी झाड़ू से पिटाई करती है तथा मिसेज चौपड़ा से कहती है—''भैण जी इस हरामी के पिल्ले से कह देणा...हर औरत छिनाल न होवे है।'' (सलाम, पृ. 116) इस घटना के बाद अम्मा अपने इस ठिकाने को हरदेई को बेच देती है। हरदेई पूरा किस्सा सुनकर अम्मा से बोली—''तू तो मूरख है नासपिट्टी, अपनी माँ के यार कू टट्टी में घसीट लेती। पहले उतरवाती उसके कपड़े कि आ तुझे करवा दूँ मसूरी की सैर। फेर करवाती उसे भिगनी का नाच! झाडू से पीट-पीटकर साले कुत्ते कू सड़क पे लियाती। जुलूस लिकड़ (निकल) जाते चोद्दे (गाली) का, जिबता गणपति को हिलाता सड़क पे दौड़ता। भूल जाता सारे इश्क...और वह चौपड़ी ऐसी लुगाइयों का इलाज मैं जाणू हूँ...ये ले थाम लोट (नोट) इब कल से चौपड़ी मेरी...साली दो-दो बच्चों की माँ होके इश्क करे है।'' (सलाम, पृ. 117-118)

'खानाबदोश' कहानी के महेश और किसनी, सुकिया और मानो। ये भट्ठा मजदूर हैं और भट्ठे पर काम करने वाले अधिकांश मजदूर चमार या जाटव हैं। देखिए इन्हें ओमप्रकाश वाल्मीकि कैसे चित्रित करते हैं—''एक रोज सूबेसिंह की नजर किसनी पर पड़ गयी...तीन महीने पहले ही किसनी और महेश भट्ठे पर आये थे। पाँच-छः महीने पहले ही दोनों की शादी हुई थी।''

सूबेदार ने उसे सेवा-टहल में काम दे दिया था। शुरू-शुरू में किसी का ध्यान इस ओर नहीं गया था। लेकिन जब रोज ही गारे मिट्टी का काम छोड़कर वह दफ्तर में रहने लगी, तो मजदूरों में फुसफुसाहट शुरू हो गयी।

तीसरे दिन जब मजदूर काम शुरू करने के लिए झोपड़ियों से बाहर निकल

रहे थे, किसनी हैंड पम्प के नीचे खुले में बैठकर साबुन से रगड़-रगड़कर नहा रही थी। भट्ठे पर साबुन किसी के पास नहीं था। साबुन और उससे उठते झाग पर सबकी नजर पड़ गयी थी। लेकिन बोला कोई कुछ भी नहीं था। सभी की आँखों में शंकाओं के गहरे बादल घिर आये थे। कानाफूसी हलके-हलके शुरू हो गयी थी ...साँवले रंग की भूरे-पूरे जिस्म की किसनी। वह दिन भर दफ्तर में घुसी रहती थी। उसकी खिलखिलाहटें दफ्तर से बाहर सुनाई पड़ने लगी थीं। महेश ने उसे समझाने की कोशिश की थी। लेकिन वह जिस राह पर चल पड़ी थी, वहाँ से लौटना मुश्किल था।...किसनी के पास एक ट्रांजिस्टर भी आ गया था।....सूबेसिंह किसनी को लेकर शहर भी जाने लगा था। किसनी कई-कई दिनों तक शहर से लौटती नहीं थी। जब लौटती थकी, निढाल और मुरझाई हुई। कपड़ों-लत्तों की अब उसके पास कमी नहीं थी। (सलाम, पृ. 124-125-127)

यहाँ गौर करने लायक बात यह है कि जो महिलाएँ पाखाना साफ करती हैं—वे भंगी औरतें हैं वे सबकी सब सच्चरित्र और दबंग हैं तथा जो भट्ठे पर काम करती हैं—वे चमार औरतें हैं, जो रखैलें हैं, चरित्रहीन हैं। प्रकारान्तर से वाल्मीकि जी यहाँ यह भी कहना चाहते हैं कि चमारों की सम्पन्नता उनकी इस दुश्चरित्रता की वजह से ही है। क्या यह दृष्टिकोण पूर्वाग्रह से युक्त और जातीयता से परिपूर्ण नहीं है। जो जातीय विद्वेष पैदा करता है। हमारा विचार है कि भंगी औरतें जो घरों में पाखाना साफ करती हैं, घरों में उनका उत्पीड़न हो जाता है। चमार महिलाएँ जो खेत मजदूर हैं या भट्ठों पर काम करती हैं—वहाँ पर उनका उत्पीड़न होता रहा है। सच्चरित्र और दुश्चरित्र महिलाएँ भंगियों में भी हैं और चमारों में भी हैं। लेकिन भंगियों में सब औरतें चरित्रवान और दबंग ही हैं, और चमारों में सब रखैलें ही हैं, यह सच नहीं है। लेखक को इस तरह के आग्रह से मुक्त होकर, व्यष्टि सच की अपेक्षा समष्टि सच को अभिव्यक्ति देने का प्रयास करना चाहिए। अपनी कहानियों के माध्यम से अपने आपको दलित सरोकारों वाला दलित लेखक साबित करने के लिए ओमप्रकाश वाल्मीकि हिन्दू देवी-देवताओं को अपशब्दों और अपस्थितियों से नवाजते दिखाई देते हैं। इसके दो उदाहरण उनकी कहानियों में उपलब्ध हैं। 'ग्रहण' नामक कहानी में जब पुत्र की चाहत में बेहाल चौधरी परिवार की पुत्रवधू 'बिरम की बहू' से कथा नायक रमेसर (भंगी युवक) सम्भोग करता है, तो उसे लगता है कि उसके नीचे—"साक्षात् लक्ष्मी लेटी है। सुन्दर, कोमल दयावान, अन्नपूर्णा" (सलाम, पृ. 69) इसी प्रकार अम्मा की कहानी नायिका 'अम्मा' जब अपना चौपड़ा परिवार वाला ठिकाना हरदेई को बेच देती है, तो हरदेई कहती है—"जलूस लिकड़ (निकल) जाता चोद्दे (गाली) का, जिब गणपति को हिलाता हुआ। सड़क पर दौड़ता।" (सलाम, पृ. 116) यहाँ पुरुष लिंग की तुलना 'गणपति' (एक हिन्दू देवता) से करके तथा

लक्ष्मी (एक हिन्दू देवी) से रमेसर का सम्भोग कराकर वाल्मीकि जी हिन्दू धर्म के प्रति अपने विद्रोही रुख को प्रदर्शित करना चाहते हैं। वहीं दूसरी ओर मुसलमानों और चमारों के प्रति अपनी घृणा को व्यक्त करके हिन्दूवादियों से अपनी निकटता भी प्रदर्शित करते हैं। यह चिन्तन की स्पष्टता है, जो अस्पष्टता का भ्रम देकर लाभ उठाना चाहती है। इससे स्पष्ट हो जाता है कि ओमप्रकाश वाल्मीकि के 'सामाजिक सरोकार' और 'रचनात्मक उद्‌देश्य' अलग किस तरह हैं।

कुल मिलाकर कहा जा सकता है कि हिन्दी दलित साहित्य के क्षेत्र में श्री ओमप्रकाश वाल्मीकि का नाम अब अपरिचित नहीं है। उनकी आत्मकथा 'जूठन' हिन्दी दलित साहित्य में मील का पत्थर प्रमाणित हुई है। उनके कविता संग्रह 'बस्स! बहुत हो चुका' ने भी हिन्दी पाठकों को उद्वेलित किया है। ओमप्रकाश वाल्मीकि की रचनाएँ हिन्दी की प्रतिष्ठित पत्र-पत्रिकाओं में तो प्रकाशित हो रही हैं। 'काले हाशिए पर' तथा 'यातना की परछाइयाँ' जैसे कथा-संग्रहों में भी प्रकाशित हुई हैं। जो आलोचक हिन्दी दलित साहित्य पर सौन्दर्यहीनता, दोहराव और नारेबाजी का आरोप लगाकर उसे खारिज करने की कुचेष्टा करते रहे हैं, ओमप्रकाश वाल्मीकि की कहानियाँ उनके लिए एक सशक्त उत्तर हैं। हाँ! उनसे इतना आग्रह अवश्य है कि वे अपने लेखन से दलित समाज और दलित साहित्य आन्दोलन को जोड़ने का प्रयास करें, तोड़ने का नहीं।

ज्ञान, संस्थान और दलित समाज

देवेन्द्र चौबे

यह लेखक प्रसिद्ध लेखक ओमप्रकाश वाल्मीकि की कहानी 'पच्चीस चौका डेढ़ सौ' के बहाने भारतीय समाज में ज्ञान की परम्परा और दलित समाज का उसके साथ सम्बन्ध पर विमर्श करने का प्रस्ताव करता है।

–लेखक

मैं अपनी बात की शुरुआत एक चीनी कहावत से करना चाहता हूँ। एक चिड़िया के बारे में वह कहावत इस प्रकार है–चिड़ियाँ इसलिए नहीं गातीं कि उनके पास जुबान है, वे गाती हैं क्योंकि उनके पास गीत हैं।

दलित साहित्य आज भारतीय साहित्य की मुख्यधारा इसलिए नहीं है कि यह हिन्दुस्तान की लगभग हर बड़ी जुबान में मौजूद है, बल्कि इसलिए है क्योंकि इसमें सामाजिक जीवन की मुख्यधारा में वंचितों और शोषितों की जिन्दगी जी रहे एक बड़े समाज के यथार्थ का 'जीवन्त अनुभव' प्रतिरोध की भाषा में दर्ज है। इसमें एक ऐसे समाज की जातीय जिन्दगी अपनी विशिष्टताओं के साथ मौजूद है जिसे 'यातना' और 'संघर्ष' से सँजोया गया है। रूसी विचारक निकोलाई कोनराद ने 'यथार्थवाद और पूर्वी देशों का साहित्य' में जापानी कथाकार शिमाजाकी तोसोन के दलित (एता) समाज पर आधारित उपन्यास 'हाकाई' का उल्लेख यथार्थवादी साहित्य के रूप में करते हुए लिखा है कि ''उन्नीसवीं शती पूँजीवाद के एक विश्वव्यापी'', और वह भी प्रमुख सामाजिक-आर्थिक प्रणाली के रूप में प्रस्थापित हो जाने की शती थी। इस प्रणाली में विभिन्न देशों को विभिन्न स्थान प्राप्त थे और इस विकास की राहें भी सर्वत्र एक समान नहीं थीं। इसका कारण बताते हुए उन्होंने लिखा है कि 'जापान में ही नहीं, पूर्व के अन्य प्राचीन संस्कृति वाले देशों में भी, उनकी औपनिवेशक, अर्द्ध-औपनिवेशक अथवा आश्रित देश की हैसियत ने उनमें सामन्तवाद के विघटन की प्रक्रिया को धीमा कर दिया था, और पूँजीवादी सम्बन्धों के विकास को मन्द, सीमित और विकृत बना डाला था।' विचार की इसी प्रक्रिया में कोनराद इस बात

का उल्लेख करते हैं कि सामन्तवाद के विघटन की मन्द प्रक्रियाओं ने पूँजीवाद के उदय के बावजूद उन पारम्परिक सामाजिक व्यवस्थाओं को बनाये रखा तथा इसी कारण पूर्वी देशों में एक ऐसे यथार्थवादी साहित्य का उदय हुआ जिसके सामान्य लक्षण तो पश्चिमी देशों के साहित्य की तरह थे, परन्तु उसकी कुछ अपनी जातीय विशिष्टताएँ भी थीं। कोनराद जिस जापानी उपन्यास 'हाकाई' की चर्चा करते हैं। वह पारम्परिक जापानी समाज में सामुराई, व्यापारी, किसान और पुजारी के बाद सबसे नीची जाति एता पर केन्द्रित है। उपन्यास का नायक सेगावा उशिमात्सु अपनी एता पहचान को छुपाकर ईईयामा के एक स्कूल में अध्यापन कार्य करता है तथा हमेशा पकड़े जाने के भय से बेचैन रहता है। वह एक अच्छा अध्यापक है, ज्ञान की परम्परा से जुड़ा हुआ है; फिर भी उसे अपना एता होना यातनापूर्ण लगता है और एक दिन जब वह अपना भेद खोलता है तो उसे स्कूल क्या, शहर छोड़कर जाना पड़ता है। व्यवस्था का दबाव उसे जीवन की मुख्यधारा से निकाल बाहर करता है।[1]

दरअसल 'हाकाई' के इस लम्बे प्रकरण के उल्लेख का अर्थ इतना ही है कि क्या हमें दलित साहित्य को भी एक "यथार्थवादी साहित्य" के रूप में देखना चाहिए तथा इस प्रसंग में उसकी जातीय विशिष्टताओं को चिह्नित (?) या जातीय विशिष्टताओं के साथ ही दलित साहित्य को यथार्थवादी साहित्य की परम्परा में रखा जाना चाहिए? कारण, यह एक महत्त्वपूर्ण प्रसंग है तथा हम सब भी इस मत से परिचित हैं कि दलित साहित्य के विचारकों का एक नया तबका इसे यथार्थवादी परम्परा से अलग मानता है कि वैचारिक स्तर पर भारतीय दलित साहित्य अम्बेडकर और बौद्ध मत से प्रभावित है। यह सही है, बावजूद इसके हमें इन प्रसंगों पर इसलिए भी विचार करना पड़ेगा कि हम यहाँ ओमप्रकाश वाल्मीकि की जिस कहानी पर विचार करने जा रहे हैं। उसका गहरा सम्बन्ध दलित समाज के यथार्थ से है। और वह यथार्थ है, ज्ञान की परम्परा में दलितों की उपस्थिति का यथार्थ, जिसकी नियति को आज भी भारतीय पारम्परिक व्यवस्थाएँ पूँजीवाद के उदय के बाद भी तय करने में लगी हुई हैं। 'हाकाई' में भी सेगावा उशिमात्सु को शहर छोड़कर इसलिए जाना पड़ता है कि जापानी समाज के सर्वाधिक ताकतवर समुदाय सामुराइयों का आतंक जापानी सामाजिक जीवन की मुख्यधारा में एताओं (दलित) को इतनी जगह नहीं देता था कि वे उनकी मर्जी के खिलाफ खड़े हो पाएँ। हिन्दी का दलित साहित्य, 1990 के बाद उभरकर आया साहित्य है। इसमें सामन्तवाद के लक्षण तो दिखाई पड़ते हैं, परन्तु वही एक निर्णायक व्यवस्था के रूप में मौजूद नहीं है। जापान में ताकतवर समुदाय 'सामुराई' पहले स्थान पर है और ज्ञान से जुड़ा समुदाय 'पुजारी' आखिरी। 'एता' तो इस जातीय व्यवस्था के बाहर है। जबकि भारत में वह चारों वर्ण के अन्दर, सबसे नीचे है और ताकतवर समुदाय 'क्षत्रिय' दूसरे नम्बर पर एवं ज्ञान से जुड़ा

'ब्राह्मण' पहले स्थान पर। परन्तु खास बात यह है कि इन दोनों समाजों (जापानी एवं भारतीय) में 'ज्ञान' और 'ताकत' से जुड़े समुदाय ('एता' और 'दलित' प्रसंग में) निर्णायक भूमिका में रहे हैं। एक सामान्य विशेषता यह भी है कि दोनों समाजों में दलित (एता) समुदाय का प्रवेश न तो सामाजिक परम्परा में उत्कृष्ट एवं पवित्र समझे जाने वाले मन्दिरों में रहा है और न ही ज्ञान से जुड़े गुरुकुल जैसे शिक्षण संस्थानों में। भारत में ज्योतिबा फुले एवं सावित्री बाई फुले के प्रयत्न से दलित समाज को शिक्षित करने का कार्य शुरू हुआ तथा 1857 के बाद तो ब्रिटिश हुकूमत ने इसे और आगे बढ़ाया। जापान में भी 1871 में मेइजी काल (1868-1912) में एताओं के विकास के लिए सुधार के तहत शुरू हुए कार्य के कारण ज्ञान के क्षेत्र में उनकी हिस्सेदारी की प्रक्रिया बढ़ी तथा कई क्षेत्रों में उनका विकास हुआ। पर भारत की तरह वहाँ भी उन्हें ताकतवर समुदाय द्वारा की गयी हिंसा का सामना करना पड़ा। 1990 में विश्वनाथ प्रताप सिंह सरकार द्वारा वर्षों से लंबित मंडल आयोग की रिपोर्ट लागू करने के बाद दलितों के खिलाफ देश के अनेक हिस्सों में हुए हिंसक आन्दोलन की घटनाएँ हमारे सामने हैं ही। एक खास समाज के खिलाफ हुए हिंसक आन्दोलन की इन घटनाओं पर विचार करें तो साफ पता चलता है कि सामाजिक जटिलताओं ने हमेशा ऐतिहासिक विकास की उन प्रक्रियाओं को प्रभावित किया है जिससे नये प्रकार के यथार्थ का उदय होता है। इस उदय में ज्ञान से जुड़े शिक्षण संस्थानों की हमेशा निर्णायक भूमिका रही है। ओमप्रकाश वाल्मीकि की कहानी 'पच्चीस चौका डेढ़ सौ' को पढ़ते हुए उस नये सामाजिक यथार्थ को समझा जा सकता है जिसे निकोलाई कोनराद 'जातीय विशिष्टताएँ' कहकर सम्बोधित करते हैं।

दरअसल 'पच्चीस चौका डेढ़ सौ' हिन्दी की प्रतिनिधि दलित कहानी है। इस अर्थ में कि भारतीय सामाजिक व्यवस्था (वर्ण-व्यवस्था) को मजबूत करने वाली दोनों ताकतें—ब्राह्मणवाद और सामन्तवाद के खिलाफ इसमें कड़ा प्रतिरोध दर्ज है। खासकर यह कहानी दलित साहित्य के उस केन्द्रीय विषय को उठाती है जहाँ ज्ञान के बिना समाज का विकास सम्भव नहीं माना जाता है। यह कहानी यह भी दर्ज करती है कि ज्ञान के बिना सामन्ती व्यवस्था एक दलित का किस हद तक शोषण करती है और ज्ञान प्राप्ति के बाद किस सीमा तक शोषित अस्मिताएँ (दलित) उनका प्रतिवाद। विचार की दृष्टि से 'पच्चीस चौका डेढ़ सौ' को चार हिस्सों में बाँटा जा सकता है : एक सुदीप के पिता द्वारा चौधरी से ऋण लेने का प्रसंग; दो, सुदीप द्वारा पढ़ने के लिए स्कूल जाना तथा इन सब में पच्चीस के पहाड़े का प्रसंग; तीन, ज्ञान (ब्राह्मणवाद) और सत्ता (सामन्तवाद) का अन्तर्द्वंद्व और चार, सुदीप का ज्ञान के सहारे दलित मुक्ति का प्रसंग।

कथा का पहला हिस्सा इतना है कि (कहानी के) नायक सुदीप का पिता गाँव

के चौधरी से उसकी माँ की बीमारी के इलाज के लिए सौ रुपये उधार लेता है। जब चार महीने बाद वह मूल धन लौटाने चौधरी के पास जाता है, तब चौधरी प्रति माह पच्चीस रुपये ब्याज के हिसाब से मूलधन लौटाने की बात कहता है तथा चार महीने का ब्याज पच्चीस का पहाड़ा पढ़ते हुए डेढ़ सौ बताता है। देखें,

'ब्याज-ब्याज के हो गये हैं पच्चीस चौका डेढ़ सौ।' (सलाम)

अर्थात् 'पच्चीस चौका सौ' नहीं, बल्कि डेढ़ सौ होता है। यह है पारम्परिक व्यवस्था के संवाहकों का गणित! वह सुदीप के अनपढ़ पिता से पचास रुपया अधिक ब्याज लेना चाहता है।

यह 'पच्चीस चौका डेढ़ सौ' की कथा का पहला हिस्सा है जहाँ 'ऋण' दलित समाज की बड़ी समस्या के रूप में दर्ज है। जयप्रकाश कर्दम द्वारा अनूदित 'दि चमार्स' में प्रसिद्ध समाजशास्त्री जी. डब्ल्यू. ब्रिग्गस ने लिखा है कि "ऋण उनके लिए काफी बड़ा अंकुश होता है और प्रायः उनका सारा परिवार ऋण को चुकाने में लगा रहता है।"

पर इस कहानी में चौधरी का सारा ऋण सुदीप के पिता ही चुकाते हैं। परिवार पर अब कोई ऋण नहीं है। यह एक आधुनिक दलित समाज है जो सजग है, सचेत है तथा शेष समाज के दबाव के समानान्तर विकास की प्रक्रियाओं से जुड़ा हुआ है। खास बात है कि यह समाज सबसे अधिक अपने बच्चों के प्रति सचेत है तथा उन्हें मुख्यधारा से जोड़ने के लिए ज्ञान की प्रक्रियाओं से जुड़ना जरूरी समझता है।

कहानी का दूसरा हिस्सा, इसी ज्ञान की प्रक्रिया से जुड़ा हुआ है। सुदीप के पिता उसका नामांकन मास्टर फूलसिंह से पैरवी कर स्कूल में करवा देते हैं तथा सुदीप गाँव के अन्य बच्चों की तरह स्कूल जाना शुरू कर देता है। पच्चीस का पहाड़ा रटने की प्रक्रिया में जब एक दिन सुदीप 'पच्चीस चौका सौ' पढ़ता है, तब सुदीप के पिता के कान खड़े होते हैं। उन्हें पुरानी बात याद आती है कि गाँव के चौधरी ने उनसे 'पच्चीस चौका डेढ़ सौ' के हिसाब के ब्याज लिया था। वह उसे टोकते हैं कि 'पच्चीस चौका सौ नहीं; डेढ़ सौ' होता है। पर सुदीप बार-बार कहता है कि 'पच्चीस चौका सौ' ही होता है। पिता-पुत्र के इस असमंजसपूर्ण संवाद को देखें—

"किताब में तो साफ-साफ लिक्खा है—पच्चीस चौका सौ..." सुदीप ने मासूमियत से कहा।

"तेरे किताब में तो गलत बी तो हो सके...नहीं तो क्या चौधरी झूठ बोलेंगे। तेरी किताब से कहीं ठाड्डे (बड़े) आदमी हैं चौधरी जी। उनके घोरे (पास) तो ये मोट्टी-मोट्टी किताबें हैं...वह जो तेरा हेडमास्टर है वो बी पाँव छुए है चौधरी जी के फेर भला वो गलत बतावेंगे...मास्टर से कहणा सही-सही पढ़ाया करें..." पिताजी ने

उखड़ते हुए कहा। (सलाम) पिता-पुत्र के इस संवाद में निम्नलिखित बातें उभरकर आयी हैं :

एक : स्कूल की किताबों के पाठ सही होते हैं। एक छात्र भी उसी पाठ पर विश्वास करता है।

दो : पर व्यावहारिक जीवन में स्कूल के पाठ अपना अर्थ खो देते हैं। वहाँ सत्ता जिसके पास होती है वही पाठ भी लिखता है, वही अर्थ भी तय करता है। एक तरह से वह पाठ की मनमानी व्याख्या करता है।[2] चौधरी जी इस कहानी में 'सत्ता' के केन्द्र में हैं। इसीलिए वह ज्ञान की प्रक्रिया से जुड़े पाठों को अपने वर्गीय हितों को ध्यान में रखते हुए व्याख्यायित-पुनर्व्याख्यायित करते रहते हैं। कई बार उनके द्वारा पाठ के निर्धारित अर्थ गलत होते हैं जैसा कि इस कहानी में 'पच्चीस चौका डेढ़ सौ' दर्ज है।

तीन : समाज का शोषित और वंचित तबका सत्ता के केन्द्र द्वारा निर्धारित पाठ के अर्थ को मानने के लिए बाध्य होता है। या यूँ कहें कि वह सहज ही सत्ता द्वारा व्याख्यायित पाठ के अर्थ को स्वीकार कर लेता है। जैसे कि सुदीप का पिता चौधरी द्वारा बताये हुए गणित को सही मान लेता है। मिशेल फूको की प्रसिद्ध मान्यता, 'नॉलेज इज़ पावर' इसी प्रकार के सन्दर्भों को समझने में मदद करती है।

चार : चौथी बात जो इस संवाद से उभरकर सामने आती है, वह यह है कि शोषित और वंचित तबके द्वारा पाठ की गलत व्याख्या को स्वीकारने के दो कारण हैं—पहला, शोषित और वंचित तबके का अनपढ़ होना और दूसरा, ज्ञान के संस्थान से जुड़े संकेतों (जैसे अध्यापक, पुस्तकें आदि) का 'सत्ता' के हित में इस्तेमाल होना।

जैसे—स्कूल के हेडमास्टर चौधरी जी के पाँवों को छूना। चूँकि ग्रामीण समाज में शिक्षक, 'ज्ञान' का प्रतीक होता है।

इसीलिए उसकी हर पहल शेष समाज के लिए अनुकरणीय हो जाती है।

इसके बाद कहानी का तीसरा हिस्सा शुरू होता है जिसमें ओमप्रकाश वाल्मीकि ने ज्ञान और सत्ता के केन्द्रों के साथ दलित समाज की टकराहट और संघर्ष का बयान किया है। पिता के दो वक्तव्य, सुदीप की जिन्दगी में हलचल मचा देते हैं—एक, पच्चीस चौका डेढ़ सौ होता है और दो, उसके स्कूल के हेडमास्टर चौधरी जी के पाँव छूते हैं, यह एक बड़ा सवाल है। पर सुदीप को, उनके पाँव छूने के जो कारण समझ में आते हैं, वह यह कि चूँकि चौधरी जी के पास मोटी-मोटी किताबें हैं और हेडमास्टर उनके पाँव छूता है— इसका अर्थ यह निकला कि चौधरी जी अधिक 'ज्ञानी' हैं। उत्तर-आधुनिकतावादियों (खासकर मिशेल फूको) की नजर से देखें तो इस कहानी में 'ज्ञान' तत्कालीन समाज के सभी प्रभावों और अभिप्रायों से संचालित होता दिखाई पड़ता है।

दरअसल ज्ञान की परम्परा को दो चीजें महत्त्वपूर्ण बनाती हैं : एक, ज्ञान की परम्परा में पवित्र समझी जानेवाली मोटी-मोटी किताबें और दो, उन पुस्तकों को पढ़ाने वाले या ज्ञान देने वाले उत्कृष्ट और महान गुरु। 'पच्चीस चौका डेढ़ सौ' में गुरु सिर्फ शिक्षण संस्थान से ही नहीं जुड़ा हुआ है, बल्कि वह सत्ता के केन्द्रों से भी जुड़ा हुआ है। कहानी का यह वह बिन्दु है, जहाँ से संघर्ष का निर्माण होना शुरू होता है। महत्त्वपूर्ण बात यह है कि इस संघर्ष के निर्माण में लगी शक्तियाँ, जिन्हें हम ज्ञान (ब्राह्मणवाद) और सत्ता (सामन्तवाद) के रूप में मानकर चल रहे हैं, उसे सुदीप (दलित समाज) के रूप में प्रारम्भ से ही चुनौती मिलनी शुरू हो जाती है। लेखक की भूमिका भी यही होती है कि वह भविष्य के समाज का रचनात्मक तन्त्र विकसित करते जाता है। यहाँ कहानी का नायक सुदीप इस भविष्य के समाज का सूत्रधार है। पर यह प्रक्रिया इतनी आसान नहीं होती है। यह कहानी इसलिए महत्त्वपूर्ण है कि यह संघर्ष के निर्माण और ज्ञान की प्रक्रियाओं को मिल रही चुनौती तथा उससे उत्पन्न सामाजिक अन्तर्द्वन्द्व को समझने में मदद करते है। इसका कथाकार ने सुदीप द्वारा कक्षा में 'पच्चीस चौका डेढ़ सौ' सुनाने एवं उससे मास्टर शिवनारायण के उखड़ने की घटना के रूप में वर्णन किया है। देखें,

मास्टर शिवनारायण हत्थे से उखड़ गया। खींचकर एक थप्पड़ उसके गाल पर रसीद किया। आँखें तरेरकर चीखा, 'अरे, तेरा बाप इतना बड़ा विद्वान है तो यहाँ क्या अपनी माँ...(एक क्रिया जिसे सुसंस्कृत लोग साहित्य में त्याज्य मानते हैं) आया है साले; तुम लोगों को चाहे जितना भी सिखाओ, पढ़ाओ...रहोगे वही-के-वही...दिमाग में कूड़ा-करकट जो भरा है। पढ़ाई-लिखाई के संस्कार तो तुम लोगों में आ ही नहीं सकते। चल बोल ठीक से...पच्चीस चौका सौ।' (सलाम)

कहानी का यह वह अंश है जो संघर्ष के निर्माण के कारणों को तो बताता ही है, साथ ही साथ दलित समाज के प्रति मुख्यधारा की निर्मित मानसिकता का पर्दाफाश भी करता है।

यहाँ इस बात का उल्लेख करना जरूरी है कि 'पच्चीस चौका डेढ़ सौ' में सिर्फ ज्ञान की परम्परा से जुड़े मिथकीय संकेतों पर ही प्रहार नहीं है, बल्कि उसमें (ज्ञान की परम्परा में) वंचित दलित समाज की उस पीड़ा का भी बयान है जो अनपढ़ होने के कारण उन्हें भोगना पड़ता है। उपर्युक्त उद्धरण में मास्टर शिवनारायण ने सुदीप के पिता और माँ पर इसलिए अनैतिक आरोप लगाये हैं कि वे ज्ञान की प्रक्रिया से वंचित रहे हैं। कहानीकार ने कोष्ठक में जिस 'एक क्रिया' का उल्लेख किया है, वह समाज की मुख्यधारा पर एक गम्भीर टिप्पणी भी है। कक्षा में कहा गया यह कथन सिर्फ एक दलित छात्र/पात्र का अपमान नहीं है, बल्कि उसकी उस जातीय परम्परा और संस्कृति का भी अपमान है जिसे रूसी विचारक निकोलाई कोनराद हाकाई के

प्रसंग में 'जातीय विशिष्टताएँ' कहकर रेखांकित करते हैं। साथ ही, उपर्युक्त उद्धरण में आया 'कोष्ठक प्रसंग', यह भी बताता है कि ज्ञान के केन्द्र में दलित समाज के छात्रों को किस पद्धति से कोई पाठ पढ़ाया जाता रहा है। जबकि यह ज्ञातव्य है कि दलित जाति में जन्मना और उसके अनुसार कर्म करना किसी भी व्यक्ति के वश में नहीं है[3] और न ही कोई व्यक्ति जिस समाज में जन्म लेता है, उसकी जातीय विशिष्टताओं का त्याग करता है। यद्यपि यह एक अलग प्रसंग है तथा हिन्दी में भी 'जातीय' सन्दर्भ को लेकर गम्भीर टीका-टिप्पणी हुई है,[4] पर इतना कहकर मैं अपनी बात आगे बढ़ाना चाहूँगा कि मुख्यधारा के लेखकों में कबीर, तुलसीदास, भारतेन्दु, आचार्य रामचन्द्र शुक्ल, प्रेमचन्द, निराला, महादेवी वर्मा, रेणु आदि के लेखन में भी जातीय परम्पराओं के भिन्न-भिन्न रूपों को देखा जा सकता है। उपर्युक्त उद्धरण में जब मास्टर शिवनारायण यह टिप्पणी करते हैं कि 'पढ़ाई-लिखाई के संस्कार तो तुम लोगों में आ ही नहीं सकते' तो कहीं-न-कहीं यह दलित समाज की जातीय परम्परा की उन असंगतियों पर टिप्पणी है जिसे 'ज्ञान' से न जुड़ने के कारण उन्हें सुनना पड़ता है। पर इसके लिए जिम्मेदार कौन है? हमारी वह सामाजिक (वर्ण) व्यवस्था जिसे ज्ञान (ब्राह्मणवाद) और सत्ता से जुड़े लोगों ने निर्मित किया है तथा जो आधुनिक प्रजातान्त्रिक व्यवस्था के विकास की असमान धारणाओं की उपज है।

कहानी का चौथा और आखिरी हिस्सा है, पढ़-लिखकर सुदीप द्वारा अपने पिता को उस मानसिक गुलामी से मुक्ति दिलाना जो यह मानता है कि चौधरी एक बड़े आदमी हैं और साथ ही प्रतिरोध की उस संस्कृति का निर्माण, जिसके सहारे दलित समाज ज्ञान प्राप्त कर शोषण और दमन के खिलाफ खड़ा होता है। यह आसान कार्य नहीं है। अगर हम 'पच्चीस चौका डेढ़ सौ' को एक प्रतिनिधि दलित कहानी मानकर चल रहे हैं तो उसका सबसे बड़ा कारण यही है कि इसमें दलित समाज के शोषण का कारण उनका अनपढ़ होना ही लेखक ने माना है तथा मुक्ति के लिए उनका (दलित समाज) ज्ञान की प्रक्रिया से जुड़ना लेखक जरूरी समझता है। अम्बेडकर भी दलित समाज के विकास के लिए उनका 'शिक्षण संस्थान' से जुड़ना जरूरी समझते थे तथा मानते थे कि युवा समाज ही शिक्षित होकर दलित समाज को अन्धकार से बाहर निकाल सकता है।[5] यह कहानी अम्बेडकर की इसी धारणा का शब्दशः समर्थन करती है। सुदीप युवा होकर शिक्षा प्राप्ति के बाद अपने पिता को इसी प्रकार अज्ञानता के अन्धकार से बाहर निकालता है।

याद कीजिए, जब स्कूल के अध्यापक मास्टर शिवनारायण एक थप्पड़ सुदीप के गाल पर इसलिए रसीद करते हैं कि सुदीप बार-बाद 'पच्चीस चौका सौ के बदले डेढ़ सौ' कहता है। वह समझ नहीं पाता है कि पिता की बात माने या मास्टर साहब की? उसे यह भी पता नहीं है कि आखिर उसके पिता क्यों उसे पच्चीस चौका 'सौ'

के बदले, 'डेढ़ सौ' रटने को बाध्य करते हैं?

कहानीकार ने लिखा है कि 'बालमन की यह खरोंच ग्रन्थि बन गयी थी। जब भी पच्चीस की संख्या पढ़ता या लिखता, उसे 'पच्चीस चौका डेढ़ सौ' ही याद आता। सोते-जागते, उठते-बैठते, 'पच्चीस चौका डेढ़ सौ' उसे परेशान करने लगा।'

बचपन में बनी खरोंच की यह ग्रन्थि ही 'पच्चीस चौका डेढ़ सौ' में सुदीप के अन्दर स्वीकृत परम्पराओं के खिलाफ प्रतिरोध का मनोविज्ञान रचती है। और यहाँ यह कहना अतिशयोक्तिपूर्ण न होगा कि इसमें शिक्षण संस्थाएँ (कहानी के प्रसंग में गाँव का स्कूल और शहर का कॉलेज) एक निर्णायक भूमिका निभाती हैं। वर्चस्व की अवधारणा की जटिलताओं का उल्लेख करते हुए 'न्यू लेफ्ट रिव्यू' के नवम्बर-दिसम्बर 1973 के अंक में प्रकाशित लेख 'संस्कृति के मार्क्सीय सिद्धान्त में आधार और ऊपरी ढाँचे की सार्थकता' में प्रसिद्ध समाजशास्त्री रेमंड विलियम्स ने लिखा है कि 'शिक्षण संस्थाएँ प्रायः प्रभावकारी प्रधान संस्कृति के प्रसारण की प्रमुख एजेन्सियाँ हैं; और आजकल के जमाने में आर्थिक तथा सामाजिक गतिविधियों का एक प्रमुख हिस्सा हैं; बल्कि एक ही साथ दोनों हैं।'[6] स्पष्टतः ज्ञान (ब्राह्मणवाद) और सत्ता (सामन्तवाद) के जिस गठजोड़ की तरफ यह कहानी संकेत करती है, उसमें शिक्षण संस्थाएँ प्रभावशाली भूमिका में हैं। जब तक दलित समाज ज्ञान की परम्परा से वंचित रहा, तब तक वह शिक्षण संस्थाओं के इस प्रभावशाली रूप का उपयोग नहीं कर पाया। पर ज्योंही ज्ञान की परम्परा में दलितों की भागीदारी शुरू हुई, उसने ज्ञान की प्रभावशाली भूमिका का उपयोग अपने पक्ष में करना शुरू कर दिया। यह कहानी बताती है कि नायक सुदीप शिक्षा ग्रहण करता है, शहर जाता है और नौकरी प्राप्त करता है। पर मन में बैठी बचपन की वह खरोंच कि पच्चीस चौका 'सौ' या 'डेढ़ सौ' इससे मुक्त नहीं हो पाता है। कहानीकार ने लिखा है, 'जैसे-जैसे बड़ा होने लगा, कई सवाल उसके मन को विचलित करने लगे। जिनके उत्तर उसके पास नहीं थे।' (सलाम) पर सुदीप को इस ग्रन्थि से मुक्ति मिलती है तब, जब वह नौकरी मिलने के बाद पहली तनख्वाह घर ले जाता है तथा अपने पिता को चौधरी की पच्चीस चौका 'डेढ़ सौ' या 'सौ' का समाजशास्त्र समझाता है। देखें,

"पिताजी, मुझे आपसे एक बात करनी है।"

"क्या बात है बेट्टे? कुछ चाहिए?" पिताजी ने जिज्ञासावश पूछा।

"नहीं पिताजी, कुछ नहीं चाहिए...मैं आपको कुछ बताना चाहता हूँ।"

सुदीप ने पच्चीस-पच्चीस रुपये की चार ढेरियाँ लगायीं। पिताजी से कहा, "अब आप इसे गिनिये।"

पिताजी चुपचाप सुदीप की ओर देख रहे थे, उनकी समझ में कुछ भी नहीं आ रहा था। असहाय होकर बोले, "बेट्टे, मुझे तो बीस से आगे गिनना ही नी आता,

तू ही गिन के बता दे।'' सुदीप ने धीमे स्वर में कहा, ''पिताजी, ये चार जगह पच्चीस-पच्चीस रुपये हैं। अब इन्हें मिलाकर देखते हैं पच्चीस चौका सौ होते हैं या डेढ़ सौ।''

पिताजी अवाक् होकर सुदीप का चेहरा देखने लगे। उनकी आँखों के आगे चौधरी का चेहरा घूम गया। तीस-पैंतीस साल पहले की पुरानी घटना साकार हो उठी। वह घटना जिसे वे अब तक न जाने कितनी बार दोहराकर लोगों को सुना चुके थे।

सुदीप रुपये गिन रहा था बोल-बोलकर। सौ पर जाकर रुक गया। बोला, ''देखो, पच्चीस चौका सौ हुए डेढ़ सौ नहीं।'' (सलाम)

इस उद्धरण में कई ऐसे प्रसंग हैं जो अलग से बहस की माँग करते हैं, चाहे वह पिता-पुत्र का सम्बन्ध हो या सुदीप द्वारा पिता के मन में इस भ्रांतिपूर्ण धारणा को बाहर निकालना कि चौधरी जी 'बड़े' आदमी हैं। 'बड़े' आदमी के बारे में समाज की आम धारणा होती है कि वह नैतिक दृष्टि से चरित्रवान और बेहद ईमानदार होता है। वह हमेशा समाज के विकास के बारे में सोचता रहता है। किसी को धोखा नहीं देता। छल-कपट नहीं करता, आदि आदि। सुदीप के पिता के मन में चौधरी जी के बारे में ये सारी धारणाएँ मौजूद हैं। इसलिए उन्हें चौधरी की बेईमानी समझ में नहीं आती है। वह सुदीप की बातों पर विश्वास नहीं करते हैं। पर जब सुदीप बार-बार उनके सामने रुपये गिनता है, उन्हें उलट-पुलटकर दिखलाता है तथा अन्त में उनके हाथ में रख देता है, तब निरक्षर पिता को इस बात का अहसास होता है कि उनके साथ गाँव के सम्मानित चौधरी ने कितना बड़ा विश्वासघात किया है। जिस 'चौधरी के गुणगान करते नहीं अघाते थे, आज अचानक वह काँच की तरह चटखकर रोम-रोम में समा गया था।'

यह प्रतिरोध का वही भाव है जो पारम्परिक समाज में आस्था के खत्म होने के बाद निर्मित होना शुरू होता है। छले जाने की गहरी पीड़ा का यह बोध सुदीप के पिता के मन में पारम्परिक समाज, उसकी संस्कृति, जीवन-पद्धति, सामाजिक व्यवहार आदि के प्रति विरोध प्रकट करने का सहज भाव उत्पन्न कर देता है। अगर हम कहानी के अन्त के निम्नलिखित हिस्सों को देखें तो 'पच्चीस चौका डेढ़ सौ' के अन्दर निहित प्रतिरोध की संस्कृति का स्वरूप अपने आप प्रकट हो जाता है :

'कीड़े पड़ेंगे चौधरी...कोई पानी देने वाला भी नहीं बचेगा।' (सलाम) अर्थात् यह प्रतिरोध सक्रिय शारीरिक प्रतिरोध नहीं है, बल्कि आस्था के टूटने की प्रक्रिया में निर्मित प्रतिरोध है, जो सामाजिक जिन्दगी की मुख्यधारा में एक लम्बी कालावधि में एक समाज अथवा एक व्यक्ति का दूसरे व्यक्ति के प्रति होता है।

दरअसल अन्य कहानियों की तरह 'पच्चीस चौका डेढ़ सौ' में प्रतिरोध की जिस

संस्कृति का दर्शन होता है, उसमें 'ज्ञान' और ज्ञान से जुड़े संस्थानों की एक अहम भूमिका है। यहाँ यह देखना महत्त्वपूर्ण है कि एक दलित का शोषण और दमन इसलिए होता है क्योंकि वह अनपढ़ है तथा इससे मुक्ति तभी सम्भव होती है जब वह ज्ञान प्राप्त कर लेता है।

वस्तुतः ओमप्रकाश वाल्मीकि की यह कहानी दलित समाज के आर्थिक शोषण के माध्यम से भारतीय समाज की उन मान्यताओं और परम्पराओं पर प्रहार करती है जिसमें या तो दलितों को ज्ञान की परम्परा से वंचित किया गया है अथवा उन्हें ज्ञान-प्राप्ति के योग्य समझा ही नहीं गया। ओमप्रकाश वाल्मीकि 'पच्चीस चौका डेढ़ सौ' के माध्यम से इस धारणा को तोड़ने की कोशिश करते हैं तथा ज्ञान को दलित समाज की सामाजिक एवं आर्थिक गुलामी से मुक्ति के एक बड़े हथियार के रूप में स्थापित करते हैं। दूसरे शब्दों में, 'ज्ञान' को शोषण से मुक्ति का एक मुख्य मार्ग मानते हैं। पच्चीस चौका 'सौ' या 'डेढ़ सौ' की ग्रन्थि से सुदीप तब मुक्त होता है, जब पढ़-लिखकर वह शहर में नौकरी प्राप्त कर लेता है। पर उसकी वास्तविक मुक्ति तब होती है, जब वह अपने पिता के इस भ्रम को तोड़ता है कि पच्चीस चौका 'डेढ़ सौ' नहीं, 'सौ' होता है। साथ ही, इस कहानी 'पच्चीस चौका डेढ़ सौ' में ओमप्रकाश वाल्मीकि ने दलित समाज की उस पीड़ा को भी गहराई के साथ व्यक्त किया है जिसमें ज्ञान से वंचित अबोध मेहनतकश समाज को छलकर 'बड़े' बने हुए व्यक्ति आज भी समाज में सम्मान पा रहे हैं और व्यवस्था उन्हें 'सज़ा' देने के बदले जीवन की मुख्यधारा में उनके लिए 'विशिष्ट जगह' बनाये हुए है। यह कहानी मुख्यधारा की इस 'विशिष्टता' को चुनौती देती है तथा परम्परा में महान उत्कृष्ट और पवित्र समझे जाने वाले मुख्यतः तीनों प्रतीकों (जैसे : गुरु, गन्थ, शिक्षण संस्थान आदि) को सन्देह के घेरे में खड़ा करती है, उन पर सवाल उठाती है। उत्तर-आधुनिकतावादी विचारकों की तरह 'पाठ' के स्थापित एवं सत्ता-केन्द्रित अर्थ पर सवालिया निशान लगाते हुए वास्तविक अर्थ की खोज पर जोर देती है। यह कहानी यह भी स्थापित करती है कि अन्य मोर्चों पर तो जातीय विशिष्टताएँ ठीक हैं, पर यही जातीय विशिष्टताएँ जब ज्ञान की दुनिया को नियन्त्रित और संचालित करना शुरू कर देती हैं, यह यातना और संघर्ष का एक नया दौर शुरू होता है और एक पूरा समाज (दलित) अन्धकार में चला जाता है। अतः ज्ञान की दुनिया को जातीय विशिष्टताओं से मुक्त रखना इसलिए जरूरी है कि 'पाठ' का सही अर्थ ढूँढ़ा जा सके। कारण, पाठ का सही अर्थ ही जनता को सचेत, साक्षर और प्रतिबद्ध बनाता है और विकास से जुड़ी गतिशीलता को एक नयी दिशा देता है। 'पच्चीस चौका डेढ़ सौ' कहानी ज्ञान की परम्परा से जुड़े, दलित समाज के इसी यथार्थ को सामने रखती है। यह कहानी यह भी बताती है कि मुख्यधारा को नियन्त्रित करने

वाली ताकतों के ज्ञान एवं दलित समाज के ज्ञान में फर्क होता है। पर ज़रूरी है वास्तविक ज्ञान की स्थापना जो दलित समाज के प्रसंग में यातना, संवाद और संघर्ष से भी सम्भव होती है। मुक्ति का रास्ता यही है।

सन्दर्भ

1. '...स्कूल के इंस्पेक्टर की भी यही राय है कि उशिमात्सु को फिलहाल नौकरी से निकाल दिया जाय।...सेगावा का हित इसी में है कि वह जल्द से जल्द ईईयामा से निकल जाय।' हाकाई, पृ. 289
2. उत्तर-आधुनिकतावादी विचारों में जॉक देरिदा, जुलिया क्रिस्तोवा ने इस पर गहराई से विचार किया है।
3. इस सन्दर्भ में मराठी लेखक शरणकुमार लिंबोले की आत्मकथा अक्करमाशी और सुत्त पिटक, मज्झिम निकाय—अस्लायन सुत्त के निम्नलिखित कथन को देखा जा सकता है:

   न जच्चा वसलोहोति, न जच्चा होति ब्राह्मणो।
   कम्मना वसलोहोति, कमन्ना होति ब्राह्मणो॥

   अर्थात् जन्म से न कोई शूद्र होता है, न जन्म से कोई ब्राह्मण। कर्म से ही शूद्र होता है और कर्म से ही ब्राह्मण।
4. रामविलास शर्मा और उनके लेखन को लेकर हो रही बहसों को इस प्रसंग में देखा जा सकता है।
5. 'राजनीति के समान ही शिक्षण संस्थान महत्त्वपूर्ण हैं। किसी भी समाज की उन्नति उस समाज के बुद्धिमान, तेजस्वी और उत्साही तरुणों के हाथ में होती है। इस दिशा में मैंने कुछ वर्षों से राजनीति पर अधिक ध्यान देना शुरू किया है। मुम्बई में सिद्धार्थ कॉलेज शुरू किया है...औरंगाबाद जाकर वहाँ भी कॉलेज खोलने का विचार कर रहा हूँ।'—बाबा साहेब अम्बेडकर, रांची भाषण, अनु. नीरा नाहटा।

   सन्दर्भ: शंभुनाथ, सं., सामाजिक क्रांति के दस्तावेज, वाणी प्रकाशन, नयी दिल्ली, प्रथम संस्करण, 2005
6. देखें, मैनेजर पांडेय द्वारा अनूदित और वाणी प्रकाशन, नयी दिल्ली द्वारा 1998 में प्रकाशित वैचारिक अनुवादों की पुस्तक—संकट के बावजूद।

ओमप्रकाश वाल्मीकि की कहानियों में दलित पुनर्जागरण के विविध आयाम

नामदेव

हिन्दी में दलित साहित्य के विकास में ओमप्रकाश वाल्मीकि (जन्म 30 जून, 1950—मृत्यु 17 नवम्बर 2013) की महत्त्वपूर्ण भूमिका रही है। उन्होंने अपने लेखन में जातीय अपमान और उत्पीड़न का जीवन्त वर्णन किया है और भारतीय समाज के कई अनछुए पहलुओं को पाठकों के सामने प्रस्तुत किया है। 'जूठन' जैसी बहुचर्चित आत्मकथा लिखने वाले साहित्यकार ओमप्रकाश वाल्मीकि एक सफल कवि और कहानीकार भी थे। उनकी कहानियाँ दलित समाज का आईना हैं। ओमप्रकाश वाल्मीकि की कहानियाँ दलित जीवन के अनुभव और भोगे हुए यथार्थ की जीवन्त दास्तान हैं जो जीवन आदर्शों पर केन्द्रित न होकर जीवन की अनेक विद्रूपताओं के अन्वेषण की कसौटी पर विकसित होती हैं। अपने समय और इतिहास बोध को जीना, सहेजना, उधेड़ना, मूल्यांकन करना वाल्मीकि की कहानियों का अनूठापन है। चिरपरिचित धारणा के अनुसार किसी एक मूड, क्षण, घटना या चरित्र का वर्णन ही आधुनिक कहानी है लेकिन ओमप्रकाश वाल्मीकि की कहानियाँ अपने परिवेश की सम्पूर्णता को चित्रित करती हैं जिसके कारण ओमप्रकाश वाल्मीकि एक प्रयोगधर्मी कहानीकार के रूप में भी सामने आते हैं। मसलन 'सलाम' कहानी दलित जीवन की त्रासदी पर केन्द्रित रहते हुए भी भारतीय गाँवों के साझेपन को चित्रित करती है। दलित युवक की शादी में उसका ब्राह्मण मित्र कमल उपाध्याय भी शमिल होता है तो कहानी में चित्रित गाँव के बाजार में चायवाला बूढ़ा भी है जो चूहड़ों के घर आयी बारात का मजाक उड़ाता है, उनसे नफरत करता है, यहाँ तक कि कमल को भी चूहड़ा समझकर चाय देने से मना कर देता है तो दूसरी तरफ दलित घर का लड़का दावत की रोटी यह कहकर खाने से मना कर देता है कि वह रोटी मुसलमान के हाथ की बनी हुई है। इस तरह 'सलाम' कहानी एक तरफ साझी संस्कृति को चित्रित करती है तो दूसरी तरफ परस्पर एक-दूसरे से घृणा, तिरस्कार और भेदभाव से भरे माहौल का वास्तविक दृश्य सामने लाती है।

यह सच है कि साझी संस्कृति के कारण ही अखण्ड राष्ट्र का सपना साकार हो सका है लेकिन यह भी सच है कि साझी संस्कृति और समन्वय की आड़ में दलितों का शोषण होता आया है। भारतीय संस्कृति में मौजूद धार्मिक ढकोसलों के खोखलेपन विशेषतौर से हिन्दुत्ववादी शक्तियों द्वारा पोषित-संचालित जातीय भेदभाव और अमानवीयता को दिखाने की दृष्टि से 'सपना' कहानी विशेष महत्त्व रखती है। कारखाने और कॉलोनी के नये अधिकारी गजानन सदाशिव शिरोड़कर की सामाजिक-धार्मिक गतिविधियों में विशेष रुचि थी। वह कॉलोनी में खाली पड़े जमीन को मन्दिर, चर्च, गुरुद्वारा, मस्जिद बनवाने के लिए बँटवा देता है। वह कहता है "कोई एक मन्दिर नहीं बल्कि चर्च, गुरुद्वारा, मस्जिद सब कुछ साथ होना चाहिए। साझा, साझी संस्कृति के मन्दिर...कितना अच्छा होगा, मन्दिर में शंख ध्वनि होगी। मस्जिद में अजान, चर्च का घंटा बजेगा। गुरुद्वारे में सबद-कीर्तन होगा...सचमुच एक आदर्श जगह होगी।"(सलाम, पृ. 22) प्रशासनिक आदेश के बाद धार्मिक स्थलों का निर्माण कार्य शुरू हो गया। गुरुद्वारे के पास वाली जमीन बौद्ध विहार के लिए आरक्षित कर दी गयी थी। कारखाने के बौद्ध कर्मचारी बड़ी तत्परता से जमीन आबंटन के दिन से ही जमीन पर बुद्ध वन्दना करके एक पौधा रोपकर प्रत्येक पूर्णिमा के दिन बुद्ध वन्दना करने लग गये थे। दूसरी तरफ आपसी मतभेदों के कारण मन्दिर का निर्माण कार्य देर से सम्पन्न हुआ। मन्दिर में उत्तर भारतीय हिन्दू भगवान की मूर्ति होगी या दक्षिण भारतीय हिन्दू भगवान की यह बहस देर तक चली। चूँकि मन्दिर समिति में दक्षिण भारतीय व्यक्ति नटराजन भी था। शिरोड़कर का तबादला कहीं और हो गया और उसकी जगह नया अधिकारी रामास्वामी आ गया। जाहिर है क्षेत्रवाद का श्रेय नटराजन को मिलना ही था, इस प्रकार दक्षिण भारतीय शैली में हिन्दू मन्दिर स्थापित हुआ। नटराजन जो कि पहले धार्मिक उत्सवों के प्रति ज्यादा गम्भीर नहीं था, लेकिन अब वह मन्दिर निर्माण के साथ-साथ भीरु होने लगा। उसमें धार्मिक जागरण का संचार होने लगा। परिणामस्वरूप उसका धार्मिक प्रेम, कट्टरता में और दूसरे धर्म-जाति के व्यक्तियों के प्रति नफ़रत में बदल गया। मन्दिर निर्माण में गौतम जैसे दलित व्यक्तियों ने भी भरपूर सहयोग किया था, लेकिन मन्दिर की प्राण प्रतिष्ठा अनुष्ठान में, कारखाने में गौतम के बराबरी का कर्मचारी नटराजन अपने ब्राह्मणत्व से विशेष हो उठता है। वह गौतम को पहली पंक्ति से उठाकर सबसे पीछे की पंक्ति में बैठने के लिए मजबूर करता है। नटराजन की दृष्टि में दलितों को पूजा-अनुष्ठानों में आगे बैठाना शास्त्रों के खिलाफ है। रामलोचन उपाध्याय भी नटराजन का साथ देकर अपनी कट्टर हिन्दूवादी दृष्टि का परिचय देता है—"अरे यह मन्दिर उसका कैसे हो गया। ज्यादा ही पूजापाठ का शौक है तो अपना मन्दिर बना ले अलग से। किसने रोका है। यह हमारा है। हम पूजा-पाठ, अनुष्ठान अपने

ढंग से करेंगे। उसमें किसी शूद्र या म्लेच्छ का प्रवेश निषेध है।" (सलाम, पृ. 30) चूँकि सारे ब्राह्मण छद्म साझी संस्कृति के प्रपंची नहीं होते हैं, उनमें से वास्तव में कुछ लोग साझी संस्कृति और सामाजिक सौहार्द के सपने को सच होता देखना चाहते हैं। उन्हीं में से एक है ऋषिराज जो गौतम की लड़ाई को सामाजिक परिवर्तन की लड़ाई मानकर, ब्राह्मणवाद के अहम् से ग्रसित पूजा के पंडाल को, तहस-नहस कर डालता है। पुलिस ऋषिराज और गौतम को दंगा भड़काने और तोड़फोड़ करने के आरोप में गिरफ्तार कर लेती है। 'सपना' कहानी में हम देखते हैं कि हिन्दू मन्दिर को छोड़कर शेष धार्मिक स्थलों में कोई भेदभाव का चित्रण नहीं आता, जबकि हिन्दू मन्दिर में दलितों से काम करा कर, मन्दिर निर्माण पूरा होने पर, उनसे दूरी बना ली जाती है।

अजीब अन्तर्विरोध है कि दलितों के खून-पसीने सरीखे श्रम से, मन्दिर में स्थापित पत्थर के भगवान अपवित्र नहीं होते, लेकिन पूजा हेतु अस्तित्व में आते ही उसके शिल्पकार दलित अछूत हो उठते हैं। ठीक वैसे ही जैसे वासना के समय दलित स्त्री और पुरुष ('ग्रहण' और 'बिरम की बहू' कहानियों का दलित नायक 'रमेसर') रमणीय लगते हैं। लेकिन वासना की स्वार्थपूर्ति के बाद यही रमणीय दलित अजनबी और अछूत लगने लगते हैं। वस्तुतः 'सपना' कहानी हिन्दुत्ववादी समन्वयवाद के नकलीपन और बर्बर अमानवीयता के विविध आयामों को सामने लाती है। 'सपना' कहानी में चित्रित मन्दिर के दृश्य को आध्यात्मिक-धार्मिक दृष्टि से परे अगर सामाजिक दृष्टि से देखा जाय तो लगता है मन्दिर यहाँ राष्ट्र और समाज का प्रतीक है जिसके निर्माण में सभी जातियों, वर्णों, समुदायों का योगदान है। यह बात सच होते हुए हिन्दुस्तानी सभ्यता के निर्माणकर्ता दलितों को समाज से बाहर रखा जाता है, हाशिए पर रखा जाता है। दलितों को समाज से बेदखल करने में हिन्दू 'मन्दिरों' की बहुत बड़ी भूमिका रही है। अतः यह स्पष्ट हो जाता कि मन्दिर, सामाजिक भेदभाव को कायम रख कर, समाज को तोड़ते हैं। मन्दिरों की क्रूरता और वर्चस्ववादी संस्कृति से यह भी सबक मिलता है कि सामाजिक जीवन में दलितों की प्रगति धार्मिक, आस्थाओं की स्थूल और भौतिक प्रतीकों 'मन्दिरों' के निषेध और उनके बहिष्करण से ही दलित मुक्ति का एक रास्ता निकल सकेगा। धार्मिक तुष्टिकरण की राजनीति बन्द होनी चाहिए, जैसा कि 'सपना' कहानी में दिखाया गया है। धार्मिक तुष्टिकरण व्यक्ति को धर्मभीरु और कूपमंडूक बनाती है। चूँकि हजारों सालों से लेकर आज तक दलितों को कूपमंडूक और मानसिक गुलाम बनाये रखने में मन्दिर प्रमुख कारण बने हुए हैं। अतः दलित समाज की मुक्ति, धर्मसत्ता से संचालित 'मन्दिरों' से विमुख होने में ही है।

दलित नवजागरण की दृष्टि से 19वीं सदी में महात्मा जोतिबा फुले और 20वीं सदी में डॉ. बी.आर. अम्बेडकर की भूमिका स्वर्ण अक्षरों में प्रमाणित है।

डॉ. बी.आर. अम्बेडकर की प्रेरणा से मराठी में पहली बार दलित साहित्य लिखा जाना शुरू हुआ। साहित्यकारों के सामाजिक कर्तव्य पर प्रकाश डालते हुए डॉ. अम्बेडकर ने कहा था–"उदात्त जीवन मूल्यों एवं सांस्कृतिक मूल्यों को अपने साहित्य में स्थान देना चाहिए। साहित्यकार का उद्देश्य संकुचित न होकर विस्तृत एवं व्यापक हो। वे अपनी कलम को अपने तक ही सीमित न रखें, बल्कि उनका प्रखर प्रकाश देहाती जीवन के अज्ञान का अन्धकार दूर करने में हो। दलित उपेक्षितों का बड़ा वर्ग इस देश में है। इस बात को सदा याद रखें। उनका सुख-दुख एवं उनकी समस्याएँ समझ लेने की कोशिश करें। साहित्य के द्वारा उनका जीवन उन्नत करने के लिए प्रयत्नरत रहें। यही सच्ची मानवता है।" (डॉ. अम्बेडकर का भाषण, विदर्भ साहित्य संघ, नागपुर) स्पष्ट है कि डॉ. अम्बेडकर की प्रेरणा से थोड़ी देर से ही सही हिन्दी पट्टी में भी संचरित हुई। स्वतन्त्र भारत के हिन्दी भाषी क्षेत्र में, दलित चेतना की सुगबुगाहट अस्सी के दशक से स्पष्ट रूप से उभरना शुरू हुई। इस सामाजिक-साहित्यिक दलित आन्दोलन ने दलित नवजागरण को पुनर्जीवित किया। डॉ. सुखबीर सिंह, डॉ. प्रेमशंकर, डॉ. एन. सिंह, माता प्रसाद, ओमप्रकाश वाल्मीकि, डॉ. जयप्रकाश कर्दम, मोहनदास नैमिशराय, डॉ. श्यौराज सिंह 'बेचैन' सरीखे साहित्यकारों ने हिन्दी पट्टी में दलित साहित्य को बौद्धिक आन्दोलन के रूप में अखिल भारतीय स्तर पर, नये सन्दर्भों, आयामों में परिभाषित और स्थापित किया जिसके कारण हिन्दी का दलित साहित्य अपनी स्थानीय खूबियों के बावजूद संवेदना की दृष्टि से सम्पूर्ण दलितों की दास्तान का 'रूपक' बन जाता है।

ओमप्रकाश वाल्मीकि भी दलित बोध के प्रमुख रचनाकार हैं। उनकी कहानियाँ दलित पुनर्जागरण के विभिन्न आयामों से ओतप्रोत हैं। उनकी कहानियाँ दलित समाज को अपने यथार्थ से रूबरू करा कर, शेष समाज से जोड़ने का आह्वान करती हैं।

ओमप्रकाश वाल्मीकि की कहानियों का 'फलक' व्यापक है। उनमें गाँव से शहर तक का चित्रण है। गाँव हो या शहर चारों तरफ दलितों पर शोषण, अपमान और भय का वातावरण व्याप्त है। भारतीय गाँवों में जाति आक्रामक रूप से विराजमान है 'गोहत्या' कहानी इसका प्रमाण है। गाँवों में दलितों की बहूबेटियों से हवस पूरी करने के लिए गाँव की ऊँची जातियों के दबंग लोग, आये दिन साजिश करते रहते हैं। गाय की दुर्घटनावश मृत्यु को, सुक्का पर गोहत्या का आरोप लगाकर, गाँव का मुखिया उसकी नयी-नवेली पत्नी को हासिल करना चाहता है, लेकिन सुक्का का इस प्रस्ताव के विरुद्ध जाना बहुत महँगा और अपमानजनक साबित होता है। सुक्का द्वारा अपनी पत्नी को मुखिया के सामने न परोसने के जवाब में मुखिया धमकाते हुए कहता है–"औकात में रह सुक्का। उड़ने की कोशिश ना कर, बाप-दादों से चली आयी रीत है।" (सलाम, पृष्ठ 59) इसी तरह पंचायत की बैठक में आरोपित दलितों

की चुप्पी पर मुखिया कहता है—"ये लोग धरम-ईमान क्या जानें। साले नीच पैदा हुए हैं तो नीच ही रहेंगे। इनकी चमड़ी उधेड़कर भूसा भर देना चाहिए।" (सलाम, पृ. 60) मुखिया द्वारा इस मौखिक हिंसा के बाद, लोहे की फाल को तपाकर, सुक्का के हाथ में रखकर, दिल दहला देने वाली शारीरिक प्रताड़ना दी जाती है। दुखद पहलू यह है कि यह सब स्वतन्त्र भारत के लोकतान्त्रिक समाज में होता है जहाँ कानून और संविधान से ऊपर ऊँची जाति के लोग होते हैं। कहीं-न-कहीं ऊँची जाति के लोगों में 'जातीय घमण्ड' और 'जातीय वर्चस्व' की मानसिकता विद्यमान है जो दलितों के जीवन को जोखिम में डालते हैं। यह स्पष्ट है कि 'जातीय वर्चस्व' के खात्मे से ही न सिर्फ दलितों बल्कि सभी हाशिये के लोगों की मुक्ति सम्भव हो सकेगी। कहने के लिए तो भारत शान्ति प्रिय देश है और जिसकी संस्कृति में 'वसुधैव कुटुम्बकम्' की चेतना और सामाजिक समन्वय की प्रवृत्ति है। लेकिन इसके बावजूद व्यावहारिक स्तर पर भारतीय सवर्ण जनमानस अपनी ऊँची जाति और छद्म सांस्कृतिक गौरवगाथा के प्रति ज्यादा संवेदनशील और आक्रामक हो उठती है जिसका प्रतिफलन मानसिक और शारीरिक हिंसा में होता है। हद तो यह है कि कुछ सवर्ण जाति और समुदाय के लोग, संविधान की समतामूलक मर्यादा से परे अपनी जाति, वर्ण, नस्ल और लिंग के आधार पर अपने-अपने संकुचित राष्ट्र, समाज और संस्कृति को निर्मित करने लगते हैं जिसमें दूसरे समुदाय और जाति के लोगों का निषेध हो जाता है। सवर्ण भारतीय मानस की यह दृष्टि दलित समाज के अस्तित्व, विकास और सम्मान के लिए बेहद खतरनाक है, यह तथ्य किसी से छिपा नहीं है।

प्रायः यह देखने में आता है कि जब तक दलित लोग अपनी नियति, समस्याओं, जाति, गाँव, कस्बे के दायरे में सिमटे रहते हैं तब तक सब कुछ सामान्य रहता है लेकिन जैसे ही वे अपनी खुशहाली और प्रगति के लिए अपने गाँव-कस्बे के संकुचित दायरे को तोड़कर, शेष समाज के विस्तार से जुड़ते हैं, या अपनी आवाज़ को बुलन्द करने की चेष्टा करते हैं, उन पर शाब्दिक हमलों से लेकर दैहिक हमलों की बरसात शुरू हो जाती है। इस सामाजिक बुराई से आज भी पूरा देश ग्रस्त है। कहा जाता है कि भारत गाँवों में बसता है, इसीलिए पंचायती राज का पक्ष लिया जाता है और इसको संवैधानिक दर्जा प्रदान करने के लिए इसमें दलितों और महिलाओं के लिए आरक्षण का प्रावधान भी किया गया है। लेकिन जरा सोचें जो भारतीय गाँव में आज भी सामन्तवादी संस्कारों और मूल्यों को अपनी आत्मा में बसाये हुए हों, उनकी चेतना में सामन्तवाद हो, वह 'जाति' और 'लिंग' को दरकिनार कर समता और बराबरी का दर्जा कैसे दे सकते हैं? हम देखते हैं कि दलितों और स्त्रियों के प्रति सर्वाधिक छेड़खानी, हत्या, दुष्कर्म जैसे जघन्य अपराध गाँवों में ही होते रहे हैं। आज भी मीडिया माध्यम ऐसी खबरों से भरे रहते हैं। गाँवों के सामन्ती चरित्र की

वजह से ही 'गाँव' दलितों के प्रति या जाति के नाम पर, अपराध के अड्डे बने हुए हैं। इसी वजह से डॉ. बी.आर. अम्बेडकर ने दलितों को गाँव छोड़कर नगरों में बसने के लिए कहा था।

कहानी 'यह अन्त नहीं' ग्रामीण संस्कृति में दलित त्रासदी और ऊँची जातियों के वर्चस्व का पर्दाफाश करती है। मंगलू (दलित) की बेटी और किसन की बहन बिरमा से, तेजभान (सवर्ण) का बेटा सचीन्दर यौन शोषण करने की कोशिश करता है, लेकिन बिरमा (दलित युवती) के प्रतिरोध और साहस के आगे वह अपनी वासनात्मक हिंसा में कामयाब नहीं हो पाता जिस पर उसका बाप तेजभान कहता है—"अबे! कुछ करना ही था तो हरामजादी को खेत में ही घसीट लेता...खुद ही किसी को मुँह दिखाणे जोगी ना रहती।" (घुसपैठिए, पृ. 27)

यहाँ सवाल उठता है कि लोग अपनी ऊँची जाति के घमण्ड में अपने बच्चों को कैसी विध्वंसक शिक्षा दे रहे हैं, उनकी दृष्टि में दलित और वंचित समाज की औरतों की कोई मान-मर्यादा नहीं है, ऐसे लोगों को संविधान और कानून का डर बिल्कुल नहीं है, क्योंकि उनके सजातीय लोग सत्ता से लेकर पुलिस तन्त्र में मौजूद हैं। बिरमा के न्याय हेतु किसन और उसके दोस्त जब आवाज़ उठाते हैं तो तेजपाल कहता है—"भंगी-चमारों की यह हिम्मत" (घुसपैठिए, पृ. 26) तो पुलिस इंस्पेक्टर शिकायत न लिखकर, अपराधियों पर कार्रवाई न करके कहता है—"छेड़खानी हुई है...बलात्कार तो नहीं हुआ...तुम लोग बात का बतंगड़ बना रहे हो। गाँव में राजनीति फैलाकर शान्ति भंग करना चाहते हो। मैं अपने इलाके में गुंडागर्दी नहीं होने दूँगा...चलते बनो।" (घुसपैठिए, पृ. 24) ये उदाहरण गाँवों में मौजूद सामन्ती मूल्यों के जीवित होने का प्रमाण हैं जिसमें दलित स्त्री का कोई सम्मान नहीं है, वह सिर्फ भोग्या है, लुटने योग्य है। दलितों द्वारा अपने आत्मसम्मान और न्याय के लिए आवाज उठाना, गुंडागर्दी का प्रतीक बन जाता है, अशान्ति का माहौल बन जाता है। शायद ही किसी अन्य सभ्य समाज में ऐसा होता हो जहाँ न्याय के लिए संघर्ष को गुंडागर्दी की संज्ञा दी जाती हो। इसी कारण से भारतीय संस्कृति को अनूठा भी कहा जाता है। आन्तरिक तौर से उसमें न्याय और समता का भाव भले ही न हो, लेकिन ऊपरी तौर से भारतीय संस्कृति महान है, क्योंकि उसमें स्वार्थवश कुटिल सामाजिक समन्वय है, उसमें दिखावे के लिए स्त्रियों को पूजा जाता है, और मौका मिलते ही इन्हीं पूजनीय स्त्रियों को बलात् रौंदा जाता है, कुचला जाता है, उनकी देह और आत्मा का तार-तार कर दिया जाता है। पंचायती राज में दलितों के लिए आरक्षित सीटों का काट भी खोज लिया गया है। कहानी 'यह अन्त नहीं' में दलित व्यक्ति बिसना भी आरक्षित सीट के तहत ही प्रधान बना है, लेकिन उसके चयन के पीछे दबंग लोगों का हाथ है। अतः वह गाँव के दलितों के समर्थन में लड़कर तेजभान चौधरी के आगे उनकी

शिकायत करता है कि कैसे किसन जैसे दलित युवक शहर में पढ़ने के कारण उनमें आये सामाजिक चेतना के कारण, वे गाँव के दलितों को लामबन्द करने की कोशिश कर रहे हैं। सामाजिक-राजनीतिक दलित लहर से आतंकित ग्राम प्रधान बिसना द्वारा चौधरी तेजपाल के आगे गिड़गिड़ाना उसके दोहरे चरित्र का संकेत है। दलितों में विद्यमान ऐसी कायरता और अवसरवाद, दलित सशक्तीकरण में बाधक है। दूसरी तरफ ऊँची जातीय महानता और सांस्कृतिक वर्चस्व की भावना से अभिभूत, सामन्ती संस्कारों में कैद दबंग तेजभान चौधरी, बिसना जैसे दलित प्रधान को यह सीख देता है–''जमाना अभी भी पहले वाला है, तू मुझे सीख दे रहा है। अपणी औकात मत भूल, जमाना तो तब बदलेगा, जिब हम चाहेंगे, जाके अपणी प्रधानी सिंभाल। कहीं वो ही खतरे में ना पड़ जावे। होगा वो ही जो हम चाहेंगे। और इतना उन सभी कू बता देणा दरोगा से लेकर एस.पी. तक सभी अपणी जात के हैं।...ज्यादा तीन पाँच करेंगे तो एनकाउंटर में मारे जांगे बिना मौत।'' (घुसपैठिए, पृ. 26-27) कहानी 'घुसपैठिए' भी दलित त्रासदी की व्यंजना और भाव की दृष्टि से महत्त्वपूर्ण है। इसमें दलित त्रासदी के दो दृश्य हैं। एक दृश्य में वे दलित हैं जो गाँव से आकर शहर में बस गये हैं। वे अपनी पहचान को लेकर ज्यादा सजग हैं, अपनी पृष्ठभूमि, परिवार, सम्बन्धी, परिवेश से कटना इनके हीनताबोध से ग्रसित होने का सूचक है। दूसरे वे दलित हैं जो अपने स्वाभिमान और मानवीय अधिकारों के प्रति मुखर और संघर्षरत हैं। शहरों से आने वाले दलित छात्रों का जीवन संघर्षमयी होता है, कदम-कदम पर अपमान, तिरस्कार और अत्याचार सहना उनकी नियति बन जाती है। 'घुसपैठिए' कहानी में चित्रित मेडिकल कॉलेज में सवर्ण मानसिकता से ग्रसित दबंग जाति के छात्रों का दबदबा है। सवर्ण जाति के छात्र हॉस्टल से कॉलेज जाते समय बसों में दलित छात्रों के साथ जातिसूचक गालियाँ देते हुए मारपीट करते हैं। बस में ब्राह्मण जाति का छात्र पणव मिश्रा, सुभाष सोनकर के गाल पर थप्पड़ मारते हुए कहता है–''चमार हो या सोनकर...ब्राह्मण तो नहीं हो...हो तो सिर्फ कोटेवाले।'' (घुसपैठिए, पृ. 16) जातीय शोषण और अत्याचार का दौर यहीं नहीं थमता, रैगिंग की आड़ में दलित छात्रों से मारपीट के अलावा परीक्षा में सवर्ण शिक्षक भी दलित छात्रों को कम अंक देते हैं। इन विपरीत परिस्थितियों की भयावहता से सुभाष सोनकर जैसा प्रतिभावान छात्र आत्महत्या कर लेता है। दलित छात्रों द्वारा इस घटना के खिलाफ कॉलेज के डीन भगवती उपाध्याय के सामने शिकायत करने पर डीन साहब कहते हैं–''कम योग्यतावाले जब सरकारी हस्तक्षेप से मेडिकल जैसे संस्थानों में घुसपैठ करेंगे तो हालात तो दिन-प्रतिदिन खराब होंगे ही। उन छात्रों का क्या दोष जो अच्छे अंक लेकर पास हुए हैं।'' (घुसपैठिए, पृ. 18)

स्पष्ट है डीन साहब अपने उद्‌बोधन में दलित छात्रों को घुसपैठिए सिद्ध करते हैं। इस तरह वह सवर्ण मानसिकता की उस संकीर्ण दृष्टि की स्पष्ट पहचान कराते

हैं जिसमें दलित सिर्फ अछूत ही नहीं बल्कि असामाजिक भी हैं। सोचने वाली बात है कि मेडिकल साइंस जैसे अत्याधुनिक वैज्ञानिक अध्ययन करने वालों में जाति की कपोल-कल्पित धारणा मौजूद है जिसके कारण उनकी काबिलियत पर शक ही पैदा नहीं होता, बल्कि उनकी वैज्ञानिक दृष्टि भी संदिग्ध लगती है। सच में भारत जैसे पिछड़े देश में, जब तक हर 'देह' और 'चमड़ी' को जातिवादी नज़र से देखा जाना बन्द नहीं होगा, तब तक यहाँ जाति के नाम पर भेदभाव, शोषण, हत्या, बलात्कार जैसे जघन्य अपराध बन्द नहीं होंगे, और तब तक सामाजिक एकता के प्रश्न भी संदिग्ध बने रहेंगे।

मीडिया को लोकतन्त्र का पाँचवाँ स्तम्भ कहा जाता है। परिभाषा के अनुसार मीडिया का चरित्र निरपेक्ष और तटस्थ होता है जो सिर्फ सत्य का साथ देता है। लेकिन जातिवादी परिवेश में भारतीय मीडिया भी जातिवाद का शिकार दिखता है। 'घुसपैठिए' और 'दिनेश पाल जाटव उर्फ दिग्दर्शन' जैसी कहानियों में इसका प्रमाण मिलता है। 'घुसपैठिए' कहानी से पता चलता है कि छात्रों द्वारा अखबारों को भेजे गये रपट में दलित छात्रों पर उत्पीड़न को मुख्य मुद्दा बनाया गया था। लेकिन अखबार अपने समाचारों में दलित छात्रों द्वारा अखबारों को भेजे गये रपट में दलित छात्रों पर होनेवाली ज्यादतियों का जिक्र न कर उनको रैगिंग की सामान्य घटना बना देते हैं। यही पुलिसतन्त्र का हाल है। इंस्पेक्टर जब देखता है कि दलित छात्रों का मुद्दा है तो वह छात्रों का अन्दरूनी मामला मानकर, रिपोर्ट लिखने से स्पष्ट मना कर देता है।

'दिनेशपाल जाटव उर्फ दिग्दर्शन' कहानी में जाटव सरनेम की वजह से दिनेशपाल जैसे योग्य शिक्षित दलित युवक को किसी भी मीडिया में नौकरी नहीं मिल पाती है। लेकिन 'दिग्दर्शन' जैसा छद्म नाम अपना लेने से उसको एक अखबार में उपसम्पादक की नौकरी मिल जाती है। लेकिन एक दिन, मीडिया द्वारा उपेक्षित एक भयावह दलित त्रासदी की रिपोर्ट को अखबार में छाप देने के कारण, सम्पादक शिवनारायण जोशी, उसे नौकरी से बाहर निकाल देता है। वास्तव में इन कहानियों में चित्रित मीडिया का ये व्यवहार उसको जातिवादी होने और दोहरे चरित्र वाली घोषित करते हैं।

भारतीय समाज में एक मुहावरा प्रचलित है "गरीब की लुगाई सबकी भौजाई" अर्थात् गरीब स्त्री की न कोई इज्जत है और न स्वाभिमान है। यही बात किसी अमीर की पत्नी पर लागू नहीं होती और न ऐसा कोई मुहावरा सुनने-पढ़ने को मिलता है। मुहावरे समाज में मौजूद आन्तरिक व्यवहार का आईना होते हैं। यह स्पष्ट है कि अधिकांश दलित गरीब हैं, दूसरा 'मनुस्मृति' जैसे सवर्ण ग्रन्थों में शूद्रों की स्त्रियों को सिर्फ 'भोग्या' घोषित किया गया है। ऐसे में इस भ्रम से प्रेरित बहुत से साहित्यों ने दलित स्त्रियों को सिर्फ भोग्या और त्याज्य के रूप में चित्रित किया है। चरित्र हनन और चरित्र चित्रण के इस वासनात्मक संस्कार के कारण दलितों और दलित स्त्रियों

के स्वाभिमान और सम्मान को ठेस पहुँचती है। लेकिन 'अम्मा' कहानी की अम्मा अपने दृढ़ नैतिक साहस से, दलित स्त्री के सम्मान और स्वाभिमान को गढ़ती है। मिसेज चोपड़ा के घर में सफाई का काम करने के दौरान, मिसेज चोपड़ा का प्रेमी विनोद जबरन जवान अम्मा से यौन सम्बन्ध बनाने का प्रयास करता है, लेकिन अम्मा अपने बचाव में झाड़ू से उसकी जमकर धुनाई कर देती है। वह उसकी कामवासना के आगे कमजोर नहीं पड़ती। इसी तरह अम्मा का बेटा मुकेश दो बच्चों की माँ जो स्कूल में टीचर थी और अपने पति से अलग हो चुकी थी, के साथ प्यार कर बैठता है, वह उसके साथ यौन सम्बन्ध बनाकर दिन भर उसी के घर पड़ा रहता था। अम्मा उसको सुझाव देती है कि "इज्जत से उसे ब्याह के घर ले आता...भले ही वह दो जातकों की माँ है" (सलाम, पृ. 122)। वस्तुतः अम्मा के चरित्र से पता चलता है कि वह किसी भी अवैध सम्बन्ध के खिलाफ है। दूसरा वह स्त्री की पीड़ा को समझती है। स्पष्ट है 'अम्मा' जैसी दलित स्त्रियाँ, स्त्री चेतना और लिंग शोषण के प्रति सजग हैं।

भारतीय समाज में जाति, सामाजिक प्रतिष्ठा और सम्मान का आधार रही है। अतः ऊँची जाति का व्यक्ति अपनी जातीय श्रेष्ठता के भाव से हमेशा मदमस्त रहता है, भले ही वह एक अदना-सा अनपढ़ मजदूर ही हो, लेकिन एक पढ़े-लिखे, शिक्षित, अच्छी नौकरी वाले दलित व्यक्ति के समक्ष वह भारी पड़ता है। यहीं पर दलित व्यक्ति कुंठा या हीनताबोध का शिकार होने लगता है जिसके कारण वह शहर जैसे आधुनिक परिवेश में भी अपनी पहचान छुपाता फिरता है, कभी सरनेम बदल लेता है, कभी अपने दलित परिवेश के सगे-सम्बन्धियों से नाता तोड़ लेता है, या उनके सामने आने पर उनको पहचानता नहीं है, कभी अपने बच्चों को अपनी पृष्ठभूमि के बारे में बताता नहीं है, कभी दलितों पर हुए जुल्मों के खिलाफ इसलिए नहीं बोलता है कि कहीं उसके आसपास रहने वाले गैरदलित लोग उसे अछूत, शूद्र या दलित न समझ लें। इस तरह हम समझ सकते हैं कि जातीय कुंठा या हीनताबोध दलितों की त्रासदियों में से एक बड़ी त्रासदी है। वास्तव में जातीय हीनताबोध का दंश दलित व्यक्ति के सम्पूर्ण व्यक्तित्व पर ग्रहण लगा देता है। एक तरह से हीनता बोध से दलित व्यक्ति का ग्रसित होना, ब्राह्मणवाद द्वारा पोषित जाति प्रथा की एकतरफा जीत है।

ओमप्रकाश वाल्मीकि, दलित हीनताबोध की इस त्रासदी को अपनी कहानियों में पूरी प्रामाणिकता में चित्रित करते हैं। यह सच है कि जातिगत कुंठा का एहसास आत्मानुभूति से ही हो सकता है सुनकर या देखकर नहीं। कहानी 'भय' का दिनेश, 'अंधण' का मि. लाल (सुक्कड़ लाल), 'घुसपैठिए' के राकेश और उसकी पत्नी इन्दु, 'मैं ब्राह्मण नहीं हूँ' के मोहनलाल शर्मा उर्फ मोहनलाल और गुलजारी लाल शर्मा उर्फ

गुलजारी लाल जैसे पात्र शहर में रहते हुए अपनी निम्नजाति के अपराध बोध से ग्रस्त हैं। ये लोग शहर में तरक्की और खुशहाल जिन्दगी के लिए आये हैं, लेकिन कदम-कदम पर अपनी पहचान और दलित अस्मिता को छिपाते फिरते हैं। इनमें से अधिकांश दलित व्यक्ति अपना सरनेम कर झूठी और दोहरी जिन्दगी जीने की जंग लड़ते हैं। जातिगत दंश और दलित पीड़ा की पृष्ठभूमि से इसलिए कुछ शहरी दलित कटना चाहते हैं। 'अंधण' के मि. लाल, अपनी पत्नी सविता को, देहरादून में स्थित अपने गाँव में जाने के उसके आग्रह को लताड़ते हुए कहते हैं—''मैं जिस गन्दगी से तुम्हें बाहर निकालना चाहता हूँ...तुम लौट-लौटकर उसी में जाना चाहती हो। तुम वहाँ जाओगी तो वे भी यहाँ आयेंगे। मैं नहीं चाहता, यहाँ लोगों को पता चले कि हम 'शेड्यूल्ड कास्ट' हैं। जिस दिन लोग ये जान जायेंगे, यह मान-सम्मान सब घृणा-द्वेष में बदल जायेगा।'' (सलाम, पृ. 86)

वास्तव में मि. लाल का यह हीनताबोध जातीय उत्पीड़न और अपमान की पृष्ठभूमि से उपजा दर्द है। ओमप्रकाश वाल्मीकि अपनी कहानियों में दलित समाज के इस सत्य को बड़े रचनात्मक कौशल से पिरो देते हैं जिसके कारण उनकी कहानियाँ सभ्यता, संस्कृति, देशकाल से गुजरती हुई समकालीनता से जुड़ जाती हैं जिससे पता चलता है कि हजारों वर्षों से जारी दलित उत्पीड़न अभी भी स्थूल और सूक्ष्म रूप में तथा परिवर्तित रूपों में मौजूद है।

'सलाम' कहानी रचनात्मक पराकाष्ठा और दलित जागरण के भावबोध से सराबोर है, इसमें परिवर्तन की ललक है। ऊँची जातियों द्वारा दलितों पर थोपी गयी 'सलाम' प्रथा जो दासत्व और वंचित होने की पीड़ा को और गहराकर दलितों की सामाजिक कुंठा को दृढ़ करती है। लेकिन कहानी के नायक हरीश द्वारा अपने विवाह के पश्चात् पत्नी संग, गाँव के दबंगों के दरवाजे पर सलाम ठोंकने का इंकार सामन्तवादी रीति-रिवाजों के विरुद्ध प्रबल विरोध का रूपक बन जाता है। हरीश जैसे शिक्षित दलित युवक का यह साहस, दलित समाज के सम्मान की ओर बढ़ाया गया एक सार्थक कदम है तथा साहित्यिक दृष्टि से हिन्दी कथा साहित्य में सशक्त दलित नायक के उभार का संकेत है। ओमप्रकाश वाल्मीकि की कहानियों की एक विशेषता यह भी है, इसके पात्र नकारात्मक परिस्थितियों के बावजूद बदलाव की उम्मीद करते हैं। मसलन, 'अम्मा' कहानी में अम्मा का नारी स्वाभिमान 'घुसपैठिए' में दलित बोध से कटा हुआ और दलित कुंठा से ग्रस्त आत्मकेन्द्रित राकेश द्वारा, दलित छात्र सुभाष सोनकर की शवयात्रा में शामिल होकर उसकी अर्थी को कन्धा देकर मुखरित होना, 'यह अन्त नहीं' में मंगलू, सरबती जैसे दलित बूढ़ों का दलित युवकों के दलित चेतना के सामाजिक आन्दोलन में शामिल हो जाना, 'मुम्बई कांड' में अनेक छींटाकशी, फब्तियों, अपमानों, मानसिक प्रताड़नाओं के बावजूद सुमेर

का अम्बेडकरवाद में और अधिक रम जाना, 'मैं ब्राह्मण नहीं हूँ' में सुनीता द्वारा मैं ब्राह्मण नहीं हूँ का उद्‌घोष कर मीरासी जाति के अमित से शादी करना, 'दिनेशपाल जाटव उर्फ दिग्दर्शन' में दिनेशपाल का अपनी दलित पहचान के प्रति गौरवान्वित होना जैसे उदाहरण नकारात्मक माहौल में भी सकारात्मक दलित दृष्टि को विस्तार देते हैं।

प्रख्यात दलित साहित्यकार शरण कुमार लिंबाले के अनुसार जो रचना बहुलता से दलित चेतना को जाग्रत करती है वह उतनी ही श्रेष्ठ और महान होगी। अतः सामाजिक चेतना और दलित पुनर्जागरण की कसौटी पर, ओमप्रकाश वाल्मीकि की कहानियाँ खरी उतरती हैं। वस्तुतः ओमप्रकाश वाल्मीकि की कहानियों के अध्ययन से यह स्पष्ट हो जाता है कि इनमें दलित जीवन का सच है, घुटन है, पीड़ा है, छटपटाहट है, तड़पन है, कुंठा है, हताशा है, इन सबके बावजूद सकारात्मक परिवर्तन के प्रति दृढ़ उम्मीद कायम है।

सन्दर्भ

1. सलाम (कहानी संग्रह), ओमप्रकाश वाल्मीकि, राधाकृष्ण प्रकाशन प्रा. लि., पेपरबैक्स संस्करण, 2004, जी-17, जगतपुरी, दिल्ली-110051
2. घुसपैठिए (कहानी संग्रह), ओमप्रकाश वाल्मीकि, राधाकृष्ण प्रकाशन प्रा. लि., दिल्ली, पहला संस्करण, 2003

मनोबल अर्जित करने की प्रेरणा देती कहानियाँ

हरपाल सिंह 'अरुष'

ओमप्रकाश वाल्मीकि की कहानियाँ विस्तृत पटल पर उकेरे गये कोलाज की तरह होती हैं। किसी एक घटना या विषय को लेकर लिखी गयी कहानियों में लेखक गहराई से चित्रण करने में परिश्रम खपाते हैं, फिर भी वे समाज के यथार्थ को पूरे रंगविधान के साथ उकेरने में असमर्थ रह जाते हैं। कहानियों के क्षेत्र में कई आन्दोलन सायास या अनायास उभरकर आते रहे हैं। सभी की अपनी-अपनी विशेषताएँ रही हैं। दलित साहित्य ने आकर कहानी के क्षेत्र में एक ऐसे रचनात्मक आन्दोलन का सूत्रपात कर दिया है कि दलित कहानी ने समाज को देखने, समझने और चित्रण करने के पहले से चले आ रहे तौर-तरीकों को नया धरातल प्रदान कर दिया है। कहानी में समाज के यथार्थ बिम्ब, यथास्थिति, सामाजिक एवं व्यक्तिगत मनोविज्ञान, अनुभव, संघर्ष, मान्यताएँ, आकांक्षाएँ और भविष्य कल्पना का समावेश होने लगा है। ओमप्रकाश वाल्मीकि की कहानियाँ दलित समुदाय के अनुभवों और संघर्षों का चित्रण मात्र करके नहीं रह जातीं। इसमें उद्दाम आकांक्षा का विकट सामाजिक परम्पराओं से टकराने का चित्रण सौन्दर्य की नयी चेतना का सूत्रपात करता है। ऐसा करते समय ओमप्रकाश वाल्मीकि किन आन्तरिक तनावों से गुजरे होंगे इस पर विचार न करते हुए यहाँ पर हम उनकी दो कहानियों पर विचार कर रहे हैं। जिनमें एक कहानी 'अम्मा' है और दूसरी 'भय'।

'अम्मा' कहानी हर उस अम्मा की कहानी है जो 'सुबह-सबेरे हाथ में झाड़ू कनस्तर थामे हुए गली-मुहल्लों में मिल जायेंगी।' पाखाना कमाने वाली ये महिलाएँ अपने जीवन में अभावों से तो दो-दो हाथ करती ही हैं साथ में आये दिन सामाजिक और व्यक्तिगत संघर्षों से भी जूझती रहती हैं। हारा-थका जीवन बिताकर अनजाने, अदृश्य भविष्य की ओर बढ़ जाती हैं 'जिसके बारे में तमाम भविष्यवाणियाँ, बौद्धिक कलाबाजियाँ और संकल्पनाएँ बिखर जाती हैं या झूठी हैं' किन्तु ये अदम्य जीवट से भरी महिलाएँ हार नहीं मानतीं।

इस कहानी का आरम्भ एक भारतीय परम्परा का पर्दाफाश करने से किया गया

है। आज भी हमारे समाज में बालिका से लेकर घोर वृद्धावस्था तक स्त्री की स्वतन्त्र पहचान को स्वीकार नहीं किया गया। बाल्यावस्था में फलां की बेटी या ढिमाके की बहन कहकर पहचाना जाता है। जैसे बालिका को उसके नाम से पहचानने पर भारतीय महान संस्कृति ही हेठी हो जाती हो। विवाह हो जाने पर प्रत्येक लड़की को सम्बोधित करने के तरीके बदल जाते हैं। जैसे अम्मा के साथ हुआ। 'जब वह मायके से ससुराल आयी थी तो सास-ससुर ने उसे 'बहू' कहकर पुकारा। देवर-ननद ने भाभी या भावज। पास-पड़ोस की बड़ी-बूढ़ियों ने उसके खसम के नाम पर 'सूकडू' की बहू नामकरण अनजाने में ही कर दिया', बाद में वह सूकडू जो 'उसका नाम नहीं लेता था' उसको बेटे शिबु के नाम पर 'शिबु की अम्मा' कहकर पुकारने लगा। यहाँ के समाज में स्त्री के स्वतन्त्र अस्तित्व को स्वीकार करने की परम्परा नहीं रही। ओमप्रकाश वाल्मीकि ने इस विभेदकारी परम्परा को उघड़ा करके दिखाया है कि दलित समुदायों में भी कुछ अंशों तक ऐसा ही है जिसको समाप्त किया जाना चाहिए।

जो आज अम्मा के स्थान पर है। सत्तर वर्ष की आयु होने को आ गयी है। शरीर साथ छोड़ने लगा है और बीमारी साथ देने के लिए साथ में लगी रहने लगी है। ऐसे में भी 'दस-पन्द्रह घरों का काम निपटाकर ही लौटती है' तो अम्मा का स्वाभिमान और स्वावलम्बन प्रशंसा के योग्य है। यही अम्मा जब दुलहिन के रूप में गाँव से शहर में आयी थी तब 'चौकन्नी हिरनी की तरह अचरज से हर चीज को देखती थी।' इसने अपनी सास के साथ 'सलाम' की रस्म निभाने जाते समय 'सोचा भी नहीं था कि एक दिन वह भी अपनी सास की तरह झाड़ू और कनस्तर हाथ में लेकर दरवाजे-दरवाजे घूमेगी।' कितना अन्तर है गाँव और शहर में—गाँवों में खुले में बाहर शौच जाने की पुरानी परम्परा रहती आयी है। अतः वहाँ पर जमादार समुदाय कूड़ा तो सिर पर ढोता रहा है पर मैला नहीं। जबकि शहरों में घर-घर 'अँग्रेजों की तरह पाखाने बना लिए थे। उसे यह अजीब लगता था।' शायद ऐसा ही सोचा हो तब अम्मा ने। परन्तु, अब तो गाँवों में भी सुरक्षित शौचालय बनने लगे हैं। हाँ, 'ज्यादातर औरत-मर्द हाजत-फरागत करने के लिए गाँव से बाहर ही जाते हैं।' रही बात शहरों की वहाँ पर घनी आबादी होती है। शहरों का आकार भी बड़ा होता है। हाजत रफा करने के लिए आबादी में से निकलकर दूर जाना सम्भव नहीं हो पाता। अतः वहाँ पर घरों में शौचालय की व्यवस्था होना अनिवार्य होता है।

अम्मा ने अपनी सूझ-बूझ और परिश्रम के दम पर कई ठिकाने खरीद लिए थे। वाल्मीकि समाज की रोजी-रोटी ठिकाने कमाने के आधार पर ही होती चलती आयी है। इनके लिए ठिकाने आर्थिक एसेट की तरह रहते रहे हैं। ये आपस में ठिकानों का क्रय-विक्रय करके अपनी आवश्यकताओं की पूर्ति करते रहते हैं। कई बार कुछ

समय के लिए अपने ठिकाने को गिरवी भी रख देते हैं। अम्मा की लाचारी थी कि तीन बच्चों का भरण-पोषण करना भारी पड़ रहा था। पति नगरपालिका में सफाई कर्मचारी था। देवर बैंड पार्टी में यदा-कदा बाजा बजाता था। बाकी समय खाली रहता था। ससुर बीमार था। सिर पर कर्ज था। 'हर महीने ब्याज चुकाना पड़ता था।' आर्थिक तंगी से परेशान होकर उसने 'पाँच ठिकाने किश्तों पर खरीद लिए थे।' सोचने की बात है कि व्यक्ति अपनी परेशानियों का हल अपनी समाजार्थिक परिधि में रहकर खोजने की सामर्थ्य और साहस करता है।

चोपड़ा का परिवार ही उसके लिए 'सबसे ज्यादा आमदनी का ठिकाना' था। वहाँ पर अम्मा को चाय भी मिल जाती थी। हाँ वह कप जिसमें अम्मा चाय पीती थी अलग 'आँगन में खड़े अमरूद के पेड़' पर रखा रहता था। धीरे-धीरे अम्मा ने अनुभव कर लिया था। मिसेज चोपड़ा 'एक पराये मर्द के साथ...छी...छी...कहते हुए भी शर्म आती है' कहकर अपने आप को रोक गयी थी।

एक दिन मिसेज चोपड़ा के प्रेमी ने अम्मा के ऊपर हाथ गेर दिया था। तब अम्मा की युवावस्था थी। 'अम्मा की आँखों में लाल सुर्ख डोरे अंगारों की तरह दहक रहे थे।' अम्मा अपने मान-सम्मान को सँभालने वाली निडर महिला थी। 'झाडू की मूठ का एक तगड़ा हाथ' उस व्यक्ति विनोद की आँख पर उसने मार दिया था। जिससे विनोद की आँख के पास 'नीला बड़ा सा गूमड़' उभर आया था।

इसके बाद, सामाजिक, आर्थिक और मनोवैज्ञानिक कशमकश में वह घिर जाती है। सबसे अधिक आय वाला ठिकाना उसने हरदेई नामक जमादारिन को बेच दिया। 'हरदेई बद जुबान औरत थी' यह सोचकर उसको यह ठिकाना बेचा था कि हरदेई विनोद को सबक सिखाने में सक्षम थी। परिवार के बीच इस ठिकाने को बेच देने पर विवाद भी उठा था परन्तु अपनी चुप्पी और गम्भीरता से वह इस विवाद को शान्त करने में सफल रही। अपने साथ किये गये अमानवीय व्यवहार को पीने में अम्मा को उस समय अधिक कशमकश नहीं झेलनी पड़ी होगी, स्वीकार नहीं। चोपड़ा परिवार अनेक अवसरों पर विभिन्न प्रकार की सहायता करता रहा था। अतः वह कृतज्ञता और मान-सम्मान में से किसी एक को चुनने के बिन्दु पर पहुँच गयी थी। उसने मान-सम्मान को चुना। जहाँ पर सम्मान नहीं वहाँ पर कृतज्ञता का क्या काम।

प्रत्येक लड़की की लाचारी की तरह अम्मा की भी लाचारी रही थी। उसने 'अपनी यादों की तरह ही मन की तमाम इच्छाओं को भी मायके से साथ आये मटमैले टिन के ट्रंक में बन्द कर दिया था।' परन्तु बच्चों को पालने का दायित्व तो सिर पर रखा था। वह बच्चों को शिक्षा दिलाना चाहती थी। उसने अपने दो बच्चों को मुहल्ले के स्कूल में डाल दिया था। उसने 'बनिये-बाभनों की नकल पर बेटी का नाम किरणलता रखा था।' बड़े बेटे शिबु का नाम स्कूल में शिवचरण लिखवा

दिया। छोटा बेटा बिसन अपने चाचा के प्रभाव में आकर स्कूल से मुँह फेर गया था। हो सकता था उसका नाम भी स्कूल में विष्णुप्रसाद या इसी तरह का लिखवा देती। यहाँ पर स्पष्ट है कि अम्मा ने अपने समय से आगे जाकर बच्चों को शिक्षा दिलाने का प्रयास किया। जिससे 'पढ़ लिख के आदमी बन जा...किसी दफ्तर में किलरक नहीं तो चपरासी ही लग जायेगा। इस गन्दगी से तो छूट जायेगा। जहाँ न दो टेम की रोट्टी ढंग से मिले है, न इज्जत।'

निराशा को जीतने के लिए आशा का सहारा पकड़ना पड़ता है। परिश्रम तो पुरखों की धरोहर के रूप में पास है ही। शिक्षा होगी तो कई बातों से मुक्ति मिल जायेगी। गलाजत ढोने से पीछा छूटेगा। अम्मा सोचती थी कि गन्दा काम करने के कारण ही छूत-छात झेलनी पड़ती थी। अच्छा काम करने लगेंगे तो हो सकता है हेयता भरे जीवन से हटकर कुछ सुधार का रास्ता मिले। सीधी बात है कि अम्मा यथास्थिति का भंजन करना चाहती थी। बच्चों का नामकरण करके उस परम्परा को पदाक्रान्त कर दिया था जिसके अनुसार ब्राह्मणों का नाम ज्ञानबोधक या देवबोधक, क्षत्रियों का नाम शौर्यबोधक और वैश्यों का नाम सम्पत्तिबोधक और शूद्रों (दलितों) का नाम हेयताबोधक रखने की परिपाटी थी। अम्मा ने अपने बच्चों को पुश्तैनी-पारम्परिक काम से दूर ही रखा। उसने अपने बच्चों को कभी भी किसी भी दशा में ठिकाने कमाने के लिए नहीं भेजा। उसकी स्पष्ट घोषणा थी कि 'ना...मैं...अपने जातकों को इस गन्दगी में ना धकेलूँगी। मिहनत-मजूरी करा लूँगी। पर इनके हाथ में झाड़ू ना दूँगी।'

उसका बेटा शिवचरण नगरपालिका में नौकरी पर लग गया था। वह परिवेश की चपेट में आ गया था। वहाँ पर चलने वाली राजनीति, आन्दोलन-नारेबाजी, कमीशन-रिश्वतखोरी में रमने लगा था। 'आदमी जब आदमखोर हो जाता है तो फिर अपना-पराया नहीं देखता।...शिवचरण...सभी से काम कराने के बहाने कमीशन लेने लगा था। अपने-पराये का भेद उसमें नहीं था। लोग कहने लगे थे कि उसकी आँख में सूअर का बाल है।'

ओमप्रकाश वाल्मीकि स्पष्ट करते हैं कि जब कोई दलित सरकारी नौकरी में आ जाता है तब वह एक नयी व्यवस्था का अंग बन जाता है। इससे पहले वह केवल श्रम पर आश्रित रहकर ही जीवन यापन करता है। ऐसे में रिश्वत, कमीशन और भ्रष्टाचार के माहौल का शिकार हो जाता है। वातावरण उसके आदर्श-मानवीय मूल्यों में ह्रास का कारण बन जाता है। जब अम्मा को शिवचरण के क्रियाकलापों का पता चल जाता है तब वह उसको 'कल से तू अपना चौका चूल्हा अलग कर ले...मन्नै ना खाणी इस कमाई की रोटी' कहकर परिवार से अलगा देती है। यह है अम्मा का आदर्शीकृत रूप। अम्मा के मन में उन लोगों के प्रति करुणाभाव रहता है जो अपने पेट पर पट्टी बाँधकर, कसाले झेलकर अपने बच्चों को पालते हैं। उनसे

शिवचरण पैसे ऐंठता है तो अम्मा को अच्छा नहीं ही लगना था, नहीं लगा। अम्मा ने कसाले भरे दिन देखे थे। अनुभव के आधार पर वह लाचार लोगों की पीड़ा को समझती थी। उनके प्रति करुणा जनित संवेदना से। 'उसे लगातार यह दर्द साल रहा था कि उसकी कोख से एक आदमखोर ने जन्म लिया है, जो अपनों को ही खा रहा है।' एक दलित ही दलित का दर्द समझ सकता है अम्मा यह सिद्ध करती है। किन्तु वातावरण और प्रमोशन एक दलित को सामर्थ्यवान बना देता है तो वह अन्य दलितों के दर्द को समझना तो दूर बल्कि अन्य दलितों का शोषण भी करने लग सकता है। दलितों के मनोविज्ञान को इस कहानी में अन्तर्विरोधी स्थितियों का संयोजन करके दिखाया गया है।

अम्मा का पोता मुकेश एम.ए. कर गया पर बेरोजगार होने के कारण इधर-उधर भटकता-भटकता एक स्कूल टीचर के प्रेम में पड़ गया। पति से अलग रहने वाली, दो बच्चों की माँ, देखने में आकर्षक और जवान। 'अकेलेपन से ऊबकर मुकेश के बाहुपाश में सिमट गयी थी।' अम्मा का स्मृतिबिम्ब, मुकेश और स्कूल टीचर के सम्बन्धों के विषय में सुनकर, जाग गया। 'अम्मा को लगा, सामने उसका पोता नहीं, मिसेज चोपड़ा के बेडरूम में विनोद बैठा है। उसकी आँखें अजीब-सी वितृष्णा से भर गयीं।' अम्मा ने निर्णय लिया 'किसी निर्दोस कू इस साँड के गले में ना बाँधूंगी।' इतने पर भी वह कहती है, 'इज्जत से उसे ब्याह के घर ले आता। भले ही दो जातकों की माँ है। अपनी बहु बणा के रखती।' माँ के डंके की चोट पर अवैध सम्बन्धों को नकारती है। स्त्री के पुनर्विवाह की पक्षधर है।

अपने दायित्वों को निभाने के लिए आखिरी साँस तक काम करने का संकल्प और इरादा अम्मा के पास है, वह किसी अपना कहे जाने वाले व्यक्ति के आश्रित नहीं होना चाहती।

इस कहानी में अनेक बातें और हैं जो समाज और दलितों की स्थितियों व सोच को उजागर करती हैं। जिनका जिक्र दूसरी कहानी 'भय' के विषय में विचार करते हुए किया जा रहा है।

कहानी का अन्त—'अम्मा की आँखों में गहरे पानी की झील उग आयी थी। जिसमें छोटी-छोटी लहरें उठ रही थीं। जैसे तमाम जख्म फिर से हरे हो गये हों।'

'अम्मा का टूटा-फूटा कनस्तर और झाड़ू दीवार के सहारे टिका मुँह चिढ़ा रहा था।'

कितना मार्मिक और सार्थक अन्त है। जीवन भर झेले गये कष्टों की स्मृति, दलितत्व से छुटकारा पाने के प्रयासों का स्वल्प परिणाम, वृद्धावस्था की शक्तिहीनता से उत्पन्न लाचारी, टूटे-फूटे कनस्तर सा जर्जरित शरीर, हेयताबोध को साफ करने के अधूरे प्रयत्न सा झाड़ू मिलकर सटीक सादृश्य विधान का निर्माण करते हैं। अन्त में कवित्व भरकर कहानी की सार्थकता को प्रमाणित किया गया है।

एक ओर कहानी 'भय' भी बहुफलकीय कहानी है। इसमें संस्कृतिबोध, संस्कृतिकरण और सामाजिक-मानवीय मनोविज्ञान का संश्लेष प्रस्तुत किया गया है। इस कहानी में दिनेश और किशोर नाम के दो युवक, जो वाल्मीकि जाति से सम्बन्धित हैं, पारम्परिक पारिवारिक देवी मदारन की पूजा के लिए बलि देने हेतु सूअर के बच्चे की तलाश करते हैं। बच्चे का सौदा करते हैं। क्रय कर लेने पर उसको पकड़ते हैं। अन्य बहुत सारी बातें घटनाओं के माध्यम से इस बीच कहानी में समाहित की गयी हैं। इन्हीं घटनाओं और बातों को लेकर कहानी एक बड़ा स्पेस झेलती है।

कहानी का आरम्भ सहस्त्रधारा रोड पर बसी हुई वाल्मीकि बस्ती के जिक्र से होता है। दो बातें यहाँ पर संक्षेप में कही गयी हैं किन्तु स्पष्ट तरीके से। पहली 'कभी यह नदी रही होगी लेकिन अब सिर्फ बरसाती बाला थी' कहकर विलुप्त होती नदी के अस्तित्व के प्रति सचेत किया गया है। पर्यावरण, भू-स्थैतिकी, और वनों के अपदोहनों के कारण नदी-तालाब विलुप्ति की मार झेल रहे हैं। दूसरी, 'ईंट-पत्थर जोड़कर दीवारें खड़ी कर दी गयी थीं। ऊबड़-खाबड़ दीवारों पर टिन की मटमैली चादरें घर होने का अहसारा भर थीं।' जरा सोचकर देखें तो पता चलता है कि जिन लोगों के पास अपनी पचास-सौ गज जगह नहीं होती वे ऐसी जगहों पर अपनी छान-छप्पर डालकर ही रहने का ठिकाना बना पाते हैं। कई बार इन लोगों के घरों पर अतिक्रमण का बहाना करके बुलडोजर फिरा दिया जाता है।

इसी बस्ती में कालू का घर है। आँगन, सूअरबाड़ी और सूअरों और उनके बच्चों का सजीव जीवन। जिसको कालू अपने बाँस के डंडे से नियंत्रित करता है।

दिनेश और किशोर सूअर के बच्चे का सौदा करते हैं। कालू की व्यावसायिक बुद्धि व दिनेश की ग्राहक स्वभाव की प्रकृति के बीच खींचतान चलती है जिसको बार्गेनिंग कहा जाता है। आदमी हर तरीके से अपना सार्थक (काम) साधना चाहता है। कोई तकनीक काम नहीं आयी तो जात-बिरादरी का वास्ता तो कहीं गया ही नहीं। दिनेश ने भी यही दाँव फेंका, 'कुछ तो कम करो...इतनी दूर से आये हैं। जात-बिरादरी के नाते भी कुछ कम होने चाहिए।'

इस पर कालू का उत्तर कई चीजें एक साथ खोल देता है। सबसे पहली यह कि एक ही बिरादरी के पढ़े-लिखे और अनपढ़ की सोच में जमीन-आसमान का अन्तर हो जाता है। कालू कह देता है कि 'ये अपनी फटी कू चक्कर काट रहे हैं। वरना ये मूतने कू बी ना आवैं इन बस्तियों में। पढ़-लिखकर बामन बनने की कोसिस करने लगे हैं' और अपने अडिग होने का प्रमाण प्रस्तुत कर देता है।

पढ़-लिखकर सोच में परिवर्तन आता है। जीवन-शैली बदल जाती है। यह बदलाव अपने से ऊँचे और समाज में स्थापित वर्ग का अनुकरण करने के कारण भी आता है। रहन-सहन और विचारों में बदलाव मात्र देखमदेख या अनुकरण से

ही नहीं आता। विशेषकर दलित समाज से आये व्यक्ति के सामने कई परिस्थितियाँ ऐसी होती हैं जिनसे छुटकारा पाने के लिए वह प्रयत्न करता रहता है। ये प्रयत्न ही उसके संघर्ष का रूप ले लेते हैं। वह आन्तरिक धरातल पर तो संघर्ष करता ही है बाह्य-प्रत्यक्ष सामाजिक धरातल पर भी वह अनेक शक्तियों से लोहा लेता है। हेयताबोध से मुक्त होना, आर्थिक स्वावलम्बन की ओर बढ़ना, पहचान विलोपन का प्रयास करना आदि आदि। इस कहानी में भी यह प्रयास दिखाया गया है। दिनेश और किशोर अपनी जातिगत पहचान छुपाकर कालोनी में रह रहे हैं। बहुत से दलित जो प्रायः पढ़े-लिखे हैं ऐसा कर रहे हैं। उनके साथ सवर्णों का उठना-बैठना भी हो जाता है। इसको मैं अन्यथा नहीं लेता। मानव स्वभाव से ही उन्नति पसन्द होता है। जिसके कारण वह अपने से उन्नत लोगों से बहुत कुछ सीखता है। तथा अपने आपको उन्नत समाज में विलय करके अपनी पुरानी पहचान को भुलाने का प्रयत्न करता है। इस प्रक्रिया को डॉ. शामलाल 'संस्कृतिकरण' कहते हैं। संस्कृतिकरण एक प्रकार से निम्न कही जाने वाली जाति के व्यक्ति का उच्च कही जाने वाली जाति में विलय की सम्भावनाओं को फलित करने के प्रयासों की सामूहिकता का होना होता है। अतीत में हुए अन्याय, दमन और शोषण से मुक्त होने तथा कटु अनुभवों की स्मृतियों से छुटकारा पाने के रास्तों की तलाश में रहना प्रत्येक जागरूक व्यक्ति का लक्ष्य होता है। भविष्य को अधिक मानवीय, अधिक सुखमय और अधिक सार्थक बनाने के लिए किये जाने वाले रास्तों में 'जाति विनाश' का डॉ. अम्बेडकर का उद्देश्य भी काफी अंशों में ऐसा करने पर पूरा होता दिखायी देता है। संस्कृतिकरण के माध्यम से एक दलित व्यक्ति भविष्य के रूपान्तरण की सम्भावनाओं को खोजता है। साथ ही हेयता प्रदान करने वाली जाति-संज्ञा से छुटकारा पाने का प्रयत्न करता है। उन्नयन करने से किसी को रोका नहीं जा सकता। इस सोच के अतिरिक्त भी अन्य कारण हो सकते हैं, अपनी पहचान छुपाने के।

जब समाज में विभाजक रेखाएँ मिटाए नहीं मिट रही हों तब हेय घोषित समुदायों को उत्कृष्ट (संस्कृत) समुदायों से अलगाने के प्रत्यक्ष प्रबन्धों को धता बताकर वे लोग जो ज्ञान, क्षमता और चिन्तन में तथाकथित उत्कृष्ट के बराबर आ गये हैं अन्तर्विभाजन का येन केन प्रकारेण अतिक्रमण करने के मार्ग अपनाते हैं तो आश्चर्य नहीं करना चाहिए। जब तक समाज में जातिगत स्तरीकरण विद्यमान रहेगा तब तक वे लोग संस्कृतिकरण के रूप में स्तरीकरण का उल्लंघन करते रहेंगे। दिनेश और किशोर ऐसा ही कर रहे हैं।

इस कहानी में यह भी दर्शाया गया है कि अपनी जातिगत पहचान छुपाकर रहने वाले व्यक्ति के अन्तर्मन में एक प्रकार का अपराध बोध भी जन्म ले जा सकता है। वह जाति की वास्तविकता का भेद खुल जाने पर आने वाली कठिनाइयों के

प्रति आशंकित रहता है। ओमप्रकाश वाल्मीकि ने बहुत बारीकी से वर्णन किया है। 'फ्लैट के सामने स्कूटर रोकने से पहले दिनेश ने काफी सावधानी बरती थी। वह बेहद चौकन्ना था। ...उस समय फ्लैट के सामने कोई नहीं था।...फिर भी दिनेश काफी घबराया हुआ था। जैसे वह कुछ चुराकर लाया हो।' मनोवैज्ञानिक चित्रण को कम से कम शब्दों में पूरा किया गया। केवल इतना ही नहीं कि कालोनी में कोई यह देख लेगा कि दिनेश सूअर का मीट लाया है इससे बढ़कर रामप्रसाद तिवारी के आने की आशंका भी दिनेश के मन में कुलबुलाती रही थी। तिवारी के साथ उनकी उठ-बैठ थी। 'इतने वर्षों बाद रामप्रसाद तिवारी भी नहीं जान पाया था कि वे लोग एस.सी. हैं। कई बार आरक्षण-विरोध में रामप्रसाद तिवारी ने गाली-गलौज की भाषा इस्तेमाल की थी। साथ ही भद्दी जबान में बाबा साहेब और बापू के लिए अपशब्द कहे थे। दिनेश ऐसे क्षणों में चुप्पी साध लेता था...इसके बावजूद दोनों में आत्मीयता थी। दिनेश यह भी जानता था कि जिस दिन दोनों के बीच 'जाति' आ जायगी, यह आत्मीयता पान का बुलबुला साबित होगी।'

सूअर का मीट पकाते समय यह भय अधिक तीव्र हो गया था। कहीं रामप्रसाद तिवारी आ गया तो क्या होगा। 'उसकी मानसिक खिन्नता बेचैनी में बदल रही थी।'

कहानी में जिस प्रकार सूअर के बच्चे को पकड़ने से दूणने तक का चित्र खींचा गया है, उसके काटने, बीनने और बोरे में भरने तक का वर्णन किया गया है, उसी प्रकार उसको पकाने और पूजा करने और भोग लगाने का चित्र भी अंकित किया गया है। इस बीच रामप्रसाद तिवारी के आकर घंटी बजाने और उसको बहाना करके लौटाने का वर्णन भी भयमिश्रित सावधानी को सँभालते हुए किया गया है।

इस कहानी में यह दिखाने का प्रयत्न किया गया है कि जाति छुपा लेने मात्र से काम नहीं चलता। पुरानी जातिगत संस्कृति पीछा नहीं छोड़ती। करवट लेते हुए समय में भी पुरानी मान्यताएँ और परम्पराएँ पुरानी पीढ़ी के साथ चिपककर रहती रही होती हैं। जो छुपाव को उघड़ा करने में अपना योग करती हैं। जाति छुपाने वाले को अपनी सांस्कृतिक-धार्मिक रस्में भी छुपाकर पूरी करनी पड़ती हैं। समरस होने या समता पर आने के लिए 'जाति' छुपाने का यह प्रयास भय को जन्म देता है। अन्तर्विरोध पूर्ण जीवन जीने की लाचारी ऐसे व्यक्ति को कमजोर कर देती है। ऐसे व्यक्ति का प्रयास एक बोदे संघर्ष का रूप ले लेता है।

इस कहानी का क्लाइमेक्स भी भय के अतिरेक पर जाकर होता है। दिनेश को चेष्टा करने पर मुश्किल से नींद आती है। उसको स्वप्न में 'मादा सूअर की लाल-लाल आँखें', 'तिवारी के हाथ में लम्बा छुरा', 'उसकी आँखों में तिरस्कृत कर देने वाली घृणा', 'सूअर के बच्चे की चिंचियाने की आवाज' और इसी प्रकार के दृश्य दिखाई देते हैं।

बड़बड़ाते, हड़बड़ाते, चिल्लाते और भयग्रस्त व पसीने-पसीने हो गये दिनेश का चित्रण उसके भय की पराकाष्ठा को दर्शाने में सक्षम है। 'दिनेश बदहवासी में दौड़ रहा था। मादा-सूअर की घर्र-घर्र की आवाज के साथ तिवारी का क्रूर अट्टहास उसका पीछा कर रहा था। एक अनजाना भय उसकी रग-रग में समा गया था। उसकी चीख रात की खामोशी में खो गयी थी। मामा और किशोर बहुत पीछे छूट गये थे। सड़क की पीली निढाल बत्तियाँ उदास होकर अँधेरे से लड़ने का प्रयास कर रही थीं।'

कहानी का यह अन्त भी अपने आप में विशिष्ट अर्थ रखता है। मानो स्मृतियाँ, परम्परावादी जातिबन्धु, यथास्थितिवादी और परिस्थितियाँ, परिवर्तनवादी आकांक्षा लेकर आगे बढ़ने वाले व्यक्ति को अँधेरी सड़क पर दौड़ा रहे हों। समता पर बघारे गये दर्शन की उदास पीली रोशनी अभी भी अँधेरे से लड़ने का प्रयास कर रही हों।

अपने कहानीकार का दायित्व वहन करते हुए ओमप्रकाश वाल्मीकि ने इन कहानियों में अपने रचनात्मक कौशल का पूरा परिचय दिया है। कहीं पर रचनाकार/नैरेटर के द्वारा फ्लैशबैक, दृश्यवर्णन और विश्लेषण प्रस्तुत है तो कहीं पात्रों की स्मृति और मनोविज्ञान का सहारा लेकर प्रभाव उत्पन्न किया गया है। कहीं चित्र खींचने का कौशल है तो कहीं पर परिस्थितिजन्यता से दो-चार होते हुए पात्र हैं। आत्मीयता के सम्बन्ध हैं तो मानवीय प्रकृत सरोकारों को समावेशित किया गया है। संघर्षशीलता है तो आत्मग्लानि और आत्मसंशोधन के लिए भी अवकाश निकाल लिया गया है। किसी कहानी में स्वोन्नति के लिए प्रयास दिखाई दे रहा होता है तो किसी में अस्मिता के लिए संघर्ष। इनकी कई कहानियों में जाति छुपाने का प्रयत्न करते हुए पात्र आते हैं। उनको एक भीतरी दबाव से संघर्ष करते हुए चित्रित किया गया है। जहाँ आत्मग्लानि को आत्मशोधन की औषधि के रूप में प्रस्तुत किया गया है वहीं अपराधबोध को व्यवहार शोधन का कारगर उपाय माना गया है। इस कहानी में दिखाया गया है कि जाति की सचाई से आदमी चाहे जितना भाग ले पर यह ऐसी सचाई है जो कभी पीछा नहीं छोड़ती। इससे भी जाति व्यवस्था के विरुद्ध किये जा रहे संघर्ष को अस्वीकार नहीं किया जा सकता। आशंका और डर मानव व्यवहार को प्रभावित करने वाले शक्तिशाली कारकों में से हैं। ये दोनों व्यक्ति को सचेत और मननशील बनाने में योग करते हैं। सावधानी और सन्नद्धता इनमें से निकलकर आते हैं। चुप्पी का समाजशास्त्र भी इन्हीं के धरातल पर विकसित होता है। प्रत्येक व्यक्ति और समुदाय में अपनी परम्पराओं के प्रति लगाव भी होता है और अपने विश्वासों और पराशक्तियों के प्रति अपनी आस्था को अक्षुण्ण रखने का प्रयास भाव भी होता है। इस प्रकार दलित व्यक्ति इन आन्तरिक बलों के साथ-साथ सामाजिक दबाव-बलों को भी झेलता है। इन दोनों बलों से मुक्ति पाने के लिए किसी बृहद्

संस्कृति में विद्यमान उपसांस्कृतिक समूह अपने से ऊपर वाली संस्कृति में सम्मिलित होने का प्रयास करता है। ऐसा पग उठाने के लिए उस व्यक्ति को वातावरण का प्रेरण और दबाव सदा उकसाते रहते हैं। ओमप्रकाश वाल्मीकि 'उप' और 'मुख्य' की सांस्कृतिक अवधारणा भंजन करते हैं। उनका मानना है कि किसी राष्ट्र की संस्कृति समग्रता के रूप में ही पहचानी जा सकती है। अतः इनकी कहानियों में अभिकेन्द्रीयता की अपेक्षा अवकेन्द्रीयता के तत्त्व अधिक होते हैं। इनकी अधिकतर कहानियाँ बहुफलकीय होती हैं। जिनमें, मानव के साथ प्रकृति, वातावरण, पर्यावरण, जीवजन्तु आवश्यक और रम्यक रचनाधर्मिता के साथ आते हैं। मानवीय मनोविज्ञान, सामाजिक व्यवहार, मूल प्रवृत्तियाँ और यथार्थ मिलकर केवल दलितों के मन में चेतना जगाने का काम नहीं करते अपितु गैरदलितों को भी अपनी मान्यताओं पर पुनर्विचार करने की प्रेरणा देते हैं। आक्रोश है तो झुंझ भी है, विरोध है तो संघर्ष भी है। परन्तु एकांगीयता या एकतरफापना नहीं है। अशोभनीय और अमानवीय के प्रति अत्यन्त आवेगमय तार्किकता है तो विश्लेषण विमर्श भी है। इनकी कहानियों में समावेशित ये विशेषताएँ इनको महान कहानीकार बनाती हैं।

ओमप्रकाश वाल्मीकि की अन्वेषी दृष्टि उत्सुकता के धरातल से चलकर यथार्थ का अवलोकन करती है। वास्तविक कारणों की खोज करने का प्रयत्न करती है। स्थितियों की जाँच परख और विमर्श करती है। दलित जीवन की अव्यक्त पीड़ा को मुखरता प्रदान करती है। 'अम्मा' कहानी में एक स्थान पर उस समय को स्मरण कराते हुए, जब अम्मा और सूकडू युवावस्था में थे, वे लिखते हैं, 'उस समय की बात कुछ और थी। लम्बे घने बाल, चंचल गहरी काली आँखें, साँवला-सलोना रूप। भरा-पूरा शरीर जिसकी मोहक गन्ध ने सूकडू को सम्मोहित कर लिया था। उन थोड़े से पलों को पाने के लिए वह दिन भर कुलाँचे मारता था। आज भी उसकी स्मृति में वे थोड़े दिन ही सबरो अच्छे दिन हैं, भले ही थोड़ी देर का साथ होता, फिर भी भरपूर जिये गये क्षण थे वे।'

यह वर्णन मात्र रोमांस भरे आनन्द का किस्सा मात्र नहीं है। इसमें अनेक तत्त्व एक साथ अनुस्यूत हैं। जैसे—निर्धन-गरीब का आनन्द मात्र देहसुख तक होकर रह जाता है। अन्य सुखों को पाने (खरीदने) के लिए धन की आवश्यकता होती है, जो गरीब के पास नहीं होता।

सूकडू जिस जाति और आर्थिक वर्ग से आता है उसके पास मकान के नाम पर एक झोंपड़ा या कच्चा कोठरा होता है। माता-पिता, भाई-बहन, बाल-बच्चे और युवा पति-पत्नी उसी में रहते-सोते हैं। युवा पति-पत्नी को एकान्त सेवन के लिए 'थोड़े से पलों' से अधिक का अवकाश नहीं मिल पाता। मानवीय सम्बन्धों को प्रगाढ़ता प्रदान करने के अवसरों का अभाव भी दलित जीवन की त्रासदी है। इस अभाव में

जिये गये जीवन को ही भरपूर मानने की लाचारी होती है, और बस भी तो नहीं।

गरीब का यौवन भी अल्पकालिक होता है। कुपोषण और श्रम की अधिकता उसको दीर्घकालिक यौवन से वंचित कर देते हैं। अतः 'वे थोड़े से दिन ही सबसे अच्छे दिन' मानने की लाचारी दलित समुदाय के अधिकतर युवाओं को झेलनी पड़ती है।

पीड़ा का चित्रण करते समय ये ध्यान रखते हैं कि इनके पात्र नैराश्य में न डूब जायें। अपितु अप्राप्य को प्राप्त करने के लिए संघर्ष करते रहें। मन की जटिलताओं को खोलकर दलित जीवन के अनचीह्ने और अनदेखे कोनों को देखने और दिखाने का प्रयत्न करते हैं। अतीत का अवलोकन हो, वर्तमान का चित्रण हो या आर्थिक अभावों से उत्पन्न तनाव इनके पात्र प्रायः दृढ़ इच्छा शक्ति और संकल्प का परिचय देते हैं। या फिर 'भय' के दिनेश की तरह मानसिक तनाव में रहकर भी परिवेश और यथास्थिति की परतें उधेड़ने में सक्षम होते हैं। बदलते समय में दलित युवाओं को मनोबल अर्जित करने की प्रेरणा के साथ कहानी का अन्त होता है।

ओमप्रकाश वाल्मीकि की कहानियों में उभरता अन्तर्द्वन्द्व

ममता पानेरी

विभिन्न साहित्यिक आन्दोलनों के बीच दलित साहित्य आन्दोलन हमें पारम्परिकता से बाहर लाकर आत्ममन्थन के लिए बाध्य करता है। किन्तु इस साहित्यिक आन्दोलन के किसी भी पहलू पर विस्तृत बात करने से पहले हमारे लिए यह जान लेना आवश्यक है कि वास्तव में दलित है क्या? दलित शब्द पर गहन चिन्तन के बाद हम यह पाते हैं कि यह शब्द अपने आप में एक व्यापक अर्थ बोध को अभिव्यंजित करता है। इसका वास्तविक अर्थ है—जो स्वयं दमन चक्र का भाजक है। जीवन के विभिन्न क्षेत्रों में जो उपेक्षित, घृणित, शोषित और हतोत्साहित पाता है। इसकी पुष्टि केवल भारती के इस कथन से हो जाती है कि "दलित वह है जिस पर अस्पर्शता का नियम लागू किया गया है जिसे कठोर और गन्दे कार्य करने के लिए बाध्य किया गया है जिसे शिक्षा ग्रहण करने और स्वतन्त्र व्यवसाय करने से मना किया गया और जिस पर सछूतों ने सामाजिक निर्योग्यताओं की संहिता लागू की वही दलित है। इसके अन्तर्गत वही जातियाँ आती हैं जिन्हें अनुसूचित जातियाँ कहा जाता है।"

दलितों की पीड़ा को कई आयामों से विभिन्न लेखकों ने उभारने का प्रयत्न किया है किन्तु सच तो यह है कि सांसारिक व सामाजिक कार्य क्षेत्र के संघर्षों में कर्मों का फल भोगते हुए पात्र ही वो माध्यम हैं जिनके द्वारा कोई भी पक्ष मजबूती को प्राप्त करता है। पात्र की संरचना ही सत्य से साक्षात्कार का सही मार्ग प्रशस्त करती है। दलितों की यातनाओं की अनुगूँज को महसूस करने, अन्याय, अत्याचार, सामाजिक विषमताओं, शोषण, उत्पीड़न आदि के विरुद्ध हो रही जद्दोजहद को प्रस्तुत करने के लिए पात्रों के मानसिक अन्तर्द्वन्द्व को समझना आवश्यक है। इसके लिए मैंने ओमप्रकाश वाल्मीकि की कहानियों के पात्रों को अपने आलेख का आधार बनाया है।

वैसे किसी भी लेखक का व्यक्तित्व उसके परिवेश की देन होता है। जिस परिवेश में उसका जीवन पल्लवित होता है उससे प्रभावित हुए बिना रह पाना उसके लिए नामुमकिन होता है। ओमप्रकाश वाल्मीकि आज चाहे हमारे बीच नहीं हैं।

लेकिन उनकी संरचनाएँ हमारे बीच उनकी मौजूदगी को परिकल्पित करती हैं। उनकी रचनाओं में उनके व्यक्तिगत अनुभव एवं सामाजिक परिदृश्य की छवि दृष्टिगत होती है। वाल्मीकि जी की कहानियों को जब हम टटोलते हैं तो पाते हैं कि उन्होंने अपनी कहानियों में पात्रों के माध्यम से अपने अनुभवों से उपजी त्रासदियों और दुखों से अभिव्यंजित संवेदनाओं को प्रस्तुत करने का प्रयास किया है। उन्होंने स्वयं अपनी रचना प्रक्रिया से रू-ब-रू कराते हुए लिखा है कि इन कहानियों की अन्तर्वस्तु मेरे अनुभव जगत की त्रासदियों और दुखों से उपजी सामाजिक संवेदनाएँ हैं जिन्हें शब्द-दर-शब्द गहरे अवसादों के साथ यंत्रणा से गुजरते हुए लिखा है। (घुसपैठिये—भूमिका) उनका यह संवेदनीय ऊहापोह 'बैल की खाल' कहानी के काले और भूरे पात्रों में बखूबी परिलक्षित होता है। जब पंडित बीरजू मोहन का बैल खेत की जुताई के दौरान मर जाता है और उसे उठाने काले और भूरे को तलाशा जाता है जिससे उस बैल को उठा कर समस्या से निजात पाई जा सके क्योंकि काले और भूरे की आजीविका कालाधन मरे हुए जानवरों की खाल को बेचना था। जिस संवेदनशील मानसिक ऊहापोह की हम बात कर रहे हैं वह वहाँ नजर आता है जब वे बैल की खाल निकाल कर पुलिया पर उसे ले जाने के लिए साधन की प्रतीक्षा कर रहे होते हैं। और काफी समय तक उन्हें कोई साधन उपलब्ध नहीं होता तब उनकी वास्तविक चिन्ता का विषय यह नहीं था कि साधन न मिलने पर खाल सड़ तो नहीं जायेगी बल्कि उन्हें चिन्ता सड़क पार करते हुए एक गाय की बछड़ी के कुचल जाने से होती है। बछड़ी को कराहती देखकर काले भूरे से उनके लिए पानी लाने को कहता है। और पानी न मिलने पर गाँव से डॉक्टर को बुलाने की माँग करता है। इस कहानी में एक ऐसी संवेदना को जगह मिली है जो हिन्दू संस्कारों के अनुरूप है।

ओमप्रकाश वाल्मीकि की कहानियों के पात्र जातिगत भेदभाव, घृणा, विद्वेष, उत्पीड़न को सहते हैं व प्रतिरोध करते दोनों रूपों में हमारे सामने आते हैं। पात्रों का यह अन्तर्विरोध उनकी अधिकांश कहानियों में परिलक्षित होता है। जैसे उनकी सलाम कहानी का सामाजिक रीति के विरोध से प्रारम्भ होकर साम्प्रदायिकता पर जाकर खत्म होना एक ऐसी स्थिति का चित्रण है। इसमें दलित समाज अपने पेशे से मुक्ति का रास्ता खोजने का भयंकर प्रयास करता है। किन्तु यथास्थितिवाद के तहत परिस्थितियाँ उसे उसी जगह लाकर खड़ा कर देती हैं। सलाम कहानी की अम्मा अपने बेटों के हाथ से उनके झाड़ू टोकरा उठाने और अपने घर की बहू-बेटियों को किसी ठिकाने पर भेज कर इज्जत की जिन्दगी जीना सिखाती है किन्तु परिस्थितियों आखिर उसे स्वयं झाड़ू उठाने पर मजबूर कर देती हैं। उसके ऐसा करने के पीछे उसके स्वयं के द्वारा जो कारण दिया जाता है वह उनकी

यथास्थितिवाद की मानसिकता को ही उजागर करता है। क्योंकि उसके उस तर्क का ऐसा ठोस आधार नहीं है जिससे उसे इस तरह का निर्णय लेने के लिए बाध्य होना पड़े। वह कहती है जब किरणलता अपने जातकों कू ले के आवे है तो उसके खाली हाथ पर कुछ रखने के लिए मेरे पास कुछ होना चाहिए। कब तक तेरे से माँगूँगी...ना बेटे...उस सुख की खातिर मुझे काम करना पड़ रहा है तो आखिरी साँस तक करूँगी। (सलाम—कहानी संग्रह)।

ओमप्रकाश वाल्मीकि की ये कहानियाँ पात्रों के मनःस्थली अन्तर्विरोधों के बीच जातिवादी चेतना को भी उभारती हैं। उन्होंने 'छतरी' की भूमिका में इस तथ्य को स्पष्ट करते हुए लिखा है—"दलित जीवन की विसंगतियों, विषमताओं, अनुभवों, संघर्षों, सरोकारों और उनकी जिजीविषा को उकेरती ये कहानियाँ भारतीय जीवन की सामाजिक व्यवस्था के भीतर छिपी अमानवीयता को उघाड़ने की कोशिश करती हैं।" ('छतरी'—भूमिका) उनकी कहानियों के पात्रों का यह अन्तर्विरोध सामाजिक परिवर्तन और ठहराव के बीच अन्तर्विरोधों की अभिव्यक्ति भी करता है। इस जातिवादी अन्तर्विरोध के परिणामस्वरूप सामाजिक अन्तर्विरोध तीव्र से तीव्रतर होते चले गये हैं। उन्होंने सामाजिक परिवर्तन व ठहराव से उपजे इन अन्तर्विरोधों को अनेकानेक परिस्थितियों के बीच चारित्रिक ऊहापोह के माध्यम से उभारने का सार्थक प्रयास किया है। इस जातिवादी हीन भावना का प्रभाव ग्रामीण दलितों की अपेक्षा शहरी शिक्षित समाज में अधिक दिखाई देता है। यहाँ तक कि शहर में दलितों को इस भावना से बचने के लिए अपने नाम व जाति को बदलकर या छिपा कर रखना पड़ता है। जिससे शहरी शिक्षित समुदाय के बीच अपने अस्तित्व को कायम रख सके। हालाँकि ऐसी स्थिति में इन अन्तर्विरोधी चरित्रों की टकराहट किसी न किसी स्तर पर अपने विरोधियों से होती रहती है। यानी परिस्थितियाँ चाहे अलग-अलग हो सकती हैं लेकिन दलित साहित्यकारों की मुख्य समस्या का केन्द्र बिन्दु जाति ही ठहरती है। यही नहीं शिक्षित दलित समाज भी इस जाति व्यवस्था के मायाजाल में फँसता चला जा रहा है। जैसे—नामदेव मेश्राम अपनी जाति को छुपाकर सवर्ण समाज के बीच अपने आपको मराठा बताकर रहता है और स्वयं भी अपने से निम्न स्तर के लोगों के साथ ऐसा ही दुर्व्यवहार करता है जैसे सवर्ण समुदाय के लोग कभी उसके साथ किया करते थे।

इसी से मिलती-जुलती बात 'मैं ब्राह्मण नहीं हूँ' और 'कूड़ाघर' कहानियों में भी दृष्टिगत होती है। 'मैं ब्राह्मण नहीं हूँ' कहानी के मोहनलाल शर्मा और गुलजारी लाल शर्मा दोनों अपनी-अपनी जातियों को छिपा कर रहते हैं। पर जब उनके बच्चों की शादी की बात आती है तब उनका ही कोई रिश्तेदार मौके पर पहुँचकर

उनके इस रहस्य को उद्घाटित कर देता है। और तब सभी को पता चलता है कि वे दोनों वास्तव में ब्राह्मण नहीं हैं। उनमें से एक रासी है तो दूसरा बढ़ई है। भेद खुलने पर गुलजारीलाल की बेटी सुनीता उन दोनों के ब्राह्मणवादी झूठे अहंकार पर चोट करते हुए कहती है—मेरे लिए ब्राह्मण होना ही इन्सान की श्रेष्ठता का प्रतीक नहीं है यह एक भ्रम है जिससे सभी ऊँच-नीच का खेल खेल रहे हैं। आप जितना मातम मनायें....मैं शादी अमित से ही करूँगी। (घुसपैठिये) इस तरह वाल्मीकि की 'कूड़ाघर' कहानी भी इसी जातिव्यवस्था पर विराम पाती है। कहानी के पात्र अजय सिंह और सुमित्र इस बात को तार्किक रूप में प्रस्तुत करते हैं कि जब मकान मालिक ने किराये पर देते समय हमारी जाति-बिरादरी नहीं पूछी तो अब वह जाति का पता चलने पर हमसे मकान खाली कराने की बात कैसे कर रहा है। क्योंकि जब तक उनके मकान मालिक डॉक्टर साहब को उनकी जाति का पता नहीं था तब तक उनका पूरा परिवार उनसे घुलमिलकर रहता था। लेकिन जाति का पता चलते ही उनका रुख जिस तरह से बदला उसे देख कर उन लोगों को ऐसा महसूस हुआ जैसे समूचा शहर एक कूड़ेघर में तब्दील हो गया है। वहाँ साँस लेना भी मुश्किल है। (घुसपैठिये) इन कहानियों में वाल्मीकि जी ने उन परिस्थितियों का बखूबी चित्रण किया है जो दलितों के मन में अन्तर्विरोध को उत्पन्न करने की जिम्मेदार हैं।

इस प्रकार ओमप्रकाश वाल्मीकि की कहानियों के अनुशीलन के दौरान हम यह पाते हैं कि उनकी कहानियों के केन्द्र में कहीं न कहीं किसी न किसी रूप में जाति समस्या ही रही है। और इस समस्या को उन्होंने विभिन्न अन्तर्विरोधी पक्षों व परिस्थितियों के मध्य में अन्तर्विरोधी चरित्रों के माध्यम से उभारने का प्रयास किया है। इसके द्वारा पात्रों के अन्तर्मन की कसक गहरी होकर उनके अन्तर्द्वन्द्व को मुखरित करने में कामयाब हुई है। जैसा कि पहले कहा जा चुका है कि किसी भी लेखक के लेखन में उसका व्यक्तित्व भी उभरता है। अतः इन पात्रों के अन्तर्द्वन्द्व में हम वाल्मीकि जी के अन्तर्द्वन्द्व की भी झलक पाते हैं। यही कारण है कि वे अपने अवचेतन मन के हिन्दू संस्कारों का भी न तो खुलकर समर्थन कर पाते हैं और न ही विरोध। और करीब-करीब यही स्थिति उनके बौद्ध धर्म और ईसाई धर्म को लेकर भी रही है।

कलात्मक दृष्टि से वाल्मीकि जी की कहानियों की उत्कृष्टता को नकारा नहीं जा सकता किन्तु वैचारिकता के परिप्रेक्ष्य में ये कहानियाँ उतने ही अन्तर्विरोधों को प्रदर्शित करती हैं। यह वैचारिक ऊहापोह उनकी कहानियों के अन्तर्विरोधी पात्रों के माध्यम से अभिव्यक्ति पाता है। यही कारण है कि उनकी कहानियाँ सिर्फ और सिर्फ सामाजिक अन्तर्विरोधों का शमन ही नहीं करतीं बल्कि उन्हें तीव्र से तीव्रतर

करके हमारे समक्ष प्रस्तुत करती हैं। क्योंकि उनकी अभिव्यक्ति के केन्द्र में उनकी स्वानुभूति रही है।

सन्दर्भ ग्रन्थ

1. दलित साहित्य का सौन्दर्यशास्त्र—ओमप्रकाश वाल्मीकि।
2. आधुनिक हिन्दी साहित्य : मूल्यांकन और पुनर्मूल्यांकन—जवरीमल्ल पारख।
3. मुख्य धारा और दलित साहित्य—ओमप्रकाश वाल्मीकि।
4. युद्धरत आम आदमी—कंवल भारती।

ओमप्रकाश वाल्मीकि : सलाम से आगे

क्षमा सिंह

ओमप्रकाश वाल्मीकि का संग्रह 'सलाम' दलित जीवन का आईना है। इस कहानी संग्रह में कुल चौदह कहानियाँ हैं। सलाम, बिरम की बहू, पच्चीस चौका डेढ़ सौ इस संग्रह की चर्चित कहानियाँ हैं। सभी कहानियों में उपेक्षित और वंचित दलित जीवन के विविध पक्षों को प्रस्तुत किया गया है। उन्होंने दलित जीवन की पीड़ा, संत्रास और छटपटाहट, जीवन की विवशता को रचनात्मक रूप प्रदान किया। उन्होंने शोषित जन समूह की अस्मिता को उभारा और समाज की विसंगतियों पर प्रहार किया। ओमप्रकाश वाल्मीकि ने अपनी रचनाओं के माध्यम से सामाजिक आन्दोलनों को साहित्यिक अभिव्यक्ति देने का महत्त्वपूर्ण काम किया। सभी कहानियाँ सामाजिक, आर्थिक, सांस्कृतिक और राजनीतिक सन्दर्भों के बीच रची गयी हैं। एक बड़े वर्ग का असंवेदनशील चेहरा इन कहानियों में उभर कर सामने आता है। बरसों की उपेक्षा से उपजी व्यथा को वाल्मीकि जी ने स्वर दिया है। दलित साहित्य उस सामन्तवादी व्यवस्था के खिलाफ उठ खड़ा हुआ है जो पीढ़ियों से एक वर्ग के लोगों को अछूत समझता रहा। दलित साहित्य उन दमित लोगों की अस्मिता की पहचान है। दलित जीवन संघर्ष से उपजी मुक्ति की चेतना ने नयी रचनाधर्मिता को अभिव्यक्ति दी। मानव विरोधी वर्ण व्यवस्था के परिणामस्वरूप साहित्य में नये नायकों का जन्म हुआ।

इस कहानी संग्रह की पहली ही कहानी 'सलाम' उस सामन्ती सोच और व्यवस्था के खिलाफ है जो बरसों बरस से चल रही है। वाल्मीकि जी का मानना था कि एक दलित ही दलित की पीड़ा को समझ सकता है। कुछ हद तक यह सच भी है क्योंकि समाज के तिरस्कार से उपजी पीड़ा की अनुभूति शायद ही सवर्ण व्यवस्था का अंग बनाकर किया जा सके। सलाम कहानी का पात्र हरीश जो पढ़ा-लिखा युवक है तथा शहर से गाँव ब्याह के लिए आया है। वह गाँव में घूम-घूम कर बड़े-बड़े लोगों के दरवाजे जाकर सलाम करने के खिलाफ है। वह थोड़े से कपड़े, बर्तन और नेग के लिए अपने स्वाभिमान को गिरवी नहीं रखना चाहता। उसे याद है कि जब भी उसने पहले किसी दूल्हे या दुल्हन को दरवाजे-दरवाजे घूमते देखा है तो उसके स्वयं

के स्वाभिमान को ठेस पहुँची है।

वाल्मीकि जी ने शहर और गाँव का फर्क भी दिखाया है। शहर के लोग शिक्षित होने के कारण अपने अधिकारों के प्रति सचेत हैं। शहर से हरीश का दोस्त कमल भी साथ आया है। गाँव आकर वह महसूस करता है कि अखबारों में छपी दलित शोषण की जिन घटनाओं पर उसे कभी विश्वास नहीं हुआ, वे सच में घटित होती हैं। दलित युवक को पीट-पीट कर मार डाला गया या ऐसी ही अनेक घटनाएँ अक्सर उनकी निगाहों से गुजरी हैं। ऐसी ही एक घटना से वह खुद रूबरू हुआ, जब एक सुबह वह चाय की दुकान पर अपमानित किया गया। जाति विशेष के सम्बोधन से उसे गालियाँ दी गयीं। इस पूरी घटना को वाल्मीकि जी इस तरह लिखते हैं–''कमल को लगा जैसे अपमान का घना बियाबान जंगल उग आया है। उसका रोम-रोम काँपने लगा। उसने आस-पास खड़े लोगों पर निगाह डाली। हिंसक शिकारी तेज नाखूनों से उसपर हमला करने की तैयारी कर रहे थे।'' कमल की गलती महज इतनी थी कि वो हरीश का दोस्त था। ब्राह्मण होने के बावजूद वह कैसे एक दलित के घर रुक सकता है। अतः किसी ने उसकी बात का यकीन नहीं किया कि वह ब्राह्मण है। ओमप्रकाश वाल्मीकि 'युग चेतना' नामक अपनी कविता में अपनी पीड़ा कुछ इस तरह व्यक्त करते हैं–

इतिहास यहाँ नकली है
मर्यादाएँ सब झूठी
हत्यारों की रक्तरंजित उँगलियों पर
जैसे चमक रही
सोने की नग जड़ी अँगूठियाँ

हरीश के भीतर आक्रोश है। वह कहता है–''आप चाहे जो समझें...मैं इस रिवाज को आत्मविश्वास तोड़ने की साजिश मानता हूँ। यह 'सलाम' की रस्म बन्द होनी चाहिए।'' समाज के कुछ बाहुबली लोगों द्वारा किया जाने वाला शोषण अब दलित वर्ग और नहीं सहेगा। शक्ति प्रदर्शन की यहाँ परम्परा खत्म होनी चाहिए। हरीश का सलाम से इंकार पूरे समाज को चुनौती है। प्रतिरोध के लिए साहस की आवश्यकता होती है। यह साहस शिक्षा से आया है। वाल्मीकि जी ने यहाँ दिखाने की कोशिश की है कि शिक्षा एक ऐसा औजार है जिसके द्वारा जाति व्यवस्था की बेड़ियों को काटा जा सकता है। दलित समाज अपने अधिकारों के प्रति तभी सचेत होगा जब वो शिक्षित हो। सलाम कहानी में वे जातिगत संस्कारों को तोड़ने की बात करते हैं, उसी के अन्त में हिन्दू-मुसलमान के छुआछूत भेद को दिखाते हैं। सलाम करने न जाकर जिस हरीश को स्वाभिमान और आत्मविश्वास से भरा दिखाते हैं वही एक छोटे लड़के के ये बोल सुनकर 'मैं मुसलमान के हाथ की बनी रोटी नहीं

खाऊँगा' हताश हो जाता है। सम्भवतः लेखक ने इस कहानी के माध्यम से जाति के साथ-साथ धार्मिक भेदभाव की समाज में गहरी पैठ की ओर इशारा किया है।

ओमप्रकाश वाल्मीकि का लेखन सामाजिक भेदभाव, उत्पीड़न और आर्थिक विषमताओं के खिलाफ था। इस कहानी संग्रह की सभी कहानियाँ वंचित वर्ग के शोषण की गाथा है। जातिवाद के दोहरे मानदंडों पर भी सवाल उठाया है वाल्मीकि जी ने। 'सपना' कहानी में गजानन सदाशिव शिरोडकर बड़े अधिकारी थे। कारखाने के आवासीय परिसर में बचे बड़े भाग पर वे कुछ सार्थक करना चाहते हैं। पत्नी के ये कहने पर कि यहाँ भगवान का एक भी घर नहीं। वे सहर्ष मन्दिर बनवाने को तैयार हो जाते हैं। "मन्दिर तो होना चाहिए। कोई एक मन्दिर नहीं बल्कि चर्च, गुरुद्वारा, मस्जिद सब कुछ एक साथ होना चाहिए। साझा। साझी संस्कृति के साझे मन्दिर।...कितना अच्छा होगा, मन्दिर में शंख ध्वनि होगी। मस्जिद में अजान, चर्च का घंटा बजेगा। गुरुद्वारे में शब्द-कीर्तन होगा। ...सचमुच एक आदर्श जगह होगी।" मन्दिर, मस्जिद, गुरुद्वारा के निर्माण की योजना बनती है। कर्मचारियों में अधिकांश बौद्धों की संख्या होने के कारण बौद्ध विहार के लिए भी जगह आरक्षित कर दी जाती है। सभी के निर्माण का काम शुरू होता है सिवाय मन्दिर के। क्योंकि मन्दिर में किस ईश्वर की स्थापना की जाय यही विवाद का विषय था। कोई शिव मन्दिर तो कोई राम, कृष्ण या बजरंगबली का मन्दिर बनवाना चाहता था। अन्त में बाला जी का मन्दिर बनना तय हुआ। वाल्मीकि जी यहाँ दिखाते हैं कि भारत में विविधता इन्सानों में ही नहीं, ईश्वर भी सबके अलग-अलग हैं। ऋषिराज कारखाने का कर्मठ कर्मचारी था। वह हर काम लगन और ईमानदारी के साथ करता था। मन्दिर निर्माण के हर काम में ऋषिराज तत्परता से लगा हुआ था। अनिल कुमार गौतम, ऋषि के अनुभाग में ही कार्यरत था। वे एक-दूसरे के पड़ोसी तो थे ही, काफी मित्रता भी थी दोनों में। ऋषि का मन्दिर के काम में हर तरह की मदद दे रहा था गौतम। मन्दिर निर्माण तक सब ठीक था। लेकिन प्राण-प्रतिष्ठा के समय उसकी जाति आड़े आ जाती है। प्राण-प्रतिष्ठा के समय उसे पीछे बैठने को कहा जाता है। नटराजन गौतम को कहता है—"वहाँ गेट के पास चले जाओ। जो भी भीतर आये उनसे जूते उतारने के लिए कहो। जूते पहनकर कोई पंडाल में न आये और जूतों पर नजर रखना, ऐसे में जूता चुराने वाले मँडराते रहते हैं।"

गौतम जो मन्दिर निर्माण के कामों में ऋषि के बराबर साथ रहा, अचानक उसे उसकी जाति के आधार पर अलग कर दिया जाता है। ऋषि को ये बात अच्छी नहीं लगती। वो इस बात का विरोध करता है, "जब वह दिन-रात अपना खून-पसीना बहा रहा था, इस मन्दिर को खड़ा करने में, तब आप नहीं जानते थे कि वह एस.सी. है। तब आपने क्यों नहीं कहा कि जो एस.सी. है वो मन्दिर के काम में

हाथ न बँटाये। इसके चूने-गारे में अपने जिस्म का पसीना न मिलाये, क्यों नहीं आपने ऐलान किया कि जो ईंट किसी एस.सी. ने बनाई या पकाई है, ट्रक में चढ़ाई या उतारी है, वे ईंटें इस मन्दिर में नहीं लगेंगी।'' मन्दिर के भीतर इस तरह का भेदभाव बनाने के समय कोई छुआछूत नहीं। ऊँच-नीच के ये विचार तथाकथित उच्च जातियों ने अपने सुविधानुसार सृजित किये हैं।

इस कहानी संग्रह में कई ऐसे भी पात्र हैं जो वंचित होने के कारण वे समाज के घृणा और तिरस्कार के पात्र बने। जिन पर बिना गलती किये भी सजा थोप दी गयी। 'कहाँ जाये सतीश' कहानी में सतीश की गलती महज इतनी है कि वो दलित जाति का है और बिना अपनी पहचान बताये वो मिसेज पंत के घर में किरायेदार बन के रह रहा था। सतीश अपने अच्छे व्यवहार के कारण परिवार के सदस्य की तरह हो गया था। तब तक मिसेज पंत को ये पता नहीं था, उनकी बेटी सोनू के लिए सतीश भाई जैसा था। वो उसे राखी बाँधा करती थी। पर अचानक एक सुबह अपरिचित बूढ़े स्त्री-पुरुष ने मिसेज पंत के विश्वास को तोड़ दिया। वे अपने बेटे की तलाश में वहाँ आये थे। एक गरीब निस्तेज समय की मार से झुलसे चेहरे अपने दरवाजे पर देख चौंक गयी थीं मिसेज पंत। ''यहाँ मेरे दरवाजे पर बैठे रहोगे भिखमंगों की तरह।..यह तो बताओ...तुम कौन हो?'' सतीश को ढूँढ़ते ये बेजान चेहरे उसके माँ-बाप थे। मिसेज पंत को विश्वास नहीं हो रहा था। अब वो एक पल भी सतीश को बरदाश्त नहीं कर पा रही थी—''हाँ...अब यही तो बचा है, बाप-दादों की परम्परा खत्म कर दी। एक डोम को घर में रख लिया। सोनू तो उसका जूठा तक खा गयी...मेरी तो समझ नहीं आ रहा कि प्रायश्चित्त कैसे होगा...अगर गुझे पता होता तो घर में घुसने भी न देती उसे। जैसे वह वापस आयेगा उसका सामान उठाकर बाहर फेंको। मुझे तो उसके कपड़ों से भी बदबू आने लगी है।'' यह घृणा बेमतलब थी। उन गरीब माँ-बाप के कुछ शब्दों ने मिसेज पंत को बदल दिया। ''आँगन में बँधे तार पर सतीश की पैंट-कमीज सूख रही थी। अन्दर जाते समय मिसेज पंत कपड़ों से छू गयी। मिसेज पंत के शरीर में बिजली सी दौड़ गयी। जैसे कोई गलीज़ चीज शरीर को छू गयी हो। वह गुस्से में भीतर गयीं। बरामदे में रखे लम्बे बाँस को उठाया और तार से पैंट-कमीज को नीचे गिरा दिया।''

यह अधिकतर समाज की जड़ मानसिकता रही है जो इस कहानी के माध्यम से व्यक्त हुई है। अब तक जो सोनू का भाई था, आज अछूत हो गया। उसके कपड़े तक छू जायें तो धर्म भ्रष्ट हो जाये। समाज की सोच में वृहद् स्तर पर बदलाव की जरूरत है। आधी रात को जब सतीश कारखाने से काम खत्म कर के घर लौटता है तो उसे घर छोड़ने का फरमान सुना दिया जाता है। सतीश वापस फैक्टरी जाता है। कुछ समय पहले ही जो एजाज साहब उसे रहम दिल लग रहे थे, इस सर्द रात

में वे भी उसे बाहर का रास्ता दिखाने में संकोच नहीं करते। कई बार अखबारों में खबर पढ़ने को मिलती है कि सरकारी स्कूलों में मिड डे मील बनाने के लिए कोई दलित महिला न रखी जाये। यदि कहीं रखी गयी होती है तो बच्चे उस भोजन का बहिष्कार कर देते हैं। इस तरह के विभाजनकारी सोच ने समाज में मजबूत पकड़ बना रखी है। बच्चों के भीतर यह छुआछूत का भेद समाज के बीच से आया है। दलितों का मन्दिरों के भीतर प्रवेश वर्जित है। इस सामन्तवादी सोच को धर्म और संस्कृति की आड़ में पोषण मिलता रहा है। स्पष्ट है कि दलितों की लड़ाई धार्मिक, आर्थिक, राजनीतिक, सामाजिक कई स्तर पर है।

'गोहत्या' कहानी में मुखिया की गाय क्या मर जाती है, गाँव भर में कोहराम मच जाता है। हिन्दू समाज में गाय की असामान्य मौत सभी को असहज कर देती है। गाय वह पशु है जिसे धर्म से जोड़कर देखा जाता है। पाप और पुण्य जैसी धार्मिक आस्थाएँ गाय के प्रति आरम्भिक समय से रही हैं। इस कहानी में लेखक ने यह दिखाया है कि किस तरह बिना सबूत एक निरीह इन्सान को इस दोष का भागी बना दिया जाता है। उन्होंने पंचायत के पक्षपातपूर्ण निर्णय की ओर भी ध्यान आकृष्ट किया है। वे लिखते हैं—"अगले दिन पंचायत बैठी, मन्दिर के चबूतरे पर। मुखिया, सरपंच, पंचायत के दूसरे सदस्य। मामला गोहत्या का था, इसलिए समूचा गाँव इकट्ठा हो गया। प्रत्येक परिवार से एक-एक व्यक्ति आया था। बामन-राजपूत चबूतरे पर बैठे थे। चमार, मेहतर, नाई, धोबी, कहार सब चबूतरे से नीचे।" मात्र इन चार पंक्तियों में वाल्मीकि जी ने कई सवाल उठाये हैं। जैसे मन्दिर जैसी जगह पर बैठकर एक निरीह को पूरे समाज ने दोषी ठहरा दिया। साथ ही बैठने की व्यवस्था में ऊपर और नीचे बैठने का आधार सिर्फ जातिगत था। क्योंकि नीचे बैठे लोग श्रेष्ठता सूची में नहीं आते थे। इस कहानी के पात्र सुक्का की गलती महज इतनी थी कि वो मुखिया का नौकर था और अपने ब्याह के बाद उसने मुखिया के कहने पर भी अपनी दुल्हन को हवेली भेजने से मना कर दिया था। सुक्का के भीतर बैठा कमजोर आदमी करवट बदल रहा था। उसने कमजोर पड़ते साहस को समेटा और बोला, "मुखिया जी काम करता हूँ तो दो मुट्ठी चावल देते हो...वह हवेली नहीं आयेगी।" सुक्का के इस जवाब की उम्मीद न थी मुखिया को। वह प्रतिशोध की भावना से भर उठा। आज सही मौका था। सुक्का को दोषी साबित करके अपने प्रतिशोध को चुकाने का। सुक्का में विरोध का साहस न था। उसे सिर्फ शक के आधार पर पंचायत ने सजा सुना दी। वह कसम खाकर कहता रह गया कि उसने गोहत्या नहीं की। जिसने कभी सूअर न मारा हो वह गोहत्या कैसे कर सकता है। सब इस सच से वाफिक थे। पर पंचायत के विरोध का साहस किसी में न था। निर्दयता की हद ये कि सजा के तौर पर हल में काम आने वाली लोहे की फाल को

आग में तपाकर उसके हाथ में थमा दिया गया। उसकी बेबस चीख से पूरा गाँव दहल उठा। सुक्का की सजा से पूरा गाँव जैसे गोहत्या के पाप से मुक्त हो गया हो।

ओमप्रकाश वाल्मीकि ने साहित्य में बिल्कुल अछूते, अपरिचित समाज का यथार्थ रखा। इनकी आत्मकथा 'जूठन' साहित्य में एक विस्फोटक की तरह आयी। इस रोंगटे खड़े कर देने वाली आत्मकथा ने साहित्य जगत का ध्यान अपनी ओर खींचा। इनकी कहानियों में भी अनुभव की प्रामाणिकता तो है ही, साहित्य में जिन मानवीय मूल्यों के स्थापना की बात कही गयी है, उनकी स्थापना पर भी बल दिया गया है।

वाल्मीकि जी ने दलितों को लेकर भी प्रश्न उठाये हैं। 'अन्धड़' कहानी दलितों के बीच उभर रहे मध्यम वर्ग की कथा है। शिक्षा पाकर जो परिवार निकल गये हैं, वे अपने पीछे छूट गये सच को देखना नहीं चाहते। वे खुद भी उस परिवेश से मुँह चुराते हैं जिसमें पल-बढ़ कर वे कुछ अलग कर पाये। सच को स्वीकारने का साहस सभी में नहीं होता। जो सच से भागता है, सच उसका पीछा कभी नहीं छोड़ता। अन्धड़ कहानी के मिस्टर लाल अपने भविष्य को अतीत से बचाते फिरते हैं। अपने बच्चों और पत्नी को वे पुरानी जिन्दगी से दूर रखना चाहते हैं। दीपचन्द चाचा "वे अँधेरे में दिये के समान थे। दूसरों को रोशनी दिखाकर स्वयं अँधेरे में रहना उनकी आदत बन चुकी थी। जब लड़कियों को स्कूल भेजने के नाम पर नाक-भौं सिकोड़ी जाती थी, तब उन्होंने सविता और वीना को पढ़ाया था। ...दीपचन्द स्वयं अनपढ़ थे, लेकिन पढ़ाई-लिखाई की महत्ता जानते थे।" उन्होंने खुद मुश्किल में रहकर मिस्टर लाल की पढ़ाई पूरी करवाई थी, उनसे भी व्यवहार खत्म कर लिया था मिस्टर लाल ने। ताकि उस समाज का बच्चों पर बुरा असर न पड़े। मिस्टर लाल अपने अतीत को भूल कर आगे बढ़ गये और उनकी परछाइयों से भी बचने की कोशिश करते रहे। दीपचन्द चाचा की मृत्यु ने मिस्टर लाल को भावुक कर दिया था। दीपचन्द की वजह से ही वे पढ़ाई कर सके थे। उनके सहयोग की वजह से आज वे पूना के एक सरकारी संस्थान में वैज्ञानिक जैसे प्रतिष्ठित पद पर नियुक्त थे। लेकिन वो जीवन की सच्चाइयों से पलायन करते रहे थे। पत्नी सविता को याद हो आया था कि कैसे वे पूर्व में दीपचन्द के घर जाने की बात पर बिफर पड़े थे—"मैं जिस गन्दगी से तुम्हें बाहर निकालना चाहता हूँ...तुम लौट-लौटकर उसी में जाना चाहती हो। तुम वहाँ जाओगी, तो वे भी यहाँ आयेंगे। मैं नहीं चाहता यहाँ लोगों को पता चले कि हम 'शेड्यूल्ड कास्ट' हैं। जिस दिन लोग ये जान जायेंगे, यह मान-सम्मान सब घृणा-द्वेष में बदल जायेगा।" मिस्टर लाल की आज की भावुकता देखकर सविता पति के दोहरेपन पर विस्मित थी। यह कथन आईना है दलित समाज का, जिसके लिए आगे बढ़ जाने पर उसका अपना ही समाज घृणित हो जाता है। जो अपनी वास्तविकताओं और यथार्थ को छोड़कर छद्म जिन्दगी जीने लग जाता है। मिस्टर

लाल खुद को एस.सी. बताने से परहेज करते थे। खुद उनकी अपनी राय कुछ इस तरह थी—"ये अपनी हालत के जिम्मेदार स्वयं हैं। दोष दूसरों को देते हैं। सरकार ने आरक्षण की बैसाखी देकर इन्हें और भी निकम्मा बना दिया है। हमसे तो कोई भेदभाव नहीं रखता। सबके साथ घुल-मिलकर रहते हैं।...दस लोग इज्जत भी करते हैं।" हालाँकि मिस्टर लाल जानते हैं कि अपनी जाति छुपाकर रहना कितना मुश्किल है। दीपचन्द चाचा की मृत्यु पर बेटी भी देहरादून जाने की जिद कर रही थी। बेटी पिंकी के लिए दीपचन्द चाचा का घर किसी आदिम युग से कम न था। अपने पिता का 'सुक्कड़' नाम सुनकर वो दंग थी। वहाँ सबके शरीर से अजीब सी गन्ध निकल रही थी। अंग्रेजी पब्लिक स्कूल में पढ़ने वाली पिंकी इस समाज से अनजान थी। उसके मन में कई सवाल थे। बेटी पिंकी के सवालों का कोई जवाब नहीं मिस्टर लाल के पास—"आपने इनके लिए क्या किया? आई थिंक यू हैव इग्नोर्ड दैम...आपको ऐसा नहीं करना चाहिए था डैड।" यह कटाक्ष है। मिस्टर लाल अपने साथ अगर अपने समाज के कुछ और लोगों को लेकर आगे बढ़ते तो निश्चित रूप से स्थिति सुधरती। आर्थिक विषमताएँ कई तरह के वर्ग उत्पन्न करती हैं। जैसे ही कोई जाति या समाज आर्थिक स्तर पर गतिशील होता है, स्वाभाविक रूप से विकास करता है।

दलित लेखन और उनके साहित्यिक उभार ने परिवर्तनकामी समाज में एक तरह का अपराधबोध भी जाग्रत किया है। सामान्य वर्ग के वे लोग जो इस शोषणकारी व्यवस्था को बदलना चाहते हैं, समाज के उस तबके के स्वर के साथ स्वर मिला रहे हैं। जैसा कि वाल्मीकि जी ने भी अपनी कई कहानियों में दिखाया है। कमल और ऋषि ऐसे ही बदलाव के पक्षधर हैं। भूमण्डलीकरण के युग में परम्परा के अमानवीय पहलुओं को नकार कर ही इस जाति व्यवस्था में स्थानान्तरण किया जा सकता है। शहरीकरण, राजनीतिक, आर्थिक बदलावों के परिणामस्वरूप व्यक्ति चेतना का उदय हुआ है, पूर्व में हाशिये पर रहा समाज अब मुख्य धारा में शामिल हो रहा है।

ओमप्रकाश वाल्मीकि का साहित्य सामाजिक यथार्थ का साहित्य है। एक ही समाज में डॉन इन्सानों में इतना भेद कि एक के साथ पाशविक व्यवहार किया जाये और दूसरा उस पर बरसों शासन करता रहे। यह कैसी सामाजिक व्यवस्था, यह कैसा न्याय। श्रेष्ठत्व की भावना ने जीवन मूल्यों का ह्रास किया है। हजारों वर्षों के दमित भावन?

दलित-वेदना के कथाकार ओमप्रकाश वाल्मीकि

के.एल. यादव

ओमप्रकाश वाल्मीकि हिन्दी साहित्य में एक दलित साहित्यकार के रूप में बहुत बड़े हस्ताक्षर हैं। वे दलित संवेदना, दलित चेतना और दलित चित्रण के लिए हमेशा तत्पर रहने वाले साहसी योद्धा के रूप में एक दलित साहित्यकार थे। अपनी पैनी लेखनी से लिखने वाले यथार्थवादी व क्रान्तिकारी साहित्यकार को जो भी पढ़ता है वह उनसे प्रभावित हुए बिना नहीं रह सकता है। वाल्मीकि जी के विचार बहुत गहरे एवं व्यापकता लिए हुए तथा तार्किक होते हैं। वे बड़े बुद्धिमान दलित चिन्तक थे। हिन्दी साहित्य में एक नयी तरह की साहित्य परम्परा का अवतरण करने वाले बेजोड़ साहित्यकार के रूप में थे। साहित्य में हमेशा माना जाता रहा है कि बड़ा महापुरुष जब अपनी आत्मकथा लिखता है तभी वह महत्त्वपूर्ण होती है इस बात को अपनी आत्मकथा 'जूठन' की लोकप्रियता से सिद्ध कर दिया कि ऐसा मानना सही नहीं है। इस प्रकार ओमप्रकाश वाल्मीकि ने साहित्य में सामाजिक जीवन के यथार्थ को लाकर हिन्दी साहित्य के बड़े साहित्यकारों के सामने साहसिक कार्य किया है जो साहित्य में हमेशा अनुछुए थे।

वाल्मीकि जी जीवनभर डॉ. बाबा साहब अम्बेडकर के जीवन संघर्ष ने, ज्योतिबा फुले की वैचारिक दृष्टि ने तथा मार्क्स एवं बौद्ध की विचारधारा ने प्रभावित किया तथा संघर्षरत बनाया। उनमें असीमित रचनात्मक ऊर्जा थी, जो असाधारण थी। उन्होंने दुनिया को खुली आँखों से एवं खुले दिमाग से देखा-परखा था। उनकी विचारधारा में प्रायः देखा गया है सामाजिक सम्बन्धों में सरोकार है तथा व्यक्तिगत सम्बन्धों में अभाव है। वे दलित समाज के उस दलित के प्रति असीम संवेदना दर्शाते हैं जो शोषण से ग्रसित है, व्याकुल है।

ऐसे प्रसिद्ध साहित्यकार का जन्म आजादी के बाद उत्तर प्रदेश के मुजफ्फरनगर जिले के बरला गाँव में 30 जून 1950 को हुआ था। पिछले वर्ष 17 नवम्बर 2013 को देहावसान हुआ।

आत्मकथा 'जूठन' (1999) से हिन्दी-जगत में उनकी गणना शीर्षस्थ लेखकों

में होने लगी थी। 'जूठन' के अलावा इनकी महत्त्वपूर्ण पुस्तकें हैं—'सलाम' (2004), 'घुसपैठिये' (2005), 'दस प्रतिनिधि कहानियाँ' (2003), 'छतरी', 'चर्चित कहानियाँ' (2004), 'मेरी प्रिय कहानियाँ' (2006) (कहानी संग्रह); 'अब और नहीं', 'सदियों का सन्ताप' (1989), 'बस्स! बहुत हो चुका' और 'प्रतिनिधि कविताएँ' (कविता संग्रह) तथा 'सफाई देवता' (2008); 'दलित साहित्य का सौन्दर्यशास्त्र' और 'दलित साहित्य : अनुभव, संघर्ष एवं यथार्थ' (वैचारिक लेखन) (2003)।

वाल्मीकि जी की अपनी 'जूठन' आत्मकथा तो है ही सही किन्तु वह सम्पूर्ण भारत के दलितों की दास्तान को बयाँ करने वाला दस्तावेज है। न उन्हें व्यक्ति विशेष से और न उन्हें वर्ग-व्यवस्था से घृणा है उन्हें तो सिर्फ वर्ण-व्यवस्था से थी। आत्मकथाएँ पहले मराठी में लिखी गयी हैं। किन्तु वाल्मीकि जी की आत्मकथा अपने आप में अलग है। उन्होंने तटस्थ भाव से अपने अनुभव एवं ईमानदारी से लिखी है। यह उनकी विस्फोटक कृति है जो आक्रोश, क्षोभ, दलित चेतना का मूर्त रूप एवं दलित जीवन की पीड़ा की सच्चाई को बयाँ करती है। यह कृति कई भाषाओं (अंग्रेजी, पंजाबी, तमिल, तेलगु, कन्नड़, मलयालम, गुजराती और मराठी) में अनुवाद की जा चुकी है। यह रचना भारत में ही नहीं बल्कि दुनिया के कई देशों के विश्वविद्यालयों में अपनी पहचान बना चुकी है। 'जूठन' विमर्श का केन्द्र भी बन चुकी है। जूठन दलित एवं गैरदलित पाठकों को बाँधे रखती है जो तीव्र वेदना रूपी सागर में गोते लगाने के समान है। 'जूठन' आत्मकथा सम्पूर्ण दलितों का एक दस्तावेज है। जूठन सिर्फ दलित विमर्श का केन्द्र न होकर नारी विमर्श का भी है जिस प्रकार प्रथम दलित आत्मकथा का प्रारम्भ मराठी भाषा से माना जाता है उसी तरह 'जूठन' प्रथम हिन्दी दलित आत्मकथा है।

ओमप्रकाश वाल्मीकि का कविता संग्रह 'सदियों का सन्ताप' (1989) जो दलित चेतना का अग्रदूत काव्य संग्रह है। दलित चेतना को नयी दृष्टि व दिशा देने वाला काव्य संग्रह है। यह दलित विमर्श तथा हिन्दी साहित्य में मुख्यधारा को चुनौती देने वाला सशक्त काव्य संग्रह है जो वाल्मीकि जी को चिन्तनशील कवि के रूप में खड़ा करता है।

दलित साहित्यकार ओमप्रकाश वाल्मीकि ने अपने साहित्य में दलित को मुख्यधारा में लाने का एक महत्त्वपूर्ण कार्य किया है जो सदियों से समानता, स्वतन्त्रता से दूर रहे हैं। अपने साहित्य में दलित अपनी अस्मिता की खोज करता हुआ नजर आता है। वाल्मीकि जी ने कथाकार के रूप में सिद्ध यथार्थवादी दलित समाज का चित्रण करने में श्रेष्ठ सफलता पायी है। कहानियों को एक अनोखे आईने में ढाला है। 'सलाम' और 'घुसपैठिये' (कहानी संग्रह) समकालीन हिन्दी कहानी जगत में दलित चेतना का अनोखा (अद्भुत) कहानी संग्रह है। वे दलित जीवन के कड़वे सत्य से

पाठकों को रूबरू करते हैं।

'सलाम' (कहानी संग्रह) की प्रथम सलाम कहानी दलित समाज की परम्पराओं, रूढ़ियों एवं संस्कृति पर आधारित है। इस कहानी के दो पात्र हरीश (दलित) व कमल उपाध्याय (ब्राह्मण) दोनों अच्छे मित्र हैं। हरीश और कमल उपाध्याय जातिगत भेद पता होने के बावजूद साथ रहते हैं और हरीश की शादी में कमल जाता है वहाँ कमल दलित चूहड़े समाज की रूढ़ियों को तोड़ने का प्रयास करता है तब उल्टा उसे दलित (चूहड़ा) समझकर आरोप लगाते हैं—"चूहड़ा है। खुद को बामन बताता है। चूहड़े का बाराती है। जो बामन है तो चूहड़ों की बारात में क्यों आया है?" इस बात से स्पष्ट होता है कि दलित समाज की मानसिकता किस प्रकार घर कर गयी है। उसकी सोच समझ भी दिशाहीन हुई है। ये सवर्णों की दी गयी मानसिक गुलामी की जड़ों में जकड़ी नजर आती है।

इसी कहानी में हरीश की शादी के बाद विदाई से पहले रांघड़ो (चौधरियों) के दरवाजे पर जाना होता है। इस सदियों पुराने रिवाज के खिलाफ हरीश आवाज उठाते हुए मना करता है और कहता है—"मुझे न कपड़े चाहिए न बर्तन मैं किसी के दरवाजे पर 'सलाम' करने नहीं जाऊँगा।" तब हरीश का श्वसुर जुम्मन हरीश का कड़ा विरोध करता है कि यह रिवाज पुरखों का है। दूल्हा-दुल्हन को सवर्णों के घर जाकर 'सलाम' करना चाहिए। इसे नहीं छोड़ सकते हैं, गाँव में रहना है तो, दस जरूरतें पड़ती हैं। तब हरीश कहता है—"आप चाहे जो समझें मैं इन रिवाजों को नहीं मानता हूँ। ऐसी 'सलाम' रस्म बन्द होनी ही चाहिए।"

इस प्रकार यह कहानी समाज में शिक्षित होकर पुरानी परम्पराओं से लड़ने व मुक्त होने का संकेत दे रही है। जो शिक्षा से ही सम्भव है।

'घुसपैठिये' कहानी संग्रह की घुसपैठिए कहानी में वर्तमान पढ़े-लिखे युवाओं की ट्रेजडी है। वाल्मीकि जी ने दलित जीवन के कसैले यथार्थ तथा सच्चाई को कहानी के माध्यम से दिखाया है जो मेडिकल कॉलेज के सच को बयां करने वाली है। दलित होनहार तथा प्रतिभावान छात्रों को सहपाठी सवर्ण उन्हें 'घुसपैठिये' के रूप में देखते हैं तथा विश्वविद्यालय का डीन भी यह मानता है कि कम योग्यता वाले लोग सरकारी मेडिकल संस्थाओं में घुसपैठ करेंगे तो हालात खराब होगी तथा उन बच्चों का क्या होगा, जो ज्यादा अंक प्राप्त कर पास हुए हैं। इस प्रकार दलित छात्रों को 'घुसपैठिये' के रूप में देखा-समझा जाता है। इस कहानी के पात्र की आत्महत्या को लेखक हत्या के रूप में देखता है। इस प्रकार ओमप्रकाश वाल्मीकि जी ने आज दलित समस्याओं को बड़ी बेबाकी से अपनी कहानियों में उकेरा है।

'दलित साहित्य का सौन्दर्यशास्त्र' में दलित रचनात्मकता का दिग्दर्शन किया है जो डॉ. अम्बेडकर दर्शन तथा चिन्तन से प्रभावित है। उन्होंने पारम्परिक सौन्दर्य

(सौन्दर्य, कल्पना, बिम्ब और प्रतीक) का विरोध किया तथा समाज के यथार्थवादी सौन्दर्य को अपनाया है। वे वेदनारूपी सौन्दर्य की बाहुल्यता है जो शोषण से जन्मी है। इस तरह दलितों के लिए नये सौन्दर्यशास्त्र की रचना की है।

ओमप्रकाश वाल्मीकि ने अपनी 'सफाई देवता' पुस्तक में वाल्मीकि समाज की ऐतिहासिक, सामाजिक एवं सांस्कृतिक पृष्ठभूमि का दिग्दर्शन किया है। अन्य ग्रन्थों में 'चर्चित कहानियाँ', 'मेरी प्रिय दलित कहानियाँ', आलोचनात्मक रचना मुख्यधारा और दलित साहित्य प्रकाशित हुआ है जो दलित लेखन एवं चिन्तन के नये आयाम को प्रस्तुत करता है। वाल्मीकि जी की कहानियों में समाज की पीड़ा के साथ-साथ दलित पात्रों में बदलाव की तीव्र अभिलाषा है तो समानता की उत्कृष्ट इच्छा शक्ति है तथा आक्रोश की ज्वाला है तो न्यास की पिपासा (भूख) है। वे समस्त मानवजाति का हित, न्याय एवं समानता का स्वाभिमान चाहने वाले नये रूप के साहित्यकार थे। ओमप्रकाश वाल्मीकि जी की भाषा जन भाषा है न कि संस्कृततम् क्लिष्ट, काल्पनिक, बनावटी। कबीर, प्रेमचन्द और रेणु की तरह सरल, सहज व बोधगम्य आम लोगों के हृदय को छूने वाली भाषा है। तभी तो उनका साहित्य अधिकाधिक पाठकों तक पहुँच पाया है।

हिन्दी साहित्य के लब्ध प्रतिष्ठित साहित्यकारों की भी मानवीय अनुभूतियाँ और संवेदनाओं को, दलित हितार्थ आवाज बुजती हो, 'वसुधैव कुटुम्बकम्' का सूत्र दलितों के लिए उपयोगहीन सिद्ध हो तब ऐसे समय में भला वाल्मीकि जी कैसे चुप रहने वाले इन्सान थे? अतः उन्होंने हजारों वर्षों के मानसिक व शारीरिक जुल्म, शोषण मिटाने के लिए कलम रूपी हथियार का इस्तेमाल किया। विद्वान साहित्यकार सार्त्र का भी ऐसा ही मानना था।

वाल्मीकि जी का मानना था कि दलित साहित्य मानवीयता का साहित्य है इसलिए दलित साहित्य में उन तत्त्वों का होना भी अति आवश्यक है जो गैर-दलितों को भी प्रभावित करे तथा दलित साहित्य सर्वभूतेषु हो। ऐसे साहित्यकार का इस दुनिया से जाना हिन्दी साहित्य-जगत के लिए बहुत बड़ी क्षति है।

ओमप्रकाश वाल्मीकि की स्त्रीपरक कहानियाँ

रजनी तिलक

ओमप्रकाश वाल्मीकि एक प्रख्यात साहित्यकार थे, हाल ही में उनका देहान्त हुआ है। उनके दो कविता संग्रह एवं दो कहानी संग्रह और आत्मकथा 'जूठन' काफी चर्चित रही है। उनका कहानी संग्रह 'सलाम' ने काफी सराहना बटोरी है। सलाम इनकी प्रतिनिधि कहानी है। इस संग्रह में चौदह कहानियाँ हैं इन कहानियों के कथ्य समाज में व्याप्त द्वन्द्व व अन्तर्द्वन्द्व की परतें उघाड़ते प्रतीत होते हैं। सलाम कहानी संग्रह में कुछ कहानियाँ स्त्रीमूलक कहानियाँ हैं, जिसमें स्त्री चेतना के कुछ बिन्दु उभर कर आये हैं मसलन अन्धड़, ग्रहण, बिरम की बहू, जिनावर, अम्मा, खानाबदोश।

अन्धड़ कहानी मिस्टर लाल के स्वभाव के आसपास घूमती हुई ऐसी कहानी है जिसमें मिस्टर लाल अपने अतीत और जातीय पहचान को छुपा कर, नाते-रिश्तेदारों को भुला कर अपनी जिन्दगी मध्यमवर्गीय दोस्तों में समा लेता है। स्वयं वैज्ञानिक होते हुए भी खुद की जातीय हीनताबोध से त्रस्त है। इसलिए अपनी पत्नी को भी मायके नहीं जाने देते ताकि रिश्तेदार उनके घर मिलने न आ जायँ। मिस्टर लाल की पत्नी वीना के गरीब चाचा जिसने मि. लाल को अपने घर में ला कर पढ़ाया था, के गुजर जाने पर अचानक उसे अपने पुरानी जिन्दगी के संघर्ष और अस्मिता का अहसास होता है और उनके बच्चों को जिन्हें पिता की पुरानी जिन्दगी और अपनी जड़ों की कोई जानकारी नहीं होती सहसा वे उनसे रूबरू होते हैं। उनकी बेटी पिंकी अपने पिता के पैदायशी नाम सुक्कड़ पुकारे जाने को बुरा मान जाती है। पिता के समझाने पर उन्हें मुखरता से प्रतिवाद भी करती है, "डैड, इनसे अच्छा तो आपका अर्दली रहता है। इनके लिए आपने क्या किया? आई थिंक, यू हैव इग्नोर्ड दैम, आपने इन्हें नजरअन्दाज किया है।"[1]

नयी पीढ़ी की अंग्रेजी पढ़ी युवती पिता के इर्द-गिर्द गहराये अन्धड़ को अपनी स्पष्ट स्वीकारोक्ति उसे एकाएक अपनी जड़ों का एहसास करा देती है। ओमप्रकाश वाल्मीकि जी ने अपनी कहानी में सविता, वीना, पिंकी की जुबां से दलित जीवन की संवेदना उकेरते हैं जो उनके स्त्री चरित्र चित्रण की अभिव्यक्ति है तो पुरुष के

भीरुपन, आत्मकेन्द्रित और समाजीकरण के अलगाव को स्पष्ट करती है। बेटी की टिप्पणी के बाद वे अपने अतीत में लोट आते हैं और महसूस करते हैं, "सच तो यह है कि मैं मि. लाल ऐसे वृक्ष की तरह हूँ, जो अपनी जड़ों को ही अपनी छाया नहीं देता...मेरी असली पहचान सुक्कड़ ही है, जिसे मैंने एस. लाल में बदल कर एक झूठी जिन्दगी को सच मान लेने की कोशिश की। यह असभ्य भी नहीं है, पिंकी।"

ओमप्रकाश वाल्मीकि के सलाम कहानी संग्रह की अन्य दो कहानी जो एक स्त्री के बच्चे न होने के कारण उसकी सामाजिक अवहेलना को चित्रित करती है, वह है 'ग्रहण' और इसी से जुड़ी दूसरा भाग 'बिरम की बहू' जो ग्रहण की रात अनाज माँगने आये वाल्मीकि समाज के एक युवक को फुसला कर चुपचाप जबरन शारीरिक सम्बन्ध बना कर गर्भ धारण करने का रिस्क ले लेती है एवज में उसे एक कट्टा अनाज दे कर निश्चिन्त हो जाती है, को ले कर लेखक कथानक बुनते हैं।

गाँव के चौधरी ने बहुत लाड़-चाव से अपने इकलौते बेटे बिरमपाल का ब्याह रचाया था। दुल्हन भी गरीब परिवार की परन्तु रूप सौन्दर्य में लक्ष्मी-पार्वती से कम न थी। बिरमपाल भी दिन-रात दुल्हन के पल्ले से चिपका रहता था। चौधराइन भी खुश थी। बस उनके मन में इक लालसा थी कि बहू दन से एक प्यारा-सा पोता उसकी गोद में डाल दे, और हवेली बच्चे की किलकारियों से गूँज उठे।" परन्तु दो वर्ष बाद तक बच्चे न होने के कारण चौधरी के घर में तनाव पसर गया। गाँव में औरतों के बीच यह बात काना-फूसी से तानों तक पहुँच गयी, "अरे! नासपीटे ऐसे रंग-रूप का क्या अचार गेरना है, जो एक चुहिया का बच्चा भी न जन सके।" बिरम की बहू का परिवार में अघोषित बहिष्कार शुरू हो जाता है। चौधराइन के मुँह से बहू के लिए आशीष की बजाय गालियाँ फूटने लगीं। बिरम भी ऊब गया उसे भी बहू में कमी लगने लगी, और उसने अपनी पत्नी से मुँह फेर लिया।

बाँझ होना एक औरत के लिए जीते जी मर जाने के जैसा ही है। बाँझ होकर जीना एक औरत के लिए निरर्थक जीवन जीने के बराबर है। बिरम की बहू अपनी स्थिति को खूब समझ रही थी। एक बड़ी हिम्मत से वह अपने पति को बड़े शहर में जा कर डॉक्टर से जाँच कराने के लिए कहती है और बदले में वह पति का चाँटा खाती है। एक दिन पोते का मुँह देखे बिना उसकी सास चल बसी। इतनी बड़ी हवेली में उदासी छा गयी और सबसे ज्यादा इसका असर बिरम की बहू पर ही हुआ। अपनी उदासी में जीते दूर तक उसे कोई हमदर्द नहीं दीखा जिसे अपने मन की बात बतिया सके। इसी बीच चन्द्र ग्रहण आता है। पंडित सियाराम बहू को अनाज नमक दान करने के लिए कहता है, ताकि कथित राक्षसों पर काबू पा सके और तब यह हो सकेगा जब ये दान भंगी के बस्ती के लोगों को दिया जा सके।

ग्रहण पड़ जाने पर दान माँगते हुए रमेसर बिरम के घर पहुंचता है। बिरम सो

चुका है अँधेरे का फायदा उठाते हुए बिरम की बहू सहसा रमेसर को देख कर अनाज उठाने के बहाने उसे अन्दर बुला कर ले गयी जहाँ एकान्त पा कर उसमें बच्चे की चाह जाग उठी और वह तुरन्त फैसला लेती है और उसे बच्चे के लिए मनाती है। उससे शारीरिक सम्बन्ध बना लेती है। रमेसर बहू के स्पर्श में पिघल जाता है। चन्द्र ग्रहण बहू की जिन्दगी में खुशी ले आता है, अन्ततः बहू गर्भवती हो जाती है।

कहानी के दूसरे हिस्से में 'बिरम की बहू' में, बहू के गर्भवती होने पर रमेसर बहुत उत्साहित होता है परन्तु परायी औरत वो भी गाँव के चौधरी की बहू को उससे गर्भवती होने की बात वो किसी से कह भी नहीं सकता कारण जातीय भेदभाव और प्रताड़ना वह खूब जानता है। भंगी जाति के लोगों के साथ मार-पिटाई गाँव में आम बात थी। बिरम की बहू का बाँझपन का दाग धुल चुका था परन्तु रमेसर ठगा सा गया। रमेसर दलित युवक खुद पर गुमान भी करता है कि उसका सम्बन्ध ऊँची जात की औरत से हुआ जो बहुत ही सुन्दर भी है। कभी-कभी वह बच्चे के अहसास के साथ उसके साथ भावनात्मक रूप से जुड़ा महसूस करता है कभी ठगा हुआ। वह बिरम की बहू को देखना चाहता है। देखना चाहता है कि क्या अब भी वह पहचानती है या नहीं। परन्तु एक स्त्री के लिए भी सरेआम ये स्वीकार करना भी उतना मुश्किल था जितना रमेसर के लिए यह बताना कि उसका यह गर्भ किसी और से नहीं दलित जाति के किसी युवक से ठहरा है। सामाजिक बहिष्कार और नकार को मद्देनजर रख कर रमेसर की तरफ से बहू हमेशा के लिए नजर फेर लेती है। उसकी तरफ खुलने वाले सभी कपाट हमेशा के लिए बन्द कर देती है। इससे रमेसर का कोई भी दावा खारिज हो जाता है।

स्त्री एक उपभोग की वस्तु है उसका प्रयोजन पुरुष की शारीरिक भूख और अहम् को तुष्ट करना है इसी सोच को सर्थक करती हुई कहानी है 'जिनावर'। इस कहानी का सूत्रधार है जगेसर जो बिरजू की बहू जो गाँव के चौधरी के बेटे की बहू है को छोड़ने बहू के गाँव यानी कि उसके मायके ले जा रहा है। रास्ते भर उससे बात करना चाहता है लेकिन वो उसे जवाब नहीं देती जबकि चौधरी की बेटी जब भी मायके आती है तो जगेसर पर पूरा सामान पटक कर उछलती-कूदती बतियाती चली आती है। काफी लम्बा रास्ता पार करके जगेसर बहू को सही जगह बैठाकर पानी पीने की व्यवस्था करता है थोड़ी बहुत जिद करके बात करना चाहता है तब बहू से पता चलता है कि चौधरी ने बिरजू की बहू से जबरन शारीरिक सम्बन्ध बनाने की कोशिश की प्रतिकार करने पर उसे घर से मायके की ओर हमेशा के लिए रुखसत कर दिया। सास व पति को बताने के बाद भी वे ससुर के खिलाफ नहीं बोले...मायके जाने पर भी वह त्रस्त है क्योंकि उसकी एकल माँ मामा के साथ रहती है, मामा ने बचपन से ही उसका शारीरिक शोषण किया है। बिरजू की बहू

का अब न ससुराल में कोई ठिकाना है न ही वो मायके जाना चाहती है। ऐसी स्थिति में बहू के लिए इन्सानों से ज्यादा जंगल में सुरक्षित होने की बात सुन कर जगेसर जो चौधरी का पुश्तैनी नौकर है बहू को आस जगाता है और कहता है कि वो उसको जंगल में नहीं रहने देगा...बहू मायका और ससुराल छोड़कर जगेसर के साथ अपनी दुनिया बसाने के लिए उठ खड़ी हो जाती है।

ओमप्रकाश अपनी इस कहानी में, बिरजू की बहू के लिए जाति व नौकर की दूरी को खत्म कर इन्सान से इन्सान के मिलन का विकल्प परोसते हैं जो नये समाज की नींव रखती है। जहाँ दो शोषितों में, सवर्ण औरत और दलित एकाकार हो जीवन में सुरक्षा व शान्ति व स्थायित्व की दिशा में बढ़ने का इशारा करती है।

खानाबदोश कहानी के लेखक ने जाति व श्रम को इंगित किया है जिसमें मालिक द्वारा दलित स्त्री की यों शोषण और श्रम में जाति भेदभाव की भावना को उभारने का प्रयास किया है। वामपंथियों की वर्गीय समझ पर एक कटाक्ष भी है कहानी में सुकिया मानो, किसनी महेश, दलित दम्पति हैं तो जसदेव ब्राह्मण जात से पर हैं पाँचों मजदूर, असगर ठेकेदार है तो भत्ते मालिक का बेटा सूबेदार, इस कहानी में दलित स्त्री का यौनिक शोषण को, उसकी मानसिक पीड़ा को उभारती है।

मानो एक स्वाभिमानी मजदूर औरत है जो अपनी अदम्य मेहनत और जटिल जीवन को अंगीकार करके अपने स्वप्नों में रंग भरना चाहती है व भत्ता मजदूर है मालिक के लिए ईंटें थाप कर अपने श्रम से पैसे जमा करके अपने लिए भी कच्ची ईंटों का मकान बनाना चाहती है। उसकी आशाओं पर तब तुषारपात हो जाता है जब वो मालिक के साथ निजता के लिए प्रस्तुत नहीं होती इस प्रसंग में उसकी पैरवी में उन्मुख जसदेव की पिटाई होती है भय और लालच और जातीय अहम् के कारण जसदेव सुकिया मानो से अलग हो जाता है...फिर शुरू होता है सुकिया और मानो को सताये जाने का प्रपंच। वो दोनों भट्ठा मजदूरी छोड़ कर अन्यत्र निकल जाने का मन बना लेते हैं...सुकिया मानो का हाथ पकड़ कर कहता है, "चल! ये लोग म्हारा घर न बनने देंगे" पक्की ईंटों का मकान का सपना उनकी पकड़ से फिसल कर दूर चला गया था।

भट्ठे से उठते धुएँ ने आकाश तले एक चादर बिछा दी। सब कुछ छोड़ कर सुकिया और मानो चल पड़े थे एक खानाबदोश की तरह।

'अम्मा' वाल्मीकि जी की महत्त्वपूर्ण कहानी है जिसमें वो एक ऐसी औरत की कहानी कहते हैं जो तमाम उम्र कठोर परिश्रम करते हुए अपने बच्चों को पाल-पोस कर उन्हें उनके पाँवों पर खड़ा करती है। चारित्रिक मजबूती और नैतिकता को जीवन में महत्त्वपूर्ण मानती है वह उससे समझौता नहीं कर सकती बेशक उससे उसे कोई नुकसान ही उठाना पड़े या रिश्ते छोड़ने पड़ें। खुद्दारी इतनी है कि वह जीवन के आखिरी छोर

तक अपना काम नहीं छोड़ती। वह किसी पर निर्भर हो कर नहीं रहती, न ही उसे धन दौलत का लालच है विशेष तौर पर कमीशन या दो नम्बर के पैसे का।

अम्मा जब ससुराल आयी थी तब ही उसकी सासु माँ ने उसे जो साफ सफाई और पाखाना धोने की ट्रेनिंग दी थी उसी के सहारे उसने अपने परिवार का भरण पोषण किया हालाँकि खर्च पूर्ति के लिए कुछ घर और पकड़ लिए थे कर्ज ले कर, जिसे उसने थोड़े-थोड़े पैसे करके सब चुका दिये थे। अम्मा के दो बेटे और एक बेटी पैदा होते हैं, सबसे बड़ा शिवचरण, दूसरा बिसन और तीसरी किरण। अपने सभी बच्चों को वो सफाई के काम से दूर रखती है। वो चाहती है बच्चे पढ़-लिख कर सम्मानजनक काम करें और सभ्य समाज में मिक्स हो जायें। बड़ा बेटा शिवचरण नगरपालिका में दसवीं पास करके एवजी में क्लर्क लग गया, छोटा बेटा पढ़ाई में कम फैशन, गाने और बाजा बजाने के काम में अपने चाचा के साथ लगा रहता, जो अम्मा को बिल्कुल पसन्द नहीं था। अपनी बेटी को भी वह पढ़ाना चाहती है।

उनका बड़ा बेटा शिबू नगरपालिका में काम करते हुए, लोगों को कमीशन ले कर काम पर लगवाने लगा, कहते हैं न आदमी जब आदमखोर हो जाता है तो फिर अपना पराया नहीं देखता बस उसे खून चाहिए। शिबू के साथ ऐसा ही हुआ। एक तरह से यह दलाली का काम था। जो अम्मा को पता चलता है तो उसका चेहरा फक्क पड़ जाता है। शाम को शिबू के आने पर कहती है, "शिबू, आजकल तू जो करे है ठीक न है...जो मने पता होता कि तू इस तरियों पैसे कमावे है यो मई तैरे पैसे को हाथ भी न लगाती। तने पढ़ा लिखा दिया...तेरी शादी कर दी...मेरा काम खत्म। अच्छा इन्सान न बना सकी यों मेरा कसूर। कल से तू अपना चूल्हा चोकी अलग कर ले मैंने न खानी इस कमाई की रोटी। अलग रह के किसी ने लूट या मर...मेरे से कोई मतलब नै।"

अम्मा के दूसरे बेटे बिसन का बेटा मुकेश एम.ए. करके बेरोजगार था। इसी बीच उसकी दोस्ती एक अध्यापिका, जो अपने दो बच्चों के साथ पति से अलग रह रही थी, से हुई और ये दोस्ती पति-पत्नी जैसे रिश्ते में बदल गयी थी। मुकेश उसके बच्चों की दिनभर देखभाल करता और टीचर अपने अकेलेपन से ऊब कर मुकेश के बाहुपाश में सिमट गयी थी। इस तरह की यौन स्वच्छन्दता पसन्द न थी। मुकेश को नियन्त्रण में लेने के लिए उसकी शादी की जब बात चल निकलती है तब अम्मा उस बात का विरोध करती है और कहती है कि वो किसी मासूम को इसके साथ बाँधने के पक्ष में नहीं है। अम्मा को ये बात पसन्द नहीं थी कि अपने-अपने मतलबों के लिए ऐसे रिश्ते बनाये जायँ जिनका कोई नाम न हो। यहाँ तक कि वो इसके लिए सहमत थी कि दोनों सामाजिक रूप से शादी करके रहें न कि बिना नाम के रिश्तों के मोहपाश में।

ओमप्रकाश वाल्मीकि की कहानियों में स्त्रियों की मानसिक स्थिति, उनकी यौनिकता, सम्मान के सवालों को उठाया गया है। मानवीय रिश्तों की गरिमा, नैतिकता के इर्द-गिर्द एक आदर्शवाद का घेरा जहाँ खींचा गया है वहाँ उसे तोड़ा भी गया है। अम्मा कहानी में जहाँ उन्होंने सम्यक कामकाज और सम्यक विचारों को प्रस्तुत किया है वहाँ उन्होंने अम्मा को चोपड़ी और टीचर के जीवन में व्याप्त अकेलेपन और उनके अपने निजी जीवन के फैसले को नकार कर, उस पर कारणों के विस्तार में न जा कर, समाज के परिवार संस्था के पुरातन मूल्य को बरकरार रखते हुए उसे बचाने की परोक्ष रूप से वकालत की है। जो स्त्री स्वाधीनता और उसकी अस्मिता पर सवाल लगाती है, उसे नियन्त्रण में लाना चाहती है, उनके जीवन की निजता को चरित्र से जोड़ देती है। एक औरत के रिश्ते को बासा मांस की उपमा देना किसी एक पुरुष की जूठन के रूप में स्वीकारोक्ति दिखायी गयी है जबकि जिनावर कहानी में वो बिरजू की बहू को अपने नये जीवन का विकल्प चुनने का सन्देश भी देते हैं।

लेखक अपनी कहानियों में भिन्न-भिन्न दृष्टिकोण देते प्रतीत होते हैं। इन नजरियों में आपसी मतभेद भी उभर आये हैं। जैसे अम्मा नहीं चाहती कि उसके बच्चे सफाई का काम करें परन्तु जीवन के अन्त तक वो उसे खुद नहीं छोड़ती और उसे अपने आत्मनिर्भर होने का विकल्प मान लेती है जो समाज में विपरीत सन्देश देती है।

स्त्रीपरक कहानियाँ एक सीमित दायरों तक सिमट कर रह गयी हैं जबकि स्त्रियों की अपनी दुनिया में अनेक कही-अनकही यातनाएँ, पीड़ादायक संवाद और बहस, तानों की परिणति को टाटा करके खुद पाठकों के साथ संवाद बनती है। उन्हें अपनी अँधेरी दुनिया से रूबरू कराती है लेकिन यहाँ लेखक खुद स्त्री के लिए अपनी मान्यताएँ ले स्वयं उठ खड़े हुए हैं जो संवेदना पर जातीय चेतना को पोषित करती प्रतीत होती है।

'छतरी' : सफल कहानियों का संग्रह

सुशीला टाकभौरे

हिन्दी के दलित साहित्यकारों में ओमप्रकाश वाल्मीकि जी का नाम सर्वोपरि है। कविता, कहानी, नाट्य रंगमंच, आत्मकथा लेखन और वैचारिक लेखन सभी क्षेत्रों में आपका लेखन प्रशंसनीय है। कहानी लेखन के क्षेत्र में आपका पहला कहानी संग्रह 'सलाम' 2001 में, 'घुसपैठिये' 2004 में और 'छतरी' कहानी संग्रह 2013 में प्रकाशित हुआ है। आपकी सभी कहानियाँ भाषा, शिल्प, शैली और सौन्दर्य की दृष्टि से उत्तम मानी गयी हैं। आपकी कहानियों में विशेष रूप से दलित जीवन की कथा के साथ, शोषित, पीड़ित वर्ग का विरोध, विद्रोह और समाज जागृति का सन्देश है। सलाम, शवयात्रा, अम्मा, बैल की खाल, पच्चीस चौका डेढ़ सौ, बिरम की बहू, प्रमोशन, कहाँ जाय सतीश, ग्रहण आदि कहानियाँ बहुत चर्चित और प्रशंसनीय रही हैं। आपकी अनेक कहानियाँ महाविद्यालयों और विश्वविद्यालयों के दलित पाठ्यक्रमों में पढ़ाई जा रही हैं। आपके सम्पूर्ण साहित्य पर लगातार एम.फिल. और पीएच.डी. के लिए शोध अध्ययन द्वारा शोध कार्य किये जा रहे हैं।

'छतरी' आपका नवीनतम कहानी संग्रह भारतीय ज्ञानपीठ ने प्रकाशित किया है। भारतीय ज्ञानपीठ द्वारा किसी पुस्तक का छपना अपने आप में गौरवपूर्ण बात है। 130 पृष्ठ के इस कहानी संग्रह में 12 कहानियाँ और दो संस्मरण संकलित हैं। इस कहानी संग्रह की भूमिका में आपने लिखा है—"दलित जीवन की विसंगतियों, विषमताओं, अनुभवों, संघर्षों, सरोकारों और उनकी जिजीविषा को उकेरती ये कहानियाँ, भारतीय जीवन की सामाजिक व्यवस्था के भीतर छिपी अमानवीयता को भी उघाड़ने की कोशिश करती हैं।"

'छतरी' कहानी संग्रह की पहली कहानी 'छतरी' में आठवीं कक्षा में पढ़ने वाले दलित पात्र जय की वेदना और संवेदना को चित्रित किया है। गरीब अभावग्रस्त दलित पात्र के मन में छतरी पाने के कितने अरमान उमड़ते हैं, वहीं ईश्वरचन्द्र मास्टर जय की छतरी से बच्चों को पीटता है जिससे छतरी टूटने पर बालक का मन दुखी होकर चीत्कार करता है मगर उसकी वेदना को समझने वाला कोई नहीं है।

इस कहानी में शौकत चाचा का चरित्र चित्रण बहुत सार्थक रूप में हुआ है। कहानी का कालखंड 1962 का भारत-चीन के बीच युद्ध का समय बताया है। छतरी कहानी मानवीय संवेदना की कहानी है। इसमें दलितों के अभावग्रस्त जीवन की व्यथा है। सवर्णों का दलितों के साथ दुर्व्यवहार चौधरी मामराज के व्यवहार से व्यक्त हुआ है। जय का दुख व्यक्त करते हुए लेखक कहते हैं—पूरी सभा देश प्रेम में डूब चुकी थी और मैं अपनी छतरी तोड़ दिये जाने का मातम मना रहा था। (पृ. 20) इस कहानी में दलित मुस्लिम के बीच आपसी सद्भावना का भी चित्रण किया गया है।

'चिड़ीमार' कहानी में सफाई कर्मचारी परिवार की हिम्मतवाली जागरूक दलित लड़की की व्यथा कथा है! पिता के सेवानिवृत्त होने पर घर खर्च की जिम्मेदारी उठाने के लिए सुनीति नौकरी करती है। ऑफिस से लौटते समय रास्ते में सड़क पर चिड़ीमार लड़के उसे जातिवाचक शब्द भंगिन, जमादारिन आदि कहकर उसका अपमान करते हैं और उसका रास्ता रोकते हैं। एक दिन सुनीति चिड़ीमार लड़कों के प्रमुख गुल्लू को चाँटा मारती है। इस बात से सुनीति स्वयं डरती है कि अब आगे क्या होगा। उसे परेशान देखकर उसकी माँ भी उसकी चिन्ता करती है। दूसरे दिन सुनीति की माँ सुनीति के मित्र को उसके ऑफिस भेजती है। लौटते समय सुनीति के साथ उसके मित्र को देखकर चिड़ीमार लड़के जातिवाचक और अश्लील शब्द कहकर उनका अपमान करते हैं। सुनीति अपने मित्र सतेज को उन चिड़ीमार लड़कों से झगड़ा करने से रोकती है—

"क्योंकि वे बेशर्म लोग हैं। उनकी नजर में हमारी कोई इज्जत नहीं है। ये उनके संस्कार हैं, जिन्हें तुम लड़-झगड़ कर जीत नहीं सकते।" (पृ. 27)

दूसरे दिन सुनीति को अकेली देखकर चिड़ीमार लड़के उसे रोकते हैं। तभी पीछे से सतेज आकर उन लड़कों के सिर पर लोहे की राड से वार करता है और वहाँ से भाग जाता है। पुलिस में रिपोर्ट करके गुल्लू सुनीति को रोककर उसके मित्र अपराधी का पता पूछते हैं, तब सुनीति गुल्लू के अपराध की बातें पुलिस को बताती है और वहाँ से चल देती है। तब पुलिस उन चिड़ीमार लड़कों को ही सबक सिखाती है। इस कहानी में कहानीकार ओमप्रकाश वाल्मीकि जी ने दलित लड़की सुनीति की कथा को चित्रित किया है—"सुनीति के भीतर एक टीस उठी—एक लड़की होना वह भी एक दलित परिवार में...उसे लगा जैसे वह धधकते अंगारों पर बैठी है।" (पृ. 23) थाने में दलित इंस्पेक्टर गुल्लू की अच्छी पिटाई करके दलितों का बदला लेता है।

'प्रायवेट वार्ड' कहानी अलग प्रकार के कथानक को लेकर लिखी गयी है। इस कहानी में हर्ष नाम की दलित लड़की विश्वनाथ कौशिक नाम के ब्राह्मण लड़के से प्रेम करती है और उसके घर में रहने चली जाती है। वह अपनी ससुराल में अपनी दलित जाति छिपाकर स्वयं को सवर्ण बताती है। एक दिन बाजार में हर्ष अपने चाचा

को दिखती है। चाचा-चाची उससे प्रेम के साथ मिलकर उसका हालचाल पूछते हैं। कुछ दिनों बाद गर्भावस्था में कुछ तकलीफ होने पर हर्ष का पति उसे उसी सिटी अस्पताल में एडमिट करता है जहाँ उसकी नानी सफाई कर्मचारी की नौकरी करती थी। वहाँ हर्ष और हर्ष के माता-पिता को भी दलित जाति के सफाई कर्मचारी के रूप में सब पहचानते हैं। तब वे चिन्ता करते हैं कि हर्ष के सास-ससुर को कहीं उनकी दलित जाति का पता न चल जाये। हर्ष के ससुर ब्राह्मणवादी जातिवादी विचारधारा के हैं। हर्षिता और उसकी माँ बहुत चिन्तित है विश्वनाथ भी अपने पिता से हर्ष के परिवार वालों की जाति छिपाता है। तब हर्ष के चाचा हर्ष के ससुर को जातिवाद के विरुद्ध खरी-खरी बातें सुनाते हैं। यथार्थ में सवर्ण जातिवादी मानसिकता को बदलना कठिन है। इसी कारण अनाजातीय विवाह नहीं हो पाते हैं।

'गौकशी' कहानी इस संग्रह की सबसे मार्मिक कहानी है! यहाँ साम्प्रदायिक मुद्दों पर गरीब अभावग्रस्त मेहनतकश लोगों को किस तरह फँसाया जाता है और किस तरह उन पर अन्याय-अत्याचार किया जाता है यहाँ उसका जीवन्त चित्रण किया गया है। इस कहानी में कल्लू राजवीरे जित्ते और जगेसर गाँव देहात के गरीब दलित मजदूर हैं। वे गाय बैल की खाल निकालकर उन्हें सुखाकर ट्रक में शहर ले जाकर बेचने का काम ठेकेदार के लिए करते हैं। ट्रक ड्रायवर मुसलमान है। पुलिस सिपाही चन्दगीराम चुंगी नाके पर इनसे घूस माँगता है। अब्दुल अपने पिछले अनुभवों के कारण उसे दूर से देखकर ही कहता है—"अरे वह देख, सामने हरामी खड़ा है...उगाही के बिना नहीं छोड़ता है।" (पृ. 64)

चन्दगीराम अब्दुल से 200 रुपये माँगता है। रिश्वत नहीं देने पर उन्हें एक लाइन में खड़ा करके पीटता है। तभी वहाँ से मोटरसाइकिल पर सवार धर्मान्ध हिन्दूवादी नौजवान निकलते हैं। इनका मामला पूछने पर चन्दगीराम उन्हें गौकशी का मामला बताता है। गौहत्या की बात सुनते ही सभी नौजवान इस गरीब दलित और ट्रक ड्रायवर को मार-मार कर अधमरा कर देते हैं। पुलिस थाने में ले जाने पर उग्र भीड़ इन्हें पत्थरों से मारती है। पुलिस तमाशा देखती रहती है। इस तरह उन सभी को थाने में जान से मार दिया जाता है।

'गौकशी' कहानी में चौधरी चन्दगीराम सिपाही की बर्बरता का चित्रण है साथ ही पुलिस विभाग का निठल्लापन चित्रित है। कहानी का अन्त मार्मिक है—"भीड़ ने पाँचों को जान से मार दिया।" (पृष्ठ 52) लाशों की आँखों में अब भी सवाल था—गौकशी किसने की? उत्तर किसी के पास नहीं था। जानबूझकर षड्यंत्र द्वारा इन गरीबों को गुनहगार बताकर मारा गया। इस कहानी में सवर्ण मानसिकता की कुटिल नीतियों पर प्रहार किया गया है।

'शाल का पेड़' प्रतीकात्मक कहानी है। यहाँ भी दलित अधिकारियों के साथ

जातिभेद और अपमानपूर्ण व्यवहार किया जाता है। गैर-दलित पात्र तिवारी आदिवासी अधिकारी अगरिया को अपमानित करता है। अगरिया के मित्र दलित अधिकारी को भी अपमानित करता है। तिवारी अगरिया के सामने जी.एम. साहब के शाल वृक्ष को काट देने के लिए कहता है। यह सुनकर अगरिया को बहुत दुख होता है। अगरिया छत्तीसगढ़ का आदिवासी है जबलपुर से ट्रान्सफर होकर आया है उन्हें वृक्षों से बहुत प्रेम है। यहाँ वृक्ष को काटने के माध्यम से दलित आदिवासियों को शोषित-पीड़ित करके मिटा देने का संकेत है! तिवारी बार-बार आदिवासियों के ईसाई धर्म में जाने की बात करके अगरिया का अपमान करता है। लेखक आदिवासियों के जीवन की अनेक समस्याओं की ओर संकेत करते हैं। तिवारी खुले शब्दों में कहता है–''तुम लोग आरक्षण की बैसाखियों पर चढ़कर यहाँ पहुँचते हो और हमें मर्यादा सिखाते हो।'' इस तरह तिवारी का व्यवहार सवर्ण कुटिल मानसिकता का प्रतीक है। लेखक भी उन्हें करारा जवाब देता है कि एक दिन सबको पता हो जायेगा कि ''एक एस.सी. ने एक बामन को... ।'' (पृष्ठ 58) लेखक जय श्रीराम के बदले जय भीम कहकर अपनी ताकत का परिचय देते हैं।

'रमेसरी अथकथा' कहानी में लेखक ने मंडल आयोग के आरक्षण की नीति के विरोध में सवर्णों के आक्रोश को चित्रित किया है। इस आन्दोलन के तहत एक सवर्ण छात्र ने देश की राजधानी दिल्ली में आत्मदाह कर लिया था। हर जगह आरक्षण के खिलाफ चर्चा हो रही थी। ऐसे में सूर्यनाथ शर्मा अपने घर सफाई का काम करने वाली रमेसरी को अपनी बहन मानकर उससे राखी बँधवाते हैं। वे उससे अपने घर के बाहर से सफाई के बहुत से काम प्रेम के साथ करवाते हैं। शर्मा जी की बेटी की शादी में रमेसरी कुछ दिन तक उनके घर रहकर बाहरी सफाई के काम सँभालती है। रमेसरी की बेटी और पति उसे कहते हैं कि प्रेम के साथ फोकट में काम कराने का यह उनका तरीका है। वे कभी अपने नहीं हो सकते मगर रमेसरी को शर्मा जी के परिवार पर उनके अपनेपन के रिश्ते पर पूर्ण विश्वास रहता है। मगर जब रमेसरी की बेटी सरोज की शादी का समय आता है तब सूर्यनाथ शर्मा के घर से कोई नहीं आता। उनके घर से एक प्रजेण्ट का पैकेट छोटा बेटा लेकर आता है वह भी तुरन्त लौट जाता है। यह देखकर रमेसरी को सच्चाई का भान होता है कि किस तरह सवर्ण लोग हम दलितों का प्रेमपूर्वक शोषण करते हैं। इसके पहले शर्मा जी एक दलित लेखक की किताब प्रकाशित करके भी स्वयं को दलित हितैषी बताते हैं। वे यह सब अपने स्वार्थ के लिए ही करते हैं। इससे वे अपनी प्रशंसा का प्रसार-प्रचार करते रहते हैं।

'बपतिस्मा' कहानी में विशेष रूप से धार्मिक रूढ़ि परम्पराओं पर व्यंग्य किया गया है। रमजानी हिन्दू धर्म मानता है उसकी पत्नी ईसाई धर्म की है बच्चे भी ईसाई

हैं। रमजानी की मृत्यु होने पर पत्नी और बच्चे उसे ईसाई धर्म के अनुसार दफनाना चाहते हैं। तब फादर के कहने पर दूसरे दिन शाम को रमजानी की डेड बॉडी का चर्च में 'बपतिस्मा' किया जाता है इसके बाद रात में उसका अन्तिम संस्कार किया जाता है। जिस रमजानी के लिए पूरी मसूरी के लोग इकट्ठे हुए थे। धर्म की रीति पूरी करने के बाद उसकी शवयात्रा में घर के लोग ही रहते हैं। रमजानी दयालु था, गरीबों का प्रिय था। वह फादर का एक्सीडेंट होने पर अपना खून देकर उसे बचाता है। हिन्दू दलित जातिभेद के अपमान से बचने के लिए धर्म बदल लेते हैं। मगर रमजानी का सच्चा धर्म मानवता का धर्म था। उसकी बाँसुरी की मधुर धुन सबका मन मोह लेती थी। रमजानी का चित्रण विशेष रूप से चित्रित किया गया है।

'बन्धुआ लोकतन्त्र' कहानी में लेखक ने बताया कि चौधरी भूपसिंह किस तरह सरपंच की आरक्षित सीट पर दलितों को चुनाव लड़ने से रोकता है। रूपचन्द दलित सरपंच चुना जाता है फिर भी चौधरी भूपसिंह उसे सरपंच का चार्ज नहीं देता। रूपचन्द न्याय के लिए भटकता रहता है। इस तरह सवर्णों ने किस तरह लोकतन्त्र को बँधुआ बना लिया है—इस बात को यहाँ यथार्थ रूप में चित्रित क्रिया गया है।

'मकड़जाल' कहानी में जातिवाद को बताया है। यहाँ नामदेव मेश्राम जो स्वयं दलित महार जाति का है मगर वह सामाजिक सम्मान पाने के लिए स्वयं को मराठा जाति का बताता है। मेश्राम मन्दिर के पुजारी को भी अपनी जाति मराठा बताता है यह देखकर लेखक को बहुत दुख होता है। नामदेव मेश्राम की माँ का देहान्त होने पर लेखक नामदेव मेश्राम के घर जाता है। वह देखता है कि मेश्राम की बीमार माँ की सेवा करने वाली स्त्री उनके दरवाजे के बाहर बैठकर ही अपना दुख प्रकट करती है। वह घर के अन्दर इसलिए नहीं जा सकती कि वह दलित है और नामदेव मराठा है। यह देखकर लेखक सोचता है, क्योंकि वह स्वयं दलित है वहाँ उनके लिए भी उस घर में प्रवेश निषिद्ध है! ऐसे कर्मकाण्डी दलितों की लेखक ने आलोचना की है। जब नागदेव को दलित होने के कारण दफ्तर में अपमान का सामना करना पड़ता है तब लेखक ही कुछ लोगों से कहकर नामदेव मेश्राम को न्याय दिलवाता है। लेखक स्वयं पूजा प्रसाद और मन्दिर में विश्वास नहीं करते हैं मगर अन्य दलित अभी भी इन प्रपंचों में उलझे हैं—यह बात लेखक ने स्पष्ट की है।

'कंडक्टरी' कहानी में एक बारात का बस में बैठकर दुल्हन के घर जाने का चित्रण है। यहाँ छोटी-छोटी बातों का उदाहरण देकर लेखक ने दलित समुदाय के लोगों की अच्छाई, बुराई और रीति परम्पराओं को बताया है। चलती बस में लड़के डेग और ढोल बजाकर नाचते हैं। बारात का सबसे बुजुर्ग कालूराम साथ के लोगों को बताता है कि—गाँव में दूल्हा घोड़ी पर बैठा तब गाँव के ठाकुर ने दूल्हे को घोड़ी से उतार कर कहा था भंगी जाति के दूल्हे घोड़ी पर नहीं बैठ सकते। इस बात का

विरोध करने पर झगड़ा हुआ। गाँव के सवर्णों ने तब दूल्हे को पीट-पीट कर मार डाला था। इस भीषण घटना को सुनकर सब चुप रह जाते हैं। शराब पीने की जिद करने वाले लोग भी चुपचाप बैठ जाते हैं? गाँव में अभी भी दलितों पर इस तरह अत्याचार किये जाते हैं। यह इस कहानी में स्पष्ट रूप से बताया गया है।

'मंगलवार' इस संग्रह की मार्मिक कहानी है। ढोंगी पुजारी अपने लाभ के लिए लोगों को कई तरह के व्रत और पूजा-अनुष्ठान की बात बताते हैं। अशोक शर्मा ने लेखक की मुलाकात रणदीप सिंह से करवायी थी। बीमार रहने वाले रणदीप को पंडित बताता है कि मंगलवार को बन्दरों को चने खिलाने से शरीर स्वास्थ्य लाभ करता है। रणदीप प्रत्येक मंगलवार बन्दरों को चने खिलाते हैं उनकी बन्दरों से दोस्ती भी हो जाती है। मगर एक बार एक्सीडेंट में एक बन्दर मर जाता है उसके शोक में सभी बन्दर हिंसक हो जाते हैं। रणदीप उनके नजदीक जाता है तब वे बन्दर रणदीप को घायल करके मरणासन्न बना देते हैं। किसी तरह ट्रक वाले लोग उसे अस्पताल पहुँचाते हैं। मगर वहाँ उसकी मृत्यु हो जाती है। इस तरह धार्मिक ढोंग आडम्बर का भंडाफोड़ किया गया है। अन्धविश्वास हमारे जीवन के लिए घातक हो सकता है—यह इस कहानी का सन्देश है।

'आउटसोर्स' इस संग्रह की अन्तिम कहानी है। लेखक लम्बी मीटिंग के बाद घर लौटकर पत्नी से बात करते हैं। वे बताते हैं कि अब सरकारी और अर्धसरकारी संस्थानों और कार्यालयों में गरीब और छोटे लोगों को नौकरियाँ नहीं मिलेंगी। क्योंकि इन विभागों में काम की ठेकेदारी पद्धति शुरू होने वाली है। सारा लाभ ठेकेदारों को मिलेगा, गरीब मजदूरों को नहीं मिलेगा। ठेकेदार आउटसोर्स से मजदूर लाकर उनसे कम वेतन पर काम करवायेंगे, इस तरह गरीबों के श्रम का शोषण किया जायेगा। इस तरह लेखक इस आउटसोर्स की पद्धति का विरोध करते हैं। लेखक की पत्नी बताती है कि घर की नौकरानी काम पर नहीं आयी है क्योंकि उसके पति को उसकी ड्यूटी पर रीढ़ की हड्डी में गहरी चोट लगी है। लेखक उस घायल मजदूर से मिलने अस्पताल जाता है। वह देखता है कि संस्था की तरफ से मजदूर का इलाज नहीं हो रहा है। अस्पताल में उसे बिस्तर भी नहीं मिला था। रानो के पति की हालत खराब थी मगर संस्था इसकी कोई जिम्मेदारी नहीं ले रही थी। लेखक गरीबों के शोषण से दुखी होता है।

'छतरी' कहानी संग्रह में परिशिष्ट के रूप में दो संस्मरण दिये गये हैं। पहला है—'वे साधारण वे ही विशिष्ट', इस संस्मरण में यह बताया गया है कि लेखक जब जबलपुर में अपने विभाग में कार्यरत थे तब विभाग में पूजा के समय अली नाम का मुसलमान शंख बजाता था और पंडित पूजा करता था। इसी प्रकार वे दूसरा उदाहरण देते हैं कि अमरसिंह राजपूत, मुहर्रम के समय ताजिये की सवारी निकालता

था। इस तरह यहाँ सर्वधर्म समभाव की भावना को चित्रित किया गया है। यह भारतीय एकता का प्रतीक है। इसी संस्मरण में 'होली का रंग' शीर्षक से बताया गया है कि बाँस वाले बाबा की दरगाह में होली का रंग उत्सव मनाया जाता है। यह भी एकता का प्रतीक है। यहाँ लेखक ने जबलपुर की नर्मदा नदी के सौन्दर्य और वहाँ के नौका विहार का सुन्दर चित्रण किया है। त्रिलोचन सिंह के विषय में उन्होंने बताया है कि वे किस तरह हिन्दी की सेवा कर रहे थे, अपनी साइकिल पर लाद कर पाठकों को पुस्तकें और पत्रिकाएँ उपलब्ध कराते थे। यह व्यक्ति चरित्र का सुन्दर प्रयोग है।

दूसरा संस्मरण है–'दीपमाला के सवाल'। इस संस्मरण में लेखक ने बताया है कि एक कार्यक्रम में जब वे श्रोताओं से कुछ प्रश्न पूछते हैं तब जातिवाद के विषय में उन्हें कई बातें मालूम होती हैं। हिन्दी अकादमी दिल्ली के सेमिनार में 26-27-2006 में उत्तराखण्ड के जोशीमठ शहर से आयी दीपमाला बताती है कि उनके विद्यालय में छात्रों के मन में किस तरह जातिभेद की भावना है। वे अपनी शिक्षिका की जाति पूछते हैं। सवर्ण शिक्षिका के हाथ का भोजन ही वे खा सकते हैं, यह बात वे जाहिर करते हैं। यह भावना छात्रों के मन में उनके पालकों ने भरी थी अर्थात् देश के पहाड़ों पर उत्तराखण्ड में भी किस तरह जातिभेद है, यह जानकर मन में दुख होता है।

लेखक ने इस संग्रह में विविध प्रकार के कथानक की कहानियों को संगृहीत किया है। सभी कहानियाँ उत्तम एवं प्रेरणादायक हैं। ओमप्रकाश वाल्मीकि जी कहानी लेखन क्षेत्र में सिद्धहस्त रहे हैं।

'जूठन' में व्यंग्योक्ति और विखंडनवाद का सच

मीरा गौतम

'जूठन' आत्मकथा की अन्तिम पंक्ति, "सिर्फ एस.सी. हूँ, दरवाज़े के बाहर खड़ा रहने वाला" ओमप्रकाश वाल्मीकि की व्यंग्योक्ति है। 'जूठन' का यही केन्द्रीय भाव है। 'जूठन' की भाषा में व्यंग्य के विभिन्न रूप हैं जो भाषा के चमत्कार के रूप में सामने आते हैं। व्यंजनाओं से निःसृत होने वाली ध्वनियाँ मानसिक प्रतीतियाँ हैं जिनके अर्थ ग्रहण करने के लिए उसी स्तर की मानसिकता ज़रूरी है। इस व्यंग्योक्ति में 'हास्य' नहीं विषाद है। व्यंग्य में हास्य हो यह बिल्कुल ज़रूरी नहीं है। कटाक्ष व्यंग्य और विषाद का सन्तुलित तालमेल यहाँ देखने को मिलता है। व्यंग्य विषाद की कोख से पैदा होता है। 'जूठन' का मनोविज्ञान यही कहता है।

'जूठन' ऐसे मनुष्य का स्मृति आख्यान है जो भारतीय सामाजिक संरचना में निरन्तर 'विस्थापन' की देहरी पर खड़ा है। घर में रहने का अधिकार होते हुए भी उसे बाहर धकेल दिया गया है। 'जाति' उसका पीछा नहीं छोड़ती। वह परिवर्तन का आकांक्षी है। स्थितियों को जड़वत् देखकर वह छटपटाता है। वह अपने घर में पूरे मान-सम्मान के साथ जीना चाहता है। उसकी विवश व्यथा को देखकर इतिहास की श्वासें भी अवरुद्ध होने लगती हैं। यह स्वतन्त्र भारत के दलित मनुष्य का चेहरा है। ओमप्रकाश वाल्मीकि की प्रश्नवाचक मुद्रा यही दृढ़ संकेत देती है कि विषाद की परतें तोड़कर वह उन रास्तों को तलाशना चाहते हैं जिस पर चलकर दरवाज़े के बाहर खड़े रहने को बाध्य कर दिया गया दलित समाज अपने मूल घर में लौटेगा और आत्म-सम्मान के साथ जियेगा।

इस कथा की अर्थ-ध्वनियों में दृश्यात्मकता है, इसकी मानसिक प्रतीतियों में ऐन्द्रिय बिम्बों की निरन्तर उपस्थिति है। इसमें कंटेंट और बिम्ब ही प्रधान हैं। दलित साहित्य के मूल्यांकन आधारों की कसौटियाँ स्पष्ट नहीं हैं। यह विचारणीय प्रश्न है कोई भी विधा अपनी निर्मिति में स्वाभाविक रूप से उपकरण जुटा लेती है जो उसे गुणवत्ता प्रदान करते हैं। 'जूठन' को परम्परागत कसौटियों पर नहीं कसा जा सकता। दलित साहित्य इस पिटे-पिटाए रूप और कलावादी मानकों को ख़ारिज करता है।

यह उन्हें भरे पेट का तमाशा दिखाई देता है। ये पिटी-पिटाई कसौटियाँ हैं। यह तो सच ही है। उनमें समय का परिप्रेक्ष्य बदलाव की माँग करता है।

'जूठन' के मूल्यांकन का आधार क्या हो—यह विचारणीय प्रश्न है, वाल्मीकि द्वारा लिखित 'दलित साहित्य का सौन्दर्यशास्त्र' ग्रन्थ सामने होने पर भी सच्चाई यह है कि क्या यह सर्व-सम्मत आलोचना-ग्रन्थ है। 'जूठन' की पंक्तियों में संगति बैठाने के लिए और इसकी शब्द-ध्वनियों में मनोवैज्ञानिक तहों को खोलने के लिए हम स्वयं विचार-विश्लेषण और भाषायी परतों को खोजने का मौलिक प्रयास कर रहे हैं। दूसरे, 'जूठन' विश्वजनीन 'आत्मकथा' है तो प्रचलन में आयी 'विखंडनवाद' की आलोचना-पद्धति का जायज़ा भी लेंगे। देखते हैं क्या निकलकर आता है।

'जूठन' का शीर्षक प्रतीकात्मक है। शीर्षक पर ही रचना की सफलता निर्भर करती है। यह शीर्षक दलित समाज की अपमानजनक स्थितियों और प्रताड़नाओं का प्रतीक है। उसे झेलने वाला दलित समाज 'जूठन' में पूरी लाक्षणिकता के साथ मुखरित हुआ है। वाल्मीकि की यह आत्मकथा यहीं तक सीमित नहीं है। यह दलित समाज की जीवन-शैली, रूढ़िगत मान्यताओं और उन कारणों पर भी विचार करती है जिसके कारण यह समाज 'जूठन' खाने को बाध्य है।

'एलोगैरीज़ ऑफ़ रीडिंग' (1979) में पाश्चात्य आलोना के सन्दर्भ में पॉल द मॉन का मानना है कि लेखक कभी-कभी अपने दिये गये शीर्षकों की अन्तर्दृष्टि का शिकार हो जाते हैं और रचना और उसके शीर्षक में असंगति पैदा हो जाती है। 'जूठन' के शीर्षक और उसकी कथावस्तु में ओमप्रकाश वाल्मीकि की अन्तर्दृष्टि में कोई अन्तर्विरोध नहीं है। गद्य विधा में होने के बावजूद उसके व्यंग्य, वक्रोक्ति और कटूक्तियाँ लाक्षणिक हैं। इसकी भाषा में व्यंजनाओं के ध्वनि-संकेतों को सहज रूप में ग्रहण किया जा सकता है। इसमें ईमानदारी से उनका अनुभव दर्ज़ है और सहज भाषा में पारदर्शी स्पष्टता है। 'सहजता' का अर्थ यहाँ सरलता नहीं है। जब जीवन ही सहज और सामान्य स्थितियों में नहीं जिया जायेगा तो भाषा की अवधारणा और अर्थ तो बदलेंगे ही। 'जूठन' से निकलने वाली भाषा की सहजता लेखकीय कौशल में है जो निहित 'असहज' स्थितियों को 'सहज' बनाकर पाठक के समक्ष रख रहा है।

यहाँ भाषा में सहजता का गुण रीडेबिलिटि (पठनीयता) से सम्बद्ध है। अन्यथा पाठक उतना चमत्कृत कैसे होता। इस विषाद-कथा में डूबकर वह सोचता है और आगे बढ़ जाता है। 'जूठन' में शीर्षक और उसका विस्तार सब्लीमेशन (परिष्कार) की प्रक्रिया से गुज़रता हुआ उदात्त हो जाता है। 'जूठन' के शीर्षक की यही सार्थकता है। राजेन्द्र यादव ने ठीक शीर्षक सुझाया है।

ओमप्रकाश वाल्मीकि ने 'दलित साहित्य का सौन्दर्यशास्त्र' लिखा है। जूठन' पर उसे घटित करने का तात्पर्य यह होगा कि इस ग्रन्थ से आलोचना का जो जल तैयार

हुआ है उसी के लेखक का अभिषेक उसी जल से कर दिया जाये। यह तथ्य एकांगी होगा। दलित साहित्य की कसौटियों के लिए ज़रूरी है कि दलित साहित्य के नम्बरदार इसकी पहल करें और सर्वसम्मति से दलित साहित्य के आधार मानक तय करें। दलित-विमर्श की आलोचना-पद्धति सर्वमान्य होनी ज़रूरी है। वहाँ छेद-छकाले न हों।

'जूठन' पश्चिमी उत्तर प्रदेश के मुज़फ़्फ़रनगर और सहारनपुर जनपदों में बोली जाने वाली स्थानीय भाषा के रूप में पूरी तरह सामने नहीं आती! वाल्मीकि ने इसे हिन्दी में लिखा है और इसका पूरा ताना-बाना विषम परिवेश की उपज है। मुज़फ़्फ़रनगर जनपद की ठेठ बाँगरू मिश्रित खड़ी बोली के संवाद 'जूठन' के पात्रों द्वारा प्रयुक्त हुए हैं, इन जनपदों की भाषा और शब्दावली का प्रभाव इस पर है। तद्भव और देशज शब्दावली के अतिरिक्त द्वित्वीकरण की प्रवृत्ति इस भाषा के मूल में है। शौरसेनी अपभ्रंश से निकली इस बोली पर ब्राचड़ का प्रभाव भी दिखाई देता है। हाँ को 'आहो' उच्चारण को इसी रूप में देखा जा सकता है। द्वित्वीकरण में बैठ्ठा, आग्गे, लाल्ला, मेहरबान्नी जैसे शब्द-प्रयोग देखे जाते हैं। स्वयं ओमप्रकाश वाल्मीकि की भाषा में स्थानीयता के तेवर हैं। "दलित होने की पीड़ा चाकू की तरह नस-नस में उतर जाती है।" वाक्य में चाकू चलना स्थानीय बोली में 'चक्कू चलग्या' के रूप में एक शक्तिशाली मुहावरा है जिसे वहाँ बहुतायत से प्रयोग में लाया जाता है। वाल्मीकि अश्वत्थामा के प्रतिशोध की ज्वाला को महसूस करते हुए पुराण ग्रन्थों के मिथकों से दृष्टान्त देते हैं। दार्शनिक मुद्रा में 'नर्क' की कल्पना करते हुए पन्त के ग्राम्य जीवन की श्लाघा को खारिज कर देते हैं। यह उनके जीवन का नग्न यथार्थ है जिसे वह बेबाकी से पाठकों के सामने रखते हैं। रहने को घर न पेट में रोटी और दिनभर रोटी का संघर्ष और शिक्षण-संस्थानों के भेदभावों के बीच जनमने वाली 'जूठन' की भाषा में ओमप्रकाश वाल्मीकि के 'मूड्स' कई रंगतों में देखे जा सकते हैं। हर घटना के साथ भाषा अर्थपूर्ण चमत्कारों के साथ ही सामने आती है! यदि पूरी आत्मकथा को दो भागों में विभाजित करके देखें तो उसके पूर्वार्द्ध और उत्तरार्द्ध के प्रसंग उनकी जीवन यात्रा के महत्त्वपूर्ण प्रभावों से जुड़े नज़र आते हैं। इसीलिए मराठी, उर्दू, पंजाबी और अंग्रेज़ी के शब्दों के प्रयोग भी यहाँ यथासम्भव देखे जा सकते हैं।

'जूठन' की स्मृति-कथा में बिम्बों की प्रधानता है। इसके बिम्बों में दृश्यात्मकता है। मनोवैज्ञानिक दृष्टि से पीड़ा की अभिव्यक्ति और प्रताड़ना का मनोविज्ञान ऐन्द्रिय बिम्बों की सृष्टि करता है। अनुभव के साथ स्मृतियों में बदलता हुआ उनका दृष्टिकोण पूरी तरह मनोविज्ञान पर आधारित है। उपन्यासों और कहानियों की तरह यदि आत्मकथा का विभाजन भी किया जाय तो यह मनोवैज्ञानिक आत्मकथा की श्रेणी में रखी जा सकती है।

'जूठन' में स्थानीय शब्दों का प्रयोग वाल्मीकि समाज की जीवन-शैली और दिनचर्या को अभिव्यक्त करता है। माँ द्वारा ज़मींदारों के मवेशियों का गोबर कुरड़ियों और पथवारों में डाला जाता है जो उनकी दिनचर्या में शामिल है। 'कुरड़ी' वह स्थान है जो गाँव की बस्ती से दूर है। गाँव के गोबर, कचरे और राख को सड़क के किनारे या आस-पास गड्ढा खोदकर उसमें डाला जाता है। गोबर को उपले थापने के स्थान पर भी पहुँचाया जाता है। जिसे पथवारे कहते हैं। 'जूठन' में पथवारे शब्द का प्रयोग न करके उपले थापने की चर्चा ही मिलती है। गोबर से उपले सूख कर सवर्णों के घरों में इन्धन का काम देते हैं जबकि 'कुरड़ी' में दबा हुआ गोबर और राख कम्पोस्ट खाद बनाने के काम आता है। खेतों में जाकर यह खाद फ़सलों को पुष्ट और स्वास्थ्यप्रद बनाती है। कहना न होगा कि वाल्मीकि समाज के प्रत्येक कर्म ने प्रकारान्तर से सवर्णों के आर्थिक आधारों और जीवन की आवश्यकताओं को पूरा किया है।

"'जूठन' भी भंगन की टोकरी में डाल दी जाती थी" जैसे सूत्र वाक्य पूरी कथा को कह देते हैं। सवर्णों की बारात के जीमने के बाद पत्तलों पर बची 'जूठन' से वाल्मीकि समाज उस घर की औकात का अन्दाज़ा लगा लेता था। 'जूठन' से जुड़े रोमांचक किस्से बड़े-बूढ़े लहक-लहककर सुनाया करते थे, "बारात से इतनी 'जूठन' आयी कि महीनों खाते रहे थे।" वाल्मीकि समाज की 'जूठन' के प्रति आत्म-स्वीकृति में ओमप्रकाश वाल्मीकि दुःख में डूबे नज़र आते हैं। उनकी भाषा तिक्त हो उठती हैं, "आज जब मैं इन बातों के बारे में सोचता हूँ तो मन के भीतर काँटे उगने लगते हैं, कैसा था जीवन।" प्रश्न-चिह्नों की यह जमात पूरी 'जूठन' को आवेष्टित किये है। आज़ादी के बाद शिक्षा के प्रसार और विकास की अट्टालिकाओं के अँधेरे में द्रोणाचार्य का अँगूठा काटने का प्रकरण मन की भट्टी में आग को प्रचंड कर देता है। कुछ तगा लचीले हैं। साथ देते हैं। मनोबल बढ़ाते हैं। जैसे—ग्राम प्रधान चौधरी सगवासिंह दाखिला करवा देते हैं। वाल्मीकि की सहज भाषा उनके कुछ सामान्य होने का संकेत देती है, "उसके बाद स्थिति सामान्य हो गयी।" वाक्य में उनकी मनःस्थिति के अनुकूल उनकी लेखनी नम हो जाती है। परन्तु, स्थितियों को सामान्य कौन रहने देता है। हेडमास्टर कलीराम को देखते ही रूह काँप-काँप जाती है। कलम में काँटे उग आते हैं, "लेकिन कलीराम मास्टर को देखते ही मेरी रूह काँप जाती थी। जैसे सामने से मास्टर नहीं कोई जंगली सूअर थूथनी उठाये चिंचियाता चला आ रहा हो।" यहाँ गद्य होते हुए भी भाषा में बिम्बों की दृश्यात्मकता है, एज़रापाउण्ड जिसे बिम्ब कहता है भारतीय काव्यशास्त्र में वह दृश्य अलंकार है। 'थूथनी' उठाये चिंचियाकर दौड़कर आते सूअर का बिम्ब आँखों में तैरने लगता है। कष्ट और घृणा से उपजा यह वाक्य ओमप्रकाश वाल्मीकि की पूरी मनःस्थिति को बयान कर देता है। गेहूँ

की फ़सल काटते समय नंगे पैरों का लहूलुहान होना अगली छटपटाहट का क्रम बन जाता है, "सिर पर बरसती धूप, नीचे तपती ज़मीन, नंगे पाँवों में कटे पौधों की जड़ें शूल की तरह तलवों में चुभतीं। कटाई करने वाले अधिकतर चूहड़े और चमार ही होते थे। जिनके तन पर कपड़े सिर्फ नाम भर के होते थे। पाँवों में जूता होने का तो सवाल ही नहीं होता था। नंगे पाँव फ़सल कटने तक बुरी तरह घायल हो जाते थे।" इन पंक्तियों में शोषण का असली चेहरा सामने आता है। हद तो तब हो जाती है जब गेहूँ कटने पर सोलह पूली में एक पूली देने वाला चौधरी कटाई शुरू होते ही आँखें बदलने लगता, ऊपर से बुग्गी में लदाई-उतराई मुफ़्त तो लाचारी का यह चेहरा 'जूठन' की भाषा और उसकी सूचना-शक्ति का बड़ा स्रोत बनकर उभरा है। वाल्मीकि की स्वाभिमानी माँ तगाओं से बच्चों के लिए भोजन माँगने पर धिक्कार दी जाती है। शेर पर बैठी दुर्गा की तरह दहाड़ती माँ 'जूठन' का टोकरा वहीं बिखरा देती है। चौधरी को लानत भेजती क्रोध में फुफकारती माँ कहती है, "इसे ठाके अपने घर में धर ले। कल तड़के बरातियों को नाश्ते में खिला देना।" उन पर हाथ उठाने वाले सुखदेव त्यागी का वह सामना शेरनी की तरह डटकर करती है। उनका रोष पराकाष्ठा पर पहुँच चुका होता है क्योंकि घर में उनके बच्चे भोजन की प्रतीक्षा में हैं उन्हें तो वह जूठन ले जानी है चाहे वह बारात की 'जूठन' ही क्यों न हो। स्त्री के क्रुद्ध चेहरे को उकेरती इस भाषा में और क्या कहने की ज़रूरत रह जाती है।

भाई जसबीर के बाग डोगरा (बंगाल) चले जाने पर माँ रोहकराटा मचा देती है (हाहाकार कर देती है) क्योंकि भोली माँ को बंगाल में जादू-टोना करने वाली स्त्रियों से ख़तरा है। वाल्मीकि जो माँ के भोलेपन पर लिखते हैं, "...रवीन्द्रनाथ टैगोर, क्रान्तिकारियों का बंगाल नहीं था। काले जादू, टोने-टोटकों का बंगाल था जहाँ औरतें आदमी को जादू से बकरा बनाकर आँगन में बाँध लेती हैं।" माँ का वात्सल्य और भोलापन संचारी भावों का उद्रेक करता है। गद्य में काव्य की रस-निष्पत्ति का सुख मिलता है और साधारणीकरण की शर्त पूरी हो जाती है। अरस्तू का विरेचन भी यहाँ काम कर रहा है, यह भाषा की सम्प्रेषणीयता की ही सफलता है। हृदय का सच भाषा में सात्विकता के आसव के साथ प्रस्तुत हुआ है।

एक बिम्ब मर्माहत कर देने वाला है—

मूसलाधार बारिश में छत के सूराख को भरने के लिए पिता के कन्धों पर चढ़े वाल्मीकि मिट्टी का ढेला रखकर लौटना चाहते हैं। तेज़ वर्षा और घटाटोप अँधेरे में कुछ दीखता नहीं है। फिसलने लगते हैं कि पिता की जकड़ में आ जाने पर सँभल जाते हैं। ठंड में काँपते वाल्मीकि को माता-पिता की सान्त्वना शक्ति प्रदान करती है। नर्क की कल्पना धरती पर ही करते वाल्मीकि दार्शनिक हो उठते हैं क्योंकि जीते जी उन्होंने इसे भोगा है।

दलित साहित्य की मान्यता है कि जो भोगता है वही ईमानदारी से लिख सकता है। वाल्मीकि दो टूक लिखते हैं, "हमने इसे साकार रूप में जीते जी भोगा है। जीवन की यह दारुण व्यथा हिन्दी के महाकवियों को छू भी नहीं सकी। कितनी वीभत्स सच्चाई है।" भोगे हुए दर्द का सच पाठकों के सामने रखते हुए वाल्मीकि लिखते हैं, "यही था दारुण जीवन जिसकी दग्धता में जिस्म का रंग बदल गया है।" जीवन की विपरीतताओं में जिस्म का रंग बदलते वाल्मीकि की भाषा उदात्त आशाओं का दामन नहीं छोड़ती, "बस, अपने हाथों का भरोसा था सभी को।" सामूहिक संघर्ष का प्रेरणामय उद्घोष करती उनकी वाणी पाठकों को यहाँ कुछ राहत देती हुई दीखती है।

बरला इण्टर कॉलेज में मास्टर बाबूराम त्यागी ओमप्रकाश वाल्मीकि को तहेमन से भा गये हैं। उन मास्टरों में वे ही प्रेरणा के स्रोत हैं। बाकी तो न पढ़ने देते हैं न पानी पीने देते हैं। देते हैं तो बस माँ-बहिन की गालियाँ। कितने षड्यंत्र कि वाल्मीकि किताब के पन्ने खोलकर पढ़-लिख न जाएँ। व्यंजना और लक्षणा शब्द-शक्तियों का प्रयोग इस पंक्ति में देखें कि सूरजभान तगा के बेटे ने वाल्मीकि को देखते ही बड़बड़ाना शुरू कर दिया। वह पूरा ही जलतखोरा (ईर्ष्यालु) निकला। वाल्मीकि को स्कूल से कुछ दूरी पर ही रोक लिया, "अबे चूहड़े के, रुक जा।" वह झगड़े पर उतारू था। वाल्मीकि पंगों से बचना चाहते थे। वह गुर्राकर बोला, "कितना भी पढ़ लियो रहेगा तो चूहड़ा ही।" वाल्मीकि को लाठी से ऐसा धकियाया वह गिरते-गिरते बचे। फिर वह किताबों का झोला लाठी में फँसाकर घुमाने लगा। वाल्मीकि गिड़गिड़ाये, उसने झोला ऐसी जगह दे मारा जहाँ सड़क पर पानी का गड्ढा था। रोते हुए वाल्मीकि ने धैर्यपूर्वक भीगी किताबें सुखायीं और पिता के निर्देशों का स्मरण किया, "पढ़-लिख कर जाति सुधारनी है।" इस घटना की जानकारी मिलने पर पिता का आक्रोश और माँ का बिलखना वाल्मीकि भूल न सके। स्वाभाविक मनःस्थिति में भाषा का निर्माण देखने योग्य है, "अबे सोहरों म्हारे जाकत दो अच्छर सीख लेंगे तो थारा क्या बिगड़ जागा।" चाचा तो बल्लम उठा लाये। तब, "बगड़ के बड़े-बूढ़ों ने उन्हें शान्त किया।"

'जूठन' की भाषा में जो घटना-क्रम चित्रित हुए हैं उनमें मुख्यधारा में शामिल होने की तड़प के व्यवधान के रूप में मरे पशुओं को उठाने, खाल उतारने और बेचने के उपक्रम में देखा जा सकता है। उन्हें यह सब विवशतः करना पड़ता है। यह देखकर माँ ने घरवालों को फ़रमान सुना दिया, "ओमप्रकाश यह काम नहीं करेगा।" क्रोध में पिता घर से बाहर निकल गये। दुःख के इन क्षणों में वाल्मीकि का जीवन अन्तर्द्वन्द्वों से भर गया। मन के भीतर की गुत्थियाँ सकारात्मक हुईं और वाल्मीकि जीवन में फैसलों के लिए तत्पर हो गये। भाषा में मनोवैज्ञानिक द्वन्द्वों को अभिव्यक्त हुए वाल्मीकि की भाषा में शब्दों का चयन और वाक्य-गठन का स्वरूप इन मनःस्थितियों को पूरी तरह स्पष्ट करने में सक्षम दिखाई देता है। घर-समाज में

रूढ़-रिवाज़ों, कड़े नियम, स्कूल में मास्टरों के सामने बँधती घिग्घी, निरपराध सुरजन सिंह पर लातों-घूँसों की मार पर वाल्मीकि की आवेगमयी टिप्पणी है, "कभी-कभी लगता है जैसे क्रूर आदिम समाज में साँस लेकर पले-बढ़े हैं।" मनुष्य के भीतर उठ रहे अन्तर्द्वन्द्वों में मनोविज्ञान की थ्यौरियाँ नकारात्मक या सकारात्मकता की ओर बढ़ती हैं, इस दृष्टि से वाल्मीकि सदैव रचनात्मक दिशा की ओर बढ़ते दीखते हैं। उनके भीतर की मनःस्थितियों को भाषा-प्रयोगों के रूप में देखा जा सकता है। यह भाषा उनके अन्दर भीतर पर खोलती क्रान्ति-ज्वाला का चेहरा पूरी तरह पाठकों के समक्ष रखने में समर्थ है।

मास्टरों द्वारा घर के कामों की बेगार कराना उनके अध्ययन पर बड़ा व्याघात था। पढ़ाई की जगह ईख बोना, अपमान सहना उनकी दिनचर्या के अंग बने। यह एक बेगार थी जिसे वाल्मीकि के व्रिदोह ने रोक दिया था। यह पराजित मनुष्य का चेहरा नहीं था यहाँ संकल्प थे। निरपराध को बेरहमी से पिटते देखकर भी गाँव में ठंडापन दिखाई देता था जबकि वाल्मीकि उनके चेहरों पर प्रतिकार का भाव देखना चाहते थे। वहाँ विरोध का स्वर नहीं था। स्थितियों को यथावत् झेलते चले जाने की जड़ता थी! पिटते हुए लोगों की चीत्कारों से जब पंछी भी डाल छोड़कर उड़ जाते थे और गाँव इसे चुपचाप जड़वत् देखता था तो वाल्मीकि को लगता—"लेकिन गाँव की संवेदना को लकवा मार गया है।" भीतर और बाहर की इन दारुण स्थितियों को लेखक ने कुशाग्रता से स्पष्ट किया है। चमत्कारिक भाषा-शैली का असाधारण कार्य-व्यापार आँखों के सामने रिपोर्टिंग की तरह दृश्यमान हो रहा है। इन स्थितियों ने उन्हें अन्तर्मुखी और चुप्पा बना दिया था।

इन त्रासदियों में लगता है वाल्मीकि जी अरस्तू का विरेचन सिद्धान्त साथ लिए चल रहे हैं। उनका हास्य-बोध और चटुल शैली मास्टर ओमदत्त के अंग्रेजी पढ़ाते हुए हर वाक्य में यानिके बोलने के चित्रण में सामने आती है। दलित विद्यार्थियों में उनके प्रति श्रद्धा-भाव नहीं था क्योंकि वे सदैव व्यंग्य की भाषा में बात करते थे। उन्होंने और उनके मित्र ने मास्टर ओमदत्त को सबक सिखाने के लिए जो व्यक्ति-चित्र खींचा था उसका नाम था 'ए प्रोफ़ाइल ऑफ़ यानिके'। यह इन मास्टर जी के हाथ लग जाता है वह इसे स्वयं ही क्लास में पढ़ने लगते हैं। क्लास में जो हुआ उसने रामसिंह छात्र की गत बिगाड़ दी। लात-घूँसों की पिटाई और मुर्गा बनाये जाने की प्रक्रिया में हास्य-बोध काफूर हो जाता है और जातीय दम्भ का क्रूर चेहरा सामने उभरकर आ जाता है। भावों की दृष्टि से अन्तर्विरोध के साथ भाषा में सूक्ष्म प्रयोगों का सन्धान पूरे बिम्बों को सामने रख देता है। घटना का मूर्त्तिकरण इन्हीं शब्दों से छनकर बाहर निकला है। गुरु सेवा की मेवा के रूप में तड़ से एक लाठी मिलती है। निरन्तर परिपक्व होती सोच के सन्दर्भ में ओमप्रकाश वाल्मीकि गुरु-गम्भीर मुद्रा

में अपनी सृजन-प्रक्रिया और रुचियों का उद्घाटन करते हैं।

आपात् स्थितियाँ कहकर नहीं आतीं! ब्रजपाल मास्टर जी से गेहूँ का कट्टा लाने का प्रसंग, वापिस आते हुए साइकिल का टूट जाना, किराये का अभाव, विवशता में बस अड्डे पर बिताई गयी रात में घटित विद्रूप घटना के क्रम में वाल्मीकि स्त्री को निरपराध ही मानते हैं। दो-दो पुरुषों की भोग्या स्त्री की विवशता उन्हें विगलित करती है। यह संस्कारशीलता है जो यौन-प्रसंगों पर उन्हें सोचने पर विवश करती है। यहाँ वाल्मीकि स्त्री-विमर्श के गहरे प्रश्न का प्रवर्त्तन करते हैं। 21 वीं सदी के ज्वलन्त प्रश्नों में 'फ्री सेक्स' शामिल है। 'लिव इन' की अवधारणा छोटे शहरों और कस्बों को भी चपेट में ले रही है। वाल्मीकि स्त्री-चिन्ता से दो-चार होते आगे बढ़ जाते हैं। उस आयु में ये प्रश्न न तो थे और न ही परिपक्व वाल्मीकि ने इस पर कलम चलाई! उनका दुखड़ा तो कुछ और है जो देहरादून के इन्द्रेश नगर में भी उनका पीछा नहीं छोड़ता! मलिन बस्ती में घर, कॉलेज के लिए ढंग के कपड़ों का अभाव और भूख के बीच क्रान्तिकारी होते वाल्मीकि के घर में बैठने की नौबत आ जाती है। पिता के कड़े रुख से ही गाड़ी पटरी पर चलने लगती है। इन प्रसंगों में वाल्मीकि का कोमल मन अपने अस्तित्व की लड़ाई लड़ रहा है। खिल्ली और ठहाकों में गरीबी का मज़ाक उड़ता देखकर भी वाल्मीकि धैर्य और संयम का नया पाठ पढ़ते हैं, "कितना कुछ छीन लिया है मुझसे मेरी बरदाश्त कर लेने की आदत ने।" हद तो तब हो गयी जब दूसरे सेक्शन के लड़कों ने पैंट खींचते हुए पूछा, "कि टेलर से सिलवाई है।" वाल्मीकि और जाटव का तनाव यह संकेत करता है कि स्वयं दलित समाज में भी भेदभावों का स्पर्श सम्बन्धों को सामान्य नहीं रहने देता। ओमप्रकाश वाल्मीकि हर घटना-क्रम में सामंजस्य बैठाते चले गये हैं। जब बाबा साहेब भीमराव अम्बेडकर को समझने की क्षमता हासिल कर ली तो 'दलित' शब्द करोड़ों अछूतों के आक्रोश की अभिव्यबित के साथ उनसे जुड़ गया और जीवन की दिशा में उनका अकेलापन पूरे दलित समाज के सहभाव और कुछ कर गुज़रने की ललक के साथ आगे बढ़ चला। प्रचार और आन्दोलन, हिन्दी का समर्थन और अंग्रेज़ी का विरोध जैसे विद्रोही कार्यकलापों ने अन्ततः घर लौटने का रास्ता दिखा दिया, क्योंकि मामा ये उपद्रव नहीं चाहते थे। पिता जुझारू थे उनके रहते अध्ययन में खलल नहीं पड़ सकती थी। भूख और ग़रीबी तो उनके वश में न थे! अपने पिता के शराब पीने की चर्चा भी उन्होंने आत्मकथा में की है। यह विश्लेषण भाषा और शब्द-संधान के साथ प्रभावशाली रूप में अभिव्यक्त हुआ है! भाषा में न गाँठें हैं न कोई दुराव-छिपाव। लकड़ी की टाल पर ट्रकों से लकड़ी चढ़ाने-उतारने की मज़दूरी उनका आर्थिक संबल बनी है!

पाठक राहत की साँसें ले सकता है कि आजीविका के हर प्रयास में उनका

चयन होता चला गया। चिन्ताएँ और अतीत की घटनाएँ पीछा नहीं छोड़तीं क्योंकि अतीत जाति के वेश में कई रूप धरकर सामने आ जाता है और उन्हें बीते क्षणों में पहुँचा देता है। वे समझते थे कि नौकरी मिलेगी तो जाति से पीछा छूट जायेगा। भले ही स्थितियाँ बदल जाएँ, जाति से मृत्युपर्यन्त पीछा नहीं छूटता जिससे उनके पिता अपरिचित रहे! दशहरे के मेले में भैंसे की बलि में सिर और धड़ को अलग होते देख वे कल्पना करते हैं जैसे यह हत्याओं का मेला हो! यहाँ वे तुलनात्मक पद्धति से घटनाओं का आकलन करते हैं। पशुबलि का विरोध उनके भीतर बह रहे पशु-प्रेम और कसक का परिचायक है। इन प्रसंगों में कहीं भी वे फ्रस्ट्रेशन की चपेट में नहीं आते! इन स्थितियों में वे निराश अवश्य हुए हैं अवसर को उन्होंने सिर पर तारी नहीं होने दिया! आत्मकथा का पूरा परिवृत्त उनकी उदात्तता को सामने रखता है।

प्रेमचन्द पढ़कर शतरंज की लत छोड़ देने वाले वाल्मीकि स्वयं पर कटाक्ष करते हैं, "मैं शतरंज का अच्छा खिलाड़ी बनते-बनते रह गया।" इस वक्रोक्ति की अभिव्यक्ति मुग्ध करती है। घर बसाने की क़वायद, किश्तों में गद्दों के पैसे चुकाने की बात, मार्क्सवाद से प्रेरित होकर थियेटर ग्रुपों का निर्माण, नाटकों का लिखना और उन्हें मंचों पर खेलना, नाटकों का निर्देशन, राजेन्द्र यादव की कृति 'सारा आकाश' से मध्यम वर्ग की नयी समझ उनका कायाकल्प कर देती हैं। चेतना की उड़ान का यह प्रखर से प्रखरतर हो जाने का क्षण है। दलित साहित्यकारों के सम्पर्क में आने से जीवन के मायने ही बदल गये हैं। हम देखते हैं कि 'जूठन' का उत्तरार्द्ध एक परिपक्व सोच के रचनाकार के रूप में हमारे सामने आता है। एक सवर्ण युवती से प्रेम और जाति का पता लगते ही उसकी प्रतिक्रिया से हृदय में उदास रेखाओं का खिंच जाना स्वाभाविक है। "वह रोने लगी। मेरा एस.सी. होना जैसे पाप था...हज़ारों साल की नफ़रत हमारे दिलों में भर गयी।" जबलपुर से चन्द्रपुर (महाराष्ट्र) में तबादले को उन्होंने साहित्य के मनन-चिन्तन में डूबकर पूरा किया। दलित आन्दोलन की ऊर्जा चन्द्रपुर में और अधिक तेजस्विता से प्रवाहित होने लगी! उधर माँ की बीमारी के बहाने शादी के लपेटे में आने वाले वाल्मीकि का जीवन कुछ बदलने लगा! मराठवाड़ा विश्वविद्यालय का नाम 'डॉ. अम्बेडकर विश्वविद्यालय' करने के लिए उन्होंने जो जद्दोजहद की थी उसमें जाति भेद का मसला फिर उनके सामने आ खड़ा हुआ। कारण था सवर्णों द्वारा बाबा साहेब को महार जाति का मानना (पृष्ठ 129) वाल्मीकि का विद्रोह आसमान छू रहा था, "भारतीय समाज की क्रूर व्यवस्था व्यक्ति की योग्यता को नकार रही थी...भले ही उसकी विद्वत्ता आकाश जितनी ऊँचाई पा जाये।" वाल्मीकि की तल्ख़ी और व्यथा की सीमा नहीं है। बाबा साहेब के महानिर्वाण के बाद गुटों का स्पर्द्धा में बँट जाना रिपब्लिकन पार्टी के विभाजन के रूप में सामने आता है। यह क्षण विचारधाराओं के समन्वय का क्षण था जहाँ मार्क्सवाद और अम्बेडकरवाद ने

दलित आन्दोलन को उत्कर्ष पर पहुँचाया है।

इन विचारधाराओं से जुड़ने पर वाल्मीकि पारिभाषिक शब्दावली का प्रयोग भी करते हैं। इन प्रसंगों की चर्चा से वाल्मीकि की परिवर्तित होती मनःस्थितियों में भाषा के बदलावों को स्पष्ट रूप में देखा जा सकता है। वाल्मीकि का इतिहास-बोध 'दलित पैन्थर पार्टी' के जोश में सक्रिय रहने वाले साहित्यकारों के मराठी दलित आन्दोलन को नया तेवर देता दिखाई देता है। वाल्मीकि की दृष्टि में दलित साहित्यकारों की ऊर्जा "सही अर्थों में आधुनिक थी।" वाल्मीकि के निष्कर्षों की मुद्रा उन्हें एक चिन्तक का रूप दे रही है। 'जूठन' के उत्तरार्द्ध की यही परिणति है कि पूर्वार्द्ध में अनुभूति की प्रधानता है जबकि उत्तरार्द्ध में यह यात्रा परिपक्वता में ढल जाती है। दलित समाज में हीन भावना जगाने वाले गुजरात के आरक्षण-आन्दोलन ने वाल्मीकि को गहरी चिन्ता में डाल दिया था, महार बस्तियों में डॉ. अम्बेडकर ने जो चेतना जगाई थी उसके परिणामस्वरूप महारों में शिक्षा का प्रसार हुआ लेकिन मेहतर आदि शिक्षा से दूर थे। यह वाचालों द्वारा भेदभाव से उत्पन्न की गयी स्थिति थी! यह बाबा साहेब के संकल्पों से दूर की यात्रा थी, ऐसे वाचालों पर टिप्पणी करते हुए वाल्मीकि की भाषा मुहावरों के उपबन्धों के रूप में सामने आती है, वे "पीठ पीछे बातें बनाते, अम्बेडकर के लिए अपशब्द कहते। मेरा खून खौलने लगता!" जब मतभेद मिटाने की बात सामने आती तो ये वाचाल आयोजित चर्चा से ही गायब हो जाते! इस अन्तराल में उनकी अनुपस्थिति में माता-पिता का चल बसना उन्हें कन्धा देने से भी वंचित कर देता है। शब्दों में दर्द प्रतिध्वनित है—"एक ऐसा दुःख जिसे मैं अपने मन के तहखानों में छिपाकर बैठा हूँ।" चन्द्रपुर में बच्चे की बलि से मर्माहत हुए वाल्मीकि अपने लेखन की दिशा तय करते हैं, "अतीत के गौरव गान के बजाय जनमानस के दुःख-दर्द को अपने लेखन में उठाना सार्थक लगा।" एक भयभीत लड़के का मनोविज्ञान उन्होंने इस वाक्य-संरचना गें स्पष्ट किया, "थप्पड़ लगते ही लड़का मराठी बोलने लगा!" सारिका में दस बरस तक भी न छपने पर वे लिखते हैं, "साहित्य के भीतर एक सत्ता है जो अंकुरित पौधों को कुचल देती है। राजेन्द्र यादव ने जिस स्नेह और प्यार के साथ मुझे छापा मेरे लिए एक नया जन्म था, वरना मारने वालों ने कमी नहीं की थी।" महाराष्ट्र को याद करते हुए लिखते हैं, "आज भी महाराष्ट्र की माटी की गन्ध मेरे पोर-पोर में बसी है।" (पृष्ठ 148) ओमप्रकाश वाल्मीकि अपने सम्पर्क में आने वाले सभी मित्रों और साहित्यकारों को याद करना नहीं भूले हैं। दलितों पर चर्चा करते हुए वे लिखते हैं, "बदलाव पलायन से नहीं संघर्ष और संवाद से आयेगा।" मनन और चिन्तन की यह परिपक्व मुद्रा उन्हें समाधान की ओर उन्मुख कर रही है! भाषा की गहराई में चिन्तन का गुरु गम्भीर रूप भाषा को भावानुरूप तेवर देता है। वाल्मीकि जब बाबा साहेब डॉ॰ भीमराव

अम्बेडकर के विचारों से प्रभावित होकर उनकी व्याख्या करते हैं तब उनकी प्रणतमुद्रा देखते ही बनती है। शैली की सौम्यता में उनका चेहरा आभासित होने लगता है। संविधान और दर्शन की मुद्रा में बौद्ध दर्शन के विचारों की अभिव्यक्ति में उनकी भाषा अपनी रंगत बदलने लगती है। दार्शनिक शब्दों की छाप आत्मकथा में ऊर्जा बन ढलने लगती है। विचारों का परिष्कार कैसे होता है और दुःखों के बीच आत्मा कैसे ऊपर उठने लगती है इसे इन विशेष प्रसंगों में देखा जा सकता है। अतीत वर्तमान और भविष्य की देहरी पर खड़ी यह आत्मकथा अतीतजीवी नहीं बनाती! भाषा की गति कुछ ऐसी है कि बचपन से वयस्क और आत्मनिर्भर बनने की प्रक्रिया में गाँवों में मनाये जाने वाले पर्वों और रीतिरिवाजों का वर्णन करते हुए ओमप्रकाश वाल्मीकि अपनी कलम से उन पारिभाषिक शब्दों का चयन करते चलते हैं जिनके अर्थ-बोध और प्रक्रियाओं में सम्पन्न होने वाले क्रिया-कलाप आँखों के सामने मूर्त्तिमान होकर घटित होने लगते हैं। स्वयं ओमप्रकाश वाल्मीकि उन धार्मिक क्रिया-कलापों का हिस्सा बने हैं उनका अनमनापन भाषा की पकड़ से नहीं छूटता और उनकी चित्तवृत्ति और मनःस्थितियाँ परत-दर-परत खुलती चली जाती हैं।

अपने आरम्भिक काल में 'आत्मकथा' साहित्य की मुख्य विधा नहीं मानी जाती थी, यह लिखने और पढ़ने वालों की सोच का नतीज़ा था! पहले इन गौण विधाओं ने (जीवनी, संस्मरण और आत्मकथा जैसी स्फुट विधाएँ) अपनी जगहें तलाशने की ज़हमत भी नहीं उठायी थी। यह आपबीती का चिट्ठा ही बनकर रह गयी थी। परन्तु, अब दृष्टि के विस्तार और समय की माँग के अनुरूप इन विधाओं को साहित्य की मुख्य विधाओं में स्वीकृति मिल ही गयी है। इसका कारण इनकी अभिनव भाषा और असाधारण शैली है। 'कटैंट' इसकी नींव है। हर क्षण अपमान के घूँट पीने वाले ओमप्रकाश वाल्मीकि की आक्रामक मुद्रा ने पाठकों को स्तब्ध कर दिया है। आपबीती से निकले मंथन ने उन्हें दार्शनिक, चिन्तक और प्रवर्त्तक के रूप में ला खड़ा किया है।

तेज़तर्रार भाषा-शैली में घटनाओं का पारदर्शी ब्योरा देते ओमप्रकाश वाल्मीकि बाबा साहेब भीमराव अम्बेडकर के स्वप्न-निर्माण में सहायक हो जाते हैं जहाँ वह आर्थिक और जातिगत विपन्नता का दंशन झेलने वाले समाज के मौलिक अधिकारों का हनन होते देखते हैं। तुच्छता का भाव-बोध न हो, कोई सताया न जाय, समभाव व समदृष्टि रहे यही सोचकर डॉ॰ भीवराव अम्बेडकर ने भारतीय संविधान में दलितों के लिए विशेष प्रावधान के साथ-साथ मौलिक अधिकारों की व्यवस्था भी की थी। बिना जागरूक हुए प्रदत्त अधिकारों का न तो उपयोग हो सकता है और न ही कोई सार्थकता सामने आती है। आत्मकथा में निरन्तर वाल्मीकि इस जागरूकता-अभियान में तत्पर दिखाई देते हैं। अपने समाज की कुप्रवृत्तियों पर कुठाराघात भी करते हैं।

पौन, पुच्छा जैसी पूजा-प्रविधियों में शामिल नहीं होते। दम्भी और अहंकारी सवर्ण समाज के सामने चुनौती की प्रत्यंचा भी खींचते हैं। आशा की जानी चाहिए कि सम्भवतः स्थितियाँ आज नहीं तो कल बदल ही जायेंगी। दलित साहित्य समग्रताओं में इस अभियान के पथ पर प्रशस्त हो चुका है, परन्तु ऊँच-नीच की भावना समाप्त होकर नहीं दे रही है। सवर्ण जाति की जहालत दम्भ के नये-नये चेहरे निर्मित कर रही है। जयप्रकाश कर्दम ने अपने कहानी संग्रह 'खरोंच' में दलित-संवेदना के कई स्तरों का स्पर्श किया है। दलित साहित्य की क्रान्तिकारिता आशाएँ जगाती है। संवादों की दृष्टि से ओमप्रकाश वाल्मीकि को जगह-जगह 'चूहड़े' कहकर सम्बोधित करना और स्कूल में दाख़िले के लिए हेडमास्टर के सामने की जाने वाली गिड़गिड़ाहट, ''मास्टर जी, थारी मेहरबानी'' और हेडमास्टर की दबंगई, "चूहड़ा होके पढ़ने चला है... जा...चला जा...नहीं तो हाड़-गोड़ तुड़वा दूँगा।" और पिता की स्वाभिमानी चुनौती, "याद रखिये मास्टर...यो चूहड़े का यहीं पढ़ेगा...इसी मदरसे में" जैसे संवाद आत्मकथा की केन्द्रीय-संवेदनाएँ हैं। संवादों में मुहावरे कलीराम (पुरुष पात्र) के संवाद में गुँथे हुए हैं, "कौवा बी कबी हंस वण सके" उसका जैसा मुहावरा अपनी व्यंजना में एक कुशाग्र छात्र को शिक्षा के अधिकार से वंचित कर देने के लिए पर्याप्त है। वंचितों को प्रताड़ित करने वाली क्रूर भाषा में 'मिथक' का प्रयोग आग में घी डालने का कार्य कर रहा है। ज्वाला तब और दहकने लगती है जब यह कटूक्ति सामने आती है, "अरे! चूहड़े के जाकत कू झाड़ू लगाने कू कह दिया तो कोण-सा जुल्म हो गया...झाड़ू ही तो लगवाई है, द्रोणाचार्य की तरियो गुरु-दक्षिणा में अँगूठा तो नहीं माँगा।" यह 'सैडिज़्म' है। मनोविज्ञान की भाषा में यह मनुष्य के स्वभाव का एक रूप है जो दूसरों को सताने में ही आत्म-तृप्ति पाता है। मनुष्य के मनोविज्ञान की परतों को खोलने वाली आत्मकथा की भाषा उन कारणों के मनोवैज्ञानिक तथ्यों को ढूँढ़ने का प्रयास करती है जिनके कारण समाज में अलगाव और भेदभाव के बखेड़े खड़े हो जाते हैं। जाति मालूम होते ही सब कुछ बदल जाता है। फुसफुसाहटें और दलित की पीड़ा "चाकू की तरह नस-नस में" उतर जाती है, वे निष्कर्ष देते हैं, ''आभिजात्य गुणों से सम्पन्न सवर्ण हिन्दू कैसे जान पायेंगे।" (अन्तिम पृष्ठ)। भाषा के पड़ाव ओमप्रकाश वाल्मीकि की मनःस्थितियों में अपनी जगहें बना रहे हैं। इस भाषा की सत्यता परखने के लिए मन-मस्तिष्क की गरद झाड़कर ही सोचने की आवश्यकता है। मनोविज्ञान की पड़ताल करता उनका आत्मकथन उनके मन की परतों को खोल देता है। भाषा में कहीं दुरूहता नहीं है। स्वयं पर लगे 'ऐरोगैंट' हो जाने के आरोप को वह यह कहकर खारिज करते हैं, "जाति ही मेरी पहचान क्यों? कई मित्र मेरी रचनाओं में मेरे लाउडनैस, एरोगैंट हो जाने की ओर इशारा करते हैं। उनका इशारा होता है कि मैं संकीर्ण दायरे में क़ैद हूँ। साहित्यिक अभिव्यक्ति को

व्यापक अर्थों में ग्रहण करना चाहिए। संकीर्णता से बाहर आना चाहिए। यानी मेरा दलित होना और किसी विषय पर अपने परिवेश, अपनी सामाजिक-आर्थिक स्थिति के अनुसार दृष्टिकोण बनाना ऐरोगैंट हो जाना है, क्योंकि मैं उनकी नज़र में सिर्फ़ एस.सी. हूँ, दरवाज़े के बाहर खड़ा रहने वाला।" (अन्तिम पृष्ठ)

प्रश्नात्मक शैली में गहरे सवाल हैं कि अन्ततः सवर्ण हिन्दू दलितों के प्रति सहिष्णु क्यों हैं? अपनी ही संकीर्णताओं में बँटा समाज यूनानियों, शकों, हूणों, अफगानों, मुगलों, फ्रांसीसियों, अंग्रेज़ों से हारा है, कमज़ोर और असहायों को पीटना, औरतों को अपमानित कर उनकी इज़्ज़त से खेलना, इतिहास से सबक न लेना किस राष्ट्र के निर्माण की कल्पना हो सकती है।

अपनी समास शैली में उन्होंने भारत के इतिहास का खाँचा एक ही वाक्य में बुन दिया है और 21वीं सदी के समकालीन समय को बहुत ही कम शब्दों में विपुल विस्तार दिया है। यहाँ भाषा की कई रंगतें और 'शेड्स' हैं। वह वक्त बदलने के साथ परिवर्तन के आकांक्षी हैं। उनकी वाक्य-संरचना विस्तार की आवश्यकता नहीं है। नपे-तुले शब्दों में, "वक्त बदला है। लेकिन कुछ है जो सहज नहीं होने देता है।" जैसे सूत्र-वाक्य हैं। "सच्चाई से मुँह मोड़ लेना" जैसे पदबन्ध भी जिनका अर्थ-विस्तार अतीत, वर्तमान और भविष्य की दहलीज़ लाँघकर त्रिकालदर्शी 'वैराट्य' का स्पर्श करने लगता है। भाषा में गुँथे अभिन्न अर्थों की संगति ही इसकी बड़ी सफलता है।

उन्होंने चंडीगढ़ बस अड्डे पर ड्राइवर और कंडक्टर को यह कहते सुन लिया, "चाहे जिन्ना वड्डा अफसर वण जावे, उसदी जा़त नीं बदल सकदी। ...चूहड़ा है तो रहेगा चूहड़ा ही।" वाल्मीकि अपनी जाति पर टिप्पणी करते हुए वाल्मीकि शब्द के परीक्षण और विश्लेषण की पद्धति अपनाते हैं। 'सरनेम' आदमी के मान-सम्मान का पैमाना है। वाल्मीकि शब्द ही उनकी पूर्णता है उसके बिना "ओमप्रकाश की कोई पहचान नहीं है।" वह उदाहरण देते हैं, "आज भीमराव का अम्बेडकर के बिना कोई अर्थ नहीं है।"

उल्लेखनीय है कि उपुर्यक्त कथनों में लाक्षणिकता है। वाक्य-संरचना की व्यंजनात्मक ध्वनियाँ इसके 'उलट' अर्थ दे रही हैं जो सीधे 'अभिधा' में कही गयी है, "जाति ही मेरी पहचान क्यों।" में प्रश्न होकर भी अर्थ जाति की अस्वीकृत भावना पर केन्द्रित है। व्यंग्यात्मकता में अर्थगत ध्वनियाँ नकारात्मक या सकारात्मक अर्थ-संकेतों में अभिव्यक्त होती हैं, आवश्यकता प्रयोक्ता की मनःस्थितियों को ज़ानने-समझने की है। 'जूठन' की भाषायी पड़ताल आलोचना और मूल्यांकन की कोरी पुस्तकीय समीक्षा से सम्भव नहीं है। 'हंस' वाले राजेन्द्र यादव ने बहुत सोच समझकर यह आत्मकथा उनसे लिखवाई है। वाल्मीकि का कृतज्ञता-ज्ञापन इसका प्रमाण है। 'लेखक की ओर से....' अपने कथन में वे कहते हैं, " 'जूठन' शीर्षक

भी उन्होंने ही सुझाया। उनका आभार व्यक्त करना मात्र औपचारिकता होगी।" उन्होंने उन सभी आत्मीयों को अपने आमुख में और पुस्तक के अन्दर अपना आदर भाव प्रकट किया है। यहाँ उनकी सौम्यता ने भाषा में विनम्रता का स्पर्श देकर उन्हें 'पूर्णत्व' ही प्रदान किया है। 'आत्मकथा' के उद्देश्य के सन्दर्भ में वे आरम्भ में स्पष्ट करते हैं कि साहित्यिक अभिव्यक्तियों में जो असहनीय पीड़ाएँ और 'दग्ध अनुभव' स्थान नहीं पा सके हैं उस व्यथा-कथा को ही शब्द-बद्ध करने के विचार ने उस आत्मकथा को लिखने के लिए प्रेरित किया है। 'जूठन' की कथा 'तगा' (त्यागी जाति का बिरटा हुआ तद्भव शब्द-रूप) जाति की क्रूरता से आरम्भ होकर उसकी अस्वीकृति के साथ समाप्त होती है।

सुविधा की दृष्टि से हम इसे भागों में विभाजित कर सकते हैं। प्रथम, बचपन-परिवार और घटना-क्रम को आगे बढ़ाते बरला इण्टर कॉलेज में बारहवीं की परीक्षा में फेल हो जाने पर देहरादून में जाकर पढ़ना और दूसरे वहाँ से ट्रेनिंग में चयनित हो जाने पर नौकरी हेतु देहरादून में ही ऑर्डिनेंस फैक्टरी में आजीविका कर्म की आत्मनिर्भरता और आर्थिक जटिलताओं में नये रास्ते की तलाश के अनुभव और उसके बाद जबलपुर (म॰प्र॰), चन्द्रपुर और बम्बई (महाराष्ट्र) आदि स्थानों पर तबादलों के साथ परिपक्व होती वैचारिक और सांस्कृतिक सम्पन्नताओं के साथ पुनः देहरादून की वापिसी।

'जूठन' के इन दो पड़ावों में जाति का विषाद राग उदात्तता का स्पर्श करता है। इस अन्तर्यात्रा में ओमप्रकाश वाल्मीकि के व्यक्तित्व-निर्माण का आधार दोनों ही पड़ाव हैं और दोनों एक-दूसरे के पूरक हैं। पूरी आत्मकथा लिखते हुए ओमप्रकाश वाल्मीकि बार-बार उस अतीत का स्पर्श करते हैं जहाँ उन्हें तीव्र चोटें पड़ी हैं और वे आहत हुए हैं। तीखे संवेगों में उनका चिन्तन निष्कर्षों पर आकर स्थित हो जाता है। लेखन की यह यात्रा कब और कहाँ-कहाँ से ऊर्जा बटोर रही है को जानने के लिए लेखक की मनःस्थितियों से तादात्म्य स्थापित करना अनिवार्य होगा। अन्यथा, भाषा के गूढ़ संकेतों को पकड़ने में 'विचलन' का खतरा उत्पन्न हो सकता है।

अन्त में इसी क्रम में, देरिदा के पुनःपाठ के सिद्धान्त की चर्चा करनी आवश्यक प्रतीत होती है। यह आत्मकथा एक विशेष अंचल की कोख से उपजकर विश्व के धरातल पर स्थापित हो चुकी है। कई भाषाओं में इसके अनुवाद हो चुके हैं। यह विश्वजनीन साहित्य में अपनी उपस्थिति दर्ज़ करा चुकी है। आत्मकथा की पहली शर्त्त उसकी वैयक्तिकता है, निजीपन इसका रक्त-संचार। अनुभव, स्मृतियाँ और आत्मीय ऊष्मा में रची-तची यह समग्र कथा विश्वजनीन आलोचना पद्धति में कहाँ तक फिट बैठती है—यह देखने वाली बात है।

सर्वविदित है कि पूरे विश्व में धार्मिक अलगाव, रंग-भेद नीति और सामाजिक

रूढ़ियों की 'उपस्थिति' मिलती है। भारत की वर्ण-व्यवस्था के समानान्तर इसके चलते आतंकवाद और दूसरे संघर्ष और अन्तर्द्वन्द्व सामने आते हैं। ओमप्रकाश वाल्मीकि ने 'जूठन' के माध्यम से जो लकीर खींची हैं उसकी ज़द में पूरी धरती का प्रताड़ित मनुष्य भी जड़ें जमाये खड़ा है। 'जूठन' की लोकप्रियता का प्रमाण यही है कि हर सन्तप्त मनुष्य ने इसमें अपने दर्द को प्रतिबिम्बित होते देखा है। यह तो हुई उसके कटैंट की बात। हम विखण्डनवाद की थ्योरी के एक महत्त्वपूर्ण पक्ष पर चर्चा करना चाहेंगे क्योंकि यह नयी सदी के विश्वजनीन साहित्य की एकमात्र आलोचना-पद्धति का दावा करती है। यह एक साथ भाषाविज्ञान, काव्यशास्त्र और रचना को केन्द्र में रखकर अपना विमर्श प्रस्तुत करती है। यह देरिदा का 'डिकंस्ट्रक्शन' है, जो विखण्डनवाद, संरचनावाद और उत्तर-संरचनावाद का पर्याय है। उत्तर-आधुनिक विमर्श के नाम पर इसमें विशेष समय का इतिहास-बोध अलग से जुड़ गया है। भाषायी मुद्दे पर विखण्डनवाद भारतीय और पाश्चात्य मान्यताओं के विपरीत है जो यह मानते हैं कि भाषा दैवी है और वह मनुष्य निर्मित नहीं है। अरस्तू और प्लेटो तो यही माने बैठे हैं। भारतीय भाषाविदों की यही मान्यता है।

इस दृष्टि से विखण्डनवाद बौद्ध चिन्तक नागार्जुन की भाषायी मान्यता के निकट है जो यह मानती है कि भाषा दैवी नहीं मनुष्यकृत है। भाषा की दृष्टि से विखण्डनवाद ने नये द्वन्द्व को आमंत्रित किया है। 'जूठन' का मूल्यांकन भाषा के इस मुद्दे पर भारतीय या पाश्चात्य बहस की परिधि में नहीं आता। कारण, वाल्मीकि ने भाषा के मुद्दे पर कोई टिप्पणी नहीं दी है परन्तु उनकी भाषीय पकड़ इसकी दरकार नहीं करती। 'ऑफ ग्रेमेटोलोजी' में देरिदा की चाल उलट है कि भाषा पहले मौखिक नहीं लिखित है। विश्व का पूरा साहित्य 'वाक्' और स्मरण की प्रक्रियाओं से गुज़रता हुआ लिखित साधनों यथा लिपि, भाषा और भित्ति-चित्रों, शिलालेखों से निकलकर काग़ज़ों पर उतरा है तो यह तर्क तो खंडित हो जाता है कि भाषा लिखित पहले है या 'वाक्' में लिखित मौजूद है। यहाँ यह तर्क खड़ा होता है कि लोकगीतों, मुहावरों और दंतकथाओं का मूल लेखक आज तक सामने क्यों नहीं आया? 'जूठन' में प्रयुक्त मुहावरे और आंचलिक संवाद-शैली प्रचलित बोली-भाषा से ही उठाये गये हैं।

क्या रचना आलोचना से बड़ी है? देरिदा का मानना है कि आलोचना बड़ी है रचना नहीं। तो यहाँ भी देरिदा को नम्बर मिलने वाले नहीं हैं। रचना या आलोचना की लड़ाई उठाकर सिरफुटौव्वल की नौबत क्यों आये। रचना ही नहीं होगी तो आलोचना किसकी होगी! हिन्दी वाले तो बैठते ही छन्दहीन और छन्दबद्ध के 'फॉर्म' को लेकर लड़-लड़ पड़ते हैं। यहाँ कविता का विशेष प्रकरण प्रसंगवश ही दिया जा रहा है कि विदेशी मान्यताएँ कुछ भी कह दें हम बिना सोचे-समझे भारतीय सन्दर्भों से संगति बैठाये पीछे चलने लगते हैं और मठों और शिविरों में बँट जाते हैं। विचारधाराओं के नाम पर यही हो रहा है। परसंस्कृतिकरण की प्रक्रिया के चलते

हम विश्व साहित्य से लेते और देते हैं और आवश्यकता और समकालीन ज़रूरतों के हिसाब से कुछ छोड़ते और अपनाते चलते हैं। साहित्य में परिवर्तन की गति के साथ वैचारिकता और मूल्यांकन के आधार भी कमोबेश परिवर्तित होते चले जाते हैं। यह तो न हो कि बिना सोचे-समझे किसी विचार को पूरी तरह ओढ़ने-बिछाने लगे। आज आलोचना और मूल्यांकन के नाम पुस्तक-समीक्षा सिर चढ़कर बैठ गयी है और किन्हीं कारणों से शक्तिशाली हाथों में पड़कर जब जिसे चाहे मुकुट की तरह सिर पर चढ़ा लेती है या उसे ज़मीन की धूल चटा देती है, उस नज़रिये से 'जूठन' को उसके आसन से हिलाने वाला कोई नहीं है।

विखण्डनवाद की और एक महत्त्वपूर्ण बात सामने आती है कि दर्शन से साहित्य बड़ा है। उसका तर्क है कि साहित्य में ही दर्शन समाहित है। उससे हम सहमत हैं कि साहित्य में दर्शन समाहित होता है क्योंकि साहित्य की सोद्देश्यता में रचनाकार की अन्तर्दृष्टि निहित होती है। इन्हें अलग नहीं किया जा सकता। ज़हाँ तक दर्शन के विशेष अनुशासन का प्रश्न है वह अपना स्वतन्त्र अस्तित्व रखता है परन्तु साहित्य में आते ही वह उसका अनुगामी हो जाता है और दोनों मिलकर रचना को सम्पूर्ण बनाते हैं। 'जूठन' गें लेखक का 'विज़न' स्पष्ट है। मार्क्सवाद, अम्बेडकरवाद और बौद्ध मान्यताओं का समन्वित दार्शनिक रूप 'जूठन' में उद्‌घाटित हुआ है। देहरादून के पुस्तकालयों में चिन्तकों के ग्रन्थों का अध्ययन देहरादून प्रवास के उपरान्त ही प्रखर और व्यावहारिक होकर उनकी परिपक्व अन्तर्दृष्टि के रूप में सामने आता है। उसमें 'इतिहास के अन्त' की बात यदि मानें तो इतिहास का अन्त तो हो ही नहीं सकता। समय, मनुष्य और घटनाएँ इतिहास का निर्माण करती हैं। सामान्य रूप में हर जिया जाने वाला क्षण इतिहास के खाते में दर्ज़ होता चला जाता है। मनुष्य है तो उसका इतिहास भी है। ध्वंस की इस अवधारणा के चलते देरिदा आगे नहीं बढ़ पाया और किताबों में बन्द होकर बैठ गया।

विखण्डनवाद के पर्यायवाची नामों में संरचनावाद, उत्तर-संरचनावाद जैसे नामों की ज़मीन विखण्डनवाद से अलग है। संरचनावाद और उत्तर-संरचनावाद की ज़मीन और आकाश बिल्कुल अलग है और दिग्भ्रम पैदा करती है। बुनियादी तौर पर विखण्डनवाद संरचनावाद और उत्तर-संरचनावाद के बाद अपनी उड़ान भरता है। उदाहरण के लिए उत्तर-संरचनावाद की मान्यता है कि मूल रचना की अन्तिम व्याख्या हो सकती है जबकि विखण्डनवाद ठीक इसके उलट कहता कि मूल रचना की अन्तिम व्याख्या नहीं हो सकती! नामों के इस उलटफेर में विखण्डनवाद की मान्यता सार्थक नज़र आती है। यह इतिहास-दृष्टि और साहित्य के बीच समन्वय स्थापित करता हुआ इस निर्णय से अवगत कराता है कि यदि रचना की अन्तिम व्याख्या हो जाती तो रचना और उसका रचयिता दोनों इतिहास की पर्तों में दबकर रह जाते।

विखण्डनवाद की यह मान्यता विश्व साहित्य पर घटित होती है क्योंकि विश्व

का महत्त्वपूर्ण प्राचीन साहित्य इसलिए जीवित है क्योंकि हर युग और पीढ़ी ने उन रचनाओं की समय की मूल्यवान आवश्यकताओं और प्रसंगों में उसकी व्याख्या की है।

देरिदा के पुनःपाठ की थ्योरी में एक तर्क यह भी दिया जाता है कि भाषा में या तो अर्थ दब जाता है या दबा दिया जाता है। जान-बूझकर दबाये गये अर्थों को खोलना ज़रूरी है। उन गुत्थियों को खोले बिना अर्थ अधूरा है। साहित्य के पुनःपाठ पर यह बात लागू होती है। 'जूठन' का पाठ और पुनःपाठ इस थ्योरी की माँग नहीं करता। उसमें जो लिखा गया है उसमें गुत्थियाँ नहीं पूरी स्पष्टता है क्योंकि यह एक जाति-विशेष और समाज-विशेष के द्वन्द्वों-अन्तर्द्वन्द्वों पर केन्द्रित है। इसकी व्याख्या भावी इतिहास पर छोड़ी जा सकती है क्योंकि जो दलित प्रश्न इसमें उठाया गया है उसकी जड़ें सुदूर अतीत तक जाकर वर्तमान तक लौट आती हैं और सुखद समाधानों की प्रतीक्षा करती हैं! 'जूठन' के अन्त में लेखक का आशान्वित चेहरा लक्षणाओं के माध्यम से सामने आता है।

देरिदा की थ्योरी में नामों का भ्रम है। कई-कई पर्यायवाची नामों और सिद्धान्तों में निर्णय कर पाना कठिन है कि किस सिद्धान्त को कहाँ लागू किया जाये! हाँ, पाठ और पुनःपाठ की थ्योरी को अंगीकार करके यह बात समझ में आती है कि रचना का मूल्यांकन निरन्तर होने वाले पाठ और पुनःपाठ की थ्योरी पर ही टिका हुआ है। पुनःपाठ की थ्योरी और दिशा क्या होगी यह समालोचक को निर्धारित करना होगा। हर युग में रचना की व्याख्या परिवर्तन और समय के अनुकूलन के रूप में सामने आती है। निरन्तर पाठ की व्याख्या और जिज्ञासा ही रचना को कालजयी बनाती है।

भारतीय परिप्रेक्ष्य में जब तक वर्णाश्रम व्यवस्था है तब तक जातिगत एनार्की समाप्त होने वाली नहीं है। इसकी सम्भावना निरन्तर बनी रहेगी कि शक्तिशाली जातियाँ दबी जातियों को कुचलती रहेंगी। यह ध्वंसात्मक मनोवृत्ति जब समाज के मनुष्य में रहेगी तब तक समस्याएँ बढ़ती ही रहेंगी!

ओमप्रकाश वाल्मीकि इसी मानसिकता को बदलने की बात करते हैं। उन्होंने स्वयं का परिष्कार किया और दलित-साहित्य के प्रणेता बने। उनकी रचनात्मकता प्रत्येक शब्द और ध्वनि में 'अस्तित्व' को बचाये रखने का संकेत करती है। प्रश्नों और समाधानों के बीच 'जूठन' का मूल्यांकन भाषायी दृष्टि से अधिक अनुकूल है जबकि काव्यशास्त्र की दृष्टि से यह पाश्चात्य काव्यशास्त्र की 'विखण्डनवाद' की थ्योरी के समीप दिखाई देती है। जिस कालखण्ड में इसे पढ़ा और समझा जायेगा उसकी दिशा सकारात्मक ही रहेगी। सम्भवतः दमन के इस काले इतिहास का अन्त 'जूठन' के निरन्तर चलते पुनःपाठ में ही समाहित हो। भाषा, काव्यशास्त्र, इतिहास दृष्टियों के संकुलों के बीच मनुष्य को सुरक्षा-बोध देने वाली इस आत्मकथा के समक्ष समाज का हर वर्ग प्रणत मुद्रा में खड़ा है।

वाल्मीकि जी की आत्मकथा 'जूठन'

चमन लाल

उत्तर प्रदेश के मुज़फ़्फ़रनगर जनपद के बरला गाँव में ओमप्रकाश वाल्मीकि का जन्म 1950 में हुआ था। उनकी आत्मकथा 'जूठन' के प्रकाशन से पहले ही एक सशक्त कवि और कहानीकार के रूप में उनकी पहचान स्थापित हो चुकी थी। 'सदियों का सन्ताप' व 'बस्स! बहुत हो चुका' कविता-संग्रहों द्वारा वे दलित आक्रोश को काव्यात्मक रूप में अभिव्यक्त कर चुके हैं। सृजनात्मक साहित्य के साथ-साथ विचारधारात्मक स्तर पर भी वाल्मीकि सक्रिय रहे हैं और 'प्रज्ञा-साहित्य' के दलित विशेषांक के सम्पादन के अतिरिक्त अनेक पत्र-पत्रिकाओं में दलित साहित्य की अवधारणाओं व उसके विभिन्न पक्षों पर लेख लिखते रहे हैं। अनेक विवादों में भी अपना पक्ष प्रस्तुत करते रहे हैं। अपनी इस साहित्यिक और विचारधारात्मक सक्रियता के द्वारा वे अनेक संस्थाओं द्वारा पुरस्कृत भी हुए हैं।

उनकी आत्मकथा 'जूठन' के कुछ अंश पहली बार राजकिशोर द्वारा सम्पादित पुस्तक 'हरिजन से दलित' में छपकर सामने आये। कुछ अंश सम्भवतः 'हंस' में भी छपे और आत्मकथा के पुस्तकाकार रूप में छपने से पहले ही पर्याप्त चर्चित हो गये। यह उम्मीद भी बन गयी कि एक अच्छी दलित आत्मकथा हिन्दी में छपकर सामने आयेगी। इसी बीच मोहनदास नैमिशराय की आत्मकथा 'अपने-अपने पिंजरे' पहले छप गयी और वाल्मीकि की आत्मकथा 'जूठन' 1997 में छपकर सामने आयी।

अपनी इस आत्मकथा की सृजन-प्रक्रिया के सम्बन्ध में स्वयं लेखक का कथन है—इन अनुभवों को लिखने में कई प्रकार के ख़तरे थे। एक लम्बी जद्दोजहद के बाद मैंने सिलसिलेवार लिखना शुरू किया। तमाम कष्टों, यातनाओं, उपेक्षाओं, प्रताड़नाओं को एक बार फिर जीना पड़ा, उस दौरान गहरी मानसिक यंत्रणाएँ मैंने भोगीं। स्वयं को परत-दर-परत उधेड़ते हुए कई बार लगा—कितना दुखदायी है यह सब। कुछ लोगों को यह अविश्वसनीय और अतिरंजनापूर्ण लगता है।

वास्तव में जब भी कोई दलित लेखक सचेत और सजग रूप में अपने जीवन के अनुभवों को आत्मकथा या किसी अन्य साहित्यिक विधा का रूप देगा तो

वाल्मीकि की ही तरह के अनुभवों से उसे गुज़रना पड़ेगा और जिन 'कुछ लोगों' को यह 'अविश्वसनीय और अतिरंजनापूर्ण' लगता है, वह वे लोग हैं, जिन्होंने बचपन में चाँदी के चम्मच से दूध पिया है। जिन्होंने ज़िन्दगी को कभी नज़दीक से देखा ही नहीं है। जैसे कड़वे अनुभवों से वाल्मीकि गुज़रे हैं, वे इतने यथार्थ और वास्तविक हैं कि उन्हीं से 'जूठन' दिल दहला देने वाली दलित लेखक की सच्ची कहानी बन गयी है।

कुल डेढ़ सौ पृष्ठों में वाल्मीकि ने अपने जीवन के करीब चालीस-पैंतालीस वर्षों की कथा कही है, लेकिन इसे कहने की शैली इतनी मार्मिक और संवेदनशील है कि पाठक के मर्म को सहज में ही स्पर्श कर लेती है। लेखक की वर्णन-क्षमता में अद्भुत आकर्षण है, यद्यपि यह सर्जनात्मकता ज्यादातर जीवन के कुरूप और क्रूर पक्षों का ही उद्घाटन करती है। 'जूठन' का आरम्भ भी बरला गाँव की डब्बो वाली जोहड़ी के वर्णन से शुरू होता है और यह वर्णन ऐसा है कि कई संभ्रान्त पाठक-पाठिकाएँ इस वर्णन से ही बिदक सकते हैं। गाँव के चूहड़ों के घर जहाँ बनाये-बसाये गये हैं, उसके पीछे गाँव-भर का खुला शौचालय है, जिसमें गाँव भर की औरतें नित्यकर्म से खुले में निवृत्त होती हैं। 'चारों तरफ' गन्दगी भरी होती थी, दुर्गन्ध ऐसी कि मिनट भर में साँस घुट जाय। इस प्रतिष्ठित हिन्दी लेखक के बचपन के दिनों का यह पर्यावरण है, जिसके बारे में खुद वाल्मीकि ने लिखा है—'इस माहौल में यदि वर्ण-व्यवस्था को आदर्श-व्यवस्था कहने वालों को दो-चार दिन रहना पड़ जाय तो उनकी राय बदल जायगी।' असल में भारत में ब्राह्मणवादी जाति-व्यवस्था के समर्थक और उसे परिचालित करने वाली सत्तासीन शक्तियाँ ऐसी ढीठ या शातिर हैं कि उन्हें ऐसी जगहों पर कभी कोई रख नहीं सकेगा अलबत्ता उनके पास ऐसे माहौल को न्यायोचित ठहराने के लिए 'मनुस्मृति' जैसे विचारधारात्मक आधार हैं, जिसके बल पर वे शूद्रों की इस दशा को उनको पिछले कर्मों का दण्ड मानकर उसे उचित ही ठहराते हैं। हाँ, जो लोग सचमुच इन परिस्थितियों से अनजान हैं, उनका मत बदलने के लिए तो 'जूठन' जैसी आत्मकथाएँ भी पर्याप्त हैं, क्योंकि जो लोग संवेदनशील हैं, जिनमें ज़रा सी भी मानवीयता बची है, वे ऐसी आत्मकथाओं को सामाजिक यथार्थ के प्रामाणिक दस्तावेज के रूप में ग्रहण करेंगे और यदि वे किसी सामाजिक सत्ता में होंगे तो ऐसी स्थितियों में परिवर्तन के लिए आग्रहशील बनने का प्रयास करेंगे।

बरला गाँव त्यागी ज़मींदारों की सामाजिक सत्ता द्वारा परिचालित गाँव है, जिसमें दलितों-चूहड़े-चमारों के हिस्से में सिवाय अपमान और मेहनत-मज़दूरी के और कुछ नहीं है। इसी गाँव में रहते हुए वाल्मीकि के पिता ने वाल्मीकि को स्कूल में दाखिल कराने की हिम्मत की। उसी स्कूल में चमार और झीवर जाति का भी एक लड़का दाखिल था। इन सब बच्चों को स्कूल शिक्षा के दौरान किन-किन यातनाओं से गुज़रना पड़ा, उसका 'जूठन' में तो मार्मिक वर्णन है ही, सेमुउल ने इसके पंजाबी

नाट्य रूपान्तर में मंच पर जो उसकी नाटकीय प्रस्तुति की है, उसमें तो वह और भी तीव्र और तीक्ष्ण रूप में उभर आया है।

ओमप्रकाश वाल्मीकि 'जूठन' में गाँव के पूरे जीवन की स्थितियों पर ही प्रकाश डालते चलते हैं। न सिर्फ स्कूल में दलित बच्चों से यातनादायी व्यवहार होता है, घरों में भी उच्च जाति के ज़मींदार इन दलित वर्णों से बेगार करवाने के बाद भी क्या सलूक करते हैं, उसका भी यथार्थ चित्रण इस आत्मकथा में उकेरा गया है। जैसे 'जूठन' शीर्षक इस आत्मकथा को कैसे मिला, उसका सन्दर्भ भी बड़े मार्मिक रूप से चित्रित है। बड़े घर के ब्याह-शादियों से दलितों द्वारा बेगार लिए जाने के बाद उन्हें समुचित खाना भी न दिया जाता, बल्कि बरातियों और घरातियों की पत्तलों में छोड़ी जूठन को काम करने वाले दलित परिवार को दे दिया जाता है और दलित बेचारे इस 'जूठन' को भी चटखारे लेकर खाते थे। लेकिन वाल्मीकि की माँ अपमानजनक परिस्थितियों में दी गयी जूठन को ज़मींदार के सामने फेंक आती है और यह घर तो 'जूठन' के रिवाज़ से खुद को मुक्त कर लेता है।

उत्तर प्रदेश के गाँवों में दलितों का हर स्तर पर अपमान होता है। दलित लड़की ब्याहने आये दामाद को उच्च जाति के घरों में घुमाकर उसके लिए शगुन माँगा जाता है और बड़े अपमानजनक ढंग से उच्च जाति के पुरुष-स्त्रियाँ उसकी झोली में कुछ सिक्का आदि फेंक देते हैं। वाल्मीकि के बचपन से ही संवेदनशील व साथ ही शिक्षा से सजग मन ने इस अमानवीय प्रथा का भी अपने परिवार में अन्त करवाया और फिर पूरे गाँव से भी।

इस प्रकार ओमप्रकाश वाल्मीकि की इस आत्मकथा में केवल परिस्थितियों की क्रूरता का यथार्थ चित्रण-भर ही नहीं है, सामाजिक परिवर्तन की सुगबुगाहट भी है। भले ही अत्यन्त अपमानजनक परिस्थितियाँ झेलकर ही वाल्मीकि या उसके जैसे लोगों को शिक्षा प्राप्त करनी पड़ी, लेकिन इसी शिक्षा ने व इसके कारण मिली नौकरी ने उन्हें इन अत्यन्त क्रूर परिस्थितियों से कम-से-कम व्यक्तिगत स्तर पर तो मुक्ति दिलाई। वाल्मीकि ने गाँव के ऐसे त्यागी चौधरियों का चित्रण भी किया है, जो बचपन में उसे 'चूहड़ा', 'चूहड़े का' कहकर अपमानित करते थे, उससे छूने से घृणा करते थे, वही वाल्मीकि के नौकरी में अच्छी स्थिति में पहुँचने पर उसके घर भी गये व उनके हाथ का खाना भी खाया। लेकिन ऐसी घटनाओं का वर्णन वाल्मीकि ने न तो बदले की कटु भावना से, न ही चटखारे लेकर लिया, बल्कि इस ढंग से किया है कि पाठक को यह महसूस हो कि सामाजिक परिस्थितियाँ ही ऐसी अस्पृश्यता के अमानवीय व्यवहार का कारण है और यदि ये परिस्थितियाँ बदल जायँ तो अस्पृश्यता का व्यवहार भी बदल जाता है।

वाल्मीकि की आत्मकथा में शैली के स्तर पर औपन्यासिकता जैसा रस है। जीवन

के कई व्यक्तिगत मार्मिक प्रसंगों का चित्रण वाल्मीकि ने बड़े संवेदनशील ढंग से किया है—अंबरपुर में नौकरी करते समय ब्राह्मण कुलकर्णी परिवार में वाल्मीकि को मिलने वाले प्यार, उनकी बेटी सविता का वाल्मीकि के प्रति आकर्षण, लेकिन वाल्मीकि द्वारा अपनी जाति बताये जाने पर इस सम्बन्ध के टूटने की कथा को वाल्मीकि ने करुणा का पुट नहीं दिया है, उसे सामाजिक वास्तविकता की ऐसी घटना के रूप में चित्रित किया है, जिसमें जाति-व्यवस्था के उस क्रूर पक्ष को उघाड़ा है, जिसके कारण मासूम दिल टूटते हैं। वाल्मीकि ने बाद में अपने पारिवारिक परिवेश में अपने विवाह व नौकरी में रहते हुए अपनी जीवन परिस्थितियों के बदलने की कथा सहज रूप में अभिव्यक्त की है, वाल्मीकि उपनाम रखने व उस पर परिवार व मित्रों में बहस को वाल्मीकि ने ज़रूरत से अधिक विस्तार दिया है और इसमें उतनी सहजता भी नहीं है, जितनी उनकी पूरी आत्मकथा में है। वाल्मीकि उपनाम एक अन्य स्तर पर भी आपत्ति का कारण बन सकता था, क्योंकि वाल्मीकि अपनी रामायण में कहीं भी ब्राह्मणवादी वर्चस्ववादी संस्कृति को चुनौती नहीं देते, बल्कि वाल्मीकि अपनी रचना में हैं भी उसी वर्चस्ववादी संस्कृति के प्रतिनिधि न कि दलित जागरण और शक्ति के प्रतीक। इस सन्दर्भ में वाल्मीकि आधुनिक दलित अस्मिता की पहचान के प्रतीक तो नहीं बन सकते। ओमप्रकाश ने वाल्मीकि उपनाम से तो उन्हें इसी प्रतीक के रूप में ग्रहण किया है। लेकिन कोई भी नाम जिस भी रूप में प्रचलित हो जाय, वही इसका प्रतीक बन जाता है। वाल्मीकि भले ही वर्चस्ववादी संस्कृति के प्रतिनिधि रहे हों, ओमप्रकाश वाल्मीकि 'जूठन' द्वारा वर्चस्ववादी जातिवादी-वर्णवादी संस्कृति को सशक्त सांस्कृतिक चुनौती देते हैं। उनकी यह रचना मराठी दलित आत्मकथाओं के साहित्यिक स्तर के बराबर की रचना है। इसके सकारात्मक पक्षों में वाल्मीकि द्वारा अपनी पीड़ा व जीवन में मिले अपमान की कटुता को पीकर उस गरल से मानवीयता रूपी अमृत का सृजन 'जूठन' द्वारा किया गया है। 'जूठन' में उच्च जाति द्वारा मिले दंश व पीड़ा-अपमान के बावजूद उसके प्रति जातिगत घृणा या विद्वेष नहीं, वरन् पूरी जातिवादी व्यवस्था के प्रति एक आलोचनात्मक दृष्टि है। 'जूठन' की सबसे बड़ी शक्ति समाज से जातिवाद के ज़हर को मिटाने पर बल देने में है, न कि व्यक्तिगत पीड़ा का प्रचार करने में।

आत्मकथा 'जूठन' में वर्णित सामाजिक-सांस्कृतिक संघर्ष

कौशल पंवार

दलित आत्मकथाओं में नव्य निर्माण, विद्रोह की भावना, विकास की गति, राजनीतिक बदलाव, धर्म-परिवर्तन का प्रभाव, समता-समानता की प्रवृत्ति, समन्वय, जातीयता, जनभाषा का प्रयोग, सामाजिक-सांस्कृतिक-धार्मिक-आर्थिक पृष्ठभूमि आदि दृष्टि से सामाजिक एवं सांस्कृतिक सन्दर्भ स्पष्ट तौर पर दृष्टिगोचर होते हैं। आत्मकथाकारों के लिए सबसे विडम्बनाजनक अगर कोई बात है तो वह यह है कि वे लोग वास्तविक जीवन तो एक बार जी चुके होते हैं किन्तु जब आत्मकथा लिखने का समय आता है तब उनको वही कष्टदायी जीवन फिर से जीना पड़ता है। उस पर भी दलित आत्मकथाकारों के लिए यह और भी पीड़ाजनक दुःखदायी बन जाता है। दलित आत्मकथाएँ सदियों से चले आ रहे दलित समाज के शोषण, उत्पीड़न व यातनाओं का दस्तावेज हैं। दलित वर्ग के साथ इस अन्याय के बीज भारत की सामाजिक संरचना में ब्राह्मणवादी जाति-व्यवस्था के रूप में पड़े हुए हैं। इस व्यवस्था ने मानव बन्धुत्व को जाति के आधार पर बाँटने की साजिश रची जिसके कारण सदियों तक निम्न जातियाँ सामाजिक अन्याय का शिकार बनी रहीं और सामाजिक स्थान न पा सकीं। ब्राह्मणवादी समाज ने बहुजन समाज को सभी नागरिक अधिकारों से वंचित तो रखा ही, साथ ही साथ प्राकृतिक अधिकारों से भी वंचित करने की कोशिश की जो आज भी लगभग उसी रूप में जारी है। भारतीय ग्रामीण ब्राह्मणवादी सामाजिक व्यवस्था में बचपन से ही यह सिखाया जाता है कि निम्न जाति का व्यक्ति खुद को नीच समझे और उच्च जाति का व्यक्ति अपने आपको ऊँचा माने। यह व्यवस्था सामाजिक बुनतर की एक बड़ी विडम्बना है।

ओमप्रकाश वाल्मीकि की आत्मकथा 'जूठन' इसी सामाजिक सड़ाँध को उजागर करती है जिसमें हिन्दू धर्म की विकृतियों का प्रामाणिक पर्दाफाश हुआ है। यह ओमप्रकाश वाल्मीकि की व्यक्तिगत पीड़ा के साथ-साथ पूरे दलित समाज की पीड़ाओं को भी रेखांकित करती है। जाति के कारण एक बड़े समुदाय को मानवीय मूल्यों से वंचित रखा जाता है। इसकी भूमिका में लेखक स्वयं लिखते हैं कि, "दलित जीवन

की पीड़ाएँ असहनीय और अनुभव-दग्ध हैं, ऐसे अनुभव जो साहित्यिक अभिव्यक्तियों में स्थान नहीं पा सके, एक ऐसी समाज व्यवस्था में साँस ली है जो बेहद क्रूर और अमानवीय है। दलितों के प्रति असंवेदनशील भी।" दलितों की दयनीय स्थिति का निर्मम चित्रण इस आत्मकथा के माध्यम से उजागर होता है। वर्ण-व्यवस्था ने दलितों को ऐसे घाव दिये हैं जो असहनीय हैं। इस आत्मकथा के लेखक का बचपन भी जिस परिवेश में गुज़रता है, वह अत्यधिक दुखदायी और अन्धकारमय था। दलितों पर होने वाले जुल्मों की संख्या गाँव में अधिक है। भारत का ग्रामीण परिवेश दलितों के लिए खुले कारागार के समान है। इसलिए बाबा साहब भीमराव अम्बेडकर ने गाँवों को शोषण का गढ़ कहा था जिसमें समानता का कोई स्थान नहीं है। ऐसे ही गाँवों के भीतरी जीवन की तस्वीर आत्मकथा 'जूठन' में दृष्टिगोचर होती है। ओमप्रकाश वाल्मीकि की बाल्यावस्था में ही सामाजिक स्तर पर मानवीय दर्जा न पाने, घर से बाहर कदम रखते ही यातना और अपमान का सिलसिला शुरू हो जाता है। जाति का छोटापन कदम-कदम पर उनको छलता है। लेखक और उनकी जाति के सभी लोग त्यागियों के तिरस्कार और अत्याचारों का शिकार होते हैं। मास्टर बृजपाल त्यागी के घर घटी घटना सवर्णों के उच्च संस्कारों की मानसिकता का वास्तविक रूप सामने ला देती है जिसे हम इस सदी के आधुनिकीकरण में भी द्रोणाचार्य के समकक्ष पाते हैं।

जाति का स्तर ऐसा भयानक सच होता है जो मानवीय व्यवहार के बीच चट्टान की तरह खड़ा हो जाता है। मुम्बई के हॉस्टल में रहते हुए वाल्मीकि का सामना एक कुलकर्णी परिवार से होता है जिन्हें 'वाल्मीकि' सरनेम से ओमप्रकाश जी के ब्राह्मण होने का भ्रम हो जाता है। कुलकर्णी की बेटी सविता वाल्मीकि से प्रेम करने लगती है। परन्तु जाति का भेद खुलते ही उन्हें दूध में गिरी हुई मक्खी की तरह निकाल बाहर कर देती है। जब वाल्मीकि ने सविता से यह सच कहा, "मैं दलित हूँ...।"—"ऐसा क्यों कहते हो?" उसने गुस्सा दिखाया। मैंने कह दिया था कि मैंने उत्तर प्रदेश के चूहड़े परिवार में जन्म लिया है...। वह रोने लगी थी। मेरा इस जाति में जन्म लेना जैसे अपराध हो। "ये सच है तो बाबा से मत कहना...नहीं कहोगे... वादा करो" सविता की आँखों में अजीब सी यातना थी।

यह आधुनिक समाज के उन सवर्ण परिवारों का चित्र है जो आधुनिकता, प्रगतिशीलता और जनतन्त्र का ढोल पीटते हैं पर अपने अन्दर जातिवादी संस्कारों को ही पालते रहते हैं और बच्चों को भी पारिवारिक स्तर पर तथाकथित ऐसे ही संस्कारों की जन्मघुट्टी पिलाते रहते हैं।

ओमप्रकाश वाल्मीकि अपनी आत्मकथा 'जूठन' में गाँव के पूरे जीवन की स्थितियों पर प्रकाश डालते हैं। दलितों के साथ हर जगह यातनादायी व्यवहार होता है। घरों

में भी उच्च जाति के जमींदार दलितों से बेगारी करवाने के बाद भी अच्छा सुलूक नहीं करते। आत्मकथा के शीर्षक 'जूठन' से ही पता चलता है कि गाँव में दलितों की हदें सीमित हैं और उनका जीवन सवर्णों की जूठन पर पलता है। सुखदेव सिंह त्यागी की लड़की की शादी में वाल्मीकि की माँ ने जब काम के बदले खाना माँगा तो सुखदेव सिंह ने जूठी पत्तलों से भरी टोकरी की ओर इशारा करते हुए कहा था, "टोकरा भर तो जूठन ले जा रही हो, उस पर बच्चों के लिए खाना माँग रही है, अपनी औकात में रह, उठा टोकरा दरवाजे से और चलती बन।"

दलित जीवन की गरीबी का चित्रण ओमप्रकाश वाल्मीकि ने भी अपनी आत्मकथा में किया है। उनके पास रोजी-रोटी का कोई वैकल्पिक साधन नहीं था। इसलिए सवर्णों के घरों से जूठन लाकर पेट भरना, सलाम-प्रथा का पालन, उनके घरों की सफाई, मरे हुए जानवरों को उठाना और खाल उतारना जैसे घिनौने कार्य उन्हें करने पड़ते थे। 'जूठन' में वर्णित वाल्मीकि जाति के सभी लोग बरला गाँव के त्यागियों के अत्याचारों का शिकार बने हुए थे। वे भू-स्वामी थे और नौकरियों में भी उनकी संख्या अधिक थी। अपनी जीविका के लिए दलितों को इन्हीं पर निर्भर रहना पड़ता था। जिससे जीवन के कड़वे अनुभवों को हर रोज इन्हें झेलना होता था। गरीबी स्वयं एक बहुत बड़ा अभिशाप और अपमान है। इस पर भी दलितों के लिए और भी मुश्किल। घरों की आर्थिक स्थिति अच्छी न होने के कारण दलितों के बच्चों को काम करने में मदद करनी पड़ती है जिसके कारण वे पढ़ाई के रास्ते में दीवार बनकर खड़े हो जाते हैं। दलितों को सब कुछ जूठन के तौर पर ही मिलता है क्योंकि तमाम मानवीय व प्राकृतिक उपलब्धियों पर शोषक वर्ग का प्रथम अधिकार है। इसलिए जूठन भारतीय समाज की आर्थिक समस्या का भी खुलासा करती है।

धर्म और शास्त्र की आड़ में दलित जातियों को हजारों वर्षों से शिक्षा जैसे बुनियादी अधिकार से वंचित रखा गया। सामाजिक और धार्मिक विधान ऐसा बनाया गया है कि दलितों की आत्मोन्नति के सारे मार्ग अवरुद्ध रहें। उन्हें जानबूझकर योजनाबद्ध तरीके से दरिद्र रखा गया, उन्हें केवल गन्दे और घृणित कार्य सौंपे गये। दूसरे तमाम प्रकार के कार्य करने की सोच पर पाबन्दी लगायी गयी। उन्हें हर तरह से रोका गया और फिर उनकी इसी अशिक्षा, गरीबी, गन्दगी के कारण उसे त्याज्य और अस्पृश्य समझा गया। अस्पृश्यता के नाम पर समाज के इतने बड़े वर्ग को शिक्षा प्राप्त करने के अधिकार से वंचित रखा गया और उन्हें सदियों तक चेतना शून्य और विवेकहीन बनाने का षड्यन्त्र रचकर उसे धार्मिक बेड़ियों में जकड़ा गया। योजनाबद्ध तरीके से धर्मशास्त्रों में दलितों के योगदानों की कोई भूमिका तय नहीं की गयी। इसी का उदाहरण 'जूठन' में दिखाई देता है। कहीं वह शिक्षित न हो जाय इसलिए ओमप्रकाश वाल्मीकि को स्कूल में शिक्षा के नाम पर उससे पूरे स्कूल को

पत्तों की झाड़ू से सफाई करने के लिए मजबूर किया गया। यह उन्हें बाबा साहेब अम्बेडकर के मूलमंत्र "शिक्षित बनो" को खुली चुनौती थी जिसका सामना ओमप्रकाश वाल्मीकि को संघर्ष करते हुए और इस शोषण से लड़ते हुए पालन करना था। जूठन पूरी शिक्षा-पद्धति और सवर्ण शिक्षकों की घिनौनी मानसिकता को उजागर करती है। ब्राह्मणवादी मानसिकता से ग्रस्त स्कूली शिक्षकों के मन में दलितों के प्रति हिंसा और घृणा मौजूद होती है। 'जूठन' आत्मकथा में दलित छात्रों के साथ शिक्षकों द्वारा उत्पीड़न के भयानक उदाहरण प्राथमिक से ही शुरू हो जाते हैं और बड़ी कक्षाओं में पहुँचने तक यह जातीय भेदभाव का घिनौना रूप पेश करती है। धर्म और शास्त्र के नाम पर भारतीय समाज में दलितों का शोषण हजारों वर्षों से होता आया है। इसकी जकड़न इतनी कठोर है कि स्वयं दलितों में भी यह स्वाभाविक लगता है। इसलिए बाबा साहब भीमराव अम्बेडकर ने 'इसी जकड़न' को चिह्नित करते हुए कहा था कि गुलाम को उसकी गुलामी का एहसास करवा दो तो वह गुलामी की बेड़ियों को उतार फेंकेगा।

ओमप्रकाश वाल्मीकि के मन में इन्हीं धार्मिक घटनाओं के प्रति गहरी वितृष्णा भर गयी थी। इसलिए जूठन में वाल्मीकि बार-बार ब्राह्मणवादी व्यवस्था को चुनौती देते हुए फटकारते हैं और दलितों को संघर्ष के लिए प्रेरित करते हैं। वे इस धार्मिक ब्राह्मणवादी जाल में न खुद फँसे और न ही अपने दलित साथियों को फँसने देना चाहते थे। इसलिए वह दलितों में मौजूद बुराइयों को भी उजागर करते हैं। जब सविता उनसे पूछती है कि आप मन्दिर क्यों नहीं जाते? तो वे कहते हैं, "इन पत्थर की मूर्तियों में मेरी कोई आस्था नहीं है।" ओमप्रकाश वाल्मीकि धर्मशास्त्रों को दलितों की दुर्दशा का कारण मानते हैं। वे लिखते हैं, "बाबा साहब भीमराव अम्बेडकर को पढ़ लेने के बाद यह बात समझ में आ गयी थी कि गाँधी ने हरिजन नाम देकर अछूतों को मुख्यधारा से नहीं जोड़ा बल्कि हिन्दुओं को अल्पसंख्यक होने से बचाया, उनके हितों की रक्षा की... यह धारणा पुख्ता हो रही थी कि जो शिक्षा स्कूल कॉलेज में दी जा रही है वह किसी भी रूप में हमें राष्ट्रीय नहीं बनाती बल्कि कट्टर संकीर्ण हिन्दू बनाती है। असमानता और शोषण बनाये रखने में धार्मिक अनुष्ठानों की महत्त्वपूर्ण भूमिका रही है। इसलिए इनका मानना था कि संघर्ष से ही इस अमानवीय व्यवस्था और शिकंजे से मुक्ति मिल सकती है। धार्मिक क्रियाओं की आड़ में पनपने वाले अन्धविश्वासों ने समाज को खोखला कर दिया है। अनेक धार्मिक क्रियाएँ व्यवहार में व्यक्ति को छोटा बड़ा मानती हैं जिसके माध्यम से सवर्ण लोग उच्च स्तरीय जीवन जीते हैं।

इस तरह इस आत्मकथा में हर मोड़ पर सामाजिक-सांस्कृतिक संघर्ष के विमर्श बिन्दु प्राप्त होते हैं। दलित जीवन के मानवीय पक्ष को मुख्यधारा के द्वारा हाशिये

पर धकेला जाता है और उसे सामाजिक-सांस्कृतिक न्याय व स्थान नहीं मिल पाता है। दलित जातियों पर अत्याचार और अन्याय तब भी हो रहे थे जब हम भिन्न देशों के गुलाम थे और आज आज़ादी के इतने वर्ष के बाद भी हो रहे हैं, आज देश बाबा साहब भीमराव अम्बेडकर द्वारा निर्मित संविधान से संचालित है फिर भी यह समस्या आज भी प्रासंगिक है, अभी अप्रासंगिक नहीं हुई है। सवर्ण समाज अपने स्वार्थ के लिए दलितों का इस्तेमाल करते रहे, उन पर अत्याचार अन्याय और उनका शोषण करते रहे। जाति के नाम पर सवर्ण आज भी दलितों पर जुल्म करते हैं। दलितों ने अत्यन्त क्रूर अमानवीय शोषण को अपने जीवन में भोगा है। परन्तु ग्रामीण जीवन की यह दारुण व्यथा मुख्यधारा के कवियों को छू भी नहीं पायी है। इसलिए दलितों को अपनी अभिव्यक्ति के द्वारा एकजुट होकर शोषण के खिलाफ लड़ने की आवश्यकता है। शिक्षित बनकर, संगठित होकर संघर्ष करके ही बाबा साहब के सपनों का भारत और राष्ट्र निर्माण की परिपाटी तय करने की आवश्यकता है।

नये सूर्य की नीली आभा
(ओमप्रकाश वाल्मीकि की कविता के निहितार्थ)

जितेन्द्र श्रीवास्तव

एक

ओमप्रकाश वाल्मीकि हिन्दी दलित कविता के पर्याय हैं, इससे शायद ही कोई असहमत होगा। जब कभी हिन्दी दलित कविता की बात होगी, वाल्मीकि जी सबसे पहले याद आयेंगे। हिन्दी कविता में उनका प्रवेश आठवें दशक में हुआ था। यह वही दशक है जिसमें राजेश जोशी, मंगलेश डबराल, अरुण कमल, उदय प्रकाश और विष्णु नागर जैसे कवियों ने हिन्दी कविता में प्रवेश किया था। यह हिन्दी आलोचना की विडम्बना ही है कि वह मुख्यधारा के नाम पर जिन कवियों और जिनकी कविता पर बात करती रही उनमें ओमप्रकाश वाल्मीकि और उनकी कविता के लिए कोई जगह न थी। यह एक तथ्य है कि ओमप्रकाश वाल्मीकि ने जो साहित्यिक स्वीकृति प्राप्त की, वह उनकी स्वयं की अर्जित की हुई उपलब्धि थी, किसी आलोचक विद्वान का उपहार नहीं। उनके प्रकाशित चारों कविता संग्रह (सदियों का सन्ताप, बस्स! बहुत हो चुका, अब और नहीं, शब्द झूठ नहीं बोलते) हिन्दी कविता का उज्ज्वल पक्ष हैं।

ओमप्रकाश वाल्मीकि की कविता का मूल स्वभाव 'प्रश्नकर्ता' का है लेकिन 'अबोध प्रश्नकर्ता' का नहीं। उनकी कविताओं का स्वरूप निश्चित करने वाले प्रश्न गहरी 'संस्कृति समीक्षा' से उपजे हैं। 'ठाकुर का कुआँ' शीर्षक हो या 'वह दिन कब आयेगा' शीर्षक कविता, वाल्मीकि तथ्य रखते हुए सवाल उठाते हैं। कभी कबीर ने पूछा था :

'जे तू बामन, बमनी जाया
आन बाट तू काहे न आया?'

वाल्मीकि भी पूछते हैं :

वह दिन कब आयेगा
जब बामनी नहीं जनेगी बामन

चमारी नहीं जनेगी चमार
भंगिन भी नहीं जनेगी भंगी?

वाल्मीकि की ये पंक्तियाँ बताती हैं कि परम्परा किस तरह बनती और आगे बढ़ती है। यह शर्म का विषय है कि कबीर के सैकड़ों साल बाद भी इस सत्य में आंशिक परिवर्तन तक सम्भव नहीं हुआ है। 'जाति दंश' सभी उपलब्धियों पर भारी पड़ जाता है। एक कवि यूँ ही नहीं लिखता :

उनका रौद्र रूप—
सौम्यता के आवरण में लिपटकर
दार्शनिक मुद्रा में बदल जाता है
और मेरा आर्तनाद
सिसकियों में

मैं जानता हूँ
मेरा दर्द तुम्हारे लिए चींटी जैसा
और तुम्हारा अपना दर्द पहाड़ जैसा

इसीलिए,
मेरे और तुम्हारे बीच
एक लम्बा फासला है
जिसे लम्बाई में नहीं
समय से नापा जायगा!

वाल्मीकि की कविता 'महानता के स्याह अँधेरे' की पहचान ही नहीं कराती, उस पर रोशनी की तरह गिरती है। वह जानती है—'हाथ लम्बा करके/बता रहा है स्वयं को महान/यह जानते हुए भी/कि पाँव गन्दगी से भरे हैं/हाथ सने हैं लहू से/माथे पर लगा/हज़ारों साल पुराना चन्दन/सड़ चुका है।' कभी प्रेमचन्द ने 'ठाकुर का कुआँ' जैसी कालजयी कहानी लिखी थी। ओमप्रकाश वाल्मीकि ने इस कहानी की प्रशंसा की है और इसी शीर्षक से मन-मस्तिष्क को उद्वेलित करने वाली कविता लिखी है। यह एक अकेली कविता वर्णवादी भारतीय समाज के सभी आवरण उतार देती है :

चूल्हा मिट्टी का
मिट्टी तालाब की
तालाब ठाकुर का

भूख रोटी की
रोटी बाजरे की

बाजरा खेत का
खेत ठाकुर का
बैल ठाकुर का
हल ठाकुर का
हल की मूठ पर हथेली अपनी
फसल ठाकुर की
कुआँ ठाकुर का
पानी ठाकुर का
खेत-खलिहान ठाकुर के
फिर अपना क्या?
गाँव?
शहर?
देश?

दो

ओमप्रकाश वाल्मीकि ने अपनी कविताओं में भारतीय सामाजिक संरचना को किसी तात्कालिक प्रतिक्रिया के कारण प्रश्नांकित नहीं किया है। यदि यह प्रतिक्रिया है तो हज़ारों साल के अनुभवों की प्रतिक्रिया है। उन अनुभवों की, जो पीढ़ी-दर-पीढ़ी सघन होते गये हैं। यह अकारण नहीं है कि ओमप्रकाश वाल्मीकि दलित समाज को 'चोट सहने की आदत' के विरुद्ध तनकर खड़े होने और जवाब देने के लिए प्रोत्साहित करते हैं। वे जानते हैं कि यह किसी एक व्यक्ति की लड़ाई नहीं है। एक अकेला व्यक्ति थक सकता है। विद्रूप सामाजिक संरचना उसे शम्बूक जैसी सज़ा दे सकती है। इसलिए कवि की आकांक्षा है कि सभी मनुष्यधर्मी इस बात को महसूस करें :

जब तक रामेसरी के हाथ में
खड़ांग-खांग घिसटती लौह गाड़ी है
मेरे देश का लोकतन्त्र
एक गाली है!

और जाहिर है, जब ढेर सारे लोग यह महसूस करेंगे तो उन्हीं में से कुछ लोग इसके लिए लड़ने को भी खड़े होंगे।

तीन

'शम्बूक का कटा सिर' एक ऐसी कविता है जो हर उस व्यक्ति को पढ़नी चाहिए जो एक उन्नत और बराबरी वाले समाज की कल्पना करता है। एक दलित कवि

द्वारा शम्बूक को दी गयी यह सबसे अर्थवान श्रद्धांजलि है। इस कविता का आरम्भ इन पंक्तियों में होता है :

जब भी मैंने
किसी घने वृक्ष की छाँव में बैठकर
घड़ी भर सुस्ता लेना चाहा
मेरे कानों में
भयानक चीत्कारें गूँजने लगीं
जैसे हर टहनी पर
लटकी हों असंख्य लाशें
जमीन पर पड़ा हो शम्बूक का कटा सिर।

इन आरम्भिक पंक्तियों में 'जैसे हर टहनी पर/लटकी हों असंख्य लाशें' का प्रतीकार्थ समझने की ज़रूरत है। यह 'सभ्यता और संस्कृति' के नाम पर सदियों से की गयी बर्बरता का रेखांकन है। एक बड़े समुदाय को जबरन जो जीवन दिया गया, उसका प्रत्याख्यान करते हुए इन पंक्तियों का कहा जाना ज़रूरी था।

यह समझा जाना आवश्यक है कि मुक्ति की लड़ाई में स्वयं को न्यौछावर करने को उत्सुक और तत्पर व्यक्ति भी एक साधारण मनुष्य होता है और अपने को निरन्तर माँजते हुए असाधारण होने की ओर बढ़ता है। इस कविता के बीच की पंक्तियाँ कवि के वैचारिक पक्ष का उद्घोष करती हैं :

मैं उठकर भागना चाहता हूँ
शम्बूक का सिर मेरा रास्ता रोक लेता है
चीख-चीख कर कहता है—
युगों-युगों से पेड़ पर लटका हूँ
बार-बार राम ने मेरी हत्या की है,
मेरे शब्द पंख कटे पक्षी की तरह
तड़प उठते हैं—
तुम अकेले नहीं मारे गये तपस्वी
यहाँ तो हर रोज़ मारे जाते हैं असंख्य लोग
जिनकी सिसकियाँ घुटकर रह जाती हैं
अँधेरे की काली पर्तों में।

कवि जब कहता है 'तुम अकेले नहीं मारे गये तपस्वी/यहाँ तो हर रोज़ मारे जाते हैं असंख्य लोग' तो वह शम्बूक से लेकर अपने समय तक 'जाति' के आधार पर की गयी हिंसा को रेखांकित करता है। कहने की आवश्यकता नहीं कि इस कविता के लिखे जाने के बाद के वर्षों में भी यह हिंसा थमी नहीं है। यदि 'राम'

की तरह 'शम्बूक' को भी मिथक मानें तो यह कविता शम्बूक के मिथक के जरिए उस यथार्थ का उद्घाटन करती है जिसे महानता के स्याह अँधेरे के पीछे छिपाकर रखा गया था। इस कविता के बीच की ये पंक्तियाँ जाति के आधार पर बहिष्कृत पूर्वजों की सिसकियों और रुलाई का 'नया पाठ' तैयार करती हैं। आगे की कुछ पंक्तियाँ उस खामोशी को रेखांकित करती हैं जो संस्कृति रक्षा के नाम पर व्याप्त है :

यहाँ गली-गली में
राम हैं
शम्बूक हैं
द्रोण हैं
एकलव्य हैं
फिर भी सब खामोश हैं।

इतना ही नहीं—'कहीं कुछ है/जो बन्द कमरों से उठते क्रन्दन को/बाहर नहीं आने देता/कर देता है/रक्त से सनी उँगलियों को महिमामण्डित।' सारा संकट इस 'महिमामण्डन' का है और इस 'महिमामण्डन' का 'समूल खण्डन' अम्बेडकरवादी विचारों से ही सम्भव है। समता और समानता ही वह आदर्श है जो इस तर्कहीन और जातिद्वेष से भरे महिमामण्डन का तार्किक प्रतिपक्ष तैयार करेगा। सब जानते हैं, कवि स्वभाव से स्वप्नधर्मी होते हैं। वे स्वप्न देखना नहीं छोड़ते हैं। वाल्मीकि अपने स्वप्न को शम्बूक से संवाद करते हुए इस तरह रखते हैं :

शम्बूक, तुम्हारा रक्त जमीन के अन्दर
समा गया है, जो किसी भी दिन
फूटकर बाहर आयेगा!
ज्वालामुखी बनकर!

कहना होगा कि एक अम्बेडकरवादी हिन्दी कविता को इसी प्रकार वैचारिक, तार्किक, तीक्ष्ण और पारदर्शी होना चाहिए।

चार

हमारी सामाजिक 'संरचनाएँ' इस प्रकार की हैं जिनमें चुप्पी को कभी सहमति और कभी कायरता मान लिया जाता है। जातिगत और लैंगिक मामलों में इस चुप्पी ने घातक स्थितियों तक पहुँचाया है। आज दलित साहित्य, आदिवासी साहित्य और स्त्री-साहित्य में हज़ारों साल की चुप्पी और उस चुप्पी के कारण हुए शोषण का सार्थक और ज़रूरी प्रतिरोध विद्यमान है। आपको आपका हक थाली में सजाकर कोई नहीं परोसेगा। इसके लिए आवाज़ उठानी होगी और स्वयं बोलना होगा। आपके हिस्से का सच कोई दूसरा नहीं कहेगा। आपको स्वयं कहना होगा—'बस्स! बहुत

हो चुका।' आपको अपनी ही तरह के उन करोड़ों लोगों को, जिन्हें मुँह में ज़ुबान के बावजूद गूँगा बना दिया गया है, बोलने के लिए उत्सुक बनाना होगा। उनसे ओमप्रकाश वाल्मीकि की तरह कहना होगा :

मैं जानता हूँ
चुप्प रहना
कितना महँगा पड़ा है!

क्योंकि—'हमारी खामोशी गूँजती है/हमारे भीतर/आपातकालीन सायरन-सी/घुमड़ते हैं चक्रवात/दहकती हैं रातें/रिसता है लावा चुपचाप/ठंडे रक्त से/आँखों में भी हीनता/हुंकारती है/फूट पड़ना चाहता है/आग का दरिया।'

ओमप्रकाश वाल्मीकि का सारा साहित्य चुप्पी के विरुद्ध निरन्तर सार्थक बोलने के साहस का परिणाम है। उनके साहित्य में कुछ भी अपारदर्शी नहीं है। वहाँ न तो कुछ छिपाने के लिए है और न ही कुछ छिपाने की मंशा है। वहाँ शालीनता का कोई स्वाँग भी नहीं है। जिसने भोजन के बदले गालियाँ खाई हैं, वह पुष्पवर्षा नहीं करेगा। ओमप्रकाश वाल्मीकि की कविताओं में निहित तल्खी दोषपूर्ण भारतीय सामाजिक संरचना की देन है। जब तक इस सामाजिक संरचना में बदलाव नहीं होगा तब तक ओमप्रकाश वाल्मीकि जैसे स्वप्नदर्शियों की कविताओं में यह तल्खी बनी रहेगी।

इक्कीसवीं सदी के इस दूसरे दशक में शायद ही कोई दिन ऐसा हो जब दलितों पर हो रहे अत्याचारों की ख़बर न आती हो! सच तो यह है कि दलित समाज जाति के नाम पर जितने और जिस प्रकार के अत्याचारों को सहता है, मीडिया में उसका हज़ारवाँ हिस्सा ही आ पाता है। अब ऐसी परिस्थितियों में एक अम्बेडकरवादी दलित कवि से प्रेमगीत की उम्मीद करना भी एक प्रकार का साहित्यिक अत्याचार है। इतिहास बताता है कि दलित समाज को तथाकथित सवर्ण समाज का आंशिक प्रेम भी न मिला। वाल्मीकि लिखते हैं :

बहुत ढूँढ़ने पर भी
नहीं मिले ऐसे क्षण
बीती शताब्दियों में
जब मेरे और तुम्हारे बीच
कुछ ऐसा घटा हो
जिसे किया जा सके दर्ज
प्रेम की पोथियों में।

इसलिए एक दलित कवि के लिए अस्वीकार का साहस ही सबसे बड़ा साहित्यिक सौन्दर्य है—'स्वीकार्य नहीं मुझे/मृत्यु के बाद/तुम्हारे स्वर्ग में/वहाँ भी तुम पहचानोगे मुझे/मेरी जाति से ही!'

पाँच

एक दलित कवि के रूप में ओमप्रकाश वाल्मीकि ने कई ज़िम्मेदारियों का निर्वहन किया है। उन्होंने समाज में व्याप्त और स्वीकृत मिथकों को उसी तरह नहीं स्वीकार किया है, जैसे प्रभुवर्ग स्वीकार करता है। उनके लिए 'किष्किन्धा' का वही अर्थ नहीं है, जो तुलसीदास या उनके समर्थक सवर्ण मानसिकता वाले लोगों के लिए है। यहाँ 'बालि' शोषक नहीं है और न ही 'सुग्रीव' निरीह। यहाँ सुग्रीव सत्ता का लोभी है और बालि विश्वासघात का शिकार। तुलसीदास के वहाँ सुग्रीव को पाकर जनता निहाल है और यहाँ बालि को खोकर बेहाल है—

किष्किन्धा रोई थी उस रोज़
जार-जार
अँधेरे में मुँह छिपाकर
जूझना पड़ा था बालि को
बाहर आने के लिए
हटाना पड़ा था पत्थर
जो अवरोधक था उजाले का।

अब बताने की ज़रूरत नहीं कि सुग्रीव को पाकर 'निहाल' होने वाले 'कौन' थे! यह एक कवि के रूप में ओमप्रकाश वाल्मीकि की उपलब्धि है कि वे दिये गये/दिखाये गये सत्य के पीछे के गहन अँधेरे में उतरते हैं और बालि जैसे प्रकाश-पुंज के नायकत्व को पुनः स्थापित करने का उद्यम करते हैं। उनकी ये पंक्तियाँ ऐसे ही अन्य नायकों और उनके सत्य के संधान की ओर संकेत करती हैं :

मेरे अन्तस की गुफा में
बन्द पड़े हैं असंख्य बालि
जो बाहर आयेंगे किसी दिन
अवरोधक हटाकर।

छह

ओमप्रकाश वाल्मीकि की कविता का परिसर बड़ा है। वहाँ समाज और जीवन के अनेक ऐसे प्रसंग हैं जो भारतीय संस्कृति की महानता का राग अलापने वालों के समक्ष एक नहीं, अनेक बड़े प्रश्न खड़े करते हैं। उनकी एक कविता का शीर्षक ही एक बड़ा प्रश्न है—'घृणा और प्रेम कहाँ से शुरू होते हैं?'। यह कविता सिर्फ कुछ दृश्य दिखाती है और उन दृश्यों में जाति गर्व से भरी हुई संस्कृति विवस्त्र हो जाती है। कोई आवरण उसका बचाव नहीं कर पाता। इन दृश्यों के समक्ष महिमागान की

बड़ी-बड़ी शब्दावलियाँ आभाहीन, अर्थहीन और अश्लील हो जाती हैं। इस कविता की कुछ पंक्तियाँ देखें :

याद करो,
उस बेटे का चेहरा
जिसके सामने फेंक दिये हों
नोच-नोच कर
उसकी माँ के वस्त्र

याद करो,
उस बूढ़े बाप का चेहरा
जिसने खेत जोता दिन भर
काटी फसल
बुहारा आँगन
मिलीं गालियाँ—दुत्कार जिसे
कठिन श्रम के बदले,
जिसकी बढ़ती बेटी के जिस्म पर
टिक जाती हैं गिद्ध नज़रें
याद करो, उस बाप का चेहरा

याद करो,
उस सरकारी क्लर्क का चेहरा
जिसे पानी पिलाने से कतराता है
चपरासी
इन सबके बावजूद भी
तुम नहीं जानना चाहते
घृणा और प्रेम कहाँ से शुरू होते हैं?

जाहिर है, यह कविता स्पष्ट संकेत करती है कि भारत में वर्गीय संकल्पना में सब कुछ सोचने-विचारने से पहले जाति के प्रश्न से न सिर्फ टकराना होगा बल्कि इसके समूल नाश का उद्यम करना होगा। ओमप्रकाश वाल्मीकि भी साम्यवाद की आकांक्षा रखते थे लेकिन पहले जाति का प्रश्न हल करना उन्हें ज़रूरी लगता था। अपनी एक कविता में उन्होंने उन लोगों पर टिप्पणी की है जो सोवियत संघ के बिखरने पर खुश थे/हैं। 'कभी सोचा है' शीर्षक उस कविता की कुछ पंक्तियाँ देखिए—'वर्ण-व्यवस्था को तुम कहते हो आदर्श/खुश हो जाते हो/साम्यवाद की हार

पर/जब टूटता है रूस/ तो तुम्हारा सीना 36 हो जाता है/हाँ, सचमुच सहिष्णु हो/जब दंगों में मारे जाते हैं/अब्दुल और कासिम/कल्लू और बिरजू/तब तुम सत्यनारायण की कथा सुनते हुए/भूल जाते हो अखबार पढ़ना/पूजते हो गाँधी के हत्यारे को/तोड़ते हो इबादतगाह झुण्ड बनाकर/कभी सोचा है/गन्दे नाले के किनारे बसे/वर्ण-व्यवस्था के मारे लोग/इस तरह क्यों जीते हैं?/तुम पराये क्यों लगते हो उन्हें/कभी सोचा है?'

कविता का एक काम विरेचन करना है तो दूसरा, सबसे ज़रूरी काम अपने पाठकों/श्रोताओं को मनुष्यधर्मी चिन्तन की ओर ले जाना भी है। एक अच्छी कविता/रचना सुस्त पड़े मस्तिष्क को सक्रिय बना देती है और यह कोई मामूली उपलब्धि नहीं है।

सात

ओमप्रकाश वाल्मीकि संवाद के पक्षधर थे। वे आजीवन मार्क्सवादियों से बहस करते रहे। उनके होने ने ही यह सम्भव किया कि मार्क्सवादियों (सिर्फ साहित्यिक नहीं, राजनीतिक भी) में 'जाति' के सत्य को समझने की उत्सुकता देखी गयी। वे गैरदलित जातियों से आये साहित्यिकों से भी निरन्तर संवादरत रहे। उनका मानना था कि अम्बेडकरवादी विचारधारा की स्वीकार्यता का परिसर इसी तरह बड़ा होगा और इसी प्रक्रिया में जाति उन्मूलन भी सम्भव होगा। वे सिर्फ 'साहित्य-साहित्य' खेलने और उससे प्रतिष्ठा अर्जित कर लेने मात्र के ध्येय के विरुद्ध थे। उनके लिए साहित्य मुक्ति का सबसे कारगर औजार था। सबसे भरोसेमन्द साथी। एक ऐसा साथी जो अधूरी यात्रा का हिमायती नहीं है और न ही बीच रास्ते साथ छोड़ने वाला विश्वासघाती। उन्हें मालूम था 'शब्द' नहीं, उसमें भरे गये अर्थ झूठ बोलते हैं। उन्हें यकीन था कि उजाड़ साँझ के बाद का अँधेरा खत्म हो जायगा और समानता की उजली धूप निकलेगी। वह धूप–

धूप : जो सुबह-सवेरे
छत पर आकर जगाती है
बिना किसी तर्क के
उतर जाती है चुपके-चुपके
सखी-सहेली की तरह
अदम्य शक्ति से भरी हुई

वाल्मीकि जी जीवन भर 'शब्दों' के साथ रहे। यह सकारण है कि उन्होंने कसम भी 'शब्द' को ही दी :

शब्द!
तुम्हें कसम है
एक न एक दिन तुम

उतरोगे धरती पर
धूप बनकर!

कहना न होगा कि यहाँ 'धूप' एक जातिमुक्त समाज का रूपक है। यहाँ यह याद करना भी अनुचित न होगा कि धूप वाल्मीकि जी का प्रिय रूपक है। प्रकृति के ढेर सारे प्रसंग उनकी कविताओं में आकर उनकी छटपटाहट को स्वर और आभा देते हैं।

अब वाल्मीकि जी नहीं हैं लेकिन उनका साहित्य और उनके स्वप्न अब भी हमारे साथ हैं और मुक्ति की प्रत्येक लड़ाई में सदैव साथ रहेंगे।

सांस्कृतिक पुनर्निर्माण के कवि ओमप्रकाश वाल्मीकि

अजमेर सिंह काजल

कविता दलित साहित्य की एक सशक्त विधा है जो लोकतान्त्रिक समाज निर्माण में गहरी दखल रखती है। इसके द्वारा जहाँ सामाजिक वर्ग भेद, जाति भेद, लिंग भेद का यथार्थ चित्रण हुआ है, वहीं सामाजिक लोकतन्त्र की स्थापना के लिए भी सार्थक प्रयास हुए हैं जिससे समाज में नये समीकरण बने हैं, न्याय की परम्परागत परिभाषा बदली है जिसमें प्रतिनिधित्व के बिना न्याय का कोई अर्थ नहीं रह गया है। यानी न्याय वक्त और व्यवस्था के हिसाब से बदलता है, लेकिन बन्धुता, प्रेम आधारित सार्वभौमिक न्याय सार्वकालिक होता है। आज भी वही है। दलित कविता ने सामाजिक सरोकारों को अभिव्यक्ति देकर समाज को जगाया है, उसकी मानसिकता को झकझोरा है, उसे यह एहसास दिलाया है कि व्यक्ति-व्यक्ति के मध्य कायम सनातनी दुराचार और विभाजन जाहिलता और जंगलीपन की निशानी हैं। आज किसी भी तरह से इनका समर्थन किया जाना न तो स्वीकार्य है और न ही न्यायपरक। यह कविता सांस्कृतिक पुनर्निर्माण पर दृष्टि रखते हुए मानवीय वजूद, न्याय, प्रेम, साम्प्रदायिक-जातीय सद्भाव और सामाजिक सौन्दर्य बोध से निर्मित है तथा वर्ण, जाति, लिंग के नाम पर कायम घृणा व भेदभाव को बन्धुता में परिवर्तित करती है।

दलित कविता ही नहीं, सम्पूर्ण दलित साहित्य की प्रेरणा और आधार अम्बेडकरवादी विचारधारा है। बाबा साहेब डॉ. अम्बेडकर ने करोड़ों बेज़ुबानों को ज़ुबान दी, गाँधी जी के प्राणों को बचाया, भारत को महान संविधान दिया, करोड़ों लोगों को सम्मानित जीने हेतु प्रतिनिधित्व दिया और इससे भी आगे बढ़कर बौद्ध धम्म की समतामूलक संस्कृति से परिचय करवाया। इस वृहद् योगदान को किसी भी तरह से भुलाया नहीं जा सकता। वे प्रारम्भ से अन्त तक भारतीय थे और समता, बन्धुता, करुणा, मैत्री, न्याय पर आधारित समाज की रचना करना चाहते थे, जिसका चित्र उन्होंने भारतीय संविधान में उतारा है। लेकिन साम्प्रदायिक-जातिवादी ताकतों को उनकी विचारधारा से बहुत पीड़ा हो रही है, इसलिए वे भारतीय संविधान को बार-बार विदेशी संविधान कहकर अपमानित करते हैं। उनका उद्देश्य बाबा साहेब के

विचार को विदेशी कहकर अपमानित करना है। जिस संविधान ने भारतीय नागरिकों को सामाजिक समता और सभी तरह के भेदभावों से मुक्त होकर जीवन जीने की संहिता प्रदान की, उन्हें यह नहीं सुहा रही है। वे तो अन्याय पर आधारित रामराज्य की स्थापना करना चाहते हैं और उनके रास्ते को संविधान ने रोक रखा है। वे इसे बदलकर हिन्दू राज बनाना चाहते हैं। भारतीयों को अपना संविधान जीवन से भी प्यारा है। यह इनकी 'लाइफ लाइन' है। देश को तोड़ने वाली विचारधारा इसकी ओर आँख उठाये और संविधान को अपमानित करे, इसे कदापि स्वीकार नहीं किया जा सकता। संविधान ने ही विविधताओं के बावजूद भारत को एक बनाया है।

दलित कविता को हिन्दुस्तान नहीं, भारत चाहिए, क्योंकि यह सम्पूर्ण देश की बात करती है। इस देश के जंगलों, पहाड़ों, नदियों, खेतों, पशु-पक्षियों से प्रेम करती है। यह राष्ट्रीय प्रेम की कविता है। जिस देश की संस्कृति कभी एक नहीं रही, उसे जबरदस्ती एक बनाने की जिद का प्रतिरोध करती है। यदि भारत अपनी कर्मशीलता से महान बनेगा तो सारे देश के नागरिक महान होंगे। इसके लिए आर्थिक शोषण से मुक्ति और समान अवसर मिलने चाहिए और वे केवल तभी मिल सकते हैं जब संविधान को सही दिशा में लागू किया जाये। दलित कविता सामाजिक सौहार्द और संवाद चाहती है ताकि व्यवस्थागत समस्याओं का समाधान निकाला जा सके। दलित कविता की वेदना भारत की वेदना है।

इस वेदना के मूल में शोषण है। समाज में व्याप्त शोषण कहीं भाग्य, भविष्य, भविष्य के खेल पर आश्रित है तो जन्मफल और कर्मफल पर। यह बराबरी की भाषा बोलने वाले सुन्दर मनुष्य और सुन्दर संस्कृति का निर्माण चाहती है। यह प्रदर्शन में नहीं, कार्य करने में विश्वास रखती है और अतीत के गौरव गान का हिसाब-किताब लेती है। सांस्कृतिक भ्रष्टाचार, साहित्यिक छल-पाखंड के जरिए किये जा रहे कार्यों को देखकर कवि के मन में नकार, आक्रोश और विद्रोही भाव प्रस्फुटित होते हैं। इस कविता का सौन्दर्य इसके समानता आधारित मनुष्य और मानवीय सौन्दर्य में है। यह ज्यों-ज्यों खिलता जाता है, त्यों-त्यों प्रेम, शान्ति, सद्भाव की प्रतीक नीली रोशनी की चमक बढ़ती जाती है, क्योंकि इस कविता का आधार अतीत नहीं, वर्तमान जीवन है।

जिस तरह से देश में स्वच्छता अभियान चलाया जा रहा है, यह अच्छी है लेकिन असली गन्दगी ज़मीन के नीचे बह रही है। उसके डिस्पोज़ल की सही व्यवस्था किया जाना भी ज़रूरी है। पिछले दिनों एक टेलीविज़न पर दिखाया गया कि सत्ता पक्ष के लोग सफाईकर्मी द्वारा एकत्र किये गये कूड़े को इस्लामिक सेंटर के प्रांगण में गिराकर उस पर झाड़ू चला रहे थे। क्या सरकार को सफाई के काम में लगे हज़ारों लोगों के स्वास्थ्य, शिक्षा, आवास और सम्मान की कोई फिक्र है? यदि है तो हाथ से सफाई की बजाय मशीनीकरण की व्यवस्था हो और इसे जातिगत धंधे के रूप में देखने का

चलन बन्द किया जाना चाहिए। यहाँ बाहरी सफाई की अपेक्षा दिमागी सफाई की आवश्यकता अधिक है ताकि कम से कम पहले सभी को इन्सान तो मानना प्रारम्भ करें। राज्य को इस दिशा में कारगर कदम उठाने होंगे, नहीं तो यह सम्पूर्ण अभियान सरकारी पैसे की बर्बादी और सरकार का मजाक बनकर रह जायगा।

हथियारों से लैस और खून से रंगे हाथों वाले देव-देवियाँ क्या शान्ति-सहिष्णुता के प्रतीक हो सकते हैं? कदापि नहीं। इनके हथियार बहुजन समाज को मारने-काटने के लिए हैं। अधिकतर सवर्ण साहित्य और साहित्यकार सांस्कृतिक परम्परा के नाम पर इसके प्रसार-प्रचार में जुटे हैं। दलित कविता चाहती है कि ये अपने विध्वंसक हथियारों को समुद्र में फेंककर, हिंसा छोड़कर प्रेम की भाषा में बात करें। यह मानवीय संवेदनाओं को झकझोरकर व्यक्ति को देश, समाज में फैली अराजकता, पाखण्ड और जातिवाद से लड़ने की हिम्मत देती है। विडम्बना देखिए एक तरफ हिंसा की भाषा है तो दूसरी तरफ प्रेम और सद्‌भाव की। क्या हमने कभी विचार किया है कि 'वसुधैव कुटुम्बकम्' का नारा देने वाली संस्कृति अपने ही देश के करोड़ों बहुजनों से नफरत क्यों करती है? और उन्हें छोटा-बड़ा या क्रमिक नीच बनाकर एक-दूसरे के खिलाफ लड़ाने के मंत्र क्यों देती है? इस संस्कृति के झंडाबरदार पुरी पीठ के शंकराचार्य स्वामी निश्चलानंद सरस्वती ने 17 अक्तूबर, 2014 को राँची में पत्रकारों से बात करते हुए मन्दिरों में दलितों के प्रवेश पर रोक को उचित बताया था। इस मामले का संज्ञान लेते हुए राष्ट्रीय अनुसूचित जाति आयोग के उपाध्यक्ष राजकुमार वेरका ने झारखंड के पुलिस महानिदेशक को इस मामले की प्राथमिकी दर्ज करने, आरोपी को गिरफ्तार करने और 15 दिन में कार्रवाई रिपोर्ट देने को कहा है।"[1] एक तरफ भेदभाव पैदा करने वाली संस्कृति के रक्षक हैं तो दूसरी तरफ संविधान। अब सत्ता भी इनके समर्थन में है, इसलिए इस संघर्ष के बढ़ने की सम्भावना है।

स्त्री चेतना में सार्वजनिक शिक्षा व्यवस्था की बड़ी भूमिका रही है। इसका सुदृढ़ होना सामाजिक परिवर्तन के लिए आवश्यक है। महिलाओं की शैक्षिक स्थिति उसके स्वयं और परिवार के विकास में महत्त्वपूर्ण योगदान देती है। वह पितृसत्ता की सैद्धांतिकी से परिचित होकर इसकी जड़ों में कायम शोषण का प्रतिरोध करती है। लिंगीय आधार पर होने वाले भेदभाव और हिंसक आचरण के विरुद्ध मानवीय गरिमा की माँग करती है।

ओमप्रकाश वाल्मीकि हिन्दी के सशक्त कवि और कहानीकार हैं। इनकी कविताएँ लोक संस्कृति को व्यापकता में देखकर उसके दुःख-दर्द और चिन्ताओं-उल्लास की बेहतरीन और सार्थक अभिव्यक्ति करती हैं। इनके चार कविता संग्रह प्रकाशित हो चुके हैं। जिनके नाम हैं 'सदियों का सन्ताप' (1989), 'बस्स! बहुत हो चुका' (1997), 'अब और नहीं' (2009), तथा 'शब्द झूठ नहीं बोलते' (2012)। कवि

सोचते हैं कि भारतीय समाज में अन्याय क्यों है? वे इसके आधारों की खोज करते हैं तो इनकी जड़ें सांस्कृतिक आचरण में पाते हैं। वे समाज का डर निकालने के लिए अबौद्धिकता के विरुद्ध बौद्धिकता यानी ज्ञान को उतारते हैं। जिन घटनाओं को मुख्य धारा का साहित्य मिथक बना-बनाकर पेश करता चला आ रहा था, कवि उनकी दुर्भावनाओं को उघाड़ते हैं और समाज को सच से अवगत करवाते हैं। इससे एक ऐसे समाज की रचना होने की सम्भावनाएँ बनने लगती हैं जहाँ अन्धविश्वास, अन्याय और अज्ञानता के प्रति आक्रोश उभरने लगता है और चेतना सम्पन्न व्यक्ति का जन्म होने लगता है। कवि अपने समय में आ रहे सामाजिक-सांस्कृतिक परिवर्तन को गतिशील बनाना चाहते हैं और इसके लिए साहित्यिक संघर्ष का बिगुल बजाते हैं। ऐसी अभिव्यक्ति में निवेदन नहीं, प्रतिरोध और आक्रोश झलकता है। नया इतिहास बनाने को आतुर कविता दहाड़ती नज़र आती है :

"मेरी पीढ़ी ने अपने सीने पर
खोद लिया है, संघर्ष
जहाँ आँसुओं का सैलाब नहीं
विद्रोह की चिंगारी फूटेगी
जलती झोंपड़ी से उठते धुएँ में
नया इतिहास रचेगी।"[2]

यदि सामाजिक शोषण को देखा जाय तो वर्ण और जाति व्यवस्था ने समाज को छिन्न-भिन्न कर दिया। उनके एक-दूसरे के पास उठने-बैठने पर भी रोक थी। हालत यह थी कि अल्पसंख्यक सवर्ण हिन्दू इनकी परछाईं से भी बचकर चलते थे। इनके पास राज-काज के अधिकार थे और आर्थिक साधनों पर एकाधिकार था। इनकी इच्छा के बिना दलित-बहुजन समाज ने बड़े कष्टों में जीवन जीया। जीवन के प्रत्येक कतरे को भोगते हुए भयंकर यातनाएँ झेलनी पड़ीं। कवि कहते हैं :

"चूल्हा मिट्टी का
मिट्टी तालाब की
तालाब ठाकुर का

भूख रोटी की
रोटी बाजरे की
बाजरा खेत का

खेत ठाकुर का।
खेत-खलिहान ठाकुर के
गली-मुहल्ले ठाकुर के

फिर अपना क्या?
गाँव?
शहर?
देश?"[13]

हिन्दुत्व की काल्पनिक दैवी व्यवस्था के शोषण और जंजालों में घिरा समाज तड़प रहा है, लेकिन मक्खन-मलाई खाने वाले धर्माचार्यों, साहित्यकारों और उनके चेले-चपाटों को अपनी सुविधाओं से बाहर कुछ दिखायी नहीं देता। वे सत्यम्, शिवम्, सुन्दरम् का राग अलापते रहते हैं। उनकी निगाह और लेखनी अपने समकक्ष नागरिकों की दुविधाओं-संकटों के विरुद्ध नहीं उठती। कवि का प्रश्न है कि यदि इन्हें ऐसे संकटों का सामना करना पड़ता तो साहित्य के विचार बदल गये होते :

"सत्यम्, शिवम्, सुन्दरम्
देवी-देवताओं के वंशज तुम
हो जाओगे लूले-लँगड़े और अपाहिज
जो जीना पड़ जाये युगों-युगों तक
मेरी तरह
तब तुम क्या करोगे।"[14]

कवि को जाति व्यवस्था और उसके उत्पादों से सख्त नफरत है। यह हिन्दुत्व का ऐसा उत्पाद है जिसने करोड़ों लोगों के जीवन से गरिमा और सम्मान छीन लिया है। कवि इस जाहिल व्यवस्था से टकराना चाहते हैं। इसे सुधारना नहीं, समाप्त करना चाहते हैं। इसे ताकत के बल पर नहीं, चेतना के बल पर उखाड़ फेंकना चाहते हैं। कवि आजीवन इससे लड़ते हैं और मृत्यु के बाद शोषण के प्रतीक स्वर्ग में न जाने की घोषणा करते हैं :

"स्वीकार नहीं है
जाना
मृत्यु के बाद
तुम्हारे स्वर्ग में
वहाँ भी तुम
पहचानोगे मुझे मेरी जाति से।"[15]

ये मानवीय भेदभाव सदियों से कायम हिन्दुत्वी सांस्कृतिक व्यवस्था के आभूषण हैं। इसके बिना हिन्दुत्व ज़िन्दा ही नहीं रह सकता। यह इसका प्राण तत्त्व है। ज्यों ही कवि को झेली गयी यातनाएँ याद आती हैं, उनका खून खौलने लगता है। वे वर्तमान व्यवस्था के जातिगत काम-धन्धों के शास्त्रीय आधारों को खारिज और लोकतान्त्रिक आधारों को स्थापित करना चाहते हैं :

"जब भी देखता हूँ मैं
झाडू या गन्दगी से भरी बाल्टी कनस्तर
किसी हाथ में
मेरी रगों में
दकहने लगते हैं
यातनाओं के कई हज़ार वर्ष एक साथ
जो फैले हैं इस धरती पर
ठंडे रेत कणों की तरह।"[6]

जिस सांस्कृतिक महानता का बार-बार बखान किया जाता है, उसने बहुजनों को शोषण, अपमान और हिंसा के अलावा क्या दिया है? यहाँ तक कि अस्पृश्यता जैसे बन्धन लगाकर उसको इन्सान मानने तक पर रोक थी। यह सब इसी आर्य-हिन्दू संस्कृति की देन है। शोषण पर आधारित यह विचारधारा कभी भी न्यायप्रिय नहीं हो सकती, इसलिए कवि बन्धुता पर आधारित श्रमण संस्कृति यानी बहुजन संस्कृति का समर्थन करते हैं। कवि आर्य संस्कृति के ठेकेदारों को ललकारते हुए उसकी मनमानी व्याख्या पर सवाल उठाते हुए कहते हैं :

"कैद कर रखा है तुमने तहखानों में
संस्कृति को
मैं पूछता हूँ
संस्कृति क्या तुम्हारी रखैल है।"[7]

कवि को अपने पूर्वजों के शोषण और धार्मिक हत्याओं की टीस सालती रहती है। ज़गीन में रम चुका उनका रक्त किसी भी वक्त ज्वालामुखी बनकर फट सकता है और अत्याचारी व हिंसक संस्कृति के ध्वजारोहियों को निगल जायगा। उनके शब्दों में :

"यहाँ गली-गली में
राम है
शम्बूक है
द्रोण है
एकलव्य है
फिर भी सब खामोश
शम्बूक तुम्हारा रक्त जमीन के अन्दर
समा गया है जो किसी भी दिन
फूटकर बाहर आयेगा
ज्वालामुखी बनकर।"[8]

कवि तार्किकता पर उतरकर समाज पर निगाह डालते हैं तो उन्हें यहाँ कायम

पाखण्डों की शृंखला याद हो आती है। उन्हें पाखण्डी लोगों की भरमार दिखती है जो कभी गणेश को दूध पिलाकर नाटकबाजी करते हैं तो कभी धर्म के नाम पर शारीरिक शोषण। समाज की कष्ट कमाई का एक हिस्सा इन्हीं बुराइयों पर खप जाता है :

"न जाने कितना दूध
बहा दिया तुमने नाली में
भूखे बच्चों से छीनकर
अरे तुम्हारे इन्हीं कुकर्मों ने हमें
कंगाल बना दिया।"[9]

रचनाकार अदम्य साहस से आगे बढ़ते हैं, सभी तरह के अवरोधों को एक तरफ हटाकर लक्ष्य तक जाना चाहते हैं। उनमें वैचारिक प्रतिबद्धता और आन्दोलनकारी संघर्ष की फड़फड़ाहट सुनी जा सकती है। उनका झगड़ा व्यक्ति से नहीं, व्यवस्था से है। उनकी समझ है कि व्यवस्था द्वारा 'बनाये गये और रचे गये अँधेरे को लम्बे डगरों से लाँघकर रोशनी की जा सकती है। वे भविष्य के ज्वलन्त खतरों को जानते हुए भी आज़ादी और न्याय की खातिर कदम बढ़ाते हैं :

"जो लैस हैं
आग्नेय अस्त्रों से
पाते ही इशारा
कर देते हैं ज़ख्मी
मेरे जिस्म को
इसके बावजूद मैं
चाहता हूँ पार करना
अपनी दहलीज़।"[10]

'शब्द झूठ नहीं बोलते' कविता संग्रह की भूमिका में कवि लिखते हैं—"मेरे लिए कविता आनन्द या रसास्वादन की चीज़ नहीं है, बल्कि कविता के माध्यम से मानवीय पक्षों को उजागर करते हुए मनुष्यता के सरोकारों और मनुष्यता के पक्ष में खड़ा होना है। मनुष्य और प्रकृति, भाषा और संवेदना का गहरा रिश्ता है, जो इन कविताओं में नदी, शब्द, जीवन, बारिश और इनके बीच निरन्तरता में जूझता मनुष्य बार-बार आता है। प्रकृति और मनुष्य के बीच जो गहरा सम्बन्ध है, उसे दलित कविता ने अपने गहरे सरोकारों के साथ जोड़ा है, जिसे आलोचक अनदेखा करने की कोशिश करते हैं।...जिस विषमतापूर्ण समाज में दलित संघर्षरत है, वहाँ मनुष्य की मनुष्यता की बात करना अकल्पनीय लगता है, इसीलिए सामाजिकता में समता बोध को मानवीय पक्ष में परिवर्तित करना दलित कविता की आन्तरिक अनुभूति है, जिसे अभिव्यक्त करने में गहन वेदना से गुज़रना पड़ता है। भारतीय जीवन का

सांस्कृतिक पक्ष दलित को उसके भीतर हीनता-बोध पैदा करने में ही अपना श्रेष्ठत्व पाता है, लेकिन एक दलित के लिए यह श्रेष्ठत्व भाव दासता और गुलामी का प्रतीक है, जिसके लिए हर पल दलित को अपने 'स्व' को ही नहीं समूचे दलित समाज की पीड़ादायक स्थितियों से गुज़रना पड़ता है।...एक कवि के रूप में मेरी कोशिश है कि इस भयावह त्रासदी से मनुष्य स्वतन्त्र होकर प्रेम और भाईचारे की ओर कदम बढ़ाये, जिसका अभाव हजारों साल से साहित्य और समाज में दिखाई देता है।"[11]

वैचारिक प्रतिबद्धता के साथ समाज निर्माण का संकल्प लेकर मैदान में उतरी यह कविता तब तक मैदान में रहेगी जब तक समाज में इन्सानी अस्मिता पर चोट करने वाली मानसिकता का अन्त नहीं हो जाता। दलित कविता की वैचारिक प्रतिबद्धता, परिपक्वता और व्यापकता जहाँ निरन्तर बढ़ी है, वहीं इसने सामाजिक उत्तरदायित्व को भी सँभाला है। कविताओं में व्यक्ति, मनुष्य और प्रकृति की आत्मीयता की सहज अभिव्यक्ति हुई है :

"नदियाँ सूखने लगी हैं
या फिर मुड़ गयी हैं
रास्ता बदलकर
तुम्हारी बस्तियों से दूर...वे जानती हैं
तुम कभी नहीं बदलोगो...तुम्हारी जात ही ऐसी है।"[12]

कवि ने सामाजिक जीवन में दलित समाज की आन्तरिक कमजोरियों पर प्रहार किये हैं और उन्हें चेताया है कि यूँ ही चुपचुप, गुमसुम अन्धकार में पड़े रहे तो पीढ़ियों का भविष्य बर्बाद हो जायगा। उन्हें चेताते हैं, जगाते हैं और संघर्ष के लिए ललकारते हैं। सामाजिक बदलाव को रेखांकित करने हेतु कवि ने 'परिवर्तन' नामक कविताओं में कुछ अलग दृष्टि से सोचा है। वे कहते हैं :

"तब भी वे प्यासे थे
बूँद-बूँद जल को तरसते
आज भी वे जीते हैं दूसरों की
अनुकम्पा पर
अब आप ही बताएँ
क्या सचमुच दुनिया बदल गयी है।"[13]

कवि सुखद-सुनहरे भविष्य की तलाश में टकटकी लगाये जनपथ को निहार रहा है। उन व्यक्तियों की मानसिकता को पढ़ रहा है जो सुबह-शाम काम की तलाश में आ-जा रहे हैं। कवि को यह भी मालूम है कि बदलाव दृढ़ मानसिकता और प्रबन्धन से ही आते हैं। साहित्य सामाजिक चेतना का संचरण करता है, समाज की नसों में इन्सानियत का जोश पैदा करता है, उसे लोकतान्त्रिक सरोकारों के लिए संघर्ष करने

की हिम्मत देता है। भेदभाव करने वाले कोशिश करते हैं कि समाज में ज्ञान-प्रकाश समान रूप से न फैले। साथ ही संघर्षशील समाज इस अन्धकार को मिटाने के लिए 'जुगनू' की रोशनी से प्रेरणा लेकर आगे बढ़ता है। वे कहते हैं :

"जुगनू की यह छोटी-सी चमक भी
कितनी बड़ी होती है
निपट अँधेरे में
जिसके होने का सही सही अर्थ
जानते हैं वे
जो अँधेरे की दुनिया में पड़े हैं सादियों से।"[14]

समाज का तथाकथित सम्पन्न, मगर अपने सामाजिक उत्तरदायित्वों से दूर अपनी ही मौज-मस्ती में लिप्त समाज और शासन व्यवस्था को प्रभावित करने वाला तबका, दलित-बहुजनों को मिले आरक्षण पर आग उगलता है। वह भूल जाता है कि यह उनके बुजुर्गों का किया-धरा है जिसे वंचित समाज झेल रहा है, जी रहा है। इनमें न्याय का स्वर नहीं है और न ही आत्मविश्लेषण करने की हिम्मत। दलित कविताएँ ऐसे प्रश्नों को उठाती हैं और बताती हैं कि व्यवस्था के रखवालों ने करोड़ों लोगों के पैरों में रस्सी बाँध दी और स्वयं पूरी दुनिया की सैर करने निकल पड़े। यह विकृत संस्कारों का प्रतिफल है। चारों तरफ अन्धकार है और कहा जाता है कि मेरे देश, प्रदेश, जिले, शहर, गाँव, मोहल्ले और गली में कोई भेदभाव नहीं है। कवि ने साहित्यकारों को घेरा है कि क्या उन्हें यह भी नहीं दिखाई देता? जब समाज में अन्याय है तो इसके खिलाफ लेखकीय संघर्ष का मार्ग न अपनाना साहित्यकारों की मानसिकता को दर्शाता है। सामाजिक शोषण का बड़ा कारण समाज की गरीबी है। महँगाई की मार गरीब जनता पर सबसे अधिक पड़ती है और शोषक की तराजू और बाट बेईमानी करते हैं। महँगाई बढ़ाने वाले सत्ताओं के दलाल होते हैं, वे ही इन्हें चुनावों में फंडिंग करते हैं तो सम्भव है कुछ तो इन्हें भी चाहिए?

"न चूल्हा जला
न मिला गैस सिलेण्डर
सब्जी हो गयी महँगी
दाल-भात भी हुए पराये
बिना दूध रोये छुटकू
बनिया मारे डाँडी
राज काँपे
सपनों में
छिनती दिखी कुर्सी।"[15]

समाज में बन्धुभाव, प्रेम की अपेक्षा अविश्वास और घृणा बढ़ी है जिससे जातिवाद और साम्प्रदायिकता को फलने-फूलने के अवसर मिलते हैं। यह कोई सामान्य बात नहीं है कि लोकतन्त्र की स्थापना के बावजूद गैर-लोकतान्त्रिक आचरण जारी हैं और लोकतन्त्र इन्हीं नकारात्मक ताकतों का प्रयोग करने में सिद्धहस्त हो चुका है :

"न जाने तुम किस मिट्टी के हो
भूलने नहीं देते
बिखेर देते हो हर बार
दहकते अंगारे
मेरी प्रेम-डगर पर
जहाँ मैंने अक्सर की है कोशिश
बंजर धरती पर
हरियाली उगाने की।"[16]

विषमता को किसी भी रूप में स्वीकृति अन्याय ही नहीं, हिंसक मनोवृत्ति की परिचायक है। ऋग्वेद के दसवें मण्डल के पुरुष सूक्त में वर्ण-व्यवस्था की सैद्धांतिकी लिखी गयी है। सम्पूर्ण संसार से अलग हिन्दू संस्कारों और व्यवहारों में जब बच्चे का जन्म होता है तो वह अलग-अलग पहचान लेकर उपस्थित होता है और धीरे-धीरे असामान्य होता जाता है। उसे तर्क-विवेक और आधुनिकता से बचाकर रखा जाता है। हिन्दू अल्पसंख्यक सम्मानित हो रहे हैं और बहुसंख्यक अपमानित। यह कैसा समाज और धर्मशास्त्र है जो कामकाजी समाज को प्रताड़ित कर रहा है? इसी धोखाधड़ी को उद्‌घाटित करते हुए कवि कहते हैं :

"वे जानते हैं
यह एक जंग है
जहाँ उनकी हार तय है
एक रेतीले ढूह की ओट में
खड़े रहकर आखिर कब तक
बचा जा सकता है
बालि के तीक्ष्ण बाणों से
...आँखों पर काली पट्टी बाँधे
न्याय देवी ज़रूरत पड़ने पर दोहराएगी
दसवें मण्डल का पुरुष सूक्त।"[17]

पिछले दशकों में नागरिक अधिकारों पर अनेक बर्बर हमले और हत्याकाण्ड हुए हैं। एक दिन आयेगा जब इनका हिसाब होगा, तभी न्याय मिलेगा :

"गोहाना, मिर्चपुर, झज्जर
और खैरलांजी...
रच देना
बायें हाथ का खेल है
जिसकी कहीं सुनवाई तक नहीं होती,
फिर भी,
मुझे यकीन है
एक दिन माँगा जायगा
हिसाब
संसद से
मानवाधिकार आयोग से
न्यायपालिका से... ।"[18]

हमारे देश में लोकतन्त्र का चलन तो हो गया है, चाहे दिखावे के रूप में ही हो, लेकिन उसकी वास्तविकता तक जाने में अभी शताब्दियाँ लगेंगी। इसका कारण लोकतन्त्र की कमियाँ नहीं हैं, बल्कि इसके पीछे धर्माश्रित सांस्कृतिक मान्यताएँ हैं जिन्होंने इन्सान की पहचान को लांछित किया है। ऐसी स्थिति में धीरे-धीरे चेतनशील हो रहा समाज प्रतिनिधित्व प्राप्ति के लिए संघर्ष कर रहा है। लोकतन्त्र पर हावी जाति तन्त्र को उद्घाटित करते हुए वे कहते हैं :

"यह कैसा लोकतन्त्र है भाई?
यहाँ चुनाव, नौकरी, इज्जत
योग्यता, शिक्षा
सब जाति तन्त्र तय करता है।"[19]

नागरिकों की निष्ठा राजनीतिक लोकतन्त्र तक सीमित नहीं रहनी चाहिए, यह सामाजिक-सांस्कृतिक-आर्थिक पटल पर भी दिखाई देनी चाहिए। इसके बिना यह छलावा है। लोकतन्त्र को पारिवारिक जागीर बनाने की संस्कृति बन्द होनी चाहिए। इसके लिए केन्द्र या राज्य के शीर्ष राजनीतिक पद पर दो से अधिक बार चुना जाना प्रतिबन्धित किया जा सकता है। लोकतन्त्र की रक्षा का ढोंग नहीं, वास्तव में रक्षा होनी चाहिए। कवि चाहते हैं कि इन्सान पहचान पर कायम धर्मान्धता को हटाकर व्यक्ति को उसकी गरिमा प्रदान की जाये। उसे आगे बढ़ने के समान अवसर मिलने चाहिए। समाज की आँखों में उभरे धर्मान्धता के मोतियाबिन्द ने व्यक्ति की न्यायकारी शक्तियों को दबा दिया है। जिससे उसे सामाजिक उतार-चढ़ाव कम दिखाई देने लगे हैं। कवि को लोकतान्त्रिक व्यक्तियों की तलाश है :

"आँखों में उतर आया है

धर्मान्धता का मोतियाबिन्द
जो देखने नहीं देता
उतना साफ
जितना हम देखना चाहते हैं।"[20]

कवि लोकतान्त्रिक समाज निर्माण की चाहत में अतीतजीवी की मानसिकता को ललकारते हैं, उन्हें आभास देते हैं कि अब जड़ धारणाएँ पुष्पित नहीं होंगी। चिड़िया की मुस्कुराहट आम आदमी की मुस्कराहट है जो जंगली धार्मिक दुराचारों और परिक्रमाओं से मुक्ति चाहती है :

"पेड़ पर बैठी चिड़िया
बेखौफ मुस्कुरा रही है
वह जानती है
शेखी बघारने वाले अतीतजीवी हैं
जो हो चुके हैं जड़
उस दरख़्त की तरह
जिसकी शाखाओं पर
अब कोंपलें नहीं फूटतीं।"[21]

इस हत्यारी वर्ण-व्यवस्था और उसकी उत्पाद जाति-व्यवस्था ने इस देश को एक कभी नहीं बनने दिया, जगह-जगह बाँटकर रखा है। यहाँ जातियाँ राज करती हैं, कानून, व्यक्ति या शासक नहीं। ऐसे समाज में जीवनयापन करने वाले लोगों की ज़िन्दगी में दुखों की खूनी धारा बही है। इनमें महामानव बुद्ध के ज्ञान और बाबा साहब डॉ. अम्बेडकर के अधिकारों की परिवर्तनकामी चेतना उभर आयी है। इनके चेहरों पर सूरज की गर्मी उग आयी है :

"सुना है, वे डरने लगे हैं
चेहरों पर उगते
सूरज को देखकर।"[22]

साहित्य व्यक्ति को सामाजिक, सांस्कृतिक, आर्थिक, राजनीतिक रूप से चेतन करता है, उसका नेतृत्व करता है, उसे एहसास देता है कि उचित-अनुचित क्या है? मानवीयता, इन्सानी गरिमा को किस तरह सुरक्षित रखा जाय। वह लोकतान्त्रिक आचरण के लिए जनमानस का आह्वान करता है और देखते ही देखते साहित्य का असर प्रत्यक्ष हो उठता है। कवि को अपने शब्दों में परिवर्तनकामी चेतना दिखाई देती है। वे जानते हैं कि ये शब्द ही देश, समाज और न्याय का पथ सन्धान करेंगे :

"मेरा विश्वास है
तुम्हारी तमाम कोशिशों के बाद भी
शब्द जिन्दा रहेंगे

समय की सीढ़ियों पर
अपने पाँव के निशान
गोदने के लिए
बदल देने के लिए
हवाओं का रुख
...गहरी नींद में सोये
अलसाये भी जाग जाते हैं
जब शब्द आग बनकर
उतरता है उनकी साँसों में
मौज-मस्ती में डूबे लोग
सहम जाते हैं।"[23]

ओमप्रकाश वाल्मीकि की कविताओं में सांस्कृतिक यथास्थितिवाद के विरुद्ध बार-बार आक्रोश उभरता है। कवि सांस्कृतिक प्रतीकों में मौजूद हिंसा, मानवीय घृणा को बन्धुता में बदलने हेतु प्रतिनिधित्व को नकारने वाले और अन्याय के पक्षधर जातिवादी व्यवहारों पर कड़ाई से पेश आते हैं। वे प्रकृति के माध्यम से मानवीय संवेदनाओं की सार्थक अभिव्यक्ति करते हुए सदियों से कायम अँधेरे को समाप्त करने के लिए ज्ञान का दीपक जलाने को प्रतिबद्ध हैं। दलित कविता में भाव पक्ष की प्रधानता है, शिल्प पर जोर नहीं। लेकिन कवि के वैचारिक और आन्दोलनकारी संघर्ष से नये प्रतीक, मिथक भी उभार पाते हैं। इस कविता का सौन्दर्य चमड़ी, धर्म, जाति, लिंग या स्थान विशेष में न होकर मानवीय गुणों और सांस्कृतिक संघर्ष में है और यह कविता शोषण के जाने-माने हथियारों से निर्मित सामाजिक-सांस्कृतिक ताने-बाने को नकारकर, उधेड़कर न्यायपरक सांस्कृतिक पुनर्निर्माण करती नजर आती है।

सन्दर्भ

1. जनसत्ता, 19 अक्तूबर, 2014, नयी दिल्ली
2. ओमप्रकाश वाल्मीकि, सदियों का सन्ताप, पृ. 25, वाणी प्रकाशन, नयी दिल्ली, 1989
3. वही, पृ. 3
4. वही, पृ. 52
5. ओमप्रकाश वाल्मीकि, बस्स! बहुत हो चुका, पृ. 78, वाणी प्रकाशन, दिल्ली, 1997
6. वही, पृ. 68
7. वही, पृ. 102
8. ओमप्रकाश वाल्मीकि, सदियों का सन्ताप, पृ. 13
9. ओमप्रकाश वाल्मीकि, बस्स! बहुत हो चुका, वही, पृ. 52
10. ओमप्रकाश वाल्मीकि, अब और नहीं, पृ. 36, राधाकृष्ण प्रकाशन, नयी दिल्ली, 2009

11. ओमप्रकाश वाल्मीकि, शब्द झूठ नहीं बोलते, पृ. 9-11, अनामिका पब्लिशर्स, दिल्ली, 2012
12. वही, पृ. 23
13. वही, पृ. 100
14. वही, पृ. 95
15. वही, पृ. 78
16. वही, पृ. 103
17. वही, पृ. 19-20
18. वही, पृ. 30
19. वही, पृ. 33
20. वही, पृ. 63
21. वही, पृ. 68
22. वही, पृ. 90
23. वही, पृ. 114-115

ओमप्रकाश वाल्मीकि का काव्य-संसार : दलित जीवन की वास्तविक और सम्पूर्ण अभिव्यक्ति

रामभरोसे

वर्तमान साहित्य जगत में दलित साहित्य एक क्रान्तिकारी चेतना का पर्याय बन चुका है। दलित साहित्य का प्रारम्भ कविता से हुआ है। वर्तमान दलित कविताएँ उसकी प्रमुख विधा है। आज की दलित कविता अपनी परम्परा का आत्मगत करते हुए विकसित हो रही है। इसमें कोई दो राय नहीं है कि सन्त साहित्य में वर्तमान दलित साहित्य के अंश देखे जा सकते हैं। सन्तों में ज्यादातर अस्पृश्य जातियों से थे। कबीर से लेकर बहिणाबाई तक के सन्त कवियों ने जाति, वर्ण और वर्ग के आधार पर हो रही अमानवीय धार्मिक परम्पराओं का खुलकर विरोध कर दलित चेतना के बीज डाले जो खासकर कबीर और रविदास की वाणी में प्रकट रूप से देखे जा सकते हैं। कबीर की तीव्र वाणी 'जो तु बामन बामनी जाया, आन बाट ह्वै काहे न आया' में दलित चेतना की चमक स्पष्ट देखी जा सकती है वहीं सन्त शिरोमणि रविदास के तीव्र स्वर उसी क्रम में पड़ते हैं—'जात जात में जात है ज्यों केलन में पात' के माध्यम से हिन्दू धर्म की जाति व्यवस्था का कड़ा आक्रोशपूर्ण व्यंग्य किया है। इसी क्रम में पलटू साहब, मलूकदास, सुन्दरदास, गुरुनानक, गुरुगोविन्द सिंह, रामदास, सन्त रज्जब, बुद्धसेन, चूड़ामणि, बुल्ले शाह, आदि सभी सन्त कवियों ने वर्ण भेद रूपी सभी षड्यन्त्रों पर तीक्ष्ण तीर चलाये। इन्हीं सन्तों के साथ दलित चेतना को आधुनिक युग की चेतना से जोड़ने का मुख्य काम 'चोखामेला' ने किया, जो लिखते हैं—

> *"मेरे स्पर्श होते ही वे स्नान करते हैं,*
> *मेरे गोपाल मुझ चोखामेला पर करुणा करो।"*[1]

हिन्दी दलित कविता के उद्‌भव के विषय में डॉ. एन. सिंह का मानना है कि "बौद्ध, सिद्ध और नाथ साहित्य से होती हुई दलित चेतना की सबल अभिव्यक्ति निर्गुण सन्तों की वाणी में हुई। हिन्दी के लोकगीतों में दलितों ने अपनी पीड़ा को निरन्तर गाया है। इन सब सूत्रों से प्रेरणा लेकर हिन्दी के दलित कवियों ने काव्य

सृजन प्रारम्भ किया।"[2] दलित वर्ग की दयनीय स्थिति को उजागर करने में चोखामेला के साथ-साथ बिहारीलाल हरित, बख्शीदास, केवलानन्द, संकरानन्द, मोतीलाल सन्त, अछूतानन्द तथा हीरा डोम ने अपनी मुख्य भूमिका निभाई। आधुनिक दलित कविता के सन्दर्भ में हीरा डोम की सितम्बर 1914 में सरस्वती में प्रकाशित 'अछूत की शिकायत' शीर्षक कविता को आधुनिक काल की निर्विवाद रूप से पहली दलित कविता माना जाता है। यह भोजपुरी में है और सम्भवतः उस भाषा में लिखी हुई यह एकमात्र कविता है, जिसे द्विवेदी जी की 'सरस्वती' में स्थान मिला। इस कविता के अंश कुछ इस प्रकार हैं :

"हमनी के रात दिन दुःखवा भोगत बानी
हमनी के सहेबे से मिनती सुनाइब।
हमनी के दुख भगवनओं न देखताजे
हमनी के कबले कलेसवा उठाइच।"[3]

लेकिन हीरा डोम की इस कविता को ओमप्रकाश वाल्मीकि जी मात्र एक 'शिकायती पत्र'[4] ही मानते हैं। जहाँ एक अधिकांश दलित चिन्तक दलित साहित्य का आधार सन्त साहित्य का स्वीकार करते हैं। वहीं कुछ दलित साहित्यकार इससे विपरीत धारणा रखते हैं। उनमें से ही एक ओमप्रकाश वाल्मीकि जी दलित साहित्य में सन्तों के योगदान के सन्दर्भ में विशिष्ट विचार रखते हैं—"जो विद्रोही रूप जाति-व्यवस्था के विरुद्ध सन्त साहित्य में उभरना चाहिए था। वह नहीं उभर सकता। ...समकालीन हिन्दी दलित कविता की पूर्व पीठिका के रूप में सन्त कवियों का योगदान महत्त्वपूर्ण कहा जा सकता है। लेकिन दलित कविता सन्त कवियों से शुरू होती है इसे नहीं माना जा सकता है। क्योंकि दलित कविता जिस तैचारिक और मुक्ति संघर्ष से एक विस्फोट के रूप में सामने आयी है, वहीं सन्त कालीन कविताएँ वैसा प्रभाव छोड़ने में असमर्थ रही हैं।"[5] इस बात की पुष्टि एक अन्य दलित चिन्तक डॉ. आर. जी. सिंह करते हुए कहते हैं कि "भक्ति डॉ. अम्बेडकर के अनुसार लोगों के समर्पण की भावना को बढ़ावा देती है। यह समाज के लिए अफीम का कार्य करती है। भक्ति ने दलितों की नसों को कमजोर किया है। उनमें अधीनता की भावना को विकसित किया है।"[6]

आज़ादी के बाद मराठी साहित्य में एक समर्थ प्रवाह के रूप में दलित कविता ने प्रवेश किया। अनुभव, अनुभूति और अभिव्यक्ति के स्तर पर दलित कविता ने मराठी साहित्य में अपना नया स्थान बनाया है। मराठी दलित साहित्य के मुख्य स्तम्भ डॉ. शरणकुमार लिंबाले लिखते हैं कि "दलितों के शोषित, पीड़ित, अपमानित, प्रताड़ित जीवन की कहानी को पहली बार वाणी दी गयी। दलितों में आत्मसम्मान, स्वाभिमान, आत्मविश्वास पैदा करने की अदम्य इच्छा इस कविता की केन्द्रीय शक्ति

है।"[7] दलित कविता को यह शक्ति 'दलित मुक्ति आन्दोलन' से मिली है। संविधान में प्राप्त अधिकारों के कारण ही दलितों में शिक्षा का प्रसार होने लगा। शिक्षा से प्राप्त हुई नयी विचार दृष्टि से दलित युवा पीढ़ी को दलित जीवन में व्याप्त विषमता का अहसास होने लगा। सदियों से अन्धकार में रहने के लिए दलितों को मजबूर किया गया, दलित समाज की दुःखद स्थिति और उसके निर्माण होने के कारणों की खोज होने लगी। इन सबके कारण उन्हें सामाजिक और आर्थिक विभेद के यथार्थ का ज्ञान हुआ। इस ज्ञान से प्रदत्त चेतना से ही दलित साहित्य का प्रादुर्भाव हुआ। डॉ. माकडिया ने दलित कविताओं के सन्दर्भ में लिखा है कि "दलित कविता ने डॉ. अम्बेडकर के व्यक्तित्व, कृतित्व और चिन्तन तथा विद्रोह की पूर्व परम्परा से प्रेरणा लेकर दलित जीवन के स्वानुभावों को अभिव्यक्त करके दलित साहित्य को नया आयाम दिया।"[8] सर्वविदित है कि दलित मुक्ति-आन्दोलन से प्रसूत विचारधारा और बुद्ध-फुले तथा अम्बेडकर दलित साहित्य के प्रेरणा बिन्दु हैं। दलित साहित्य की सबसे क्रान्तिकारी अभिव्यक्ति दलित कविता से हुई है। दलित कविता के विषय में डॉ. चन्द्रकान्त कुछ इस प्रकार लिखते हैं, "दलित कविता में अपने भोगे हुए दुःखों, पीड़ाओं, अपमानों की चुभनों, अभाव में पले जीवन की प्रतिक्रियात्मक चोटों, अकारण भोगने की बाध्यता से उत्पन्न कटुताओं का जिक्र है। मनुवाद से प्रभावित हिन्दू रीति-रिवाजों और परम्पराओं के प्रति तीखी विद्रोह की भावना है। मनुष्य और मनुष्य के बीच खड़ी की गयी कृत्रिम दीवारों के प्रति जुझारू आक्रोश है।"[9]

स्पष्टतः दलित काव्य लोगों में चेतना पैदा करने वाला क्रान्तिकारी साहित्य है। अन्याय, अत्याचार और शोषण के विरोध में खड़ा होने वाला काव्य है। आधुनिक दलित कविता का उद्‌भव डॉ. अम्बेडकर और फुले की विचारधारा से मराठी में हो गया था। साप्ताहिक पत्र 'प्रबुद्ध भारत' में सर्वप्रथम दलित कविता का प्रकाशन हुआ तब से लेकर आज तक हिन्दी और अन्य भाषाओं में दलित कविता विकास के पथ पर अग्रसर है। साठोत्तरी हिन्दी काव्य में दलित आन्दोलन के फलस्वरूप प्रस्फुटित दलित चेतना आधुनिक काल के सभी कवियों में व्यक्त हुई है। जहाँ यह दलित चेतना दलित कवियों में सहज थी वहाँ गैर-दलित साहित्यकारों में सायास भी व्यक्त हुई है। आधुनिक हिन्दी दलित कवियों में ओमप्रकाश वाल्मीकि का नाम सबसे ऊपर लिया जाता है। अन्य मुख्य कवियों में माताप्रसाद, डॉ. जयप्रकाश कर्दम, मोहनदास नैमिशराय, डॉ. सूरजपाल चौहान, कंवल भारती, डॉ. एन. सिंह, डॉ. श्यौराज सिंह बेचैन, रजतरानी 'मीनू', मुकेश मानस, मुसाफिर बैठा, डॉ. धर्मवीर, दयानन्द बटोही, तेजसिंह, डॉ. सुखबीर सिंह, डॉ. सोहनलाल सुमनाक्षर, लालचन्द राही, तेजपाल सिंह तेज, कुसुम वियोगी, पुरुषोत्तम सत्यप्रेमी आदि प्रमुख हैं।

दलित साहित्यकारों ने अपनी पीड़ा को कविताओं के माध्यम से व्यक्त करना

प्रारम्भ किया। इस बात की पुष्टि दलित चिन्तक डॉ. तेजसिंह इस प्रकार करते हैं कि "दलित कविता की सामाजिक भूमिका और उसके सामाजिक सरोकार को आज युवा कवियों ने बड़ी शिद्दत से महसूस किया है। इसलिए आज का युवा कवि शौक से कविताएँ नहीं लिखता और न ही वह जबरदस्ती कविताएँ गढ़ता है, बल्कि वह तो उसके भोगे हुए यथार्थ का अशोभनीय और अमानवीय हिस्सा है जिसकी चुभन, पीड़ा दिलो-दिमाग पर अंकित हुई है। ...कविता मन की सहज अभिव्यक्ति है इसलिए अधिकांश युवा दलितों का दिलो-दिमाग कविता में ज्यादा रमता है। उन्हें लगता है कि वे अपनी पीड़ा दुःख-दर्द, वेदना और मन की छटपटाहट को कविता के माध्यम से ज्यादा ईमानदारी से व्यक्त कर सकते हैं। इसलिए कविता उनकी सहज और स्वाभाविक अभिव्यक्ति है।"[10] दलित कविता के सन्दर्भ में विमल थोरात लिखती हैं, "दलित कविता केवल कविता नहीं है, वह सदियों पुरानी विषमतामूलक सनातनी परम्पराओं को दफन करने की एक विचारधारात्मक कार्रवाई है। चेतनागर्भ यह मानव अधिकारों का संघर्ष उस अमानुषिक व्यवस्था के विरुद्ध किया जा रहा है जो मानव गरिमा को गिराकर परजीवी संस्कृति का निर्माता है। यह एक ऐसा हथियार है जिसे पाकर दलित वर्ग स्वाधीनता की उम्मीद करता है।"[11]

इसे दुर्भाग्य ही कहा जायेगा कि साहित्य के आलोचक एकतरफा दलित कविता को इस आधार पर नकार देते हैं कि इसमें सौन्दर्यता का अभाव होने के साथ-साथ ये कविता के मानदण्डों के अनुरूप नहीं हैं। आलोचकों ने तो दलित साहित्य को भटका हुआ साहित्य तक कह डाला है। परन्तु यह आलोचकों की भूल है। क्योंकि दलित कवि का आधार ही मनुष्यता है, तो वह उत्पीड़न और असमानता के खिलाफ विरोध करेगा ही। जिसमें आक्रोश आना स्वाभाविक है, जो दलित कवि की अभिव्यक्ति को वास्तव में निकट ले जाता है। ओमप्रकाश वाल्मीकि जी इस सन्दर्भ में कहते हैं—"हिन्दी आलोचक कविता के जिस रूप में भी ग्रहण करें और साहित्यिक मापदण्डों से उसकी व्याख्या करें, लेकिन दलित जीवन की त्रासद स्थितियाँ उसे संस्पर्श किये बगैर ही निकल जाती हैं। इसीलिए वह आलोचक अपनी बौद्धिकता के छद्म में दलित कविता पर कुछ ऐसे आरोपण करता है कि दलित कविता में भटकाव की गुंजाइश बनने की स्थितियाँ उत्पन्न होने की सम्भावना दिखायी देने लगी है।..."[12] ऐसे ही कुछ शब्द वाल्मीकि जी अपनी एक अन्य पुस्तक में कहे हैं—"कविता को आनन्द और मोक्ष, रसोत्पत्ति का साधन मानने वाले विद्वान आलोचकों ने दलित कविता को जिस तरह खारिज करने की मुहिम चलाये रखी, वह बेहद निराशाजनक थी। लेकिन दलित कविता का जन्म जिस परिवेश में हुआ और जिस उद्देश्य के लिए हुआ, उसके सामने आलोचकों के तमाम तर्क ज्यादा दिन तक नहीं टिक पाये। दलित कविता ने सामाजिक जीवन में गहरे तक जड़ जमाये बैठी घृणा की जगह

सामाजिक समता, बन्धुत्व और मनुष्य की स्वतन्त्रता को अपनी आन्तरिक चेतना का हिस्सा बनाया।"[13]

दलित साहित्य वास्तविक रूप से मानव का मानवता के लिए समर्पित साहित्य है। दलित कविता के मूल में मानववाद है। जहाँ हर एक असमानता को खत्म कर समानता धर्मी समाज की प्रस्थापना होती है। ऐसी ही मानवता की प्रस्थापना करने वाले महान दलित कवि/लेखक/आलोचक का नाम है ओमप्रकाश वाल्मीकि। हिन्दी दलित साहित्य को उन्होंने अपनी अनेक अमूल्य रचनाएँ दी हैं। जिनमें चार कविता संग्रह (सदियों का सन्ताप 1989, बस्स! बहुत हो चुका 1997, अब और नहीं 2009, शब्द झूठ नहीं बोलते 2012), तीन कहानी संग्रह (सलाम 2000, घुसपैठिए 2003, छतरी 2013), आत्मकथा (जूठन 1997), चार आलोचना ग्रन्थ (दलित साहित्य का सौन्दर्यशास्त्र 2001, मुख्यधारा और दलित साहित्य 2009, सफाई देवता 2008, दलित साहित्य : अनुभव, संघर्ष और यथार्थ 2013), दो नाटक (उसे वीर चक्र मिला था 2012, दो चेहरे 2013-14), अनुवाद–क्यों मैं हिन्दू नहीं हूँ (कांचा एलैया)–अंग्रेजी से हिन्दी व साइरन का शहर (अरुण काले का कविता संग्रह)–मराठी से हिन्दी, सम्पादक (प्रज्ञा साहित्य मार्च-जून 1995, दलित हस्तक्षेप 2005 में सम्पादित, 'तीसरा पक्ष' त्रैमासिक के सम्पादकीय सलाहकार), लोकनाथ यशवंत की मराठी कविताओं का हिन्दी अनुवाद। उन्होंने लगभग 60 नाटकों में अभिनय और मंचन भी किया। उनकी आरम्भिक कविताएँ कानपुर से प्रकाशित *निर्णायक भीम* में प्रकाशित हुई थीं। साहित्य जगत में आत्मकथा 'जूठन' उनकी प्रसिद्धि का मुख्य कारण बनी। वास्तव में अभी उनके साहित्य का पूरी तरह से मूल्यांकन होना शेष है। कविताओं के सन्दर्भ में यह कहना अतिशयोक्ति न होगा कि उनकी प्रत्येक कविता पर शोधपरक अध्ययन किया जा सकता है। उनका सम्पूर्ण साहित्य स्वानुभूति से परिपूर्ण है। सामान्यतः उनका साहित्यिक सफर 'सदियों का सन्ताप' कविता संग्रह (1989) से हुआ। उनकी रचनाएँ अंग्रेजी के अलावा अन्य कई भारतीय भाषाओं में अनूदित हो चुकी हैं और अभी वर्तमान में भी हो रही हैं। सम्मान और पुरस्कार की बात करें तो डॉ. अम्बेडकर राष्ट्रीय पुरस्कार 1993, परिवेश सम्मान 1995, जयश्री सम्मान 1996, कथाक्रम सम्मान 2001, न्यू इंडिया बुक पुरस्कार 2004, आठवाँ विश्व हिन्दी सम्मेलन 2007, न्यूयॉर्क, अमेरिका सम्मान, साहित्य भूषण सम्मान 2006, उत्तर प्रदेश हिन्दी संस्थान, लखनऊ।

हिन्दी दलित साहित्य में वाल्मीकि का प्रादुर्भाव उस समय हुआ जब हिन्दी दलित कविता की राह आसान नहीं थी। उनके सामने कई चुनौतियाँ थीं। हज़ारों वर्षों की परम्परावादी भारतीय मानसिकता जो अपनी वर्णवादी सीमा से बाहर निकलने को तैयार ही नहीं थी और साथ ही कुलीनतावादी, साहित्य में कुंडली मारे बैठा था।

प्रकाशन संस्थानों में ऐसे लोगों का एकाधिकार था, जो दलित साहित्य के नाम से भी आँखें तरेर लेते थे। इन स्थितियों में एक वाल्मीकि जैसे रचनाकार के लिए बेहद निराशापूर्ण समय था, परन्तु विपरीत परिस्थितियों के बाद भी अपने लिए साहित्य में स्थान पाना उनके लिए दुष्कर कार्य था। उन्होंने जो अपनी प्रतिबद्धता से अपनी राह पकड़ी, निश्चित ही भविष्य की निर्मिति का रास्ता था।

दलित कविता के सन्दर्भ में वाल्मीकि जी का मानना है—"दलित समाज को दलित कविता ने मुखर किया है। उसके भीतर जीवन के प्रति एहसास पैदा किया है। हजारों साल से मूक बने नारकीय जीवन को भोगे हुए, जीवन के अर्थ ही भूल चुके थे। दलित कविता ने उनके भीतर चेतना का विस्फोट किया है। जो दलित कविता की सबसे महत्त्वपूर्ण उपलब्धि है।"[14] साथ ही सम्पूर्ण दलित साहित्य के विषय में उनका मानना था कि "दलित साहित्य सामाजिक जीवन में मानव मूल्यों के प्रति गहरा लगाव रखता है और उनकी पुनर्प्रतिष्ठा के लिए कृत संकल्प है। इसकी अन्तर्धारा में जीवन के वे तमाम सरोकार शामिल हैं जो एक मनुष्य को मनुष्य के रूप में पहचाने।"[15] दलित साहित्य विषयक यह मानवतावादी और संवेदनशील विचार ओमप्रकाश वाल्मीकि जी के ही हो सकते हैं। यही मानवतावादी दृष्टिकोण उनकी एक कविता में कुछ इस प्रकार प्रकट होता है :

"वह दिन कब आयेगा
जब बामनी नहीं जनेगी बामन
चमारी नहीं जनेगी चमार
भंगिन भी नहीं जनेगी भंगी।
तब नहीं चुभेंगे
जातीय दीनता के दंश।
नहीं मारा जायेगा तपस्वी शंबूक
नहीं कटेगा अँगूठा एकलव्य का
कर्ण होगा नायक।"[16]

चूँकि ओमप्रकाश वाल्मीकि जी का जीवन संघर्षपूर्ण होने के साथ-साथ अति पीड़ादायक भी था। वह जीने का मतलब बखूबी समझते थे। वे जानते थे कि जब एक व्यक्ति को जिन्दा रहने के लिए अनिवार्य चीजों का भी अभाव होता है तब मानवता का हनन होता है। गरीब आदमी कुछ और नहीं चाहता, उसे मात्र जिन्दा रहने के लिए हवा-पानी-खुराक की जरूरत होती है और जब वह भी नहीं मिलता तब ऐसा प्रतीत होता है कि मानव को हमारी व्यवस्था नकार रही है। सम्मान से जीवन व्यतीत करना सभी का अधिकार है। जीने के हक को माँगने के बाद भी नहीं मिलने की पीड़ा शब्दों में कुछ ऐसे व्यक्त हुई :

"कभी नहीं माँगी बलिश्त भर जगह
नहीं माँगा आधा राज भी
माँगा है सिर्फ न्याय
जीने का हक
थोड़ा-सा आकाश
थोड़ा-सा पीने लायक पानी
थोड़ी-सा सुख
थोड़ी-सा चैन
थोड़ी-सी धूप
थोड़ी-सी हवा
थोड़ी-सी रोशनी
थोड़ी-सी किताबें
थोड़ा-सा बचपन
थोड़ा-सा अपनापन
जब-जब भी कुछ माँगा
वे गोलबन्द होकर टूट पड़े।"[17]

उन्होंने अपने सम्पूर्ण साहित्य विशेषकर कविताओं के माध्यम से आर्थिक, सामाजिक, धार्मिक व्यवस्था के प्रति खुला प्रतिकार किया। अपने पूर्वजों द्वारा भोगे गये दुःख-पीड़ा की दयनीय स्थिति अपने शब्दों के माध्यम से अभिव्यक्त की। दलितों को समाज में किसी भी प्रकार का अधिकार नहीं था। यहाँ तक कि जीने का अधिकार भी उनसे छीन लिया जाता था। सवर्ण समाज दलितों से केवल अपने घरों और खेतों में काम करवाया जाता था, जिसके बदले उन्हें भरपेट खाना भी नहीं मिलता था। परन्तु आज दलित समाज जाग्रत हो रहा है और इन यातनाओं के प्रति खुलकर संघर्ष भी कर रहा है। यह संघर्ष एक दिन इतिहास रचेगा। इसी संघर्ष को वाल्मीकि जी ने अपनी कविता 'तनी मुट्ठियाँ' में कुछ इस प्रकार व्यक्त किया है :

"मेरी पीढ़ी सदियों के अभिशाप को
कन्धों पर लादे
गाँव से/शहर तक आयी है
खड़ी देख रही है/चौराहे पर
मशाल लिए जाते जुलूस को
....
....
मेरी पीढ़ी ने अपने सीने पर
खोद लिया है संघर्ष

जहाँ आँसुओं का सैलाब नहीं
विद्रोह की चिंगारी फूटेगी
जलती झोंपड़ी से उठते धुएँ में
तनी मुट्ठियाँ
तुम्हारे तहखानों में
नया इतिहास रचेंगी।"[18]

दलित साहित्य के आधार में हिन्दू धर्म व संस्कृति के प्रति आक्रोश की भावना मुख्य है। इसमें कोई दो राय नहीं है कि हिन्दू धर्म और संस्कृति से दलितों को कभी अपनापन नहीं मिला। इसलिए इस धर्म को अपना धर्म कैसे कहा जा सकता है। इसी के फलस्वरूप दलित लेखकों और कवियों के पास इस दयाहीन संस्कृति का खंडन करने के अतिरिक्त अन्य कोई विकल्प नहीं था। बाबा साहेब डॉ. अम्बेडकर ने भी मनुस्मृति का दहन कर यह सिद्ध किया था कि हिन्दू धर्म में न्याय नहीं, शान्ति नहीं और अहिंसा तो बहूत दूर की बात है। वाल्मीकि जी ने हिन्दू धर्म के हीन संस्कार पर कठोर प्रहार किया है और इनकी कविताओं से यह स्पष्ट है कि ये हिन्दू संस्कृति रूपी मृतक अब जलाये जाने के लिए तत्पर हैं। धर्म के नाम पर अन्याय और अत्याचार सहन करते-करते थक चुके इस कवि ने संस्कृति का भय हृदय से निकालकर उसका खण्डन किया है। अपनी कविता 'रुँधे हुए शब्द' में वाल्मीकि जी ने जो बिम्ब बनाया है उससे हिन्दू संस्कृति के प्रति दलितों की घृणा और विरोध की भावना बलवती होती प्रतीत हो रही है :

"मुर्दा-संस्कृति की लाश पर
मँडराती चील जश्न मनाएगी
जिसके पंखों के साये में
संस्कृति का तकिया बनाकर
शिकारगाह में अधलेटा आदमखोर
निकाल रहा है
दाँत में फँसे मांस के रेशे
नुकीले खंजर से।"[19]

इस प्रकार उनकी एक अन्य कविता 'शायद आप जानते हों' में हिन्दू धर्म और संस्कृति के कट्टरपन्थियों पर करारा व्यंग्य किया गया है। इस कविता का प्रत्येक शब्द सवर्णवादी मानसिकता पर करारी चोट करता है। जिसकी चर्चा साहित्य जगत में वर्षों तक की जाती रहेगी :

"यज्ञों में पशुओं की बलि चढ़ाना
किस संस्कृति के प्रतीक हैं

मैं नहीं जानता शायद आप जानते हों!

....
....

तुम्हारे रचे शब्द
तुम्हें ही डसेंगे साँप बनकर
गंगा किनारे
कोई वट वृक्ष ढूँढ़कर
भागवत का पाठ कर लो
आत्मतुष्टि के लिए
कहीं अकाल मृत्यु के बाद
भयभीत आत्मा
भटकते-भटकते
किसी कुत्ते या सूअर की मृत देह में
प्रवेश न कर जाये
या फिर पुनर्जन्म की लालसा में किसी डोम या चूहड़े के घर
पैदा न हो जाये!
चूहड़े या डोम की आत्मा
ब्रह्मा का अंश क्यों नहीं है
मैं नहीं जानता
शायद आप जानते हों!"[20]

उनकी कविता 'मेरे पुरखे' में वह धार्मिक चेतना धार्मिक अत्याचारों को देखते-सहते ईश्वरीय सत्ता को नकारते हैं :

"तुमने कहा
ब्रह्मा के पाँव से जन्मे शूद्र
और सिर से ब्राह्मण
उन्होंने पलट कर नहीं पूछा
ब्रह्मा कहाँ से जन्मा?"[21]

इस धर्मभीरुता के कारणों को स्पष्ट करते वाल्मीकि जी ने धर्म की सड़ी-गली मान्यताओं और कुटिलताओं पर कड़ा प्रहार किया। उनकी 'शायद आप जानते हैं', 'कभी सोचा है','तब तुम क्या कहोगे', 'पंडित का चेहरा' आदि कविताओं में धार्मिक अत्याचारों के प्रति सटीक विरोध व्यक्त किया गया है।

साहित्य और राजनीति का सम्बन्ध बहुत पुराना है। वर्तमान साहित्य का सीधा सम्बन्ध तत्कालीन राजनीति से होता है। जिसकी सत्ता होती है उनकी सांस्कृतिक,

सामाजिक और बौद्धिक योग्यता साहित्य को विरासत में मिलती है। डॉ. जे.एल. माकडिया कहते हैं—"तत्कालीन साहित्यकार अपने मन पर पड़ने वाले संस्कार और संवेदनाओं को ही अपने लेखन में व्यक्त करता है। जिससे वर्ग, जाति का राजनीति पर वर्चस्व रहता है साहित्य में उन्हीं का बोलबाला रहता है।"[22] लेकिन राजनीतिक दृष्टि से भारत में जो सामाजिक परिवर्तन की अनदेखी की गयी, उसे तोड़ने की प्रवृत्ति दलित कविता में प्रकट हुई है। देश स्वतन्त्र हो गया है किन्तु दलितों को सामाजिक बन्धनों से मुक्ति मिलती नज़र नहीं आ रही। इस विचार से ओमप्रकाश वाल्मीकि जी का हृदय काँप उठा। जातिवाद वास्तव में लोकतन्त्र के नाम पर भद्दा मजाक है। लोकतन्त्र का अर्थ है सबको समान और सम्मानपूर्ण जीवन व्यतीत करने का हक मिले। दलित कविता ने लोकतन्त्र की पतनकारी मानसिकता के विरुद्ध अपनी आवाज़ बुलन्द की। ओमप्रकाश वाल्मीकि जी के साथ-साथ सभी दलित साहित्यकारों का कहना है कि लोकतन्त्र में दलित वर्ग के विकास की बात जहाँ तक उपलब्ध नहीं होती, उनकी पीड़ा-यातना को समाप्त करने का अवसर जब तक उपलब्ध नहीं होता, तब तक इस लोकतन्त्र का कोई अर्थ नहीं है। वाल्मीकि जी ने लोकतन्त्र को 'हुज़ूर की रखैल'[23] तक कह दिया। वह लोकतन्त्र पर व्यंग करते हैं :

"साल-दर-साल गुज़रते हैं
दीवारों पर चिपके चुनावी पोस्टर
मुँह चिढ़ाते हैं।
जब तक रामेसरी के हाथ में
खड़ांग-खांग घिसटती लौह गाड़ी है
मेरे देश का लोकतन्त्र
एक गाली है।"[24]

इसी प्रकार अपनी एक अन्य कविता में वाल्मीकि जी कहते हैं :

"यह कैसा लोकतन्त्र है भाई?
जहाँ चुनाव, नौकरी, इज्जत
योग्यता, शिक्षा
सब जाति तन्त्र तय करता है।"[25]

देश में चल रहीं सरकारी योजनाएँ भी दलित-पिछड़ों की आर्थिक स्थिति में सुधार करने में नाकाम रही हैं। प्रत्येक वर्ष देश के आम-बजट में दलित-गरीब-पिछड़ों हेतु बड़ी-बड़ी योजनाओं का उल्लेख किया जाता है, परन्तु वास्तविक स्थिति कुछ भिन्न होती है। सभी योजनाओं का सच दलितों के प्रति हो रही उपेक्षा की पोल खोलते नज़र आता है। सरकार चाहे जो भी हो ज़रूरतमन्दों तक सही मायनों में योजनाएँ नहीं पहुँच पाती हैं। सरकार द्वारा दलित-गरीब-पिछड़ों हेतु चलायी गयी योजनाओं

में उनके लिए प्रावधान इतना ही रखते हैं कि ऊँट के मुँह में जीरा। इस स्थिति में गरीब के हाथ में क्या आयेगा। वास्तव में यह स्थिति लोकतन्त्र पर एक कलंक समान है। इस घृणित मानसिकता पर वाल्मीकि जी ने अपनी कविता 'वे नहीं जानते' में कुछ इस प्रकार लिखा है :

"उस वक्त
माँ-बेटे की चीखें
ठण्डे चूल्हे में
दुबक कर बैठ जायेंगी,
और शहर का लोकतन्त्र
राजधानी जाकर
गणतन्त्र दिवस पर
जश्न मना रहा होगा।
कितना खोखला है
यह सब!
और कितना घृणित भी।"[26]

वाल्मीकि जी के राजनैतिक विचारों के सन्दर्भ में लिखी गयी कविताओं के विषय में डॉ. जयन्ती लाल माकडिया लिखते हैं—"ओमप्रकाश की कविताओं में मौजूदा राजनीति के कलुषित पक्ष को उभारा है और इस मौजूदा राजनीति में मेहनतकश दलित की दशा की प्रस्तुति में राजनीतिक चेतना प्रस्फुटित होती है। ओमप्रकाश वाल्मीकि की कविताएँ सीधे संसद की कूच में कम किन्तु जनता की दुर्दशा को ज्यादा महत्त्व देकर स्वस्थ राजनीति के लिए दलितों को तैयार करती हैं।"[27]

ओमप्रकाश वाल्मीकि जी की कविताओं में समस्त दलित जीवन की पीड़ा की अभिव्यक्ति है। उनकी कविता में देश, जाति, धर्म, समाज, राजनीति, आर्थिक, मीडिया, जातिगत भेदभाव, मानवीय संवेदनशीलता, प्रेम, अधिकार आदि विषयों को अभिव्यक्ति मिली है। दलित साहित्य के सन्दर्भ में 'स्वानुभूति' और 'सर्वानुभूति' दोनों विषय अलग बहस का मुद्दा है। इन्होंने इन दोनों शब्दों में व्याप्त पीड़ा को अपनी कविता में कुछ इस प्रकार व्यक्त किया है :

"मैं देख रहा हूँ वह सब
जिसे देखना जुर्म है
फिर भी करता हूँ गुस्ताखी
चाहो तो मुझे भी मार डालो
वैसे ही जैसे मार डाला एक प्यासे को
जिसने कोशिश की थी

एक अँगुली जल पीने की
उस तालाब का पानी
जिसे पी सकते हैं कुत्ते-बिल्ली
गायें-भैंसें
नहीं पी सकता एक दलित
दलित होना अपराध है उनके लिए
जिन्हें गर्व है संस्कृति पर
वह उतना ही बड़ा सच है
जितना उसे नकारते हैं
एक साजिश है/जो तब्दील हो रही है
स्याह रंग में
जिसे अँधेरा कहकर
आँख मूँद लेना काफी नहीं है।"[28]

ओमप्रकाश वाल्मीकि जी ने दलित जीवन की समस्त दशाओं (सामाजिक, सांस्कृतिक, आर्थिक, राजनैतिक, धार्मिक) में व्याप्त पीड़ाओं को स्वयं महसूस किया है। उनको टीस है इस बात की कि दलितों को आदमी की तरह कभी नहीं देखा जाता। इसी टीस को वाल्मीकि जी ने अपने समस्त साहित्य में बखूबी व्यक्त किया है। दलित जीवन की सच्चाई को उन्होंने अपनी कविता 'उपोत्पाद' में कुछ इस प्रकार दर्शाया है :

"पैदा हुए, वैसे ही
जैसे होते हैं पैदा
गलियों में कुत्ते-बिल्ली।
पैदा, हुए वैसे ही
जैसे होती है खेत में पैदा
खर पतवार
हरी दूब-झाड़-झंखाड़।
पैदा हुए, वैसे ही
जैसे खांड बनाने की प्रक्रिया से
पैदा होता है शीरा
पेट्रोल से तारकोल।"[29]

ओमप्रकाश वाल्मीकि जी की प्रत्येक रचना दलित समाज पर थोपी गयी हर परम्परा को नकारती है। उनकी कविताओं में इस नकार को इस प्रकार व्यक्त किया गया है :

"स्वीकार्य नहीं मुझे
जाना,
मृत्यु के बाद
तुम्हारे स्वर्ग में।
वहाँ भी तुम पहचानोगे मुझे
मेरी जाति से ही।"[30]

ओमप्रकाश वाल्मीकि जी के समस्त साहित्य में हमारी सामाजिक व्यवस्था का सजीव चित्रण करने के साथ ही उनसे छुटकारा पाने की छटपटाहट और विकल्प पाने की इच्छा छिपी है। उनके काव्य में एकलव्य और शम्बूक जैसे पात्र जिन्हें इतिहास में जानबूझकर विस्मृत कर दिया गया के माध्यम से सामाजिक चेतना की मशाल लिए हुए खड़ा किया है, जो अपने खिलाफ हुए अत्याचारों का प्रखर प्रतिकार करते हैं :

"जैसे हर टहनी पर लटकी हों असंख्य लाशें
जमीन पर पड़ा हो शम्बूक का कटा सिर
मैं उठकर भागना चाहता हूँ
शम्बूक का सिर मेरा रास्ता रोक लेता है
चीख-चीख कर कहता है
युगों-युगों से पेड़ पर लटका हूँ
बार-बार राम ने मेरी हत्या की है।"[31]

चूँकि साहित्य में प्रतीक की महत्ता सर्वविदित है। अतः इस कविता में शम्बूक के मिथकीय परिप्रेक्ष्य में 'हर टहनी', 'लाशें', 'राम' आदि प्रतीकों से वर्षों की पीड़ा और चीख को आधुनिक अर्थवत्ता प्रदान की है। इसमें वर्तमान समाज के प्रत्येक क्षेत्र में व्याप्त 'राम' के ब्राह्मणवादी मानसिकता से प्राप्त उत्पीड़न को कटु शब्दों में व्यक्त किया है।

उनकी कविताओं में समाज की पीड़ा, उत्पीड़न, और शोषण से उपजे आक्रोश को, सामाजिक यथार्थ को चित्रित करने हेतु प्रतीकों का प्रयोग किया है। 'बिम्ब' एवं 'प्रतीक' की दृष्टि से वाल्मीकि जी की रचनाएँ उत्कृष्ट और सराहनीय हैं। उनकी कविता 'शायद आप जानते हों' में नये और सुदृढ़ 'बिम्बों' को दिखाया है :

"अर्थ बदलकर शब्दों के
गढ़ लेना असंख्य प्रतीक
ऋग्वेद के कृष्ण को महाभारत में फिट करके
हो जाना आत्मविभोर
सो जाना गहरी नींद में
देख नहीं पाना सपनों में

पन्ने फाड़कर बाहर आती क्रूर हँसी
जो चुपके-चुपके दीमक की तरह
खा गयी तहखानों में सहकर
रखी संस्कृति को
संस्कृति और संस्कृत में
क्या सम्बन्ध है
मैं नहीं जानता
शायद आप जानते हों!"[32]

यह कविता स्पष्ट सांस्कृतिक चेतना की वाहक है। जहाँ कविता में 'पन्ने फाड़कर बाहर आती क्रूर हँसी' पंक्ति दलितों के साथ किये गये दुर्व्यवहार को व्यक्त करती है वहीं 'दीमक' व 'तहखाना' आदि शब्दों से वर्चस्ववादी मानसिकता और परोपजीविता को व्यक्त किया है।

इसी प्रकार उनकी कविता 'तुम्हारे रचे शब्द तुम्हें ही डसेंगे साँप बनकर' में नये बिम्बों को उभारा है :

"अभद्र गालियाँ और पाशविक दर्द
उतर आयें जब असंख्य पृष्ठों पर
सजी-सँवरी भाषा का मुखौटा पहनकर
तब कितनी बौनी हो जाती है कविता
कितना विशालकाय हो जाता है आदमखोर।
मुर्दा-संस्कृति की लाश पर
मँडराती चील जश्न मनाएगी
जिसके पंखों के साये में
संस्कृति का तकिया बनाकर
शिकारगाह में अधलेटा आदमखोर
निकाल रहा है
दाँत में फँसे मांस के रेशे
नुकीले खंजर से।"[33]

कवि ने 'आदमखोर' के शब्द के रूप में जो बिम्ब उभारा है वो समाज की सांस्कृतिक चेतना की चरमसीमा है। उनकी रचनाओं में 'पेड़', 'लोकतन्त्र', 'कुत्ते' 'सूअर' इत्यादि शब्द शोषण और गुलामी के प्रतीक हैं जो दलितों के सामाजिक जीवन की घोर अमानुषिकता को रेखांकित करते हैं। इसी प्रकार 'मुर्दा-संस्कृति की लाश' को ढोने वाले को ये शब्द भविष्य में एकलव्य के तरकश से भी ज्यादा पीड़ादायक होंगे। जो दलित कविता पर सपाटबयानी का आरोप लगाते हैं उनको वाल्मीकि

कहते हैं—"मेरा आग्रह है कि वे दलित कविता को पढ़कर ही टिप्पणी दें। क्योंकि दलित कविता से सांकेतिकता और बिम्बों, प्रतीकों का भी प्रयोग हुआ है।"[34] जैसे :

"घंटाघर की घड़ी
जो बरसों से बिना समय बताये भी
घड़ी होने का गुमान पाले हुए है
अपने ही अहम् से तुष्ट
धीमे-धीमे मुस्कुरा रही है।"[35]

वाल्मीकि जी ने दलितों की आर्थिक विपन्नता से उत्पन्न पीड़ा को अपनी कविता 'मिट्टी के कच्चे घर' में कुछ अलग स्वर में यथास्थिति को स्पष्ट किया है :

"मिट्टी के कच्चे घर
होते हैं पारदर्शी
जान लेते हैं आस-पड़ोस का सुख-दुख
आसानी से
मिट्टी के कच्चे घर
जहाँ समय लठैत की
बलात्कारी मुद्रा में
दरवाजे पर झाँकता है।
मिट्टी के कच्चे घर
बिना रोशनदान
बरसों करते हैं इन्तजार
सूर्य की भूली भटकी किरण का
या फिर ढह जाते हैं चुपचाप
किसी बरसाती रात में।
मिट्टी के कच्चे घरों से
कोई गली
बाहर नहीं निकलती
खत्म हो जाती है
एक अन्धे मोड़ पर
जहाँ न कोई साइन बोर्ड है
न कोई नारा लिखा है।"[36]

इस कविता में 'मिट्टी के कच्चे घर' उस गरीब बस्तियों का प्रतीक है जहाँ जीवन की प्राथमिकताएँ भी अधूरी हैं। इन लोगों की दारुण गरीबी उनको अन्धकार और अभाव के गर्त में दिन-प्रतिदिन ऐसे धकेल रही है कि वहाँ से कोई नया क्रान्तिकारी

विचार-आन्दोलन खड़ा नहीं हो रहा है। इन अभागों के अभाव आज के नहीं हैं ये अभाव तो जल रहा है दिये की तरह युगों-युगों से। इस दारुण गरीबी की पीड़ा को वे अपनी कविता 'मुट्ठी भर चावल' में इस प्रकार व्यक्त करते हैं :

"बस्तियों से खदेड़े गये
ओ, मेरे पुरखों
तुम चुप रहे उन रातों में
जब तुम्हें प्रेम करना था
आलिंगन में बाँधकर
अपनी पत्नियों को।
तुम तलाशते रहे
मुट्ठी भर चावल
सपने गिरवी रखकर।"[37]

एक अन्य कविता 'बिम्ब' व 'प्रतीक' की दृष्टि से, जिसमें दलित जीवन की व्यथा को इस प्रकार व्यक्त किया है :

"मकड़ी के महीन जाल में फँसा
सरसों के दाने-सा
यह जीवन
जिस पर टिकी हैं
हजारों निगाहें।"[38]

धार्मिक अन्धविश्वास ही दलितों की विपन्नता का मुख्य कारण है। इसी बात पर वाल्मीकि जी कुछ इस प्रकार कटाक्ष करते हैं :

"क्यों नहीं जगातीं आस्था
देवों की पाषाण मूर्तियाँ
जो गढ़ी हैं मैंने ही
छैनी-हथौड़े के सधे वार से।
क्यों नहीं जाग्रत हो जाता देवता
प्राण प्रतिष्ठा के बाद
क्यों रह जाता है जड़
भूख और जुल्म देखकर
न जाने कितना दूध
बहा दिया तुमने नाली में
भूखे बच्चों से छीनकर
अरे! तुम्हारे इन्हीं कुकर्मों ने हमें
कंगाल बना दिया है।"[39]

वाल्मीकि जी के पहले काव्य संग्रह 'सदियों का सन्ताप' की पहली कविता 'ठाकुर का कुआँ' दलित साहित्य में अपना विशेष स्थान रखती है। यह कहना कोई अतिशयोक्ति न होगी कि हिन्दी दलित काव्य जगत में कवि वाल्मीकि जी की प्रतिष्ठा इसी कविता से हुई। इस कविता की गम्भीरता के विषय में प्रसिद्ध साहित्यकार, दलित चिन्तक व आलोचक कंवल भारती जी कहते हैं–" 'ठाकुर का कुआँ' जातिव्यवस्था का प्रतीक नहीं है, बल्कि सामन्तवादी और पूँजीवादी व्यवस्था का प्रतीक है। कुआँ का अर्थ है पानी, जिसके बिना जीवन की कल्पना नहीं की जा सकती और जीवन के ये सारे संसाधन इसी सामन्ती और पूँजीवादी व्यवस्था के हाथों में हैं। उत्पादन करने वाली जातियाँ और मेहनतकश लोग सब-के-सब इसी व्यवस्था के गुलाम हैं। इसी यथार्थ को ओमप्रकाश वाल्मीकि ने इस कविता में व्यक्त किया है।"[40] यह कविता इस प्रकार है :

"चूल्हा मिट्टी का
मिट्टी तालाब की
तालाब ठाकुर का।

....
....

कुआँ ठाकुर का
पानी ठाकुर का
खेत-खलिहान ठाकुर के
गली-मुहल्ले ठाकुर के
फिर अपना क्या?
गाँव?
शहर?
देश?"[41]

'सदियों का सन्ताप' काव्य संग्रह में प्रकाशित उनकी अन्तिम कविता 'तब तुम क्या करोगे?' सबसे चर्चित कविता है, इसमें वाल्मीकि जी ने अपने दर्द, पीड़ा और आक्रोश को व्यक्त करने की अपनी एक अलग प्रश्नात्मक शैली निर्मित की। इससे प्रभावित होकर अन्य दलित कवियों ने भी इस शैली का अनुकरण किया। कविता इस प्रकार है :

"यदि तुम्हें
धकेलकर गाँव से बाहर कर दिया जाये
पानी तक न लेने दिया जाये कुएँ से
दुत्कारा-फटकारा जाये
चिलचिलाती दुपहर में

कहा जाये तोड़ने को पत्थर
काम के बदले
दिया जाये खाने को जूठन
तब तुम क्या करोगे?
यदि तुम्हें
मरे जानवर को खींचकर
ले जाने के लिए कहा जाये
और,
कहा जाये ढोने को
पूरे परिवार का मैला
पहनने को दी जाये उतरन
तब तुम क्या करोगे?"

हम सभी स्वतन्त्र भारत में साँस ले रहे हैं। लेकिन जब भी दलित समाज अपने पुराने दुर्दिनों को विस्मृत कर सामान्य जीवन जीने का प्रयास करता है और अन्यों (सवर्णों) के साथ मिलकर रहना चाहता है तो यह बात सवर्णों को न जाने अखरती है। क्योंकि उनके लिए तो आज भी दलित वर्णव्यवस्था के सबसे निचले स्थान पर मौजूद है। यह सोच उनकी ब्राह्मणवादी मानसिकता को बयान करती है। इन विपरीत स्थितियों के बाद भी दलित समाज जातिवाद से प्राप्त यातनाओं से संघर्ष करते हुए विजय प्राप्त करना चाहता है। इसी चाहत को कवि वाल्मीकि कुछ प्रकार व्यक्त करते हैं :

"न जाने तुम किस मिट्टी से बने हो
भूलने नहीं देते
बिखेर देते हो हर बार
दहकते अंगारे
मेरी प्रेम डगर पर
जहाँ मैंने अक्सर की है कोशिश
बंजर धरती पर
हरियाली उगाने की।"[12]

इसी प्रकार सवर्णों को यह कदापि बर्दाश्त नहीं है कि जो क्षेत्र दलितों के लिए निषेध है, वे उन क्षेत्रों में अपना हस्तक्षेप/प्रवेश करें। जब भी दलितों द्वारा ऐसा प्रयास किया जाता है, तो उन्हें असंख्य यातनाओं को सहना पड़ता है। वाल्मीकि जी यह बहुत अच्छे से जानते थे कि दलितों को उच्च क्षेत्रों में प्रवेश बड़े संघर्षों के बाद मिलेगा—

"जब-जब भी तुम कोशिश करते हो
आदमी बनने की
वे चौकन्ने होकर
लग जाते हैं तैयारी में
एक और युद्ध की
सीधे खड़े होकर
आसमान की ओर ताकना
उन्हें गवारा नहीं।"[43]

उनकी एक अन्य कविता 'उन्हें डर है' में इस बात का स्पष्ट चित्रण किया गया है कि सवर्णों को इस बात का भय है कि एक दिन दलित वंचित तबका अपनी मेहनत से हमसे आगे निकल जायेगा :

"उन्हें डर है
बंजर धरती का सीना चीर कर
अन्न उगा देने वाले साँवले खुरदुरे हाथ
उतनी ही दक्षता से जुट जायेंगे
वर्जित क्षेत्र में भी
जहाँ अभी तक लगा था उनके लिए
नो एंटरी का बोर्ड"[44]

वे अपनी प्रारम्भिक रचनाओं से ही दलित अस्मिता की पहचान का प्रश्न खड़ा करते आये। कविता के माध्यम से मानवीय मूल्यों को स्थापित करना उनका प्रमुख ध्येय रहा। दलित समाज की जो एक संघर्षमय यात्रा रही है वह सहज व सरल नहीं थी।

"लोहा, लंगड़,
गारा-सीमेंट,
ईंट-पत्थर
सभी पर है स्पर्श हमारा
लगे हैं जो घरों में आपके
फिर भी बना दिया आपने
हमें अछूत और अन्त्यज्य
भंगी डोम-चमार
माँग-पासी और महार।"[45]

ओमप्रकाश वाल्मीकि जी जानते थे कि जातिगत पीड़ा से मुक्ति संघर्ष से प्राप्त हो सकती है, चुप रहकर नहीं। दलित समाज की चुप्पी उनके लिए खतरनाक साबित हो सकती है :

"जितना रहोगे चुप
मारे जाओगे बेदर्दी से उतना ही
उनके हाथों में होंगे
तमंचे, बन्दूक, लाठी, डंडे, हथगोले
साथ होगी पुलिस, सेना, शक्ति
और तुम निहत्थे
मारे जाओगे
बचकर भागने से पहले ही
तुम्हारी चुप्पी ही हो जायेगी खड़ी
तुम्हारा रास्ता रोककर"[46]

इसी कविता में आगे चुप्पी तोड़ने की ज़रूरत को बताते हुए लिखते हैं :

"तुम्हारी चुप्पी टूटेगी
तो बनेगी दस्तावेज़
जो लिखोगे
डरी, सहमी हवाओं के सीने पर,
उनके लिए
जिन्हें अभी जन्म लेना है
वे गर्वित होंगे
बड़े-बूढ़ों से सुनकर तुम्हारी कहानियाँ"[47]

चूँकि सम्पूर्ण दलित आन्दोलन के प्रेरणा स्रोत फुले और अम्बेडकरी विचारधारा है। इसलिए दलित समाज यह भली भाँति जानता है कि उनकी मुक्ति का रास्ता उन्हें शिक्षा के माध्यम और संघर्ष रो ही मिल सकता है। वाल्मीकि जी दलित समाज के लिए यह सन्देश देते हैं :

"हजारों साल का मैल
रगड़-रगड़कर निकालने में
समय जाया मत करो
भीड़ भरी सड़कों पर
यातायात के बीच अपनी जगह बनाकर
रुकने का संकेत पाने से पहले
लालबत्ती का चौराहा पार करना है।"[48]

दलितों/वंचितों/पिछड़ों को यदि मुक्त होना है तो, उसके लिए संघर्ष अनिवार्य है। मुक्ति प्राप्त करने की छटपटाहट को उन्होंने इस प्रकार दिखाया है :

"उसकी हथेली पर
दहक रहे हैं हजार-हजार सूर्य

एक साथ

....

....

हथेली पर उगा सूर्य
ऊपर उठ रहा है
पूरे आत्म-विश्वास के साथ
सदियों पुराने अँधेरे को
निगल जाने के लिए।"[49]

उनका विश्वास है कि यह संघर्ष और बलिदान एक दिन विस्फोट बनकर बाहर आयेगा और सभी प्राचीन व्यवस्था में क्रान्तिकारी परिवर्तन होगा :

"शम्बूक, तुम्हारा रक्त ज़मीन के अन्दर
समा गया है जो किसी भी दिन
फूटकर बाहर आयेगा
ज्वालामुखी बनकर।"

हिन्दी के सवर्ण मानसिकता से ग्रसित विद्वान/आलोचक/साहित्यकारों का मानना है कि दलितों का जीवन अब परिवर्तित हो चुका है, लेकिन अभी भी दलित साहित्यकार अतीत का रोना हो रहे हैं और उनकी सोच मात्र फुले और अम्बेडकर के समय में ही उलझी है। परन्तु हजारों वर्षों से जातिगत अपमान की पीड़ा लगातार समाज में चलती आ रही है। बस बदले हैं तो उसके प्रताड़ना के तरीके। वाल्मीकि का मानना है कि "आज भी दलित उसी पुरातन पन्थी जीवन को भोग रहा है जो अतीत ने उसे दिया था। हाँ, चन्द लोग जो गाँव से निकल शहरों और महानगरों में आये, कुछ अच्छी नौकरियाँ पाकर उस स्थिति से बाहर निकल आये हैं, शायद उन्हीं चन्द लोगों को देखकर विद्वानों ने अपनी राय बना ली है कि दलितों के जीवन में अन्तर आ चुका है। लेकिन वास्तविकता इससे कोसों दूर है। महानगरों में रहने वालों की वास्तविक स्थिति वैसी नहीं है जैसी दिखाई दे रही है। यदि स्थितियाँ बदली होतीं तो दलितों को अपनी आइडेंटिटी छुपाकर महानगरों की आवासीय कालोनियों में क्यों रहना पड़ता।"[50] वाल्मीकि जी के इस कथन से स्पष्ट है कि आज भी समाज दलितों-पिछड़ों को मान्यता नहीं देना चाहता।

निष्कर्षतः उनकी कविताओं में विषय में स्पष्टता, निर्भीकता, प्रश्नाकुलता और दोटूकता से परिचय मिलता है। वस्तुतः उनके साहित्य में ये विशिष्टताएँ अम्बेडकर विचारधारा से ही आयी हैं। उन्होंने हिन्दी दलित कविता को न सिर्फ एक नयी दिशा दी बल्कि साहित्य में सदियों से चली आ रही मनुवादी वर्चस्वता को भी नष्ट किया है। साथ ही कथाकार के रूप में भी साहित्य जगत में इनकी अपनी छाप है। वाल्मीकि

जी के समस्त साहित्य में विशेषकर कविताओं में जो इनका आत्मसंघर्ष दिखायी देता है वह आज प्रतिष्ठित हो गया है। इनकी कविताओं में व्याप्त व्यापक संवेदना ने बरबस ही पाठकों को अपना मुरीद बना लिया है। इनके प्रथम काव्य संग्रह 'सदियों का सन्ताप' को प्रख्यात दलित साहित्यकार, चिन्तक व आलोचक कंवल भारती जी ने 'दलित आन्दोलन का घोषणा-पत्र'[51] माना है। प्रसिद्ध साहित्यकार व विचारक डॉ. एन. सिंह ने इन्हें 'शब्द की अग्नियात्रा का शिल्पी'[52] कहा है।

इस बात में कोई अतिशयोक्ति नहीं है कि वाल्मीकि जी के रचना संसार के फलस्वरूप ही दलितों में साहित्यिक चेतना का विकास हुआ। भले ही आज वो हमारे मध्य नहीं हैं फिर भी वे दलित साहित्य का कभी अस्त न होना वाला सूर्य हैं, जिसका प्रकाश भावी युवा पीढ़ियों/लेखकों/समाज का मार्ग प्रकाशित करता रहेगा। उन्होंने साहित्य के परम्परागत मानकों को तोड़ते हुए कला को कला हेतु स्वीकार किया है। वे हमेशा दलित साहित्य को सौन्दर्य, प्रेम, समता, स्वतन्त्रता, बन्धुता और लोकतान्त्रिक मूल्यों के रूप में देखते थे। उनकी कविताओं ने दलितों की चुप्पी तोड़ी। यह चुप्पी सदियों से एक वेदना बनकर दलित जीवन को हीनता का बोध करा रही थी। उनकी कविताओं ने यह चुप्पी ही नहीं तोड़ी अपितु उसके हीनताबोध को तोड़ते हुए सवर्णवादी प्रवृत्ति पर कड़ा प्रहार किया है। क्योंकि वह स्वयं मानते थे कि "कविता मेरे लिए आनन्द, रस, मनोरंजन के लिए नहीं है। न ही कविता का ऐसा उद्देश्य रहा होगा। कविता हमें मनुष्यता के निकट ले जाने का काम करती है। उम्मीदों के साथ, जीवन में बदलाव की आकांक्षा उत्पन्न करती है।"[53] इसके साथ ही हिन्दी दलित साहित्य के प्रथम उगन्यासकार डॉ. जयप्रकाश कर्दम ने ओमप्रकाश वाल्मीकि जी को हिन्दी 'दलित साहित्य का पर्याय व लीजेंड माना है।'[54] उन्होंने हिन्दी दलित साहित्य को न सिर्फ विशिष्ट पहचान दिलायी बल्कि उसे विश्वपटल पर पहुँचाया। इसमें कोई दो राय नहीं है कि उनका लेखन सदैव दलित-पिछड़े-वंचित समाज को प्रेम, बन्धुता, करुणा, अस्मिता, न्याय और सामाजिक प्रतिनिधित्व के पक्ष में खड़ा रहने के लिए प्रेरित करता रहेगा। प्रख्यात साहित्यकार हरपाल सिंह 'अरुष' ओमप्रकाश वाल्मीकि को स्मरण करते हुए लिखते हैं कि "उनसे प्रेरणा लेकर कितने दलितों ने साहित्य में पदार्पण किया और भविष्य में कितने और पदार्पण करेंगे अनानुमेय है।"[55] उनकी रचनाओं में छिपी कटु भावनाओं के सन्दर्भ में अजमेर सिंह 'काजल' लिखते हैं, "उनकी रचनाएँ रचनाकार के सामाजिक उत्तरदायित्व का प्रतीक हैं। ये देवलोक की सैर नहीं करतीं, अपितु इसी धरातल की कटु यथार्थ की समस्याओं से टकराती हैं।"[56]

ओमप्रकाश वाल्मीकि दलित और गैर-दलित दोनों द्वारा समान रूप से पढ़े जाते हैं, जो स्वयं में एक विशिष्ट बात है। लेकिन दुर्भाग्य की बात है कि गैर-दलित वर्ग

ने उन्हें साहित्य में समान रूप से महत्त्वपूर्ण नहीं समझा। इसकी पुष्टि डॉ. जयप्रकाश कर्दम जी के इस कथन से हो जाती है। "यदि ऐसा होता तो इतना महत्त्वपूर्ण लेखन करने के लिए उनको कोई न कोई बड़ा पुरस्कार अवश्य मिलता। कुछ छोटे-मोटे पुरस्कार ही वाल्मीकि जी को मिले हैं। उनको बड़ा 'डॉ. अम्बेडकर राष्ट्रीय पुरस्कार' भारतीय दलित साहित्य अकादमी द्वारा ही दिया गया है। केन्द्रीय अथवा राज्यों की साहित्य अकादमियों अथवा गैर-दलितों द्वारा काबिज अन्य साहित्यिक संस्थाओं द्वारा नहीं। जबकि इस दौरान अनेक ऐसे लेखकों को बड़े-बड़े पुरस्कारों से सम्मानित किया गया है, जिनका लेखन ओमप्रकाश वाल्मीकि के लेखन के समक्ष कहीं भी नहीं ठहरता है।"[57] ऐसा न करके भारत के हिन्दी साहित्य संस्थान ही गर्व और सम्मान से वंचित रहे हैं। वाल्मीकि जी की रचनाओं ने जो दलित समाज में चेतना का संचार किया है, यही उनके लिए सर्वोत्तम पुरस्कार है।

अतः अन्त में यह कहना अतिशयोक्ति न होगा कि वाल्मीकि जी के रचना संसार ने निश्चय ही दलित समाज को मुखरता दी है। उनके भीतर जीवन के प्रति एहसास पैदा किया। दलित समाज सदियों से मूक बने अपने नारकीय जीवन को भोगते हुए, जीवन के अर्थ को भूल चुके थे। उनकी कविताओं ने उनके अन्तर्मन में चेतना का विस्फोट किया, जो उनके साहित्य की सर्वाधिक महत्त्वपूर्ण उपलब्धि है। अटूट विश्वास है कि उनकी कविताएँ भावी पीढ़ियों के लिए ऐसा दस्तावेज़ साबित होगा, जो उनमें न केवल चेतना का संचार करेगा बल्कि जीवन में आने वाले संघर्षों के विषय में पूर्व में उन्हें सचेत करेंगी। उन्होंने हमेशा पारदर्शी जीवन जिया। उन्होंने हमेशा अपनी पीड़ा व शोषण की अभिव्यक्ति साहित्य के माध्यम से बेबाकी से दुनिया-समाज के समक्ष रखी। अपने व्यक्तिगत जीवन, सामाजिक जीवन व अपने साहित्यिक जीवन में वे समान थे। किसी प्रकार का कोई दोहरापन नहीं था उनके जीवन में। यह विशेषता ओमप्रकाश वाल्मीकि जैसे साहित्यकार में ही हो सकती है। उनका जीवन-चरित्र हम सब के लिए एक प्रेरणास्रोत है।

सन्दर्भ

1. हिन्दी कविता में दलित चेतना : एक अनुशीलन, डॉ. जयन्ती लाल माकडिया, आकाश पब्लिशर्स, गाजियाबाद, 2009, पृ. 69
2. दलित साहित्य के प्रतिमान, डॉ. एन. सिंह, वाणी प्रकाशन, नयी दिल्ली, आवृत्ति संस्करण 2014, पृ. 90
3. भारतीय दलित साहित्य का विद्रोही स्वर, सं. प्रो. विमल थोरात एवं डॉ. सूरज बडत्या, रावत पब्लिकेशन्स, 2008, पृ. 4
4. दलित साहित्य : अनुभव, संघर्ष एवं यथार्थ, ओमप्रकाश वाल्मीकि, राधाकृष्ण प्रकाशन, नयी दिल्ली, 2013, पृ. 5

5. वही, पृ. 61 व 65
6. वही, पृ. 61
7. दलित साहित्य—2001 से उद्धृत, सं. डॉ. जयप्रकाश कर्दम, पृ. 13
8. हिन्दी कविता में दलित चेतना : एक अनुशीलन, डॉ. जयन्ती लाल माकडिया, आकाश पब्लिशर्स, गाजियाबाद, 2009, पृ. 73
9. हिन्दी कविता में दलित चेतना : एक अनुशीलन, डॉ. जयन्ती लाल माकडिया, आकाश पब्लिशर्स, गाजियाबाद, 2009, पृ. 75 से उद्धृत।
10. दलित साहित्य वार्षिकी-2006 से उद्धृत, सं. डॉ. जयप्रकाश कर्दम, पृ. 20
11. भारतीय दलित साहित्य का विद्रोही स्वर, सं. प्रो. विमल थोरात एवं डॉ. सूरज बडत्या, रावत पब्लिकेशन्स, 2008, प्रस्तावना से।
12. शब्द झूठ नहीं बोलते, ओमप्रकाश वाल्मीकि, अनामिका पब्लिशर्स प्रा. लिमिटेड, नयी दिल्ली, 2012, भूमिका से।
13. दलित साहित्य : अनुभव, संघर्ष एवं यथार्थ, ओमप्रकाश वाल्मीकि, राधाकृष्ण प्रकाशन, नयी दिल्ली, 2013, पृ. 57
14. वही, पृ. 8
15. मुख्यधारा और दलित साहित्य, ओमप्रकाश वाल्मीकि, सामयिक प्रकाशन, नयी दिल्ली, 2010, पृ. 51
16. बस्स! बहुत हो चुका, ओमप्रकाश वाल्मीकि, वाणी प्रकाशन, नयी दिल्ली, 1997, पृ. 103
17. वही, पृ. 61
18. सदियों का सन्ताप, ओमप्रकाश वाल्मीकि, गौतम बुक सेंटर, दिल्ली, द्वितीय संस्करण 2008, पृ. 30
19. बस्स! बहुत हो चुका, ओमप्रकाश वाल्मीकि, वाणी प्रकाशन, नयी दिल्ली, 1997, पृ. 19
20. वही, पृ. 12 व 13
21. वही, पृ. 39
22. हिन्दी कविता में दलित चेतना : एक अनुशीलन, डॉ. जयन्ती लाल माकडिया, आकाश पब्लिशर्स, गाजियाबाद, 2009, पृ. 141
23. वही, पृ. 146
24. सदियों का सन्ताप, ओमप्रकाश वाल्मीकि, गौतम बुक सेंटर, दिल्ली, द्वितीय संस्करण 2008, पृ. 33
25. शब्द झूठ नहीं बोलते, ओमप्रकाश वाल्मीकि, अनामिका पब्लिशर्स प्रा. लिमिटेड, नयी दिल्ली, 2012, पृ. 33
26. बस्स! बहुत हो चुका, ओमप्रकाश वाल्मीकि, वाणी प्रकाशन, नयी दिल्ली, 1997, पृ. 24
27. हिन्दी कविता में दलित चेतना : एक अनुशीलन, डॉ. जयन्ती लाल माकडिया, आकाश पब्लिशर्स, गाजियाबाद, 2009, पृ. 264 व 265
28. हिन्दी कविता में दलित चेतना : एक अनुशीलन, डॉ. जयन्ती लाल माकडिया, आकाश पब्लिशर्स, गाजियाबाद, 2009, पृ. 157-158 से उद्धृत।
29. बस्स! बहुत हो चुका, ओमप्रकाश वाल्मीकि, वाणी प्रकाशन, नयी दिल्ली, 1997, पृ. 18
30. वही, पृ. 78

31. सदियों का सन्ताप, ओमप्रकाश वाल्मीकि, गौतम बुक सेंटर, दिल्ली, द्वितीय संस्करण 2008, पृ. 11
32. बस्स! बहुत हो चुका, ओमप्रकाश वाल्मीकि, वाणी प्रकाशन, नयी दिल्ली, 1997, पृ. 19
33. वही, पृ. 46
34. दलित साहित्य : अनुभव, संघर्ष एवं यथार्थ, ओमप्रकाश वाल्मीकि, राधाकृष्ण प्रकाशन, नयी दिल्ली, 2013, पृ. 26
35. बस्स! बहुत हो चुका, ओमप्रकाश वाल्मीकि, वाणी प्रकाशन, नयी दिल्ली, 1997, पृ. 44
36. वही, पृ. 22 व 23
37. वही, पृ. 14 व 15
38. शब्द झूठ नहीं बोलते, ओमप्रकाश वाल्मीकि, अनामिका पब्लिशर्स प्रा. लिमिटेड, नयी दिल्ली, 2012, पृ. 37
39. बस्स! बहुत हो चुका, ओमप्रकाश वाल्मीकि, वाणी प्रकाशन, नयी दिल्ली, 1997, पृ. 52
40. ओमप्रकाश वाल्मीकि का जाना (संस्मरण), ले. कँवल भारती, 'दलिता अस्मिता', जनवरी-जुलाई 2014 (संयुक्तांक) सेंटर फॉर दलित लिटरेचर एंड आर्ट की त्रैमासिक, पृ. 47
41. सदियों का सन्ताप, ओमप्रकाश वाल्मीकि, गौतम बुक सेंटर, दिल्ली, द्वितीय संस्करण, 2008, पृ. 13
42. शब्द झूठ नहीं बोलते, ओमप्रकाश वाल्मीकि, अनामिका पब्लिशर्स प्रा. लिमिटेड, नयी दिल्ली, 2012, पृ. 102
43. अब और नहीं, ओमप्रकाश वाल्मीकि, राधाकृष्ण प्रकाशन, नयी दिल्ली, 2009, पृ. 47
44. शब्द झूठ नहीं बोलते, ओमप्रकाश वाल्मीकि, अनामिका पब्लिशर्स प्रा. लिमिटेड, नयी दिल्ली, 2012, पृ. 19
45. अब और नहीं, ओमप्रकाश वाल्मीकि, राधाकृष्ण प्रकाशन, नयी दिल्ली, 2009, पृ. 92 व 93
46. वही, पृ. 97
47. वही, पृ. 98
48. शब्द झूठ नहीं बोलते, ओमप्रकाश वाल्मीकि, अनामिका पब्लिशर्स प्रा. लिमिटेड, नयी दिल्ली, 2012, पृ. 12
49. वही, पृ. 51
50. वही, पृ. 12, भूमिका से
51. ओमप्रकाश वाल्मीकि का जाना (संस्मरण), ले. कंवल भारती, 'दलित अस्मिता', जनवरी-जुलाई 2014 (संयुक्तांक), सेंटर फॉर दलित लिटरेचर एंड आर्ट की त्रैमासिक, पृ. 48
52. शब्द की अग्नियात्रा का शिल्पी : ओमप्रकाश वाल्मीकि (संस्मरण), ले. डॉ. एन. सिंह, 'दलित अस्मिता', जनवरी-जुलाई 2014 (संयुक्तांक), सेंटर फॉर दलित लिटरेचर एंड आर्ट की त्रैमासिक, पृ. 58
53. दलित साहित्य : अनुभव, संघर्ष एवं यथार्थ, ओमप्रकाश वाल्मीकि, राधाकृष्ण प्रकाशन, नयी दिल्ली, 2013, पृ. 29

54. व्यक्ति, विचारक और सर्जक : ओमप्रकाश वाल्मीकि (संस्मरण), ले. डॉ. जयप्रकाश कर्दम, 'वागर्थ' जनवरी 2014, भारतीय भाषा परिषद, कोलकाता, मासिक, पृ. 12
55. आदरांजलि (संस्मरण), ले. हरपाल सिंह 'अरुष', 'दलित अस्मिता', जनवरी-जुलाई 2014 (संयुक्तांक), सेंटर फॉर दलित लिटरेचर एंड आर्ट की त्रैमासिक, पृ. 59
56. एक नायक की विदाई (संस्मरण), ले. मलखान सिंह, 'दलित अस्मिता', जनवरी-जुलाई 2014 (संयुक्तांक), सेंटर फॉर दलित लिटरेचर एंड आर्ट की त्रैमासिक, पृ. 50
57. व्यक्ति, विचारक और सर्जक : ओमप्रकाश वाल्मीकि (संस्मरण), ले. डॉ. जयप्रकाश कर्दम, 'वागर्थ' जनवरी 2014, भारतीय भाषा परिषद, कोलकाता, मासिक, पृ. 11

ओमप्रकाश वाल्मीकि : आधुनिक कविता के श्रेष्ठ कवि

आर.एच. वणकर

मानवीय वेदना और संवेदना को लेकर अनेक गैरदलित कवियों ने प्रामाणिकता से मुखरित किया है, किन्तु दलित वेदना एवं संवेदना को लेकर बहुत कम कवियों ने कविता की है। विशेषकर के गैरदलित कविताओं में छिटपुट काव्यपंक्तियाँ दृष्टिगोचर होती हैं। कविता वैसे तो संवेदनाओं से भरी हुई होती है, किन्तु जब भोगी हुई वेदना को शब्द से शृंगारित किया जाता है तो कविता और भी रसमय बन जाती है। हिन्दी के प्रसिद्ध कवि 'अशोक वाजपेयी' का मानना है कि "कविता की प्रामाणिकता किसी विचार विशेष का अनुगमन करने में नहीं, मानवीय वेदना और संवेदना को मुखरित करने में है।"[1] जहाँ तक ओमप्रकाश की कविताओं का सवाल है—वाल्मीकि की कविताएँ दलित दशा को एवं परम्परागत सौन्दर्यबोध का निषेध करके मुक्ति का परिचय कराती हैं। सदियों से चली आ रही पुरानी परम्परा को नष्ट करने का प्रयास है, आपकी कविताएँ इतिहास बोध को पुष्टि नहीं देतीं बल्कि नये इतिहास का निर्माण करती हैं। फिर भी आपकी कविताओं में कला एवं सौन्दर्य का बोध अपने आप हो जाता है। फर्क इतना ही है कि अन्य कवियों को जो सौन्दर्यबोध प्रकृति में से होता है, ऐसा बोध ओमप्रकाश की कविताओं में से सीधा नहीं होता, अपितु इनडायरेक्ट होता है। आपकी कविताएँ स्वप्नों को बोती हैं, जो आगे चलकर ये स्वप्न सचमुच एक बड़ा वटवृक्ष बन जाता है। अनेको का मानना है कि स्वप्न कभी सच नहीं होते, किन्तु ये धारणा ओमप्रकाश ने गलत साबित की है। समाज में जो विषमता की परिस्थिति एवं घृणा, हिंसा का जो माहौल बना है, उसको दूर कर के समतावादी समाज व्यवस्था, स्वतन्त्रता एवं सब के प्रति करुणा का भाव की बात कही गयी है। हमें ऐसा लगता है कि ओमप्रकाश की कविताएँ कहीं मानवीय सभ्यता एवं रिश्तों की तलाश करती हैं।

'अच्छे लगते हैं—कविता में कवि लिखते हैं :

"अच्छी लगती है चिड़िया
उससे भी ज्यादा अच्छा लगता है
बच्चों का खिलंदड़ापन
और उनकी शरारतें
आकर्षित करती हैं नदियाँ
उनका बहता पानी
उससे भी ज्यादा खींचता है अपनी ओर
चप्पु चलाता मल्लाह
उसके जिस्म से टपकता पसीना।"

कितनी सुन्दर कल्पना है? कवि को सृष्टि की सारी चीजें अच्छी लगती हैं, बच्चों की शरारतें, नदियाँ, साथ-साथ चप्पु चलाता मल्लाह, जिसके जिस्म से पसीना टपकता है। सच्चे कवि को सौन्दर्य सर्वत्र दिखाई पड़ता है। कवि की कविता ही उनके व्यक्तित्व को बनाती है या खोलती है। कवि ने मानव दलित के बुनियादी सवालों से परामर्श किया है। सभी को साथ में लेकर परिवार चलता है, किसी एक को छोड़कर नहीं। वस्तुतः जो समाज सदियों से बृहद् समाज से कट गया है, उनको पुनः मुख्यधारा में लाने का प्रयास है। कवि का आरोप निराधार नहीं है, तर्क से भरा हुआ है। कवि साधारण कहे जाने वाले वाल्मीकि समाज में पैदा हुए थे इसलिए जितनी वेदना का सामना किया है, वे तो स्वयं ही जानते हैं। वस्तुतः समाज की सच्ची कहानी का निरूपण किया है।

ओमप्रकाश की कविता का मकसद सिर्फ कविता प्रेमियों को मनरंजित करना नहीं है, बल्कि दलितों को अपनी अस्मिता को बचाना है, आसमान में उड़ान भरना है। प्रतिनिधि कविताओं के अन्तर्गत डॉ. रामचन्द्र लिखते हैं, "बुनियादी अधिकारों से वंचित श्रमशील दलित के वजूद का एहसास कराती ओमप्रकाश वाल्मीकि की कविताओं का दायरा सम्पूर्ण समाज और देश रहा है। हिन्दू सभ्यता एवं संस्कृति के 'गौरवमयी' तिलिस्म को बोधकर आम्बेडकरवादी दृष्टि से नवीन समाज और संस्कृति के विकल्प का आह्वान करने वाली कविताएँ हैं।"[2]

ओमप्रकाश की कविताएँ सचमुच सत्य का अहसास कराती हैं। जिस तरह महात्मा गाँधी की आत्मकथा 'सत्य के प्रयोग' सत्य का अहसास कराती है, उसी तरह ओमप्रकाश की कविताएँ सत्य का अहसास कराती हैं। सत्य तो सत्य ही होता है। सबकुछ बदल जाता है, सत्य नहीं। ठाकुर का कुआँ—कवि की श्रेष्ठ कल्पना है।

"चूल्हा मिट्टी का
मिट्टी तालाब की
तालाब ठाकुर का

भूख रोटी की
रोटी बाजरे की
बाजरा खेत का
खेत ठाकुर का

बैल ठाकुर का
हल ठाकुर का
हल की मूठ पर हथेली अपनी
फसल ठाकुर की

कुआँ ठाकुर का
पानी ठाकुर का
खेत-खलिहान ठाकुर के
फिर अपना क्या?

गाँव?
शहर?
देश?"[13]

इसमें कोई असत्य बात का उल्लेख नहीं है, कोई सन्देह नहीं। उनकी कविताओं का प्रधान स्वर है समतावादी समाज की रचना एवं स्वतन्त्रता सभी को मिलनी चाहिए। आजादी के सड़सठ साल बीत जाने के बाद भी दलित बालिकाओं के साथ अभद्र व्यवहार किया जाता है, उनको मार दिया जाता है, तब कैसी स्वतन्त्रता? जहाँ एक समाज को बोलने का अधिकार नहीं, स्वतन्त्र रूप से सोचने का अधिकार नहीं और हमारा समाज तो 21वीं सदी को ज्ञान की सदी कहता है, सामाजिकता की कहानियाँ सुनाते हैं। वस्तुतः ये सारे दावे खोखले हैं।

देश ब्रिटिश साम्राज्यवाद से तो मुक्त हुआ किन्तु दलित, पुरानी परम्परा, असमानता, अत्याचार से मुक्त नहीं हो पाया है, ये निर्विवाद सत्य है जिसको कोई नकार नहीं सकता। इन सारी समस्याओं को ओमप्रकाश ने अपनी कविताओं में बड़ी दर्द भरी बानी में प्रस्तुत किया है। कवि की एक कविता—बस्स! बहुत हो चुका :

"जब भी देखता हूँ मैं
झाड़ू या गन्दगी से भरी बाल्टी कनस्तर
किसी हाथ में
मेरी रगों में

दहकने लगते हैं
यातनाओं के कई हज़ार वर्ष एक साथ
जो फैले हैं इस धरती पर
ठंडे रेत कणों की तरह
मेरी हथेलियाँ भीग भीग जाती हैं
पसीने से
आँखों में उतर आता है
इतिहास का स्याहपन
अपनी आत्मघाती कुटिलताओं के साथ,
झाडू थामे हाथों की सरसराहट
साफ-साफ सुनाई पड़ती है भीड़ के बीच
बियाबान जंगल में सनसनाती हवा की तरह।"[4]

कवि ने इन कविताओं में सदियों का ब्योरा दिया है। काश! इसमें कुछ परिवर्तन आता? हाँ अभी-अभी हमारे प्रधानमंत्री नरेन्द्र मोदी जी ने सफाई अभियान का मन्त्र पूरे देश में फूँका है। अक्सर लोगों के मन में उसका सकारात्मक असर दिखाई पड़ता है। वस्तुतः समाज में जो गन्दगी फैली है, ये बाहर से तो नहीं आती, यानी कि उसका सर्जन भी हम करते हैं! औरों के लिए। यदि हमारी इच्छाशक्ति है तो अवश्य क़वि को न कहना पड़ता कि 'बस्स! बहुत हो चुका' वस्तुतः ओमप्रकाश की कविताएं सत्य को बयाँ करती हैं।

गैरदलित कविताओं में बहुत कम मात्रा में परम्परागत प्रश्नों को उठाया है। इसमें 'जाति' व्यवस्था पर तो नगण्य ही लिखा गया है। वस्तुतः येन-केन-प्रकारेण जाति के वृक्ष को प्रत्येक युग में पानी से सींचा गया है, ताकि जाति का वृक्ष हराभरा रहे। समग्र दलित कविता का प्रधान स्वर जाति व्यवस्था ही रहा है। दलित कविता का अपना सौन्दर्य है। क्योंकि सौन्दर्यबोध की परिभाषा प्रतिपल बदलती रहती है। उसकी कोई आखिरी परिभाषा नहीं हो सकती। दलित कविता का अपना अलग भावबिम्ब है, शिल्प एवं कलाविधान है। क्योंकि एक खेत में मजदूरी करनेवाली दलित स्त्री में जो वेदना का सौन्दर्य दिखाई पड़ता है, वह माया नगरी में नृत्य करने वाली स्त्री में नहीं दिखाई पड़ता। यदि सौन्दर्यबोध दलित कविता में पाया जाता है, इसमें भी ओमप्रकाश तो शब्द के माहिर हैं। 'पेड़' कविता में एक नयी आभा दृष्टिगोचर होती है।

"पेड़
तुम्हारा हरापन उसी वक्त तक है
जब तक ये पत्ते सही सलामत हैं

तुम्हारी टहनियों पर
पत्ते झरते ही
पेड़ नहीं ठूँठ कहलाओगे,
जीते जी मर जाओगे!"

ओमप्रकाश की कविताओं में शुद्ध समाजवाद है, क्योंकि समाज को आज जिस की खास जरूरत है, वह है नैतिक एवं मानवीय गुणों का विकास। किन्तु बड़ी वेदना से कहना पड़ता है कि आज समाज में मानव नैतिक मूल्यों से दूर होता जा रहा है, अर्थात् उसका क्षरण हो रहा है। ऐसे समय में हमारे लिए ओमप्रकाश की कविताएँ अँधेरे में दीपक का काम करती हैं। ऐसे कवि का निधन भी उसी समय होता है जब कवि की विशेष ज़रूरत थी। इनकी रचनाओं में अन्याय, अत्याचार एवं जाति व्यवस्था के सामने लड़ाई करने की जबरदस्त शक्ति है। इनकी कविताएँ धीरे-धीरे मानव समुदाय को संस्पर्श कर रही हैं।

ओमप्रकाश की एक तीव्र चाहना थी कि मानव जीवन का सत्य बाहर आये, जो समाज उससे अनभिज्ञ है, उसका सही दर्शन कराना। भई उसकी वैचारिक सोच अद्‍भुत थी। आपकी रचनाओं में सत्यानुभव का दर्शन होता है। आपकी आत्मकथा 'जूठन' इसका श्रेष्ठ उदाहरण है। कवि बातों में नहीं मानते हैं, वास्तविकता में मानते हैं। आपकी रचनाओं में दलित समाज के पुरखे बोलते हैं। भारतीय संस्कृति को यदि किसी ने बचाने का कुछ प्रयास किया है तो दलित समाज ने। अन्य सर्जकों की अपेक्षा ओमप्रकाश अलग हैं, आपका काव्य संग्रह 'शब्द झूठ नहीं बोलते' श्रेष्ठ है। दलित आन्दोलन को वेगवान बनाने में ओमप्रकाश की रचनाओं का विशेष योगदान है। समाज में क्रान्ति शब्दों से आती है, तलवार से नहीं। कवि ने बृहद् समाज का विरोध किया है, किन्तु तलवार से नहीं शब्द से। शब्द की ताकत तो शस्त्रों से अनेक गुना ज्यादा है, कविता 'शम्बूक का कटा सिर' में अपने भावना जगत को विस्तृत इन पंक्तियों में करते हैं :

"जब भी मैंने
किसी घने वृक्ष की छाँव में बैठकर
घड़ी भर सुस्ता लेना चाहा
मेरे कानों में
भयानक चीत्कारें गूँजने लगीं
जैसे हर टहनी पर
लटकी हों असंख्य लाशें
जमीन पर पड़ा हो शम्बूक का कटा सिर"

कवि आगे लिखते हैं :

"मैं, उठकर भागना चाहता हूँ
शम्बूक का सिर मेरा रास्ता रोक लेता है
चीख-चीख कर कहता है–
युगों युगों से पेड़ पर लटका हूँ
बार-बार राम ने मेरी हत्या की है
मेरे शब्द पंख कटे पक्षी की तरह
तड़प उठते हैं–
तुम अकेले नहीं मारे गये तपस्वी
यहाँ तो हर रोज मारे जाते हैं असंख्य लोग,
जिनका सिसकियाँ घुटकर रह जाती हैं
अँधेरे की काली पर्तों में।"[5]

जो बृहद् समाज सभ्यता एवं संस्कृति की दुहाई देता है, यानी कि पूर्व के इतिहास को प्रश्नांकित करता है। नैतिकता, मूल्यबोध को कटघरे में खड़ा किया है। सदियों से ईश्वर की अवधारणा को दलित कवियों ने नकार दिया है। लोग कहते हैं कि ईश्वर तो समानता की पहल करता है, अरे! यहाँ तक सृष्टि में बसनेवाले एक समान हों, किन्तु ऐसा नहीं है, अतः दलितों का ईश्वर पर से एतबार उठ गया है। तभी तो विश्व के बड़े विचारक नीत्शे ने तो कह दिया था कि–ईश्वर तो कब से मर गया है। हालाँकि ये विषय बड़ा पेचीदा है, आजकल जो ब्रह्म की बात करते हैं, कि मैं ब्रह्म हूँ उनको पता तक नहीं होता कि ब्रह्म क्या चीज होती है। जब पता चल जाता है तब जाति-पाँति का भेद मिट जाता है। वहाँ से अद्वैत की स्थिति आती है। डॉ. रामचन्द्र लिखते हैं–"नियतिवाद और ईश्वर की अवधारणा का पूर्णतः नकार है। वेद, उपनिषद, स्मृतियाँ, अन्य धर्मशास्त्रों एवं पौराणिक गाथाओं में व्यक्ति दलित विरोधी छवि के तिलिस्म को ओमप्रकाश वाल्मीकि की काव्य संवेदना बेनकाब करती है और मिथकों को नवीन अर्थ प्रदान करती है।"[6] ओमप्रकाश की कविताएँ पुरानी परम्परा को ध्वस्त करने एवं नयी सभ्यता का आह्वान करती हैं। दलितों का जीवन श्रम से भरा है, यानी कि ब्रह्म की प्राप्ति कैसे कर पाता? सच्चाई तो ये है कि जिसने भी ब्रह्म की प्राप्ति की है ये सारे पिछड़ी जाति के थे। ब्रह्म की परिभाषा इनके बारे में बड़ी-बड़ी किताबें लिखने वालों को ब्रह्म का ज्ञान नहीं हुआ है। क्योंकि ब्रह्म की समझ तो सच्चा एवं सरल व्यक्ति ही कर सकता है। दम्भी, कपट करने वाला पाखण्डी नहीं।

आपकी कविताएँ समाज की वास्तविक स्थिति को रेखांकित करती हैं। समाज की सच्ची कहानी बयाँ करती हैं। श्रम को रेखांकित इन पंक्तियों में किया है :

"वे भूखे हैं,
पर आदमी का मांस नहीं खाते
प्यासे हैं
पर लहू नहीं पीते
नंगे हैं
पर दूसरों को नंगा नहीं करते
उनके सिर पर
छत नहीं है
पर दूसरों के लिए
छत बनाते हैं।"[7]

आपकी कविताओं की बड़ी विशेषता परम्परागत विचारों को तिलांजलि देना है। नयी विचार शैली का सर्जन करना है। समाज से जुड़े हुए प्रश्नों को वाचा देना एवं उनमें से कैसे मुक्ति मिले? इसका सोल्युशन दिया गया है। अपने चार काव्य संग्रह दिये हैं जो इस प्रकार हैं—'सदियों का सन्ताप', 'बस्स! बहुत हो चुका', 'अब और नहीं' एवं 'शब्द झूठ नहीं बोलते'। ये चारों काव्य संग्रह समाज का बोध कराते हैं। दलितों में सुप्त चेतना को जाग्रत करते हैं, दिशा दिखलाते हैं। अन्धविश्वास से मुक्ति प्रदान करते हैं। यहाँ मुझे डॉ. बाबा साहब की बात याद आती है—शिक्षित बनो, संगठित बनो एवं संघर्ष करो। किन्तु इनकी बुनियाद हमें महात्मा फुले की इन काव्य पंक्तियों में मिलती है :

"विद्या बिना मति गयी, मति बिना नीति गयी
नीति बिना गति गयी, गति बिना चित्त गया
चित्त बिना शूद्र टूटे,
इतने अनर्थ—एक अविद्या ने किये।"[8]

मनुष्य जन्म से नीच नहीं होता कर्म से होता है, किन्तु यहाँ मनुष्य कर्म से नीच बन गया है। आदि कवि रैदास ने मानवता को सर्वोच्च सिद्धान्त माना था। सन्त रविदास कहते हैं :

"रैदास जन्म के कारणै होत न कोई नीच।
नर नीच कटि डारि है, ओछे करम की कीच॥"[9]

अक्सर हमें अधिकांश कविताओं में जाति, आडम्बर, दम्भ, अत्याचार एवं अन्याय का स्वर मिलता है। इतना ही नहीं सदियों से जो दलितों का शोषण हुआ है और आज हो रहा है, उसमें से कैसे मुक्ति मिले? इसके समाधान के लिए दलित कवि कुछ मार्ग ढूँढ़ रहे हैं।

ओमप्रकाश की कविताएँ सदियों से अन्धकार में भटक रहे करोड़ों दलितों को

दीपक का काम करती हैं। 'शायद आप जानते हो'—इसमें ब्रह्म के बारे में कहते हैं :

> *"चूहड़े या डोम की आत्मा*
> *ब्रह्म का अंश क्यों नहीं है*
> *मैं नहीं जानता*
> *शायद आप जानते हों?"*

ऐसी तो अनेक कविताएँ हैं जो सीधा प्रहार करतीं हैं। सदियों का सन्ताप वेदनाओं से भरा पड़ा है। कुल मिलाकर कहा जाय तो—आपकी कविताएँ मानव में प्रेम का बीजारोपण करती हैं। जीवन की सच्चाइयों का अनुभव कराती हैं। समानता की बात करती हैं। फिर भी आधुनिकता एवं सम्प्रदाय को रेखांकित करती हैं। आज पूरा विश्व आतंकवादियों के निशाने पर है तब उसमें से कैसे पुनः अहिंसा की ओर मानव का मन वापस लौटे इसका स्वर है। कवि की कविताओं ने अनेक कविता प्रेमियों को मुग्ध कर दिया है। इनकी कविताओं में राग-दीप्त एवं सत्यों को नया अर्थ देने वाले विचार हैं। अरे! आत्म साक्षात्कार तब होता है जब दीन-दुःखियों के प्रति हमारी सहानुभूति हो। ये साक्षात्कार ओमप्रकाश की कविताओं में पाया जाता है। ऐसे महान कवि का निधन दलित समाज के लिए बड़ी चिन्ता का विषय है।

सन्दर्भ

1. समकालीन भारतीय साहित्य : पत्रिका-अंक : मार्च-अप्रैल 2014, पृ. 195
2. ओमप्रकाश वाल्मीकि : प्रतिनिधि कविताएँ : डॉ. रामचन्द्र—भूमिका से
3. वही, पृ. 17
4. वही, पृ. 67
5. वही, पृ. 21
6. वही, भूमिका से
7. वही, पृ. 65
8. दलित साहित्य आन्दोलन : डॉ. चन्द्रकुमार बरडे, पृ. 40
9. वही, पृ. 84

दलित कविता में मिथक और यथार्थ : सन्दर्भ ओमप्रकाश वाल्मीकि

अश्विनी कुमार

डॉ. अम्बेडकर के शब्दों में—"हमारे जीवन, कर्तव्य और संस्कृति की ओर हमारा ध्यान नहीं है। अन्तर्मुख होकर विचार करने से हमारे सामने वह भयावह स्थिति स्पष्ट हो जायेगी कि हमारे जीवन-मूल्यों और सांस्कृतिक मूल्यों को बचाने के लिए दलित साहित्यकारों को जागरुक और प्रयत्नशील हो जाना चाहिए। तुम्हारे उपन्यास, कथाओं की सीता लक्ष्मण-रेखा पार करके आगे जा चुकी है। दुर्योधन के दरबार में द्रौपदी का वस्त्रहरण हो रहा है। शकुन्तला को दुष्यन्त अपना सही परिचय नहीं दे रहा है, इसीलिए शकुन्तला को वनवास हो रहा है। ऐसी स्थिति में साहित्यकारों को मैं आह्वान करता हूँ कि वे विभिन्न साहित्यिक विधाओं के द्वारा उदात्त जीवन-मूल्यों और सांस्कृतिक मूल्यों को रेखांकित करें। अपने लक्ष्य को मर्यादा में मत बाँधो, उसे और अधिक विशाल बनने दो। वाणी का विस्तार करो, अपनी लेखनी को केवल अपने प्रश्नों तक सीमित मत रखो। उसे तेजस्वी बनाओ जिससे गाँव में फैला अन्धकार दूर हो सके। यह मत भूलो कि इस भारत देश में उपेक्षित दलितों का बहुत बड़ा विश्व है। अपनी रचनाओं द्वारा उनकी वेदना को समझकर उनके जीवन को उज्ज्वल बनाने की कोशिश करो। यही मानवता की सच्चाई है।"[1]

ताराचन्द खाण्डेकर के शब्दों में—"दलित साहित्य अन्धश्रद्धा, शब्दप्रामाण्य, ग्रन्थप्रामाण्य, आत्मा, ईश्वर और उस पर आधारित समस्त नैतिकता एवं धर्म-सत्ता को अस्वीकार करता है। स्पष्ट है कि यह अस्वीकार हिन्दू धर्म तक सीमित नहीं है। परिवर्तनशीलता को अस्वीकार करने वाले सभी धर्मों का निषेध दलित साहित्य करता है। शब्द-प्रामाण्य, व्यक्ति-पूजा एवं अन्धश्रद्धा चाहे वह बुद्ध या अम्बेडकर के सन्दर्भ में ही हो, की अस्वीकृति की पृष्ठभूमि में मार्क्सवादी, समाजवादी, गाँधीवादी सभी विचारकों को अपना पुनःपरीक्षण करना होगा। प्रकाश जाधव, नामदेव ढसाल, दया पवार एवं यशवंत मनोहर जैसे कवियों की कविताएँ दलित समाज एवं दलित समीक्षक और विचारक किसी भी अन्य लेखक, समीक्षक की अपेक्षा अधिक विवेकनिष्ठ हैं।"[2]

ओमप्रकाश वाल्मीकि के शब्दों में—"तरह-तरह के मिथक रचे गये—वीरता के, आदर्शों के। कुल मिलाकर क्या परिणाम निकले? पराजित, निराशा, निर्धनता, अज्ञानता, संकीर्णता, कूपमंडूकता, धार्मिक जड़ता, पुरोहितवाद के चंगुल में फँसा, कर्मकाण्ड में उलझा समाज, जो टुकड़ों में बँटकर कभी यूनानियों से हारा, कभी फ्रांसीसियों और अंग्रेजों से हारा, फिर भी अपनी वीरता और महानता के नाम पर कमजोर और असहायों को पीटते रहे। घर जलाते रहे। औरतों को अपमानित कर उनकी इज्जत से खेलते रहे। आत्मश्लाघा में डूबकर सच्चाई से मुँह मोड़ लेना, इतिहास से सबक न लेना, आखिर किस राष्ट्र के निर्माण की कल्पना है?"[3]

आधुनिक दलित साहित्य और आलोचना की प्रभावशाली शुरुआत साठ के दशक में मराठी भाषा में होती है। उसके साथ-साथ ही हिन्दी, गुजराती, तेलगू, तमिल, कन्नड़, पंजाबी आदि भारतीय भाषाओं में भी महत्त्वपूर्ण दलित साहित्य और आलोचना का सृजन अपनी गति से हो रहा था। दलित साहित्यकारों ने दलित साहित्य की समुचित सराहना और समझदारी के लिए अलग सौन्दर्यशास्त्र की जरूरत पर व्यवस्थित पुस्तक भी लिखी जिनमें शरणकुमार लिंबाले और ओमप्रकाश वाल्मीकि प्रमुख हैं। इनके अलावा कई और लेखकों ने सौन्दर्यशास्त्र पर लेख लिखे। दलित साहित्य का सौन्दर्यशास्त्र, सवर्ण साहित्य के सौन्दर्यशास्त्र से अलग मानता है। यह अलग होना संवेदना और शिल्प, बिम्ब, प्रतीक, भाषा सभी स्तरों पर अलग है। हम देख सकते हैं कि दलित लेखक परम्परागत भारतीय सौन्दर्यशास्त्र की कसौटी को दलित साहित्य के सौन्दर्यशास्त्र की कसौटी स्वीकार नहीं करते। बल्कि दलित साहित्य अपने अलग सौन्दर्यशास्त्र पर बल देता है। दलित साहित्य व्यथा, वेदना, विद्रोह और परिवर्तन का साहित्य है।

शरणकुमार लिंबाले के शब्दों में—"यह हमेशा ध्यान में रखना होगा कि दलित साहित्य का सौन्दर्य-विचार अम्बेडकर सोच का प्रतिफल है और दलित साहित्य का सौन्दर्य-मूल्य सामाजिक मूल्य है।"[4] दलित साहित्य समाजशास्त्रीय आलोचना पर ज्यादा बल देता है इसीलिए शरणकुमार ने साहित्य 'सत्यम्, शिवम्, सुन्दरम्' के स्थापित प्रतिमान को उलट दिया। वह कहते हैं, " 'मनुष्य मात्र' के लिए सत्य, शिव और सुन्दर बताकर प्रचारित किया जाता है, दलित जीवन के सन्दर्भ में वह असत्य, अशिव और असुन्दर है। 'सत्यम्, शिवम् और सुन्दरम्' ये भेदभाव की कल्पनाएँ हैं—जिसके आधार पर आम आदमी का शोषण होता है। दरअसल सत्यम्, शिवम् और सुन्दरम् की धारणा तो सवर्ण-समाज के स्वार्थ-साधन के लिए रची गयी साजिश है। उनकी व्याख्या बदलने की जरूरत है। उन्हें अधिक ऐहिक और सामाजिक करने की आवश्यकता है।"[5] लिंबाले सत्यम्, शिवम् और सुन्दरम् को केवल दलितों के हित में परिभाषित न करके मनुष्य-मात्र के हित में करते हैं। उनके मनुष्य मात्र में

वे "दलित, यायावर और आदिवासी" पहले आते हैं जिनका निरन्तर शोषण और अवमानना हुई है। उनका उद्देश्य है : पहला मनुष्य सर्वप्रथम मनुष्य है यही 'सत्य' है, दूसरा मनुष्य की स्वतन्त्रता ही 'शिव' है और तीसरा मनुष्यता ही सौन्दर्य है। इस मनुष्यता के सौन्दर्य की चेतना या कहें दलित-चेतना की वैचारिक प्रेरणा के मूल में अम्बेडकर का दर्शन है। सभी भाषाओं के सभी दलित साहित्यकारों ने अम्बेडकर को अपने वैचारिकी गुरु के रूप में स्वीकार किया है। अम्बेडकर के साथ-साथ गौतम बुद्ध, कबीर-रैदास, ज्योतिबा फुले, सावित्री बाई फुले आदि को दलित साहित्य की वैचारिकी का आधार मानते हैं। जो लोग हिन्दी दलित साहित्यकार में 'बीच-बीच' के खालीपन की बात करते हैं; उनसे विनम्र आग्रह है कि 'ऐसा नहीं है।' दलित साहित्य लगातार अपनी खोई हुई अस्मिता की प्रतिष्ठा को पाने के लिए हमेशा प्रयत्नशील रहे हैं।

दलित साहित्य में मिथकों के प्रचलन पर जब नजर उठती है तब देखते हैं कि दलित साहित्यकारों ने मिथकों का बड़े व्यापक पैमाने पर प्रयोग किया है। हाँ, यह ठीक है कि दलित साहित्य के सौन्दर्यशास्त्र में दलित साहित्य पर ज्यादा चर्चा नहीं हुई है। चर्चा न होने का कारण यह भी हो सकता है कि दलित साहित्यकारों ने सवर्ण साहित्य के मिथकों को ध्वंस करने के लिए उन मिथकों का चयन किया जो हाशिए पर फेंक दिये गये थे। जिस प्रकार लौकिक धरातल पर दलित, आदिवासी, महिला, पिछड़ों को मनुष्य नहीं माना गया उसी प्रकार उन मिथकों के पात्रों को भी। मनुवादी-ब्राह्मणवादी परम्परा में दलितों की पशुओं से भी हीन स्थिति बनाये रखने में धार्मिक-सांस्कृतिक मिथकों की सबसे अहम भूमिका है। यही कारण है कि प्रत्येक दलित लेखक ने अपनी रचनाओं में उदात्त कहे जाने वाले मिथकों पर तीखे प्रहार किये हैं। दलित साहित्य ईश्वर की अवधारणा और उससे उत्पन्न करोड़ों देवी-देवताओं की कल्पना को नकारता है। डॉ. अम्बेडकर के शब्दों में—"यह कहा जा सकता है कि हिन्दुओं की धार्मिक पुस्तकों के प्रति मैंने वह आदर प्रकट नहीं किया है, जो धार्मिक पुस्तकों के प्रति होना चाहिए। धार्मिक पुस्तकों के प्रति श्रद्धा कराई नहीं जा सकती। यह श्रद्धा तो सामाजिक स्थितियों से स्वयं उत्पन्न होती है अथवा हटती है। धर्म ग्रन्थों के प्रति ब्राह्मणों के लिए यह अस्वाभाविक है। यह भेदभाव सरलता से समझाा जा सकता है।"[6] दलित साहित्य में मिथकों का उपयोग उसके सौन्दर्य-मूल्यों की संगति में हुआ है। दलित साहित्य के सौन्दर्य मूल्य—समता, स्वतन्त्रता, बन्धुत्व और सबसे बढ़कर मनुष्यता-वायवी आध्यात्मिक न होकर सामाजिक-वैचारिक है।

सवर्ण-साहित्य में मिथकों के व्यापक पैमाने पर उपयोग से यह समझा जा सकता है कि समूचा मिथक-मंडल सवर्ण-संस्कार का सहज हिस्सा होता है। मिथकों के साथ दलित लेखकों का रिश्ता सवर्ण लेखकों जैसा नहीं होता है। दलित साहित्यकारों के

लिए मिथकों की धार्मिक पवित्रता और पारलौकिकता का कोई अर्थ नहीं होता। मनुवाद-ब्राह्मणवाद को पोसने वाले मिथक उन्हें अपने जीवन से अलग पराये और द्रोही लगते हैं। देखा जा सकता है कि जाति और वर्ण-विभाजित समाज में दलितों का अलगाव और तिरस्कार इतना लम्बा और मुकम्मल रहा है कि हिन्दू धर्म के मिथक दलित-संस्कार का सहज हिस्सा न तो बने हैं न ही बन सकते हैं। दोनों के बीच में अलगाव और परायेपन की अभेद्य दीवार खड़ी है। ओमप्रकाश वाल्मीकि की कविता का सहारा लेकर कहूँ :

"क्यों लगता है हमेशा परायापन
तुम्हारी संस्कृति से
क्यों उद्वेलित नहीं करते
तुम्हारे अमूर्त भाव
क्यों नहीं जगाती आस्था
देवों की पाषाण मूर्तियाँ
जो गढ़ी हैं मैंने ही
छैनी हथौड़े के सधे वार से।"[7]

डॉ. कुसुम वियोगी कहते हैं :

"ब्राह्मणी
व्यवस्था के विषधरों ने
आदमी
इस कदर पकड़ा है
जन्म से लेकर
मृत्यु तक
संस्कारों में जकड़ा है।"[8]
"...आओ आज करें, संघर्ष
उसी से
जिसने किया अलंकृत
और हमें बनाया अछूत।"[9]

कविता के साथ-साथ सभी दलित साहित्य की आत्मकथाओं, कहानियों में भी मिथकों के ध्वंस को देखा जा सकता है। शरणकुमार लिंबाले 'अक्करमाशी' में कहते हैं—"धर्म का बोझ कुली की तरह हम ढो रहे हैं। जाति-बिरादरी का यह बोझ हम पर क्यों लादा गया? हम इसे क्यों नहीं निकाल फेंक सकते? जाति, धर्म, कुल, खानदान—इन सारे कृत्रिम बन्धनों में हम मनुष्य और मनुष्यता को ही खोते जा रहे हैं।"[10] ओमप्रकाश वाल्मीकि जूठन में कहते हैं—"वर्तमान परिप्रेक्ष्य में ऐसे कर्मकांड

धर्म के प्रति सात्विक भाव कैसे पैदा करते हैं, यह मेरे लिए हमेशा हैरानी और क्षोभ का कारण रहा है। वह भी देवभूमि कही जाने वाली उत्तराखण्ड भूमि पर। सचमुच मेरे लिए पशुबलि एक घोर अमानुषिक, हिंसक प्रवृत्ति का प्रतीक है।"[11] सवर्णों ने दलितों को समाज से बाहर और अछूत बनाकर रखने का काम ईश्वर, मन्दिर, धर्मशास्त्रों और देवी-देवताओं की मार्फत किया है। कह सकते हैं कि दलितों की दशा को 'ईश्वरीय विधान' बनाकर पेश किया जाता रहा है। यह स्वाभाविक ही है कि दलित लेखक सवर्णों द्वारा रचे गये इस ईश्वरीय विधान का पुरजोर विरोध करते हैं। पूरे दलित साहित्य में विरोध का यह स्वर मौजूद है। सभी दलित लेखकों ने सर्वाधिक कड़ा प्रहार समाज में अन्याय और विषमता का विधान करने वाले ग्रन्थ 'मनुस्मृति' पर किया है। साथ ही हिन्दू मिथकों के आगार वेदों, उपनिषदों, पुराणों, स्मृतियों, ब्राह्मण-ग्रन्थों और महाकाव्यों के नायकों-महानायकों का खुला विरोध किया गया है।

दलित साहित्यकारों ने साहित्य में मिथकीय नायकों को खलनायकों में देखा है। रावण को राम से ज्यादा न्यायोचित बताया गया है। माता प्रसाद जी ने रावण-प्रबन्ध लिखा। विष्णु, कृष्ण, ब्रह्मा आदि मिथकीय अवतारों के 'कुकृत्यों' की जाँच-पड़ताल की गयी है। दलित साहित्य जानता है कि ब्राह्मणवादियों ने ईश्वर की संकल्पना को केवल अपने लिए इस्तेमाल किया है। वह केवल धर्म के धन्धे का एक ट्रेडनेम है। नामदेव ढसाल कहते हैं :

"मैं गालियाँ देता हूँ
तुम्हारे ग्रन्थों को गालियाँ देता हूँ
तुम्हारी संस्कृति को गालियाँ देता हूँ
तुम्हारे पाखण्डीपन को गालियाँ देता हूँ
मैं यह सब बोलना नहीं चाहता था
मगर मेरे हाथ जाग्रत हो गये हैं।"[12]

यशवंत मनोहर कहते हैं–

"इन हरामखोर परम्पराओं पर
विध्वंस का हल चलाता हूँ
वे सारे देव, दैववादी मेरे बैरी हैं
जिन्होंने अस्पृश्यता को अपरिवर्तनशील बनाया
उस पर मधुर गीत रचे
ये शब्दप्रमाणवादी सगुण-निर्गुण बैरी हैं मेरे
जिन्होंने आज तक मुझे मुक्त नहीं होने दिया।"[13]

दलित लेखक सचेत है कि सवर्ण साहित्यकार उनसे सवाल करेंगे तभी तो कंवल भारती जी कहते हैं :

"यदि वेदों में लिखा होता
ब्राह्मण ब्रह्मा के पैर से हुए हैं पैदा
उन्हें उपनयन का अधिकार नहीं
तब, तुम्हारी निष्ठा क्या होती?
यदि धर्मसूत्रों में लिखा होता
तुम ब्राह्मणों, ठाकुरों और वैश्यों के लिए,
विद्या, वेद-पाठ और यज्ञ निषिद्ध है...
यदि तुम सुन लो वेद का एक भी शब्द
तो कानों में डाल दिया जाय पिघला शीशा
यदि वेद-विद्या पढ़ने की करो धृष्टता
तो काट दी जाय तुम्हारी जिह्वा
यदि यज्ञ करने का करो दुस्साहस
तो छीन ली जाय तुम्हारी धन-सम्पत्ति
या कत्ल कर दिया जाय, तुम्हें उसी स्थान पर
तब, तुम्हारी निष्ठा क्या होती?
यदि स्मृतियों का यह विधान लागू हो जाता
तुम ब्राह्मणों, ठाकुरों और वैश्यों पर
कि तुम नीच हो
श्मशान-भूमिवत् हो
तुम्हारे आवास हों गाँव के बाहर
तुम्हारे पेशे हों घृणित
मरे जानवरों को उठाना
मल-मूत्र साफ करना
कपड़े धोना, बाल काटना
हमारे खेतों-घरों में दास-कर्म करना
तब तुम्हारी निष्ठा क्या होती?
यदि यह विधान लागू हो जाता तुम द्विजों पर
कि तुम्हें धन-सम्पत्ति रखने का अधिकार नहीं
तुम जिन्दा रहो हमारी जूठन पर
हमारे दिये हुए पुराने वस्त्रों पर
तुम्हें अधिकार न हो पढ़ने-लिखने का
तुम्हारे बच्चे सेवक बनें हमारे
पीढ़ी दर पीढ़ी

हम रहें तुम्हारे शासक
तब तुम्हारी निष्ठा क्या होती?
यदि यह विधान लागू हो जाता
कि तुम अस्पृश्य हो तुम्हारी छाया अमंगल है
हमारे शरीर, वायुमण्डल और धरा के लिए
इसलिए तुम्हें गले में लटका कर हांडी
और कमर में बाँध कर झाडू
सड़कों पर चलने की राजाज्ञा हो
तुम्हारा वर्जित हो मन्दिरों में प्रवेश
सार्वजनिक कुओं, तालाबों से लेना पानी
तब तुम्हारी निष्ठा क्या होती?
यदि यह विधान लागू हो जाता कि
तुम्हारे जीवन का कोई मूल्य नहीं
कोई भी कर सकता है तुम्हारा वध
ले सकता है तुमसे बेगार
तुम्हारी स्त्री, बहिन और पुत्री के साथ
कर सकता है बलात्कार
जला सकता है घर-बार
तब तुम्हारी निष्ठा क्या होती?
यदि रामायण में राम तपस्वी धर्मनिष्ठ ब्राह्मणों का करते कत्लेआम
तुलसीदास मानस में लिखते
पूजिए सूद्र सील गन हीना
विप्र न गुन गन ग्यान प्रवीना
तब तुम्हारी निष्ठा क्या होती?"[14]

एक और कविता में कंवल भारती कहते हैं :

"...बहिष्कार करें उस साहित्य का
जो जन्मा है पुराणों के मिथकों से
जो विरोधी है लोकतन्त्र का"[15]

यह कविता वर्णवादी व्यवस्था पर प्रहार करते हुए मनुष्य को मनुष्यता की तरफ अग्रसर करती है। दलित कविता केवल कोरा आक्रोश पैदा नहीं करती बल्कि आक्रोश में सृजनात्मकता की चेतना भी पैदा करती है। ओमप्रकाश वाल्मीकि तभी कहते हैं :

"तुम्हारे हाथ बढ़े होते
मेरी ओर

प्रेमगन्ध का स्पर्श लेकर
सच कहता हूँ
मैं सीने से नहीं
लिपट जाता तुम्हारे कदमों से
बिछ जाता
धूल बनकर जमीन पर
बिछा तो अब भी हूँ
प्रेम की आसक्ति पर नहीं
तुम्हारे खूनी पंजों से डरकर।"[16]

दलित साहित्यकारों ने 'देवभाषा' और देवभाषा में लिखित 'देवसाहित्य' व 'देवसंस्कृति' को भी कठघरे में खड़ा किया है। अम्बेडकरवादी साहित्य के चिन्तक डॉ. तेजसिंह ने इस पर और चिन्तन किया है, वह कहते हैं—"...सबसे पहले ब्राह्मणों ने संस्कृत भाषा पर एकाधिकार कायम, बहुजन समाज को वंचित करके किया और वह बिना राजसत्ता के कायम नहीं हो सकता था। फिर संस्कृत को 'देव' भाषा घोषित करके खुद 'भूदेव' बन गये और 'प्रतिभा' को दैवी-प्रेरणा से जोड़कर काव्य का भी उद्‌भव दैवी-प्रेरणा मान लिया। यानी 'ईश्वरी कृपा प्रतिभा' के रूप में प्रकट होती है। इस तरह 'प्रतिभा' को ईश्वरी देन मान लिया। इसी कारण विद्या की देवी 'सरस्वती' का मिथक गढ़ लिया। इस तरह सारी विद्या यानी ज्ञान देवी सरस्वती में सिमटकर रह गयी। इसलिए हिन्दूवादी सबसे पहले सरस्वती की वन्दना करते हैं।"[17] ओमप्रकाश वाल्मीकि और अनेक दलित कवियों ने भी संस्कृत और उसके साहित्य पर प्रश्न-चिह्न लगाये हैं।

'बस्स! बहुत हो चुका' कविता-संग्रह की कविता 'शायद आप जानते हो' में वाल्मीकि कहते हैं :

"अर्थ बदलकर शब्दों के
गढ़ लेना असंख्य प्रतीक
ऋग्वेद के कृष्ण को
महाभारत में फिट करके
हो जाना आत्मविभोर
सो जाना गहरी नींद में
देख नहीं पाना सपनों में
पन्ने फाड़कर बाहर आती क्रूर हँसी
जो चुपके-चुपके दीमक की तरह
खा गयी तहख़ानों में सहेजकर

रखी संस्कृति को
संस्कृति और संस्कृत में
क्या सम्बन्ध है
मैं नहीं जानता
शायद आप जानते हों।"[18]

वाल्मीकि जी ने मिथकों को भी रचनात्मक बनाया है :

"धरती और आकाश के बीच
टूटकर गिरता है कोई नक्षत्र अँधेरी रात में
किसी कर्ण की सिसकियाँ
रुँध-रुँध जाती हैं
शम्बूक को अभिशप्त हत्या
और एकलव्य के साथ
किये गये छल को साथ लिए
मेरी पीढ़ी
जंगलों, पहाड़ों, नदियों और नालों में
खोज रही है
गत और विगत के बीच की मौन शिलाएँ।"[19]

दलित साहित्य में शम्बूक और एकलव्य सीधे-सीधे मनुवादी ब्राह्मणवादी परम्परा के विरोधी और शूद्र व दलित लेखकों को गहरी प्रेरणा और विद्रोह की चेतना देती है। डॉ. तेज सिंह अपने लेख में कहते हैं "...शम्बूक और एकलव्य ने विद्रोह की उस परम्परा की नींव डाली जिस पर चलकर अम्बेडकरवादी साहित्य ने विद्रोह और विरोध की परम्परा को विकसित किया।"[20] डॉ. अम्बेडकर ने जिस लक्ष्मण-रेखा के सामने द्रौपदी और दुष्यन्त के सामने शकुन्तला को रखकर स्पष्ट कर दिया है कि मिथकीय अतीत में आधी आबादी दलित-चेतना का सरोकार होनी चाहिए, जिससे जुड़कर उसका आकाश विस्तृत होगा। इस तरह अम्बेडकर ने साहित्य में मिथकों के उपयोग के प्रति एक दृष्टि प्रस्तावित की है। अन्त में डॉ. प्रेम सिंह के शब्दों में कहा जा सकता है अगर दलित साहित्य और चिन्तन दलित नागरिक समाज और जाति विशेष तक सीमित न रहकर भारत में मौजूद दलितों की बड़ी दुनिया से जुड़ेगा तो उसका आकाश आगे और ज्यादा फैलेगा।

सन्दर्भ

1. डॉ. भीमराव अम्बेडकर, 'दलित साहित्य सम्मेलन पत्रिका', 17 जनवरी 1976, से ओमप्रकाश वाल्मीकि, दलित साहित्य का सौन्दर्यशास्त्र से, पृ. 72

2. ताराचन्द खाण्डेकर, 'दलित साहित्य की वैचारिक पृष्ठभूमि', सदानन्द साही, सम्पा. दलित साहित्य की अवधारणा और प्रेमचन्द, पृ. 33
3. ओमप्रकाश वाल्मीकि, जूठन, पृ. 160
4. शरणकुमार लिंबाले, दलित साहित्य का सौन्दर्यशास्त्र, पृ. 30
5. वही
6. बाबा साहेब डॉ. अम्बेडकर सम्पूर्ण वाङ्मय, खण्ड 8, भूमिका से
7. ओमप्रकाश वाल्मीकि, 'तुम्हारी गौरव-गाथा', बस्स! बहुत हो चुका, पृ. 52
8. डॉ. कुसुम 'वियोगी', 'षड्यंत्र', व्यवस्था के विषधर, पृ. 8
9. वही, पृ. 12
10. शरणकुमार लिंबाले, अक्करमाशी, पृ. 161
11. ओमप्रकाश वाल्मीकि, जूठन, पृ. 99
12. नामदेव ढसाल, यशवंत मनोहर, सम्पा., उत्थान गुंफा, पृ. 15 से विमल थोरात, मराठी दलित कविता और साठोत्तरी हिन्दी कविता में सामाजिक और राजनीतिक चेतना से, पृ. 106
13. वही, पृ. 107
14. कंवल भारती, 'तब तुम्हारी निष्ठा क्या होती?' डॉ. तेजसिंह, सम्पा. आज का समय, पृ. 23-24
15. युद्धरत आम आदमी, अंक-31, जुलाई-सितम्बर' 95, सम्पादक रमणिका गुप्ता, पृ. 21
16. ओमप्रकाश वाल्मीकि, 'भय', बस्स बहुत हो चुका, पृ. 90
17. अपेक्षा, अंक-30-31, जनवरी-जून 2010, सं. तेज सिंह, पृ. सम्पादकीय से
18. ओगप्रकाश वाल्मीकि, 'शायद आप जानते हो?' बस्स! बहुत हो चुका, पृ. 12
19. ओमप्रकाश वाल्मीकि, 'शम्बूक का कटा सिर', सदियों का सन्ताप, पृ. 13
20. अपेक्षा, अंक-30-31, जनवरी-जून 2010, सम्पा. तेजसिंह, पृ. सम्पादकीय से

ओमप्रकाश वाल्मीकि : कविता और सौन्दर्यशास्त्र

जयश्री शिंदे

दलित साहित्य के सबसे अग्रणी वरिष्ठ हिन्दी दलित लेखक ओमप्रकाश वाल्मीकि एक प्रतिष्ठित नाम है। डॉ. बाबासाहेब अम्बेडकर के विचारों को अपना आदर्श मानकर ताउम्र अम्बेडकरी आन्दोलन से जुड़े रहे। बड़ी गम्भीरता से दलित लेखक की जिम्मेदारी निभायी और निरन्तर लिखते रहे। ओमप्रकाश वाल्मीकि जी को मैं 'जूठन' आत्मकथा से जानती थी लेकिन उनके साथ मेरा परिचय फोन पर हुआ था। उनकी 'गोकशी' कहानी का मराठी अनुवाद करते समय फोन पर मेरी कई बार चर्चा होती थी। 'अस्मितादर्श' सम्पादक : डॉ. गंगाधर पानतावने (औरंगाबाद) मराठी पत्रिका में कहानी छप जाने पर तथा दलित अस्मिता सम्पादक डॉ. विमल थोरात (दिल्ली) कहानी की समीक्षा छपने पर भाई ओमप्रकाश वाल्मीकि जी ने फोन पर मुझे बधाई दी थी। उनके प्रकाशित लेख, टिप्पणियाँ मुझे पाठक के तौर पर ई-मेल पर भेज देते थे। 'सलाम' कहानी संग्रह मराठी में अनुवाद करने की इच्छा भी प्रकट की थी और मैंने उन्हें सवीकृति दी थी। भाई ओमप्रकाश जी के और हमारे बीच अम्बेडकरवाद, बुद्ध की मानवता तथा मंगल मैत्री का रिश्ता था। 17 नवम्बर 2013 को सुबह भाई वाल्मीकि जी दुनिया से विदा हो गये। यह खबर मेरे जैसे अम्बेडकर के अनुयायी जो दलित आन्दोलन तथा साहित्य से जुड़े हुए हैं उनके लिए मजबूत किले के एक बुरुज का गिरना था। नामदेव ढसाल जी नहीं रहे, राजेन्द्र यादव जी नहीं और हाल में डॉ. तेजसिंह भी नहीं रहे। दलित साहित्य में (हंच) गॅप हो गया। शायद उसे भर पाना मुश्किल है। मेरा यह शोध-लेख ओमप्रकाश जी, नामदेव ढसाल, राजेन्द्र यादव और डॉ. तेज सिंह के लिए एक भावपूर्ण आदरांजलि है।

ओमप्रकाश का 'सदियों का सन्ताप' प्रथम कविता संग्रह 1989 में छपा। 'अछूत' होने की पीड़ा से लिखा गया यह संग्रह पाठकों को खून के आँसू रुलाना है। इसके बाद 'बस्स! बहुत हो चुका' (1997), 'अब और नहीं' (2009), 'शब्द झूठ नहीं बोलते' (2012)। इस तरह चार कविता संग्रह छपे हैं। 'सदियों का सन्ताप', 'ठाकुर का कुआँ', 'शम्बूक का कटा सिर', 'तब तुम क्या करोगे', 'उन्हें डर है'

आदि कविताएँ मार्मिक और विद्रोही हैं। आठवें और नौवें दशक की उनकी कविताएँ मराठी में जैसे नामदेव ढसाल की कविताएँ उस समय मराठी-हिन्दी दलित लेखन क्षेत्र में विद्रोह की चिंगारियों का काम करती थीं। इन सभी कविताओं में अपने और सम्पूर्ण दलित पिछड़े वर्ग के संघर्ष की करुण व्यथापूर्ण गाथा है, अम्बेडकरी आन्दोलन और अस्मिता की पहचान है।

जब से दलित साहित्य ने भारतीय साहित्य की दुनिया में दस्तक दी, तब से दलित साहित्य क्या है? भारतीय साहित्य के परिप्रेक्ष्य में उसका स्थान क्या है? भूमिका क्या है? सम्पूर्ण दलित लेखन पर ही सवालिया निशान लगाने की साजिश चल रही है। क्योंकि भारतीय साहित्य का पारम्परिक मापदण्ड सत्यम्, शिवम्, सुन्दरम् है। जब कि दलित साहित्य ने इसे ही जड़ से उखाड़ फेंका है। दलित साहित्य का सौन्दर्यशास्त्र पारम्परिक सौन्दर्यशास्त्र से बिल्कुल अलग है, जिसका आधार बुद्धदर्शन और अम्बेडकरवादी विचारधारा है। इस बहाने ओमप्रकाश वाल्मीकि की कविता और उसका सौन्दर्यशास्त्र इस बिन्दु पर चर्चा करूँगी।

पारम्परिक सौन्दर्यशास्त्र के प्रतिमानों से भिन्न दलित साहित्य के सौन्दर्यशास्त्र की आवश्यकता दलित लेखक महसूस करते हैं।

डॉ. एन. सिंह की धारणा है कि "दलित साहित्य का शब्द-सौन्दर्य प्रहार में है, सम्मोहन में नहीं। वह समाज और साहित्य में शताब्दियों से चली आ रही सड़ी-गली परम्पराओं पर बेदर्दी से चोट करता है। वह शोषण और अत्याचार के बीच जीवन जीनेवाले दलित को लड़ना सिखाता है, वह सिर पर पत्थर ढोने वाली मजदूर महिला को उसके अधिकारों के विषय में बतलाता है। उसे धर्म की भूल-भुलैया से निकालकर शोषण से मुक्ति का मार्ग दिखाता है। उसके लिए जिस शाब्दिक प्रहार क्षमता की आवश्यकता है, वह उसमें है, और यही दलित साहित्य का शब्द-सौन्दर्य है।" (दलित साहित्य का सौन्दर्यशास्त्र : ओमप्रकाश वाल्मीकि, पृ. 48)।

ओमप्रकाश वाल्मीकि ने अपनी पुस्तक 'दलित साहित्य का सौन्दर्यशास्त्र' की भूमिका में लिखा है—"सौन्दर्यशास्त्र की विवेचना में 'सौन्दर्य', 'कल्पना', 'बिम्ब' और प्रतीक को प्रमुख माना है। विद्वानों ने जबकि सौन्दर्य के लिए सामाजिक यथार्थ एक विशिष्ट घटक है। कल्पना और आदर्श की नींव पर खड़ा साहित्य किसी भी समाज के लिए प्रासंगिक नहीं हो सकता है।"

दलित साहित्य आत्मानुभूति की अभिव्यक्ति करता है। अर्थ-गाम्भीर्य दलितों का स्वीकृत जीवन-मूल्य है, जिस पर दलित साहित्य का सौन्दर्यशास्त्र निर्भर है। दलित साहित्य की आन्तरिक ऊर्जा दलित चेतना है, जो डॉ. बाबासाहेब अम्बेडकर के जीवन-दर्शन और बुद्ध के तत्त्वज्ञान से संचालित है। दलित विद्वानों द्वारा इन जीवन-मूल्यों को साहित्य में सूक्ष्मता के साथ पिरोया गया है। ये जीवन-मूल्य हैं—

1. समता, स्वतन्त्रता, बन्धुता, न्याय के जीवन-अनुभव, अनुभवजन्य आशय, तथा इस आशय की अर्थपूर्ण अभिव्यक्ति।
2. संस्कृति और धर्म के नाम पर वास्तविकता को छिपाकर रखे गये ढोंग को नकारना।
3. कल्पनाजन्य प्रतिमानों का निषेध।
4. नित्य परिवर्तनीयता के आधार पर जीवन-मूल्यों का मूल्यांकन।
5. बन्धन-मुक्त अभिव्यक्ति और अनुभवों का सच्चापन। (दलित साहित्य का सौन्दर्यशास्त्र : ओमप्रकाश वाल्मीकि, पृ. 50)

दलित कविता के बारे में सबसे अहम बात यह है कि यह जीवन की कविता है, कला की नहीं। यह जीवन जीने का संघर्ष अविरत चल रहा है। इसलिए दलित साहित्य का सौन्दर्यशास्त्र अलग है जो जीवन-मूल्य को मानता है। ओमप्रकाश वाल्मीकि की कविता नये शिल्प, भाषा गढ़न के साथ आयी है। सामाजिक यथार्थ और व्यापक मानवता कविता का यथार्थ समाज और मनुष्य को समझाने की शक्ल देती है। यही उसका सौन्दर्य है। 'फसल' कविता में किसान मजदूर की स्थिति शोषण मूलक अर्थव्यवस्था की अभिव्यक्ति हुई है।

असंख्य हाथ/नाखूनों को तेज कर रहे हैं/पोंछ रहे हैं उँगलियों पर लगे/ताजा रक्त के धब्बे/धब्बे : जिनका स्वर नहीं पहुँचता/वातानुकूलित कमरों तक/कविता ही/जो सुना सके पसीने का महाकाव्य/जिसे हरिया लिखता है/चिलचिलाती दुपहर में/धरती के सीने पर/फसल की शक्ल में।

ग्राम जीवन में छिपी जहरीली जाति व्यवस्था को कवि तार-तार कर जातिदंश की पीड़ा के साथ कहते हैं—'तब तुम क्या करोगे' कविता में कहते हैं यदि तुम्हें काम के बदले/दिया जाय खाने को जूठन/मरे जानवर को खींच कर ले जाने के लिए कहा जाय/और कहा जाय ढोने को पूरे परिवार का मैला/पहनने को दी जाय उतरन.../ भेजना पड़े नयी नवेली दुल्हन को/पहली रात ठाकुर की हवेली/तब तुम क्या करोगे?...तब तुम कागज पर/नहीं लिख पाओगे/सत्यम्! शिवम्, सुन्दरम्/देवी-देवताओं के वंशज तुम/हो जाओगे लूले लँगड़े और अपाहिज जो जीना पड़ जाय युगों-युगों तक मेरी तरह? तब तुम क्या करोगे?

डॉ. बाबासाहेब अम्बेडकर ने कहा था कि, 'मैं प्रथमतः भारतीय हूँ और अन्ततः भी भारतीय ही हूँ।' भारत माँ को तन, मन, धन से समर्पण की प्रतिबद्धता। लेकिन अफसोस 'अस्पृश्यता' की आग से बाबासाहेब खुद को बचा पाये न अपने समूह को। इसीलिए तो हिन्दू धर्म का त्याग और समानता पर दृढ़ विश्वास रखने वाले बौद्ध धर्म को स्वीकार किया। कवि अपने ही देश में अपने अस्तित्व को नकारने की अनुभूति से गुजर रहे हैं।

तालाब ठाकुर का/खेत ठाकुर का/बैल ठाकुर का/हल ठाकुर का/हल की मूठ पर हथेली अपनी/फसल ठाकुर की/कुआँ ठाकुर का/पानी ठाकुर का/खेत-खलिहान ठाकुर के/गली-मुहल्ले ठाकुर के/फिर अपना क्या? गाँव? शहर? देश?

ओमप्रकाश वाल्मीकि की कविता में आशावाद और परिवर्तन की अभिव्यक्ति हुई है। शब्द वह शक्ति है जो हवा का रुख बदलने की क्षमता रखते हैं। इसीलिए तो संविधान का शब्द-शब्द हमारी ताकत है जो युगों-युगों के अत्याचारों के खिलाफ 'शब्द-कृति' के द्वारा पूरी व्यवस्था को बदलने की माँग करता है। 'शब्द झूठ नहीं बोलते' कविता में कवि की अभिव्यक्ति–

मेरा विश्वास है/तुम्हारी तमाम कोशिशों के बाद भी/शब्द जिन्दा रहेंगे/समय की सीढ़ियों पर/अपने पाँव के निशान/गोदने के लिए/बदल देने के लिए/हवाओं का रुख।

कवि ने अपने और सम्पूर्ण दलित पिछड़े वर्ग के विद्रोह, संघर्ष, पीड़ा, आक्रोश के चित्रण के साथ अपनी अस्मिता की बात की है–

"सदियों से पीड़ित/दलित/मेरा हृदय बन गया है। ज्वालामुखी।" (ज्वालामुखी)

"मेरी पीढ़ी ने अपने सीने पर/खोद लिया है संघर्ष/जहाँ आँसुओं का सैलाब नहीं/विद्रोह की चिंगारी फूटेगी/जलती झोंपड़ी से उठते धुएँ में तनी मुट्ठियाँ/तुम्हारे तहखाने में नया इतिहास रचेंगी।" (तनी मुट्ठियाँ)

जीवन में घटित कटु एवं तीक्ष्ण अनुभवों की अभिव्यक्ति कवि ने की है। जन्म से अछूत होने के कारण दलितों को बहुत कुछ खोना पड़ा है। 'शम्बूक का कटा सिर' कविता में का उद्विग्न मन कह उठता है–

"मेरे शब्द पंख कटे पक्षी की तरह/तड़प उठते हैं–/तुम अकेले नहीं मारे गये तपस्वी/यहाँ तो हर रोज मारे जाते हैं असंख्य लोग/जिनकी सिसकियाँ घुटकर रह जाती हैं/अँधेरे की काली पर्तों में/यहाँ गली-गली में/राम है/शम्बूक है/द्रोण है/एकलव्य है/फिर भी सब खामोश हैं।"

यहाँ हर एक क्षेत्र में बेईमानी, षड्यन्त्र करके हिन्दू धर्म के समर्थकों ने दलितों पर जुल्म ढाये हैं इसीलिए कवि को पूरा युग पाखंडी लगता है। युग चेतना में कवि का विद्रोही स्वर–

"इसीलिए वहाँ नकली है/मर्यादाएँ सब झूठी/हत्यारों की रक्तरंजित अँगुलियों पर/जैसे चमक रहीं/सोने की नग जड़ी अँगूठियाँ।"

अपने ही देश में हमारा अपना तो कुछ भी नहीं, क्योंकि यहाँ की समाजव्यवस्था ने हमें जाति और धर्म के नाम पर गुलाम बनाया है। इसलिए कवि पूछता है, अपना क्या है? की अनुभूति दलितों के अस्तित्व को तलाश रही है।

हिन्दू धर्म की सामन्तवादी व्यवस्था में शिक्षा, अर्थव्यवस्था, राजनीति,

व्यवसाय-व्यापार, आदि में दलितों के लिए दरवाजे बन्द थे। लेकिन डॉ. बाबा साहेब अम्बेडकर प्रदत संविधान ने दलितों को समान अधिकार प्रदान किये इसलिए जातिव्यवस्था के समर्थक डर गये हैं। 'उन्हें डर है' कविता में वर्जित क्षेत्र में दलितों की उपस्थिति किस कदर खल रही है—

उन्हें डर है/बंजर धरती का सीना चीर कर/अन्न उगा देने वाले साँवले खुरदरे हाथ/उतनी ही दक्षता से जुट जायेंगे/वर्जित क्षेत्र में भी/जहाँ अभी तक लगा था उनके लिए/नो-एंट्री का बोर्ड।

हिन्दू समाज व्यवस्था एक ऐसी सामन्ती व्यवस्था है जिसके विकास और उत्पादन के समस्त संसाधनों पर द्विजों ने कब्जा कर रखा है। ऐसी अर्थव्यवस्था दलितों को जाति के नाम पर समस्त अधिकारों से वंचित कर देती है। 'युग चेतना' में कवि कहता है—

मैं खटता खेतों में/फिर भी भूखा हूँ/निर्माता मैं महलों का/फिर भी निष्कासित हूँ/प्रताड़ित हूँ/इठलाते हो बलशाली बनकर/तुम मेरी शक्ति पर/फिर भी मैं दीन-हीन जर्जर हूँ/इसलिए युग समूचा/लगता है पाखंडी मुझको।

ओमप्रकाश की कविताएँ बुद्ध की अहिंसा, करुणा, दया, प्रेम, समानता, भाईचारा के बीज बो देती हैं। बुद्ध ने कहा था प्यार से प्यार बढ़ता है और शत्रुता से शत्रुता। शत्रु से भी मैत्री करने की सीख कविता के नये प्रतिमान को और मजबूत बना देती है। 'सदियों का सन्ताप' शीर्षक कविता अत्याचारियों को माफ कर देती है—

इसीलिए, हमने अपनी समूची घृणा को/पारदर्शी पत्तों में लपेटकर/वृक्ष की नंगी टहनियों पर/टाँग दिया है/ताकि आने वाले समय में/ताजे लहू से महकती सड़कों पर/नंगे पाँव दौड़ते/सख्त चेहरों वाले साँवले बच्चे/देख सकें/कर सकें प्यार/दुश्मनों के बच्चों में/अतीत की गहनतम पीड़ा को भूलकर।

दलित साहित्यकारों ने भारतीय पारम्परिक कला की कसौटियों और सौन्दर्यशास्त्र को नकारा है। दलित साहित्य अलग सौन्दर्यशास्त्र का निर्माण कर रहा है। भारतीय समाज की वर्णव्यवस्था को उतार फेंकना और अम्बेडकरवादी वैचारिकी को अपनाना। बुद्ध के सम्यक मार्ग को अपना जीवन बनाना। इसी प्रक्रिया ने अलग सौन्दर्यशास्त्र की नींव डाली है। मैनेजर पांडेय का कहना है : "कोई भी सौन्दर्यशास्त्र एक दिन में नहीं बनता। प्रतिरोध और कोई विकसित सौन्दर्यशास्त्र नहीं है, लेकिन जो है उसके पीछे एक ओर संस्कृत के काव्यशास्त्र की लम्बी परम्परा है तो दूसरी ओर पश्चिम के सौन्दर्यशास्त्र का प्रभाव। स्वयं पश्चिम में सौन्दर्यशास्त्र का विकास कई सदियों में हुआ है। जो लोग कहते हैं कि सौन्दर्यशास्त्र का जाति, वर्ग और विचारधारा से क्या लेना-देना, वे या तो बेवकूफ हैं या बदमाश। सौन्दर्यशास्त्र कला की अलौकिक अनुभूति नहीं है। वह कलात्मक सौन्दर्य के बोध और मूल्यों का शास्त्र है, और बोध

की प्रक्रिया तथा मूल्यों के निर्माण में जाति, वर्ग और लिंग से जुड़ी विचारधाराओं की महत्त्वपूर्ण भूमिका होती है...इसलिए दलित सौन्दर्यशास्त्र का विकास दलित समाज, उसकी चेतना, संस्कृति, विचारधारा और दलित सौन्दर्यशास्त्र के विकास पर निर्भर है, जो एक लम्बी प्रक्रिया में होगा।" (दलित साहित्य का सौन्दर्यशास्त्र : ओमप्रकाश वाल्मीकि, पृष्ठ 51)

सन्दर्भ

1. बयान : सम्पादक—मोहनदास नैमिशराय (दिल्ली), वर्ष-4, अंक 39, अक्टूबर 2009, दलित कविता का पाठ—कैलास दहिया—पृ. 22, 23, 33, 35
2. युद्धरत आम आदमी : सम्पादक—रमणिका गुप्ता (दिल्ली), वर्ष-2, अंक 3, दिसम्बर 2013, सदा हमारे बीच रहेंगे ओमप्रकाश वाल्मीकि—सुशीला टाकभौरे (फ्लैप पर की टिप्पणी)
3. सदियों का सन्ताप—ओमप्रकाश वाल्मीकि, नेट—कविताकोश से
4. दलित साहित्य की अवधारणा -कंवल भारती, बोधिसत्व प्रकाशन, कैथ का पेड़, रामपुर (उ.प्र.), प्रथम संस्करण, जनवरी 2006
5. दलित साहित्य का सौन्दर्यशास्त्र : ओमप्रकाश वाल्मीकि, राधाकृष्ण प्रकाशन (प्रा.लि.), दिल्ली, प्रथम संस्करण, 2001
6. सत्ता, संस्कृति और दलित सौन्दर्यशास्त्र : सूरज बडत्या : अनामिका पब्लिशर्स एंड डिस्ट्रीब्यूटर्स (प्रा.लि.) दिल्ली

रचनाधर्मिता की रणनीति

ए.के. सुधर्मा

भेड़िये और बकरी के बीच लड़ाई छिड़ते वक्त स्वाभाविक रूप से यह प्रश्न उभर आता है कि हम किसके पक्ष में खड़े रहें। हमारा उत्तर होगा निष्पक्ष। लेकिन हमारी यह निष्पक्षता वास्तव में भेड़िये की मदद में है। लेकिन उसकी पहचान हमें नहीं होती है। मतलब यह है कि प्रकृति से दुर्बल बकरी और ताकतवर भेड़िये के बीच प्रतियोगिता होते वक्त भेड़िये की विजय सुनिश्चित है। इस सन्दर्भ में जिस निष्पक्षता का समर्थन हम करते हैं वह उस समाज का विचार बन जाता है जो बकरी के मर जाने पर मौन धारण कर लेता है। अर्थात् गरीब भारत जब सम्पन्न राष्ट्रों के साथ भूमण्डलीय स्वतन्त्र व्यापार के लिए उद्यत होते वक्त यह नहीं पहचान लेता है कि परमाधिकार प्रभुत्व सम्पन्न राष्ट्रों के बाजार को ही मिलेगा। यहाँ पर हमारा निष्पक्ष मन (राष्ट्रीयेतर मन) बाजार उपनिवेश का समर्थन करता है। इस तथ्य की जानकारी हमें मिलते-मिलते भारत नामक महान देशीयता लघु देशीयताओं में ढीलीकृत और समाज नामक संज्ञा जमघटों से हटकर व्यक्ति तक सीमित हो जाती है। गरीब अधिक गरीब और अमीर अधिक अमीर बन जाते हैं। लेकिन ढीलापन हमारे लिए नयी बात नहीं है क्योंकि औपनिवेशिक समय से लेकर हम उससे परिचित हैं। लेकिन अद्यतन काल में उसका अर्थान्तरण एक विचारधारा के रूप में हमारी चिन्ताओं में अनुभवों में और ज्ञानप्रदेशों में एक सैद्धान्तिक माँग बन जाती है और इस बात पर बल देता है कि वह समाज की समस्त प्रगति का प्रतिलोम है। ऐसे अवसर पर मनुष्य की संकल्पना सामाजिक प्राणी से सिकुड़ कर व्यक्ति के स्तर तक सिमट जाती है। अतः सामाजिक तौर पर उसकी भूमिका या प्रतिबद्धता लुप्त हो जाती है।

यहाँ पूँजी सत्ता के स्तर पर उभर आती है और ढीलापन अपनी जड़ें मज़बूत कर देता है। साथ में पूँजीगत सत्ता हमारी जरूरतों और इच्छाओं को लूटमार करती है। लेकिन हम इससे अनभिज्ञ रहते हैं क्योंकि उसका वार सीधा नहीं है। वे मनमोहक वादों एवं सुविधाओं की ओढ़नी पहनकर प्रत्यक्ष होते हैं। इसका नतीजा यह निकलता है कि हमारी जरूरतों और इच्छाओं का निर्माणकर्ता किसी और का बन जाता है और

हमारी इच्छायें और जरूरतें हमारी नहीं रह जाती हैं। मतलब बाजार की जरूरतों के अनुसार हमें अपने को गढ़ना पड़ता है। यहाँ बाजार अपनी पकड़ मजबूत कर देता है। बाजार के आगमन से जरूरतों को नीतिपूर्वक और बराबर गौर करनेवाले समाज की समाप्ति भी सम्भव हो जाती है। यहाँ मानव वस्तु की कोटि में आ जाता है। वह अपनी संवेदनाओं का त्याग कर देता है। उससे सहृदयता या मानवता नामक संज्ञा हटायी जाती है। इस अवस्था में मानव अपना भूतकाल यानी इतिहास को पहचानने में असफल रहता है। यहाँ मानव के मन से आस्वादन नामक संज्ञा भी पृथक की जाती है। यहाँ बाजार उसके आस्वादन को रूपायित करने वाला घटक बन जाता है। बहुराष्ट्रीय कम्पनियों द्वारा निर्मित इत्र का आस्वादन करने सरीखे, उसके विज्ञापन लेश मात्र वस्त्र में प्रकट युवतियों का आस्वादन करने के समान, एक अवस्था उद्‌भूत हो जाती है कि वहाँ विज्ञापन तय करेगा हमें क्या खरीदना है और किसका आस्वादन करना है। यहाँ हम बिकाऊ-चीज बन जाते हैं इसलिए आस्वादन यहाँ एक धोखा है। वह हमारे विचार, चिन्ता और क्षणों को खरीदने में सक्षम बन जाता है। इसके अनुसार हमारा मुहूर्त या क्षण भी खरीदा जाता है और वह क्षण पूँजी में बदल जाता है। यहाँ पर हमें यह जानकारी प्राप्त होती है कि जो कुछ हम कमाते और इकट्ठा करते हैं वह हमारी जिन्दगी गढ़ाने के लिए नहीं बल्कि किसी और का खजाना भरने के लिए है। इस अवसर पर क्षुब्धता और संघर्ष हमारी भावनाओं पर हावी हो जाते हैं।

इस मौके पर रचनाधर्मिता का मूल स्वर आस्वादन से हटकर संघर्ष पर टिक जाता है। मेहनत करके धन कमाने के बावजूद हमारा स्तरीकरण दिन-ब-दिन घटता जाता है। इस बात की पहचान होने के कारण ओमप्रकाश वाल्मीकि की कविताओं का मुख्य स्वर संघर्ष बन जाता है। उनकी 'फिर भी' नामक कविता देखिए :

काटे जंगल
खोदे पहाड़
बोये खेत
फिर भी रहे भूखे
बनाये नहरें
खोदे कुएँ
लगाये नल
फिर भी रहे प्यासे
लड़े युद्ध जीते मुख्य
बदले राज
फिर भी रहे पास

हाथों में अथाह शक्ति
सीने में धैर्य
मन में विश्वास
फिर भी सही दुत्कार
बँटे सिर्फ सगुन
प्यार के
फिर भी रहे अछूत'' (बस्स! बहुत हो चुका, पृ. 53)

यहाँ कवि ने जो चित्र खींचा है वह स्पष्ट कर देता है कि जंगलों को काटकर, पहाड़ों को खोदकर हमारे अनुकूल बनाकर फसल तैयार करने के बावजूद हमें भूखा-प्यासा रहना पड़ता है। यहाँ प्रश्न उठता है कि क्यों? तो हल खोजना भी पड़ता है तब कविता यहाँ खोज-बीन बन जाती है। उत्तर खोजने के लिए हम बाध्य बन जाते हैं तो स्पष्ट दिखायी पड़ता है कि हमारी फसल अपनी नहीं रह जाती है। हमेशा मजदूर वर्ग शोषण का शिकार बना रहता है। पेयजल हमसे छीन लिया जाता है। यों आजादी प्रश्नपूर्ण बन जाती है। यहाँ कविता के जरिये यह सम्भव हो जाता है कि हम किस प्रकार बाजार-पूँजीकृत सत्ता-व्यवस्था के गुलाम बन जाते हैं। प्राकृतिक एवं जैव वैविध्यों से सम्पन्न होकर भी किस प्रकार हम गरीबी में धकेल दिये गये हैं। आज की कविता का परिसर इस सामाजिक स्थिति को पहचान लेता है। इतिहास को साक्षी बनाकर ओमप्रकाश वाल्मीकि इस प्रकार की निगूढ बनायी गयी उपनिवेश शक्तियों के प्रति जागरूक होने के लिए हमें चेतावनी देते हैं। यहाँ कविता की व्याख्या पुराने तथाकथित मनोरंजन के स्तर से संघर्ष या मुठभेड़ की लड़ाकू भूमि पर उतर आती है। इस अर्थ में आज की कविता जो धारणा/विचार सामने रखती है उसे रणतन्त्र कहना पड़ेगा। इसलिए कविता की भाषा गद्यात्मकता की ओर अधिक मुड़ती है। मतलब रूपकों के व्यक्त होने वाली आलंकारिक भाषा को छोड़कर सीने में चुभनेवाली सहज मानव भाषा को कविता स्वीकार कर लेती है। नव कविता का ताल दरिद्र जनविभाग के हृदय ताल के रूप में हम पहचान लेते हैं।

मेहनतकश लोगों का चित्र ओमप्रकाश वाल्मीकि यों खींचते हैं—''उनके सिर पर छत नहीं है, पर दूसरों के लिए छत बनाते हैं।'' (वे भूखे हैं, बस्स! बहुत हो चुका, पृ. 77)

और एक जगह 'कद' नामक कविता में कवि कहता है कि :

''जिस रास्ते चलकर तुम पहुँचे हो।
इस धरती पर
उसी रास्ते चलकर आया मैं भी
फिर तुम्हारा कद

इतना ऊँचा
कि आसमान भी छू लेते हो
तुम आसानी से
और मेरा कद इतना छोटा
कि मैं छू नहीं सकता
जमीन भी।'' (बस्स! बहुत हो चुका, पृ. 76)

यहाँ उपरिवर्ग (उपभोग करने वाला) और शोषित वर्ग (मजदूर वर्ग) का चित्र स्वयमेव खुल जाता है। एक ही समान जन्म लेने के बावजूद भी एक वर्ग गरीब बना दिया जाता है और एक अमीर जो पहले वर्ग पर शासन करता है। इस प्रकार की असमानता के प्रतिरोध में उनके पक्ष में अड़े होकर वाल्मीकि की कविता बोल उठती है। क्रान्तिकारी कवि भी प्रश्नचिह्न लगाता है कि ''ब्रह्म सत्यं जगतमिथ्या'' :

''शब्दों का खोखलापन
बार-बार उजागर हुआ
फिर भी कहीं एक विश्वास बचा रहा
कि एक न एक दिन
शब्द अपने आदिम रूप में
उपस्थित होकर साक्ष्य देंगे
जनसमूह के बीच
शब्द तुम्हें कसम है
एक न एक दिन तुम
उतरोगे पृथ्वी पर
धूप बन कर।'' (आदिम रूप, बस्स! बहुत हो चुका, पृ. 28)

शब्दों की हेराफेरी करके अपने अनुकूल बना देनेवालों को कवि चेतावनी देता है कि सत्य छिपाने से नहीं छिपता है। उसकी शक्ति एक न एक दिन जरूर इस दबाव को तोड़ डालेगी। यहाँ चुप रहने का मतलब है बराबरी यानी कि आनेवाली समाजवादी स्थिति की आबोहवा। आशावादी दृष्टि है।

कमजोर या ढीले होते रिश्तों को लेकर भी कविमन व्याकुल है :

''रिश्ते बनते हैं तो पेड़ पर
हरी पत्तियाँ गमक उठती हैं
रास्तों में बिखर जाती है खुशबू
रिश्ते टूटते हैं तो खबर हो जाती है
पेड़ की चिड़िया उड़ जाती है,

घोंसलों को उदास छोड़कर
आखिर रिश्ते इतने कमजोर क्यों होते हैं।"

ये पंक्तियाँ कविमन को व्यथित कर डालती हैं, इसलिए कवि कहता है :

"साथ चलने का दिखावा
निरा दिखावा ही साबित हुआ
जब अपने पक्ष में बोलना चाहा मैंने" (चुप रहना, वही, पृ. 70)

समकालीन सन्दर्भ में असहमति का मतलब है शत्रुता मोल लेना। शत्रु को चुप करा देना/व्यक्ति को मिटा देना नयी राजनीति का रणतन्त्र है। यह आम आदमी को प्रतिक्रिया हीन रहने के लिए बाध्य बना देता है।

वर्ग/वर्ण व्यवस्था के प्रति अपना आक्रोश कवि यों व्यक्त करता है कि :

"स्वीकार्य नहीं
मुझे जाना
मृत्यु के बाद
तुम्हारे स्वर्ग में
वहाँ भी तुम
पहचानोगे मुझे
मेरी जाति से ही।" (जाति, वही, पृ. 76)

यों आज विद्यमान सामाजिक व्यवस्था के खिलाफ आक्रोश व्यक्त करके वाल्मीकि हमारी चिता में, हमारे सार्वजनिक बोध में दखलअन्दाज करते हैं। वह दखलअन्दाजी समकालीन कविताओं की अधुनातन प्रवृत्तियों पर नये सिरे से प्रकाश डालती है।

ओमप्रकाश वाल्मीकि की सामाजिक चेतना

बुद्धशरण हंस

बहुजन समाज में गुण और गरिमा से पूर्ण बेशुमार हस्तियाँ पैदा होती रहीं, मगर ब्राह्मणवादी जाल और जंजाल इन्हें उभरकर सकारात्मक रूप से समाज के समक्ष आने ही नहीं देता। ईसा से 910 वर्ष पूर्व भारत और नेपाल की सीमा पर मोरंग राज में पैदा हुए महाप्रतापी राहु और केतु को षड्यन्त्रकारी ब्राह्मणों ने आकाश में स्थित ग्रह बना दिया। ईसा से 563 वर्ष पूर्व में पैदा हुए गौतम बुद्ध को इन षड्यन्त्रकारियों ने चोर और नास्तिक कह कर अज्ञातवास में भेज दिया। आधुनिक काल में पैदा हुए जोतिबा फुले, सावित्री बाई फुले, साहूजी महाराज, रामासामी नायक और बाबा साहब अम्बेडकर को साहित्य जगत विचार जगत से षड्यन्त्रकारी ब्राह्मणों ने ऐसा विसार दिया मानो इन महापुरुषों और महारानियों का समय और समाज में किसी तरह का योगदान ही नहीं रहा है।

बहुजन समाज में पैदा हुए ओमप्रकाश वाल्मीकि ऐसे ही गुण और गरिमा से पूर्ण हस्ती हुए, जिन्हें भुलाया नहीं जा सकता। इन्होंने सामाजिक चेतना के धरातल पर जो रूह पैदा की है, वही इनके गुण और गरिमा का मापदण्ड है। कोई समाज अपने समाज के गहरे चिन्तकों से ही सामाजिक चेतना का प्राण पाता है। ओमप्रकाश वाल्मीकि चेतना देने वाले ऐसे ही प्राण नहीं महाप्राण हैं! ये नेता नहीं रहे, राजनीतिज्ञ नहीं रहे, आन्दोलनकारी भी नहीं रहे। ये रहे चिन्तक, गहरे चिन्तक, जिनके चिन्तन में भारत देश के सारे बहुजन समाज ने अपने दुख और दर्द को जाना और पहचाना।

बहुजनों के नाना प्रकार के सामाजिक दुख का एकमात्र कारण है ब्राह्मणवाद। इस ब्राह्मवाद का सूत्रधार है एकमात्र ब्राह्मण। दुनिया का सबसे बड़ा आश्चर्य। बहुजनों के सम्मान का विरोध करते हैं ब्राह्मण। बहुजनों की शिक्षा का विरोध करते हैं ब्राह्मण। बहुजनों के रोजगार का विरोध करते हैं ब्राह्मण। बहुजनों की सम्पन्नता तथा उनके लिए आर्थिक समानता का विरोध करते हैं ब्राह्मण। बहुजनों की राजनीति का विरोध करते हैं ब्राह्मण। बहुजनों की धर्म, संस्कृति का विरोध करते हैं ब्राह्मण। इसके बावजूद आज की तारीख में भी धर्म के नाम पर ब्राह्मण अनिवार्य बने हुए

हैं और बहुजन इन मनहूस जमात को अपने साथ ढो रहे हैं।

इस ब्राह्मणवादी दर्द को महानायक ओमप्रकाश वाल्मीकि ने 'तब तुम क्या करोगे' कविता में इन शब्दों में पिरोया है :

यदि तुम्हें
अपने ही देश में नकार दिया जाये
मानकर बँधुआ
छीन लिए जायें अधिकार सभी
जला दी जाय समूची सभ्यता तुम्हारी
नोच-नोचकर
फेंक दिये जायें
रौरव में इतिहास के पृष्ठ तुम्हारे
तब तुम क्या करोगे?

ओमप्रकाश वाल्मीकि एक शीर्ष रचनाकार हैं। उनकी अनुभूति इतनी गहरी है कि इसका आकलन करना असम्भव है। उनकी आत्मकथा 'जूठन' एक ऐसे समाज का यथार्थ खोलती है जहाँ से होकर ही समाजशास्त्र का रास्ता निकलता है। उनकी सामाजिक सोच उनके द्वारा सृजित साहित्य के अक्षर-अक्षर में जीवन्त है। जितना अपमान और अभाव दलित परिवार जीने को विवश है, उसे समूल रूप में कोई देखना, जानना चाहे, वह उन्हें ओमप्रकाश वाल्मीकि की कविताओं, कहानियों और आलेखों में बिना किसी लाग-लपेट के मिल जायेगा।

ओमप्रकाश वाल्मीकि को इस बात का जीवनभर मलाल रहा कि गौतम बुद्ध के बाद हुए महान सम्राट चन्द्रगुप्त मौर्य और अशोक के समय इतना फलता-फूलता समृद्ध भारत ब्राह्मणों के दुष्कीरित और दुश्चरित्र के कारण फेल हो गया। ब्राह्मण वर्ग इस भारत देश के विकास के लिए इतना संकट क्यों बना हुआ है? गुलाम भारत ब्राह्मणों के कुचक्र के कारण। देश का सरकारी तन्त्र फेल ब्राह्मणों के कुचक्र के कारण। देश में लूट-खसोट चरम सीमा पर ब्राह्मणों के कुचक्र के कारण। अविकसित भारत ब्राह्मणों के कुकुचक्र के कारण। उद्योगहीन भारत ब्राह्मणों के कुचक्र के कारण। आजादी के बाद चालीस वर्षों तक लगातार नेहरू और उसके नाकाबिल वंशजों ने ब्राह्मणों की चौकड़ी के साथ कुराज किया। इस कारण ऐसा दुख व्यक्त करने की विवशता आज हर भारतीय को है।

ओमप्रकाश वाल्मीकि ने इस पीड़ा को व्यक्त करते हुए लिखा—'दलित जीवन की पीड़ाएँ असहनीय और अनुभवदग्ध हैं। ऐसे अनुभव जो साहित्यिक अभिव्यक्ति में स्थान नहीं पा सके। एक ऐसी समाज व्यवस्था में हमने साँसें ली हैं, जो बेहद क्रूर और अमानवीय हैं। दलितों के प्रति असंवेदनशील भी।' ब्राह्मणों द्वारा बुने

गये जाल में जिस तरह दलित समाज का हर व्यक्ति तड़फड़ाकर जीता रहा उसकी हर तड़फड़ाहट और तड़पन ओमप्रकाश वाल्मीकि की हर रचनाओं में जीवन्त है। चाहे कहानी हो, कविता हो या नाटक हो या निबन्ध हो। दर्दमय अनुभूतियों की दर्दनाक अभिव्यक्ति ओमप्रकाश वाल्मीकि जी की सारी की सारी रचनाओं में देखी जा सकती है।

यहाँ गली गली में
राम है
शम्बूक है
द्रोण है
एकलव्य है
फिर भी सब खामोश है।

इन पंक्तियों में छिपे दर्द को वही थाह सकता है, जो अछूत पैदा होकर गाँवों में तिल-तिल कर जल रहा है, जी रहा है। ओमप्रकाश वाल्मीकि जी ने अपनी साहित्यिक अभिव्यक्ति में कभी किसी तरह की कोताही या संकोच नहीं किया। उनकी साहित्यिक अभिव्यक्ति में बाबा साहब अम्बेडकर का दर्द जीवन्त है। उनकी दृष्टि युगद्रष्टा की दृष्टि है। भारत में हो चुके दलितों के अतीत के दर्द को भी वे देखते रहे, वर्तमान के दर्द को भी देखते रहे। उन्हें अतीत से वर्तमान तक बहुत अन्तर दिखाई नहीं पड़ा। उनके साहित्य में यही बेचैनी बराबर व्यक्त होती रही। अपने समाज की हीनावस्था को साहित्य के धरातल पर रखने में ओमप्रकाश वाल्मीकि ने कभी न शर्मिन्दगी का अनुभव किया न संकोच का। इसी तरह ब्राह्मणवाद पर तीखा प्रहार करने में भी उन्होंने न कभी भय का इजहार किया न लिहाज का।

जब तक दलित साहित्य प्रस्फुटित नहीं हुआ था, तब तक ब्राह्मणवाद सर उठाकर आक्रामक बना हुआ था। जब दलित साहित्य प्रस्फुटित होकर ब्राह्मणवाद पर आक्रामक हुआ है, ब्राह्मणवाद ग्लानि से सर झुकाकर अपने पतन के रास्ते गिरता जा रहा है। ओमप्रकाश वाल्मीकि ने अपनी कविता 'बस्स! बहुत हो चुका' में डाँटने के लहजे में लिखा है :

चूहड़े या डोम की आत्मा
ब्रह्म का अंश क्यों नहीं है
मैं नहीं जानता
शायद तुम जानते हो.....

दलितों के शोषण के विरुद्ध आक्रोश ओमप्रकाश वाल्मीकि जी की आन्तरिक ऊर्जा थी। इसी ऊर्जा की बदौलत वे जीते और जागते रहे। जैसे हिन्दू शास्त्र में दलित पसन्द नहीं रहे, हिन्दू धर्म में दलित पसन्द नहीं रहे और उसी तरह

हिन्दू समाज में दलित अग्राह्य तत्त्व बनकर रहे। इस कारुणिक स्थिति की दर्दमय अभिव्यक्ति ओमप्रकाश जी की रचनाओं में है। इन्होंने दुख से, दर्द से, अपमान से कभी कहीं समझौता नहीं किया। जो विचार ईश्वर, आत्मा, परमात्मा, स्वर्ग-नरक के भय और समर्पण से ओतप्रोत होता है, वह धर्म कहलाता है। जो विचार ईश्वर, आत्मा, परमात्मा, स्वर्ग-नरक को नकार कर शील सदाचार से ओतप्रोत होता है वह धम्म कहलाता है। ओमप्रकाश वाल्मीकि जी ने सदैव धर्म को नकारा और धम्म का रास्ता अपनाया। साहित्य, समाज और जीवन यानी हर जगह उन्होंने धम्म की वकालत की और वह भी पुरजोर तरीके से। बाबा साहब अम्बेडकर के मार्गदर्शन को उन्होंने कभी कहीं रत्तीभर के लिए भी किनारे नहीं किया। यह इस महानायक की बहुत बड़ी विशेषता रही।

दण्ड से अपराध नियंत्रित किया जाता है। दूरदृष्टि से भविष्य नियंत्रित किया जाता है। त्याग से समाज नियंत्रित किया जाता है। सूझबूझ से परिवार नियंत्रित किया जाता है। सदाचार से अपना व्यक्तित्व नियंत्रित किया जाता है। ओमप्रकाश वाल्मीकि जी के जीवन और मिशन में उपरोक्त सारी आवश्यकताएँ परिलक्षित होती हैं। एक गहरे चिन्तक की जो पहचान होती है, वह वाल्मीकि जी के जीवन और मिशन में देखने को मिलता है। अपनी कहानियों, कविताओं, नाटकों या निबन्धों में हर जगह वे समय का सच भी बताते हैं। और समय का सन्देश भी देते हैं। उनकी प्रतिभा हर स्तर पर सूर्य की तरह चमकती नजर आती है।

सम्पत्ति कभी सरल मार्ग से नहीं आती, विपत्ति कभी अकेली नहीं आती और क्रान्ति कभी हाथ जोड़ने से नहीं आती। ओमप्रकाश वाल्मीकि इस सिद्धान्त के पक्के कायल थे। इसी कारण शोषण के विरुद्ध वे शासकों पर जितना उग्र होते उतना ही वे अपने लोगों को बुजदिली के लिए डाँटते भी रहे। उनका कहना था—"मैं सबसे पहले तो ये सोचता हूँ कि अपने लोग हीनताबोध को त्यागें। ये मानकर चलें कि हम किसी से किसी भी तरह कम नहीं हैं। जबतक आप अपने को छोटा मानकर दबे हुए चलेंगे, यह व्यवस्था डराती रहेगी। डरना बन्द कर दीजिए।" उनकी यही प्रेरणा यह बतलाती है कि पीड़ित समाज के लोग अपनी पीड़ा को दूर करने का खुद भी साहसिक प्रयास करें। पीड़ित समाज के लोगों को पीड़ारहित करने की टीस उनकी सारी की सारी रचनाओं में व्याप्त है।

कुछ पतित ब्राह्मण पुरोहितों के हीन चरित्र के कारण अच्छे चरित्र के ब्राह्मण भी बहुजनों की नजर से गिरते जा रहे हैं। कुछ ढोंगी पाखण्डी नीच ब्राह्मणों के कारण उत्तम आचरण के ब्राह्मण भी बहुजनों की टेढ़ी नजर के शिकार हो रहे हैं। यह गलत हो रहा है। ओमप्रकाश वाल्मीकि जी की कुछ कहानियों में इस दर्द पर फोकस किया गया है। यह इस महान रचनाकार के महान व्यक्तित्व की पहचान है।

समाज में बुरे को बुरा कहना अगर जरूरी है तब भला को भला कहना भी उतना ही जरूरी है। यह शील का आदर्श है, जिससे वाल्मीकि जी का जीवन ओतप्रोत है।

भारतीय समाज के सबसे निचले पायदान पर जन्मे-पले ओमप्रकाश वाल्मीकि जी ने व्यक्तित्व की जितनी ऊँचाई हासिल की है, वह सिर्फ चर्चा की ही नहीं अनुकरण की भी मिसाल बन गयी है। इनके चरित्र में उदात्त गुणों की तस्दीक की जा सकती है। जो उदात्त गुण होते हैं वे ही अनुकरणीय होते हैं। किसान को अच्छी फसलों पर गर्व होता है। डाक्टर को अच्छी प्रैक्टिस पर गर्व होता है। उपदेशक को अच्छे व्याख्यान पर गर्व होता है। समाज को अच्छे व्यक्तित्व पर गर्व होता है। भारत के लोगों को जो भी इनकी किसी भी रचना का रसास्वादन करेगा, उन्हें इस महामानव पर निश्चित रूप से गर्व होगा।

रचनाकारों के सम्पर्क सूत्र

जयप्रकाश कर्दम : बी-634, डी.डी.ए. फ्लैट्स, ईस्ट ऑफ लोनी रोड, दिल्ली-110093, मो. : 09871216298

मोहनदास नैमिशराय : बी-जी-5ए/30-बी, पश्चिम विहार, नयी दिल्ली-110063

श्यौराज सिंह बेचैन : 1/122, वसुन्धरा, गाजियाबाद (उ.प्र.)

ओम राज : 255-भगवती पुरम, आर्य नगर, काशीपुर-244713 (उत्तराखण्ड), मो. : 09412152858

हेमलता महिश्वर : 202 डी, गेट नं. 2, पॉकेट 1, मयूर विहार फेज-1, दिल्ली-110096

सुभाष चन्द्र कुशवाहा : सृजन, बी-4/140, विशाल खंड, गोमती नगर, लखनऊ-226010

कैलाश चन्द्र चौहान : 12/224, एम.सी.डी. फ्लैट, सेक्टर-20, रोहिणी, दिल्ली-110086, मो. : 09212026999

धर्मपाल पीहल : म.नं. 5-2-114, तिरुमला नगर कॉलोनी, मौलाली, हैदराबाद-500040, मो. : 09247486278

मुसाफिर बैठा : बसन्ती निवास, प्रेम भवन के पीछे, दुर्गा आश्रम गली, शेखपुरा, पटना-800014, मो. : 09835045947

कालीचरण स्नेही : 'नालन्दा', 45, शिवम सिटी, निकट—सेक्टर 6, जानकी पुरम विस्तार, लखनऊ-226031 (उ.प्र.)

हरिनारायण ठाकुर : 'विमर्श वाटिका', नागेन्द्र नगर, लेन न. 1, बेला रोड, मिठनपुरा, पो. रमना, मुजफ्फरपुर-842002 (बिहार) मो. : 09472436229

कँवल भारती : सी-260/6, आवास विकास कॉलोनी, गंगापुर रोड, सिविल लाइन्स, रामपुर-244901 (उ.प्र.)

शम्भु गुप्त : प्रो. एवं अध्यक्ष, स्त्री अध्ययन विभाग, महात्मा गाँधी अन्तरराष्ट्रीय हिन्दी विश्वविद्यालय, गाँधी हिल्स, वर्धा-442005 (महाराष्ट्र), मो. : 08600552663

संजय नवले : हिन्दी विभाग, डॉ. बाबासाहेब आम्बेडकर मराठवाडा विश्वविद्यालय, औरंगाबाद-431004 (महाराष्ट्र) मो. : 09420542597

रवि कुमार गोंड : शोधार्थी, हिन्दी विभाग, केन्द्रीय विश्वविद्यालय हि.प्र., टेम्प्रोरी अकादमिक ब्लॉक शाहपुर, छतरी, जिला—काँगड़ा-176206 (हि.प्र.)

विष्णु आर सरवदे : हिन्दी विभाग, मुम्बई विश्वविद्यालय, मुम्बई (महाराष्ट्र) मो. : 08080819005

जी. राजु : दलित-आदिवासी अध्ययन एवं अनुवाद केन्द्र, हैदराबाद विश्वविद्यालय, मो. : 09059379268

डॉ. रामचन्द्र : भारतीय भाषा केन्द्र, भाषा, साहित्य एवं संस्कृति अध्ययन संस्थान, जे.एन.यू., नयी दिल्ली-110067, मो. : 09968293185

बजरंग बिहारी तिवारी : 204, दूसरी मंजिल, टी-134/1, बेगमपुर, नयी दिल्ली

सुरेश मारुतिराव मुळे : प्रवक्ता, विध्यारण्य कॉलेज, धारवाड़-580001 (कर्नाटक) मो. : 09141338061

एन. सिंह : 110, विनोद विहार, मल्हीपुर रोड, सहारनपुर-247001 (उ.प्र.)

देवेन्द्र चौबे : प्रोफेसर, भारतीय भाषा केन्द्र, भाषा, साहित्य और संस्कृति अध्ययन संस्थान, जे.एन.यू., नयी दिल्ली-110067, मो. : 09868272999

नामदेव : एसोसिएट प्रोफेसर, हिन्दी विभाग, किरोड़ीमल कॉलेज, दिल्ली विश्वविद्यालय, नॉर्थ कैम्पस, दिल्ली-110007

हरपाल सिंह 'अरुष' : 95, श्री हरिवृंदावन सिटी-I, जानसठ रोड, मुजफ्फरनगर- 251001, मो. : 09456080696

ममता पानेरी : सहायक आचार्य, हिन्दी विभाग, माणिक्य लाल, वर्मा श्रमजीवी महाविद्यालय, उदयपुर (राज.), मो. : 09413474704

क्षमा सिंह : शोध छात्रा (हिन्दी विभाग), बनारस हिन्दू विश्वविद्यालय, बनारस (उ.प्र.)

के.एल. यादव	:	C/o हीराजी माली, 22, श्रीजी निवास, माली कॉलोनी, गली न. 3, उदयपुर-31300 (राजस्थान)
रजनी तिलक	:	ख. न. 107, गली - 14/4, वजीराबाद गाँव, (निकट ज्योति लेन), दिल्ली-110084
सुशीला टाकभौरे	:	2, गोपाल नगर, निकट—तीसरा बस स्टॉप, नागपुर-440022
मीरा गौतम	:	पूर्व अध्यक्ष, गुरुरविदास चेयर एवं हिन्दी विभाग, तथा पूर्व डीन कला एवं भाषा संकाय, कुरुक्षेत्र विश्वविद्यालय, हरियाणा, मो. : 09888619956
चमन लाल	:	(रिटायर्ड प्रोफेसर, जे.एन.यू.), 2690, अर्बन एस्टेट, फेज-II, पटियाला (पंजाब)-147002, मो. : 09646494538
कौशल पंवार	:	सहायक प्रोफेसर, आरजेडएफ 1/224, द्वितीय तल, गली. नं. 2, महावीर एन्क्लेव, नयी दिल्ली-110045
जितेन्द्र श्रीवास्तव	:	मानविकी विद्यापीठ, इग्नू मैदानगढ़ी, नयी दिल्ली-68, मो. : 09818913798
अजमेर सिंह काजल	:	1068, सेक्टर-2, रोहतक, मो. : 09416473332
रामभरोसे	:	असि. प्रोफेसर (हिन्दी विभाग), बी.एस.एम.पी.जी. कॉलेज, रुड़की (उत्तराखण्ड), मो. : 09045602061
आर.एच. वणकर	:	'मारुति सोसाइटी', निकट शान्ति निकेतन सोसाइटी, उपलेटा, ता. उपलेटा, जिला-राजकोट-360490 (गुजरात)
अश्विनी कुमार	:	एसोसिएट, भारतीय उच्च अध्ययन संस्थान, शिमला, अध्यापन : मोतीलाल नेहरू सान्ध्य महाविद्यालय, दिल्ली विश्वविद्यालय, दिल्ली
जयश्री शिंदे	:	यु.ई.एस. महिला महाविद्यालय, 141/ए, सिद्धेश्वर पेठ, सोलापुर, सोलापुर—413001 (महाराष्ट्र), मो. : 09420489765
ए.के. सुधर्मा	:	रीडर, श्रीशंकराचार्य संस्कृत विश्वविद्यालय, तिरुवनन्तपुरम प्रादेशिक केन्द्र, तिरुवनन्तपुरम
बुद्धशरण हंस	:	अम्बेडकर मिशन, पटना (बिहार), मो. : 09507826323

❑❑